陳澧集

增訂本

〔清〕陳澧 著

黃國聲 主編

第二册

鍾旭元 魏達純 黃國聲 呂永光 整理

上海古籍出版社

第二册目録

東塾讀書記……鍾旭元、魏達純　點校　一
東塾讀書論學札記……黄國聲　整理　三五七
東塾雜俎……吕永光　點校　四一七
默記　學思自記　學思録序目……黄國聲　點校　七四三

東塾讀書記

鍾旭元
魏達純
點校

點校說明

一、緣　起

原「嶺南叢書」編委會確定由我師鍾旭元先生來校點《東塾讀書記》，可謂「得其人也」。鍾老是陳澧的得意門生廖廷相的再傳弟子，又與撰寫《陳東塾先生年譜》的汪宗衍先生是好朋友。至今與陳氏後人書信來往不絕。鍾老退休以後，應「嶺南叢書」之約，即開始了對《東塾讀書記》的校點工作，歷時近十載，三易其稿，終於完成。在校點工作的後期，鍾老已身患惡疾，有時竟然在病榻上堅持閱讀和書寫，其工作之艱辛可知。不料書稿交出後，由於經費方面的原因而未能付梓。主編黄國聲先生唯恐學者們的心血白費，在他的多方努力下，事情終於有了轉機，上海古籍出版社同意接受這部書稿。出版社要求根據新的格式重新整理原稿，然鍾老已駕鶴西去多年，整理遺稿的工作義不容辭地落在我的肩上。好在我跟隨鍾老攻讀研究生期間就熟讀過《東塾讀書記》，碩士學位論文也是專門研究陳澧的，通過汪宗衍先生及陳澧後人獲得不少有關陳澧的資料。留校工作後又曾與鍾老合作撰寫並發表過關於陳澧研究的論文。我熟悉鍾老的筆迹，閱讀他的手稿很方便，又較爲深刻地理解他的學術思想，因此基本能勝任此項工作。且我也於二〇〇五年秋退休，正好有時間爲先生完成未竟之業，以報答師恩於萬一。

二、版本

初次整理時，鍾老采用的是清代光緒年間的兩個版本：光緒十二年東塾先生門人梁鼎芬、陳樹鏞編的十五卷本，光緒十八年門人廖廷相編成由菊坡精舍刻印的十六卷本，後者是公認的較好的版本。同時又參考了中大圖書館手抄本、民國時期的掃葉山房石印本、四庫備要鉛印本以及其他所能蒐集到的版本。對諸本擇善而從，進行標點。二〇〇五年再次整理時，又參考了黄國聲先生提供的北京三聯書店一九九八年出版的由楊志剛先生校點的竪排本《東塾讀書記》。這是最新的版本，校點質量較高，但仍偶有未安處。主編黄國聲先生讀書十分仔細，一旦發現此書標點斷句方面的疑問，即在書眉標出，總計不下十處。本人校點時又發現若干處，這些都被采入本書。前人所謂「後出轉精」，或許能爲讀者提供一個較爲可靠的標點本吧。

據陳澧《自述》稱「西漢一卷，未成」，後來雖有刻本傳世，但我與黄國聲先生細讀後的感覺相同，就是這部分「立意行文均似札記草稿，不若其他卷之考訂精詳、論斷騈出」，因將其附於全書之末，以供讀者研究參考。

三、方　法

既然是「讀書記」，文中涉及的引文甚多，哪些是引文，哪些是東塾自己的論斷，這是校點時必須解決好的問題。爲此，我們在反復多次細讀原文，領會文意，初步區分出引文與陳澧論斷後，再利用電腦查出引文部分的起止。香港中文大學的電子版《四庫全書》查閱方便，爲我們解決這一問題提供了很大的便利。當然，也偶有《四庫全書》未收的古籍，那就要到圖書館古籍部去查找了。個别稀有古籍還要通過關係去查閱私人藏書。總之通過種種努力，我們對本書的校點盡量做到準確，減少錯誤。

本書引文分幾種情况：一種是對原文有所省改、删併，或僅括述大意，但含義無大出入的，都不改動，也不出校，並仍加引號，以明起訖。一種是文字有訛脱而影響文義的，都參照原書出校指出，但不改動東塾原有的文字。

但是，《東塾讀書記》是一部很有特色的學術專著，旁徵博引，大量發掘歷代先賢的研究成果，從多角度、多側面地評價古書、古注。除非是「如有不同」，他才「間下己意」。引文之多在所難免，而且經常是引文中又有引文，注文中又有注文，甚者多至三四重。顧名思義，「引文」自然只能引用原文中的一部分，而且爲了重點突出，有時免不了會存在「掐頭去尾」的情況。如果對未引出部分都用省略號表示，則實在不勝其煩，所以本書一般不用省略號，只用單引號（「」）、雙引號（『』）（如果雙引號中又有引文則又恢復成單引號）這樣兩種方式標出。如果讀者要想進一步閱讀或引用所引文章的全文，自然還應去尋找原書來看。古籍版本衆多，陳澧當時擁有的又未必都是最好的版本，因此他的引文、注文有時也可能會與傳世之本有異，這些都在「校記」中指出。

爲避免抄寫時産生新的筆誤，所以這次是在刻本的復印件上直接標點，或許會少點失誤吧。

四、凡　例

本書屬於校點，因此一般不加注釋；但觀鍾老校記，也偶有屬於注釋者，爲尊重老師的勞動，現一仍其舊。點校範圍主要限於：

第一、根據現行新的標點符號用法，並結合古籍整理標點的通例，對全書進行統一規範的標點。全書不使用破折號、省略號、着重號、專名號，正文中也不使用間隔號。

第二、《東塾讀書記》引用各種典籍極多，所以書名號的使用很廣泛，本次整理對書名號的用法進行了統一：

① 并列書（篇）名之間加頓號，如「治易尚書三禮毛詩論語」，標爲「治《易》、《尚書》、三《禮》、《毛詩》、《論語》」。

②篇名的使用力求統一和規範，尤其是由於成書早晚的差異，各卷指同一本書或同一篇文章時有時稱謂不一，如《史記・伯夷列傳》又作《伯夷傳》、《漢書・藝文志》又作班《志》之類，也都加書名號明確。

③凡行文中出現的一般泛指性的「經」、「傳」、「注」、「疏」、「箋」、「正義」等詞，皆不加書名號。

第三、凡是陳澧的引文與原文有誤者，則出校記加以指出。這種情況頗多，蓋或因版本差異，或因記憶有誤。

第四、由於印刷或筆誤而出現的很明顯的錯字（如「己」爲「已」或「巳」之類）則予徑改而不出校；有的則出校（如「機軸」誤爲「機柚」之類）予以説明之。

第五、原文中出現異體字者，改爲標準通用字體（如「麤」改爲「粗」）。

第六、原刻爲避清帝諱或孔丘諱而改字者或缺筆者，如「玄」改爲「元」，「弘」改爲「宏」，「曆」改爲「歷」或「麻」，「寧」改爲「甯」，「丘」改爲「邱」等，則徑予恢復。

本人學養不足，功底淺薄，錯漏難免。大雅君子，指正是盼。

魏達純

二〇〇六年五月二十七日於知困齋

自述

余年六十有二，大病幾死。自念死後書我墓石者，虚譽而失其真，則恧矣。生平無事可述，惟讀書數十年，著書百餘卷耳。病愈乃自述之。或者壽命猶未艾乎？他時當有續述也。述曰：

陳澧，字蘭甫，先世江南上元人。祖考捐職布政使司理問，遷廣東番禺。考候補知縣。生二子：長諱清，次則澧也。年十歲，知縣君卒。年十五，伯兄卒。十七，督學翁文端公考取縣學生，明年録科第一。同時諸名士皆出其下。文端公命入粤秀書院肄業，山長陳先生厚甫賞譽之。與桂星垣、楊浦香爲友，復問詩學於張南山先生，問經學於侯君模先生。年廿二，舉優行貢生，廿三中舉人。六應會試不中，大挑二等，選授河源縣學訓導。兩月，告病歸。揀選知縣到班，不願出仕，請京官職銜，得國子監學録。爲學海堂學長數十年，至老爲菊坡精舍山長，英偉之士多出其門焉。少好爲詩，及長棄去，泛濫群籍。中年讀朱子書，讀諸經注疏子史，日有課程。尤好讀《孟子》，以爲《孟子》所謂性善者，人性皆有善，荀、楊輩皆未知也。讀鄭氏諸經注，以爲鄭學有宗主，復有不同，中正無弊，勝於許氏《異義》、何氏《墨守》之學。魏晉以後，天下大亂，而聖人之道不絶，惟鄭氏禮學是賴。讀

《後漢書》，以爲學漢儒之學，尤當學漢儒之行。讀朱子書，以爲國朝考據之學源出朱子，不可反詆朱子。又以爲國朝考據之學盛矣，猶有未備者，宜補苴之。著《聲律通考》十卷，謂古有十二宫，且有轉調，今俗樂惟存七調。然古律尺度具在，可考歷代樂聲高下。晉十二笛，可倣而製。唐《鹿鳴》、《關雎》十二詩譜，可按而歌，而古樂不墜於地。又著《切韻考》六卷、外篇三卷，謂孫叔然、陸法言之學存於《廣韻》，宜明其法。而不惑於沙門之説。又著《漢書地理志水道圖説》七卷，謂地理之學，當自水道始，知漢志水道，則可考漢郡縣，以及於歷代郡縣。又著《漢儒通義》七卷，謂漢儒善言義理，無異於宋儒。宋儒輕蔑漢儒者，非也。近儒尊漢儒而不講義理，亦非也。其餘有《説文聲表》十七卷，《水經注提綱》四十卷，《三統術説》三卷，《弧三角説》一卷，《琴律説》一卷，《文集》若干卷。生平不欲爲文章，然有爲先人而作者，及爲親友碑傳事迹不可没者，故過而存之。晚年所著書曰《東塾讀書記》今未成。性疏直平易，頗厭俗事。惟好與學者談論不倦。值賊亂、夷亂，家計不給，晏如也。生四子：宗誼、宗侃、宗詢、宗穎。宗誼早卒，宗侃生子慶龢爲其後。同治十年二月述。

廷相謹按：光緒七年，兩廣總督張公、廣東巡撫裕公以南海朱子襄先生及先生名奏，請量加褒異。其年七月初三日奉上諭：朱次琦、陳澧均著加恩賞給五品卿銜。八年正月二十二日，先生卒，年七十有三。所著《東塾讀書記》得十二卷又三卷，已刻成。其餘未成稿本十卷，遺命名曰《東塾雜俎》，又《文集》若干卷，均俟門人及兒子編録云。門人廖廷相謹誌。

目録

點校説明……三
自述……九
卷一
孝經……一五
卷二
論語……二〇
卷三
孟子……四六
卷四
易……七一
卷五
尚書……九〇
卷六
詩……一〇四
卷七
周禮……一二六

卷八
儀禮……一四一
卷九
禮記……一六〇
卷十
春秋三傳……一八五
卷十一
小學……二一八
卷十二
諸子書……二三一
卷十三
西漢　未成……二六七
卷十四
東漢　未成……二六七
卷十五
鄭學……二六七
卷十六
三國……二八一
卷十七
晉　未成……二九七
卷十八
南北朝隋　未成……二九七
卷十九
唐五代　未成……二九七

卷二十

宋　未成……二九七

卷二十一

朱子書……二九七

卷二十二

遼金元　以下未成……三三〇

卷二十三

明……三三〇

卷二十四

國朝……三三〇

卷二十五

通論……三三〇

附録

西漢……三三一

卷一

孝經

鄭康成《六藝論》云：「孔子以六藝題目不同，指意殊别，恐道離散，後世莫知根源，故作《孝經》以總會之。」《孝經序》正義引《隋書·經籍志》亦有此數語。其下云：「明其枝流雖分，本萌於孝者也。」此二句，或亦《六藝論》之語。澧案：《六藝論》已佚，而幸存此數言，學者得以知《孝經》爲道之根源，六藝之總會。此微言未絶、大義未乖者矣。

《説文》卷末載許叔重遣子沖上《説文》書，並上《孝經孔氏古文説》。澧謂：孔子教弟子孝弟學文，許君以二書並上，蓋亦此意[一]，惜《孝經孔氏古文説》竟不傳也。

荀慈明《對策》云：「漢制，使天下誦《孝經》。」《後漢書》本傳。澧案：《續漢書·百官志》：「司隸校尉假佐二十五人，《孝經》師主監試經。諸州與司隸同。」此東漢之制也。咸豐中有旨，令歲科試增《孝經論》。正合東漢之制。若督學及府廳州縣官試士，以此爲重，則天下皆誦《孝經》如東漢時矣。

司馬温公云：「嚮若使之盡通《詩》、《書》、禮、樂，則中材以下，或有所不及。今但使之習《孝經》、《論語》，儻能盡期年之功，則無不精熟矣。此乃業之易習者也。然《孝經》、《論語》，其文雖不多，而立身治國之道，盡在其中。就使學者不能踐履，亦知天下有周公、孔子、仁義禮樂，其爲益也，豈可與一首律詩爲比哉？」《再乞資蔭人試經義札子》　温公《書儀》云：「子年十五已上，能通《孝經》、《論語》，粗知禮義之方，然後冠之。」

朱子《甲寅上封事》云：「臣所讀者，不過《孝經》、《語》、《孟》之書。」知南康時《示俗文》云：「《孝經》云：『用天之道，分地之利，朱子本注云：「謂依時及節，耕種田土。」謹身節用，本注云：「謹身，謂不作非違，不犯刑憲。節用，謂省使儉用，不妄耗費。」以養父母，本注云：「人能行此」二句之事，則身安力足，有以奉養其父母，使其父母安穩快樂。」此庶人之孝也。』本注云：「能行此上四句之事，方是孝順。雖是父母不存，亦須如此，方能保守父母産業，不至破壞，乃爲孝順。若父母生存不能奉養，父母亡歿不能保守，便是不孝之人，天所不容，地所不載，幽爲鬼神所責，明爲官法所誅，不可不深戒也。」以上《孝經·庶人》章，正文五句，係先聖至聖文宣王所説。奉勸民間逐日持誦，依此經解説，早晚思惟，常切遵守，不須更念佛號、佛經，無益於身，枉費力也。」朱子上告君，下教民，皆以《孝經》，學者勿以朱子有刊誤之作，而謂朱子不尊信《孝經》也。

朱子《孝經刊誤》，以「仲尼居」至「未之有也」爲一節，云：「夫子、曾子問答之言，而曾氏門人之所記，疑所謂《孝經》者，其本文止如此，其下則或者雜引傳記以釋經文。」澧謂：如朱子之言，則第一節猶《大學章句》所謂「經一章」，其下釋經文者，猶《大學章句》所謂「傳」也。雜引傳記者，猶《中庸章句》所謂「雜引孔子之言以明之」也。朱子所疑者，章首「子曰」二字，及章末之引《詩》、《書》，與「天之經也，地之義也」云云，乃《左傳》子太叔述子產之言；又疑「嚴父莫大於配天」，非所以爲天下之通訓。」《語類》亦屢有此説。然《中庸》亦有章首用「子曰」二字者，《孟子》每章之末引《詩》、《書》者尤多。《左傳》：「仲尼曰：『古也有志，克己復禮，仁也。』」臼季曰：「臣聞之，出門如賓，承事如祭，仁之則也。」此《論語》孔子告顔淵、仲弓者，而皆見於《左傳》。則《孝經》有《左傳》語，不必疑也。「嚴父莫大於配天」，與《孟子》所謂「孝子之至，莫大乎尊親；尊親之至，莫大乎以天下養」，文義正同，尤不必疑矣。

《孟子》七篇中，多與《孝經》相發明者。《孝經》曰：「非先王之法服，不敢服；非先王之法言，不敢道；非先王之德行，不敢行。」《孟子》曰：「子服堯之服，誦堯之言，行堯之行」，亦以服、言、行三者並言之。《孝經・天子章》曰：「刑於四海。」《諸侯章》曰：「保其社稷。」《卿大夫章》曰：「守其宗廟。」《庶人章》曰：「謹身。」《孟子》曰：「天子不仁，不保四海；諸侯不仁，不保社稷；卿大夫不仁，不保宗廟；士庶人不仁，不保四體」，亦似本於《孝經》也。世俗所謂「不孝者五，惰其四支，不顧父母之養」云云,正與謹身、節用,以養父母相反,亦可以爲《孝經》之反證也。司馬温公《家範》引《孝經》:「五刑之屬三千,而罪莫大於不孝」,其下亦引《孟子》所言「五不孝」。《孟子外書》四篇,其一篇名曰《孝經》,蓋論説《孝經》之語。趙邠卿題辭雖以外篇爲後世依託,然亦必出於孟氏之徒也。

陶淵明有《五孝傳》,或疑後人依託,澧謂不必疑也。蓋陶公於家庭鄉里,以《孝經》爲教,稱引故實以證之。故其《庶人孝傳贊》云:「嗟爾衆庶,鑒兹前式。」司馬温公《家範》録《孝經》「居則致其敬,養則致其樂,病則致其憂,喪則致其哀,祭則致其嚴」五句,每句各引經史以證之。蓋《孝經》一篇,皆論以孝順天下之大道,惟此五句爲孝之條目,故加以引證,亦所謂鑒兹前式也。《困學紀聞》云:「彭忠肅公以致敬、致樂、致憂、致哀、致嚴裒集格言,爲《五致録》。司馬温公《家範》亦以五致類事,忠肅之書本此。」澧案:朱子《孝經刊誤》卷末云:「欲掇取他書之言可發明《孝經》之旨者,别爲外傳。」黄直卿亦輯録諸經傳言孝者,爲《孝經本旨》二十四卷,見《直齋書録解題》卷三。

《孝經》大義,在天子、諸侯、卿大夫、士,皆保其天下國家,其祖考基緒不絶,其子孫爵禄不替,庶人謹身節用,爲下不亂。如此則天下世世太平安樂,而惟「孝」之一字,可以臻此。亡友桂星垣嘗與澧論此云:「《論語》第二章言:『孝弟則不犯上作亂』,即《孝經》所謂『至德要道,以順天下』。」斯言得之矣!星垣名文燿,南海人,官江南淮海道。

《四庫全書總目》謂《孝經》與《禮記》爲近,又以魏文侯有《孝經傳》,則《孝經》爲七十子之遺書。

此考據最確，無疑義矣。「仲尼居，曾子侍」，與「孔子閑居，子夏侍」、「仲尼燕居，子張、子夏、言游侍」，文法正同。《大戴禮·主言篇》：「孔子閑居，曾子侍」，文法亦同。其書言孝道乃天下之大本，《中庸》立天下之大本。鄭注：「大本，《孝經》也。」故自爲一經。此經是孔子之言，其筆之於書者，但可謂之述，不可謂之作，故鄭君以爲孔子作也。《史記·仲尼弟子列傳》則云曾子作。黄東發《日鈔》以《孝經》爲首，而《論語》、《孟子》次之，以讀經者當先讀此經也。王儉《七志》以《孝經》居首，見《經典釋文·序録》。

《經解》云：孔子曰：「安上治民，莫善於禮，此之謂也。」此引《孝經》也。《喪服四制》云：「資於事父以事君而敬同」，「毀不滅性，不以死傷生」，「喪不過三年」，「資於事父以事母而愛同」，《大戴禮·本命》同。皆《孝經》之語。

《孝經》鄭注，諸書所引者雖多，然無以定爲康成注，惟《郊特牲》正義引王肅難鄭云：《孝經注》云：「社，后土也。此依校勘記所稱惠棟校宋本。句龍爲后土。鄭既云社后土，則句龍也，是鄭自相違反。」鄭以社爲五土之神，句龍配之，故王肅以爲自相違反也。此王肅所難，是康成注明矣。劉光伯謂肅無攻擊《孝經》鄭注者，殆未詳考耶？劉説見《孝經》序疏。

卷二

論語

《論語》二十篇，以「學而時習之」五字爲首。趙邠卿云：「聖人之道，『學而時習』。」《孟子》章指。得其意矣。」陸氏《釋文》云：「以『學』爲首者，明人必須學也。」亦至精之語。

陸象山云：「《論語》中多有無頭柄底説話，如『學而時習之』不知時習者何事？」《語録》此象山妄説，《黄氏日鈔》已駁之矣。陸清獻云：「子曰：『學而時習之』，開口説一個『學』字，要討個著實。所學者何事？如何樣去學？注只云『學之爲言效也』，未言如何效；又云『所以明善而復其初』，亦未言善是如何？初是如何？若不討著實，則皆可爲異學所借。須將《大學》八條目細細體認。然《大學》八條目，亦何嘗不可借？如象山、陽明輩，皆是借《大學》條目，作自己宗旨。又須將朱子《章句》、《或問》體認，然後此『學』字有著落。大抵學也者，博學、審問、慎思、明辨、篤行是也；所學者，人倫事物之理，本於天命之性，是也。」《松陽講義》卷四。澧謂清獻欲求「學」字著實，誠是也。

然求之朱注，求之《大學》，求之《章句》、《或問》，何如求之《論語》乎？《論語》言「學」者，「學而」章爲首，次則「弟子」章，曰「則以學文」。又次則「賢賢易色」章，曰「雖曰未學，吾必謂之學」。然則所學者文也，「賢賢」以下四事也。又次則「君子不重」章，曰「學則不固」。又次則「君子食無求飽」章，曰「可謂好學」。然則學之當重而固也，當不求安飽，敏事慎言，就正有道也。《論語》二十篇，「學」字甚多，皆同此「學」字也，如此求之則著實矣。此澧之管見，安得起清獻而質之。

學者何？讀書也。朱子云：「昔子路曰：『有民人焉，有社稷焉，何必讀書，然後爲學？』而夫子惡之。然則仕本於學，而學必讀書，固孔門之遺法也。」《盡心堂記》。澧謂子夏言「賢賢易色」四事，而云「雖曰未學，吾必謂之學矣」，此二「學」字，亦必以讀書解之乃通，猶云「如此之人，雖曰未讀書，吾必謂之讀書也」。朱子又云：「書只貴讀，讀便是學。夫子説『學而不思則罔，思而不學則殆』，學便是讀。讀了又思，思了又讀。」《語類》卷十。此解「學」字爲「讀」字，尤明白矣。

朱注云：「學之爲言效也。後覺者必效先覺之所爲。」澧案：學訓效，見《尚書大傳》及《廣雅·釋詁》。《角弓》詩云：「爾之教矣，民胥傚矣。」鄭《箋》云：「所尚者，天下之人皆學之。」此亦可證學之爲言效也。毛西河《四書改錯》云：「學」字注作「效」字，從來字學並無此訓。西河之妄如此。蓋惟上古聖人，生而知之。至於後世，則衆人必效聖人，後聖亦必效先聖，後王亦必效先王。服堯之服，誦堯之言，行堯之行，此衆人之效聖人也。祖述堯舜，憲章文武，此後聖之效先聖也。殷因於夏禮，周因於殷禮，此後王之效先王也。後覺效先覺，聖人復起，不易斯言矣。

《顏氏家訓》云：「夫所以讀書學問，本欲開心明目，利於行耳。未知養親者，欲其觀古人之先意承顔，怡聲下氣，不憚劬勞，以致甘腝，惕然慚懼，起而行之也；未知事君者，欲其觀古人之守職無侵，見危授命，不忘誠諫，以利社稷，惻然自念，思欲效之也；素驕奢者，欲其觀古人之恭儉節用，卑以自牧，禮爲教本，敬者身基，瞿然自失，斂容抑志也；素鄙吝者，欲其觀古人之貴義輕財，少私寡慾，忌盈惡滿，賙窮卹匱，赧然悔耻，積而能散也；素暴悍者，欲其觀古人之小心黜己，齒弊舌存，含垢藏疾，尊賢容衆，苶然沮喪，若不勝衣也；素怯懦者，欲其觀古人之達生委命，彊毅正直，立言必信，求福不回，勃然奮厲，不可恐懾也。歷兹以往，百行皆然。」《勉學篇》。此所謂「學之爲言效」也。

昔吾友侯子琴云：學之爲言效也，如學書者云學歐、學褚，是效歐、效褚也；學詩者云學杜、學韓，是效杜、效韓也；學梓匠輪輿，亦效其師之爲梓匠輪輿也，此説最明切。子琴名度，番禺舉人，廣西試用知縣。

「時習」者何也？求之古傳記之書，則《學記》云：「大學之教也，時教必有正業。」孔《疏》云：「言教學之道，當以時習之。」然則孔沖遠解《論語》「時習」爲「每日有正業」也。《魯語》云：「士朝受業，晝而講貫，夕而習復，夜而計過，無憾，而後即安。」此蓋所謂「時習」也。求之後世之書，則司馬温公云：「范文正公掌府學，課諸生，讀書寢食，皆有時刻。」《涑水紀聞》卷十。王伯厚云：「凡作工夫，須立定課程。日日有常，不可間斷。縱使出入及賓客之類，亦須量作少許。風雨不移。」《辭學指南》。此蓋所謂「時習」也。蓋讀書必立定課程，朝讀此書，則朝朝讀此書而不移於夕；夕習此業，則夕夕習此業而不移於朝。有一定之時刻，有一定之功課。今塾師教童子猶如此，蓋聖人之學，千古未變者也。

《論語》最重「仁」字。編《論語》者，以「孝弟爲仁之本」爲言「仁」之第一章，「巧言令色，鮮矣仁」爲言「仁」之第二章。他如「克己復禮」、「出門如見大賓」，皆遠在其後；且「孝弟」、「巧言」二章，以有子之言在前，孔子之言在後，尤必有故矣。蓋「克己復禮」、「出門如見大賓」，惟顏淵、仲弓，乃能請事斯語。若爲人孝弟、不巧言令色，則智愚賢否，皆必由此道，而孝弟尤爲至要，此其編次先後之意也。此二章之後，則「弟子」章曰：「汎愛衆，而親仁。」孔子於子路、冉有、公西華，皆曰「不知其仁」；於令尹子文、陳文子，皆曰「焉得仁」；此與「焉得儉」、「焉得知」、「焉得剛」句法同。上文「未知」二字爲句，知去聲。見《漢書·古今人表》序，及皇疏引李充説。而教弟子，則曰「親仁」。弟子安所得仁者而親之乎？惟先有「孝弟」、「巧言」二章在前，則「親仁」之「仁」，不煩言而解，蓋即「孝弟」不「巧、令」之人耳，此則「十室之邑」有之矣。以此見《論語》之言「仁」，至平至實，而深歎其編次之善也。「三省」章在前，「千乘」章在後，治身先於治國也。「弟子」、「賢賢」二章皆言學，弟子謂年幼者，賢賢易色，事君致身，則壯有室，强而仕矣。編次先後，亦似有意也。弟子謂年幼者，劉端臨《論語駢枝》之説。賢賢易色，主夫婦而言，陳亦韓《經咫》之説。

「巧言令色」四字，孔子引《尚書》也；「鮮矣仁」三字，孔子説《尚書》也。孔子述大禹之言，以講仁字，經義之最大者也。黄石齋《榕壇問業》云：「某初讀《論語》，問先生云：『頭一葉書，孔子只教人讀書，有子如何教人孝弟？孔子只教人老實，曾子如何教人省事』，聞者大笑。某今老來所見，第一件猶是讀書，第二件猶是老實。」澧未見《榕壇問業》之書，見《明儒學案》卷五十六載此條。嘗與鄭小谷論之，小谷云：「『老實』二字，解『巧言令色』章甚精。

朱子云：「今讀《論語》，且熟讀《學而》一篇，若明得一篇，其餘自然易曉。」《語類》卷二十。又云：「若每章翻來覆去，看得分明，若看得十章，敢道便有長進。」卷二十一。澧案：爲人孝弟，賢賢易色，事君致身，朋友有信，五倫之事備矣。賢賢易色，主夫婦而言。時習學文，格物致知也。忠信，不巧言令色，誠意正心也。三省，修身也。孝弟，齊家也。道國，治國也。犯上者鮮，作亂者未之有，天下平也。《大學》八條目備矣，此皆在《學而》篇前十章者也。朱子教人讀一篇，再則教人看十章，可謂善誘。學者如欲長進，則盍遵朱子之教乎！

宋儒好講「一貫」，惟朱子之説平實。《語類》云：「嘗譬之，『一』便如一條索，那『貫』底物事，便如許多散錢。須是積得這許多散錢了，却將那一條索來一串穿，這便是『一貫』。若陸氏之學，只是要尋這一條索，却不知道都無可得穿。」卷二十七。「今人錢也不識是甚麼，錢有幾個孔？良久，曰：『公没一文錢，只有一條索子。』」同上。

《困學紀聞》云：「孔門受道，唯顔、曾、子貢。」自注云：「子貢聞一以貫之之傳，與曾子同。」卷七。禮謂必以一貫爲受道，《論語》二十篇中，無夫子告顔子一貫之語也，何以顔子亦受道乎？顔子自言「夫子博我以文，約我以禮」，此爲受道無疑矣，此即一貫無疑矣。然第六篇：「子曰：『君子博學於文，約之以禮，亦可以弗畔矣夫！』」第十二篇：「子曰：『博學於文，約之以禮，亦可以弗畔矣夫！』」邢《疏》云：「弟子各記所聞，故重載之。」然則顔子所受博文約禮之道，諸弟子所共聞，豈單傳密授哉？《容齋隨筆》云：或謂一以貫之，非餘人所得聞。是不然。顔氏之子，冉氏之孫，豈不足以語此？卷十三。

顧亭林説「予一以貫之」云：「三百之《詩》至汎也，而曰『一言以蔽之，曰：思無邪。』」《日知録》卷七。此説最明白。《詩》三百者，多學也，博也。一言以蔽之者，一貫也，約也。思無邪者，忠恕也，禮也。

「與點」之語，後儒尤喜言之。《集解》：「周曰：『善點獨知時。』」此漢儒之説，本平實也。「獨知時」者，知衰亂之時，志在隱逸，故夫子喟然而歎也。皇疏采李充云：「彼三子者之云，誠可各言其志矣。然此諸賢，既已漸染風流，飡服道化，親仰聖師，誨之無倦，先生之門，豈執政之所先乎？嗚呼！遽不能一忘鄙願，而暫同于雅好哉！諒知情從中來，不可假已。惟曾生超然，獨對揚德音，起予風儀，其辭清而遠，其指高而適，亹亹乎固盛德之所同也。三子之談，於兹陋矣。」此則晉人之清談，非聖門之學，其文華妙，亦非説經之體也。皇疏所采華妙之語，如此類者甚多。晉人説經風氣如此。

朱注云:「三子規規於事爲之末。」又采程子云:「子路等所見者小,孔子不取。」王氏復禮《四書集注補》云:「夫子問『如或知爾,則何以哉?』三子以抱負對,正遵師命,豈可云『規規於事爲之末』乎? 孔子既言『赤也爲之小,孰能爲之大』,而乃云『所見者小』,明與聖經相反。此則程、朱之説,亦有未安。」王氏辯之是也。

《朱子語類》云:「安卿問:『向來所呈《與點説》一段如何?』曰:『某平生便是不愛人説此話。《論語》一部,自『學而時習之』至『堯曰』,都是做工夫處。不成只説了『與點』,便將許多都掉了。』」卷一百十七。又云:「昨廖子晦亦説『與點』及鬼神,反覆問難,轉見支離,没合殺了。」同上。又云:「如《論語》二十篇,只揀那曾點底意思來涵泳,都要蓋了。單單説個『風乎舞雩,詠而歸』,只做個四時景致,《論語》何用説許多事?」同上。此則可以箴砭説「與點」之習氣矣。

德行、言語、政事、文學,皆聖人之學也,惟聖人能兼備之,諸賢則各爲一科。所謂學焉而得其性之所近也,惟諸賢各爲一科,故合之而聖人之學乃全。後世或講道學,或擅辭章,或優幹濟,或通經史,即四科之學也。然而後世各立門户,相輕相詆,惟欲人之同乎己,而不知性各有所近,豈能同出於一途? 徒費筆舌而已。若果同出一途,則四科有其一而亡其三矣,豈聖人之教乎? 朱子《名臣言行録》、《黄東發日鈔》皆載胡安定教授湖州,敦尚行實,置經義齋、治事齋。經義齋者,擇疏通有器局者居之; 治事齋者,人各治一事,又兼一事,如治民、治兵、邊防、水利、算數之類。其在太學,有好尚經術者，好談兵戰者，好文藝者，好節義者，使各以類群居講習。澧謂此乃四科之遺意。《學記》云：「教人不盡其材。」如胡安定之教，可謂盡其材者也。子路、冉有、公西華所言「有勇」、「知方」、「足民」、「小相」，亦惟安定之教得此意。《元史・吴澄傳》云：爲國子監司業「爲教法四條：一曰經學，二曰行實，三曰文藝，四曰治事」。尤合於四科之法。

《世説新語》有德行、言語、政事、文學四門。隋崔賾撰《八代四科志》三十卷，見《隋書・崔廓傳》後。蓋爲八代人作傳，而分爲四科也。自古以來可傳之人，無出於四科之外者也。

元魏高崇云：「仲尼四科，德行爲首。人能立身約己，不忘典訓，斯亦足矣。」劉獻之云：「人之立身，雖百行殊途，準之四科，要以德行爲首」並見《魏書》本傳。皆篤論也。朱子云：「學不可以一事名，德行、言語、政事、文學，皆學也。今專以德行爲學，誤矣。」《答潘文叔書》。此則論四科之不可偏廢。且專以德行爲學，朱子猶以爲誤，則專以言語、政事、文學爲學尤誤，可知矣。專學一科，不誤也；專以己所學之一科乃謂之學，而以己所未學之三科不得謂之學，則誤也。

皇疏云：「范寧曰：『文學謂善先王典文。』侃案：文學指博學古文。」司馬温公云：「古之所謂文者，乃《詩》、《書》、《禮》、《樂》之文，升降進退之容，弦歌雅頌之聲，非今之所謂文也。今之所謂文者，古之辭也。」《答孔司户文仲書》。《新唐書・文藝傳》序云：「夫子之門，以文學爲下科。」澧案：此誤以後世之文辭，爲孔門之文學，又見文學在四科之末，故云下科耳。德行、言語、政事，皆載在先王典文《詩》、《書》、《禮》、《樂》之内，故以文學承三科之後，非下也。

四科之學，非但不可相詆，抑且不可妄談。講道學者談辭章，辦政事者論經學，皆多乖謬，辭章、經學兩家亦然。幸而其説不行，但爲識者所嗤而已；不幸而其説行，則更誤人矣。凡非己之所長者，不必置喙也。

范文正公云：「王者采人豈無其要。孔子之辨門人，標以四科：一曰德行，二曰政事，三曰言語，四曰文學。以四科辨之，思過半矣。」《推委臣下論》。司馬文正公云：「人之才性，各有所能。或優於德而嗇於才，或長於此而短於彼，是故孔門以四科論士，漢室以數路得人。」《乞以十科舉士札子》。二公論人才，皆以四科，可見四科者，王者所以治天下也，不可缺一也。《續漢書・百官志》注引應劭《漢官儀》曰：世祖詔丞相，故事，四科取士：一曰德行高妙，志節清白；二曰學通行修，經中博士；三曰明達法令，足以決疑，能案章覆問，文中御史；四曰剛毅多略，遭事不惑，明足以決，才任三輔令，皆有孝弟廉公之行。《後漢書・和帝紀》注引此云「建初八年詔」，「建初」乃「建武」之誤也。《黄瓊傳》云：「瓊以前左雄所上孝廉之選專用儒學文吏，乃奏增孝悌及能從政者爲四科。」澧案：世祖之詔，黄瓊之奏，所謂四科，大略皆即《論語》四科。《三國志・杜恕傳》云：上疏曰：州郡考士，必由四科。又《吴主傳》注引《江表傳》云：孫權詔曰：「自今選三署，皆依四科。」《通典》云：劉劭作都官考課之法，欲使州郡考士，必由四科（卷十五）。此皆不言四科之目。《南齊書・百官志》云：「太始六年，初置總明觀，玄、儒、文、史四科，科置學士各十人。」此四科，乃經、史、子、集四部之學。後世亦可倣而行之，惟不用玄學，而以宋儒理學代之可也。《朱子語類》云：「吕與叔欲奏立四科取士，曰德行，曰明經，曰政事，曰文學。」（卷一百九）此則不知《論語》之文學乃經學，而别爲明經一科，其所謂文學，乃辭章之學也。

聖門重詩教。子夏言《詩》，固爲文學之科，然「思無邪」則德行之事也；達於政而能言，則政事、言語之材也。是《詩》教兼四科也。然此非易事，但能無失小子之業，而免於面墻之誚，斯可矣。欲與經學，宜以《詩》爲先也。

詩者，樂章也，樂則其鏗鏘鼓舞也。然「興於詩」、「成於樂」，分言之者，《毛詩傳》云：「古者教以詩樂，誦之、歌之、弦之、舞之。」《子衿》傳。誦之者，學詩也；歌之、弦之、舞之者，學樂也，後世則無成於樂之學矣。漢時，制氏以雅樂聲律，世在樂官，猶頗能紀其鏗鏘鼓舞。《漢書·藝文志》。《鹿鳴》、《騶虞》、《文王》、《伐檀》四曲，至魏時尚存。左延年改《騶虞》、《伐檀》、《文王》三曲，晉荀勖并除《鹿鳴》舊歌。詳見《宋書》、《晉書》樂志。古樂之亡，此二人之罪也。

《論語》言禮者凡四十餘章，自視、聽、言、動，與「凡事親、教子、事君、使臣、使民、爲國」，莫不以禮。其所以爲禮者，曰敬，曰讓，曰約，曰節之，曰文之。其本在儉，其用在和，而先之以仁之守、義之質、學之博。先進後進不同，則從先進；禮雖廢而猶愛之；夏、殷禮不足徵而猶能言之；射不主皮之語，則述《儀禮》之文也。《鄉黨》一篇，則皆《禮記》之類也。《論語》之言禮至博至精，探索之而靡盡也。

《論語》所言皆禮也。以其小者觀之，如趨過者，子見父之禮；沐浴者，臣朝君之禮；行束脩者，弟子初見師之禮；非公事不至者，士人見官長之禮；三愆者，侍坐之失禮；居於位與先生並行者，童子之失禮。小者如此，大者可知也。《謝上蔡語録》胡籍溪《跋》及《伊洛淵源録》，皆載朱子發見上蔡，上蔡云：與賢説一部《論語》，舉「子見齊衰」者及「師冕見」二章。曰：「一部《論語》，只恁地看。」此雖上蔡好爲奇談，然可見相瞽者亦有禮，天下無一事無禮者也。

《論語》説《易》、《書》者少，《春秋》則更未論及。然「有恒」、「無大過」、「思不出其位」，《易》之精義也；「孝友施於有政」，《書》之精義也。「巍巍乎，舜、禹之有天下也」數章，及「堯曰咨」一章，論堯、舜、禹、湯、文、武，《尚書》百篇，此提其要矣。「晉文公譎而不正，齊桓公正而不譎」，及「天下有道，則禮樂征伐自天子出」、「禄之去公室五世矣」二章，《春秋》二百四十二年之事，尤提其要矣。陳恒弑君，孔子請討，即在西狩獲麟之年，此尤《春秋》之所以作也。孟子云：臣弑其君，孔子懼，作《春秋》。經學之要，皆在《論語》中，故曰「《論語》者，五經之錧鎋[二]也。」此趙邠卿《孟子題辭》語。

「文王既没，文不在兹乎」？朱注云：「不曰道而曰文，亦謙辭也。」澧謂「文不在兹乎」，承文王而言，此文王之所以爲文也，非謙辭也。「天之未喪斯文」，夫子以爲己任，蓋謂删述五經，垂教萬世，此即所謂夫子之文章也。皇疏云：文章者，六籍也。《匡謬正俗》云：子貢曰：「夫子之文章，可得而聞也。」蓋言夫子删《詩》、《書》，定《禮》、《樂》，修《春秋》。（卷一）四教以文爲首，蓋亦指五經之文故聖教以此爲先。

顏淵曰「夫子博我以文」，曾子曰「君子以文會友」，是顏、曾之學皆以文，非獨子游、子夏也。夫子之文章，子貢在當時固得而聞之矣。至於今二千餘年，人人皆得五經而讀之，即人人皆得聞夫子之文章，至萬世無窮極也。

《朱子語類》云：「問『五十知天命』，何謂天命？先生不答。又問。先生厲聲曰：『某未到知天命處，如何知得天命！』」卷二十三。「問『叔器看文字如何？』曰：『兩日方思量顏子樂處。』先生疾言曰：『不用思量，你而今只去博文約禮，便自見得。今却去索之於杳冥無朕之際，你去何處討？』」卷三十一。「問『顏淵喟然歎曰』一段，曰：『吾人未到他地位，畢竟未識，說個甚麽。』」卷三十六。讀《論語》者，當守朱子之戒，勿好爲高論也。

曾子之學，《大學》一篇，朱子《章句》備矣；「立事本孝之」等十篇，阮文達公爲之注釋矣。至《論語》所記曾子之語，如「可以託六尺之孤章」，朱子云：「曾子恁地剛，有孟子氣象。」又云：「見得曾子直是峻厲。」《語類》三十五。「士不可以不弘毅」章，朱子云「曾子之學，大抵如孟子之勇。若不勇，如何主張得聖道住？」同上。澧謂讀《孟子》述曾子大勇之語，愈可證明朱子之説也。且「弘毅」之語，淺而言之，尤可爲學者箴砭。學者説經數條，即自命爲經學，斯不弘矣。如劉端臨《論語駢枝》所説不多，而條條精確，則又當別論。讀書隨意翻閱，不能自首至尾，斯不毅矣。爲士者如此，曾子以爲不可也。

子夏曰：「日知其所亡，月無忘其所能。」讀之似甚淺近，然二者實學問之定法也。於稽其類，則知新者，知也；温故者，無忘也。知及之者，知也；仁能守之者，無忘也；擇善者，知也；固執者，無忘也；深造者，知也；自得之者，無忘也；知斯二者，知也；弗去者，無忘也；平旦之氣者，知也；操則存者，無忘也。四書之理皆如此。顧亭林著書名曰《日知録》，甚有意。

《論語》有絶奇處。師旅因以飢饉，而子路能爲之；哀公什二不足，而有若勸以盍徹；足食、足兵、民信，子貢問三者去一，二者去一。讀之皆使人瞿然而驚。以此知聖門諸賢才識謀慮，超越尋常萬萬也。有若對哀公語，似近於迂。然魯自開國以來，何以什一而足，至什二之後，何以反不足乎？復於什一，則不能不節用，而用自足矣。此乃毅力也，非迂也。

《子張》篇記諸賢之語，猶後世之學案也，澧嘗分而録之。其餘十九篇所記諸賢問答，亦分而録之。附以《禮記》、《左傳》及諸古書所載諸賢之言之事，其荒唐者不録。讀之而知諸賢之性情學問，雖同在聖門，而各有不同，所謂學焉而得其性之所近。此聖門所以爲大也。太史公爲《仲尼弟子列傳》，其《自序》云：「孔子述文，弟子興業，咸爲師傅，崇仁厲義。」夫既咸爲師傅，則其所傳者廣矣，惜多湮没不彰耳。朱竹垞《孔子門人考》所考甚詳，惟誤以弟子之弟子爲門人。澧嘗辨之，文在《東塾集》。

《論語》記聖人之言，有但記其要語，其餘則删節之者，如孟子云：「孔子曰：『過我門而不入我室，我不憾焉者，其惟鄉原乎！鄉原，德之賊也。』」據此，則《論語》所記，節去上三句也。以此推之，如「君子不器」，「有教無類」，四字而爲一章，何太簡乎？必有節去之語矣。所以然者，書之於竹簡故也。故竹簡謂之簡，文字少亦謂之簡。字義之相因，大率類此。

《論語》記門人之問有兩體，如子貢問曰：「何如斯可謂之士矣？」子張問曰：「何如斯可以從政矣？」凡問者，蓋皆如此，必有所問之語也，簡而記之，則但曰「問政」、「問仁」、「問孝」耳。且諸賢之問，固有所問之語，尤有所問之意。如子貢問「何如斯可謂之士」，豈子貢身爲士而竟不知士之謂乎？此乃求夫子論古今士品之高下，故問及今之從政者。凡讀《論語》者，當知此意也。

何平叔《集解》敘云：「今集諸家之善，記其姓名，有不安者，頗爲改易，名曰《論語集解》。」邢疏云「示無勦說」，又云：「杜氏注《春秋左氏傳》，謂之『集解』者，謂聚集經、傳爲之作解也。此乃聚集諸家義理以解《論語》，言同而意異也。」澧謂何平叔《集解》，真所謂「無勦說」者。杜氏之《集解》，取賈、服注而不記姓名，體例不及何氏遠矣，不止言同而意異也。

「晉文公譎而不正，齊桓公正而不譎」，《集解》上句采鄭注，下句采馬注。「君子懷德」，孔曰：「懷，安也。」「小人懷土」，孔曰：「重遷。」「君子懷刑」，孔曰：「安於法。」「小人懷惠」，包曰：「惠，恩惠。」三句采孔注，一句采包注。「克己復禮爲仁」，馬曰：「克己，約身。」孔曰：「復，反也。身能反禮，則爲仁矣。」六字而采二家之注。「古之狂也肆」，包曰：「肆，極意敢言。」「今之狂也蕩」，孔曰：「蕩，無所據。」「古之矜也廉」，馬曰：「有廉隅。」「肆」、「蕩」、「廉」三字，而采三家之注。觀此，則知何平叔之簡擇翦裁，殊費心力也。

包咸云：「知之者不如好之者篤，好之者不如樂之者深。」二「篤」字，一「深」字，簡而精。「行不由徑，非公事，未嘗至於偃之室也」，包咸云：「言其公且方。」「公」字「方」字，亦簡而精。古人經注如此，不易及也。何注有太簡處。「晏平仲」一章，只注「晏平仲」三字。「君子有三戒」一章，只注「得」字。孔曰：「得，貪得。」「生而知之者，上也」一章，只注困字。孔曰：「困，謂有所不通。」「十室之邑」一章，「葉公問政」一章，「唯女子與小人」一章，皆無注。

何注始有玄虛之語。如「子曰：志於道」。注云「道不可體，故志之而已」。「回也其庶乎，屢空。」注云一曰「空，猶虛中也」。自是以後，玄談競起。「六十而耳順」，孫綽云：「耳順者，廢聽之理也，朗然自玄悟，不復役而後爲。」「子畏於匡」，孫綽云：「兵事險阻，常情所畏，聖人無心，故以物畏爲畏也。」「久矣，吾不復夢見周公」，李充云：「聖人無想，何夢之有？蓋傷周德之日衰，故寄慨於不夢。」「吾不試，故藝」，繆協云：「兼愛以忘仁，游藝以去藝。」「顔淵死，子哭之慟」，繆協云：「聖人體無哀樂，而能以哀樂爲體，不失過也。」郭象云：「人哭亦哭，人慟亦慟，蓋無情者，與物化也。」「修己以安百姓」，郭象云：「以不治治之，乃得其極。」「君子道者三，我無能焉」，江熙云：「聖人體是極於沖虛，是以忘其神武，遺其靈智。」其尤甚者，「回也其庶乎，屢空」，顧歡云：「夫無欲於無欲者，聖人之常也；有欲於無欲者，聖人之分也；二欲同無，故全空以目聖；一有一無，故每虛以稱賢。」太史叔明申之云：「按其遺仁義、忘禮樂、隳支體、黜聰明，坐忘大通，此忘有之義也；忘有頓盡，非空而何？若以聖人驗之，聖人忘忘，大賢不能忘忘；不能忘忘，心復爲未盡，一未一空，故屢名生也焉。」此皆皇侃疏所采，而皇氏玄虛之説尤多，甚至謂原壤爲方外聖人，孔子爲方内聖人。邢疏本於皇疏，而於此等謬説，皆删棄之，有廓清之功矣。「子曰：『志於道。』邢疏云：道者，虛通無擁，自然之謂也。」又云：「寂然至無，則謂之道。」此亦入於玄虛。「子曰：吾十有五而志於學。」皇疏云：此章明孔子隱聖同凡。邢疏亦襲其語，此删棄之未盡者。

子曰：「未知生，焉知死。」《説苑·辯物篇》云：「子貢問孔子：死人有知無知也？孔子曰：死，徐自知之。」《風俗通·怪神篇》略同。皇《疏》云：「外教無三世之義。周孔之教，唯説現在，不明過去未來。」此用佛氏語説經，殊乖説經之體。且謂周孔爲外教，尤非儒者之語矣。《宋書·天竺迦毗黎國傳》云：廬山沙門慧琳著《均善論》曰：「黑學道士曰：周孔爲教，正及一世，不照幽冥之途，弗及來生之化，不逮西域之深也。」皇《疏》説正與此同。《魏書·李瑒傳》云：「于時民多絶户而爲沙門，瑒上言：孔子云：『未知生，焉知死。』斯言之至，亦爲備矣。安有棄堂堂之政，而從鬼教乎！」使李瑒見皇侃之書，必斥之爲從鬼教矣。皇侃謂周孔爲外教，固謬矣，而其言則實能分别周孔之教異於佛教者。程易田云：「人生有三大分，既生之後，未死之前，一分也；未生之前，一分也；既死之後，一分也。其一分，實而有者也。其二分，虛而無者也。聖聖相傳之學，在實有之一分；至於虛無之二分，聖人非不知之也。既虛無矣，烏從而致力於其間哉！

於是二氏起而致力焉，所以大異於吾儒之學也。子曰：『未能事人，焉能事鬼？未知生，焉知死？』比物此志也。」《論學小記》目録後洪潄記。此程氏説，分别儒教與佛教尤明。其云「聖人非不知之」者，《易·繫辭傳》云「原始反終，故知死生之説」，是聖人固明言知之也。皇氏謂周孔爲外教，《顔氏家訓·歸心篇》更謂佛非堯、舜、周、孔所及。然此言也，正可勸人不學佛也。學堯、舜、周、孔，能及乎？否乎？而況學堯、舜、周、孔所不及者乎！

皇《疏》最精確者。「子曰：『由，知德者鮮矣。』」《集解》采王肅云：「君子固窮，而子路愠見，故謂之少於知德者也。」皇《疏》云：「呼子路語之云，夫知德之人難得，故爲少也。如注意，則孔子此語爲問絶糧而譏發之。」澧案：王肅説非是，故皇《疏》不從之也。夫子告子路言知德之人鮮，猶言「中庸之爲德，其至矣乎，民鮮能久矣」。彼言「能者鮮」，此言「知者鮮」，其意一也。班孟堅《西都賦》云：「温故知新已難，而知德者鮮矣。」此解爲知德之人少也。皇《疏》解知德者爲知德之人，文義最明，若如王肅説，則「者」字何所指乎？朱注從王肅説，蓋未見皇《疏》。且云：「自第一章至此，疑皆一時之言。」《或問》云《史記》以此連上章，爲一時之語。此朱子誤讀《史記》也。《史記·孔子世家》「子路愠見」下云：「子貢色作。孔子曰：賜，爾以予爲多學而識之者與？」非以此章與上章爲一時之語也。且即以爲一時之語，亦當謂知德之人少，故君子固窮，猶言「天下孰能宗予」也，豈謂子路不知德哉？《遂初堂書目》有皇侃《論語疏》，朱子與尤延之友善，蓋未借閲歟？

「宰我問三年之喪」一章，皇《疏》引繆播云：「爾時禮壞樂崩，而三年不行。宰我大懼其往，以爲聖人無微旨以戒將來，故假時人之謂，啓憤於夫子，義在屈己以明道也。」又采李充説，大意亦同。其餘若「季氏富於周公」、「季氏將伐顓臾」、「子路使子羔爲費宰」、「宰予晝寢」、「樊遲請學稼」、「子華使於齊」各章，及「子路曰『子行三軍，則誰與』」云云，皇《疏》所引舊説，皆爲諸賢回護，其意甚善，然多紆曲難通矣。

皇《疏》所載又一通者甚多，可見當時説《論語》者競爲別解。然有甚不通者。「道不行，乘桴浮於海。從我者，其由與？」皇《疏》采又一家云：「孔子言我道之不行，如乘小桴入於巨海，終無濟理也。凡門徒從我者，道皆不行，亦並由我故也。子路聞我道由，便謂由是其名，故便喜也。」不通至此，而皇氏采之，何哉？其不至於不通，而淺拙粗俚者，則更多矣。

今世所傳皇《疏》，不盡真也。「子行三軍，則誰與？」《釋文》云：「誰與，皇音餘。」今本皇《疏》云：「若行三軍，必當與己，已有勇故也，故問則誰與之。」此則讀「與」字上聲，不合於《釋文》。蓋皇《疏》殘闕，而足利人妄補之也。門人王峻之云：此條孫頤谷《讀書脞録》已疑之。又「子温而厲」，《釋文》云「皇本作君子」。今皇本亦作子，孫氏亦疑之。

皇侃深於禮學，而《論語疏》乃略於禮制。「子曰：『禘自既灌而往者，吾不欲觀之矣。』」孔安國曰：「禘祫之禮，爲序昭穆也。」皇《疏》云：「五年之中，別作二大祭，一名禘，一名祫，而先儒論之不同，今不具説。」「子曰：『射不主皮。』」馬融曰：「射有五善，一曰和志，二曰和容，三曰主皮，四曰和頌，五曰興武。」皇《疏》云：「馬注與《鄉射》五物少異，亦可會也，不須委曲細通也。」「有若對曰：『盍徹乎？』」皇《疏》云：「以《周禮・載師》論之，則畿内用夏之貢法，其中有輕重。輕重不同，自各有意，此不復具言也。」不知真皇《疏》略而不具言歟？抑非真皇《疏》歟？

「殷因於夏禮」，「八佾舞於庭」，「禘自既灌而往者」，「射不主皮」，「子貢欲去告朔之餼羊」，「君召使擯」，「執圭」，「君子不以紺緅飾」，「盍徹乎」，邢《疏》皆頗詳明，似孔、賈《疏》。

「子張問：十世可知也？」《集解》：「孔曰：『文質禮變。其或繼周者，雖百世可知也。』」何注云：「物類相召，世數相生，其變有常，故可預知。」皇《疏》本此注作「馬融曰」。邢《疏》云：「子張問於孔子，夫國家文質禮變，設若相承至於十世，世數既遠，可得知其禮乎？殷承夏后，因用夏禮，其事易曉，故曰『可知』也。周代殷立，而因用殷禮，及所損益事，事亦可知也。其或繼周者，雖百世可知也者，言非但順知既往，兼亦預知將來。」澧謂順知既往之説是，預知將來之説非也。十世者，言其極遠也。後世欲知前世，近則易知，遠則難知，故極之十世之遠。若前世欲知後世，則一世與十世，其不可知等耳，何必問至十世乎？孔子言夏、殷禮，杞、宋不足徵。一、二世已如此，至十世則恐不可知，故子張問之。觀孔子之答但言禮，則子張之問爲問禮明矣。「其或繼周者，雖百世，可知也」者，謂此後百世尚可知夏、殷以來之禮也。至今周禮尚存，夏、殷禮亦有可考者，百世可知，信矣。邢疏之説本不誤，而又云非但順知既往，兼亦預知將來，不敢破何注之説，是其無定識也。《漢書・禮樂志》云：「今幸有前聖遺制之威儀，誠可法象而補備之，經紀可因緣而存著也。孔子曰：『殷因於夏禮，所損益，可知也；周因於殷禮，所損益，可知也；其或繼周者，雖百世可知也。』今大漢繼周，久曠大儀，未有立禮成樂，此賈誼、仲舒、王吉、劉向之徒所爲發憤而增歎也。」此班孟堅以爲繼周者，可知前聖遺制也。《史記·孔子世家》云：「觀夏、殷所損益，曰：『後雖百世可知也。』以一文一質，『周監二代，郁郁乎文哉。吾從周』。」此則似預知將來之說矣。《續漢書·輿服志》云：孔子曰：「其或繼周者，行夏之正，乘殷之輅，服周之冕，樂則韶舞。」此亦似預知之說。《論衡·實知篇》云：「孔子曰『其或繼周者，雖百世可知也』。又曰『後生可畏，焉知來者之不如今也』。論損益言可知，稱後生言焉知，後生難處，損益易明也」，此則以爲預知矣。《宋書·禮志》引《詩推度災》曰：「如有繼周而王者，雖百世可知。以前檢後，文質相因，法度相改。」此讖緯之書，固宜以爲預知耳。

朱注云：「仁者，愛之理，心之德也。」此乃朱注之大義也。仁者愛之理者，謂仁非必指愛之事。若論事，則顏子閉户，安能與禹、稷同道乎？心之德者，謂心之德主乎仁，猶目之德明，耳之德聰也。說見《語類》卷六。此二語，明白無疑義也。然《論語》言「仁」者五十八章，有不可以「愛」解之者，且有不可以心德解之者。如子張「未仁」，「難與並爲仁」，不可解爲子張未有心德，且不可解爲子張難與相愛也。若欲解五十八章之「仁」字，皆密合，求之聖門之書之言「仁」者，惟《中庸》云「肫肫其仁」。鄭注云：「肫肫，懇誠貌。」朱注云：「懇至貌。」此語最善形容「仁」字，可據以增成愛之理、心之德之說。愛是肫懇，心德亦是肫懇。子張尊賢容衆，嘉善而矜不能，是能相愛也，但未肫懇耳。朱注云：「子張少誠實惻怛之意。」誠實惻怛，即肫懇也。「回也其心三月不違仁，其餘則日月至焉。」顔子常有肫懇之心，其餘則不能常肫懇也。「雍也仁而不佞」，仲弓肫懇而不佞也。凡《論語》「仁」字，以「愛」解之，以「心德」解之，而稍覺未密合者，以「肫懇」之意增成之，則無不合者矣。《上蔡語録》云：「呂晉伯初理會『仁』字不透，吾因曰：世人説仁，只管著愛上，怎生見得仁？只如力行近乎仁。力行關愛甚事，何故却近乎仁？推此類具言之。晉伯因悟曰：公説『仁』字，正與尊宿門説禪一般。」澧案：樊遲問仁，子曰：「愛人。」著「愛」字，乃孔子之教。上蔡云怎生見得仁？何其慎也。力行近乎仁，即是肫懇。如博學而篤志，切問而近思，仁在其中矣。亦是肫懇。此甚明白，何必與尊宿門説禪一般乎？

「克己復禮」，朱子解爲「勝私欲」。「爲仁由己」，朱子解爲「在我」。兩「己」字不同解，戴東原《孟子字義疏證》駁之。朱注引程子曰：「須是克盡己私。」朱子解己爲私欲，本於程子也。邢疏引劉炫云：克，訓勝也。己，謂身也。身有嗜慾，當以禮義齊之。嗜慾與禮義戰，使禮義勝其嗜慾。澧案：朱子解克爲勝，蓋本於此。劉炫之説，則見於《左傳》昭公十八年孔疏。邢疏轉引之耳。楊子雲《法言·問神》篇云：「勝己之私之謂克」，則又劉炫之所本也。澧謂朱注實有未安，不如馬注解「克己」爲「約身」也。馬氏之意，蓋以克己復禮，即約我以禮，故解「克己」爲「約身」也。或疑如此，則《論語》無勝私欲、全天理之説，斯不然也。勝私欲之説，《論語》二十篇中，固多有之。「富與貴，是人之所欲也，不以其道得之，不處也。」不處者，勝之也。原憲問「克、伐、怨、欲不行焉」。不行者，勝之也。夫子雖曰仁則吾不知，然固曰可以爲難矣。「棖也慾，焉得剛？」慾者多嗜欲，剛者能勝之也。又有不明言欲者。「君子有三戒」，戒色、戒得。色與得者，欲也；戒者，勝之也。「樂驕樂，樂佚遊，樂宴樂」，皆欲也；明其爲損，則當勝之也。《論語》雖無「理」字，然其意以「理」、「欲」對言者甚多。「君子喻於義，小人喻於利。」「義」即理也，「利」即欲也。「君子懷德，小人懷土；君子懷刑，小人懷惠。」「懷德」、「懷刑」即理也，「懷土」、「懷惠」即欲也。「君子上達，小人下達。」「上達」即理也，「下達」即欲也。「君子固窮，小人窮斯濫矣。」「固窮」即理也，《易·下繫》：「困，德之辯也。」鄭注云：「君子固窮，小人窮則濫，德於是别。」此解爲固守其窮也。「濫」即欲也。「君子謀道不謀食，憂道不憂貧。」「謀道」、「憂道」即理也，「謀食」、「憂貧」即欲也。「志士仁人，無求生以害仁。」「仁」即理也，「求生」即欲也。「喻義」、「喻利」二語，尤爲包括，故朱子請陸象山爲白鹿洞學者講之。至於「無求生以害仁，有殺身以成仁」，則勝私欲，全天理，至矣極矣，蔑以加矣！

朱子《集注》，多本於何氏《集解》，然不稱「某氏曰」者，多所删改故也。唐玄宗《孝經注》，多本於先儒。元行沖爲疏，一一著明之，曰「此某某義也」。朱注無人作疏，而世俗讀朱注者，皆不讀《集解》，遂不知朱注所自出矣。「父在，觀其志」，孔曰：「父在，子不得自專。」朱注不删改。「巧言令色」，包曰：「好其言語，善其顔色。」朱注「好其言，善其色」，删包氏二字。「愼終追遠。」孔曰：「愼終者喪盡其哀，追遠者祭盡其敬。」朱注：「愼終者喪盡其禮，追遠者祭盡其誠。」改孔氏二字。「色難」，包曰：「謂承順父母顔色乃爲難。」朱注引之，但云「舊説」。惟「殷因於夏禮，所損益可知也；周因於殷禮，所損益可知也」，朱注云：「馬氏曰：『所因，謂三綱五常。所損益，謂文質三統。』」此明引馬氏，以下有「愚按」云云故也。「君子不重則不威，學則不固。」《集解》：「孔曰：固，蔽也。一曰，言人不能敦重，既無威嚴，學又不能堅固，識其義理。」朱注於此二説，從後一説，是也。然章末采游氏説曰：「君子之道，以威重爲質，而學以成之。」此游氏從前一説，解「學則不固」爲不固蔽。朱子采之，前後不相應，此其稍未精細處也。

「由也果」，包曰：「果，謂果敢決斷。」「賜也達」，孔曰：「達，謂通於物理。」「求也藝。」孔曰：「藝，謂多才藝。」朱注云：「果，有決斷。達，通事理。藝，多才能。」「克、伐、怨、欲」，馬曰：「克，好勝人。伐，自伐其功。怨，忌小怨。欲，貪欲也。」朱注云：「克，好勝。伐，自矜。怨，忿恨。欲，貪欲。」如此之類，皆本於《集解》而整齊之。

朱注善爲駢偶之文，如「志於道」一章注云：「蓋學莫先於立志，志道，則心存於正而不他；據德，則道得於心而不失；依仁，則德性常用而物欲不行；游藝，則小物不遺而動息有養。學者於此，有以不失其先後之序、輕重之倫焉，則本末兼該，内外交養，日用之間，無少閑隙，而涵泳從容，忽不自知其入於聖賢之域矣。」此一段，駢偶平仄，精工諧協，日光玉潔之文也。此可見朱注修辭之功矣。

孔子答諸賢之問，朱注多以爲因其失而告之。此未可悉信也，昔人駁難者多矣。澧謂「非禮勿視」四語，若以告他人，則亦可謂其人視、聽、言、動多非禮，故夫子戒之矣。夫子以此告顔淵，可見告諸賢者，非必因其有失也。朱注所言諸賢之失，多出於前人之説。《史記·仲尼弟子列傳》論云：「毁者或損其真。」此之謂也。

「道千乘之國」章，朱注采程子曰：「此言至淺，然當時諸侯果能此，亦足以治其國矣。」此於聖人之言，頗有不滿之意，似不必采之。下文云：「聖人言雖至近，上下皆通。此三言者，若推其極，堯、舜之治，亦不過此。」朱注若但采此數語，則無病矣。「陳成子弑簡公」章，朱注采胡氏曰：「《春秋》之法，弑君之賊，人人得而討之。仲尼此舉，先發後聞可也。」澧謂如此則胡氏聖於孔子矣。孔子作《春秋》，乃不知《春秋》之法，而待胡氏教之乎？孔子可先發魯國之兵，而後告哀公乎？荒謬至此，而朱子采之，竊所不解也。

有何注、皇疏、邢疏、朱注皆非者。「子張問善人之道」章，謂善人不能入室，然則何謂道乎？閻百詩《四書釋地》三續已疑之。翟晴江云：「善人生質雖美，不由實踐，則亦不能造乎深奥。若以答辭作如是解，庶於道字貼合。」《四書考異》。陳厚甫先生云：「此言善人之道，當踐迹，乃能入聖人之室。如不踐迹，亦不能入室，言質美未可恃也。」澧謂此章必如此解乃通。先生掌教粤秀書院時，每説《四書》新義示諸生，如此條是也。又云：「興滅國」，謂諸侯；「繼絶世」，謂大夫；「舉逸民」，謂士。尤精確。王無功《答陳道士書》云：「君子相期於事外，豈可以言語詰之哉？仲尼曰：『善人之道，不踐迹。』老子曰：『夫無爲者，無不爲也。』釋迦曰：『三災彌綸，行業湛然。』」此誤解「不踐迹」三字，遂混於老、釋之説，故説經不可不慎。

《論語》有難解者，如「子見南子」章。《集解》：孔曰：「行道既非婦人之事，而弟子不説，與之呪誓，義可疑焉。」邢《疏》云：「安國以爲先儒舊説，不近人情，故疑其義也。」澧謂此章真可疑，安國既疑之而不復爲之説，是其篤實也。凡讀書當闕所疑，所謂「不食馬肝，未爲不知味」。若「子華使於齊」章，皇《疏》云：「舊説疑之，子華之母，爲當定乏，爲當定不乏？若實乏而子華肥輕，則爲不孝。孔子不多與，是爲不仁。若不乏而冉求與之，則爲不智，誰爲得失？」澧謂子華之富，夫子明言之，此無可疑者。冉子之意，蓋酬其勞耳，不必疑而疑，尤當以爲戒也。

《伊川語録》云：「伯温問：『學者如何可以有所得？』曰：『將《論語》諸弟子問處，便作已問；將聖人答處，便作今日耳聞，自然有得。孔、孟復生，不過以此教人。』」《二程遺書》卷二十二。朱子云：「昔有人見龜山先生，請教，先生令讀《論語》。其人復問《論語》中要切是何語？先生云『皆要切，且熟讀可也』。此語甚有味。」《答江隱君書》。又云：「以《論語》爲先，一日只看一、二段，莫問精粗難易，但只須從頭看將去。讀而未曉則思，思而未曉則讀，反復玩味，久之必自有得矣。近年與朋友商量，亦多以此告之，然未見有看得徹尾者。人情喜新厭常乃如此，甚可歎！」《答王欽之書》。又云：《大學》，諸生看者多無入處，不如看《論語》者，漸見次第。《答黄直卿書》。又云：「語録散漫，亦難看，卒無入頭處，不如且就《論語》做工夫。」《答魏元履書》。

黄東發云：「晦庵先生終身常讀《論語》。某嘗竊謂人之初生，知有父母而已。及其少長，遊戲徵逐，往往至於忘返，與父母漸疏。終身慕父母者，古今一大舜而已。人之初學，知有《論語》而已。及其既長，博習討論，往往至於忘返，遂與《論語》日疏。終身讀《論語》者，古今一晦庵而已。」《撫州辛未冬至講義》。

卷三

孟子

孟子所謂性善者，謂人人之性皆有善也，非謂人人之性，皆純乎善也。其言曰：「惻隱之心，人皆有之；羞惡之心，人皆有之；恭敬之心，人皆有之；是非之心，人皆有之；父母之心，人皆有之。」「非獨賢者有是心也，人皆有之。」「今人乍見孺子將入於井，皆有怵惕惻隱之心。」「人皆有不忍人之心。」「人皆有所不忍，人皆有所不爲。」孟子言人性皆有善，明白如此。又曰：「雖存乎人者，豈無仁義之心哉？」「無惻隱之心，非人也；無羞惡之心，非人也；無辭讓之心，非人也；無是非之心，非人也。」其言人性無無善者，又明白如此。「公都子曰：或曰有性不善，以堯爲君而有象。孟子答之曰：『乃若其情，則可以爲善矣，乃所謂善也。』」此因有性不善之説而解其惑，謂彼性雖不善而仍有善，何以見之？以其情可以爲善，可知其性仍有善，是乃我所謂性善也。乃若者，因其説而轉之之詞。朱注云「乃若，發語詞」，非也。如象之性，誠惡矣，乃若見舜而忸怩，則其情可以爲善。可見象之性仍有善，是乃孟子所謂性善也。若論堯之性，豈得但云可以爲善而已乎？蓋聖人之性，純乎善；常人之性，皆有善；惡人之性，仍有善而不純乎惡。所謂性善者如此，所謂人無有不善者如此。後儒疑孟子者，未明孟子之説耳。程易疇《論學小記》云：「乃若者，轉語也，從下文『若夫爲不善』生根；『人皆有之』者，下愚亦有也。」其説近是，但不敢謂性不純善，故云下愚，且謂「乃若」二字生於下文，文法尤不順耳。

「人無有不善。」趙氏注云：「人皆有善性。」「孟子道性善」，注云：「人生皆有善性」。「親親，仁也」，「敬長，義也」，注云：「人，仁義之性，少而皆有之。」「公都子」章，章指云：「天之生人，皆有善性。」趙邠卿善讀《孟子》，深明乎「皆有之」説也。「人之有是四端也，猶其有四體也。」僞孫疏云：「然則人人皆有善矣。」此語亦明白直截，不可以其僞而忽之也。

荀、楊、韓各自立説以異於孟子，而荀子之説最不可通。其言曰：「人之欲爲善者，爲性惡也。」《性惡篇》。黄百家駁之云：「如果性惡，安有欲爲善之心乎？」《宋元學案》卷一。《荀子》又云：「塗之人可以爲禹」，「塗之人者，皆内可以知父子之義，外可以知君臣之正。其可以知之質，可以能之具。」在塗之人，「其可以爲禹明矣」。《性惡篇》。戴東原云：「此於性善之説，不惟不相悖，而且若相發明。」《孟子字義疏證》。澧謂「塗之人可以爲禹」，即孟子所謂「人皆可以爲堯、舜」，但改堯、舜爲禹耳，如此則何必自立一説乎？《漢書·藝文志·儒家虞丘説》一篇，注云：「難孫卿也。」今不得見其所難者何如，如黄、戴二説，雖荀子復生，亦無辭以對也。楊子雲但云「人之性也善惡混」《修身篇》。更無一語伸明之。試問之曰：「聖人之性，亦善惡混乎？」亦將無辭以對也。韓昌黎云：「性之品，有上中下三。」「下焉者，惡而已矣。」又云：「下之性，畏威而寡罪。」《原性篇》。夫畏威而寡罪，猶得謂之惡乎？孟子曰「其情可以爲善」。畏威寡罪，即可以爲善之情也，不能異於孟子也。

荀、楊、韓之外，疑孟子之説者尤多。《春秋繁露》云：「性有善端，動之愛父母，善於禽獸，則謂之善。此孟子之善。循三綱五紀，通八端之理，忠信而博愛，敦厚而好禮，乃可謂善，此聖人之善也。孟子下質於禽獸之所爲，故曰性已善。吾上質於聖人之所善，故謂性未善。」《深察名號篇》。又曰：「性有善質，而未能爲善也。」《實性篇》。澧謂董子言性有善端，性有善質，正合孟子之旨。善端，即《孟子》所謂四端也。何疑於孟子乎？何必以聖人之善乃謂之善乎？且又云：「凡人之性，莫不善義。」《玉英篇》。「人受命於天，有善善惡惡之性，可養而不可改，可豫而不可去。」《玉杯篇》。則尤與孟子之説無異矣。

《論衡》云：「周人世碩以爲性有善有惡，在所養焉，作《養書》一篇。宓子賤、漆雕開、公孫尼子之徒，亦論情性，與世子相出入，皆言性有善有惡。孟子作『性善』之篇，以爲人性皆善，未爲實也。」《本性篇》。又云：「孟軻言人性善者，中人以上者也。孫卿言人性惡者，中人以下者也。楊雄言人性善惡混者，中人也。」又云：「盜跖非人之竊也，莊蹻刺人之濫也。」同上。澧案：世碩等但言人性有善有惡，非謂人性無善也。此不可執以難孟子也。盜跖非人之竊，莊蹻刺人之濫，則惡人之性皆有善，明矣，愈可見孟子之言性爲實矣。其言中人以上以下，則韓昌黎性三品之說，與之暗合也。昌黎所言叔魚、楊食我、越椒，其惡不過如盜跖、莊蹻耳。方望溪《原人篇》云：「宋元兇劭之誅，謂臧質曰：『覆載所不容，丈人何爲見哭？』唐柳璨臨刑，自詈曰：『負國賊，死其宜矣！』由是觀之，劭之爲子，璨之爲臣，未嘗不明於父子君臣之道也。叔魚、楊食我、越椒，其惡猶未若劭、璨之甚。」望溪之論，可以釋昌黎之疑矣。《荀子·勸學篇》云：「其善者少，不善者多，桀、紂、盜跖也。」尤可證盜跖之性有善也。

皇甫持正云：「孟子、荀子，皆一偏之論，孟子合經而多益。」《孟子荀子言性論》。杜牧之云：「荀言人之性惡，比於二子，荀得多矣。」《三子言性辨》。案：二子，謂孟子、楊雄。孟、荀皆一偏，何以孟子獨能合經乎？謂荀子得多，則不必與辯也。或感憤之語歟？

劉原父云：「永叔問曰：『人之性必善，然則孔子所謂上智與下愚可乎？』劉子曰：『可，智愚非善惡也。』」《公是先生弟子記》。智愚與善惡，判然不同，而永叔不能分，宜爲原父所折也。愚與明對，善與惡對，下愚不移，是其極昏暗，不能使之明，非極惡無善也。

司馬温公云：「孟子云：『人無有不善』，此孟子之言失也。丹朱、商均，日所見者堯、舜也，不能移其惡，豈人之性無不善乎？」《疑孟》。又云：「孟子以爲仁義禮智，皆出乎性者也，然不知暴慢貪惑，亦出乎性也。」《性辨》。王介甫云：「孟子以惻隱之心人皆有之，因以謂人之性無不仁。如其説，必也怨毒忿戾之心人皆無之，然後可以言人之性無不善，而人果無之乎？」《原性》。蘇子由云：「有惻隱之心而已乎？蓋亦有忍人之心矣。有羞惡之心而已乎？蓋亦有無耻之心矣。有辭讓之心而已乎？蓋亦有争奪之心矣。有是非之心而已乎？蓋亦有蔽惑之心矣。今孟子則別之曰：此四者性也，彼四者非性也，以告於人，而欲其信之難矣！」《孟子解》。此諸説之意略同，總之疑孟子「人無有不善」之語。然孟子此語，答告子「人性無分於善不善」之語也。告子言「無分」，故孟子分之，謂有善無不善，所以謂無不善者。又細分之，雖有不善而皆有善，乃所謂人無有不善也。即《詩》所云「民之秉彝，好是懿德」，人無有不好懿德者也。聖人無暴慢貪惑之性，無怨毒忿戾之性，無忍人無耻争奪蔽惑之性。暴慢貪惑之人，怨毒忿戾之人，忍人無耻争奪蔽惑之人，則皆有仁義禮智之性，乃所謂人無有不善也。司馬公又云：「桀、紂亦知禹、湯之爲聖也，盗跖亦知顔、閔之爲賢也。」「人之情，莫不好善而惡惡，慕是而羞非。」《致知在格物論》。又云：「凡人爲不善，能欺天下之人，不能欺其心。雖忍而行之，於其心不能無蔕芥。」《中和論》。又云：「盗跖、莊蹻，諱聞其惡。有羞惡也。」《潛虚宜之初》。此則純乎「人無有不善」之説矣。又何疑乎？

程子云：「『人生而静』以上不容説，才説性時，便已不是性也。凡人説性，只是説『繼之者善』也，孟子言性善是也。」《二程遺書》卷一。又云：「論性不論氣，不備；論氣不論性，不明。」卷六。朱子云：「孟子之論，盡是説性善。至有不善，説陷溺，是説其初無不善，後來方有不善耳。若如此，却似『論性不論氣』，有些不備。却得程氏出來説出氣質來接一接，便接得有首尾，一齊圓備了。」《語類》卷四。又云：「孟子不論氣之病，《集注》言之詳矣。」《答林德久書》。澧謂程子説出氣質，誠圓備矣。然孟子所謂性善者，謂性皆有善，本無不圓備之病。且《論語》「性相近也」，朱注云：「此所謂性，兼氣質而言者也。」孔子言性兼氣質，孟子言性，豈必不兼氣質乎？性中有仁義禮智，又有氣質。氣質善者純乎善，氣質不善者，皆有仁義禮智。乃所謂善，豈不圓備乎？程子言孟子只是説「繼之者善」，則與蘇子瞻之説同。蘇氏《易傳》云：「昔者孟子以爲性善，以爲至矣。讀《易》而後知其未至也。孟子之於性，蓋見其繼者而已。」澧謂此皆欲高出於孟子之上，然《易》言繼善在成性之前，孟子説至此，已極高矣，而猶欲更高乎？朱子《雜學辨》已辨蘇説，今不必更辨程説矣。

黄東發云：「謂性爲皆善，則自己而人，自古而今，自聖賢而衆庶，皆不能不少殊。推禹、湯、文、武之聖，亦未見其盡與堯、舜爲一。」《日鈔》卷二。澧案：孟子但言性善，未嘗以爲盡與堯、舜爲一也。東發誤解「聖人與我同類」之語耳。同類，非爲一也。

胡康侯云：「孟子道性善云者，歎美之辭也，不與惡對。」其子仁仲作《知言》，引其説而申之云：「性也者，天地鬼神之奥也，善不足以言之。」今本《知言》無此條。其卷首有朱子所作《知言疑義》，則有之。澧謂康侯之説，文義不通；仁仲之説，亦欲高出於孟子之上，不必與辯。

《説文》云：「性，人之陽氣。性善者也。」「情，人之陰氣，有欲者。」此許叔重恪守孟子「性善」之説，而不惑於荀、楊者也。且言性善，不言情惡，亦恪守孟子「其情可以爲善」之説，故但云「有欲」。欲亦有善有惡，非盡惡也。《周書・蘇綽傳》六條詔書云：「性則爲善，情則爲惡。」觀蘇綽之粗疏，則可見許叔重之精審矣。《角弓》詩鄭箋云：「人之心皆有仁義。」亦恪守孟子「皆有」之説。《尚書・皋陶謨》孔疏云：「父義，母慈，兄友，弟恭，子孝。五者，人之常性，自然而有，但人性有多少耳。」《禮記・中庸》孔疏云：「降聖以下，愚人以上，所稟或多或少。」此所謂多少，尤可以發明「皆有」之説。袁彦伯云「夫仁義者，人心之所有也。濃薄不同，故有至與不至焉。」《後漢紀》二十五。濃薄，即多少也。彦伯之説亦精細，可參置之鄭、孔之間也。

黄百家云：「楊晉庵東明曰：『氣質之外無性，盈宇宙只是渾淪元氣，生人物萬殊，都是此氣爲之。此氣自有條理，便謂之理。得氣清者，理自昭著；得氣濁者，理自昏暗。蓋氣分陰陽，中含五行，不得不雜糅，不得不偏勝，此人性所以不皆善也。』然『雖雜糅，而本質自在；縱偏勝，而善根自存，此人所以無不善也。』先遺獻謂晉庵之言，一洗理氣爲二之謬，而其間有未瑩者，則以不皆善者之認爲性也。」《宋元學案》十七。澧謂楊氏此説，深明孟子「性善」之旨。梨洲以爲未瑩，實梨洲未瑩耳。

「蓋上世嘗有不葬其親者。其親死，則舉而委之於壑。他日過之，狐狸食之，蠅蚋姑嘬之。其顙有泚，睨而不視。」此即性善之確證。其泚也，即其情可以爲善者也。若云人之性惡，其善者僞，豈可云人之性，必委親於壑，其泚者僞乎？

「性善」之說，與「性相近，習相遠」正相發明。「心之所同然者何也？謂理也，義也」，性善也。「聖人先得我心之所同然耳」，性相近也。「富歲，子弟多賴；阮文達公云：賴，猶嬾也。凶歲，子弟多暴；非天之降才爾殊也，其所以陷溺其心者然也」，習相遠也。「所欲有甚於生者，所惡有甚於死者」，性善也。「非獨賢者有是心也，人皆有之」，性相近也。「賢者能勿喪耳」，習相遠也。「雖存乎人者，豈無仁義之心哉」？性善也。「平旦之氣，其好惡與人相近也者幾希」，性相近也。「梏之反覆，則其違禽獸不遠矣」，習相遠也。孔孟之言，若合符節也。朱子《答宋深之書》云：「夫子雜乎氣質而言之，孟子乃專言性之理也。雜乎氣質而言之，故不曰同而曰近。」澧案：朱子以爲孔孟之說有異，似不然也。孔子言性相近者，正指性之理而言之。性之理，聖人與我同類，故相近也。同類者，非人人皆聖人也，如有若所謂聖人之於民亦類耳，故不曰同而曰近也。

「若夫爲不善，非才之罪也」。此答公都子所述「性可以爲不善」之說也。爲不善，非才之罪，而況性乎！朱注云：「才，猶材質，人之能也。」是也。譬如金，或用爲鼎彝，或用爲矛戟。矛戟殺人，非金之材質之罪也；可爲鼎彝者，碎之而爲釘，則不能盡其材質者也。材質之義，引伸之，則材質美者謂之才。「人見其禽獸也，以爲未嘗有才焉者」，以爲未嘗有美材質也。才也養不才，材質美者，養材質不美者也。

告子曰：「生之謂性。」此言與生俱來者也，即孟子所謂「非由外鑠我也，我固有之也」。其解「性」字本不誤，其誤在以仁義爲非固有。以人性爲仁義，猶以杞柳爲桮棬。夫但知固有者爲性，而不知仁義爲固有，則性中固有者，惟「食色」而已。如此則人之性，真猶犬牛之性矣。故孟子必指出仁、義、禮、智爲固有。固有，即良知也。孟子言良知，亦必指出愛親敬長也。

孟子道「性善」，又曰：「先王有不忍人之心，斯有不忍人之政。」不忍人之心，即性善也。先王之政，皆從此出也。由性善而擴充之，爲堯、舜之徒，達則行先王之政，窮則守先王之道。七篇之大旨如是，而根本在「性善」。故「性善」之説，不可不明也。《孟子外書》四篇，一曰《性善辯》，見趙氏《題辭》。此必傳孟子之學者所爲也。《宋史·文苑傳》：「章望之，字民表，宗孟軻言性善，排荀卿、楊雄、韓愈、李翱之説，著《救性》七篇。」「救性」之名雖太過，然其文不傳，亦可惜也。焦里堂有《性善解》五篇，文多不録。

朱子云：「某以爲《告子》篇諸段，讀之可以興發人善心，故勸人讀之。」《語類》一百十八。陸象山亦云：「《告子》一篇，自『牛山之木嘗美矣』以下，可常讀之。」《與邵中孚書》。朱、陸之説皆如此，其必當讀無疑矣。《告子》篇曰「弗思耳」，又曰「弗思耳矣」，又曰「弗思甚也」，三言「弗思」，如呼寐者而使覺也。「人有雞犬放」，「今有無名之指」二章，尤淺近而痛切。

朱子云：「近看《孟子》，見人即道性善，稱堯舜，此是第一義。若於此看得透，信得及，直下便是聖賢，更無一毫人欲之私，做得病痛。若信不及，又引成覸、顔淵、公明儀三段説話，教人如此發憤勇猛向前，此外更無別法。近日見得如此，自覺頗得力，與前日不同。」《答梁文叔書》。《孟子》此章，至爲切要，得朱子此説而愈明矣。

孟子道「性善」，又言「擴充」。趙邠卿云：「人生皆有善性，但當充而用之耳。」性善者，人之所以異於禽獸也；擴充者，人皆可以爲堯、舜也。「人能充無欲害人之心，而仁不可勝用也；人能充無穿窬之心，而義不可勝用也；人能充無受爾汝之實，無所往而不爲義也。」此三言「充」，即擴充之「充」也。充實之謂美，亦即擴充之「充」也。此外擴充之義，觸處皆是。「親親，敬長，達之天下」，擴充也。「推恩保四海」，擴充也。「集義」、「養氣」、「盡心」、「知性」、「知天」，擴充也。「博學詳説」，「增益不能」，皆擴充也。取譬言之，則「山徑之蹊間介然，用之而成路也」；「原泉混混，不舍晝夜也」。若鄉原「自以爲是」，則不擴充者也。「苟失其養，無物不消」，不擴充則「牿亡之」也。「枉尺直尋」，牿亡之端。「壟斷」、「墦間」，牿亡之極也。

未能擴充，先求「有諸己」。「操則存」，有諸己也。「欲其自得之」，有諸己也。「仁在乎熟」，有諸己也。既知擴充，又必「勿助長」。「進鋭退速」，助長也。「所惡於智者爲其鑿」，助長也。朱子《答李晦叔書》云：「罷却許多閑安排，除却許多閑言語，只看『操則存』一句是如何，亦不可重疊更下注解。」

滕文公未嘗學問，孟子告以性善。可見學問以知性善爲先也。又引孔子曰「君薨聽於冢宰」云云，此則必待學問而後能知之矣。可見既知性善，又不可無學問也。學問者，擴充也。

孟子道「性善」，而必引「舜何人也」之言，必引「文王我師也」之語，非但性善而不學古人也。《論語》云「雖曰未學，吾必謂之學矣」。此極言忠孝之重。能忠孝，則雖未學，亦可不苛求之耳。《大學》云：「如保赤子，心誠求之，雖不中，不遠矣。未有學養子而後嫁者也。」此極言當誠求耳。既曰「不中」、「不遠」，則固未必即中也。

「服堯之服，誦堯之言，行堯之行」，是堯而已矣。如恥之，莫若師文王。「乃所願則學孔子也」，皆所謂學之爲言效也。「今有仁心仁聞，而民不被其澤，不可法於後世者，不行先王之道也」，此則不學不效者也。「大匠誨人，必以規矩，學者亦必以規矩」，若不學不效，則竭目力可矣，不必以規矩矣。

「博學而詳説之，將以反説約也。」此孟子之學也。如説約而不博學，則其説何所以乎？既博學詳説，則當進於説約，不然，則博學詳説者將何以乎？

仁、義、禮、智、樂皆有實，而其實則在事親從兄。此至約之説也。鄭康成《六藝論》，謂《孝經》爲「道之根源，六藝之總會」，即此意也。

「盡心」章亦至精至約。下數章亦然。盡其心者，盡惻隱、羞惡、恭敬、是非之心也；知其性者，知仁、義、禮、智之性也。此僞孫疏之説，甚明確，不可以其僞而忽之也。仁、義、禮、智，皆由於「天生蒸民，有物有則」，故知性則知天也。所謂知天者如此，無高妙之説也。

《史記·孟子列傳》云：「序《詩》、《書》，述仲尼之意，作《孟子》七篇。」趙邠卿《孟子題辭》，云孟子通五經，「尤長於《詩》、《書》。」澧案：《孟子》引《詩》者三十，「經始靈臺」，「刑于寡妻」，「畏天之威」，「王赫斯怒」，「哿矣富人」，「乃積乃倉」，「古公亶父」，「自西自東」，「迨天之未陰雨」，「永言配命」兩引，「晝爾于茅」，「雨我公田」，「周雖舊邦」，「出於幽谷」，「戎狄是膺」兩引，「不愆不忘」，「天之方蹶」，「殷鑒不遠」，「商之孫子」，「誰能執熱」，「其何能淑」，「周餘黎民」，「永言孝思」，「周道如砥」，「天生蒸民」，「既醉以酒」，「憂心悄悄」，「肆不殄厥慍」。「畜君何尤」不在三百篇内。論《詩》者四「普天之下」，「小弁」，「凱風」，「不素餐兮」 齊宣王引「他人有心」，王良引「不失其馳」，萬章引「娶妻如之何？」孟子無論辨之語。引《書》者十八，《湯誓》曰：「時日害喪」，《書》曰：「天降下民」，《書》曰：「湯一征」，又「湯始征」。《書》曰：「徯我后」兩引《太甲》曰：「天作孽」兩引《書》曰：「若藥不瞑眩」《書》曰「葛伯仇餉」。《泰誓》曰「我武惟揚」《書》曰「丕顯哉文王謨」，《堯典》曰「二十有八載」，《書》曰「祇載見瞽瞍」，《泰誓》曰「天視自我民視」，《伊訓》曰：「天誅造攻自牧宮」，《康誥》曰「殺越人于貨」，《書》曰「享多儀」。論《書》者一《武成》。又有似引《書》而不言「《書》曰」者，如放勳曰「勞之來之」，「有攸不爲臣」之類。所謂尤長於《詩》、《書》者，於此可以窺見矣。其引《蒸民》之詩，以證性善、性理之學也；引「雨我公田」，以證周用助法，考據之學也。「《小弁》之怨，親親也。親親，仁也。」此由讀經而推求性理，尤理學之圭臬也。蓋性理之學，政治之學，皆出於《詩》、《書》，是乃孟子之學也。

《孟子》說《春秋》者雖不多，其云：「臣弒其君、子弒其父，孔子懼，作《春秋》。《春秋》，天子之事也。」此明《春秋》之所以作也。「春秋無義戰」，亦《春秋》之大義，故孟子亦惡戰也。其事、其文、其義三者，不獨深明《春秋》。凡後世史學，亦包括無遺矣。《孟子》説《禮》，有明言《禮》者，如《禮》曰「諸侯耕助」云云，「禮，朝廷不歷位而相與言」云云，是也。「諸侯失國」云云，「在國曰市井之臣」云云，下文皆云「禮」也。「丈夫之冠也，父命之」云云，上文云：「子未學禮乎？」「三年之喪，齊疏之服」云云，「天子一位」云云，皆曰：嘗聞「君薨，聽於冢宰」，引孔子曰。「天子適諸侯」云云，兩見，一引晏子曰。有不明言《禮》者。「古者棺槨無度」云云，「夏后氏五十而貢」云云，「夏日校」云云，「卿以下必有圭田」云云。「歲十一月徒杠成」云云，「招虞人以皮冠」云云，「天子之地方千里」云云，「犧牲既成」云云，「有布縷之征」云云。有與人論《禮》者景丑曰：《禮》曰「父召無諾」云云，「淳于髡曰「男女授受不親，禮與？」齊宣王曰「禮，爲舊君有服」。萬章曰「父母愛之，喜而不忘」云云，與《内則》略同。其曰「諸侯之禮，吾未之學」。蓋禮文繁博，間或有未學者。故趙氏不以爲尤長耳。《列女傳》：孟母謂孟子曰：「夫禮，將入門，問孰存；將上堂，聲必揚；將入户，視必下。」又曰：「婦人之禮，精五飰，羃酒漿，養舅姑，縫衣裳。」《易》曰「在中饋，無攸遂」，《詩》曰「無非無儀，惟酒食是議」。「年少則從乎父母，出嫁則從乎夫，夫死則從乎子，禮也。」觀此，則孟子通五經，蓋由於母教。但七篇中偶無引《易》之語耳。李榕村《語録》云：孟子竟是不曾見《易》，平生深於《詩》、《書》、《春秋》、《禮經》便不熟。卷五此語太輕率矣。朱子《集注》卷首引尹氏曰「趙氏謂孟子長於《詩》、《書》而已，豈知孟子者哉？」近有《四書隨見録》，采南昌姜氏《樟圃經解》云：趙氏言「通五經，尤長於《詩》、《書》」。尹氏減去「通五經」三字，並「尤」字，加「而已」二字，必加減其辭，天下無不可議之人矣。

《孟子》引孔子之言凡二十九，其載於《論語》者八，《日知録》詳考之矣。其不明引「孔子曰」者：「君子之德風也，小人之德草也，草上之風必偃。」「生事之以禮，死葬之以禮，祭之以禮」，《孟子》引曾子曰。亦見《論語》。「大人者，言不必信，行不必果」，亦本於《論語》「言必信，行必果，硜硜然，小人哉」。「原泉混混，不舍晝夜」，亦本於「逝者如斯夫，不舍晝夜」。蓋孟子之言，本於孔子者多矣。「在下位」一章，全見於《中庸》。

孟子稱述曾子者最多。「曾子曰『戒之、戒之』」，「曾子曰『晉楚之富』」，「曾子曰『生事之以禮』」，「曾子曰『脅肩諂笑』」，「曾子謂子襄」，「曾子居武城」，「曾子養曾皙」，「曾子不忍食羊棗」，「子夏、子張、子游欲事有若，曾子曰『不可』」，凡九條。孟子傳曾子之學，即此可見。「孟施舍似曾子，北宮黝似子夏」。是曾子、子夏皆不動心，此孟子不動心之學所自出。曾子述夫子「自反而縮」數語，即孟子所謂「浩然之氣」也。又觀「或問曾西」一節，即孟子所謂「不爲管仲」也，即「仲尼之徒無道桓、文之事」之證也。又因此見曾西之賢而有大才，故或人以子路、管仲擬之。觀其答語，醇謹而雄直，曾氏家學，可以想見，且可見子路高出於管仲遠甚也。或人問管仲在子路之後，此人亦非庸俗人也。

《檀弓》：「穆公之母卒，使人問於曾子，曰：『如之何？』對曰：『申也聞諸申之父曰：哭泣之哀，齊斬之情，饘粥之食，自天子達。』」孟子告滕文公云：「吾嘗聞之矣，三年之喪，齊疏之服，飦粥之食，自天子達於庶人。」孟子所聞，蓋出於曾申所述曾子之語也。

公明儀，曾子弟子。見《祭義》鄭注。《檀弓》孔疏云：子張弟子。孟子述其言曰：「文王我師也，周公豈欺我哉？」孟子所謂「師文王」，蓋本於此也。又述其言曰：「庖有肥肉，廄有肥馬，民有飢色，野有餓莩，此率獸而食人也。」又以此數語告齊宣王；論逢蒙殺羿，亦引其語。蓋最敬其人也。

「昔者文王之治岐也，耕者九一，仕者世禄，關市譏而不征，澤梁無禁，罪人不孥。鰥寡孤獨四者，天下之窮民而無告者。文王發政施仁，必先斯四者。」此孟子所述古書，可作一部《周禮》讀之，且在周公制禮之前矣。孟子以井田世禄告滕文公，朱注云：「孟子嘗言文王治岐，耕者九一，仕者世禄。二者，王政之本也。」又言「市廛而不征」，「關譏而不征」，「耕者助而不税」，皆本於此。戴盈之曰：「什一，去關市之征，今兹未能」，亦必孟子以此二事勸之也。以此知孟子所言王政，皆文王之政，所謂「師文王者」在此也。

「五畝之宅」云云，凡三見。一對梁惠王，一對齊宣王，一言西伯善養老。此亦古書之文而孟子述之也。「西伯善養老」亦兩見。一言「文王之政」，一言「五畝之宅」云云。然則「五畝之宅」云云，必古書所記文王之政也。下文云：「文王之民，無凍餒之老者，此之謂也。」云「此之謂」，則爲古語明矣。

「舜相堯，二十有八載。」「舜薦禹於天，十有七年。舜崩，禹薦益於天。七年，禹崩。」孟子不但述其事，且能言其年數，可知所據古書記事甚詳也。「舜之飯糗茹草」，「舜之居深山之中」，皆古書所記。

「民之爲道也，有恒産者有恒心，無恒産者無恒心。」「生於其心，害於其政；發於其政，害於其事。」此則孟子平日撰定之語，故兩言之而略同。

趙邠卿云：孟子反覆差次伯夷、伊尹、柳下惠之德，「數章陳之，蓋其留意者也」。《萬章章句下》。澧案：此亦古書之文，而孟子述之也。蓋天下風俗之壞，總不出頑、懦、鄙、薄四者，惟廉、立、寬、敦可以救之。夷、惠實「百世之師」。其曰「君子不由」者，師其清不由其隘，師其和不由其不恭耳。「目不視惡色，耳不聽惡聲」，「進不隱賢，必以其道；遺佚而不怨，阨窮而不憫」。此豈君子所不由乎？孟子不與右師言，即不與惡人言也。然則孟子由伯夷矣。《史記·仲尼弟子列傳》云閔損不食汚君之禄，則閔子亦由伯夷也。

「不以三公易其介」，柳下惠之清也。「一介不取」，伊尹之清也。故曰「聖人之行不同，歸潔其身而已矣」。顧亭林云：「以伊尹之元聖，堯舜其君其民之盛德大功，而其本乃在乎千駟一介之不視、不取。」《與友人論學書》。澧謂伊尹放太甲，霍光、徐羡之等效之，其後皆及於禍；若廢而復立，則更無能效之者矣。惟其「禄之以天下弗顧」，故太甲被放，而不疑其篡。蓋其才略膽氣，固亘萬世而無兩；而所以不及於禍者，禄之以天下弗顧也。此亭林所謂本也。柳下惠之「和」，其本亦在「介」；不然，則同乎流俗，合乎汚世矣。何謂「和」乎？

「伊尹耕於有莘之野，而樂堯、舜之道焉。非其義也，非其道也，禄之以天下弗顧也；繫馬千駟弗視也。非其義也，非其道也，一介不以與人，一介不以取諸人。」孟子述伊尹之言，樂堯、舜之道者如此。夫取與，即人心也；道義，即道心也。辨其非義非道，即精也；弗顧弗視，不與不取，即一也。伊尹之言，可以包荀子所引《道經》之說也。儒者尊信孟子，誦法伊尹可也。

《困學紀聞》云：「孟子學伊尹者也。『當今之世，舍我其誰』哉？亦是聖人之任。」澧謂孟子言「非其道，則一簞食不可受於人」，與伊尹言「非其道，一介不以取諸人」，若合符節也。「仲子，不義與之齊國而不受」。然則非道非義，千駟弗視，陳仲子亦能之。所異於伊尹者，彼無所謂「以斯道覺斯民」者也。此山林枯槁之徒，所以異於聖賢也。陳仲子之辟兄離母，許行之並耕，白圭之二十取一，皆欲自表異以驚世駭俗。此亦戰國時風氣也。

陳後山云：「治始於伏羲，更虞、夏、商至周而大備；行始於伊尹，更夷、叔、柳下惠至孔子而大成。」《徐州學記》。澧謂古今賢哲之行，大約不外「清」、「和」、「任」三者。後山論行而舉伊尹、夷、惠，是其卓識也。求之三代以後，則陶淵明，伯夷也。梁昭明太子云：「有能讀陶淵明之文者，貪夫可以廉，懦夫可以立」。《陶淵明集序》。陳太丘，柳下惠也。范蔚宗云：「太丘奧廣，模我彝倫，曾是淵軌，薄夫以淳。」《後漢書》陳寔傳贊。諸葛武侯，伊尹也。杜子美詩云「伯仲之間見伊、呂」。《三國志·諸葛亮傳》注采《蜀記》，晉劉宏觀亮故宅，立碣，李興爲文，有「匪皋則伊」之語。杜詩或本於此。楊子雲自比柳下惠，《法言·淵騫篇》云：或問「柳下惠非朝隱者與」？然作符命以同流俗，合污世，是鄉原耳。鄉原之極者，馮道也。

伯夷、伊尹與孔子，「行一不義，殺一不辜，而得天下，皆不爲也。是則同。」「士何事？曰：『尚志』、『仁義而已矣。殺一無罪，非仁也；非其有而取之，非義也。』」士之尚志，即與伯夷、伊尹、孔子同，士可不勉乎！

《史記・孟子列傳》先述梁惠王問「何以利吾國」云云，然後云孟子「鄒人也」，此於列傳爲變體。蓋以「梁惠王」第一章爲七篇之大義，故揭而出之。朱子采太史公語入第一章集注。且又於《魏世家》載之，又於《自序》云「絶惠王利端」，作《孟子列傳》。太史公之於此章，可謂三致意者。李泰伯云：人非利不生，「孟子謂何必曰利，激也」。《原文篇》。泰伯喜駁孟子，乃并「何必曰利」之語而駁之，真所謂激矣。商鞅云：「吾所謂利，義之本也；而世之謂義者，暴之道也。」《開塞篇》。泰伯之説，流入於商鞅之學，而不自知也。

《孟子》卒章，歷序群聖，講道統者喜言之。澧謂堯、舜、湯、文王、孔子，非後儒所可擬也。《太史公自序》云：孔子卒後「至於今五百歲，小子何敢讓焉」。《論衡・超奇篇》云：「周長生，所謂鴻儒者也。孔子曰：『文王既没，文不在兹乎？』文王之文在孔子，孔子之文在仲舒。仲舒既死，豈在長生之徒與？」可見談道統者，漢人已有之。其上一章，取《論語》「狂簡」、「狂狷」、「鄉原」三章，合而論之，乃七篇之大義。故將至終篇而特著之，此學者所宜勉耳。孔子曰：「狂者進取。」孟子申之曰：「其志嘐嘐然，曰『古之人，古之人』。」孔子曰「狷者有所不爲」，孟子申之曰「不屑不潔」。然則狂狷者，「古」與「潔」也。孔子曰「鄉原，德之賊」，孟子申之曰「非之無舉，刺之無刺」，「居之似忠信，行之似廉潔」。其爲賊安在哉？在「閹然媚於世」之一言，在「同乎流俗，合乎污世」之兩言而已矣。狂狷、古潔，不媚世，不同流合污，則孔子謂之「吾黨」。鄉原媚世，同流合污，則孔子謂之「賊」。不媚、不同、不合，則可以入堯舜之道，是謂反經。媚也，同也，合也，則恐其亂德，是謂邪慝。經者，常道也，即古與潔之道也，鄉原非常道也。僞孫疏云「如佞口鄉原者，是不經也」。此語得之，不可以其僞而棄之也。故必反之於古潔，而後爲君子也。

《後漢書·獨行傳》序引《論語》而論之曰：「有所不爲，亦將有所必爲者矣。既云進取，亦將有所不取者矣。」此則通狂狷而爲一。王蘭泉云：「狂之志，既與古爲徒，則豈能閹然鶩媚世之爲？勢非極於踽踽涼涼不止。故狂狷之異，異以迹。其實未嘗不同也。」《華海堂集序》。此與范蔚宗之説相發明。

孟子所願則學孔子，何嘗非狂者之志？不枉尺而直尋，何嘗非獧者之潔？孟子可謂中道矣，而仍不離乎狂獧也。

宋儒持論好高，是其狂也；立身多介，是其獧也。其過中失正，而或陷於異端者有之矣，未得聖人以裁之耳，固無愧於聖門也。近人詆宋儒者，未之思也。

蘇東坡云：「古之所謂中庸者，盡萬物之理而不過；後之所謂中庸者，循循然爲衆人之所能爲。此孔子、孟子所謂鄉原也。」《策略》。澧案：《中庸》鄭注云「國有道，不變以趨時」。鄉原生斯世，爲斯世，即所謂趨時也。天下相率於趨時，以至於敗壞衰亂，故孔子謂之賊也。

「古之狂也肆，今之狂也蕩；古之矜也廉，今之矜也忿戾。」矜即獧也。矜、獧雙聲。矜與鰥通，鰥亦作鱞。見《桃夭》詩序。《釋文》獧、鱞皆以睘爲聲。矜與鱞通，故亦與獧通也。古之愚也直，今之愚也詐。愚，即原也；詐，即居之似忠信，行之似廉潔也。蓋狂獧亦有似是而非者，故孔、孟取狂獧，而不取原壤、陳仲子也。且孔子言狂者又不可得，則狂者甚難能而可貴。對中庸言之，則謂之「狂」；對流俗言之，則爲反經矣。獧者之不屑不潔，即伊尹、夷、惠之歸潔其身也。故真狂真獧，其品甚高；若肆蕩忿戾，好剛不好學，則其爲害大矣，何足取乎？狂者嘐嘐然，曰「古之人」，而其行不掩。故《論語》多說言行，正所以裁之也。

《離婁》章「上無道揆也，下無法守也」以下百餘言，於戰國衰亂言之痛切，當時竟不知也。若知如此則衰亂，則知不如此即轉衰爲盛，撥亂爲治矣。上修道揆，下謹法守；朝信道，工信度；以義治君子，以刑威小人；上興禮，下勤學；事君以義，進退以禮，言必稱先王；如此則國存而賊民滅矣。且以賊民興，由於下無學。然則學問之事，所係豈不重哉！

「不信仁賢，則國空虛；無禮義，則上下亂；無政事，則財用不足。」然則欲國不空虛，則信仁賢；欲定亂，則明禮義；欲足財用，則修政事。此孟子之經濟也。

《離婁》章極論爲政用先王之道。當時諸子之説並作，皆不法先王而自爲説也。孟子「距楊墨」。

楊朱,老子弟子。距楊朱,即距道家矣。「善戰者服上刑,連諸侯者次之,辟草萊任土地者次之」。朱注以爲孫臏、吴起、蘇秦、張儀、李悝、商鞅之類。則兵家、縱横家、農家,皆距之矣。「省刑罰」,可以距法家。「生之謂性也,猶白之謂白與」,可以距名家。「天時不如地利」,可以距陰陽家。「夫道一而已矣」,可以距雜家。「齊東野人之語,非君子之言」,可以距小説家。此孟子所以爲大儒也。

孟子最惡戰。曰「民賊」,曰「殃民」,曰「糜爛其民」,曰「大罪」,曰「罪不容於死」,曰「服上刑」,曰「戰勝,「然且不可」,曰「焉用戰」。然如何而可以不戰乎?曰「國家閑暇,及是時明其政刑,雖大國必畏之矣」。「省刑罰,薄税斂,深耕易耨,壯者以暇日修其孝弟忠信,入以事其父兄,出以事其長上,可使制梃以撻秦楚之堅甲利兵矣」。「及是時」三字,其意甚急。閑暇之日,不易得也,即所謂迨天之未陰雨也。

孟子論天下「一治一亂」,而曰「我亦欲正人心」。顧亭林之言,足以暢其旨。其言曰:「目擊世趨,方知治亂之關,必在人心風俗。而所以轉移人心,整頓風俗,則教化紀綱爲不可闕矣。百年必世養之而不足,一朝一夕敗之而有餘。」《與人書》。亭林在明末,亦一孟子也。

「予豈好辯哉?予不得已也!」《莊子》云:「知士無思慮之變則不樂,辯士無談説之序則不樂,察士無凌誶之事則不樂。」《徐無鬼》此則得已而不已者也。得已而不已,故天下之書,汗牛充棟也。《朱子語類》云:「解經已是不得已。」(卷十一)

趙邠卿《孟子題辭》云:孟子既没之後,「大道遂絀」。絀者,不伸也,非斷絶也。《史記·儒林傳》

云：天下並争於戰國，「儒術既絀焉，然齊魯之間，學者獨不廢也」。韓昌黎云：孟軻死，「不得其傳」。《原道》李習之云：「軻之門人達者，公孫丑、萬章之徒，蓋傳之矣。」《復性書上篇》。澧案：孟子知言養氣，則以告公孫丑；人皆有仁、義、禮、智之心，正人心，距楊、墨，以承三聖，則以告公都子；取狂獧，惡鄉原，君子反經，斯無邪慝，則以告萬章。此皆微言大義，傳之高第弟子者。荀子詆孟子云：「世俗溝猶瞀儒，嚾嚾然遂受而傳之」。《非二十子》。然則其時傳受孟子之學者不少。荀子嫉之，謂之「溝猶瞀儒」耳。韓非《顯學篇》云有「孟氏之儒」，謂之「顯學」，安得以爲不傳哉？

程伊川爲《明道先生墓表》云「孟軻死，聖人之學不傳」，「千載無真儒」。「人欲肆而天理滅。先生生於千四百年之後，得不傳之學於遺經」。魏鶴山云：「千數百年間，何可謂無人？往往孤立寡儔，倡焉而莫之和也，絶焉而莫之續也。」《朱子年譜序》。王順渠《文録》云孟子後，「千載無真儒」。宋儒有是言，余每讀之戚然。姑就漢一代言之，董、賈兼文學、政事之科，蕭、曹、丙、魏皆有政事之才，至於孔明，則兼四科而有之矣。黄叔度不言，而化如愚之流輩也。管幼安龍德而隱，陳太丘、郭有道、徐孺子，皆德行科人。至晉及唐，代不乏人。今一舉而空之曰「無真儒」。嗚呼！悠悠千載，向誰晤語？澧未見順渠《文録》，據《明儒學案》録此。澧謂漢唐人且可不論，而先無以處濂溪也。

《孟子》書，諸弟子問而孟子答之，多客主之辭，乃戰國文體也。如《卜居》、《漁父》之類。如萬章謂今之諸侯「猶禦」，其持論之嚴如此，《潛丘札記》卷一引《讀書札記》論彭更、萬章，謂學於孟子之門者，守身之嚴類如此。澧謂公孫丑問「不素餐兮」亦然。則其問不託諸侯，不見諸侯，爲客主之辭明矣。李榕村《語録》云：「萬章好論古，大抵博觀雜取，一切稗官野史都記得多，却不知其人，連大禹、伊尹、孔子，都疑惑一番。」卷六。此不知《孟子》文體故也。《萬章》篇所論唐虞三代之事，閎遠深博，非問答之文，不能暢達之。讀書豈可不識文章之體乎？孟子言孔子「獵較」，萬章尚疑之，必不信「主癰疽」與「侍人瘠環」之語矣。

李泰伯云：「天子在上，而孟子游於諸侯，皆説以王道，湯、文、武所以得天下之説。未聞一言以奬周室。」《策問》自來非《孟子》者以此説爲最甚。魏叔子云：孔子尊周，而孟子游説齊、梁之君，教之以王，「夫孟子，豈不欲周之子孫王天下而朝諸侯？周卒不能，而天下之生民，不可以不救。」《留侯論》。澧謂此可以解泰伯之惑矣。孟子時，生民之憔悴，有類於倒懸，安得不以王道救之乎？若説齊、梁之君以奬周室，則必爲齊桓、晉文之事。然戰國時，桓、文之事，不可復行，所謂「以一服八，無以異於鄒敵楚者也」。荀子最惡孟子，使孟子果有不奬周室之罪，何以荀子竟不非之乎？正以荀子在當時知其事勢故也。泰伯之説，乃讀書而不論其世者也。程子亦嘗論此，謂視天命改與未改。朱子采入《梁惠王》篇集注。孟子七篇，惟「桃應」章可疑，讀者如食肉，不食馬肝可也。其餘無可疑也。

閻百詩云：説「大人」章，「孟子以己之長，方人之短，猶有此等氣象，在孔子則無之矣。此楊龜山語，何苛論孟子？如曾子之彼以其富，我以吾仁；彼以其爵，我以吾義。吾何慊乎哉！」曾子何獨不然？《四書釋地》又續。灃謂在彼者，皆我所不爲，不同流俗也；在我者，皆古之制，君子反經也。此後儒不可不恪遵者，而況可苛論乎？

「滕文公爲世子」章，朱注云：「孟子之言性善，始見於此，而詳具於《告子》之篇。然默識而旁通之，則七篇之中，無非此理。」萬章「問不見諸侯何義」章，朱注云：「更合陳代、公孫丑所問者而觀之，其説乃盡。」「燕人畔」章，朱注采林氏曰：「若以第二篇十章、十一章，置之前章之後、此章之前，則孟子之意，不待論説而自明矣。」灃案：此朱子教人讀《孟子》之法也。《宋史·儒林傳》，楊泰之所著有《論孟類》。近時林月亭學正伯桐有《孟子章類》一編，惜未見其書也。

孟子長章多，短章少。惟「人有不爲也，而後可以有爲」前後數章，皆一二句。朱注以爲有爲而言，是也。蓋因論一事，記者摘録一二語。此即《論語》之體也。「有不虞之譽」、「無罪而殺士」數章，皆短。

僞孫疏甚有精善處。如「公都子曰『告子曰』」章，疏云：「情、性、才三者，合而言之，則一物耳；分而言之，則有三名。」「蓋人之性本善，而欲爲善者非性也。案此語非是。以其情然也，情之能爲善者，非情然也。以其才也，是則性之動則爲情。」「而才者乃性之用也」。所謂物者，自「四肢、五臟、六腑、九竅，達之於君臣、父子、夫婦、兄弟、朋友，無非物也。所謂則者，即仁之於父子，義之於君臣，禮之於夫婦、兄弟，信之於朋友也。是無非有物則有則也」。「形色，天性」章疏云：「惟聖人能因形以求其性，體性以踐其形。故體性以踐目之形而得於性之明，踐耳之形而得於性之聰，以至踐肝之形以爲仁，踐肺之形以爲義，踐心之形以通於神明。凡於百骸、九竅、五臟之形，各有所踐也，故能以七尺之軀，方寸之微，六通四闢，其運無乎不在，兹其所以爲聖人與！」如此二段，精善之至，近人以其僞而蔑棄之，不知其有可取者矣。僞疏之不通者，如「我能爲君約與國，戰必克」，疏云：我能爲君期與敵國戰鬬，必能勝。連讀「與國戰」三字，謂「國」爲「敵國」，此其不通也。「居惡在，仁是也；路惡在，義是也」。疏云：非仁、非義者，亦以所居有惡疾在於仁，所行有惡疾在於義，是也。釋「惡」爲「惡疾」又不通也。「然後知生於憂患」。疏云：如是則然後因而知人以憂患謀慮而生，此連用「如是則然後因而」七字，又不通也。「曾皙死，曾元養曾子」。疏云：曾皙已死，曾元奉養其曾子。此「其」字不通。「丑見王之敬子也」。疏云：今丑每見王之敬重其子也。此「其」字又不通也。「奚爲後我，民之望之，若大旱之望雨也」。疏云：怨云何爲而後去，其我民之望其湯之來，若大旱之時，人望其雲電而雨之降。「周公相武王誅紂」。疏云：周公乃輔相武王，誅伐其紂。此「其」字，皆不通。然何以不通至此，此疏必非一人之筆也。

卷四

易

伏羲作八卦。其重爲六十四卦者何人？則不可知矣。《三國志》高貴鄉公云：「後聖重之爲六十四。」此語最審慎。然必在倉頡造文字之後也。八卦之爲數少，可以口授卦名；至六十四卦，若無文字以標題卦名，上古愚民安能識別乎？孔沖遠八論第二「論重卦之人」云：王輔嗣等以爲伏羲，「爲得其實」。又云「《周禮》小史，案：當作外史。掌三皇五帝之書，明三皇已有書」；故孔安國《書序》云「伏羲氏之王天下也，始畫八卦，造書契」。澧案：自古無伏羲造書契之説，孔沖遠獨據僞孔説，且以《周禮》傅會之，其意亦以六十四卦不可無文字題識也。然《周禮》所謂三皇之書者，後世説三皇之事，非三皇時所作之書。《周禮》賈疏云：《世本·作》云「倉頡造文字」。倉頡，黄帝之史，則文字起於黄帝。而云三皇之書者，以有文字之後，仰録三皇時事也。且既引僞孔説，而僞孔亦但言伏羲始畫八卦，不言畫六十四卦也。沖遠又云：《説卦》云「昔者聖人之作《易》也，幽贊於神明而生蓍。」凡言作者，創始之謂；幽贊用蓍，謂伏羲矣。《上繫》論用蓍云：「四營而成《易》，十有八變而成卦。」明用蓍在六爻之後，非三畫之時。澧案：此以伏羲創始牽連於用蓍，又以用蓍傅合於六畫，已紆曲矣。且三畫非創始，六爻乃爲創始乎？六爻誠用蓍矣，何以知三畫不可用蓍乎？《周禮·龜人》鄭注引《世本·作》曰「巫咸作筮」。賈疏云：「伏羲未有揲蓍之法，至巫咸乃教人爲之。」然則幽贊用蓍，非謂伏羲也；言作，亦非必謂創始。作《易》者其有憂患乎？孔疏固以爲文王、周公矣。

孔沖遠以《繫辭》神農之時已有，蓋取《益》與《噬嗑》，爲伏羲重卦之證，此亦未確也。《朱子語類》云：「十三卦所謂『蓋取諸《離》，蓋取諸《益》者』，言結繩而爲網罟，有《離》之象，非觀《離》而始有此也。」卷六十五。又云：「不是先有見乎《離》，而後爲網罟；先有見乎《益》，而後爲耒耜。聖人亦只是見魚鼈之屬，欲有以取之，遂做一個物事去攔截他。欲得耕種，見地土硬，遂做一個物事去剔起他。却合於《離》之象，合於《益》之意。」卷七十五　沈寓山《寓簡》云：《大傳》言「蓋取諸《益》」、「取諸《睽》」，凡一十三卦，蓋聖人謂耒耜得《益》，弧矢得《睽》耳，非謂先有卦名，乃作某器也。澧案：《繫辭》所言「取諸」者，與《考工記·輪人》「取諸圜也」、「取諸易直也」、「取諸急也」，文義正同。輪人意取於圜，非因見圜物而取之也；意取易直與急，非因見易直與急之物而取之也。

《繫辭傳》：《易》之興也，其當殷之末世，周之盛德邪？當文王與紂之事邪？《左傳》昭二年孔疏云：「鄭玄云：『據此言，以《易》是文王所作，斷可知矣。』但《易》之爻辭，有箕子之『明夷』、

『利貞』。又云『王用亨于岐山』。又云『東鄰殺牛，不如西鄰之禴祭，實受其福』。故先代大儒鄭衆、賈逵等，或以爲卦下之《彖》辭，文王所作；爻下之《象》辭，周公所作。雖復紛競大久，無能決其是非。」澧謂，孔子言《易》之興，但揣度其世與事，而未明言文王所作也。孔子所未言，後儒當闕疑而已，何必紛競乎？惠定宇必以爲文王作，所撰《周易述》，用趙賓説而小變之，以箕子爲其子，又據《禹貢》冀州「治梁及岐」，《爾雅》「梁山晉望也」，因謂岐山亦冀州之望；夏都冀州，王用亨於岐山者，爲夏王。紆曲如此，更可以不必矣。

《漢書·儒林傳》云：費直「以《彖》、《象》、《繫辭》十篇《文言》解説上下經。」澧案：「十篇」二字，當在「文言」二字下，文義乃順。《釋文·序録》無「十篇」二字。此千古治《易》之準的也。孔子作十篇，爲經注之祖；費氏以十篇解説上下經，乃義疏之祖。費氏之書已佚，《儒林傳》云「亡《章句》」。《釋文·序録》則云費直《章句》四卷，殘缺。澧謂此《章句》蓋傳費氏學者筆之於書，非費直自作。而鄭康成、荀慈明、王輔嗣，皆傳費氏學。荀悦《漢紀》云：「臣悦叔父故司空爽，著《易傳》，據爻象承應陰陽變化之義，以十篇之文解説經意。」此後諸儒之説，凡據十篇以解經者，皆得費氏家法者也。其自爲説者，皆非費氏家法也。説《易》者當以此爲斷。錢辛楣《周易讀翼揆方序》云：「三聖人爲之《經》，宣尼爲之《傳》」，「故舍十翼以言《易》，非《易》也。」又有《贈邵冶南序》，其説亦然。

《儒林傳》云：丁寬「作《易説》三萬言，訓故舉大誼而已。」此班氏特筆也。「訓故舉大誼」，凡説經者皆然，豈復有加於此？而此獨云「訓故舉大誼而已」，若有所減損者。漢時《易》家有陰陽災變之説，《儒林傳》：孟喜得《易》家候陰陽災變之書。《藝文志》，《易》有《古五子》、《雜災異》、《神輸》之類。丁寬《易説》則無之，惟「訓故舉大誼」，故特著之也。自商瞿至丁寬六傳，而其説不過如此。此先師家法也。丁寬再傳，乃分爲施、孟、梁丘三家。

焦里堂云：卦氣值日，見《易緯稽覽圖》。《唐書》載一行《卦議》云「十二月卦，出於《孟氏章句》。孟氏所説，别無可核，惟見此議」。然以《易》説曆，與以曆説《易》，同一牽附。《漢書·儒林傳》言孟喜「得《易》家候陰陽災變書，詐言師田生且死時，枕喜膝，獨傳喜」，「同門梁丘賀疏通證明之，曰田生絶於施讎手中。時喜歸東海，安得此事」。六日七分，即所得陰陽災變，託之田生者。《藝文志》章句施、孟、梁丘氏各二篇，此乃得之田王孫者。今《説文》、《釋文》中所引即此。班固以孟與施、梁丘並稱，明此章句，乃得之田生者也。《藝文志》又有《孟氏京房》十一篇，《災異孟氏京房》六十六篇。澧案：《藝文志》、《孟氏京房》十一篇之上有《神輸》五篇，則《孟氏京房》十一篇，亦《神輸》[三]也。此與京房並稱，則所傳卦氣六日七分之學，梁丘氏疏通證明者也。班氏分析甚明。此言六日七分，必非章句中之説。章句止二篇，而唐時所存十卷，以災異羼入其中，必矣。焦氏自注云：《釋文·序録》：孟喜章句十卷。虞翻自稱傳孟氏《易》。其説七日來復，不用六日七分，有以也。納甲、卦氣，皆《易》之外道。趙宋儒者，闢卦氣而用先天；近人知先天之非矣，而復理納甲、卦氣之説，不亦唯之與阿哉？《易圖略》。

卦氣之説，十一月《未濟》、《蹇》、《頤》、《中孚》、《復》，十二月《屯》、《謙》、《睽》、《升》、《臨》之類，上下經、十翼皆無之，謂之外道可矣。十二消息卦之説，則必出於孔門。《繫辭傳》云「往者屈，來者信」、「原始反終」、「通乎晝夜之道」，皆必指此而言之。故鄭、荀、虞注《易》，皆用此説也。虞仲翔云：乾爲寒，坤爲暑，謂陰息陽消，從姤至否，故寒往暑來也；陰詘陽信，從復至泰，故暑往寒來也。澧案：此泥於《説卦》傳「《乾》爲寒」之説耳。變通配四時，仲翔注云：泰、大壯、夬配春，乾、姤、遯配夏，否、觀、剥配秋，坤、復、臨配冬。此説則得之矣。

張皋文云：「乾、坤六爻，上繫二十八宿，依氣而應，謂之爻辰。若此則三百八十四爻，其象十二而止，殆猶慊焉。」《鄭荀易義序》澧謂鄭氏爻辰之説，實不足信也。錢辛楣云：「康成初習京氏《易》，後從馬季長授費氏《易》。費氏有《周易分野》一書，其爻辰之法所從出乎？」《答問》澧謂費氏惟以《彖》、《象》、《文言》、《繫辭》解説上下經，何以有分野之説？蓋傳其學者傅會之耳。李鼎祚《集解》序云「補康成之逸象」。然其書不采爻辰之説，是其有識也。

虞仲翔注乾卦云：「成既濟」。惠定宇《周易述》云乾六爻，二四上匪正。坤六爻，初三五匪正。「乾道變化，各正性命。保合大和，乃利貞。傳曰，利貞，剛柔正而位當也」。澧案：乾之所以「利貞」者，以變既濟而六爻各正。既濟彖傳乃説「利貞」二字之通例。此虞氏之最精善處，亦惠氏最精善處。此真以十篇説經者矣。

虞仲翔之前，荀慈明已有乾、坤二卦成兩既濟之説。然其解乾「九四或躍在淵」，云：「四者陰位，故上躍。居五者欲下居坤初，求陽之正。地下稱淵也，陽道樂進。」故曰進「无咎」也。此説則不然矣。「見龍在田」，言在田而見也；「飛龍在天」，言在天而飛也。然則「或躍在淵」，即「在淵而躍也」。《詩》云：「魚躍於淵。」鄭箋云「魚跳躍於淵中」。然則《易》之「或躍在淵」，龍跳躍於淵中也。如荀説，則當云「或躍入淵」矣。《文言》曰：「上不在天，下不在田，中不在人。」謂二爲田，五爲天，三爲人，四則爲人所不到之境也。孔疏云：九四上近於天，下遠於地，非人所處，故特云「中不在人」。蓋淵者，滄溟也，非潭窟也。毛西河《仲氏易》以爲大瀛，是也。荀云地下稱淵者，乃傅合於《文言》「上下无常，進退无恒」之語耳。然既云乾二升坤五，九二「見龍在田」，豈坤五可稱田乎？然則非坤初稱淵矣。

《參同契》云：「三日出爲爽，震庚受西方，八日兑受丁，上弦平如繩，十五乾體就，盛滿甲東方。十六轉受統，巽辛見平明，艮直於丙南，下弦二十三，坤乙三十日，東北喪其朋。」虞仲翔嘗注《參同契》，遂取其説以注《易》云：「日月縣天，成八卦象。三日暮，震象出庚。八日，兑象見丁。十五日，乾象盈甲。十七日旦，巽象退辛。二十三日，艮象消丙。三十日，坤象滅乙。晦夕朔旦，坎象流戊。日中則離，離象就已。戊巳土位，象見於中。」《繫辭》上注。澧謂《參同契》言丹法，儒者可置之不論。若説經，則不可不明辨之矣。如虞説，有可通，有不可通。月三日生明爲震象，十七日生魄爲巽象，十五日望爲乾象，三十日晦爲坤象，此可通者也。八日上弦，廿三日下弦，皆半明半魄，三畫之卦，豈得有半陽半陰者乎？其以八日爲兑象，廿三日爲艮象，不可通也。坎陽在陰中，離陰在陽中，月豈有明在魄中，魄在明中者乎？且謂晦夕朔旦爲坎，日中則離，豈有晦朔見月者乎？尤不可通也。晦夕朔旦日中之語，《參同契》所無，虞仲翔所增也。望前，月出地平時，日猶在天，人目不能見月，故生明必至日暮，乃見於西。上弦必至日暮，乃見於南。望則日暮即見於東，謂三日暮出庚，八日見丁，十五日盈甲，此可通者也。十七日暮後，月即見於東，何以待至天將旦，月至辛，方始見爲巽象乎？廿三日夜半，月即見於東，何以待至天將旦，月至丙，方始見爲艮象乎？此又不可通者也。王文簡《經義述聞》、焦里堂《易圖略》皆有駁虞氏之説，文多不録。

錢辛楣《答問》論虞仲翔説《易》之卦，有失其義者，有自紊其例者。文多不録。澧謂仲翔最紊其例者，无妄、大畜二卦也。凡仲翔之卦之例，以兩爻相易，其餘四爻如故，惟无妄注云「遯上之初」，則以遯之上九，置於初六之下，而爲初九；而初六爲六二，六二爲六三，九三爲九四，九四爲九五，九五爲上九矣。大畜注云「大壯初之上」，則以大壯之初九，置於上六之上，而爲上九，而九二爲初九，九三爲九二，九四爲九三，六五爲六四，上六爲六五矣。如无妄、大畜之卦之例是，則兩爻相易者非也；如兩爻相易之例是，則无妄、大畜以上爻置初爻之下，以初爻置上爻之上者，非也。虞氏於无妄爲此説者，以彖曰「剛自外來，而爲主於内」也。於大畜爲此説者，以彖曰「其德，剛上而尚賢」也。然此當如錢氏説，无妄爲遯九三與初六交易，故曰「剛自外來」。大畜爲大壯九四與上六交易，故曰「剛上」也。

虞氏《易》注，多不可通。如「履虎尾，不咥人，亨」。注云「與謙旁通」。以坤履乾，以柔履剛，謙坤爲虎，艮爲尾，乾爲人。乾《兑乘謙》，震足蹈艮故履虎尾。俗儒皆以兑爲虎，乾履兑，非也。兑剛鹵，非柔也。彖曰「履，柔履剛也」。注云「坤柔乾剛，謙坤藉乾，故柔履剛」。澧案：如虞說，乾爲人，坤爲虎，乾人履坤虎，是剛履柔，非柔履剛矣。乃又云坤藉乾，故柔履剛。然藉者，在下者也；履者，履所藉也。坤藉乾，仍是乾履坤，剛履柔也。其說之謬如此，而輒詆人爲俗儒，可乎？

虞氏所言卦象，尤多纖巧，其最甚者，既濟「六二，婦喪其髴」，注云離爲婦，泰：坤爲喪。髴，髮，謂鬒髮也。坎爲玄雲，故稱髴。《詩》曰：「鬒髮如雲。」其纖巧至此。坎爲雲，非爲髮也，而引《詩》「鬒髮如雲」以牽合之，如此則無不可牽合者矣！《詩》之言婦女者多矣，若可牽合於卦象，則乾爲玉。《詩》曰：「有女如玉」，可謂乾爲女乎？

「乾，元亨。利貞。初九：潛龍，勿用」。王輔嗣注云「《文言》備矣」。大有「上九：自天祐之，吉，無不利」。王注云「《繫辭》具焉」。《繫辭》下「兼三材而兩之」。韓注云：「《說卦》備矣」。解：「上六公用射隼于高墉之上。」朱子本義云：「《繫辭》備矣。」本義又屢稱程傳備矣。皆學王輔嗣之法也。九二「見龍在田」，注云：「出潛離隱，故曰見龍。處於地上，故曰在田。」此真費氏家法也。「元亨。利貞」之義，「潛龍，勿用」之義，《文言》已備，故輔嗣不復爲注。至「見龍在田」，《象》曰「德施普也」。《文言》曰「龍，德而正中者也」，又曰「時舍也」，皆未釋「見」字、「田」字，故當爲之注，而又不可以意而説也。《文言》曰：「『潛』之爲言也，隱而未見」。「潛」爲未見，則見爲出潛矣。潛爲隱，則見爲離隱矣。故輔嗣云「出潛離隱」，據彼以解此也。朱子本義亦云「出潛離隱」，亦以此語之精密，故承用之也。《繫辭傳》曰：「兼三才而兩之，故《易》六畫而成卦。」是五與上爲天，三與四爲人，初與二爲地，初爲地下，二爲地上。故輔嗣云：「處於地上」也，此真以十篇解説經文者。若全經之注皆如是，則誠「獨冠古今」矣。《周易正義序》云：「王輔嗣之注，獨冠古今。」《直齋書録解題》云：《周易聖斷》鮮于侁撰，《乾》、《坤》二卦，不解爻象，欲學者觀《彖》、《象》、《文言》而自得云。澧謂此即輔嗣所謂《文言》備矣。

「《比》九五：顯比，王用三驅，失前禽，邑人不誡，吉」，王輔嗣《注》云：「比而顯之，則所親者狹矣。夫無私於物，唯賢是與，則去之與來，皆無失也。三驅之禮，愛於來而惡於去，雖不得乎大人之吉，是顯比之吉也。此可以爲上之使，非爲上之道也。」澧案：爻辭象傳，皆無此意，輔嗣自爲過高之説以解經，如此則非費氏家法也。

朱竹垞《王弼論》云：「毁譽者，天下之公，未可以一人之是非，偏聽而附和之也。孔穎達有言：傳《易》者『更相祖述』，『惟魏世王輔嗣之注，獨冠古今』。漢儒言《易》，或流入陰陽災異之説，弼始暢以義理，惟因范寧一言，詆其罪深桀紂。學者過信之，讀其書者，先横『高談理數，祖尚清虚』八字於胸中，謂其以《老》、《莊》解《易》。吾見横渠張子之《易説》矣，開卷詮《乾》四德，即引『迎之不見其首，隨之不見其後』二語。中間如『谷神』、『芻狗』、『三十輻共一轂』、『高以下爲基』，皆老子之言。在宋之大儒，何嘗不以《老》、《莊》言《易》？然則弼之罪，亦何至深于桀紂耶？」錢辛楣亦云：「若王輔嗣之《易》、何平叔之《論語》，當時重之，更數千載不廢。方之漢儒，即或有間，魏晉説經之家，未能或之先也。」《何晏論》。澧案：此皆公允之論。宋人趙師秀詩云：「輔嗣《易》行無漢學。」百年以來，惠氏之學行，又無輔嗣之學矣。講漢《易》者尤推尊虞仲翔，謂仲翔傳孟氏《易》，乃漢學也。然輔嗣傳費氏《易》，獨非漢學耶？輔嗣雜以老子之説，仲翔何嘗不雜以魏伯陽之説耶？在乎學者分別觀之耳。若云好古，仲翔吴人，輔嗣魏人，吴古矣，魏何嘗不古耶？韓康伯《繫辭注》云：「道者何，无之稱也。」又云：「常无欲以觀其妙，殆可以語至而言極也。」又云：「聖人雖體道以爲用，未能全无以爲體。」又云：「坐忘遺照，由神而冥於神。」如此類者，則是談玄，而非注經矣。輔嗣不至於此也。

孔沖遠等作《正義》，用王輔嗣注。近人詆王注，并詆《正義》。此未知《正義》之大有功也。沖遠《正義序》云：「江南義疏，十有餘家，皆辭尚虚玄，義多浮誕。」「若論住内住外之空，就能就所之説，斯乃義涉於釋氏，非爲教於孔門也」。據此，則江左説《易》者，不但雜以老氏之説，且雜以釋氏之説。沖遠皆掃棄之，大有廓清之功也。《論語》「未知生，焉知死」，皇疏涉於釋氏，可見江左諸儒風氣如此。《繫辭傳》：「原始反終，故知死生之説」，以釋氏之説解之者，必多矣。

《上繫》：「易簡而天下之理得矣。」孔疏云：《列子》云：「不生而物自生，不化而物自化。」

《老子》云：「水至清則無魚，人至察則無徒。」又《莊子》云：「馬翦剔羈絆，所傷多矣。」孔疏能掃棄釋氏之説，而不能屏絶老、莊、列之説，此其病也。且所引《莊子》，尤非經意。如其説，必不翦剔羈絆，而後馬之理得乎！

李鼎祚《集解序》云：「王、鄭相沿，頗行于代。鄭則多參天象，王乃全釋人事。且《易》之爲道，豈偏滯於天人者哉！」此李氏於鄭、王皆有不滿之意也。《郡齋讀書志》、《困學紀聞》，皆謂李鼎祚宗鄭學，誤矣。又云：「集虞翻、荀爽三十餘家，刊輔嗣之野文，補康成之逸象。」李氏於鄭所説爻辰皆不采，是其卓識；至鄭注無逸象，乃鄭學之謹嚴，何必補之乎？且既云「刊輔嗣之野文」，而又云自然，虛室生白，吉祥止止，坐忘遺照，微妙玄通，深不可識，俾達觀之士，得意忘言。此與輔嗣何以異乎？

《集解》多采虞氏説，但以諸家佐之耳。如《艮》卦惟采鄭康成一條，李氏自作案語二條，餘皆采虞氏。《漸》卦惟采干寶一條，李氏自作案語一條，餘皆采虞氏。《兑》卦李氏案語二條，餘皆采虞氏。其專重虞氏可見矣。《中孚》「豚魚，吉」。李氏云：「案《坎》爲豕，《訟》四降初，折《坎》稱豚，初陰《升》四，體《巽》爲魚。中，二；孚，信也；謂二變應五，化坤成邦，故『信及豚魚』矣。虞氏以三至上體《遯》，便以豚魚爲遯魚。雖生曲象之異見，乃失『化邦』之中信也。」澧案：此虞氏異見，李氏能不阿好曲從，然其所自爲説，則純似虞氏。可見李氏本虞氏之學也。孔疏則惟《繫辭》上第七引虞氏一條，《雜卦》第十一引虞氏一條，餘則未見稱引，蓋不喜虞氏之學也。此李氏所以作《集解》，與之角立也。

王輔嗣云：「夫《易》者，象也。象之所生，生於義也。有斯義，然後明之以其物。」《乾・文言》注。又云：「爻苟合順，何必坤乃爲牛？義苟應健，何必乾乃爲馬？而或者定馬於乾。案文責卦，有馬無乾，則僞説滋蔓，難可紀矣。互體不足，遂及卦變；變又不足，推致五行。一失其原，巧愈彌甚。縱復或值，而義無所取。」《略例》。朱子云：「案文責卦，若《屯》之有馬而無《乾》，《離》之有牛而無《坤》，《乾》之六龍，則或疑於《震》，《坤》之牝馬，則當反爲《乾》，是皆有不可曉者。是以漢儒求之《説卦》而不得，則遂相與創爲互體、變卦、五行、納甲、飛伏之法，參互以求，而幸其偶合。然其不可通者，終不可通，唯其一二之適然，而無待於巧説者，爲若可信。然上無所關於義理之本原，下無所資於人事之訓誡，則又何必苦心極力，以求於此，而欲必得之哉！」《易象説》。又云：「王輔嗣所謂縱或復值，而義無所取，此言切中事理。」又云：「林艾軒在行在，一日訪南軒，曰：『《易》有象數，伊川皆不言，何也？』南軒曰：《易》曰：『公用射隼于高墉之上，獲之無不利。』如以象言，則公是甚？射是甚？隼是甚？高墉是甚？聖人止曰：『隼者，禽也；弓矢者，器也；射之者，人也。』君子藏器於身，待時而動，何不利之有！」《語類》卷一百三。

《乾》爲馬，又爲良馬，爲老馬，爲瘠馬，爲駁馬。《震》於馬，爲善鳴，爲馵足，爲作足，爲的顙。《坎》於馬，爲美脊，爲亟心，爲下首，爲薄蹄，爲曳。王輔嗣云「何必《乾》乃爲馬」，豈不然乎？《巽》爲木，而《坎》於木爲堅多心，《離》於木爲科上槁[四]，《艮》於木爲堅多節，然則何必《巽》乃爲木也？

《坤》爲地，而《兑》於地爲剛鹵，《坤》爲大輿，而《坎》於輿爲多眚，然則何必《坤》乃爲地爲輿也？信乎！不可「案文責卦」也。

《渙》彖傳曰：「『利涉大川』，乘木有功也。」王注云：「乘木，即涉難也。」孔疏云：「先儒皆以此卦《坎》下《巽》上，以爲乘木水上，涉川之象，故言乘木有功。王不用象，直取況喻之義。」澧案：《巽》爲木，此不必案文責卦者。而輔嗣亦不用，此則偏矯太過矣。

朱子云：「《易》之取象，固必有所自來；而其爲説，必已具於大卜之官。顧今不可復考，則姑闕之，而直據辭中之象，以求象中之意，使足以爲訓戒，而決吉凶。如王氏、程子與吾《本義》之云者，其亦可矣。」《易象説》又云：「諸爻立象，必有所據，非是白撰，但今不可考耳。到孔子方不説象。」《語類》卷七十五。「如説『十年』、『三年』、『七日』、『八月』等處，皆必有所指。但今不可穿鑿，姑闕之可也。」《語類》卷七十「《坎》體中多説酒食，想須有此象，但今不可考。」同上「三百户」，必須有此象，今不可考。王輔嗣説「得意忘象」，是要忘了這象。伊川又説「假象」，是只要假借此象。「今看得不解得，恁地全無那象？只是不可知。」同上「不知《否》、《泰》只管説『包』字如何，須是象上如何取其義。今曉他不得，只得説堅固。」同上「聖人分明是見有這象，方就上面説出來。今只是曉他底不得，未説得，也未要緊，不可説。他無此象」。同上《易》畢竟是有象，只是今難推。如《既濟》「高宗伐鬼方」，在九三，《未濟》却在九四。《損》「十朋之龜」在六五，《益》却在六二，不知其象如何？又如《履》卦、

《歸妹》卦皆有「跛能履」，皆是《艮》體。此可見。卷六十六。案：艮當作兑。

《日知録》云：「聖人設卦觀象而繫之辭，若文王、周公是已。夫子作《傳》，《傳》中更無別象。」「荀爽、虞翻之徒，穿鑿附會，象外生象，以同聲相應爲《震》、《巽》，同氣相求爲《艮》、《兑》，水流濕，火就燥爲《坎》、《離》，雲從龍則曰《乾》爲龍，風從虎則曰《坤》爲虎。十翼之中，無語不求其象，而《易》之大指荒矣。」澧案：夫子作《傳》，所以解經之取象也，如潛龍則解云陽在下，牝馬則解爲地類也。而荀、虞之徒，又於《傳》中生象，誠有如亭林所譏者矣。

《象傳》有不釋象者。「貫魚以宫人寵」，《象》曰「『以宫人寵』，終無尤也」，而不釋「貫魚」。「舍爾靈龜，觀我朵頤」，《象》曰「『觀我朵頤』，亦不足貴也」，而不釋「靈龜」。「童牛之牿，元吉」，《象》曰「『六四元吉』，有喜也」。「豶豕之牙，吉」，《象》曰「『六五』之『吉』，有慶也」，而不釋「童牛」、「豶豕」。「屯如邅如，乘馬班如，匪寇，婚媾。女子貞不字，十年乃字」，《象》曰「『六二』之難，乘剛也。『十年乃字』，反常也」。「屯如邅如」四句，但以「難」字包括之。「見豕負塗，載鬼一車，先張之弧，後説之弧，匪寇，婚媾。往遇雨則吉」，《象》曰：「『遇雨』之『吉』，群疑亡也。」「見豕負塗」五句，但以「群疑」二字包括之。夫《象傳》而可不釋象，又可以一二字包括數句之象，惟其爲孔子所作，則無敢議者耳。如輔嗣注如此，近人必以爲空談矣，必每一物求一卦以實之而後可矣。然孔子所不釋，後儒何由知之？且孔子所不釋，後儒又何必知之哉！《繫辭》上孔疏云：聖人既無其意，若欲强釋，理必不通。

《象傳》有尤簡略者。蘇東坡《私試策問》云：「《比》之初六，有孚。比之无咎。有孚盈缶，終來有它，吉。《象》曰『《比》之「初六」，「有它吉」也。』《小畜》之初九：『復自道，何其咎，吉。』《象》曰『「復自道」，其義「吉」也』。《損》之六四，『損其疾，使遄有喜』，《象》曰『「損其疾」，亦可「喜」也』。《大有》之上九，『自天祐之，吉，無不利』，《象》曰『《大有》「上」吉，自天祐也』。夫爻辭既已言之，而孔子無所損益，於其辭之義，願與諸君論之。」灃謂：孔子作《象傳》，每卦各爲一篇有韻之文，六爻不可缺一。其但述爻辭無所損益者，猶《鄭志》[五]所云：「文義自解，故不言之，凡説，不解者耳。」

《乾》爲天、爲圜、爲君云云，朱子《本義》云：此章廣八卦之象，「其間多不可曉者，求之於經，亦不盡合」。權載之《明經策問》云：「《巽》之於人，爲廣顙白眼。《坎》之於馬，爲美脊薄蹄。誠曲成以彌綸，何取象之瑣細。」《黄東發日鈔》云：「愚恐此是古者占卜之雜象，如今卦影然，占得某象者，即知爲某卦。」灃案：此當云「占得某卦者，即知爲某象」。灃謂東發之説，蓋得之矣。此章之象，凡一百一十三，爲數雖不多，然其類甚備。有天之類，如《乾》爲天，《震》爲雷。地之類如《坤》爲地，《震》爲大塗。人之類如《乾》爲君、爲父，《坤》爲母。人身之類如《巽》於人爲寡髪，爲廣顙。人情之類，如《坤》爲吝嗇，《震》爲决躁。人病之類，如《坎》於人爲加憂，爲心病，爲耳痛。動物之類，如《乾》爲良馬，爲老馬，爲瘠馬，爲駁馬，《坤》爲子母牛。植物之類，如《乾》爲木果，《震》爲旉。珍寶之類，如《乾》爲玉、爲金。器物之類，如《坤》爲布、爲釜。物形之類，如《乾》爲圜，《巽》爲繩直。物色之類，如《乾》爲大赤，《震》爲玄黃。以類推之，必更多也。此爲占事知來之用，所謂「遂知來物」，非爲解經而作，故求之於經多無之，且未必孔子所作，乃自古相傳有此術。後世如東方朔、管輅、郭璞之流，蓋得其傳者也。蘇東坡《雜記》云：「成都有費孝先者，游青城山，訪老人村，壞其一竹牀。老人笑曰：子視其上字。字云：此牀某年某月，爲孝先所壞。孝先知其異，乃留師事之。老人授以軌甲、卦影之術。後五年，孝先名聞天下；王公大人，皆以金錢求其卦影。今死矣，然四方治其學，隨在而有。聊復記之，使後世知卦影所自。」

黄楚望《易學濫觴》云：「象學不易明，探索四十餘年，及其悟也，則如天開其愚，神啓其祕。」又云：「學《易》當明象，但象不可明，故忘象之説興。忘象非王氏得已之言也。自王氏以來，凡學者皆疑於《乾》馬《坤》牛，而不知《易》之寓象，未有《序卦》之大而要切者。《乾》馬《坤》牛，所繫尚小。又《乾》馬《坤》牛尚可知，惟《離》爲牛則最難知。《左傳》曰『純《離》爲牛』，此已不可曉，而《離》卦辭曰『畜牝牛吉』，尤不可曉。若益以《説卦》，《坤》『爲子母牛』，又可强通乎哉？學《易》者先其大而後其小，且知其難之蓋有所在，而不專在彼焉。」澧案：説《易》而以明象自任者，莫知黄楚望。其用力勞且久，而「牝牛」、「子母牛」，猶不能强通，遂以爲小而在所後，則與王輔嗣不得已而忘象者，何以異乎？「象不可明」，誠哉是言也！楚望云：「自漢諸儒至虞翻，是欲明象，遂流於煩瑣，或涉支離誕漫。」澧謂若言象，則惟有仍從漢儒之説，而去其煩瑣支離誕漫者。若真欲明之，則恐終古無斯人也。

黄楚望又云：「夫所謂《序卦》之象，最大者謂乾、坤定位，而物始生；物生必蒙，蒙則當教，教則必養，不得其養則争。《易》首《乾》、《坤》，次以《屯》、《蒙》、《需》、《訟》者，爲此也。上經是開闢以來經制之象，下經是人道之首正家以及天下之象。」又云：「即如《需》卦之『君子以飲食宴樂』，水在天上，却與『飲食宴樂』何關？大抵天地開闢以來，水生物之功爲大，凡飲食未有不出於水泉者。」澧案：黄氏謂《序卦》之象大而切，然所説則不過如此，與伊川之明理，亦何以異乎？伊川先生「明理」，黄氏書中語也。

《繫辭傳》以辭、變、象、占爲聖人之道四。王輔嗣之注，尚辭者也。《直齋書録解題》譏其去三存一，於道闕矣。王伯厚亦云：「理義之學，以其辭耳；變、象、占，其可闕乎？」《周易鄭康成注》序。澧謂尚辭與尚變、尚象、尚占，皆各明一義。儒者之書，豈能責以備聖人之道乎？尚變、尚象、尚占，亦何嘗非去三存一乎？《傳》云「聖人之情見乎辭」。然則尚辭者，雖不能備聖人之道，固可以見聖人之情矣，蓋所謂思過半者矣。如《文言傳》説《乾》、《坤》十二爻。《繫辭傳》説十九爻。此孔子所説，亦尚辭也。

程伊川《易傳序》云：「予所傳者，辭也，由辭以得其意，則在乎人焉。」《黄氏日鈔》云：「伊川奮自千餘載之後。《易》之以卜者，今無其法；以制器者，今無其事。以動者尚變，今具存乎卦之爻，遂於四者之中，專主於辭以明理，豈非時之宜而《易》之要也哉！」

《朱子語類》云:「問以言者尚其辭。」以言,是取其言以明理斷事,如《論語》舉「不恒其德,或承之羞」否,曰是。卷七十五。澧謂:此可見孔子之説《易》尚辭矣。曾子曰「君子思不出其位」,亦尚辭也。

《困學紀聞》録王輔嗣注二十三條,云「輔嗣之注,學者不可忽也」。卷一。何義門評之云:「程《傳》中所取輔嗣之義甚多。厚齋則但就其格言録之。」澧謂:厚齋所録,非但尚《易》之辭,并尚輔嗣之辭矣。此孫盛所謂「麗辭溢目」者也。孫盛語見《三國志·鍾會傳》注。然所録如「《大有》六五」注云:「不私於物,物亦公焉;不疑於物,物亦誠焉。」「《頤》初九」注云:「安身莫若不競,修已莫若自保,守道則福至,求禄則辱來。」造語雖精,然似自作子書,不似經注矣。又如「《乾》九三」注云:「《乾》三以處下卦之上,故免亢龍之悔;《坤》三以處下卦之上,故免龍戰之災。」厚齋所云「乾以惕无咎,震以恐致福」,頗似摹擬輔嗣語也。朱子云漢儒解經,依經演繹;晉人則不然,舍經而自作文。《語類》卷六十七。輔嗣所爲格言,是其學有心得。然失漢儒注經之體,乃其病也。厚齋摹擬輔嗣,非以注經,但入於自著之書,則正合子書之體耳。

翁覃谿云:「今日讀《易》,惟應玩辭以求聖人教人『寡過』之旨,至於窮神知化,聖人尚謂『過此以往,未之或知』;後之學者,焉得而仰窺之?」《答趙寅永書》。覃溪不以經學名,而此説則可爲説《易》者箴砭。聖人説「過此以往」一句,限斷甚明。「精義入神,以致用也。利用安身以崇德也」。此四句乃人理之極，過此則不可知。此孔疏語。至於窮神知化，惟德之盛者能之。學者不得仰窺，不必馳心於虚眇也。孫盛云：《易》之爲書，窮神知化，非天下之至精，其孰能與於此？世之注解，殆皆妄也。澧謂此蓋忘「窮神知化」上文有「未之或知」四字也。孫盛語見《三國志·鍾會傳》注。

卷五

尚書

《尚書》今文、古文，近儒考之詳矣。惟謂今之《舜典》，亦爲《堯典》，而别有《舜典》已亡，則尚可疑也。趙雲松云：「月正元日」之後，「皆是堯崩後之事；且前此不稱帝，此後皆稱『帝曰』，明是《舜典》原文，豈得指爲《堯典》？其末『陟方乃死』，更是總結舜之始終，與堯何涉，而可謂之《堯典》乎？又《史記·舜本紀》：即位後，咨岳牧，命九官。即今《舜典》『月正元日』以後之事。遷既從孔安國問故而作《舜本紀》，可知古文《舜典》本即此『月正元日』以後數節，非别有《舜典》一篇也。」《陔餘叢考》卷一。此所駁最精審。王西莊云：「堯殂落、舜即真後，直至『陟方』，皆在《堯典》，古史義例不可知。」《尚書後案》卷三十。此但云「不可知」，不能解趙氏所駁也。又云：「《王莽傳》兩引『十有二州』，皆云《堯典》。光武時，張純奏宜遵唐堯之典，二月東巡。章帝時，陳寵言『唐堯著典，眚災肆赦』。晉武帝初，幽州秀才張髦上疏，引『肆類于上帝』至『格于藝祖』，亦曰《堯典》。劉熙《釋名》云：

《三墳》、《五典》、《八索》、《九丘》，今皆亡，惟《堯典》存。劉熙時，真《舜典》已出。熙非《尚書》儒，或未之見，故云爾。後漢周磐學古文《尚書》，臨終寫《堯典》一篇置棺前。若如今本，磐安得專寫《堯典》乎？」又云：「《儀禮》注引『扑作教刑』。《公羊》注引『歲二月東巡』。賈公彥、徐彥皆云《堯典》文，蓋馬、鄭本猶存，有識者猶知援據也。」並同上○澧案：王氏所引諸書，閻百詩《尚書古文疏證》多已引之。澧案：「十有二州」、「二月東巡」、「眚災肆赦」、「肆類于上帝」、「扑作教刑」，皆在「月正元日」之前，而未有引「月正元日」以後之文爲《堯典》者，亦不能解趙氏所駁也。周磐專寫《堯典》，劉熙言惟《堯典》存，此可證今《舜典》，漢時在《堯典》之内，而不足以證别有《舜典》也，仍不能解趙氏所駁也。

閻百詩云：「《孟子》『帝使其子九男二女』。趙岐注曰：『《堯典》釐降二女。』不見九男。孟子時，《尚書》凡百二十篇，《逸書》有《舜典》之敘，亡失其文。孟子諸所言舜事，皆《堯典》段懋堂《古文尚書撰異》云此「堯」字乃「舜」字之誤。及《逸書》所載。則可證其未嘗見古文《舜典》矣。余嘗妄意『舜往于田』、『祇載見瞽瞍』，與『不及貢，以政接于有庳』等語，安知非《舜典》之文乎？又『父母使舜完廩』一段，文辭古崛，不類《孟子》本文。《史記·舜本紀》亦載其事，其爲《舜典》之文無疑。」《尚書古文疏證》卷二。澧案：謂《舜典》亡失者，惟《孟子》趙注數語似可據，故閻氏從而衍其説。然謂「舜往于田」等語爲《舜典》逸文，猶可；謂「月正元日」至「陟方乃死」非《舜典》則不可。「父母使舜完廩」一段，語皆瑣屑，謂爲《舜典》之文，尤不可也。命官大事，非《舜典》；完廩、浚井之事，則是《舜典》，豈可通乎？謂「舜往于田」之類爲《舜典》逸文，乃臆度之語，非如江艮庭、王西莊、孫淵如采輯《太誓》逸文之有實據也。且江、王、孫三家采《史記》爲《太誓》經文，亦未盡確。《史記》多以訓詁代正字，經文未必如此也。

陳亦韓云：「本無別出《舜典》，《大學》引書，通謂之《帝典》而已。虞夏之書，不若後世史家立有定體，二帝必釐爲兩紀也。」《經咫》。劉申受云：「《大學》引作《帝典》者，蓋《堯典》、《舜典》，異序同篇，猶之《顧命》、《康王之誥》，伏生本合爲一篇，則亦一篇而兩序也。」《書序述聞》。澧案：陳説通矣。劉説以《康王之誥》爲比，尤通。若云《舜典》亡失，豈可云《康王之誥》亦亡失乎？《四庫總目》載豐坊《古書世學》、王心敬《尚書質疑》，皆謂二典合爲《帝典》。《提要》引《日知録》駁豐氏書，而不駁其《帝典》之説；駁王氏書云「自謂根據《大學》，不知無以處《孟子》」，亦未嘗云《大學》不可根據也。

讀《書序》及鄭注，又有可疑。《堯典》序云：「將遜于位，讓于虞舜，作《堯典》。」鄭注云：「舜之美事，在于堯時。」《虞書》題下孔疏引。《舜典》序云：「虞舜側微，堯聞之聰明，將使嗣位，歷試諸難，作《舜典》。」鄭注云：「入麓伐木。」同上。澧案：如鄭注之説，則「遏密八音」以前，事在堯時，其爲《堯典》無疑。惟《舜典》序言「歷試諸難」，似指「慎徽五典」至「烈風雷雨弗迷」數事。且鄭云「入麓」，明是納于大麓，然則「慎徽五典」以下，似是《舜典》矣。且鄭既以事在堯時者爲《堯典》，而「入麓」仍在堯時，又不能無疑也。

「欽明文思安安，允恭克讓」。此述帝堯之德，僞孔傳但以「欽明文思」爲四德，以「安安」爲安天下之當安者，非也。非當時史臣，不能言之。曾南豐云：爲二典者，「所記豈獨其迹也，并與其深微之意而傳之。蓋亦聖人之徒也。」《南齊書目録序》豈荀子所引《道經》之比哉！

「克明俊德」以下三十字，記帝堯數十年所行之政，簡括極矣。至「命羲和」一事，則詳述之，且以「釐百工」釐，治也。工，官也。熙庶績，歸於此事。蓋自黄帝迎日推策，至是而曆算之法始備，故詳述之。且自古及今，上至朝廷，下至小吏，凡行一政事，必標記年、月、日，此即所謂「釐百工」也。若無曆日，則事皆紛亂矣，故以治曆爲要務也。治曆專爲授時釐工，非以矜奇鬭巧也。兩漢三統、四分諸法，雖疏闊，當時固可以授時釐工矣。明代此學衰敝，西洋人乃以此自衒。阮文達公《割圜密率捷法序》云：「中土之書，明明布列，步天之士，藹藹周行，是所望也。」此提倡中土曆算之學，其意深矣。

「明明揚側陋」，而虞舜以孝聞。此選舉之典最古者也。後世之舉孝廉，肇於此矣。《堯典》之「揚側陋」以孝，《周禮》之弊群吏尚廉。漢之舉孝廉，合於古帝王之道，此漢制之獨高於千古者也。

舜命夔「教胄子，直而温，寬而栗，剛而無虐，簡而無傲」。此古之大學所以教人之法也。皋陶言九德，「寬而栗，柔而立，愿而恭，亂而敬，擾而毅，直而温，簡而廉，剛而塞，彊而義」。比舜之命夔，又加詳焉。「寬而栗」、「直而温」，及「剛」、「簡」二字，與舜命夔同。此舜、禹、皋、夔所講，尤後世學者所當講也。《孟子》曰：「聞伯夷之風者，頑夫廉，懦夫有立志。聞柳下惠之風者，鄙夫寬，薄夫敦。」廉、立、寬三字，皆在九德之内。」

教胄子以「詩言志」，此學問之最古者。孔子教小子學詩，即大舜之教也。「歌永言」者，讀詩與讀書不同，必長言以歌之也。聲者，宫商角徵羽也。既歌之，則有抑揚高下；依其抑揚高下，記其某字爲宫，某字爲商，又定某聲用某律，則成樂章之譜，可以八音之器奏之。此以詩入樂之法，亦千古之定法也。

《禹貢》九州，自冀之外，八州皆先舉山川爲界，後又有導山導水諸條，爲地理之學者，當奉以爲法。《漢書·地理志》言推表山川，正是此法。段懋堂爲《戴東原年譜》云：「國朝言地理者，於古爲盛。有顧景范、顧寧人、胡朏明、閻百詩、黄子鴻、趙東潛、錢曉徵，而先生乃皆出乎其上。蓋從來以郡國爲主，而求其山川。先生則以山川爲主，而求其郡縣。」澧謂山水二者，又以水爲主。蓋二水之間，即知爲山脊；明乎水道，即明山勢矣。山水條理既明，然後考某水、某山之東西南北爲某國、某郡，則若網在綱矣。

説《禹貢》者，至國朝康熙、乾隆地圖出，而後瞭如指掌。前乎此，則雖胡朏明之説，亦有誤，而説黑水尤大誤。昔人黑水之説不一，惟以爲今之怒江者爲是。其上源曰哈喇烏蘇，蒙古謂黑曰哈喇，謂水曰烏蘇。出西藏喀薩北境，東流至喀木，蓋《禹貢》雍、梁二州之界，三危當在其地。自此屈南流爲梁州西界，至雲南曰怒江，亦曰潞江。又南出雲南徼外，入南海也。《禹貢》雍州經文云：「三危既宅。」則導黑水至于三危者，在雍州境。雍州西境，其地甚廣。哈喇烏蘇在河源之西，爲雍州之水，則河源亦在雍州境内也。雍州不近南海，則其入于南海者，必過梁州矣。胡氏謂雍、梁黑水爲二，然三危亦豈有二乎？彼其所以致誤者，誤以怒江源在河源之東，不能越河而與梁州黑水接爲一川也，由未得見康熙、乾隆地圖故也。《禹貢》鄭注謂「今中國無黑水」，《漢書·地理志》亦不志黑水，惟益州郡滇池下云「有黑水祠」。蓋漢地至今瀾滄江而止，即《地理志》越巂郡青蛉僕水也。怒江又在其西，非漢時中國地，但於滇池爲祠望祀之耳。

《漢書·地理志》，有功於《禹貢》者多矣，而説南江爲最。《禹貢》三江，有北江、中江而無南江。班《志》會稽郡吴下云：「南江在南，東入海。」此可以補經矣。漢之吴縣，即今蘇州府吴縣，吴縣南之水東流入海者，婁江也。阮文達公辯《初學記》引鄭注之誤，最精確。而以今吴江縣以南之運河爲南江，説見《浙江圖考》。則與班《志》猶未合也。運河之水，南通錢塘江入海，不得云「東入海」也。「東池北，會于匯」。鄭注云：「東池者爲南江。」此指班《志》之分江水無疑矣。文達之説，得鄭注之意也。班《志》丹陽郡石城下云：「分江水首受江，東至餘姚入海。」會稽郡吴下云：「南江在南，東入海。」則南江非至餘姚入海也。蓋分江水首受江，東流入太湖，此南江也。自太湖流出爲婁江，東入海，此南江之委也。自太湖分出爲運河，南通錢塘江者，則非南江之委也。班《志》之意蓋如此。分江水東流入太湖之瀆，今已湮變。詳見澧所著《漢書·地理志·水道圖説》。

説《禹貢》，必據《漢書·地理志》，然亦未可泥也。班孟堅距大禹之時，遠於今日距班孟堅之時。今人説班《志》不能盡確，則班氏之説《禹貢》未必盡確矣。如廬江郡尋陽下云：「《禹貢》九江在南。」豫章郡歷陵下云：「傅易山、傅易川在南，古文以爲傅淺原。」澧案：岷山之陽，至于衡山。過九江，至于敷淺原。衡山在江之南，自衡山過九江，則至江北矣。敷淺原當在江北，安能在豫章郡境乎？漢豫章郡地，皆在江之南。或班氏不信古文説，姑存其説而已乎？且《禹貢》九江在尋陽，本可疑，不獨敷淺原也。衡山在湘水之西，必先過湘水，乃能過尋陽九江，此亦可疑。

洪範九疇，天帝不錫鯀而錫禹。此事奇怪，而載在《尚書》。反覆讀之，乃解所謂「我聞在昔者」。箕子上距鯀與禹千年矣，天帝之錫不錫，乃在昔傳聞之語也。《洪範》之文，奇古奥博，千年以來，奉爲祕寶，以爲出自天帝。箕子告武王，述其所聞如此耳。至以爲龜文，則尤當存而不論。二劉輩乃或以爲龜背有三十八字，或以爲惟有二十字，見孔疏。徒爲臆度，徒爲辯論而已，孰從而見之乎？《洪範》以「庶徵」爲「五事」之應。伏生《五行傳》以五事分配五行，又以「皇極」與五事爲六，又以「五福」、「六極」分配之。《漢書·五行志》云：「董仲舒治《公羊春秋》，始推陰陽，劉向治《穀梁春秋》，傳以《洪範》，與仲舒錯。至向子歆治《左氏傳》，其《春秋》意亦已乖矣；言《五行傳》又頗不同。」澧謂：此漢儒術數之學，其源雖出於《洪範》，出於《洪範》不出於《春秋》，《春秋》無陰陽五行之語。然既爲術數之學，則治經者存而不論可矣。世事吉凶先見，有不必以術數推求而知者。如《宋書·五行志》云：「晉武帝泰始後，中國相尚用胡牀、貊盤，及爲羌煮、貊炙。」太康中，天下又以氈爲絈頭及絡帶、衿口。百姓曰：「中國必爲胡所破也。氈產於胡，而天下以爲絈頭、帶身、衿口，胡既三制之矣，能無敗乎！」觀此，則五胡之亂，晉之百姓早知之矣，何待儒者講《洪範》、講《春秋》，推求五行而後知之乎？

阮文達公著《性命古訓》，引《西伯戡黎》「不虞天性」，鄭注云：「不度天性。」又引《召誥》「節性惟日其邁」，文達解之云：「度性與節性同意。言節度之也。」又云：「性中有味色、聲臭、安佚之欲，是以必當節之。」此講性字而考據《尚書》，真古訓也。澧謂性所以當節者，不但以性中有味色、聲臭、安佚之欲，即性中之仁、義、禮、智，亦當節之。仁、義、禮、智，亦有太過太偏者也。

阮文達公《孝經郊祀宗祀説》云：「蓋周初滅紂之後，武王歸鎬，殷士未服者多。此時鎬京尚未以后稷配天、以文王配上帝，各國諸侯，亦未全往鎬京，侯服于周。成王又幼，有家難。于是周公監東國之五年，與召公謀，就洛營建新邑。『洪《大誥》治』祀天與上帝，以后稷、文王配之。后稷、文王，爲人心所服，庶幾各諸侯及商子孫殷士，皆來和會爲臣。助祭多遜，始可定爲紹上帝，受天定命也。但成王此時，不敢來洛『基命定命』，于是三月召公先來洛卜宅，十餘日『攻位』即成，惟位而已，各功工未成也。三月望後，周公來，達觀所營之位，知殷民肯來攻位，遂及此時『洪《大誥》治』，即用二牲于郊。以后稷配天，且祭社矣。《召誥》之『用牲于郊』，即《孝經》之『郊祀配天』也。於是始定爲周基，『受天命』矣。明堂功雖將成，尚未及配天。基命之後，行宗祀之禮，於是周公伻告成王，成王命周公行宗禮。《洛誥》『宗禮』，即《孝經》『宗祀文王于明堂』之禮也。周公宗祀，當在季秋，四海諸侯殷士，皆來助祭。十二月，各工各禮，迄用有成，人心大定。成王始來洛邑相宅，復冬祭文、王武王于城内宗廟之中『入太室祼』，王賓亦『咸格』，共見無疑，仍即歸鎬，命周公後于洛，守其地，保其民。是成王但『烝祭』于廟，而未祀于郊與明堂。此孔子所以舉配天專屬之周公其人也。」澧案：周誥佶屈聱牙，讀者未能盡明其文義，遂不能深明其事迹。周公營洛邑，郊祀后稷，宗祀文王，乃周初最大之事，至文達乃明之。訓詁考據之功，斯爲最大者矣！周公所以必營雒邑者，夏殷建都，皆在今山西、河南之地，周之豐、鎬，則偏在陝西。《史記·周本紀》云：「武王曰：『粤詹雒伊，毋遠天室。』營周居于雒邑而後去。」是武王始營雒邑，蓋營之而未成，故周公復營之也，以其地爲土中，庶幾諸侯皆來和會也。

崔氏述《豐鎬考信録》云：「吾讀《洪範》，而知武王之所以繼唐、虞、夏、商而成一代之盛治也。吾讀《立政》、《無逸》，而知成王、周公之所以紹文、武而開八百年之大業也。六經中道政事者，莫過於《尚書》。《尚書》自《堯典》、《禹貢》、《皋陶謨》以外，言治法者，無如此三篇。《虞夏書》文簡意深，此則明切曉暢。學者於此三篇熟玩而有得焉，於以輔聖天子致太平之治，綽有餘裕矣。」澧謂：崔氏讀經而有心於治法，非復迂儒之業，良足尚也。所舉三篇，皆盛治之文。《尚書》二十八篇，盛治之文多，衰敝之文少，惟《西伯戡黎》、《微子》二篇而已。《微子》篇云：「殷罔不小大，好草竊奸宄，卿士師師[六]非度。凡有辜罪，乃罔恒獲。」又云：「今殷民乃攘竊神祇之犧牷牲，用以容，將食無災。」此殷世衰敝之狀，三千年後，猶如目睹矣。聖人删定《尚書》，存盛治之文以爲法，存衰敝之文以爲鑒，學者皆當熟玩也，凡讀經皆當如是也。

閻百詩、惠定宇攻僞古文，搜考實證，其僞已明。姚姬傳復條舉其大背理者，謂顯黜之不爲過。《惜抱軒九經説》卷三今無庸再攻擊矣。然澧別有感慨繫之者，僞《旅獒》云：「不寶遠物，則遠人格。」不知「不寶遠物，則遠人不格」矣，是乃中國之福也。彼徒以「遠人格」爲美談，乃大惑也。《論語》云：「遠人不服，則修文德以來之。」遠人謂顓臾，豈謂荒遠之國乎？彼誤讀《論語》耳！

段懋堂云：「當作僞時，杜林之漆書《古文尚書》、衛宏之《古文尚書訓旨》、賈逵之《古文尚書訓》、馬融之《古文尚書傳》、鄭君之《古文尚書注解》皆存，天下皆曉。然知此等爲孔安國遞傳之本，作僞者安有點竄塗改三十一篇字句，變其面目，令與衛、賈、馬、鄭不類，以啓天下之疑，而動天下之兵也。蓋僞孔傳本與馬、鄭本之不同，梗概已見於《釋文》、《正義》，不當於《釋文》、《正義》外，斷其妄竄。」《古文尚書撰異序》。焦里堂亦云：「《釋文》不出鄭「異字者，即僞孔本與鄭本同者也」。鄭本略存於僞孔本中矣。」《禹貢鄭注釋》澧案：此二説，可以箴砭江艮庭改易經字之病。江氏好改經字，乃惠定宇之派。雖云好古，而適足以爲病也。焦氏又云：「《正義》不引鄭注者，「即孔義與鄭義同者，鄭義略存於僞孔傳中矣」。同上。又云：「置其爲假託之孔安國，而論其爲魏晉間人之傳，則未嘗不與何晏、杜預、郭璞、范寧等先後同時。晏、預、璞、寧之傳注可存而論，則此傳亦何不可存而論？」《尚書補疏序》澧案：焦氏謂《正義》不引鄭注者，「即孔義與鄭義同者」，此未必盡然。謂置孔傳之假託，而但以爲魏晉間人之傳，則通人之論也。即以爲王肅作，亦何不可存乎？

近儒疑僞孔傳爲王肅作，然如《禹貢》「三百里蠻」，傳云：「以文德，蠻來之。」孔疏云：「鄭云：『蠻者，聽從其俗，羈縻其人耳。故云蠻，蠻之言緡也。』王肅云：『蠻，慢也，禮儀簡慢』，與孔異。」《洪範》「農用八政」，傳云：「農，厚也。厚用之，政乃成。」孔疏云「鄭云：『農讀爲醲，則農是醲意，故爲厚也。』張晏、王肅皆言『農，食之本也』。食爲八政之首，故以農言之。然則農用止爲一食，不兼八事，非上下之例，故傳不取。」澧案：此皆傳與鄭説同，而與王肅説不同，則似非王肅作也。或王肅故爲不同，以揜其作僞之迹歟？

鄭義與僞孔不同，有僞孔勝於鄭者。焦里堂《補疏序》舉數條以爲傳之善。其一條云「曰若稽古帝堯」「曰若稽古皋陶」，傳皆以「順考古道」解之，鄭以「稽古」爲「同天」，「同天」二字，可加諸帝堯，不可施於皋陶。又一條云「四罪而天下咸服」，傳以舜徵用之初，即誅四凶，是先殛鯀而後舉禹；鄭以禹治水畢，乃流四凶；故王肅斥之云「是舜用人子之功而流放其父」。又一條云，《金縢》「罪人斯得」，鄭以爲成王收周公之屬官，殊屬謬悠，説者多不以爲然，傳則罪人即指禄父管蔡。澧案：僞孔此傳，惟罪人指管蔡爲是，其餘則非。焦氏盡以爲傳之善，分析未精細也。澧於讀《毛詩》卷内辯之。澧案：僞孔善於鄭注者，焦氏所舉之外，尚頗有之，今不必贅録，蓋僞孔讀鄭注，於其義未安者則易之，此其所以不可廢也。僞古文經傳可廢，二十八篇僞傳不可廢。若不僞稱孔安國而自爲書，如鄭箋之易毛，則誠善矣。

僞古文襲用諸經傳之語，閻百詩、惠定宇皆臚舉之，然孔疏已有指出者矣。《旅獒》「爲山九仞，功虧一簣」，孔疏云：「《論語》云：『譬如爲山，未成一簣』，猶不爲山，故曰爲山功虧一簣。」「犬馬非其土性不畜」，孔疏云：「僖十五年《左傳》言晉侯乘鄭馬，及戰，陷於濘。是非此土所生，不習其用也。犬不習用，傳記無文。」「所寶惟賢」，孔疏云：「《楚語》王孫圉對趙簡子曰：楚之所寶者，觀射父及左史倚相。此楚國之寶也，是謂寶賢也。」《微子之命》「曰篤不忘」，孔疏云：「僖十二年《左傳》王命管仲之辭曰：『謂督不忘。』」澧案：如此之類，孔疏於僞古文勦襲古經傳之迹，已指出之矣。

孔傳之僞，孔疏亦似知之。《洪範》「農用八政」，僞孔云：「農，厚也。」孔疏云：鄭玄云「農讀爲醲，故爲厚也」。《金縢》「植璧秉圭」，僞孔云：「植，置也。」孔疏云：「鄭云：植，古置字。故爲置也。」此二條，似知僞孔在鄭之後而取鄭説矣。《洪範》「三人占」，僞孔云：「夏、殷、周卜筮各異。」孔疏云：「《周禮》：『掌三兆之法，一曰玉兆，二曰瓦兆，三曰原兆。掌三《易》之法，一曰《連山》，二曰《歸藏》，三曰《周易》。』杜子春以爲玉兆，帝顓頊之兆；瓦兆，帝堯之兆；又云《連山》，虙犧；《歸藏》，黄帝；三兆三易，皆非夏殷。子春之言，孔所不取。」《洪範》「龜從、筮逆」，僞孔云：「龜筮相違。」孔疏云：「崔靈恩以爲，若三占之俱主凶，則止不卜，即鄭注《周禮》『筮凶則止』是也。筮凶則止而不卜，乃是鄭玄之意，非是《周禮》經文，未必孔之所取。」此二條，似知僞孔傳在杜子春、鄭康成之後，而不取其説矣。《多士》序「成周既成，遷殷頑民」。僞孔云：「殷大夫士。」孔疏云：「《漢書·地理志》及賈逵注《左傳》，皆以爲遷邶、鄘之民於成周，分衛民爲三國。計三國俱是從叛，何以獨遷邶、鄘？邶、鄘在殷畿三分有二，其民衆矣，非一邑能容。民謂之爲士，其名不類，故孔意不然。」此條又似知僞孔在班、賈之後也。「農用八政」疏，又言傳不取張晏、王肅。

近儒説《尚書》，考索古籍，罕有道及蔡仲默《集傳》者矣。然僞孔傳不通處，蔡傳易之，甚有精當者。江艮庭《集注》多與之同。《大誥》「若兄考，乃有友伐厥子，民養其勸弗救」，僞孔傳云：「以子惡故。」孔疏云：「民皆養其勸伐之心，不救之。」此甚不通。蔡傳云：「蘇氏曰：養，廝養也，謂人之臣僕。言若父兄有友攻伐其子，爲之臣僕者，其可勸其攻伐而不救乎？」江氏注云：「長民者，其相勸止不救乎？」江訓「養」爲「長」，與蔡異，然不及蔡引蘇氏訓爲「廝養」也。《召誥》「王敬作所，不可不敬德」，僞孔云：「敬爲所不可不敬之德。」蔡云：「所，處所也，猶所其無逸之所。王能以敬爲所，則無往而不居敬矣。」江云：「王其敬爲之所哉，言處置之得所也。」《召誥》「我不敢知曰」，僞孔云：「我不敢獨知，亦王所知。」蔡云：「夏、商歷年長短，所不敢知。我所知者，惟不敬厥德，即墜其命也。」江云：「夏、殷歷年長短，我皆不敢知，惟知其皆以不敬德，故早墜其命。」《君奭》「襄我二人」，僞孔云：「當因我文武之道而行之。」蔡云：「王業之成，在我與汝而已。」江云：「二人，己與召公也。」《多方》「我惟時其戰要囚之」，僞孔云：「謂討其倡亂，執其朋黨。」蔡云：「我惟是戒懼而要囚之。」江云：「戰，懼也。」《康王之誥》「惟新陟王」，僞孔云：「惟周家新升王位。」蔡云：「陟，升遐也。

成王初崩，未葬未謚，故曰新陟王。」江云：「陟，登假也，謂崩也。成王初崩，未有謚，故稱新陟王。」《秦誓》「昧昧我思之」，僞孔云：「惟察察便巧，善爲辨佞之言，使君子迴心易辭，我前多有之，以我昧昧思之不明故也。」蔡云：「昧昧而思者，深潛而靜思也。」以「昧昧我思之」屬下文。江云：「昧昧我思云者，是穆公自道思此一介臣，非謂前日之昧昧于思也。此文當爲下文緣起。」此皆蔡傳精當，而江氏與之同者。如爲暗合，則於蔡傳竟不寓目，輕蔑太甚矣；如覽其書取其說，而没其名，則尤不可也。孫淵如疏此數條，皆與江氏略同。惟「戰要囚」無說。王西莊《後案》、段懋堂《撰異》，皆無說。段惟以「昧昧我思之，如有一介臣」二句相連寫之，皆輕蔑蔡傳，不屑稱引之也。蔡傳雖淺薄，亦何必輕蔑太過，不屑引之乎？近儒惟孔巽軒《公羊通義》引宋人之説甚多，最無門户之見也。

江、王、段、孫四家之書善矣。既有四家之書，則可删合爲一書。取《尚書大傳》及馬、鄭、王注，僞孔傳，與《史記》之采《尚書》者，《爾雅》、《説文》、《釋名》、《廣雅》之釋《尚書》文字名物者，漢人書之引《尚書》而説其義者，采擇會聚而爲集解。如何氏《論語集解》之體。其兩説可兼存者，如《堯典》「欽明」，馬云「威儀表備謂之欽」；鄭云「敬事節用謂之欽」。雖兼存之，疏中伸明鄭説爲長。若不可兼存者，如《金縢》「罪人斯得」，鄭以罪人爲周公官屬，則不采之，疏中仍引而駁之。孔疏、蔡傳以下至江、王、段、孫及諸家説《尚書》之語，采擇融貫而爲義疏。其爲疏之體，先訓釋經意於前，而詳説文字名物禮制於後，如是則盡善矣。吾老矣，不能爲也，書此以待後人。

卷六

詩

《釋文》引沈重云：「案鄭《詩譜》意，大序是子夏作，小序是子夏、毛公合作。卜商意有不盡，毛更足成之。」孔疏所載《詩譜》，不言序爲誰作。沈重之説，不知所據。澧案：《儀禮·鄉飲酒禮》，賈疏以《南陔》「孝子相戒以養也」之類是子夏序文，其下云「有其義而亡其辭」，是毛公續序。與沈重足成之説同。今讀小序，顯有續作之迹。如《載馳》序云「許穆夫人作也」。閔其宗國顛覆，自傷不能救也」。此已説其事矣。又云「衛懿公爲狄人所滅，國人分散，露於漕邑。許穆夫人閔衛之亡，傷許之小，力不能救，思歸唁其兄；又義不得，故賦是詩也」。此以上文三句簡略，故複説其事，顯然是續也。《有女同車》序云「刺忽也，鄭人刺忽之不昏于齊」。此已説其事矣。又云「太子忽嘗有功于齊，齊侯請妻之。齊女賢而不取，卒以無大國之助，至於見逐，故國人刺之」。此以上文二句簡略，故亦複説其事，顯然是續也。鄭君雖無説，讀之自明耳。

鄭君非以小序皆子夏、毛公合作也。《常棣》序云：「燕兄弟也，閔管、蔡之失道，故作《常棣》焉。」孔疏引鄭志答張逸云：「此序子夏所爲，親受聖人。」是鄭以此序三句，皆子夏所爲，非獨「燕兄弟也」一句矣。

《十月之交》、《雨無正》、《小旻》、《小宛》四篇序，皆云「刺幽王」。《詩譜》則云「刺厲王。漢興之初，師移其第耳」。孔疏云：「《十月之交》，箋云《詁訓傳》時移其篇第，因改之耳。則所云師者，即毛公也。」據此，則鄭君以序皆毛公所定，雖首句亦有非子夏之舊者也。阮文達公《十月之交四篇屬幽王説》則以鄭説爲非。

《絲衣》序云：「繹，賓尸也。高子曰：靈星之尸也。」孔疏引鄭志答張逸云：「高子之言，非毛公，後人著之。」此鄭以「高子曰靈星之尸也」八字，非毛公所著，乃後人著之，故箋絶不言「靈星之尸」而亦不駁之也。孔疏誤讀「非毛公後人著之」七字爲一句，遂謂子夏之後、毛公之前，有人著之矣。

或謂序之首句傳自毛公以前；次句以下毛公後人續作，尤不然也。如《終風》序云：「衛莊姜傷己也，遭州吁之暴，見侮慢而不能正也。」若毛公時，序但有首句，而無「遭州吁之暴」云云。則次章「莫往莫來」，傳云「人無子道以來事己，己亦不得以母道往加之」，所謂「子」者誰乎？以「母道」加誰乎？又如《考槃》序云：「刺莊公也，不能繼先公之業，使賢者退而窮處。」毛傳云：「考，成；槃，樂也。山夾水曰澗。曲陵曰阿。薖，寬大貌。軸，進也。」若毛公時，序但有首句，則此傳但釋「考」、「槃」、「澗」、「阿」、「薖」、「軸」六字，不知序何以云「刺莊公」矣。且「永矢弗告」，傳云「無所告語」，尤不知何謂矣。《鄭風·羔裘》序云：「刺朝也，言古之君子以風其朝焉。」毛傳亦但釋字義，不知序何以云「刺朝」矣。

《鼓鐘》序云「刺幽王也」，毛傳云：「幽王用樂，不與德比。會諸侯于淮上，鼓其淫樂以示諸侯，賢者爲之憂傷也。」澧案：此是毛公續序誤入於傳文之首也。自《節南山》以下，序言「刺幽王」者三十篇。《雨無正》、《巧言》、《巷伯》、《谷風》、《蓼莪》、《四月》、《北山》、《楚茨》、《信南山》、《甫田》、《大田》、《瞻彼洛矣》、《裳裳者華》、《桑扈》、《鴛鴦》、《頍弁》、《車舝》、《魚藻》、《采菽》、《角弓》、《隰桑》、《瓠葉》、《漸漸之石》、《何草不黄》二十四篇之序，次句以下皆言所以刺之意。惟《鼓鐘》序只「刺幽王也」一句，其刺意未明，故毛公足成之也。《節南山》、《正月》、《十月之交》、《小旻》、《小宛》、《小弁》六篇序，亦只「刺幽王」一句，無足成之語；以詩中明有刺語，不必足成耳。《楚茨》、《信南山》諸詩，無憂傷之語，故朱子不信爲刺詩。

最可疑者，《酌》序云：「告成大武也，言能酌先祖之道，以養天下也。」澧案：「遵養時晦」，毛傳云「養，取也」；訓「養」爲「取」，其義已難明。鄭箋云：「養是闇昧之君，以老其惡。」此不訓「養」爲「取」，然又非序所謂「養天下」也。此序實未易明耳。

《關雎》序説《周南》、《召南》之語，孔疏未明其意也。周、召者，周公、召公采地之名。周南、召南者，二公所主之地，所謂自陝以東，周公主之；自陝以西，召公主之也。周南、召南，地皆甚廣。但舉二采地之名，而其餘之地則以「南」字包括之者，周、召皆在北。周南之地，其化自周而南，故以周南爲名；召南之地，其化自召而南，故以召南爲名。序所云「南」，言化自北而南，其意如此也。周南之地所采之詩，謂之《周南》；召南之地所采之詩，謂之《召南》。若夫《關雎》、《麟趾》、《鵲巢》、《騶虞》諸詩，出於周國中，非二公所主之地，而分屬二南者，以《關雎》、《麟趾》是王者之風。周公攝王者之事，故以其詩繫之周公。《鵲巢》、《騶虞》是諸侯之風。周之先王，本是諸侯，其教如此。召公是諸侯，故以其詩繫之召公。序之所云，其意如此也。其末數句之意，則實難明，故爲後人所疑矣。

《六月》序「鹿鳴廢則和樂缺矣」云云，凡二十二篇。每一篇廢，則一事缺。其末云：「《小雅》盡廢，則四夷交侵，中國微矣。」讀此序令人驚心動魄，乃知《詩》教所關係者如此。孔疏云：「明《小雅》不可不崇，以示法也。」此語深悉此序之意矣。此序云：「伐木廢，則朋友缺矣。」《文選》謝叔源《西池》詩，李善注引《韓詩》曰：「伐木廢，朋友之道缺。」此所引若是《韓詩》序，則毛、韓序同，蓋出於子夏矣。

西漢經學存於今者，惟《毛詩》。《尚書大傳》、《春秋繁露》，皆非完書。段懋堂爲《毛詩故訓傳定本》，其題辭云「讀毛而後可以讀鄭」，是也。然其《定本》，則未盡善。凡每篇傳首有「興也」二字者，段皆增經文二句於其上，以無經文，則「興也」二字無所承耳。然不必增也。某篇幾章幾句，乃毛公之筆，當連屬於毛傳之前，舊在傳箋後，段移置序之前。澧謂當在序後傳前。古者，衆篇之序，合爲一編也。「興也」二字，即承此耳。如《關雎》三章，一章四句，二章章八句，興也。其餘不必增而增者尤多。如「窈窕，幽閑也。淑，善；逑，匹也」之上，不必增「窈窕淑女，君子好逑」二句。「荇，接余也，流，求也」之上，不必增「參差荇菜，左右流之」二句。「德盛者宜有鐘鼓之樂」之上，不必增「鐘鼓樂之」一句。惟「宜以琴瑟友樂之」之上，當增「琴瑟友之」一句耳。如此則增者甚少，不至處處皆增，大異於其舊矣。段氏又有《毛詩訓故傳微》一書，見阮文達公《漢讀考周禮六卷序》，今惜不得而讀之。

毛傳連以一字訓一字者，惟於最後一訓用「也」字。其上雖累至數十字，皆不用「也」字，此傳例也。然有不盡然者。今考「也」字不合傳例之處，其下皆有鄭箋。此由昔人因箋綴傳下，傳無「也」字，則文勢不斷，故增「也」字以隔絶之。此已不當增而增矣。段氏《定本》又於舊所未增者而亦增之，如「淑，善；逑，匹也」、「寤，覺；寐，寢也」，「善」字、「覺」字下，皆增「也」字，則段氏亦未知傳例矣。《何彼襛矣》傳「肅，敬；雝，和；平，正也」。「肅，敬；雝，和」下有箋，而「和」下無「也」字，此昔人增加之未盡者。《樛木》傳「縈，旋也」「成，就也」。「縈旋」下無箋，而昔人亦增「也」字，則以上文「綏，安」、「將，大」下，皆因有箋而增「也」字，遂相連增之耳。《顔氏家訓·書證》篇云：「俗學聞經傳中時須『也』字，輒以意加之，每不得所，益成可笑。」然則毛傳「也」字，爲俗學所加無疑也。《論語》「巧言令色」，朱注：「巧，好。令，善也。」此朱子之用古法，俗學知此者稀矣。

毛傳一字訓一字。有加「之」字者。如「服，思之也」、「濩，煮之也」之類。其所訓皆用韻之字。蓋詩意本説「思」，因用韻，遂用「服」字以代「思」字；詩意本説「煮」，因用韻，遂用「濩」字以代「煮」字。毛公知其意，故加「之」字訓爲「思之也」、「煮之也」。後世作詩者，亦多如此。如杜詩《奉贈韋左丞丈》云「詩看子建親」。親，近之也。《哀王孫》云「慎勿出口他人狙」。狙，伺之也。段氏《定本》小箋云：「濩，即鑊之假借。鑊所以煮物，故煮之亦曰鑊。」此讀「煮之也」三字爲一句，是也。其於「服，思之也」之上，增「思服」二字，則讀「服思之也」四字爲一句，義例參錯矣。濩、煮二字韻同部，詩人用「濩」字，蓋取其與莫、綌、斁皆入聲，此其用韻之精密也。惟「如惔、如焚」傳云：「惔，燎之也。」惔非用韻之字，然此亦因詩人用「惔」字爲「焚」意，故訓爲「燎之也」。凡《詩》一句兩字皆用「如」字者，其兩字必相類，「如切如磋」、「如琢如磨」之類是也。

毛傳訓詁與《爾雅》同者。如「鴡鳩，王雎也」，孔疏云「《釋鳥》文」。「水中可居者曰洲」，孔疏云「《釋水》文」。孔意以爲毛公取《爾雅》之文以爲傳也。澧案：陸機《草木鳥獸蟲魚疏》云「荀卿授魯國毛亨，亨作《詁訓傳》」，則毛亨乃周秦間人。張揖《上廣雅表》云：「今俗所傳三篇《爾雅》，或言叔孫通所補，或言沛[七]郡梁文所考。」然則《爾雅》不盡在毛傳之前，安知非《爾雅》取毛傳之文乎？

毛傳簡而精，人皆知之矣。其精而奧者，如《葛覃》「施于中谷」，傳云「施，移也」。澧案：《説文》「施，旗皃」；「旖，旗旖施也」；「移，禾相倚移也」。此經「施」字，乃旖施之「施」；傳「移」字，乃倚移之「移」，皆柔曲猗那之貌。傳訓「施」爲「移」，葛藟之形狀如繪也。故讀毛傳者，不可不讀《説文》。敷施之「施」，《説文》作「敀」。遷移之「移」，《説文》作「迻」。作「施」作「移」者，假借字耳。此經此傳，則皆用其本義也。王肅云：「葛生於此，延蔓於彼，猶女之當外成也。」孔疏引之，而云「毛意必不然」。然孔自爲説，亦云「施，移也。言引蔓移去其根也」，皆未得毛意也。更有甚簡奥者。《載芟》篇「載穫濟濟」，傳云「濟濟，難也」。乍讀之，幾不可解。讀鄭箋云「難者，穗衆難進也」，而後明其意。謂禾穗粗大稠密，穫者難入於其中。此形容豐年景象，令人解頤矣。段氏《定本》小箋云「濟，同擠」。甚得傳意。

毛傳訓詁之語，有足以警世者。《召旻》傳云「臯臯，頑不知道也。訿訿，窳不供事也」。此於衰世之人，形容盡致。孔疏云「小人在位，如此，害及天下」，尤能發明傳意。

毛公説《詩》之大義，既著於續序中矣，其在傳内者亦不少。如《關雎》傳云：「夫婦有别，則父子親。父子親，則君臣敬。君臣敬，則朝廷正。朝廷正，則王化成。」《鹿鳴》傳云：「夫不能致其樂，則不能得其志；不能得其志，則嘉賓不能竭其力。」如此類者，不可以其易解而忽之也。又如《苕之華》傳云：「治日少而亂日多。」此語甚悲，有無窮之感慨。《吕氏春秋・觀世篇》論治世之所以短，亂世之所以長。蓋古之傷心人，同此感慨矣。又如《鳧鷖》傳云：「太平則萬物衆多。」乍讀之，似但稱頌太平之語。反而思之，離亂之時，人烟且稀少，況物産乎？乃知毛傳此語之深警也。《魚麗》傳云：「太平而後微物衆多。」再作此語，意深哉。《桑扈》篇「君子樂胥，受天之祜」，箋云：「胥，有才知之名也。賢者在位，政和而民安，天予之以福禄。」孔疏云：「言用賢則民安，是棄賢則亡國矣。」孔沖遠讀此箋，能反而説之。善説經者當如此。

毛傳多載禮制。如《葛覃》傳云:「古者,王后織玄紞,公侯夫人紘綖,卿之内子大帶,大夫命婦成祭服,士妻朝服,庶士以下,各衣其夫。」《静女》傳云:「古者,后夫人必有女史彤管之法,史不記過,其罪殺之。后妃群妾,以禮御於君所。女史書其日月,授之以環以進退之。生子月辰,則以金環退之。當御者,以銀環進之,著於右手;既御,著於左手[八]。事無大小,記以成法。」如此者,皆《禮記》之類也。《葛覃》傳云:「古者,女師教以婦德、婦言、婦容、婦功。」《草蟲》傳云:「嫁女之家,不息火三日,思相離也。」如此之類,則已載於《禮記》矣。

毛傳有述古事如《韓詩外傳》之體者。如《素冠》傳「子夏、閔子騫三年喪畢,見夫子」一節,《小弁》傳「高子曰《小弁》,小人之詩也」一節,《巷伯》傳「昔者顔叔子獨處于室」一節,《綿》傳「古公處豳」一節,「虞芮之君,相與争田」一節,《行葦》傳「孔子射於矍相之圃」一節,皆《外傳》之體。《定之方中》傳「建邦能命龜」一節,雖非述古事,然因經文「卜云其吉」一語而連及「九能」,亦《外傳》之體也。

《荀子》云:「《國風》之好色也,其傳曰盈其欲而不愆其止。其誠可比於金石,其聲可内於宗廟。」《大略篇》。據此,則周時《國風》已有傳矣。《韓詩外傳》亦屢稱「傳曰」。《史記·三代世表》褚先生曰:「《詩》傳曰『湯之先爲契,無父而生』。」此皆不知何時之傳也。

《漢書·藝文志》云:齊、韓《詩》,「或取《春秋》,采雜説,咸非其本義」。采雜説,非本義,蓋專指

《外傳》而言。今本《韓詩外傳》，有元至正十五年錢惟善序云：「斷章取義，有合於孔門商賜言《詩》之旨。」澧案：孟子云「憂心悄悄，愠于群小，孔子也」，亦《外傳》之體。《禮記·坊記》、《中庸》、《表記》、《緇衣》、《大學》，引《詩》者尤多似《外傳》，蓋孔門學《詩》者皆如此。其於《詩》義，洽熟於心，凡讀古書，論古人古事，皆與《詩》義相觸發，非後儒所能及。韓非有《解老》篇，復有《喻老》篇。引古事以明之，即《外傳》之體，其《解老》即内傳也。西漢經學，惟《詩》有毛氏、韓氏兩家之書，傳至今日。讀者得知古人内傳、外傳之體，乃天之未喪斯文也。《直齋書録解題》云：「《韓詩外傳》多記雜説，不專解《詩》，果當時本書否？」卷二杭堇浦云：「董生《繁露》、韓嬰《外傳》，偭背經旨，鋪列雜説，是謂畔經。」《古文百篇序》此則不知内、外傳之體矣。皮襲美《讀韓詩外傳》云「韓氏之書，抑百家，崇吾道，至矣」。如襲美者，乃能讀韓氏書者也。《韓詩外傳》采阿曲處子一事，蓋明知此乃雜説，不足信，但欲證明「漢有游女，不可求思」之義耳。近人刻《外傳》者删之，其意甚善，然傳刻者多，豈能盡删乎？

鄭君《詩譜》序云：「勤民恤功，昭事上帝，則受頌聲，弘福如彼。若違而不用，則被劫殺，大禍如此。吉凶之所由，憂娱之萌漸，昭昭在斯，足作後王之鑒，於是止矣。」澧案：大序云「國史明乎得失之迹」，小序每篇言美某王某公、刺某王某公。鄭君本此意以作譜，而於譜序大放厥辭。此乃三百篇之大義也。此《詩》學所以大有功於世也。

鄭箋有感傷時事之語。《桑扈》「不戢不難，受福不那」，箋云：「王者位至尊，天所子也，然而不自斂以先王之法，不自難以亡國之戒，則其受福禄亦不多也。」此蓋歎息痛恨於桓、靈也。《小宛》「螟蛉有子，蜾蠃負之」，箋云：「喻有萬民不能治，則能治者將得之。」此蓋痛漢室將亡而曹氏將得之也。又「戰戰兢兢，如履薄冰」，箋云：「衰亂之世，賢人君子，雖無罪，猶恐懼。」此蓋傷黨錮之禍也。《雨無正》「維曰于仕，孔棘且殆」，箋云：「居今衰亂之世，云往仕乎？甚急迮且危。」此鄭君所以屢被徵而不仕乎？鄭君居衰亂之世，其感傷之語，有自然流露者；但箋注之體謹嚴，不溢出於經文之外耳。《清人》序云「高克好利，而不顧其君」，箋云「好利不顧其君，注心於利也」。此序語意甚明，而鄭君必解之者，殆亦有所感也。「注心於利」，衰世之風，必如是矣。

《六藝論》云：「注《詩》宗毛爲主，毛義若隱略，則更表明；如有不同，即下己意，使可識别也。」《釋文》引此數語，字字精要。爲主者，凡經學必有所主。所主者之外，或可以爲輔，非必入主出奴也。表明者，使其深者畢達，晦者易曉，古人所賴有後儒者，惟在於此。若更爲深晦之語，則著書何爲哉！如有不同者，以毛義爲非也，然而不敢言其非；下己意使可識别者，易毛義也，然而不敢言易毛，尊敬先儒也。讀者當字字奉以爲法。

鄭君專於禮學，故多以禮説《詩》。《采蘋》「誰其尸之，有齊季女」，毛以教成之祭，與禮女爲一。鄭以季女設羹，正得爲教成之祭，不得爲禮女。《賓之初筵》「大侯既抗，弓矢斯張」，毛以爲燕射。鄭以下章「烝衎烈祖」，則是將祭而大射。鄭難毛者，惟此二條。蓋於禮有據，雖難毛，不嫌也。然有拘於説禮而失之者。《鳧鷖》序云「神祇祖考，安樂之也」，毛以五章皆爲祭宗廟。鄭以首章祭宗廟，二章祭四方百物，三章祭天地，四章祭社稷山川，五章祭七祀。然《詩》中實無此分別。且三章「爾酒既湑，爾殽伊脯」，箋云「天地之尸尊，事尊不以褻味，沛酒脯而已」。孔疏云：「其實天地之祭，更有殽饌。」此則覺箋之疏失而微破之矣。《詩》但取湑、脯與渚、處、下爲韻耳。云伊脯者，不可云既脯，故變其文也。此鄭拘於説禮之病也。《綠衣》箋云「綠當爲褖」，然禮有褖衣，無褖絲，拘於説禮而破字，尤其病也。《斯干》「似續妣祖」，箋云：「妣，先妣姜嫄也。祖，先祖也。」此亦箋之拘於説禮，望文生義。孔疏則云先妣後祖者，取會韻也。此説最通。《詩》是有韻之文，其文義有不可拘泥者。如《絲衣》「自羊徂牛，鼐鼎及鼒」，傳云「自羊徂牛，言先小後大也」。此傳亦望文生義。疏云「鼎則先大後小者，取鼒爲韻」。澧謂：先羊後牛，亦取牛爲韻，疏未明言耳。其餘如《小星》「三五在東」，《采菽》「玄衮及黼」，《生民》「載震載夙」，「或簸或蹂」，《那》「顧予烝嘗」，疏皆以爲取韻，不拘泥文義，此疏之精善處也。《天保》「禴祠烝嘗」，疏云：「若以四時，當云祠禴嘗烝。《詩》以便文，故不依先後。」此言「便文」，即取韻也。

《卷耳》「我姑酌彼兕觥」，《葛屨》「可以縫裳」，《賓之初筵》「俾出童羖」，皆是取韻，不必拘泥觥爲罰爵，裳爲下服，羖爲羊不童也。童羖猶言童羊，亦如肥羜猶言肥羊，三百篇此類甚多也。説經者當先解其字，再説其意。如觥當先解爲罰爵，再解詩意，只説爵耳，不必泥於罰也。餘皆倣此。

毛傳不破字。然《小旻》「是用不集」，傳云「集，就也」，即是讀「集」爲「就」，與猶、咎爲韻。錢辛椢《養新録》之説。此與破字無異矣。鄭箋多破字。如《七月》「田畯至喜」，箋云：「喜讀爲饎。饎，酒食也。」孔疏云：「毛無破字之理。當謂『田畯來至，見勤勞，故喜樂耳』。」《思文》「立我烝民」，箋云：「立當作粒。」孔疏云：「毛無破字之理，宜爲『存立衆民也』。」澧謂如此類，皆不必破字。然如《常武》「鋪敦淮濆」，箋云：「敦當作屯。」孔疏云：「毛無破字之理，必以爲厚，宜爲『布陳敦厚』之陣也。」此則「屯」即「布陳敦厚」之意，鄭雖破字，仍與毛義同。《釋文》「至喜」、「鋪敦」下，皆云王申毛如字，此王肅有意與鄭立異耳，敦字不必申毛也。《斯干》「無相猶矣」，傳云：「猶，道也。」箋云：「猶當作瘉。瘉，病也。」孔疏云箋以相猶與相好對文，「當謂無相惡之事」。《角弓》曰「不令兄弟，交相爲瘉」，猶、瘉聲相近，「故知字誤也」。此則鄭破字爲長矣。

毛、鄭訓詁，似異實同者，孔疏屢言之矣。如《車舝》「以慰我心」，傳云：「慰，安也。」箋云：「以慰除我心之憂也。」疏云：「以憂除則心安，非是異於傳也。」《生民》「以興嗣歲」，傳云：「興來歲，繼往歲也。」箋云：「嗣歲，今新歲也。」疏云：「其意微與毛異，大理亦同也。」凡鄭非異於毛及微異而亦同者，讀者但當如此通融之。至如《維天之命》「假以溢我，我其收之」，傳云：「溢，慎。」箋云：「溢，盈溢之言也。以嘉美之道饒衍與我，我其聚斂之，以制法度。」疏云：「溢，慎，《釋詁》文。」「易傳者，溢是流散，收爲收聚。上下相成，於理爲密，故易之也。」《小旻》「謀猶回遹，何日斯沮」，傳云：「沮，壞也。」箋云：「沮，止也。」疏云：「止亦壞義，無多異，正以行惡宜爲休止，故易傳也。」凡鄭義異於毛者，讀者當求其理孰爲密；雖無多異，亦當求其宜。孔疏足以爲法矣。

鄭與毛大不同者。《關雎》傳云：「言后妃有關雎之德，是幽閑貞專之善女，宜爲君子之好匹。」箋云：「怨耦曰仇，言后妃之德和諧，則幽閑處深宮貞專之善女，能爲君子和好衆妾之怨者。」此毛以爲后妃是淑女，「是」字甚明。孔疏乃謂毛以爲后妃思得淑女，强毛從鄭。然毛傳「是」字，豈可强解乎？箋所云「爲君子和好衆妾之怨者」，與《列女傳》同。《列女傳》云：「湯妃有㜪，統領九嬪。後宮有序，咸無妬媢逆理之人。《詩》云『窈窕淑女，君子好逑』，言賢女能爲君子和好衆妾。」《母儀傳》。劉子政所説，蓋《魯詩》也。然亦似以淑女指有㜪，非指九嬪。且《車舝》序云：「周人思得賢女以配君子。」其四章「陟彼高岡」，箋云「此喻賢女得在王后之位」。然則《關雎》序云「樂得淑女以配君子」，亦是淑女在王后之位，不知鄭君何以云三夫人以下也。《大戴禮·保傅》云：「《春秋》之元，《詩》之《關雎》，《禮》之《冠》、《婚》，《易》之《乾》《巛》，皆慎始敬終。」此言婚，言乾巛，言慎始，皆是言夫婦，非言嫡妾。《論語》：「子謂伯魚曰『女爲《周南》、《召南》矣乎？』」《集解》：「馬曰：《周南》、《召南》，《國風》之始，樂得淑女以配君子，三綱之首，王教之端。」此言三綱之首，是夫爲妻綱，非言嫡妾。《三國志·程秉傳》：孫權「爲太子登娉周瑜女，秉守太常，迎妃於吴」，「既還，秉從容進説登曰：『婚姻，人倫之始，王教之基，故《詩》美《關雎》，以爲稱首。』」秉逮事鄭君。見本傳而亦不從箋説，可謂不苟同者矣。唐來鵠《隋對女樂論》云：「高祖謂群臣曰：自古天子有女樂否？房暉遠進曰：臣聞

『窈窕淑女，鐘鼓樂之』，此即王者房中之樂。隋文悦。噫。暉遠引《詩》臆對，恣率一時之言，頗昧二南之旨。淑女謂后妃也，安有后妃執樂也。」此唐人不依孔疏，强毛從鄭者。凡引唐人文，無其集者，皆見《全唐文》。

王肅之説，有是者，有非者，當分别觀之。「薄污我私，薄澣我衣，害澣害否」。毛傳云：「污，煩也。私服宜澣，公服宜否。」此毛以私與衣皆是私服，污與澣皆是澣。孔疏云：「王肅述毛，合之云煩撋、澣濯其私衣，是也。」此毛傳所説甚明，王肅述之不謬，宜孔疏取之也。鄭箋云：「衣謂褘衣以下至褖衣。」此則公服宜不澣者，與「薄澣我衣」不合也。《考槃》疏云：「此篇毛傳所説不明。王肅云大人寬博之德，故雖在山澗，獨寐而覺，獨言先王之道，長自誓不敢忘也。其言或得傳旨，今依之以爲毛説。」此毛傳簡略，王肅能得其意，宜孔疏亦依之也。「武人東征，不皇朝矣」，王肅云：「不暇修禮而相朝。」疏引之云：「此自王肅之説，毛意無以見其然，正以詩中諸言不皇多爲不暇，故存其説代毛耳。受命出征，無暇相朝，不當以此爲怨。王氏之義，不爲長矣。」此取王説訓「皇」爲「暇」，其以「朝」爲「相朝」，則不取之，甚能别擇也。「混夷駾矣」，孔疏云：「《帝王世紀》云：『文王受命四年，周正丙子，混夷伐周。』王肅同其説以申毛義。然周之正月，柞棫未生，以爲毛説，恐非其旨。驗毛傳上下，與鄭不殊。」此則王肅謬説，疏駁之甚當也。至王肅謬説而疏從之者。如「會朝清明」，傳云：「會，甲也。不崇朝而天下清明。」孔疏云：「毛以爲會值甲子之朝。王肅云：以甲子昧爽與紂戰，則傳言會甲長讀爲義，謂甲子日之朔，非訓會爲甲。」此疏説誤也。傳訓「會」爲「甲」，疏連讀「會甲」

二字,以爲會值甲子,不成文法。且引孫毓云:「經傳詁訓,未有以會爲甲者。」毛傳乃詁訓之最古者,更何俟他求乎!段懋堂小箋、陳碩甫疏,已解「會」訓「甲」之義,此不復贅説。

王肅自謂述毛,然有非述毛者。「奕奕梁山,維禹甸之」,毛傳云:「禹治梁山。」此「治梁」二字,用《禹貢》「治梁及岐」之文也。梁山近岐,則韓近岐無疑矣。《日知録》云「毛傳不言其地」,此亭林未悟毛傳用《禹貢》之文耳。且不獨毛公據《禹貢》以作傳,詩人亦據《禹貢》以作詩也。王肅云:「今涿郡方城縣有韓侯城,世謂之寒號城。」《水經》聖水注引。此竟不述毛矣。《潛夫論》云:「昔周宣王亦有韓侯,其國也近燕。故《詩》云『普彼韓城,燕師所完』。」《志氏姓》此不知出於三家《詩》,抑王節信臆説?然總之非毛説也。「燕師所完」,鄭箋云:「燕,安也。古平安時,[九]衆民之所築完。」此以燕國與韓遠,故訓「燕」爲「安」,然文義不順。朱子《集傳》云:「燕,召公之國也。召公爲司空。」《日知録》駁之云:「豈有役二千里外之人而爲築城者?」澧謂當時燕師至韓,必有其故,不可懸斷其必無也。《日知録》又以「其追其貊」,乃東北之夷。然《詩》言「因時百蠻」,又可以百蠻而謂韓在南乎?

鄭、王説周公東征之事,大不同。考之《詩》、《書》,武王崩,管蔡流言;周公避居東都,知管、蔡將叛,乃爲《鴟鴞》之詩;成王猶疑周公,至感雷風之異,迎周公歸,於是管、蔡、商、奄四國皆叛;周公東征三年,歸而攝政,致太平。鄭君之説皆不誤。惟《金縢》云「罪人斯得」,謂得知流言出於管、蔡,此江艮庭《集注音疏》之説。鄭以爲成王收周公官屬,此爲誤耳。王肅以周公居東二年,爲作《大誥》而東征，以「罪人斯得」爲殺管、蔡。見《豳・譜》孔疏。《金縢》僞孔傳與肅説同。孔疏以王説傅合毛傳。見《豳・譜》疏。汪容甫《述學》又以王説傅合《説文》。《周公居東證》。澧案：《鴟鴞》篇云「既取我子，無毀我室」，毛傳云：「寧亡二子，不可毀我周室。」毛意以大鳥取我二子，將毀我巢，喻武庚叛而使管、蔡附己，將毀周室也。《説文》云「辥，治也」，引《周書》曰我「之不辥」。許意謂不治流言所自起，則無以告先王也。二者皆不可傅合王説也。如王説，則於《詩》、《書》皆不可通。《金縢》言管叔及群弟流言，未言管、蔡叛也。周公一聞流言而遽興兵誅殺兄弟，何太急乎？僞古文《蔡仲之命》云：「群叔流言，乃致辟管叔于商，囚蔡叔于郭鄰。」此以流言即誅囚，與王説同。可知僞古文乃肅所作也。且成王此時方疑周公，豈命周公伐管、蔡乎？此《大誥》孔疏語，正可以駁僞孔及王説，所謂以矛刺盾也。王云二年克殷，殺管、蔡，三年而歸，見《豳・譜》孔疏此以《書》言二年，《詩》言三年，參差不合，而爲之彌縫耳。汪容甫云：「公避位以遜於野，一死士之力，足以制之。」夫成王且不敢誚公，況敢遣死士以制之乎？若用死士，則公雖在朝，亦可害之矣。其所據《逸周書・作雒解》之文，則孔晁注已言其陵越，江艮庭論之已詳矣。

陸機疏與毛、鄭不同者。「山有苞櫟，隰有六駮」，陸疏云：「駮馬，梓榆也。其樹皮青白駮犖，遥視似駮馬，故謂之駮馬。下章云『山有苞棣，隰有樹檖』，皆山、隰之木相配，不宜云獸。」孔疏云：「此言非無理也，但箋傳不然。」澧謂陸疏誠有理矣，然尚有可疑。傳云：「駮如馬，倨牙食虎豹。」箋云：「山之櫟，隰之駮，皆其所宜有也。」駮食虎豹，乃希有之獸，豈得云隰所宜有？竊疑箋亦以駮爲木名，其無易傳之語者，更疑傳本有樹皮似駁馬之語，其後脱之；鄭所見之本，則未脱耳。不然，則此箋不可通矣。

王伯厚云：「賈逵撰《齊魯韓與毛氏異同》，崔靈恩采三家本爲《集注》。今唯毛傳、鄭箋孤行，獨朱文公《集傳》閎意眇指，卓然千載之上。言《關雎》則取康衡；宋人諱匡字，改爲康。《柏舟》婦人之詩，則取劉向；「笙詩」有聲無辭，則取《儀禮》；「上天甚神」，則取《戰國策》；「何以恤我」，則取《左氏傳》；「抑戒自儆」、「昊天有成命」、「道成王之德」，則取《國語》；「陟降庭止」，則取《漢書》注；《賓之初筵》、「飲酒悔過」，則取《韓詩》序；「不可休思」、「是用不就」、「彼岨者岐」，皆從《韓詩》；「禹敷下土方」，又證諸《楚辭》，一洗末師專己守殘之陋。」《詩考序》澧案：賈逵、崔靈恩之書，爲朱子《集傳》開其先。近儒攻擊朱子者，豈未見王伯厚之説乎？且鄭箋亦兼取三家説，不獨賈逵、崔靈恩也。阮文達公《詩·書古訓》采諸經及諸古書説《詩》之語，亦朱子《集傳》之意。徐氏璈《詩經廣詁》亦然。徐氏所附之説，多與朱子《集傳》之説同。陳碩甫《毛傳疏》亦然。澧門人趙子韶皆摘出之。此可見《集傳》之善，雖欲蔑棄之，而不能也。

《四庫總目提要》云：「朱子從鄭樵之説，不過攻小序耳，至於《詩》中訓詁，用毛、鄭者居多。」澧案：《朱子語類》云：「文、武以《天保》以上治内，《采薇》以下治外，始於憂勤，終於逸樂。此四句儘説得好。」卷八十一。小序之精善，朱子未嘗不稱述之也。《行葦》首章，朱傳云：「此方言其開燕設席之初，而慇懃篤厚之意，藹然見於言語之外。」澧案：小序云「行葦，忠厚也」，朱傳正可發明序意也。至於《詩》中訓詁，固多用毛、鄭，而其解釋詩意，則有甚得毛義，勝於鄭箋者。如「我心匪鑒，不可以茹」，鄭箋云：「鑒之察形，但知方圓白黑，不能度其真僞，我心非如是鑒。」此與毛意不同。下章「我心匪石，不可轉也。我心匪席，不可卷也」，毛傳云：「石雖堅，尚可轉；席雖平，尚可卷。」然則「我心匪鑒，不可以茹」，毛意亦當以爲鑒尚可茹。朱傳云「我心匪鑒，而不能度物」，得毛意矣。又如「爰居爰處，爰喪其馬」，毛傳云「有不還者，有亡其馬者」，是毛意以二者皆實有之事。鄭箋云：「今於何居乎？於何處乎？於何喪其馬乎？」此亦與毛意不同。朱傳云「於是居，於是處，於是喪其馬」，得毛意矣。毛傳簡約，鄭箋多紆曲。朱傳解經，務使文從字順。此經有毛傳、鄭箋，必當有朱傳也。《朱子語類》云：「陳君舉説《關雎》，謂「后妃自謙，不敢當君子。謂如此之淑女，方可爲君子之仇匹」。鄭氏也如此説了」。（卷八十一）朱子知后妃求淑女，是鄭如此説，而非毛如此説，真善讀毛傳者也。

《鹿鳴》「人之好我，示我周行」，毛傳：「周，至；行，道也。」鄭箋云：「示當作寘。寘，置也。周行，周之列位也。」孔疏云：「《鄉飲酒禮》注云『嘉賓既來，示我以善道』。以注《禮》時未爲《詩》箋，故同舊説。」澧案：《禮記・緇衣》：《詩》云：「人之好我，示我周行。」鄭注云：「行，道也。言示我以忠信之道。」朱傳云：「周行，大道也。」此從毛傳及《儀禮》、《禮記》鄭注説，實長於箋説也。「示我周行」，猶云「示我顯德行」也。班孟堅《辟雍》詩云：「示我漢行。」李善注云：《毛詩》曰「示我顯德行」。班氏以「周行」之「周」爲代名，故擬之曰「漢行」。李善則不以「周」爲代名，故引「示我顯德行」也。道德、道路，皆可謂之道。《卷耳》之「周行」乃大路也。周行，猶云周道，猶云道周也。近見胡墨莊《毛詩後箋》，説此詩亦引「示我顯德行」。但澧之書已刻成，故不删也。

「文王在上，於昭于天」，朱傳云「言文王既没，而其神在上，昭明于天」。「文王陟降，在帝左右」，朱傳云：「文王之神在天，一升一降，無時不在上帝之左右。」此朱子不從傳、箋而自爲説者。實則古有此説。《墨子·明鬼》篇云：「若鬼神無有，則文王既死，彼豈能在帝之左右哉？」朱子之説與此暗合。阮文達公云：「『文王在上』，乃宗祀明堂。指文王在天上，故曰『於昭于天』，非言初爲西伯在民上時也。傳箋皆非『文王陟降，在帝左右』。此言文王在明堂，陟則天上，降則庭止也。至于『在帝左右』，更是明言宗配上帝之事，豈有文王生前而謂其陟降在帝左右者乎？傳箋皆非。」《大雅文王詩解》澧案：宗祀明堂之説，朱子所未及。其以文王之神在天上，則文達之説，與朱子同。如文達之講漢學，真可以爲法。此詩毛、鄭之説實非，朱子之説實是。若拘守毛、鄭而不論其是非，則漢學之病也。

戴東原《詩經補注》云：「《卷耳》，感念於君子行邁之憂勞而作也。」此從朱傳之説，不從序説。平心論之，序説雖古義，而朱説尤通，故戴氏從之也。「寘彼周行」，朱傳以爲寘所采之卷耳於大道之旁，乃通。戴氏云「寘此懷念於周行之上」，則文義未安也。二章、三章、四章，則朱説亦未安。陳長發《稽古編》駁之，云「登高極目，縱酒娛懷，雖是託諸空言，終有傷於雅道」，是也。戴氏云：「陟山，謂君子行邁所陟也。酌酒，願君子且酌以解其憂也。」此實勝朱傳之説，不拘守毛、鄭，亦不拘守朱傳。戴氏之學，可謂無偏黨矣。

《賓之初筵》，朱傳云：「毛氏序曰『衛武公刺幽王也』，韓氏序曰『衛武公飲酒悔過也』。今按此詩意與《大雅・抑》戒相類，必武公自悔之作，當從韓義。」灃案：此詩無自悔之語，與《抑》戒似不相類。且武公赫咺威儀，其所與飲酒之賓，亦未必至於號呶亂籩豆。朱子謂當從韓義，未免偏見；蓋有意於存韓義，遂不覺其偏耳。説經不可有成見如此。

《東門之墠》序言刺「男女相奔」，《溱洧》序言刺「淫風大行」，序未嘗不言淫奔也。朱子則不以爲刺，而以爲淫奔者自作，甚至《風雨》「思君子」，亦以爲淫奔，誤之甚矣。《頍弁》篇「既見君子，庶幾説懌」，《隰桑》篇「既見君子，其樂如何」，與《風雨》篇「既見君子，云胡不夷」，無異也。何以《風雨》篇獨爲淫奔乎！惟《静女》篇則真難解。其言此女「俟我於城隅」，又貽我以物，我悦其美，若稱譽賢女，豈容作此等語？必至投梭折齒矣。毛、鄭曲解之，「俟我於城隅」，解爲「自防如城隅」。「説懌女美」解爲女史「説懌妃妾之德」[一〇]。「美人之貽」解爲「遺我以賢妃」，文義皆不可通。灃案：序云：「《静女》，刺時也。衛君無道，夫人無德。」此序語意未了，蓋謂諸侯當求賢女以爲配也。吕伯恭《讀詩記》云：「『愛而不見，搔首踟躕』，猶《關雎》『求之不得，寤寐思服』。」吕氏據張横渠之説，以爲静女在後宫，後宫西北乃城隅，此則不然也。諸侯之宫，前朝後市，後宫西北，安能近城隅乎？二章言賢妃貽我以彤管，「女史之法，可説懌」。呂氏此說可通矣。其云三章之義難通，「横渠之說差近，謂田官獻新物於君，乃用之以答彤管之贈，非其女色之爲美，亦惟德美之人是貽耳」。此說則仍未通，蓋三百篇中，此篇當如「食肉不食馬肝」耳。定九年《左傳》云「《静女》之三章，取彤管焉」，孔疏云：「本録《静女》詩者，止爲彤管之言可取，故全篇取之，不棄上下之二章也。」此則竟以爲上、下二章，本可棄矣。

陳季立《讀詩拙言》曰：「《詩》三百篇，牢籠天地，囊括古今，原本物情，諷切治體，總統理性，闡揚道真，廓乎廣大，靡不備矣！美乎精微，靡不貫矣！近也實遠，淺也實深，辭有盡而意無窮。故『誰適爲容』，閨怨之貞志也；『與子偕作』，塞曲之雄心也；『於女信宿』，戀德之悃衷也；『投畀豺虎』，疾惡之峻語也；『樂子無知』，傷時之幽憂也；『攜手同行』，招隱之姱節也；『斷壺剥棗』，田家之真樂也；『魚鼈筍蒲』，餞送之清致也；『示我周行』，乞言之虚懷也；『周爰咨謀』，遠遊之博采也；『實命不猶』，自寬之善經也；『我思古人』，拔俗之卓軌也；後世風流文雅之士，言之能若此之典乎？『好樂無荒』，恬淡而慮長；『匪我思存』，紛華而不亂；『泌之洋洋』，素位而止足；『在水中沚』，迹近而心遐。《振鷺》，想君子之容也；《白駒》，縶嘉客之馬也。後世清隱高遯之士，言之能若此之婉乎？『濟濟多士』，美得人也；『有嚴有翼』，修戎政也；『公孫碩膚』，昭勞謙也；『萬邦作孚』，廣身教也。此盛世之風，綦隆之泰也。變雅所詠，尤可繹思。『潝潝泚泚』，百官邪矣；『亶侯多藏』，寵賂彰矣；『婦有長舌』，女謁盛矣；『莫肯夙夜』，庶政瘝矣；『爲鬼爲蜮』，讒夫昌矣；『俾晝作夜』，酒德酗矣；『自有肺腸』，朋黨分矣；『民亦勞止』，百姓困矣。此周之衰也，亦漢、唐、宋之所以亡也。後世經綸康濟之士，言之能若是之詳乎？『反是不思，亦已焉哉』，謀始之箴也；『靡不有初，鮮克有終』，令終之戒也；『孝子不匱，永錫爾類』，行道之徵也；『夙夜匪解，以事一人』，策名之則也；『白圭之玷，尚可磨也』，何言之可輕？『民之失德，乾餱以愆』，何微之可忽？『秉心塞淵，騋牝三千』，何事之非心？『既作泮宮，淮夷攸服』，何教之非政？『古之人無斁，譽髦斯士』，何化之不可行？『盡瘁以仕，寧莫我有』，何變之不可正？『及爾出王，及爾游衍』，何天之不爲人？『噂沓背憎，職競由人』，何人之不爲天？是合内外，貫始終，一天人道德性命之奥也。後世講學談道之士，言之能若此之審乎？故《詩》也者，辭可歌，意可繹，可以平情，可以畜德。孔門所以言《詩》獨詳也。」澧謂：陳季立可謂善讀《詩》者。凡説《詩》者，多解釋辯駁，然紬繹辭意之功，不可無也。平情畜德，其爲益深矣，其爲用大矣。竊欲以季立此論，爲治此經者勸焉。

卷七

周禮

《史記·封禪書》云：「上與公卿諸生議封禪。群儒采封禪《尚書》、《周官》、《王制》之望祀射牛事。」《漢書·藝文志》云：「河間獻王與毛生等共采《周官》及諸子言樂事者，以作《樂記》。」賈公彥《序周禮廢興》引馬融《周禮傳》云：孝成皇帝時，「衆儒並出，共排以爲非是」。蓋西漢儒者，始則信《周禮》，後乃排之耳。賈又云：「林孝存以爲武帝知《周官》末世瀆亂不驗之書。」澧謂：此說非也。武帝以爲瀆亂，群儒尚采之乎？張横渠《語録》云：「《周禮》是的當之書，然必有末世增入者。」此以末世瀆亂，改爲末世增入。《四庫提要》引之而伸其説，云「此如後世律令條格，數十年一修，修則有所附益」。斯爲定論矣。

汪容甫《周官徵文》凡六條。《逸周書·職方解》即《夏官》職方職文。《藝文志》孝文時得魏文侯樂人竇公「獻其書」，乃《周官·大司樂》章。《大戴禮·朝事》載《秋官》典瑞[一]、大行人、小行人、司儀四職文。《禮記・燕義》，《夏官》諸子職文；《内則》「食齊視春時」以下，食醫職文；「春宜膏豚膳膏薌」以下，庖人職文；「牛夜鳴則庮」以下，内饔職文；《詩・生民》傳「嘗之日莅卜來歲之芟」以下，肆師職文。澧又考得四條：《禮記・雜記下》「贊大行」曰云云，鄭注云「贊大行者，書説大行人之禮者名也」。孔疏云：「《周禮》有『大行人』篇」，「舊作記之前，有人説書贊明大行人之事，謂之贊大行。」《郊特牲》「縮酌用茅，明酌也」云云，孔疏云：「此一節，記人總釋《周禮》司尊彝涗二齊及鬱鬯之事。」《考工記》，賈疏云「此記人所録衆工，本擬亡篇六十而作」。《大司馬》「中冬，教大閲」，「群吏聽誓於陳前」，鄭注云「《月令》：季秋，天子『教于田獵，以習五戎』，『司徒搢扑北面以誓之』，此大閲禮，實正歲之中冬，而説季秋之政，於周爲中冬，爲《月令》者失之矣」。賈疏云：吕不韋「以爲此經中冬爲周之中冬，當夏之季秋，是失之矣」。據此四條，《周禮》若非周室典制，作《禮記》者何必贊之、釋之？作《考工記》者何必擬之？且吕不韋作《月令》，本於《周禮》，而猶有失，則《周禮》必遠在吕不韋之前。此皆足徵《周禮》是周室典制，但無以見其必爲周公所作耳。《逸周書・職方解》序言穆王所作，則在周公之後，有明徵也。汪容甫以爲述古亦謂之作，乃强辭耳。穆王作《吕刑》入《尚書》；作《職方》何不可入《周禮》乎？

「諸公之地，封疆方五百里」云云，此非周初之制，最爲明徵。《尚書》僞《武成》孔疏云：周室既衰，諸侯相并，自以國土寬大，皆違禮文，乃除去本經，妄爲説耳。此定論也。孟子告慎子曰：「今魯方百里者五，子以爲有王者作，則魯在所損乎？在所益乎？」若如《周禮》所言，則魯侯國當方四百里，爲方百里者十有六，至孟子時，僅得方百里者五，慎子當答云「在所益」矣。《論語》：「可以寄百里之命。」必以大國言之，豈僅可寄男國之命乎？子産言「列國一同」。襄公二十五年《左傳》杜注云「方百里」。所謂列國，豈專指男國乎？《管子》云：「請與之立壤列天下之旁。天子中立，地方千里；兼霸之壤，三百有餘里；佌諸侯，度百里；負海子男者，度七十里。若此，則如胸之使臂，臂之使指也。」《輕重乙》篇。《管子》言兼霸之國，尚不及四五百里，則周初必無四五百里之國。《周禮》所言四五百里者，正是兼霸之國造此文耳。《墨子》云：「南則荆吴之王，北則齊晉之君。始封於天下之時，其土地之方，未至有數百里也。」《非攻》中篇。此尤與《孟子》之説同，與《周禮》異也。若以爲《周禮》兼附庸言之，亦非也。《論語》言顓臾在魯邦域之中，則邦域包附庸在内。然魯侯邦域，若方四百里，爲方百里者十有六，其國方百里者一，而附庸之地乃十五倍，亦必不然也。賈誼《上都輸疏》、《潛夫論·班禄篇》皆與《孟子》同。《漢書·成帝紀》綏和元年二月，封孔吉爲殷紹嘉侯。三月，進爵爲公，及周承休侯皆爲公，地各百里，亦用《孟子》之説也。　《孟子》所謂方百里、七十里、五十里者，以田言之，故《王制》云「公侯田方百里，伯七十里，子男五十里」也。方百里者，爲田萬井。九百萬畝，其中公田一百萬畝。計其所入，今之大縣錢糧，不過如此，然非多取於民也。古者君授民田，其君若今之業主，其民若今之佃户。業主取佃户九之一，薄之至也。

《孟子》言文王之治岐，「關市譏而不征，澤梁無禁，罪人不孥」。僞孫疏云：「《周禮》：司關，『國凶札，則無關門之征，猶譏』；司市，『國凶荒，則市無征而作布』；澤虞，『掌國澤之政令，爲之厲禁』；川衡，『以時舍其守，犯禁者執而罰之』；司厲，『男子入于罪隸，女子入于舂稾』。此而推之，則關市非無征也，澤梁非無禁也，罪人非不孥也，而文王必皆無者，蓋亦見文王權一時之宜，不得不然耳。」澧謂：《孟子》明言文王之治岐，則周公時容有不同，其後更有不同，不必疑矣，不必謂文王權一時之宜也。

周公制禮，至幽、厲而廢，至秦而燔滅。幸而《周禮》出於山巖屋壁，即不盡周公所作，終是周代典制，豈可排棄之乎？後儒考古者，考一代之事，必蒐討一代之書，雖短書小説，猶不遺也。況《周禮》五官粲然具存者乎！若以爲非周公所作則棄之，然則讀《漢會要》者，但取高帝時之事，以後皆可棄乎？鄭君尊信《周禮》，乃通儒高識；林孝存之排棄，則拘儒之見也。且鄭君亦不悉信也。職方：荆州「其浸潁湛」。注云：「潁出陽城，宜屬豫州，在此非也。」豫州「其浸波溠」。注云：「《春秋傳》曰楚子『除道梁溠，營軍臨隨』，則溠宜屬荆州，在此非也。」此鄭君明言經文之非，豈有周公之書而可以爲非者哉！「硩蔟氏掌覆夭鳥之巢，以方書十日之號，十有二辰之號，十有二月之號，十有二歲之號，二十有八星之號，縣其巢上，則去之。」注云：「夭鳥見此五者而去，其詳未聞。」鄭君蓋不信此事，故云未聞耳。此事甚迂怪，不足信亦不必辯也。《鄭志》云「不信亦非，悉信亦非」。《詩·生民》疏引。此之謂也。

鄭君知《周禮》「乃周公致太平之迹」，此賈氏《序周禮廢興》語。以《周禮》之中，實有周公之制也。司馬温公《論財利疏》云：「《周禮》冢宰以九職、九式、九貢之法治財用，唐制以宰相領鹽鐵、度支、户部，國初亦以宰相都提舉三司水陸發運等使，是則錢穀自古及今皆宰相之職。必若府庫空竭，閭閻愁困，而曰我能論道經邦，燮理陰陽，非愚臣之所知也。」《困學紀聞》云：「嬪御、奄寺、飲食、酒漿、衣服、次舍、器用、貨賄，皆領於冢宰。冕弁、車旗、宗祝、巫史、卜筮、瞽侑，皆領於宗伯。此周公相成王，格心輔德之法。及其衰也，昏椓靡共，婦寺階亂。膳夫内史，趣馬師氏，締交於嬖寵；瑣瑣婣亞，私人之子，竊位於王朝。至秦而大臣不得議近臣矣，至漢而中朝得以絀外朝矣，至唐而北司是信，南司無用矣；由周公之典廢也。間有詰責幸臣如申屠嘉，奏劾常侍如楊秉，宫中府中爲一體如諸葛武侯，可謂知宰相之職者。唐太宗責房玄齡以北門營繕『何預君事』，豈善讀《周禮》者哉？」卷四《日知録》云：「閹人寺人，屬於冢宰，則内廷無亂政之人。九嬪世婦，屬於冢宰，則後宫無盛色之事。太宰之於王，不惟佐之治國，亦誨之齊家者也。自漢以來，惟諸葛孔明爲知此義，故其上表後主，謂宫中府中，俱爲一體。而宫中之事，事無大小，悉以咨攸之、禕、允三人。於是後主欲采擇以充後宫，而終執不聽。宦人黄皓，終允之世，位不過黄門丞。可以爲行《周禮》之效矣。」卷五　觀温公、厚齋、亭林所論，非周公孰能定此制？所謂致太平者，此其犖犖大者也。《歷代職官表》：今内務府官，爲《周禮》天官之屬者居多。

賈公彦《序周禮廢興》引《馬融傳》云：孝成皇帝時，「達才通人劉向、子歆，校理祕書，始得列序著于《録》、《略》，時衆儒以爲非是。唯歆獨識，其年尚幼」。據此，則《周禮》得列序著録，由於劉向，其時劉歆尚幼也。後儒因劉歆而詬厲《周禮》者，誤也。《漢書·成帝本紀》云：河平三年，「劉向校中祕書」。《藝文志》云：「每一書已，向輒撮其指意，録而奏之。」《劉向傳》云：「年七十二卒，卒後十三年而王氏代漢。」《藝文志》又云「向卒後，哀帝復使歆卒父業；歆於是總群書而奏其《七略》」。澧案：以年數計之，向校書閲二十年，其録而奏之者，即《別録》是也，至歆乃彙爲《七略》耳。馬融所云「録、略」者，兼向之録奏、歆之《七略》言之也。

賈引《馬融傳》又云：歆「末年乃知其周公致太平之迹」。澧案：劉歆此語，鄭君取之，不以人廢言也。弟子死喪，「河南緱氏杜子春尚在，永平之初，年且九十，能通其讀，頗識其説；鄭衆、賈逵，往受業焉」。澧案：杜子春當生於西漢成帝初年，東漢經師之最先者矣。《周禮》出於山巖屋壁，子春獨能通其讀，首創之功甚大。其説見於鄭注中者百餘條，皆辨正文字、音讀。當時讀《周禮》之難，在此也。如大卜「玉兆、瓦兆、原兆」，杜子春云：「玉兆，帝顓頊之兆；瓦兆，帝堯之兆；原兆，有周之兆。」又《連山》、《歸藏》，杜子春云：「連山，宓戲。歸藏，黄帝。」此則非辨正文字、音讀者，然不多見也。

後鄭於杜子春多從其説，如小宰，「掌建邦之宫刑，以治王宫之政令，凡宫之糾禁」，注云：「杜子春云：宫皆當爲官，玄謂宫刑，在王宫中者之刑。」如此之類，不從其説者，亦頗有之，然不多也。且有二鄭不從杜説，後鄭則從之者。甸師「祭祀，共蕭茅」，注云：「鄭大夫云：蕭字或爲莤，莤讀爲縮。杜子春讀爲蕭。蕭，香蒿也。玄謂《詩》所謂『取蕭祭脂』。」此不從鄭大夫而從杜也。掌舍「設梐枑再重」，注云：「鄭司農云：梐，榱梐也。枑，受居溜水涑橐者也。杜子春讀爲梐枑，梐枑謂行馬。玄謂行馬再重[一二]者，以周衛有內外列。」此不從鄭司農而從杜也。然有二鄭不從杜，後鄭亦不從者。如鄉師「共茅蒩」，注云：「杜子春云：蒩當爲菹，以茅爲菹，若葵菹也。鄭大夫讀蒩爲藉，謂祭前藉也。玄謂蒩，《士虞禮》所謂『苴刌茅，長五寸，束之』者是也。」此從鄭大夫，不從杜也。射人「以矢行告」，注云：「鄭司農云『射人主以矢行高下左右告于王也』。《大射禮》曰：『大射正立于公後，以矢行告于公。下曰留，上曰揚，左右曰方。』杜子春説，以矢行告，告白射于王，王則執矢也。杜子春説不與《禮經》合，疑非是也。」此則鄭司農疑杜非是。後鄭無説，則與司農同矣。司農受業於子春，而有疑其非是者。古之儒者，治經不爲墨守之學也。後鄭稱二鄭爲同宗大儒，而於二鄭與杜，皆有從有不從，絶無偏黨之見，尤可見其立心之公正也。

後鄭注，引鄭大夫者甚少，且多不從其説。如小宰「聽稱責以傅別」，注云：「傅別故書作傅辨，鄭大夫讀爲符別。」甸師「祭祀共蕭茅」，注云：「鄭大夫云：蕭字或爲莤，莤讀爲縮。」鄉師「巡其前後之屯」，注云：「鄭大夫讀屯爲課殿。」後鄭皆不從之，蓋以其爲鄭司農之父，故引之耳，所謂成家世之訓也。至司農之説，則多引之，又多從之，蓋猶注《詩》之宗毛爲主矣。孔沖遠《詩》疏，分疏毛、鄭，賈疏《周禮》，則詳於後鄭而稍略於先鄭。南海曾勉士先生爲《周禮補疏》，專疏先鄭，惜其書未刊行也。

鄭司農當東漢之初，其所引舊説，乃西漢人之説也。如載師「凡宅不毛者有里布」，鄭司農云：「里布者，布參印書，廣二寸，長二尺，以爲幣，貿易物。《詩》云：『抱布貿絲』，抱此布也。」又云：「不知言布參印書者何？見舊時説也。」肆師「禁外内命男女之衰不中法者，且授之杖」，鄭司農云：「三日授子杖，五日授大夫杖，七日授士杖，此舊説也。」屨人「赤繶黄繶」，鄭司農云：「禮家説繶，亦謂以采絲礫其下。」此禮家，亦西漢禮家也。笙師，鄭司農云：「篪七空」。賈疏云：「《廣雅》云：『篪，以竹爲之，長尺四寸，八孔，一孔上出寸三分。』《禮圖》云：『篪，九空。』司農云『七孔』，蓋寫者誤，當云『八空』也。或司農别有所見。」灃案：此明是别有所見，豈可據《廣雅》而疑其爲誤乎？鬱人「和鬱鬯以實彝而陳之」，鄭司農云：「鬱，草名。十葉爲貫，百二十貫爲築。」賈疏云：「未知出何文。」此疏闕疑，是也。保氏「五馭」，鄭司農云：「五馭，鳴和鸞，逐水曲，過君表，舞交衢，逐禽左。」賈疏云：「云逐水曲者，無正文，先鄭以意而言。」此先鄭必有所本，而疏謂其以意而言，非也。保氏「六書」，鄭司農云：「六書，象形、會意、轉注、處事、假借、諧聲也。」賈疏云：「皆依許氏《説文》。」此更賈氏之誤，鄭司農在許叔重之前也。《説文》叙云「指事、象形、形聲、會意、轉注、假借」。《漢書·藝文志》云「象形、象事、象意、象聲、轉注、假借」，皆與司農之説大同小異，而司農之説最在先，蓋其所自來者遠矣。

《周禮》有隱略而尚可考見者，後鄭則引證以明之。如宰夫「凡朝覲會同賓客，以牢禮之法。掌其牢禮，委積膳獻，飲食賓賜之飧牽，與其陳數」，後鄭注云：「凡此禮陳數存可見者，唯有行人、掌客及聘禮、公食大夫。」賈疏云：「以《儀禮》三千條内，具有諸侯之禮，但亡滅者多。今存可見者，《周禮》之内，有大行人、掌客，是待諸侯之禮；《儀禮》之内，有聘禮、公食大夫，是待聘客之法。」又如膳夫「凡王祭祀，賓客食，則徹王之胙俎」，注云：「賓客食而王有胙俎，王與賓客禮食；主人飲食之俎，皆爲胙俎，見於此矣。」若無存而可見者，則約而知之。如大司樂「王大食三宥」，注云：「大食，朔月月半，以樂宥食時也。」賈疏云：「案《玉藻》，天子諸侯，皆朔月加牲體之事。又知月半者，此無正文，約《士喪禮》月半不殷奠；則大夫已上有月半殷奠法，則知生人亦有月半大食法。」司士「孤卿特揖，大夫以其等旅揖，士旁三揖」，注云：「公及孤卿大夫始入門右，皆北面東上，王揖之，乃就位。群士及故士、大僕之屬發在其位，群士位東面，王西南鄉而揖之。」賈疏云：「此王臣無正文，約《燕禮》、《大射》諸侯禮，卿大夫皆始入門右，北面東上，得揖乃就位，士發在其位，故知王臣亦然。鄭知群士位東面者，亦約《燕禮》、《大射》諸侯之士西廂東面而知。」掌客注云：「簠簋之實，其米實于筐，豆實實于罋，其設筐陳于楹内，罋陳于楹外，牢陳于門西。」賈疏云：「皆約《公食大夫》解之也。」注又云：「車米禾芻薪，陳于門外。」賈疏云：「此約《聘禮》致饔餼之文。」繕人「掌王之用弓、弩、矢、箙、矰、弋，抉拾」，注云：「《士喪禮》曰：抉用正王棘若檡棘，則天子用象骨與？」賈疏云：

「引《士喪禮》者，欲見凶時有文，吉時無文，約出吉禮也。」此皆約之之法也。

又有推次之法。如内司服「緣衣」，注云：「此緣衣者，實作褖衣也。男子之褖衣黑，則是亦黑也。以下推次其色，則闕狄赤，揄狄青，褘衣玄。」此鄭君自言推次者。其餘如司尊彝，注云：「王酳尸用玉爵，而再獻者用璧角璧散，可知也。」賈疏云：「以《明堂位》云，爵用玉琖，加用璧角璧散差之，推次可知也。」弁師「諸侯及孤卿大夫之冕，韋弁皮弁，弁絰，各以其等爲之」，注云：「庶人弔者素委貌，一命之大夫冕而無旒，士變冕爲爵弁。」賈疏云：「鄭云此者，以有大夫已上，因言庶人，且欲從下向上，因推出士變冕爲爵弁之意也。」至若掌客，上公「鉶四十有二」，侯伯「鉶二十有八」，子男「鉶十有八」，注云：「非衰差也，『二十八』，書或爲『二十四』，亦非也。其於衰，公又當三十，於言又爲無施；禮之大數，鉶少於豆。推其衰，公鉶四十二，宜爲三十八，蓋近之矣。則公鉶，堂上十八，西夾東夾各十。侯伯堂上十二，西夾東夾各八。子男堂上十，西夾東夾各四。」此則以衰推而知經文有是有非，尤精密矣。約與推次，皆所以補經也。

賈疏能用鄭君推約之法。如巾車「王后之五路」，疏云：「王之三夫人，與三公夫人同乘翟車。九嬪，與孤妻同乘夏篆。二十七世婦，與卿妻同乘夏縵。女御，與大夫妻同乘墨車。士之妻攝盛，亦乘墨車。非嫁攝盛，則乘棧車也。諸侯已下夫人，祭祀、賓饗、出桑、朝君，差之皆可知也。」典瑞「大喪，共飯玉，含玉，贈玉」，疏云：含玉「《士喪禮》用三，復以《雜記》差之，則天子用九玉，諸侯用七玉，大夫用五玉。」此皆鄭君差次之法也。又如大宰「設其考」，注云：「司空亡，未聞其考。」疏云：「案鄉師云『及葬，執纛以與匠師御匶』。注云『匠師，事官之屬，其於司空，若鄉師之於司徒』，若然，鄉師是司徒之考，則匠師亦司空之考，而此云『未聞』者，彼文以義約之。司空考匠師也，無正文，故此云『未聞』也。」此疏尤精密，蓋不獨鄭注能補經，賈疏亦能用鄭注之法以補經也。更有鄭注不用約而知之，而賈疏能暢明之者。弁師注云「一命之大夫，冕而無旒」，疏云：「此亦無文，鄭知然者，凡冕旒所以爲文飾。一命若有，則止一旒一玉而已，非華美。又見一命大夫衣無章。士又避之，變冕爲爵弁。若一命大夫有旒，士則不須變冕爲爵弁，直服無旒之冕矣。故知一命大夫無旒也。」

鄭注三《禮》，以漢制況周制，而《周禮》注尤多。王伯厚皆録之，爲《漢制考》。澧案：《左傳》昭十七年，郯子言少皡氏「爲鳥師而鳥名」，祝鳩氏爲司徒。賈公彦《周禮正義序》引之，云「本名祝鳩。言司徒者，以後代官況之」。《禮器》：「周旅酬六尸。曾子曰：周禮其猶醵與？」鄭注云：「合錢飲酒爲醵，旅酬相酌似之也。」孔疏云：「曾子引世事證《周禮》，旅酬之儀象也。」然則以後代之官況古官，以後代之事況古事，其來遠矣。先鄭以此法注《周禮》。杜子春亦用此法。如典瑞「珍圭以徵守」，杜云「若今時徵郡守以竹使符」也。但不若先鄭注之多耳。《馬融傳》亦有之，如巾車「王后之五路皆有容蓋」，賈疏云：「馬氏等云重翟爲蓋，今之羽蓋是也。」後鄭因之，所舉漢制愈多，而賈疏能發明其意。疏語最精要者，鼓人「帗舞」，注云：「帗列五采繒爲之，有秉。」疏云：「《樂師》注，帗，五采繒。今靈星舞子持之。是舉今以曉古。」方相氏注云「天子之椁柏，黄腸爲裏，而表以石焉」。疏云：「引漢法爲證，《檀弓》云『天子柏椁，以端長六尺』，漢依而用之，而表之以石。古雖無言，漢亦依古而來。」掌節「門關用符節，貨賄用璽節，道路用旌節」，注云：「符節者，如今宫中諸官詔符也；璽節者，今之印章也；旌節，今使者所擁節是也。」疏云：「周法無文，皆約漢法以況之。」司烜氏「邦若屋誅，則爲明竁焉」，注云：「鄭司農云：屋誅，謂夷三族。玄謂屋，讀如其刑剭之剭；剭誅，謂所殺不於市，而以適甸師氏者也。」疏云：「夷三族，乃是亂世之法，何得以解太平制禮之事乎？」澧案：賈所謂「舉今以曉古」者，即訓詁之法也。古語則以後世之語通之，古官古事則以後世之官後世之事況之，其義一也。古地理亦以今地名釋之，即是此法。此乃注經一定不易之法也。漢法「依古而來」，所謂繼周百世可知也。周法無文，則「約漢法以況之」，亦約他經以注此經之法也。至亂世之法，鄭君不以解《周禮》，賈疏之説尤明。《困學紀聞》引徐筠《微言》，謂鄭注誤引漢官以比周官。此徐筠之淺陋，蓋未讀賈疏耳。《困學紀聞》又云：「宫伯掌王宫之士，庶子諸侯子入宿衛，齊王之弟章是也。入京師受業，楚王之子郢客是也。其制猶古。」厚齋既引徐筠説，而又自爲此説，蓋頗悟徐説之非也。

賈疏多用鄭注之法，以唐制況周制。如大史「祭之日，執書以次位常」，疏云：「若今儀注。」質人，疏云：「此質人，若今市平準。」肆長，疏云：「此肆長，謂一肆立一長，使之檢校一肆之事者，若今行頭者也。」司爟「凡國失火，野焚萊，則有刑罰焉」，疏云：「若今民失火有杖罰。」此皆賈疏深得鄭注之法者也。又有鄭注已舉漢制況周制，賈疏復以唐制況漢制者。掌訝「次于舍門外」，注云：「次如今官府門外更衣處。」疏云：「即今門外亦然。」掌固「設其飾器」，注云：「兵甲之屬，今城郭門之器亦然。」疏云：「亦若今城郭門傍所執矛戟，皆有幡飾之等是也。」司市「以質劑結信而止訟」，注云：「質劑，謂兩書一札而別之也。若今下手書，言保物要還矣。」疏云：「漢時下手書，即今畫指券。」女巫「掌歲時祓除、釁浴」，注云：「如今三月上巳如水上之類。」疏云：「見今三月三日水上戒浴是也。」此皆以周、漢、唐貫而通之。又如追師「掌王后之首服爲副編次」，注云：「副之言覆，所以覆首，爲之飾，其遺象若今步繇矣；編，編列髮爲之，其遺象若今假紒矣。」疏云：「此據時目驗以曉古，至今去漢久遠，亦無以知之矣。」此則以漢時知周時遺象，而唐時無以知漢時遺象，其意蓋頗惜之。此可見其思古之幽情也。

《續漢書·百官志》云：「故新汲令王隆作《小學漢官篇》。」劉昭注云：「胡廣注隆此篇，曰張平子作《周官解說》，乃欲以漢次述漢事。」澧案：解說《周官》而欲述漢事，此即以漢制況周制之意也。《志》又云「太常卿一人」，劉昭注云：「盧植《禮注》曰：『如大樂正。』」「丞一人」，注云：「盧植《禮注》曰：『如小樂正。』」「左右都候」，注云：「《周禮》司寤氏，有夜士；干寶注曰『今都候之屬』。」「大鴻臚」，注云：「《周禮》象胥，干寶注曰『今鴻臚』。」「侍中」，注云：「《周禮》太僕，干寶注曰：『若漢侍中。』」「御史中丞」，注云：「《周禮》掌建邦之宫刑，以主治王宫之政令；干寶注曰：

『若御史中丞。』」盧子榦與後鄭學術本同；干令升則遵守先鄭、後鄭之法也。

《通典》云：「古者人君，上歲役不過三日」；「歷代至今，雖加至二十日，數倍多古制，猶以庸爲名。」又云：「調者，猶存古井田調發兵車名耳。」卷四唐制與古制雖多至數倍，而杜君卿猶著其源流。此《通典》之所以爲「通」也。

讀《周禮》者，知漢、晉、唐儒者舉今曉古之法，則當遵循之。讀《周禮》畢，當讀《大清會典》，舉國朝之制以況《周禮》，則《周禮》更顯而易見，而今制之遠有本原，亦因之而見矣。且國朝有《會典》，復有《歷代職官表》，凡今有而古無、古有而今無，與名同而實異、實同而名異者，詳爲考證。讀《周禮》者，讀此更瞭如指掌矣。《周禮》者，古之政書也。治此經者，宜通知古今，陋儒不足以知之也。

謂《周禮》不可行者，徒以王安石之故耳。趙雲崧云：「古來宮闈之亂，未有如北齊者。後周諸帝后，當隋革命後，俱無失節者。良由宇文泰開國時，早能尊用《周禮》，家庭之内，不越檢閑，故雖亡國，而無遺玷。」《廿二史札記》卷十五。此可爲用《周禮》之效也。

江慎修云：「壺涿氏，掌除水蟲，以炮土之鼓敺之，以焚石投之。明永樂時，蘇州有水怪，蓋蛟蜃之類，善崩岸，壞民田。遣夏原吉治之，用壺涿氏之法，令民以百十舟載石，舟各有鼓，同時燒石投水；水沸騰，復擊鼓以駭之；其怪遂死。聖經之有用如此。」《周禮疑義舉要》。此在《周禮》中乃小事耳，而後世行之，足以爲民除害，安得云《周禮》不可行乎？

《考工記》實可補經，何必割裂五官乎？作記者，以一人而盡諳衆工之事，此人甚奇特。且所記皆有用之物，不可卑視之。惟其卑視工事，一任賤工爲之，以致中國之物不如外國。此所關者甚大也。今時乃頗悟之矣。《記》以輪爲首，有旨哉。古人以輪行地，今外國竟以輪行水。且西洋人《奇器圖説》所載諸器，多以輪爲用。算法之割圜，亦輪之象也。其理微矣。

工事以治水爲最大。匠人爲溝爲防，百餘字而盡治水之法。「善溝者水漱之，善防者水淫之」。漱之者，潘季馴所謂以水刷沙也；淫之者，賈讓所謂左右游波，寬緩而不迫也。「凡溝，逆地防，謂之不行」。如廣東之西江，水盛時每爲害。昔人欲於肇慶鑿山，使西江分一支南入海，以殺水勢，則下流不受其害。而不知此所謂「逆地防，謂之不行」也。

《考工記》注疏多誤，且有圖而佚之。「鳧氏爲鍾」，注云：「凡言間者，亦爲從篆以介之。」疏云：「即所圖者是也。」注又云：「鼓外二，鉦外一。」疏云「據上所圖，鼓外有銑間」，「匠人爲溝洫」，「九夫爲井」云云，疏云「此圖略舉一成於一角，以三隅反之，一同可見矣」。是注疏本有圖也。戴東原復爲之圖，有草創之功。阮文達、程易疇治之益精，爲古人所不及。其最精者，「車人之事，半矩謂之宣，一宣有半謂之欘，一欘有半謂之柯，一柯有半謂之磬折」；程氏以算法解之，又訂正「一柯有半」當作「一矩有半」；「一矩者，九十度角也；一宣者，四十五度角也；一欘者，六十七度三十分之角也；一柯者，一百一度十五分之角也；磬折者，一百三十五度之角也。」昭然若發矇矣。

卷八

儀禮

《儀禮》難讀，昔人讀之之法，略有數端：一曰分節，二曰繪圖，三曰釋例。今人生古人後，得其法以讀之，通此經不難矣。

《士冠禮》：「筮于廟門。」賈疏云：「自此至『宗人告事畢』一節，論將行冠禮先筮取日之事。」賈疏全部皆如此，此讀《儀禮》第一要法也。《有司徹》鄭注屢言「自某句至某句」，此賈疏分節之法所自出也。

賈疏之分節有尤細密者。《聘禮》「君使卿韋弁，歸饔餼五牢」，疏云：「自此盡『無儐』，論主君使卿歸饔餼於賓介之事。」「上介饔餼三牢」，疏云：「自此盡『兩馬束錦』，論主君使下大夫歸饔餼於上介之事。」「士介四人，皆餼大牢」，疏云：「自此至『無儐』，論使宰夫歸餼於衆介之事。」此一節而又分三節也。《特牲饋食禮》：「賓三獻如初，燔從如初，爵止。」疏云：「自此盡『卒復位』，論賓長獻尸及佐食，并主人、主婦致爵之事。此一科之内，乃有十一爵。賓獻尸，一也。主婦致爵于主人，二也。主人酬主婦，三也。主人致爵于主婦，四也。主婦酢主人，五也。尸舉奠爵酢賓長，六也。賓長獻祝，七也。又獻佐食，八也。賓又致爵于主人，九也。又致爵于主婦，十也。賓獻主人酢，十一也。」此一科而分十一節也。《有司徹》疏如此類者最多，不可枚舉。其分析細密，使讀之者心目俱朗徹矣。

賈疏分節偶有遺漏者。如《大射》儀，「司射適次，作上耦射」，疏當云：「自此盡『搢扑反位』論某事」，而疏無之。又「司射作射如初」，疏當云：「自此盡『執而俟』論某事」，而疏無之。又「司射猶挾一個以作射如初」，疏當云：「自此盡『退中與筭而俟』論某事」而疏無之。又若「命曰復射」，疏當云：「自此盡『如獻庶子之禮』論某事」，而疏無之。皆遺漏也。其餘諸篇之疏，亦偶有遺漏，但不多耳。

朱子《儀禮經傳通解》釐析經文，每一節截斷，後一行題云「右某事」。如《士冠禮》第一節後題云「右筮日」，第二節後題云「右戒賓」。此法亦出於鄭君。《禮記·禮器》：「天子崩[一三]七月而葬，五重八翣。」鄭注云：「《士喪禮》下篇『陳器』曰抗木横三縮二」云云。澧案：《士喪禮》下篇《既夕》云「陳明器于乘車之西」，鄭君引之，而摘出「陳器」二字也。較賈疏尤簡明。其《答李季章》書云：「累年欲修《儀禮》一書，釐析章句，而附以傳説。元來典禮淆訛處，古人都已説了。只是其書衮作一片，不成段落，使人難看，故人不曾看，便爲憸人舞文弄法，迷國誤朝。若梳洗得此書頭面出來，令人易看，於世亦非小助也。」《答應仁仲書》云：「前賢常患《儀禮》難讀，以今觀之，只是經不分章，記不隨經，而注疏各爲一書，故使讀者不能遽曉。今定此本，盡去此諸弊，恨不得令韓文公見之也。」此朱子之大有功於《儀禮》者。至國朝而馬宛斯《繹史》所載《儀禮》、張稷若《儀禮鄭注句讀》、吴中林《儀禮章句》，皆用朱子之法。江慎修《禮書綱目》，因朱子《通解》而編定之，固宜遵用其法。徐健菴《讀禮通考》、秦文恭《五禮通考》，亦皆分節。自朱子創此法。後來莫不由之矣。《郡齋讀書志》云：「《編禮》三卷，吕大臨編，以《士喪禮》爲本，取三《禮》附之。」（卷二）朱子《答潘恭叔書》云：「《禮記》須與《儀禮》參通，修作一書，乃可觀。中間伯恭欲令門人爲之。」然則朱子之書，本發端於吕氏也。

鄭、賈作注作疏時，皆必先繪圖，今讀注疏，觸處皆見其蹤迹。如《士冠禮》「筮人許諾，右還，即席，坐」，注云：「東面受命，右還北行就席。」疏云：「鄭知東面受命者，以其上文有司在西方東面，主人在門東西面。今從門西東面主人之宰命之，故東面受命可知也。知右還北行就席者，以其主人在門外之東南，席在門中，故知右還北行，乃得西面就席坐也。」如此之類，乃顯而易見者。又如《燕禮》「主人盥洗象觚」，注云：「取象觚者東面。」疏云：「以膳篚南有臣之篚，不得北面取，又不得南面背君取，從西階來，不得篚東西面取，以是知取象觚者東面也。」此必鄭有圖，故知東面取；賈有圖，故知不得北面南面西面，而必東面也。《大射》儀，「揖以耦左還，上射於左」，注云：「上射轉居左，便其反位也。上射少北乃東面。」疏云：「知不少南者，以其次在楅東南，北面揖時，已在次西面，故知上射少北乃東面，得東當次也。」此亦鄭有圖，故知少北；賈有圖，故知不得少南，皆確不可易也。

《鄉飲酒禮》「主人實爵介之席前，西南面獻介」，疏云：「以介席東面，故邪向之。」《特牲饋食禮》記主婦及内賓宗婦亦旅西面，注云：「其拜及飲者皆西面，主婦之東南。」疏云：「知在主婦之東南者，以其不背主婦，又得邪角相向也。」《鄉射禮》「司射還，當上耦，西面作上耦射」，注云：「還，左還也。」疏云：「知左還者，經云『還，當上耦』，上耦位在司射之西南，東面；司射還，欲西面與上耦相當，故知左還迴身當之，取便可知也。」《少牢饋食禮》「主人西面，三拜養者，養者奠舉于俎，皆答拜」，注云：「在東面席者東面拜，在西面席者皆南面拜。」疏云：「知面位如此者，以主人在户内，西面，三拜餕者。餕者在東面而答主人拜；可知在西面位者，以主人在南，西面，不得與主人同面而拜，明迴身南面，向主人而拜，故鄭以義解之如此也。」如此之類，或邪向，或迴身，與平直易見者不同。非有圖，安能知之？

《鄉射禮》「司馬出于下射之南，還其後，降自西階」，注云：「圍下射者，明爲二人命去侯。」疏云：「司馬由上射之後，立於物間，命去侯訖。物間南行，西向，適階降，是其順矣。今命去侯訖，乃圍下射之後，繞下射之東，南行，而適西階去。若出物間，西行，則似直爲上射命去侯，是以并下射圍繞之，明爲二人命去侯也。」《燕禮》「若君命皆致，則序進，奠觶于篚」，注云：「序進，往來由尊北，交于東楹之北。」疏云：「以其酒尊所陳，在東楹之西，西向而陳；其尊有四，并執冪者在南，不得南頭以之君所；又唯君面尊，尊東西面酌酒以背君；故先酌者東面酌訖，由尊北又楹北往君所，奠訖右還而反；後酌者亦於尊北，又於楹北與反者而交。先者於南西過，後者於北東行，奠訖亦右還而反，相隨降自西階。」如此類者，圍繞交錯，繪圖亦殊不易，或綿蕝習之，乃知之耳。即以疏文而論，曲而能達，栩栩欲動。世人謂賈疏之文不及孔疏，豈其然乎！

楊信齋作《儀禮圖》，厥功甚偉，惜朱子不及見也。《通志堂經解》刻此圖，然其書巨帙，不易得。故信齋此圖，罕有稱述者。張皋文所繪圖，更加詳密，盛行於世。然信齋創始之功，不可没也。楊信齋《儀禮圖》序云：「嚴陵趙彦肅嘗作《特牲》、《少牢》二禮圖，質諸先師，先師喜曰：更得冠昏圖及堂室制度并考之，乃爲佳爾。」據此，則始爲圖者，趙彦肅也。《儀禮經傳通解》載《鹿鳴》、《關雎》十二詩譜，云趙彦肅所傳。蓋其人有志於禮樂之事者也。

阮文達公爲《張皋文〈儀禮圖〉序》云：「昔漢儒習《儀禮》者，必爲容，故高堂生傳《禮》十七篇，而徐生善爲頌。禮家爲頌皆宗之，頌即容也。予嘗以爲讀《禮》者當先爲頌。昔叔孫通爲綿蕝以習儀，他日亦欲使家塾子弟畫地以肄禮，庶于治經之道，事半而功倍也。然則編修之書，非即徐生之頌乎？」澧案：畫地之法，澧嘗試爲之，真事半而功倍，恨未得卒業耳。李璧玲孝廉，名能定，在澧家教家姪等讀書。嘗邀澧及家姪宗元畫地而習之也。焦里堂作《習禮格》，繪宮室如弈枰，而人物爲棋。其序云「雖戲而不詭於正」。

若夫宮室器服之圖，則當合三《禮》爲之。此自古有之，今存於世者，惟聶崇義之圖。至國朝諸儒所繪益精。若取《皇清經解》內諸圖與聶氏圖考定其是非，而別爲《三禮圖》，則善矣。有不能定其是非者，則兼存之。明知其誤者，則不取。如張皋文《深衣圖》，肩上兩幅縫合，此必不然也。《通典》卷六十三「天子諸侯玉佩劍綬璽印」，自注云：「秦漢以降，逮於周隋，既多無注解，或傳寫訛舛，研覈莫辨。」澧案：此不獨玉佩劍綬璽印爲然。凡漢以來衣冠，讀史皆難明，而周之冠冕衣裳乃易明，賴有諸經注疏故也。

《儀禮》有凡例，作記者已發之矣。《鄉飲酒禮》記云：「以爵拜者不徒作。」《鄉射禮》記同。「坐卒爵者拜既爵，立卒爵者不拜既爵，凡奠者於左，將舉於右。」此二句《鄉射禮》記亦同。此記文之發凡者也。《士相見禮》「凡燕見于君」云云，凡言「非對也」云云，凡「與大人言」云云，凡「侍坐於君子」云云，凡「執幣者不趨」云云，此則經文之言凡者，然非十七篇內之凡例也。

鄭注發凡者數十條。《士冠禮》注云：「凡奠爵，將舉者於右，不舉者於左。」「凡醴事，質者用糟，文者用清。」「凡薦，出自東房。」「凡牲，皆用左胖。」其餘諸篇注皆有之，《聘禮》注最多若抄出之，即可爲《儀禮凡例》矣。

有鄭注發凡，而賈疏辨其同異者。《聘禮》「使者受圭，同面垂繅以受命」，注云：「凡授受者，授由其右，受由其左。」疏云：「據《鄉飲酒》、《鄉射》、《燕禮》，獻酢酬皆授由其右，受由其左，故云『凡』以廣之。若有所因由，則有授由左，受由右，是以使者反命之時，宰自公左受玉。鄭云亦於使者之東，同面並受，不右使者，由便也。又賓授覿時，士受馬適右受。鄭云：『適牽者之右而受，由便。』又《鄉飲酒》云：『受酬者自介右。』鄭云：『尊介，使不失故位。』如此者，皆是變例，鄭據平常行事而言也。」《特牲饋食禮》「尊于户東，玄酒在西」，注云：「凡尊酌者在左。」疏云：「《鄉飲酒》、《鄉射》，皆玄酒在西，事酒在東。若《燕禮》、《大射》，唯君面尊，不從此義也。」如此類，皆鄭注發凡，而賈疏辨其同異也。

有鄭注不云「凡」，而與發凡無異，賈疏申明爲凡例者。如《士冠禮》「宿賓」，注云：「宿者必先戒，戒不必宿。」疏云：「凡有戒無宿者，非止於此。案《鄉飲酒》、《鄉射》主人戒賓，及《公食大夫》各以其爵，皆是當日之戒，理無宿也。又《大射》『宰戒百官，有事于射者，射人戒諸公卿大夫射，司士戒士射，與贊者。前射三日，宰夫戒宰及司馬』。皆有戒而無宿，是也。」《覲禮》「侯氏入門右，坐奠圭」，注云：「卑者見尊，奠摯而不授。」疏云：「案《士昏禮》云：『壻執雁升，奠雁』，又云：『若不親迎，則婦入三月，然後壻見。主人出門，壻入門，奠摯，再拜，出。』鄭注云：『奠摯者，壻有子道，不敢授也。』又《士相見》，凡臣見於君，『奠摯，再拜』。與此奠圭，皆是卑者不敢授而奠之。」如此類，皆注不發凡，無異於發凡，而疏申明之也。

有鄭注不發凡、而賈疏發凡者。《鄉射禮》記「尊綌冪，賓至徹之」，疏云：「凡冪者，皆爲塵埃加，故設之。但用冪不用冪不同者，凡用醴皆不見用冪，質故也；醮用酒亦無冪者，從禮子質也；或以尊厭卑，亦無冪。《鄉飲酒》、《鄉射》有冪者，無所厭故也。」《覲禮》「使者左還而立，侯氏還璧，使者受，侯氏降，再拜稽首」，疏云：「直云使者左還，不云拜送玉者，凡奉命使，皆不拜送。若卿歸饔餼不拜送幣，亦斯類也。」如此類，皆注不發凡，而疏發凡者也。

有經是變例，鄭注發凡而疏申明之者。《鄉射禮》「司馬受爵奠于篚，復位，獲者執其薦，使人執俎從之，辟設于乏南[一四]」，注云：「凡他薦俎，皆當其位之前。」疏云：「謂凡燕及食，并祭祀之薦俎，皆當其位之前，唯此與大射獲者與釋獲者薦俎，辟設不當前也。」此經是變例，注發凡而疏申明之也。又有經是變例，注不發凡而疏發凡者。《聘禮》「賓降堂，受老束錦，大夫止」，注云：「止不降，使之餘尊。」疏云：「凡賓主體敵之法，主人降，賓亦降。今賓降，使者不降者，使之餘尊，雖合降而不降。」又：「賓稱面，大夫對，北面當楣再拜，受幣于楹間。南面退，西面立。」注云：「受幣楹間，敵也。賓亦振幣進，北面授。」疏云：「凡授受之義，在於兩楹之間者，皆是體敵，故《昏禮》云：『授于楹間，南面。』注云：『授於楹間，明爲合好，其節同也。』南面，並授也。謂賓主俱至楹間，南面並而授。是以《曲體》云：『鄉與客並然後受。』注云：『於堂上則俱南面。禮敵者並授，此是敵者之常禮也。』雖是敵者，於兩楹之間，或有訝受者，皆是相尊敬之法。則此云『大夫南面，賓北面授』，雖是敵禮，是尊大夫，故訝受。又前致饔餼，儐使者於楹間，賓北面授幣。鄭云：『賓北面授，尊君之使，自餘不在楹間，別相尊敬。』是以前云『公受玉于中堂與東楹之間』，鄭注云：『東楹之間，亦以君行一，臣行二。』又云：『公禮賓，賓受幣，當東楹北面。』注云：『亦訝受。』又賓覿公云『振幣進授，當東楹北面』，如此之類，不在兩楹之間者，皆非敵法，就文解之。」此疏釋例最詳，特備録之。此皆經之變例，注不發凡，而疏發凡者也。

有賈疏不云凡而無異發凡者。《士昏禮》「主人以賓升」，疏云：「禮之通例，賓主敵者，賓主俱升，若《士冠》與此文是也。若《鄉飲酒》、《鄉射》，皆主尊賓卑，故初至之時，主人升一等，賓乃升，至卒洗之後，亦俱升。唯《聘禮》，公升二等，賓始升者。彼注云：『亦欲君行一，臣行二也。』《覲禮》，王使人勞侯氏，使者不讓先升者，奉王命尊故也。」《燕禮》「降席，坐奠爵拜，告旨」，注云：「降席，席西也。」疏云：「鄭云降席席西，不言面。案前體例降席，席西拜者，皆南面拜，訖則告旨。」此二條，疏言通例，言體例，即無異發凡也。《士冠禮》「主人酬賓，束帛，儷皮」，疏云：「此禮賓與饗禮同，但爲饗禮有酬帛則多。」此疏言「同」，即例也。《聘禮》「上介奉幣，皮先，入門左，奠皮」，注云：「執皮者奠皮，以有不敢授之義。」疏云：「案享時庭實使人執之，《昏禮》庭實亦使人執之，亦皆東，不奠於地。」此疏言「亦」，即例也。《士昏禮》「賓即筵，奠于薦左」，疏云：「此奠於薦左，不言面位，下贊禮婦奠于薦東。注云『奠于薦東，升席奠之』。此云『奠于薦左』，明皆升席南面奠也。必南面奠者，取席之正。又祭酒亦皆南面，並因祭酒之面奠之，則《冠禮》禮子，亦南面奠之。《聘禮》禮賓，賓北面奠者，以公親執束帛待賜，已不敢稽留，故由便疾北面奠之也。《鄉飲酒》、《鄉射》，酬酒不祭不舉，不得因祭而奠于薦東也。《燕禮》、《大射》，重君物，賓祭酬酒，故亦南面奠。」此段疏屢言「亦」，其例最通貫矣。《士昏禮》「建柶興，坐奠觶，遂拜」，疏云：「因建柶興，坐奠觶，不復興，遂因坐而拜。《冠禮》禮子并醮子，及此下禮婦，不言坐奠觶遂者，皆文不具。《聘禮》賓不言拜者，理中有拜可知也。」此言「可知」，以例知之也。經文不具，賈熟於禮例，則可據例以補經。禮之有例，豈非至要哉！

綜而論之，鄭、賈熟於《禮經》之例，乃能作注作疏。注精而簡，疏則詳而密。分析常例變例，究其因由，且經有不具者，亦可以例補之。朱子云《儀禮》「雖難讀，然却多是重複。倫類若通，則其先後彼此，展轉參照，足以互相發明」。《答陳才卿書》。此所謂「倫類」，即凡例也。近時則凌氏《禮經釋例》，善承鄭、賈之學，大有助於讀此經者矣。澧嘗欲取《儀禮》經文，依吴中林《章句》，分節寫之。每一節後，寫張皋文之圖，又以凌次仲《釋例》分寫於經文各句下，名曰《儀禮三書合鈔》。如此，則《儀禮》真不難讀。惜乎爲之而未成也！

韓昌黎《讀儀禮》云「掇其大要，奇辭奧旨著于篇」。掇其大要者，即所謂「記事者，必提其要」也。昌黎著于篇者，今不得而見之。然賈疏每一節所言之事，即大要也。若掇爲一編，當無異於昌黎所云矣。初讀《儀禮》者尤當如此。昌黎掇奇辭，欲於作爲文章而上規之也。掇奧旨，即《送陳密序》論習三《禮》，所謂誦其文則思其義也。

《郊特牲》「三加彌尊，喻其志也」，孔疏云：「按《士冠禮》三加者，謂冠時三遍加冠也。至冠日賓至，而主人設冠身之席于阼階上，近主人之北，又設笄纚櫛具于席南，冠身立于東房，賓揖冠身出就位。佐冠爲冠身梳頭著纚畢，賓洗手爲正髻。正髻畢，往西階至第一等，受取緇布冠。還至冠席前，跪，爲冠身著冠畢。冠身起入東房，著玄端玄裳，士子皆隨其父朝夕之服。朝用玄衣素裳，夕用上士玄裳。中士黄裳，下士雜裳，雜裳前黄後玄。若大夫以上至天子，當同上士玄裳也。畢，又揖冠身出就位，就位畢，賓又下西階至第二等，受皮弁冠。還爲冠身著冠，然後又著爵弁。其儀皆如緇布冠也。」此即所謂「掇其大要」者也。

《郊特牲》「舅姑降自西階，婦降自阼階，授之室也」，孔疏云：「按《昏禮》：既昏之後，夙興，贊見婦于舅姑。席于阼。舅即席；席于房外，南面，姑即席。婦執笲棗栗奠于舅席，又執腶脩奠于姑席。訖，贊者醴婦，席于户牖間，贊者酌醴以醴婦，薦脯醢。婦受醴畢，取脯醢[二五]，降出，授人于門外。舅姑入于室，共席于奥。婦盥饋特豚，無魚腊，無稷，卒食，一酳，席于北墉下。婦徹，設于席前，婦即席，餕姑之餘，卒食，姑酳之。」此疏所掇，亦頗簡明。

《通典》掇取《儀禮》，然如諸侯、大夫、士冠，卷五十六掇《士冠禮》而未能簡要，尚可删節。又如諸侯、大夫、士宗廟，卷四十八掇《特牲饋食禮》、《少牢饋食禮》，則又太簡。蓋所謂「掇其大要」者，亦不易也。

何邵公《冠儀約制》云:「將冠子者,具衣冠。冠者父兄若諸父宗族之尊者,一人爲主;主人告所素敬僚友一人,爲冠賓。必自告其家,告曰『某之子某若弟某,長矣,將加冠於首,願吾子教之』。賓既許,主人自定吉日。先冠一日,宿告賓,曰『請以明日行事』。賓曰『敢不從命』。主人灑掃内外皆肅,執事者於兩楹間,爲冠者設北嚮筵,又設賓東嚮筵,兩筵相接;授冠以篋器,設於兩筵。又設罇爵於東方。冠者如常服,待命於房。夙興,賓到,迎延揖讓如常。坐定,執事曰『請行事』。主人跪告賓曰『請勞吾子』。賓跪答曰『敬諾』。賓起立,西序,東面,聽命之禮賓。冠者興,西嚮拜賓,賓答拜訖,命就筵。賓主各還坐,冠者北嚮筵坐,復,賓跪曰『吾子之使,請將命』。主人跪答曰『勞吾子』。賓起就東嚮筵。執事者執爵,跪向冠者,祝曰『令月吉日,始加玄服。棄爾幼志,順爾成德,壽考維祺,介爾景福』。冠者即坐,賓跪加冠訖。冠者執爵酹地,然後啐酒,訖,賓興,復還本坐。主人亦起,乃俱坐。冠者還房,自整飾出,拜父;父爲起。若諸父群從及兄應答拜者,答拜如常。入拜母,母答拜。其餘兄弟姑姊妹皆相拜如常。主人命冠者出,更設酬爲歡,乃罷。異日有祭事,白告祖考者,自如舊祭禮常儀。」見《通典》卷五十六。似有誤字,姑仍之。澧案:此亦「掇其大要」,然但爲行冠禮而作,非爲讀《士冠禮》而作。故但有一加,無三加。其設筵亦與《士冠禮》不同也。《續漢書·輿服志》云:「進賢冠,文儒者之服也。自博士以下至小史私學弟子,皆一梁。」是後漢時士無三種冠,故無三加。今士有雀頂冠，公服；又有常冠、常服。行冠禮，可以二加也。

既明禮文，尤當明禮意。朱笥河以《儀禮》難讀，欲撰釋例之書；又以禮莫精於喪禮，欲撰禮意之書。見《笥河集》子錫庚所撰序。釋例則淩次仲爲之矣，禮意則鄭注最精，非獨喪禮也。如《士冠禮》「筮于廟門」，注云：「冠必筮日於廟門者，重以成人之禮，成子孫也。不於堂者，嫌蓍之靈由廟神。」夫以「筮于廟門」四字，而禮意精細如此，非鄭君孰能知之？又如《鄉飲酒禮》「司正實觶，降自西階。階間北面坐奠觶，退共，少立。坐取觶，不祭，遂飲」，注云：「少立自正，慎其位也。己帥而正，孰敢不正？」此司正拱手少立，實難知其何意。讀鄭注，乃知正己以帥人之意。其深微至此，得鄭注而神情畢見，可謂抉經之心矣！

《士喪禮》「代哭」，鄭注云：「代，更也。孝子始有親喪，悲哀憔悴。禮防其以死傷生，使之更哭，不絶聲而已。」《既夕禮》「三虞」，注云：「虞，安也。骨肉歸于土，精氣無所不之。孝子爲其彷徨，三祭以安之。朝葬，日中而虞，不忍一日離。」如此之類，乃鄭注發明《喪禮》之精意。而《禮記》注尤多。如《喪大記》「主人二手承衾而哭」，注云：「哀慕若欲攀援。」《雜記》上「朝夕哭不帷」，注云：「緣孝子之心，欲見殯肂也。」《尸子》云：「曾子讀《喪禮》，泣下沾襟。」讀鄭君之注，真欲泣下沾襟矣。《喪大記》又云：「大夫之喪，將大斂，君即位于序端。卒斂，君撫之。」孔疏云：「君臣情重，方爲分異，故斂竟而君以手案尸，與之别也。」此疏説禮意，亦沉摯。古之君臣情重如此，所謂「視臣如手足」也。讀之亦使人泣下也。

《春秋》桓三年，「公子翬如齊逆女」。《穀梁傳》云：「禮，送女，父不下堂，母不出祭門，諸母兄弟不出闕門。父戒之曰：『謹慎從爾舅之言。』母戒之曰：『謹慎從爾姑之言。』諸母般申之曰：『謹慎從爾父母之言。』」楊疏云：「傳并釋禮意，故與《士昏禮》本文不同。」昭十五年，「有事于武宫，籥入，叔弓卒，去樂卒事。」《穀梁傳》云：「君在祭樂之中，大夫有變，以聞，可乎？大夫，國體也。古之人重死，君命無所不通。」楊疏云：「言『可乎』問言禮意。」澧謂《穀梁傳》釋禮意，問禮意，亦可謂善於禮矣。楊疏能疏明之，亦可謂心知其意者。

朱子《通解》之書，純是漢唐注疏之學。即以《士冠禮》一篇言之。「筮人還東面，旅占」，疏曰：「《少牢大夫禮》，亦云三人占。」《通解》云：「今案《少牢禮》，無此文。」「乃宿賓」，鄭注：「其不宿者爲衆賓，或悉來或否。」《釋文》「爲，于僞反」。疏曰：「云不宿者爲衆賓，或來或否者，此決正賓與贊冠者，戒而又宿，不得不來也。」《通解》云：「鄭注本謂正賓或時不來，則將不得成禮，故雖已戒而又宿之，欲其必來。其非正賓，則不更宿。蓋但使爲衆賓，雖不悉來，亦無闕事也，疏與音，皆非是，爲只合作如字讀，賓字句絶。」「水在洗東」，鄭注：「水器，尊卑皆用金罍，及大小異。」《通解》云：「今詳注文『罍』下『及』字恐誤。」「爵韠」，鄭注：「士皆爵韋爲韠，其爵同。」《通解》云：「『其爵同』三字未詳。」「玄端黑屨」，「素積白屨」，「爵弁纁屨」。《通解》云：「經既不言屨所陳處，注疏亦無明文，疑亦在房中，故既加冠而適房改服，即得并易屨而出也，但不知的在何處？ 疑服既北上，則或各在其裳之南也。」「兄弟畢袗玄」，鄭注：「袗，同也。」「古文袗爲均也」，《通解》云：「今案袗古文作均，而鄭注訓同；《漢書》字亦作袀，則是當從均，袀爲是矣。但疏乃云當讀如《左傳》『均服振振』一也，則未知其以『袗』字爲『均』耶？ 抑以『袗』音爲『振』也？ 《集韻》又釋袀爲戎服偏裻，今亦未詳其義，姑記此以俟知者。」「贊者立于房中，西面，南上」，《通解》云：「贊者西面，則負墉而在將冠者之東矣。」「主人之贊者，筵于東序，少北，西面。將冠者，出房，南面」，鄭注：「南面，立于房外之西，待賓命。」疏曰：「知在房外之西者，以房外之東南當阼階故也。」《通解》云：「今案此疏，則阼階切近東序之西，正當房户之東壁矣。」澧案：此諸條，有補疏者，有駁疏者，有校勘者，有似繪圖者，與近儒經學考訂之書無異。近儒之經學考訂，正是朱子家法也。朱子《記鄉射疑誤》云：《鄉射》篇「若無大夫則唯賓」，而注云「長一人舉觶，如《燕禮》媵爵之爲者」。余始讀此，嘗疑「長一人舉觶」五字，本是經文，而印本誤入注中。既而考之，凡舉觶皆卑且少者爲之，非賓長之事，故此乃主人之贊者二人，舉觶于賓及大夫。若無大夫，則於二人長幼之中，但選一人使之舉觶于賓，而非反使賓長自舉觶也。至考《燕禮》小臣「請媵爵者」而「公命長」，注云「長謂選卿大夫中長幼可使者」。於是又見長字之義。至「小臣作下大夫二人媵爵」，又「請致」者，而公「命皆致，則序進」。又知其或命長，則但以一人媵爵。如此篇之長一人以舉觶於賓，乃注文所引之明證。恐後之讀者，亦或如余之誤，遂書以識云。朱子讀《儀禮》考覈精細如此！

疑《儀禮》者。《士冠禮》見母，「母拜」。《通典》以爲「瀆亂人倫」，然又云：「又按九拜之儀，肅拜，今揖也。尊屬欣其備禮，念其成人，以揖示敬，在禮非爽。」卷五十六。然則非『瀆亂人倫』矣。盧召弓云：「經云『見於母』，『見於兄弟』，見即是拜。母之拜，肅拜已耳」。《龍城札記》卷三。澧謂：盧氏謂「見即是拜」，最確。下文「奠摯見于君，遂以摯見于鄉大夫、鄉先生」，皆所謂「見即是拜」也。

毛西河謂：喪服有齊衰，無斬衰，《儀禮》「造一斬衰在齊衰之上」。然又云：同一「齊」名而「實有兩製」，「重服斬，齊其下際而不緝。緝名齊，不緝亦名齊」。《四書改錯》卷九。然則非造一斬衰在齊衰之上矣。齊衰見於《論語》。《孟子》則曰齊疏，即齊衰也。衰者，麻也。齊者，衣下邊也。凡衣皆有下邊，故不必言齊。此則下邊但剪齊而不緝，與平時之衣不同者在此，故謂之齊衰也。《儀禮》、《禮記》所謂斬衰，即《論語》所謂齊衰。《儀禮》、《禮記》所謂齊衰，則緝其下邊，與《論語》所謂齊衰不同。《論語》所謂齊衰，對平時之衣緝下邊者而言也。《儀禮》、《禮記》所謂齊衰，對斬衰不緝下邊者而言也。毛氏所謂兩製，是也。毛氏與杜君卿之疑《儀禮》，皆旋即自悟其非。可見經之不可妄議也。汪堯峰《古今五服考異序》云：「爲祖齊衰期，而爲曾祖三月，其降殺不太甚乎？」澧案：《喪服傳》及鄭注，説此服甚明。《禮記·大傳》孔疏亦甚明。《朱子語類》卷八十五亦有説。堯峰似皆未見，故不自悟其非。文人不可輕談經學，尤不可輕談禮學也。

以漢儒經學之盛，而注《儀禮》者，自后蒼《曲臺記》之後，惟鄭君一人。蓋群儒無能爲此者。馬季長亦但注《喪服》而已。元時敖君善作《集説》，其自序云：「此書舊有鄭康成注，然其間疵多而醇少，予今輒刪其不合於經者，而存其不謬者。」澧案：《士冠禮》：「筮于廟門。」《集説》刪去鄭注「不於堂者，嫌蓍之靈由廟神」二句，而云繼公謂「必于門者，明其求於外神也」。此刪鄭注而竊其意以爲已説，然則鄭注合耶？不合耶？謬耶？不謬耶？其自序又云：「或曰此十七篇，豈其本數但如是而已乎？抑或有亡逸而不具者乎？曰：是不可知也。但以經文與其禮之類考之，恐其篇數本不止此也。」此竟似未見《漢書·藝文志》所云禮古經「多三十九篇」者。且《藝文志》此語，賈疏亦載之，而亦未見耶？如是而輕詆鄭注，多見其不知量也。

程易疇《儀禮喪服文足徵記》，多駁鄭注，且其語多峻厲。《喪服》無高祖玄孫之服，程氏持之甚堅，是也。其駁難鄭注至千餘言，則贅矣。古者三十而有室，玄孫生，則高祖一百二十歲矣，故玄孫不得有高祖之服也。七歲而死者，爲無服之殤。玄孫八歲，則高祖一百二十八歲矣。故高祖不得有玄孫之服也。此數語可了者，何必刺刺不休乎！即令二十歲生子，至玄孫生時，高祖八十歲矣，亦安能使老翁、孺子相爲服乎？

《喪服》「不杖麻屨」章曰：「公妾、大夫之妾爲其子。」傳曰：「何以期也？妾不得體君，爲其子得遂也。」又曰：「公妾以及士妾爲其父母。」傳曰：「何以期也？妾不得體君，得爲其父母遂也。」鄭注云：「然則女君有以尊降其父母者與？《春秋》之義，雖爲天王后，猶曰『吾季姜』。是言子尊不加於父母。此傳似誤矣。」程易疇駁鄭注幾二千言，澧謂此兩傳立文，實未盡善也。此二條經文之意，以妾子爲父後者，妾死，子不得遂；子死，妾則得遂；妾之父母死，妾子不得遂；妾，則得遂也。而傳乃以妾不得體君爲説，故鄭君以爲似誤也。《喪服傳》相傳子夏所作，而實無明文。鄭君偶有疑議，何傷乎？

韓昌黎《讀儀禮》云：「考於今誠無所用。」澧謂此語過矣。《抱朴子》云：「冠婚飲射，何煩碎之甚耶？好古官長，時或修之，至乃講試累月，猶有過誤。而欲以此爲生民之常事，至難行也。余以爲可命精學洽聞之士，使删定三《禮》，割棄不要，次其源流，總合其事，類集以相從，務令約儉，無令小碎，條牒各别，令易案用。」《省煩篇》。此則至當之論也。朱子云：「司馬氏書，澧案：此謂《書儀》也。讀者見其節文度數之詳，往往未見習行，而已有望風退怯之意。又或見其堂室之廣，給使之多，儀物之盛，而竊自病其力之不足，未有能舉而行之者也。殊不知禮書之文雖多，而身親試之，或不過於頃刻；其物雖博，而亦有所謂不若禮不足而敬有餘者。今乃逆憚其難，以小不備之故，而反就於大不備，豈不誤哉！」《跋三家禮範》。讀《儀禮》以爲不可行，而藉口於文之多、物之博者，此説足以破之矣。

《通典》云：「自古至周，天下封建，故盛朝聘之禮，重賓主之儀。秦皇帝蕩平九國，置列郡縣，易於臨統，便俗適時。滯儒常情，非今是古，禮經章句，名數尤繁。方今不行之典，於時無用之儀，空事鑽研，競爲封執，與夫從宜之旨，不亦異乎！」卷七十四王西莊謂唐中葉經學已亂，故杜佑《通典》多徇俗。《十七史商榷》卷九十。然讀《儀禮》者，亦宜知此意。十七篇中，《冠》、《婚》、《喪》、《祭》諸篇爲要，蓋古今同有之禮，倍宜鑽研。今祭禮，則與《特牲》、《少牢》二篇不同。今所不行者，但「掇其大要」可矣。若專治此經，則不在此論也。

卷九

禮記

《文王世子》云：「記曰：虞、夏、商、周，有師保，有疑丞。」孔疏云：「此作記之人，更言『記曰』，則是古有此記，作記引之耳。」澧案：凡《禮記》所言「記曰」，皆是古有此記也。記之所從來遠矣。

《燕義》：「古者周天子之官，有庶子官。」孔疏云：「作記之人在於周末，追述周初之事，故云『古者』。」《深衣》疏云：「作記之人，爲記之時，深衣無復制度，故稱『古者深衣，蓋有制度』，言『蓋』者，疑辭也。」《少儀》「聞始見君子者，辭曰」云云，疏云：「作記之人，心自謙退，不敢自專制其儀，而傳聞舊説。」澧案：如此之類，作記者時代在後，《漢書·藝文志》云：「七十子後學者所記。」其述古事，述古制，述舊説，不敢自專而爲疑辭。古人著書，謹慎如此。

《禮記》記虞、夏、殷、周異禮，《明堂位》最多，今不具録。其餘如《檀弓》「有虞氏瓦棺」、「夏后氏尚黑」二節，又「夏后氏殯於東階之上」，「殷人殯於兩楹之間」，「周人殯於西階之上」，又「孔子之喪」、「子張之喪」二節，又「夏后氏用明器」，「殷人用祭器」，「周人兼用之」，又「殷主綴重焉，周主重徹焉」，「周人弁而葬，殷人冔[一六]而葬」，「殷既封而弔，周反哭而弔」，「殷練而祔，周卒哭而祔」，「殷朝而殯於祖，周朝而遂葬」。《王制》「凡養老，有虞氏以燕禮」一節，又「有虞氏養國老於上庠」一節；《曾子問》「夏后氏三年之喪」一節；《文王世子》「虞、夏、商、周，有師保」一節；《禮器》「或素或青，夏造殷因」，又「周坐尸，詔侑武方」一節；《郊特牲》「委貌周道也」一節，又「有虞氏之祭也」一節，又「殷人先求諸陽，周人先求諸陰」；《內則》「凡養老，五帝憲」一節；又「凡養老，有虞氏以燕禮」云云，「有虞氏養國老於上庠」云云，與《王制》同。《祭法》「有虞氏禘黃帝而郊嚳」一節；《祭義》「郊之祭，大報天而主日」一節，又「昔者有虞氏貴德而尚齒」一節；《表記》「夏道尊命」一節；此皆記四代異禮。孔子言夏、殷禮文獻不足徵，而《禮記》尚存此數十條，記者之功大矣！

《檀弓》云：「大功廢業。或曰：大功誦可也。」孔疏云：「録記之人，必當明禮，應事無疑，使後世作法。今檢《禮記》多有不定之辭。仲尼門徒，親承聖旨，子游裼裘而弔，曾子襲裘而弔。又小斂之奠，或云東方，或云西方。同母異父昆弟，魯人或云爲之齊衰，或云大功。其作記之人多云『蓋』，多云『或曰』，皆無指的，並設疑辭者，以周公制禮，永世作法，時經幽、厲之亂，又遇齊、晉之强，國異家殊，樂崩禮壞，諸侯奢僭，典法訛舛，是以普天率土，不閑禮教。故子思，聖人之胤，不喪出母;隨武子,晉之賢相,不識殽烝。作記之人,隨後撰録,善、惡兼載,得、失備書。但初制禮之時,文已不具,略其細事,舉其大綱;况乃時經離亂,日月縣遠,數百年後,何能曉達?記人所以不定,止爲失禮者多。推此而論,未爲怪也。」澧謂此所論不盡然也。其言制禮之時,舉大略細,則是也。周公制禮,若細微之事,皆爲撰定,則畢世不能成矣。大綱既舉,天下遵行,其餘細事,則學士大夫各加講究。有不能較若畫一者,無足怪也,豈必由於亂離崩壞哉?

《大戴記》有《夏小正》,此最古之書。而小戴不取,蓋以其記禮之語少也;不取《曾子》十篇,蓋以爲子書之類也。不取《千乘》篇,則尤有識。此篇所云「下無用,則國家富;立有神,則國家敬;兼而愛之,則民無怨心;以爲無命,則民不偷」。此則墨氏之説矣。「下無用」者,貴儉也;「立有神」者,明鬼也;「以爲無命」者,非命也;「兼愛」則尤顯然者也。不知墨氏之説,何以竄入《孔子三朝記》内?小戴不取,宜矣。

《禮記》之不可信者。「文王謂武王曰:『我百,爾九十,吾與爾三焉。』」此事太奇。劉原父云「武王有疾,周公請命于先王,王翼日乃瘳。復三年,王乃崩。世以謂文王與之也。是以傳于此言也。」《公是先生弟子記》。此説足以釋千古之疑。

孔疏每篇引鄭《目録》云:「此於《别録》屬某某。」《禮記》之分類,不始於孫炎、魏徵矣。今讀《禮記》,當略仿《别録》之法,分類讀之,則用志不紛,易得其門徑。張説駁奏用魏徵《類禮》,見新、舊

《唐書》本傳。謂不可改古本篇第耳，非謂不可分類讀之也。

《别録》以《曲禮》、《少儀》屬制度，《内則》屬子法。澧案：《曲禮》「凡爲人子之禮」數節，正可謂之子法也。鄭《目録》云：「名曰《少儀》者，以其記相見及薦羞之小威儀。少，猶小也。」澧案：《曲禮》多小威儀，與《少儀》同一類，至「天子建天官」、「天子當依而立」、「諸侯見天子」之類，則非小威儀而已，同屬制度而有不同矣。

孔疏謂「『毋不敬，儼若思，安定辭』三句，是記人引《儀禮》正經。」澧謂：「安民哉」句，亦記人所引；鄭注、孔疏皆但云「三句」，似誤矣。其以《曲禮》是《儀禮》，乃《禮器》鄭注之説。《曲禮》上第一，疏引《藝文志》，則以爲二禮互而相通，皆有曲稱，又與鄭説異矣。《藝文志》顔注引臣瓚曰：「《禮經》「謂冠、婚、吉、凶。《周禮》三百，是官名也。」朱子疑鄭説而從瓚説。」見《語類》卷八十七 衛氏《集説》、《困學紀聞》皆引朱子説。澧亦謂瓚説是也。蓋《曲禮》散失，《禮記·曲禮》上、下二篇，乃記者掇拾以存之，故篇首稱「《曲禮》曰」也。「毋不敬」四句，冠四十九篇之首，此微言大義，非但制度而已。「敖不可長，欲不可從，志不可滿，樂不可極」四句，亦然。故鄭注云：「四者，慢遊之道，桀紂所以自禍。」痛切言之以警人也。「行修言道，禮之質也。」然則講禮學者，必慎言行。若行不修，言不道，則無質矣。「道德仁義，非禮不成。」然則講道學者，必講禮學；不然，則不成矣。此尤有關於千古學術也。

《王制》、《禮器》、《深衣》三篇,《别録》屬制度。《王制》篇首所記,與孟子答北宫錡之説略同。孔疏引鄭答臨碩云:「孟子當赧王之際,《王制》之作,復在其後。」正以《王制》篇首與《孟子》同故也。此爲周室班爵禄之制,信而有徵。《王制》記大制度,《深衣》但記一衣,以其云「古者深衣,蓋有制度」,故亦屬制度耳。《禮器》當屬通論,《别録》屬制度,非其類也。《玉藻》當屬制度,《别録》屬通論,亦非其類也,當互易之。

《月令》、《明堂位》,《别録》皆屬明堂陰陽記,其實皆制度之類。《漢書·藝文志》有《明堂陰陽》三十三篇,班氏自注云「古明堂之遺事」;又有《明堂陰陽説》五篇,蓋明堂陰陽,在禮家内自爲一家之學,故《别録》於制度之外,又分出此一類也。《藝文志》諸子「陰陽家者流」,班氏以爲「出於羲和之官,敬順昊天,曆象日月星辰,敬授民時」。澧謂《月令》即是「敬順昊天」、「敬授民時」之意;其每月記日所在,及昏旦中星,正是「曆象日月星辰」。陰陽家者流,蓋出於此也。《漢書·魏相傳》云:「表采《易陰陽》及《明堂》、《月令》奏之,曰『東方之神太昊,乘《震》執規司春;南方之神炎帝,乘《離》執衡司夏;西方之神少昊,乘《兑》執矩司秋;北方之神顓頊,乘《坎》執權司冬;中央之神黄帝,乘《坤》執繩司下土。春興《兑》治,則飢;秋興《震》治,則華;冬興《離》治,則泄;夏興《坎》治,則雹』。」又云高皇帝令群臣議天子所服,相國臣何等議:「春夏秋冬天子所服,當法天地之數,中得人和。」《漢儀》應劭云:「丞相舊位,在長安時,有四出門,隨時聽事。」見《通典》卷二十。此皆可見《月令》之法，西漢猶行之。其時尚陰陽之學也。

《管子》《幼官》篇、《四時》篇、《輕重己》篇，皆有與《月令》相似者。《四時》篇云：「春行冬政則雕，行秋政則霜，行夏政則欲」；「夏行春政則風，行秋政則水，行冬政則落」；「秋行春政則榮，行夏政則水，行冬政則耗」；「冬行春政則泄，行夏政則雷，行秋政則旱。」尤與《月令》無異。故《通典》云「《月令》，本出於《管子》」。卷四十三其書雖云不韋之客所作，其説則出於《管子》也。漢儒以《月令》爲周公所作，鄭君不從其説，以《月令》之文，明見於《吕氏春秋》，不能舍此實據而以空言歸之周公也。惠定宇《明堂大道録》必以爲周公作，且云「康成之徒，猶復蔽冒爲首鼠兩端之説，不能無罪」。其詆鄭君至此。鄭君果有罪乎？

《曾子問》、《喪服小記》、《雜記》上下、《喪大記》、《奔喪》、《問喪》、《服問》、《間傳》、《三年問》、《喪服四制》十一篇，《别録》皆屬喪服。《檀弓》亦喪禮之類也。《檀弓》每一節皆言死、言殺、言哭、言弔、言葬、言墓、言祔，至狗馬亦言死。惟「衛獻公出奔」一節不然。然古人以出奔亦爲凶禮也。《大戴記》則無一篇屬喪禮者。小戴盡取之也，古人最重喪禮也。《奔喪》是《儀禮》正經，《投壺》亦然。其入於《禮記》者，蓋《儀禮》十七篇皆常禮，奔喪則喪禮之變，投壺則較射禮爲小，高堂生不傳之，遂入《禮記》耳。

曾子讀喪禮，「泣下霑襟」。澧謂《問喪》云：「入門而弗見也，上堂又弗見也，入室又弗見也。亡矣！喪矣！不可復見已矣。」《三年問》云：「凡生天地之間者，有血氣之屬，必有知，有知之屬，莫不知愛其類。今是大鳥獸，則失喪其群匹，越月踰時焉，則必反巡過其故鄉，翔回焉，鳴號焉，蹢躅焉，踟蹰焉，然後乃能去之。小者至於燕雀，猶有啁噍之頃焉，然後乃能去之。故有血氣之屬者，莫知於人。故人於其親也，至死不窮。」讀此二節，當無不「泣下霑襟」者，使墨者讀之，亦當爲之憮然也。近代士人囿於科舉習氣，不讀喪禮，性情薄而風俗衰，未必不由於此矣！

《郊特牲》、《祭法》、《祭義》、《祭統》，《别録》皆屬祭祀。郊祭之禮，惟見於《郊特牲》及《祭義》「郊之祭也」二節。社禮、大蜡之禮，亦惟見於《郊特牲》。天子諸侯至官師廟祧壇墠之制，惟見於《祭法》。記禮者之功，斯爲最大。

《祭法》「夫聖王[二七]之制祭祀也」，至「非此族也，不在祀典」。據《國語·魯語》，此乃柳下季之言。臧文仲使書以爲三筴。此出於孔子之前。蓋四十九篇之文，此爲最古者。

《祭義》、《祭統》皆説義理。《祭統》説博大之理。《祭義》則説精微之理，如「致愛則存，致慤則著」，又如説鬼氣「焄蒿悽愴」，窮幽極微矣。

《冠義》以下六篇，略舉《儀禮》之文而解其義。朱子所謂「《儀禮》之傳也」。《祭義》則不然。《儀禮》《少牢》、《特牲》二篇，乃大夫士祭禮。《祭義》言君、夫人，則非止大夫士矣。「先王之所以治天下者五」二節，則不專言祭。「郊之祭也」三節，則非言宗廟之祭。「宰我問鬼神」，則因祭而説之。「天子爲藉千畝」、「養獸之官」、「公桑蠶室」三節，言醴酪、齊盛、犧牲、祭服之事，皆因祭而説之。「君子曰禮樂不可斯須去身」以下，則論禮樂、論孝、論尚齒尊賢，皆非論祭。此集合成篇者也。《禮記》多集合成篇者。《文王世子》，《别録》屬世子，據篇首篇末所記耳；中間説公族，説天子視學，非説世子，牽連入此篇耳。「文王之爲世子也」、「教世子」、「周公踐阼」三句，鄭注皆云「題上事」；説公族、説天子視學二節後，則無「題上事」之語。一篇之中，體例不同，此集合成篇之迹也。

《冠義》既自爲一篇，《郊特牲》復有「冠義」一節。古人傳述此義者，不止一家也。「天地合而後萬物生焉」一節，即「昏義」也。此二節之間，有一節云：「禮之所尊，尊其義也。失其義，陳其數，祝史之事也。故其數可陳也，其義難知也。知其義而敬守之，天子之所以治天下也。」此記者明言禮以義爲重，乃冠、昏、飲、射、燕、聘、祭諸義之發凡也。《郊特牲》皆言祭祀。此冠、昏二節，雜入於其中耳。

《郊特牲》「冠義」一節，孔疏云：「以《儀禮》有《士冠禮》正篇，此説其義，下篇有燕義、昏義，與此同。」《鄉飲酒義》孔疏云：「《儀禮》有其事，此記釋其義。」《聘義》孔疏云：「此篇總明聘義，各顯聘禮之經於上，以義釋之於下。」朱子謂《儀禮》爲經，《禮記》爲傳。孔疏已屢言之。蓋朱子時知此者少，故朱子特言之。此可見南宋時經學之衰也。

《坊記》、《表記》、《緇衣》、《禮運》、《儒行》、《哀公問》、《仲尼燕居》、《孔子閑居》八篇，《别録》皆屬通論。澧案：此皆記孔子之言，而其體不同。古者記言之體有三：其一聞而記之，所記非一時之言，記之者非一人之筆，彙集成篇，非著書也，尤非作文也。《論語》是也。其一傳聞而記之，所記非一時之言，記之者則一人之筆，伸説引證而成篇，此著書也。《坊記》、《表記》、《緇衣》是也。其一亦傳聞而記之，記之者一人之筆，所記者一時之言，敷演潤色，駢偶用韻而成篇，此作文者也。《禮運》、《儒行》、《哀公問》、《仲尼燕居》、《孔子閒居》是也。《曾子問》亦記孔子之言，而與此諸篇之體又不同。

所謂伸説引證者。如《緇衣》「子曰：夫民，教之以德，齊之以禮，則民有格心；教之以政，齊之以刑，則民有遯心」，此與《論語》略同；下文「故君民者，子以愛之」云云，則記者所伸説也；下文引《甫刑》，則記者所引證也。「子曰：南人有言，曰『人而無恒，不可以爲卜筮』，古之遺言與？」此與《論語》略同；下文「龜筮猶不能知也，而況於人乎！」則記者所伸説也；下文引《詩》、引《兑命》，則記者所引證。引《易》曰「不恒其德，或承之羞」，與《論語》同；又引「恒其德，偵[一八]，婦人吉，夫子凶」。則記者增引之也。《坊記》「子曰：『貧而好樂，富而好禮，衆而以寧者，天下其幾矣』」，此見於《論語》者二句，餘二句不似記人伸説，蓋孔子他日又説此，而多二句也；下文引《詩》及「制國不過千乘」云云，則記者引證伸説也。「子云：『從命不忿，微諫不倦，勞而不怨，可謂孝矣』」，此見於《論語》者亦只二句，蓋記者所傳聞多一句；下文引《詩》則記者所引證也。「子云：『君子弛其親之過而敬其美』」，此記孔子之言，不見於《論語》，下文引《論語》「三年無改於父之道，可謂孝矣」，則記者所引證也。《表記》「與仁同過，然後其仁可知也」，此見於《論語》。「仁者安仁，知者利仁，畏罪者强仁」，二句見於《論語》，一句不見於《論語》，蓋亦傳聞多一句；其下文「仁者右也」云云，則記者所伸説也。「子曰：『以德報德，則民有所勸；以怨報怨，則民有所懲』」，此「以怨報怨」一句，異於《論語》，則傳聞有誤也。綜而論之，記者有伸説，有引證，且有傳聞之誤，《坊記》「子云：好德如好色」，鄭注云「此句似不足」。《論語》曰：「未見好德如好色。」澧案：此亦傳聞之誤也。非盡聖人之言，然於聖人之言，記録之，伸説引證之，則有功於聖人矣。且其中有不見於《論語》者，尤爲有功矣。《坊記》「子云天無二日，士無二王」。不見於《論語》，孟子亦引之。

《坊記》「子云：『小人皆能養其親，君子不敬，何以辨？』」此與《論語》稍異，或傳聞不同，或孔子他日又説此而稍異也。《論語》言「犬馬皆能」，此言「小人皆能」，語意正同，可證《論語》非謂人養犬馬也。「犬馬能養」，謂犬馬能勤人之事，勤事即謂之「養」。《孟子》云「同養公田」，亦以勤其事爲「養」也。《孝經》「故親生之膝下，以養父母日嚴」，亦謂事父母也。膝下孩幼，豈即供養父母飲食乎？

所謂敷演潤色、駢偶用韻而成篇者，乃記者因聖人之言而作爲文章。《禮運》云「故祭帝於郊，所以定天位也」云云，孔疏云「上云『禮有序』，故記人因説禮須下達之事」。澧案：此可見《禮運》是記人之説矣。《禮運》又云「與其越席，疏布以冪」，孔疏云：「若依《周禮》，越席疏布，是祭天之物；此經云君與夫人，則宗廟之禮也。」此蓋記者雜陳夏殷諸侯之禮，故雖宗廟而用越布疏布。澧謂此一節用韻之文，因敷辭而疏失，不必回護以爲夏殷諸侯之禮也。

姚姬傳云：「《禮運》稱『大道之行』，『越三代之英』，及《表記》所言四代優劣之説，本皆七十子聞於孔子，轉授其徒而後記述。其詞氣抑揚之甚，蓋屢傳而失其本真，然不可謂全非聖人之旨。」《九經說》卷十六。此說最善。

《文心雕龍》云「《儒行》縟說以繁辭，此博文以該情也」。《徵聖篇》。未嘗有譏議之語。來鵠云：「《儒行》篇非仲尼之言。」《儒義說》。則直加排斥矣。程伊川云《儒行》之篇，「全無義理，如後世游說之士所爲誇大之說。觀孔子平日語言，有如是者否？」《程氏遺書》卷十七。張橫渠則云：「某舊多疑《儒行》，今觀之，亦多善處。書一也，已見與不見耳。故《禮記》之可疑者，姑置之。」橫渠讀書審慎，勝於伊川矣。橫渠此說，《張子全書》無之。此據衛氏《禮記集說·統說》録之。《宋史·張洎傳》云：「太宗令以《儒行》篇刻於版，印賜近臣及新第舉人。」《玉海》卷五十五亦載此事。又載祥符二年，「復以《儒行》篇賜親民釐務文臣，其幕職州縣官使臣，賜敕令崇文院摹印送閤門。辭日給之。」又載紹興十八年，「御書《儒行》篇，賜進士王佐等」。宋時重《儒行》篇如此。《宋史·高閌傳》云「時將賜進士《儒行》、《中庸》篇，閌奏《儒行》詞說不醇，請止賜《中庸》。」蓋至是而譏議《儒行》之説，上達於人主矣。

《儒行》多善處，固已。其最善處，如「博學以知服」是也。鄭注云：「不用己之知，勝於先世賢知之所言也。」孔疏云：「謂廣博學問，猶知服畏先代賢人言，不以己之博學，淩跨前賢也。」澧謂後儒當以此書紳銘座。《曲禮》云「博聞强識而讓」，亦此意。范武子注《穀梁傳》，引何休及鄭君說，而云：「此吾徒所以不及古人也。」僖三十年注。朱子《呂氏家塾讀詩記後序》云：「一字之訓，一事之義，未嘗不謹其説之所自；及其斷以己意，雖或超然出於前人意慮之表，而謙讓退託，未嘗敢有輕議前人之心也。」此皆可謂博學知服者矣。《論語》皇疏云：「今之世學，非復爲補己之行闕，正是圖能勝人。」（卷七）朱子《答吕子約書》云：「先横着一個人我之見在胸中，於己説則只尋是處，雖有不是，亦瞞過了。於人説則只尋不是處，吹毛求疵，多方駁難。」不知服者之情狀，大略如此。竊嘗論之曰：古人著書，辛苦創闢，往往盡美而未能盡善。蓋辛苦成書，既竭其才；後人讀之，坐享其成，忘其辛苦，而但見其未盡善，遂有不滿之意，甚者欲著書以加乎古人之上矣。或問曰：何以忘其辛苦也？曰：其精善處，得人心之所同然，故不覺其奇特，而與之相忘也；而不知此正其至精至善處也。

《儒行》：「其過失可微辨，而不可面數也。」此語實未安。或其意謂他人尊敬儒者當如是歟？「鷙蟲攫搏，不程勇者；引重鼎，不程其力」，鄭注云：「搏猛引重，不量勇力堪之與否。」孔疏云此喻「儒者見艱難之事，遇則行之；不豫度量也」。若《春秋》夾谷之會是也」。澧謂注説未安，疏以爲譬喻，稍可通。然竊疑此言鷙猛鳥獸之攫搏，不能比儒者之勇；引重鼎，不能比儒者之力。衛正叔《集説》采廬陵胡氏曰：「鷙蟲攫搏雖猛，引重鼎雖有力，然不敢與儒者較量勇力。」此説近是也。

《周禮》「大宰以九兩繫邦國之民」，「四曰儒以道得民」。「儒」字始見於此。此與「牧以地得民」、「長以貴得民」、「師以賢得民」之類並言之，非「儒」自爲一家之學也；猶牧、長、師，亦豈各爲一家之學哉？此可見作《周禮》時，風氣淳古。至魯哀公，乃問《儒服》、《儒行》。蓋儒以道得民，則非先王之法服不敢服，非先王之德行不敢行。末世之人，衣服行事，皆變於古，遂若儒者自爲一家之風氣。其後道、墨、名、法並起，各自稱一家之學，遂謂孟、荀之等爲「儒家」耳。此《儒行》之篇，於古之儒風，大可考據者也。《吴子》首篇，云吴起「儒服，以兵機見魏文侯」。此時代更在後。蓋談兵者不服儒服矣。

《仲尼燕居》、《孔子閑居》，與《孝經》同類。劉光伯《孝經述義》云：「假曾子之言以爲對揚之體。屈原之漁父鼓枻、太卜拂龜，寧非師祖製作以爲模楷者乎？」《孝經》唐玄宗序並注，邢疏引。澧謂此説太過矣！記者因聖人之言而敷演成篇，則有之；竟以爲假，則非也。

司馬温公謂《學記》、《大學》、《中庸》、《樂記》，爲《禮記》之精要，見《書儀》卷四。且以《學記》在《大學》之前。此讀《禮記》者所當知也。黄山谷云「温公論政，以學爲源」。《劉道原墓志銘》。澧謂《學記》曰：「君子如欲化民成俗，其必由學乎？」「必由」者，言舍此別無他術也，即所謂「論政以學爲源」也。

朱子《儀禮經傳通解·目録》云：「《學記》言古者學校教人傳道授業之序，與其得失興廢之所由，蓋兼大、小學而言之。舊注多失其指，今考横渠張氏之説，并附己意，以補其注。」此可見朱子亦甚重《學記》，今人但知朱子有《大學》、《中庸》章句，罕知朱子有《學記補注》者矣。

《學記》云：「一年視離經辨志，三年視敬業樂群，五年視博習親師，七年視論學取友，謂之小成；九年知類通達，强立而不反，謂之大成。夫然後足以化民易俗。近者説服而遠者懷之。此大學之道也。」澧案：《大學》篇首云「大學之道」，《學記》亦云「此大學之道也」，可見《學記》與《大學》相發明，知類通達，物格知至也。强立不反，意誠心正，身修也。化民易俗，近者説服，遠者懷之，家齊國治天下平也。其離經辨志、敬業樂群、博習親師、論學取友，則格物致知之事也。分其年，定其課，使學者可以遵循，後世教士當以此爲法。夫七年可以小成，九年可以大成。有志於學者，當無不樂而從之。若以此爲法，學術由此而盛，人才由此而出矣。

鄭注云：「離經，斷句絶也；即今之點句讀書也。《左傳・昭十六年》孔疏，譏服虔未能離經辨句，復何須注述大典。辨志，謂别其心意所趣鄉也。」朱子《補注》云：「辨志者，分别心所趣向，如爲善、爲利、爲君子、爲小人也。」澧案：此二者，切要之學。近人治經，每有浮躁之病。阮文達公《題凌次仲校禮圖》詩云：「淺儒襲漢學，心力每浮躁。」隨手翻閲，零碎解説。有號爲經生而未讀一部注疏者，若限以斷句讀之，則不能浮躁，不獨有益於讀書，亦有益於治心矣。《朱子語類》云：「甘節問：昔以觀書爲致知之方，今又見得是養心之法。曰一舉兩得，這邊又存得心，這邊理又到。」（卷一百十五）且浮躁者，其志非真欲治經，但欲爲世俗所謂「名士」耳，故志不可不辨也。

離經辨志以下，七年、九年之事也。《大學》始教皮弁、祭菜云云，每年之事也。《大學》之教也，時教必有正業，退息必有居學，每日之事也。此亦可謂之身中時、年中時、日中時也。《朱子補注》云：「上句鄭注孔疏讀時字、居字句絶，學字自爲一句，恐非文意。當以也字、學字爲句絶。時教如春夏禮樂、秋冬詩書之類。居學謂居其所學，如《易》之言居業，蓋常時所習，如下文操縵、博依、興藝、藏修、息游之類。澧謂朱子讀也字、學字句絶，是也。解時教居學，似非。退息必有居學，則居學是每日退息之事，時教乃未退息時之事，指一日之內言之耳。

「不興其藝，不能樂學」，鄭注云：「興之言喜也，歆也。藝謂禮、樂、射、御、書、數。」澧謂近儒皆尚名物、制度、六書、九數之學，即所謂興藝也。

《學記》、《中庸》、《大學》、《別録》皆屬通論，《中庸》、《大學》，後世所謂理學。古人則入於《禮記》者。《仲尼燕居》云：「子曰：『禮也者，理也。』」《樂記》云：「禮者，理之不可易者也。」故理學即禮學也。《直齋書録解題》云：「獨《大學》、《中庸》爲孔氏之正傳。然初非專爲禮作也。」此習聞道學家之説而未識古義也。《經解》、《別録》亦屬通論。孔疏云：「六經其教雖異，總以禮爲本。故記者録入於禮。」澧案：記文引孔子曰：「安上治民，莫善於禮。」此篇當録入於禮，其義已明矣。

《大學》一篇，朱子分爲「經一章、傳十章」，爲後儒所訾議。澧案：《豳風·七月》首章，鄭箋云：「此章陳人以衣食爲急，餘章廣而成之。」然則古人之文，有以餘章廣成首章之意者。若朱子但於首章之下云「餘章廣而成之」，而不分經、傳，則後人不能訾議矣。

朱子《大學章句》云：「明德者，人之所得乎天而虚靈不昧。」《語類》則云：「光明正大者謂之明德。」卷十四。澧謂，此勝於虚靈不昧之説矣。《章句》又云：「明明德於天下者，使天下之人皆有以明其明德。」此亦似未安也。明明德於天下，即平天下也。朱子云：「傳之十章，釋治國平天下。此章之意，務在與民同好惡而不專其利。」何嘗云「此章之意，務在使天下之人，皆有以明其虛靈不昧之德」乎？與民同好惡，而不專其利，乃是明其光明正大之德於天下也。光明正大之解，不可易矣。

朱子云：「格，至也。物，猶事也。」澧案：此古訓也。《爾雅·釋詁》云：「格，至也。」《毛詩·烝民》傳云：「物，事也。」又云「窮至事物之理」，則於「至」字上加「窮」字，「物」字下加「之理」二字。陸清獻公云：「宋後爲字書者如黄公紹輩，皆迎合朱子之意，而又爲小變。改『窮至』作『窮究』，非古義矣。朱子借古義『至』字而加『窮』字，後人取新義『窮』字而去『至』字。」《大學答問》此謂「至」字爲古義，謂朱子爲借，剖析最精審。蓋「格物」但當訓爲「至事」。至事者，猶言「親歷其事」也。天下之大、古今之遠，不能親歷，讀書即無異親歷也。故「格物」者，兼讀書、閲歷言之也。「致知」者，猶言「增長見識」也。凡人欲增長見識，舍讀書、閲歷，更無他法，故曰致知在格物也。朱子《答黄直卿書》云：「天下事一一身親歷過，更就其中屢省而深察之，方是真實窮理。」朱子此説，乃「格物」、「致知」之確解也。身親歷過者，「格物」也；屢省深察者，「致知」也。格物致知，猶言實事求是。實事者，格物也；求是者，致知也。朱子《上蔡謝先生祠記》稱其以求是論窮理爲精當。

朱子《甲寅行宫便殿奏札》云：「蓋爲學之道，莫先於窮理。窮理之要，必在於讀書。」澧案：爲學之道，即《大學》之道也。莫先於窮理，即先致其知也。窮理之要必在於讀書，即致知在格物也。

朱子云：「伊川所謂『格物』、『致知』，多是讀書講學。」《語類》卷十八。又云：「所謂『格物』云者，河南夫子所謂或讀書，講明義理；或尚論古人，別其是非；或應事接物，而處其當否。皆『格物』之事也。」《答趙民表書》。又云：「至於『格物』，則伊川夫子所謂窮經應事、尚論古人之屬，無非用力之地。若舍此平易顯明之功，而必搜索於無形無迹之境，竊恐陷於思而不學之病。」《答陳師德書》。朱子説「格物」遵守程子之説，至精確也。又云：「『格物』之論，伊川意雖謂眼前無非是物，然其『格』之也，亦須有緩急、先後之序，豈遽以爲存心於一草木、器用之間而忽然懸悟也哉？兀然存心於一草木、一器用之間，此是何學問？如此而望有所得，是炊沙而欲其成飯也。」《答陳齊仲書》。王陽明謂格亭前竹子致疾，見《傳習録》。即所謂「存心於一草一木」也，早爲朱子所嗤矣。

朱子《答孫敬甫書》云：「《大學》所言『格物』、『致知』，只是説得個題目，若欲從事於其實，須更博考經史，參稽事變，使吾胸中廓然無毫髮之疑，方到知止有定地位。不然，只是想像個無所不通底意象，其實未必通也。近日修《禮》書，見得此意頗分明，此以修《禮》書是格物致知，尤爲切實矣。」

物有本末，事有終始，知所先後，則近道矣。朱子《章句》云：「結上文王氏復禮《四書集注補》，以爲起。」下文引高中元《私記》云：「本末二字，即下文本亂末治字；下文六先字，即此先字，七後字，即此後字。」蓋此條總言其意，而下二條詳列其目也。自天子以至於庶人，壹是皆以修身爲本。其本亂而末治者，否矣。其所厚者薄，而其薄者厚，未之有也。此謂知本，此謂知之至也。《集注補》

云：「此謂『知本』正應『修身爲本』，非衍文也。人能知本，非知之至而何？故後文只單疏『誠意』，無煩補『格致』也。」此二條不從朱注，實可以備一解也。

朱子之補《大學》，不必補也。然所補之説，則無可議也。議之者約有二端。一則謂「即凡天下之物」，爲無先務也。然不讀其下句云「因其已知之理」乎？如已知孝於父，益窮其孝之理，而孝於祖、孝於曾祖、高祖；已知友於兄弟，益窮其友之理，而友於從兄弟、再從兄弟。此所謂「因其已知而益窮之」也。一則以「一旦豁然貫通」爲不知何日也。然不讀其上句云「至於用力之久」乎？用力久者，必有貫通之一旦。朱子安能爲後人定其何日，而後人反疑其何日，適足見其未嘗用力之久而已矣！今人多治《説文》，試思用力於《説文》既久，豈有不一旦於形聲義皆貫通者乎？夫何疑之有哉！朱子云：「因其所發而遂明之。」又云：「因其已新者而日日新之。」又云：「因其已知之理而益窮之。」此三言因其示人以爲學之路，至明、至切。

蘇潁濱自題所作《老子解》云：「僧道全與予談道，予曰：『子所談者，予於儒書已得之矣。』《中庸》曰：『喜怒哀樂之未發謂之中，發而皆中節謂之和。』此非佛法而何？六祖所謂『不思善，不思惡』，則喜怒哀樂之未發也。蓋中也者，佛性之異名，而和者六度萬行之總名也。」澧案：潁濱以中庸傅合禪家之語，此自古以來所未有。張無垢《中庸解》云：「予嘗求聖人而不可得，今乃知在喜怒哀樂未發處爾。」見《朱子雜學辨》。無垢之意與潁濱同，其但言聖人而不言佛，則其改頭换面之法耳。「改頭換面」之語，亦見《雜學辨》。《世説》云：「劉尹與桓宣武共聽講《禮記》，桓公時有入心處，便覺咫尺玄門。」《言語》門。宋人之講未發，亦可謂咫尺禪門矣。

《程氏遺書》云：「或曰『喜怒哀樂未發之前求中，可否？』曰：『不可。既思於喜怒哀樂未發之前求之，又却是思也。既思即是已發。』」元注云：「思與喜怒哀樂一般。」蘇季明問曰：「當中之時，耳無聞，目無見否？」曰：「雖耳無聞，目無見，然見聞之理，在始得。」又云：「釋氏多言『定』，聖人便言『止』。如爲人君止於仁，爲人臣止於敬之類，是也。」卷十八。案：此伊川先生語録也。李延平云：「某曩時從羅先生學問，先生令静中看喜怒哀樂未發之謂中，未發時作何氣象？」《延平答問》。朱子云：「李先生教人，大抵令於静中體認。大本未發時，氣象分明，即處事應物，自然中節。此乃龜山門下相傳指訣。」《答何叔京書》。澧案：程伊川之後，楊龜山、羅豫章、李延平，既皆以此相傳，故朱子論之尤詳。與張欽夫三書，每一書輒變一説。文多不録。又作《中和舊説》云：「乾道己丑之春，爲友人蔡季通言之。問辨之際，予忽自疑斯理也。雖吾之所默識，然亦未有不可以告人者。今析之如此其紛糾而難明也，聽之如此其冥迷而難喻也。意者乾坤易簡之理，人心所同然者，殆不如是。然則予之所以自信者，其無乃反自誤乎？」又作《已發未發説》云：「比觀《程子文集》諸書，因條其語而附以己見，據諸説，皆以思慮未萌、事物未至之時，爲喜怒哀樂之未發。本體自然不須窮索。」又有《與羅參議書》云：「元來此事與禪學十分相似，所争毫末耳。然此毫末却甚占地步。」朱子此書，不知在自疑之前，抑在其後。王白田《朱子年譜》以此書録於《中和舊説》之後。所云「與禪學爭毫末却甚占地步」者，不知所占地步何如。此書未明言，末學未敢測度也。

朱子《答吕子約書》云：「《程子遺書》中『纔思即是已發』一句，能發明子思言外之意。説到未發，界至十分盡頭。問者只管要説向前去，遂有無聞、無見之問。程子平日接人之嚴，當時正合不答，不知何故却引惹他。」又云：「彊以已發之名，侵過未發之實，使人有生已後未死已前，更無一息未發時節。惟有爛熟睡著，可爲未發，而又不可以立天下之大本。」又答書云：「子思只説喜怒哀樂，今却轉向見聞上去，所以説得愈多，愈見支離紛亢。此乃程門請問、記録者之罪。不若放下，只白直看子思説底。」又云：「若必以未有見聞爲未發處，則《洪範》五事當云貌曰僵，言曰啞，視曰盲，聽曰聾，思曰塞，乃爲得其性，而致知、居敬，費盡工夫，却只養得成一枚癡獃，罔兩漢矣。千不是、萬不是，痛切奉告，莫作此等見解。」澧案：《中庸》所謂「未發」，屬喜怒哀樂而言，文義甚明。若截去「喜怒哀樂」四字，但取「未發」二字，而辨論何者未發，則非《中庸》文義也。如程子之説，則是思之未發，如蘇季明之問，則是聞見之未發。朱子謂程子發明子思，言外之意，説到盡頭而以轉向見聞歸罪於程門，請問記録者。澧謂「白直看子思」説，則子思但説「喜怒哀樂之未發謂之中」，未嘗説「思未發」，未嘗説「聞見未發」也。不喜不怒不哀不樂之時，凡人皆有之，不必説到言外盡頭也。朱子《語類》云「喜怒哀樂未發」之中，未是論聖人，只是泛論衆人亦有此，與聖人都一般。卷六十二。此乃「白直看子思」之説矣。蓋發而皆中節，則非常人所能。喜怒哀樂之未發，則常人有之，絶無玄妙也。禪家《壇經》有偈云：「兀兀不修善，騰騰不造惡。寂寂斷見聞，蕩蕩心無着。」蘇穎濱既取其不思善、不思惡，以傅合喜怒哀樂之未發矣。蘇季明所云「耳無聞、目無見」，亦似有類於「寂寂斷見聞」之語也。

《樂記》所以爲精要者，黄東發云：「人生而静，天之性也；感於物而動，性之欲也。好惡無節，於内知誘，於外不能反躬，天理滅矣。皆近世理學所據，以爲淵源。」《日鈔》卷二十一。夫宋儒理學，上接孔孟者也。而其淵源，出於《樂記》此數語。然則此數語，乃孔門之微言也，真精要也。

唯君子爲能知樂，今則去古太遠，古樂聲容之美，耳不得而聞，目不得而見，何由而知樂哉！讀《樂記》但得其精理名言而已。《樂本》一篇，固爲精要。《樂記》十一篇，合爲一篇。其第一篇名曰《樂本》，見孔疏。其餘精要亦多。如《樂象》篇云：「以道制欲，則樂而不亂；以欲忘道，則惑而不樂。」此數語又見《荀子·樂論》篇。尤足以警學者之身心也。

《禮記》似易讀而實難讀。昌黎言「《儀禮》難讀」者，謂其文句繁碎參差，讀之難上口耳。然其儀節分明，又有鄭注爲之發凡、起例，讀之不至於茫昧。《周禮》職事，尤粲然具備。其偶有未備者，鄭注爲之推次，差約可以補苴罅漏。《禮記》則有但説義理，而不説其典制者。《郊特牲》云：「禮之所尊，尊其義也。失其義，陳其數，祝史之事也，故其數可陳也，其義難知也。」夫所謂其數可陳者，作記之時則然耳。後世則其數反難知矣。其中有可以差次而知者，如《禮器》云：「三獻爓，一獻孰。」鄭注云：「三獻，祭社稷；五祀一獻，祭群小祀也。」孔疏云：「以冕服差之。司服祀四望、山川，則毳冕。毳冕，子男之服。子男五獻，以下差之也。祭社稷五祀，則絺冕，宜三獻也。祭群小祀，則玄冕，宜一獻也。」此可差次而知者也。其不可知者，如《禮器》云：「宗廟之祭，貴者獻以爵，賤者獻以散。」疏云：「按，天子、諸侯及大夫，皆獻尸以爵。無賤者獻以散之文。禮文散亡，略不具也。」此不可知者也。若不可知而輒爲之説，如《玉藻》「朝服以食特牲三俎」云云，疏云：「熊氏更説卿大夫以下日食及朔，食牲牢及敦數多少、上下差别，並無明據，今皆略而不言也。」又如《郊特牲》疏引皇氏説圜丘之祭：「燔柴及牲、玉，次奏圜鍾之樂六變以降神。次則埽地而設正祭，置蒼璧於神坐以禮之。次則以豆薦血腥，次則七獻，備五齊、三酒，與宗廟祫同。其祭感生之帝，則當與宗廟禘祭同。唯有四齊無，泛齊又無，降神之樂，其五時迎氣，與宗廟時祭同。其燔柴以降神，及獻尸，與祭感生之帝同。」孔沖遠引此而云：「皇氏於此經之首，廣解天地百神用樂委曲，及諸雜禮，制繁而不要，非此經所須，又隨事曲解，無所憑據，今皆略而不載。」此則熊氏皇氏於不可知者，自爲説以補經，其病在於無憑據。孔疏略之，得闕疑之義矣。

孔疏亦有補經者。《奔喪》云：「有大夫至，袒拜之，成踊而後襲於士，襲而後拜之。」疏云：「士謂兩士相敵，然則與兩大夫相敵，則亦襲後乃拜之。」《間傳》云：「齊衰之喪，既虞卒哭遭大功之喪，麻、葛兼服之。」疏云：「『兼服』之文，據男子也，婦人則首服大功之麻絰，要服齊衰之麻帶，上下俱麻，不得云『麻、葛兼服之』也。」《昏義》云：「祖廟未毁，教于公宫。祖廟既毁，教于宗室。」疏云：「此記謂君之同姓，若君之異姓，異姓始祖在者，其後亦有大宗、小宗。其族人嫁女各於其家也。」如此之類，皆疏之補經也，補之而無疑者也。

孔沖遠於三《禮》，惟疏《禮記》，而實貫串三《禮》及諸經。有因《禮記》一二語而作疏至數千言者。如《王制·制三公一命》卷云云，疏四千餘字。「比年一小聘，三年一大聘，五年一朝」，疏二千餘字。《月令·郊特牲》篇，題疏皆三千餘字。若此者頗多，其一千餘字者則尤多。《毛詩》、《左傳》疏亦有之。元元本本，殫見洽聞，非後儒所能及矣。且非好爲繁博也。既於此一經下詳説此事，以後此事再見，則不復説。然則其繁也，正其所以爲不繁也。

孔疏有明言不復釋者。《雜記》下云：「管仲鏤簋而朱紘，旅樹而反坫，山節而藻棁。」疏云：「其旅樹山節之屬，已具於《禮器》及《郊特牲》疏，故於此不復釋也。」《大傳》云：「王者禘其祖之所自出，以其祖配之。」疏云：「此文具於《小記》，於彼已釋之。」又「庶子不得爲長子，三年不斷祖也」，疏云：「其義具在，《小記》已備釋之。」《玉藻》云：「天子玉藻，十有二旒。」疏云：「其六冕玉飾，上下貴賤之殊，並已具《王制》疏，於此略而不言。」疏文如此者屢見，讀之可知其作疏之意，在博而不繁也。

孔疏非但詳於考典制，其説性、理亦甚精。《中庸》疏云：「性情之義，説者不通，亦略言之。賀瑒云：『性之與情，猶波之與水。静時是水，動則是波。静時是性，動則是情。』案《左傳》云：『天有六氣』，降而生五行。至於含生之類，皆感五行生矣。唯人獨稟秀氣，故《禮運》云：『人者五行之秀氣。』被色而生，既有五常：仁、義、禮、智、信，因五常而有六情。則性之與情，似金與鐶印。鐶印之用非金，亦因金而有鐶印。情之所用非性，亦因性而有情。則性者静，情者動，故《樂記》云：『人生而静，天之性也。感於物而動，性之欲也。』故《詩序》云『情動於中』，是也。但感五行，在人爲五常，得其清氣，備者，則爲聖人；得其濁氣，簡者，則爲愚人。降聖以下，愚人以上，所稟或多或少，不可言一，故分爲九等。孔子云：『唯上智與下愚不移。』二者之外，逐物移矣。故《論語》云：『性相近，習相遠也。』亦據中人、七等也。」觀此，可見唐以前論性、理者已多。孔沖遠作疏，已徧覽之，而爲折衷之説。沖遠非但深於《禮》學，其於理學，亦不淺也。

衛正叔《集説·序》云：「他人著書，惟恐不出於己。予之此書，惟恐不出於人。」此固名言矣。又云：「博求諸家之説，零篇碎簡，收拾略徧。」此不獨用力之勤，亦其宅心之厚。至所云「沿襲陳言，悉置弗取」者，則未然也。其中空談義理，陳言甚多，由於貪多務得，遂成巨帙。讀之甚費日力，而得益甚少。如有爲之削繁撮要者，則善矣。其序又有云：「抵排孔、鄭，援據明白，則亦併録，以俟觀者之折衷。」如此者則不可删削，雖抵排未當，亦宜過而存之耳。

陳雲莊《集説》可取者絶少。《三年問》「因以飾群，别親疏貴賤之節」，孔疏讀「因以飾群」，四字爲句，下七字爲句，非也。陳氏云：「人不能無群，群不可無別。以群字對別字，得之矣。」此陳氏説之最精當者。陳氏又云：「則親疏貴賤之等明矣。」此以上五字爲一句，下六字爲一句，亦非也，當連讀十一字爲一句。《大傳》「族人不得以其戚戚君位也」，孔疏云：「皆不得以父兄子弟之親，上親君位也。」此亦孔疏誤讀，然下文「公子之宗道也」，孔疏云：「族人不敢以戚君，此則別以位也。」二字爲句，不誤矣。陳氏引石梁王氏云：「位也，當自爲句。」此能依孔疏，後説得之矣。《儒行》：「今衆人之命儒也妄，常以儒相詬病。」鄭注讀妄爲無，而於常字句絶，非也。陳氏於妄字句絶，得之矣。然衛氏《集説》所采嚴陵方氏説，已如此，陳氏乃不引之，且司馬温公《機權論》云：「世之命機權也妄。」此倣《儒行》句法，已於妄字句絶，陳氏尤不能引之也。《學記》「《大學》之教也，時教必有正業，退息必有居學。」注、疏誤讀「時」字、「居」字句絶。陳氏讀此三句不誤，然朱子《補注》已如此讀，陳氏亦不引之，何其疏漏耶！

江慎修《禮書綱目·序》云：「禮樂之全，已病其闕略，而存者又病其紛繁。」又云：「裒集經傳，欲其該備而無遺；釐析篇章，欲其有條而不紊。」今讀此書，可謂不愧所言矣。自鄭君爲三《禮》注，至朱子彙集爲《儀禮經傳通解》而未成，至江氏乃成此書。治經考禮者，實賴有此。與匹敵者，其《經籍纂詁》乎！《五禮通考》則兼史學。

卷十

春秋三傳

孟子曰：「世衰道微，邪説暴行有作，臣弒其君者有之，子弒其父者有之。孔子懼，作《春秋》。《春秋》，天子之事也。孔子成《春秋》而亂臣賊子懼。」《春秋》之所以作，孟子此數語既明之矣，其始於隱、桓，何也？春秋之前，魯幽公之弟魏公，弒幽公而自立；懿公之兄子伯御，弒懿公而自立。見《史記・魯世家》。《春秋》不始於彼者，周宣王伐魯，殺伯御而立孝公，亦見《魯世家》。是時天子尚能治亂賊也。至隱公爲桓公所弒，天子不能治之。此則孔子所以懼而作《春秋》也。《史記・周本紀》：平王「四十九年，魯隱公即位。」桓王「八年，魯殺隱公」。太史公書此於《周本紀》者，以此爲《春秋》所以作故也。《穀梁》隱元年傳云：「公何以不言即位，成公志也，將以讓桓也。讓桓，正乎？曰：不正。隱不正而成之，何也？將以惡桓也。」桓元年傳云：「桓弟弒兄，臣弒君，天子不能定，諸侯不能救，百姓不能去，以爲無王之道，遂可以至焉爾。元年有王，所以治桓也。」然則《春秋》始於隱、桓，爲惡桓弒隱，而孔子以王法治之，大義昭然矣。此所謂《穀梁》善於經歟？ 王蘭泉《隱公不書即位辨》云「《春秋》爲亂臣賊子而作，實因魯而作，所以十二公以隱居首也。」最得其義矣。 范武子《穀梁序》云：「平王以微弱東遷，於時則接乎隱公，故因兹以託始。此未知始於隱公之故也。」《夢溪筆談》云：「《史記》年表，周平王東遷二年，魯惠公方即位，則《春秋》當始惠公。啖、趙於《纂例》隱公下注八字云『惠』公二年，平王東遷。」若爾，則《春秋》自合始隱，然與《史記》不同，不知啖、趙得於何書？（卷十四）澧謂《纂例》誤以平王二年惠公即位，而顛倒之爲「惠公二年平王東遷」耳。且即使惠公二年平王東遷，《春秋》正可始於惠公，而於其二年書平王東遷之事，啖、趙雖顛倒《史記》，而仍不可以解始隱之義也。 陸氏《春秋集傳辯疑》凡例云：「凡公羊云『託始焉爾』，既始於隱公，則從始者書之，何云託乎？」澧謂《春秋》自當始於隱公，真不必謂之託也。

晉董狐書「趙盾弒其君」，齊太史書「崔杼弒其君」； 魯桓公弒隱公，《春秋》但曰「公薨」，而孟子顧以爲「亂臣賊子懼」，何也？ 董狐非趙氏臣也，齊太史非崔氏臣也，可以直書也； 孔子爲魯臣，於其先君之篡弒，不可直書也。魯之舊史，雖有如南、董者，於隱公之弒，書公子翬而已矣，無以見桓公之罪惡矣。孔子修之，削去弒君者之名，但書薨而不書地，則與正終者異矣。隱公不書葬，桓公書即位，其爲桓公弒隱公，不待言而明矣！ 范武子云：推其無恩，則知與弒也。 此南、董之筆所不能到者也。趙盾、崔杼弒君而不篡國，南、董能懼之； 魯桓公弒君篡國，雖南、董不能懼之。惟孔子乃能懼之。孔疏謂魯舊史不書君弒爲愛君，董狐則志在疾惡。此謬説也。《春秋》不疾惡，亂臣賊子何以懼乎？《史通》云：「董狐、南史，各懷直筆。孟子言『孔子成《春秋》而亂臣賊子懼』，無乃烏有之談。」《惑經》。此劉知幾之粗疏也，然如孔疏之説，則無解乎知幾之惑矣。桓二年「會于稷，以成宋亂」。《穀梁》云：「於内之惡，而君子無遺焉爾。」范注云：「桓奸逆之人，故極言其惡。」范又引江熙曰：「《春秋》親尊皆諱，傳似失之。」徐邈曰：「《春秋》雖爲親尊者諱，然亦不没其實。」澧謂《春秋》不直書桓弒隱，已爲尊者諱矣。若事事皆没其實，則作《春秋》何爲也？徐説是，江説非也。

《左傳》云「羽父請殺桓公」，則桓公有不臣之迹，可知也；云「反譖公於桓公，而請弒之」，則桓公許之，可知也。《左傳》：「生桓公，而惠公薨。」孔疏引《釋例》云「今推案傳之上下，羽父之弒隱公，皆諮謀於桓。」云「詩寪氏，有死者」，言其冤也；云「不書葬，不成喪也」，言桓不以人君之禮葬隱也。《三國志・三少帝紀》注引《漢晉春秋》云：「葬高貴鄉公，下車數乘，不設旌旐；百姓相聚而觀之，曰『是前日所殺天子也』。或掩面而泣。」此所謂不成喪也。左氏爲魯史官，亦不可以直書者，而能曲曲傳之，其敘事之精善，非後世史家所及也。杜注云：「欲以弒君之罪加寪氏，而復不能正法誅之。傳言進退無據。」此杜之誣《傳》也，《傳》曷嘗有此言乎？

《左傳》開卷記潁[一九]考叔、石碏二人最詳，此大有意也。「君子曰：潁考叔，純孝也。」「君子曰：石碏，純臣也。」賈逵云：「左氏義深於君父。」《後漢書》本傳。其此之謂乎？若如林黄中謂「君子曰」是劉歆之辭，見《朱子語類》卷八十三。劉歆能明忠孝大義如此乎？

袁彦伯云：春秋之時，「禮樂征伐，霸者迭興，以義相持，故道德仁義之風，往往不絶。雖文辭音制，漸相祖習，然憲章軌儀，先王之餘也。」《後漢紀》卷二十三。劉知幾云：「《春秋傳》載楚左史能讀三墳五典，《禮記》曰：『外史掌三皇五帝之書。』由斯而言，則墳典文義，三五史策，至于春秋之時，猶大行於世。」《史通·正史篇》。王伯厚云：「名卿大夫，講聞故實，三代文獻藹如也。納鼎有諫，觀社有諫；申繻名子之對，里革斷罟之規，御孫别男女之贄，管仲辭上卿之饗；柳下季之述祀典，單襄公之述夏令秩官，魏絳之述夏訓虞箴；郯子能言紀官，州鳩能言七律，子革、倚相能誦《祈》、《招》懿戒；觀射父之陳祭祀，閔馬父之稱《商頌》；格言猷訓，粲然可睹。齊虞人之守官，魯宗人之守禮，懍懍秋霜夏日之嚴；劉子所云「天地之中」，子産所云「天地之經」。胥臣敬德之聚，晏子禮之善物，又皆識其大者。統紀相承，淵原相續，得夏時《坤》、《乾》，見《易》象、《魯春秋》，而知三代之禮，所以扶持於未墜者，豈一人之力哉！」《漢制考·敘》。顧震滄云：「當時經學昌明，君卿大夫澤躬《爾雅》，謹守矩矱，一舉動必有占，一酬答必有賦。故賦《吉日》而具田備，賦《匏有苦葉》而具舟，而歌《相鼠》而不知，誦《蓼蕭》而弗答，即知其有敗亡之禍，豈非先王《詩》、《書》象數之教，浸漬于人心者久，故通行于天下而無間哉！」《春秋大事表·左傳引據詩書易三經表》敘。阮文達公《詁經精舍策問》云：春秋「各國君卿大夫之德行名言，載在三《傳》、《國語》。近時學者，發明三代書數等事，遠過古人。試發明《春秋》學行，以成精舍學業焉。」澧案：以上五説，大意略同，讀《左傳》者，不可不知。且當知所謂道德仁義、憲章墳典、故實文獻、經學德行名言，皆出於孔子之前，賴有《左傳》、《國語》述之，至今得以考見，此左氏之功之大也。苟不知此，則有謂《左傳》爲「相斫書」者矣。《三國志·王肅傳》注引《魏略》隗禧語。《國語》載祭公謀父諫穆王伐犬戎，召穆公諫厲王弭謗，虢文公諫宣王不藉千畝，仲山父諫宣王立魯武公子戲，又諫料民於大原。此即《尚書》之訓也。何以不入《尚書》？不可知矣。此後則《左傳》所載石碏諫衛莊公寵州吁，臧僖伯諫隱公觀魚，皆諫書之最古者。

漢博士謂左氏「不傳《春秋》」。《漢書·楚元王傳》後《劉歆傳》。晉王接謂《左氏》「自是一家書，不主爲經發」。《晉書》本傳。近時劉申受云：「《左氏春秋》，猶《晏子春秋》、《呂氏春秋》也。冒曰《春秋左氏傳》，則東漢以後之以訛傳訛者矣。」《左氏春秋考證》。澧案：《漢書·翟方進傳》云「方進雖受《穀梁》，然好《左氏傳》」。此西漢人明謂之《左氏傳》矣，或出自班孟堅之筆，冒曰《左氏傳》歟？然翟方進受《穀梁》而好《左氏》。《穀梁》是傳，則《左氏》非傳而何哉？《左傳》記事者多，解經者少。漢博士以爲解經乃可謂之傳，故云「左氏不傳《春秋》」。《公羊》定元年傳云「主人習其讀而問其傳」，何注云：「讀謂經，傳謂訓詁。」此可見漢人所謂傳者，訓詁解經也。然伏生《尚書大傳》，不盡解經也；《左傳》依經而述其事，何不可謂之傳？傳猶注也，裴松之注《三國志》，但詳述其事，可謂其非注乎？且左氏作《國語》，自周穆王以來，分國而述其事。其作此書，則依《春秋》編年，以魯爲主，以隱公爲始，明是《春秋》之傳。如《晏子春秋》、《呂氏春秋》，則雖以訛傳訛，能謂之《春秋晏氏傳》、《春秋呂氏傳》乎？

陸氏《纂例》云：「左氏功最高，能令百代之下，頗見本末，因之求意，經文可知，而後人妄有附益；左氏本未釋者抑爲之說。」卷一。此數語，乃定論也。文十三年《左傳》云「其處者爲劉氏」，孔疏云：「漢室初興，左氏不顯於世，先儒無以自申。插注此辭，將以媚於世。」澧案：《左傳》有「附益」之說，實昉於此。既可插此一句，安知其不更有所插者乎？《公羊傳》有「子沈子曰」、「子司馬子曰」；《穀梁傳》有「沈子曰」、「尸子曰」、「穀梁子曰」之類，皆後師之語，安見《左傳》必無後人附益乎？《左傳》不可通之說，指爲後人附益，乃厚愛左氏，非攻擊左氏也！劉申受《左氏春秋考證》，凡書「曰」之文，亦以爲增益；然謂劉歆所增益，則未確也。桓五年，「甲戌己丑，陳侯鮑卒」，《左傳》云：「再赴也。公疾病而亂作。國人分散，故再赴。」《史記·陳杞世家》采此數語，可見史遷所見《左傳》，有解經之語矣。姚姬傳《九經說》及《左傳補注序》，以爲吳起之倫，附會私意，則頗近是耳。

孔沖遠云：「《春秋》諸事，皆不以日月爲例。其以日月爲義例者，唯卿卒、日食二事而已。故隱元年，『冬十有二月，公子益師卒』，傳曰：『公不與小斂，故不書日。』桓十七年，『冬，十月，朔，日有食之』，傳曰：『不書日，官失之也。』丘明發傳，唯此二條。明二條以外，皆無義例。」杜氏《集解》序疏。澧案：此說可疑。豈有一書內，唯二條有例者乎？且日食不書日，爲官失之，其說通。大夫卒，公不與小斂，不書日，則不可通。孔巽軒云：「九月甲申，公孫敖卒於齊，公豈得與小斂乎？」《公羊通義》此無可置辯矣。蓋《左傳》無日月例，後人附益者，以《公》、《穀》有之，故亦倣效而爲此二條耳。

《左傳》解《春秋》，書法有不通者，必後人附益。如宣元年「春王正月，公子遂如齊逆女」，傳云「尊君命也」。「三月，遂以夫人婦姜至自齊」，傳云「尊夫人也」。成十四年「秋，叔孫僑如如齊逆女。九月，僑如以夫人婦姜氏至自齊」。傳亦云「稱族，尊君命也。舍族，尊夫人也」。《公羊》則云「一事而再見者，卒名也」，此《公羊》之勝《左傳》者。然此乃文法必當如此耳，左氏豈不知文法者乎？如《論語》「公叔文子之臣大夫僎，與文子同升諸公」，再見不稱「公叔」。《檀弓》「公儀仲子之喪」，下文再見，但云「仲子」。「趨而就子服伯子於門右」，下文再見，但云「伯子」。此等文法，觸目皆是，淺人皆知之。昭十三年，「晉人執季孫意如以歸」；十四年，「意如至自晉」。傳云：「尊晉，罪己也」，更不通。不必辯。其尤可怪者，襄二十七年，「夏，叔孫豹會晉趙武、楚屈建」云云「于宋」。秋，七月，「豹及諸侯之大夫盟于宋」。傳云：「季武子使謂叔孫以公命，曰『視邾、滕』。既而齊人請邾，宋人請滕，皆不與盟。叔孫曰：『邾、滕，人之私也；我，列國也，何故視之？宋、衛，吾匹也，乃盟。』故不書其族，言違命也。」此竟顛倒是非矣。賈逵云：「叔孫義也，魯疾之非也。」服虔云：「雖以違命見貶，其於尊國之義得之。」並孔疏引。賈說可以糾正《左傳》，服注已稍依違矣。杜注云：「豹不倚順以顯，弱命之君，而辨小是以自從。」孔疏云：「豹若即以爲真，共敬從命，則國内義士，必云豹是國之大賢，聞是公命；雖非亦從，則知公之所命，悉不可違，豈不使季氏懼而公室尊也？」如杜、孔之説，權臣假稱君命，大賢義士共敬從之，權臣復何所懼乎？傳謬而注曲從之，注謬而疏曲從之，而以爲孔子之意，孔疏云：「賈、服不以孔子之意説《春秋》。」此經學之大害也。故附益之語，不可不辨也。

《左傳》之語，更有不可執以爲例者。文七年，「宋人殺其大夫」，傳云：「不稱名，非其罪也。」孔疏云：「諸是大夫被殺書名者，杜皆言其罪狀，止以此傳爲例故也。」澧案：宣九年，「陳殺其大夫洩冶」。杜注云：「洩冶直諫於淫亂之朝以取死，故不爲《春秋》所貴而書名。」孔疏云：洩冶「安昏亂之朝，慕匹夫之直。死而無益」。故經同罪賤之文。此以文七年傳爲例，遂誣忠臣以罪狀，誣《春秋》以罪賤忠臣，深可怪駭！傳稱孔子曰：「《詩》云：『民之多辟，無自立辟。』其洩冶之謂乎？」殿本注疏考證云：「臣照按，孔子蓋哀之也，非譏之也。」《公羊》何注，亦以爲洩冶有罪。其作《膏肓》，則以爲洩冶無罪，欲破《左傳》非其罪，則不稱名之例也。何氏之自相矛盾如此！昭二十七年，「楚殺其大夫郤宛」，杜注云：「無極，楚之讒人，宛所明知，而信近之以取敗亡，故書名罪宛。」澧案：傳云「郤宛直而和，國人説之」；令尹子常信讒，費無極譖郤宛，「遂令攻郤氏，且爇之」。此傳表章郤宛之賢，而痛其冤死也。杜注乃執「不稱名非其罪」之語，以爲郤宛稱名有罪，豈左氏之意乎？

宣四年，「鄭公子歸生弒其君夷」。《左傳》云：「凡弒君，稱君，君無道也；稱臣，臣之罪也。」杜氏《釋例》暢衍其説。文多不録。焦里堂云：「司馬昭收羅才士，以妹妻預。預既目見成濟之事，將有以爲昭飾，且有以爲懿、師飾。夫懿、師、昭，亂臣賊子也。賈充、成濟，鄭莊之祝聃、祭足也；

王淩、毌丘儉、李豐、王經，則仇牧、孔父嘉之倫也；射王中肩，即抽戈犯蹕也，而預以爲鄭志在苟免。王討之非，顯謂高貴討昭之非，而昭禦之，爲志在苟免。孔父、仇牧，預皆鍛鍊深文，以爲無善可褒。此李豐之忠而可斥爲奸，王經之節而可指爲貳，居然相例矣！」《左傳補疏》自序澧案：孔疏云「《公羊》、《穀梁》及先儒，皆以善孔父而書字。知不然者，孔父之死，傳無善事，故杜君積累其惡，以書名責之。劉君不達此旨，妄爲《規過》，非也。」杜云：「孔父稱名者，内不能治其閨門，外取怨於民，身死而禍及其君。」此孔疏所謂積累其惡也。此疏覼縷數百言，尤所謂鍛鍊深文，不知孔穎達何以惡其先世孔父至於如此！劉炫規杜過，孔疏又以爲妄，而不引其説。然千載之下，有焦氏之説，則劉氏之説雖亡若存矣。隱元年傳云「弔生不及哀」，杜注云：「諸侯已上，既葬，則縗麻除，無哭位，諒闇終喪。」孔疏引《晉書》云：「於時内外卒聞預議，多怪惑者，乃謂其違禮以合時。」桓五年傳云「啓蟄而郊」，杜注云：「夏正建寅之月，祀天南郊。」孔疏云：「晉武帝，王肅之外孫也。定南北郊祭，一地一天，用王肅之義。杜君身處晉朝，共遵王説。天子冬至所祭，魯人啓蟄而郊，猶是一天，但異時祭耳。」澧謂杜預於忠臣賊臣，尚敢顛倒是非，以諂司馬氏，而况説典禮乎？

《左傳》凡例，與所記之事有違反者，可見凡例未必盡是左氏之文，有後人所附益，而又未詳考傳中之事也。如莊十一年傳云「凡師，敵未陳曰敗某師。皆陳曰戰」，孔疏云：「《釋例》曰：令狐之役，晉人潛師夜起而書戰者，晉諱背其前意而夜薄秦師，以戰告也。」成十八年傳云「凡去其國，國逆而立之曰『入』，復其位曰『復歸』，諸侯納之曰『歸』，以惡曰『復入』」，孔疏云：「《釋例》曰：莊六年，五國諸侯犯逆王命以納衛朔，朔懼有違衆之犯，而以國逆告。」此皆明知凡例不合，而歸之於「告」，是遁辭矣。又如莊二十八年傳云「凡邑，有宗廟先君之主曰都，無曰邑；邑曰築，都曰城」。定十五年「城漆」，孔疏云：「漆本邾邑，不得有先君宗廟，而稱城者。《釋例》曰：若邑有先君宗廟，則雖小曰都，尊其所居以大之也。然則都而無廟，固宜稱城，城漆是也。」此凡例不合之最顯者。《釋例》之意，以爲都固稱城，邑則有廟者亦名爲都而稱城，無廟則不名爲都，而稱築也。然亦勉强彌縫矣。

隱十一年傳云「凡諸侯有命，告則書，不然則否」，此無疑者也。然因其來告而書其事耳，豈憑其告辭爲褒貶乎？如僖十九年，「宋人執滕子嬰齊」，杜注云：「稱人以執，宋以罪及民告，例在成十五年。」成十五年傳云：「凡君不道於其民，諸侯討而執之，則曰某人執某侯，不然則否。」孔疏云：「宋公欲重其罪，以罪及民告，故史從而書之，以示虛實。《釋例》曰：國史承之，書之於策，而簡牘之記具存，夫子因示虛實。」成十六年，「曹伯歸自京師」，孔疏云：「諸侯被執，及歸，或名或否，雖從告辭，傳不爲例。故《釋例》曰：蔡侯般弑父自立，楚子欲顯行刑誅，以章伯業，誘而殺之。蔡人深怨，故稱名以告，《春秋》從而書之。是告者，謂其有罪，則稱名以告。謂其無罪，則告不以名。」澧案：如此，則有罪、無罪，罪及民、不及民，但憑告者之辭，而國史承之，夫子即從而書之，以爲褒貶，何以爲《春秋》乎？且夫子既從而書之矣，又何以示虛實乎？陸氏《纂例》「三傳得失議」云：「舊解皆言從告及舊史之文。若如此論，乃是夫子寫魯史爾，何名修《春秋》乎？」

隱三年，「三月，庚戌，天王崩」。《左傳》云：「壬戌，平王崩，赴以庚戌，故書之。」澧案：天王崩，最大之事，魯史自當從赴，孔子自當因之，雖有異説，何可輕改舊史？杜注云「實以壬戌崩，欲諸侯之速至，故遠日以赴」，此已不通矣；又云《春秋》「即傳其僞」，是何言歟？僖九年九月，「戊辰，諸侯盟于葵丘；甲子，晉侯佹諸卒」。杜注云：「甲子，九月十一日。戊辰，十五日也。書在盟後，從赴。」孔疏云：「蓋赴以日而不以月，魯史不復審問，書其來告之日，唯稱甲子而已，不知甲子是何月之日，故在戊辰後也。」文十四年，「夏，五月，乙亥，齊侯潘卒」。杜注云：「乙亥，四月二十九日。書五月，從赴。」孔疏云：「蓋赴以五月到，惟言卒日，不言其月，即書其所至之月。」此二條，孔疏亦不通。魯之舊史，未必憒憒至此；即魯史憒憒，孔子亦遂因之耶？如此類者，但當闕疑耳；强言從赴，則不通矣。

從赴之説，更有當辨者。襄七年，「鄭伯髡頑如會，未見諸侯，丙戌，卒於鄵」。傳云：「子駟使賊夜弑僖公，而以瘧疾赴于諸侯。」昭元年，「楚子麇卒」。傳云：「公子圍入問王疾，縊而弑之。」哀十年，「齊侯陽生卒」。傳云：「齊人弑悼公。」杜注並云「以疾赴，故不書弑」。澧謂弑君之罪，孔子豈因其不以實赴，遂免其誅絶乎？此必當時記其事者有不同，孔子則從赴，不以弑逆漫加於人耳。左氏則兼存弑逆之説，使與經並傳於後。經有經之法，傳有傳之法，各有所當也。

杜氏《釋例》，誠有未善，然其《長曆》、《土地名》、《世族譜》三篇，考據詳博，何邵公、范武子，不能有此也。《公羊春秋》襄二十有一年，「十有一月，庚子，孔子生」。何注云：「時歲在己卯。」徐疏云：「何氏自有《長曆》，不得以左氏難之。」澧案：襄二十八年，「十有二月，甲寅，天王崩。乙未，楚子昭卒」。何注云：「乙未與甲寅，相去四十二日，蓋閏月也。」何氏如有《長曆》，則可直言閏月，何必云「蓋閏月」乎？其曆論尤善，所云「當順天以求合，非爲合以驗天」二語，曆家奉爲蓍蔡矣。夫《春秋》所重者，固在其「義」，然聖人所謂「竊取之」者，後儒豈易窺測之？與其以意窺測而未必得，孰若即其文其事，考據詳博之有功於經乎？顧震滄撰《大事表》，求杜氏《釋例》之書不得，遂自撰《朔閏表》、《卿大夫世系表》、《疆域都邑山川》諸表，深知讀《左傳》不可無此也。

鄭君云：「穀梁近孔子，公羊正當六國之亡。」《王制》疏引《釋廢疾》。《釋文·序録》則云公羊高受之於子夏，穀梁赤乃後代傳聞。澧案：宣十五年《公羊傳》云：「多乎什一，大桀小桀。寡乎什一，大貉小貉。」此用《孟子》語。公羊當六國之亡，此其證也。僖二十二年《穀梁傳》云：「故曰：禮人而不答，則反其敬；愛人而不親，則反其仁；治人而不治，則反其知。」此亦用《孟子》語，則不得先於公羊也。且穀梁不但不在公羊之先，實在公羊之後。《釋文·序録》之言是也。莊二年，「公子慶父帥師伐於餘丘」。《公羊》云：「邾婁之邑也，曷爲不繫乎邾婁？國之也；曷爲國之？君存焉爾。」《穀梁》云：「公子貴矣，師重矣。而敵人之邑，公子病矣，其一曰：君在而重之也。」劉原父《權衡》云：「此似晚見公羊之説而附益之。」隱二年「無侅帥師入極」，八年「無侅卒」。《穀梁傳》皆兩説。劉氏亦以爲穀梁見公羊之書，而竊附益之。灃案：更有可證者。文十二年「子叔姬卒」，《公羊》云：「此未適人，何以卒？許嫁矣。」《穀梁》云：「其曰子叔姬，貴也，公之母姊妹也。其一傳曰：許嫁以卒之也。」此所謂「其一傳」，明是《公羊傳》矣。宣十五年，「初税畝。冬，蝝生」。《穀梁》云：「蝝非災也。其曰蝝，非税畝之災也。」此穀梁駁公羊之説也。公羊以爲宣公税畝，應是而有天災。穀梁以爲不然，故曰「非災」也，駁其以爲天災也。又云「其曰蝝，非税畝之災也」。駁其以爲應税畝而有此災也。范注云：「緣宣公税畝，故生此災以責之。非責也。」此范説文義難通。其在公羊之後，更無疑矣。定三年、哀十年、十一年，《公羊》皆無傳，《穀梁》亦無傳；定五年、六年、七年、九年，《公羊》每年只有傳一條，《穀梁》亦然。此尤可見《穀梁》之因於《公羊》也。

《公羊》、《穀梁》二傳同者。隱公「不書即位」，《公羊》云「成公意」；《穀梁》云「成公志」。「鄭伯克段于鄢」，皆云「殺之」。如此者，不可枚舉矣。僖十七年，「夏，滅項」。《公羊》云：「孰滅之？齊滅之。曷爲不言齊滅之？《春秋》爲賢者諱。此滅人之國，何賢爾？君子之惡惡也疾始，善善也樂終。桓公嘗有繼絶存亡之功，故君子爲之諱也。」《穀梁》云：「孰滅之？桓公也。何以不言桓公也？爲賢者諱也。既滅人之國矣，何賢乎？君子惡惡疾其始，善善樂其終，桓公嘗有存亡繼絶之功，故君子爲之諱也。」此更句句相同，蓋穀梁以公羊之説爲是，而録取之也。穀梁在公羊之後，研究公羊之説，或取之，或不取；或駁之，或與己説兼存之。其傳較公羊爲平正者，以此也。許月南《穀梁時月日例》云：「穀梁之義多正，公羊之義多偏。」

桓譚《新論》云：「《左氏傳》遭戰國寢藏。後百餘年，魯人穀梁赤作《春秋》，殘略多有遺文；又有齊人公羊高緣經文作傳，彌失本事。」《釋文·序録》引。澧案：「鄭伯克段于鄢」，《左傳》云「太叔出奔共」；後十年，鄭莊公猶有「寡人有弟餬口四方」之語。此必不能虚造者，而《公》、《穀》則皆以爲「殺之」。《左傳》寢藏，公、穀未得見之故爾。

《公羊》有記事之語，但太少耳。如隱元年春王正月，傳云「諸大夫扳隱而立之」。「鄭伯克段」，傳云「母欲立之」。「葬宋繆公」，傳「宣公謂繆公」云云。「翬帥師」，傳「翬諂乎隱公」云云。「衛人立晉」，傳云「石碏立之」。「鄭人來輸平」，傳云「狐壤之戰，隱公獲焉」。可見公羊亦甚重記事，但所知之事少，而又有不確者耳。狐壤之戰，在春秋前，而公羊以爲輸平事。孔巽軒《通義》序謂《春秋》「重義不重事」，以宋伯姬爲證。然《公羊》記伯姬事云：「宋災，伯姬存焉。有司復曰：『火至矣，請出。』伯姬曰：『不可。吾聞之也，婦人夜出，不見傅母，不下堂。』傅至矣，母未至也，逮乎火而死。」若《公羊》不詳記此事，則伯姬死於火耳，何以見其賢乎？欲知其義，必知其事，斷斷然也！

《公羊》於春秋時人，多不知者。如文十二年，「秦伯使遂來聘」。傳云「賢繆公也」。此誤以康公爲繆公。孔巽軒云：「賢繆公而於康公與使大夫者，明善及子孫也。」此回護太無理矣。文十八年，「秦伯罃卒」。何注云「秦穆公也」。此明知爲秦康公，而偏云秦穆公，以異於《左傳》耳。孔巽軒云：「賢繆公，未禮于內。得恩録之。」亦回護無理。襄二年傳云：「齊姜與繆姜，則未知其爲宣夫人與？成夫人與？」昭二十年，「曹伯廬卒于師」。傳云：「未知公子喜時從與？公子負芻從與？」此公羊未知，則直言未知，是其篤實也。何注云：「齊姜者，宣公夫人。繆姜者，成公夫人。」此惡《左傳》而不從其説耳。然以惡《左傳》之故而互易二公之夫人，使宣公以子婦爲妻，成公以母爲妻，大倫亂矣。且《公羊》云未知，何氏當「墨守」之？安得妄爲説乎？徐疏云：「正以齊姜先薨，多是姑；繆姜後卒，理宜爲婦。實無文，據以順言之也。」此尤無理之甚！人死之先後無定，豈姑必先死，婦必後死乎？

莊四年，「紀侯大去其國」。《公羊》以爲賢齊襄公「復九世之讎」，此蓋有激而言，未可以爲公羊病也。《春秋繁露·竹林篇》但云「榮復讎」，不言「賢齊襄公」，蓋以襄公不可謂賢也。下文「公及齊人狩于郜」，《公羊》以爲譏與讎狩，「讎者無時，焉可與通」？可見公羊深惡魯莊公不復讎，遂以爲賢齊襄公復讎耳。《公羊》又云「襄公事祖禰之心盡矣」。九世安得云「禰」？明譏魯莊公忘其禰也。

昭三十一年，「黑弓以濫來奔」。《公羊》以爲通濫，何注云：「通濫爲國，故使無所繫。」《穀梁》亦云：「其不言邾黑肱何也？別乎邾也。」亦與《公羊》同意，但無叔術之事耳。以爲叔術賢者，讓國黑弓，「賢者子孫宜有地」。澧案：叔術事在魯武公、懿公時，若必追而褒之，則《春秋》何必始於隱公乎？叔術妻嫂而以爲賢，雖喪心病狂者，不至於是。故孔巽軒《通義》序謂公羊不信此事。然不妻嫂，即可以爲賢乎？邾婁顔淫惡，天子誅之而立叔術；天子死，叔術殺天子所使誅顔之人，而授國於顔之子。狂悖如此，可謂之賢者讓國乎？此《公羊》之謬，孰能墨守之乎？何注謂叔術「惡少功大」。徐疏謂「妻嫂非姑姊妹」。其爲何氏序疏，更謂「《春秋》善之」。偏徇師説，遂至傷教害義而不顧。此經學中所罕見者。

《公羊》宣十五年傳，云「什一行而頌聲作」。何注言「聖人制井田之法」，遂及於「出兵車」、「選父老里正」、「女功緝績」、「求詩造士」，凡六七百言，蓋薈萃古書而貫串之。所謂「學海」，於此可見一斑。

何注用緯書者。「禮，天子外屏，諸侯内屏，大夫帷，士簾」；「禮，天子有靈臺以候天地，諸侯有時臺以候四時」。莊三十一年傳注。徐疏云「皆是《禮説》文也」。「禮，天子諸侯臺門」。徐疏云：「在《禮器》文。」「天子外闕兩觀，諸侯内闕一觀」。徐疏云「《禮説》文」。昭二十五年傳注。「禮，祭天牲角繭栗，社稷宗廟角握，六宗五嶽四瀆角尺，其餘山川視卿大夫」。僖三十一年傳注。徐疏云「皆《王制》與《禮説》文」。「東夷之樂曰株離，南夷之樂曰任，西夷之樂曰禁，北夷之樂曰昧」。昭二十五年傳注。徐疏云「皆《樂説》文」。「半圭曰璋」。徐疏云「《釋器》無文」。「白藏天子，青藏諸侯」。徐疏云「《春秋説》文」。定八年傳注。「含，口實，天子以珠，諸侯以玉，大夫以碧，士以貝。《春秋》之制也」。文五年傳注。「古者，諸侯師出，世子率與守國，次宜爲君者，持棺絮從，所以備不虞」。昭二十年傳注。「禮，后夫人必有傅母。選老大夫爲傅，選老大夫妻爲母」。襄三十年傳注。「禮，繂繼昨日事，但不灌地降神爾。天子諸侯曰繹，大夫曰賓尸，士曰宴尸」。宣八年傳注。　以上四條，徐疏皆云「《春秋説》文」。「主狀正方，穿中央，達四方；　天子長尺二寸，諸侯長一尺」。文二年傳注。　徐疏云：「皆《孝經説》文。」此等禮制，見於緯書，何邵公習而熟之，亦可見其爲「學海」也。「天子諸侯臺門」，「祭天牲角繭栗」，與《禮記》同，此實《禮記》之類，故何注直稱爲《禮》。惟襄二十九年傳注云「孔子曰：　三皇設言民不違，五帝畫象世順機，三王肉刑揆漸加，應世黠巧奸僞多」。徐疏云「《孝經説》文」。此用緯書語，而竟稱爲「孔子曰」，蓋緯文本有「孔子曰」三字，而何氏仍之耳。

何注多本於《春秋繁露》，而徐彦不疏明之。如《繁露》云：「《春秋》變一謂之元。」《重政》篇。隱元年何注亦云「變一爲元」。《繁露》云：「始言大惡，殺君亡國，終言赦小過，是亦始於麤粗，終於精微，教化流行，德澤大洽，天下之人人有士君子之行，而少過矣。亦譏二名之意也。」《俞序》篇。隱元年傳：「所見異辭，所聞異辭，所傳聞異辭。」何注之説本於此。注文太長，此不具録。徐疏皆不引《繁露》。又如隱元年，徐疏引《春秋説》云：「以元之深，正天之端；以天之端，正王者之政。」此《繁露》之文。《二端》篇文。而徐疏乃但云「《春秋説》」，將使讀之者不知其説出於董生矣。「教化流行，德澤大洽」。其語未安，何邵公好奇，故取之耳。

《春秋繁露》云：「王魯，絀夏，新周，故宋。」《三代改制質文篇》。《史記·孔子世家》云：「作《春秋》，據魯，親周，故殷。」此則異於《春秋繁露》之説。《索隱》云：「以魯爲主，故云據魯。時周雖微而親周者，以見天下之有宗主也。」《公羊》無此説也。成元年，「王師敗績於貿戎」。《公羊》云：「王者無敵，莫敢當也。」既以周爲王者無敵，必無黜周王魯之説矣。徐疏云：「《春秋》之義，託魯爲王，而使舊王無敵者，見任爲王，寧可會奪？」此疏正可以駁黜周之説也。宣十六年，「成周宣謝災」。《公羊》云：「外災不書，此何以書？新周也。」惟此有「新周」二字。何注云：「孔子以《春秋》當新王，上黜杞，下新周，而故宋。」

此取《繁露》之説以解之也。孔巽軒《通義》云：「周之東遷，本在王城，及敬王遷成周，作傳者號爲新周，猶晉徙於新田，謂之新絳；鄭居郭鄶之地，謂之新鄭；實非如注解。故宋傳絶無文，唯《穀梁》有之，然意尤不相涉。」澧案：桓二年《穀梁傳》云：「孔子故宋也。」范注云：「孔子舊是宋人。」《公羊》「新周」二字，自董生以來，將二千年，至巽軒乃得其解，可謂《公羊》之功臣矣。《公羊疏》卷一，引賈逵《長義》駁黜周王魯之説，然未言此非公羊説。《晉書・王接傳》載接之説云：「《公羊》通經爲長。何休訓釋甚詳，而黜周王魯，大體乖硋。」蘇東坡《論春秋變周之文》云：「黜周王魯，與夫讖緯之書，《公羊》無明文。何休因其近似而附成之，何休，《公羊》之罪人也。」陳直齋《書録解題》亦云黜周、王魯，變周文從殷質之類，《公羊》皆無其文。此皆能爲《公羊》辨誣。然「新周」二字，未得其解，《公羊》之受誣，猶未明也。至巽軒之説出，乃大明耳！　劉申受《公羊議禮制爵篇》云：「以《春秋》當新王，始朝當元勳，進小國爲大國，其書公朝王所，不爲公朝起也。王使來聘，書使與諸侯同文，著新周也。魯使如周不稱使，當王也。公如京師、如齊晉，皆不言朝，當巡狩之禮也。」此仍守何氏之説而更甚矣。其《釋三科例》中篇云：「且《春秋》之託王至廣，稱號名義，仍繫於周；挫强扶弱，常繫于二伯；何嘗真黜周哉？郊禘之事，《春秋》可以垂法，而魯之僭，則大惡也。就十二公論之，桓、宣之弑君宜誅，昭之出奔宜絕，定之盜國宜絕，隱之獲歸宜絕，莊之通讎外淫宜絕，閔之見弒宜絕，僖之僭王禮、縱季姬禍鄫子，文之逆祀喪娶、不奉朔，成、襄之盜天牲，哀之獲諸侯、虚中國以事强吴，雖非誅絕，而免于《春秋》之貶黜者，鮮矣。何嘗真王魯哉？」此又言「黜周王魯」非真，然則《春秋》作僞歟？

《春秋繁露》有「先質後文」之語。見《玉杯篇》。何邵公遂謂《春秋》「變周之文，從殷之質」；且所謂質者，指母弟稱弟而言，謂「質家親親，明當親厚異於群公子」。隱七年傳「母弟稱弟，母兄稱兄」注。其説尤謬。先質後文，豈分别同母異母之謂耶？親厚異母兄弟與同母等，豈文家之弊耶？孔子所欲變，乃在此耶？《繁露·三代改制質文》篇云：「商質者主天，夏文者主地。主天法商而王，故立嗣予子，篤母弟。主地法夏而王，故立嗣予孫，篤世子。」澧案：此謂商立世子死，則立世子之母弟，即襄三十一年《左傳》穆叔曰「太子死，有母弟，則立之也」。夏立世子，死則立世子之子，即《檀弓》所記公儀仲子舍其孫而立其子，孔子曰「立孫」也。此立嗣之法不同，非親厚之謂也。

《春秋》所書災異，惟僖十五年「震夷伯之廟」。《公羊》云「天戒之」。宣十年，「初税畝；冬，蝝生」。《公羊》云「上變古易常，應是而有天災」。何注云「上謂宣公」。其餘但云「何以書？記異也」。如隱三年，「日有食之」，傳云「何以書？記異也」之類。「何以書？記災也」。如隱五年「螟」，傳云「何以書？記災也」之類。何注則或取後事而言，如隱三年「日有食之」注云：「是後衛州吁弒其君完，諸侯初僭，魯隱係獲，公子翬進諂謀。」或取前事而言，如隱八年「螟」注云：「先是有狐壤之戰，中丘之役，又受邴田、煩擾之應。」皆《公羊》所無之説。其尤無理者，僖十三年「秋，九月，大雩」，注云「城緣陵煩擾之應」。城緣陵在明年，而先一年致旱乎？襄八年「秋，九月，大雩」，注云：「由城費，公比出會如晉，莒人伐我，動擾不恤民之應。」徐疏云：「如晉者，即今年正月公如晉是也。」澧案：「正月，公如晉」，注云：「公獨修禮於大國，得自安之道，故善録之。」此又以爲不恤民。自相違異如此。此乃漢儒好言災異風氣耳。夫自古國家治亂，每有吉凶先見，此必然之理；儒者陳説以爲鑒，其意甚善。然其所説，必使人可信，乃爲有益；若隨意所指，則人將輕視之，復何益乎？其尤謬者，定元年「霣霜殺菽」。注云：「示以當早誅季氏；菽者少類爲稼强，季氏象也。」穿鑿如此，人豈信之乎？桓三年秋七月壬辰朔，「日有食之，既」。何注云：「是後楚滅鄧穀，上僭稱王。」徐疏引《春秋説》云：「其後楚號稱王，滅穀鄧。」此何注説災異，本於讖緯之證也。徐疏説災異，有更謬者。成三年「新宫災」，何注云：「此象宣公篡立當誅絶，不宜列昭穆。」徐疏云：「桓公亦篡立，不災其宫者，蓋以桓母右媵，次第宜立。隱是左媵之子，據位失宜，而桓弑之，雖曰篡君，其罪差輕，是以不災其廟。」此謂桓弑隱罪輕，悖謬已極。且天之災其廟不災其廟，徐氏竟能知其意耶？定二年「雉門及兩觀災」，孔疏云「天之所災，不可意卜」。孔之通，徐之不通，相去天淵矣。

「西狩獲麟」，《公羊》但云「記異也」，但云「孰狩之，薪采者也」，但云孔子「反袂拭面，涕沾袍，曰：『吾道窮矣！』」何注則云：「薪采者，庶人燃火之意，此赤帝將代周居其位」；「言獲者，兵戈文也，言漢姓卯金刀，以兵得天下」。又云得麟之後，「天下血書魯端門」云云。信乎！《公羊》之罪人矣。《春秋繁露·符瑞篇》云「西狩獲麟，受命之符」。是西漢時公羊家已有此説。孔巽軒《公羊通義》序云：「東漢時博士弟子獻諛妄言，重自誣其師。」此巽軒未考《繁露》耳。韓勑造《孔廟禮器碑》云「後制百王，獲麟來吐」；史晨《祀孔子奏銘》云「西狩獲麟，爲漢製作」；又云「獲麟趣作，端門見徵，血書著紀，黄玉韻應，主爲漢制，道審可行」。漢人多以獲麟頌揚漢代。何邵公囿於風氣，遂以注經也。

何注以時月日爲褒貶，遂强坐人罪。如宣十六年秋，「郯伯姬來歸」。何注云：「棄歸例，有罪時，無罪月。」徐疏云：「有罪時者，此文書『秋』是也。無罪月者。即成五年『春王正月杞叔姬來歸』之屬是也。」此但以不書月，强坐以有罪，而又不能言其何罪。又如成十五年夏六月，「宋公固卒」。何注云：「不日者，多取三國媵，非禮，故略之。」此以不書日而求其罪；不可得，但有三國媵之事，遂以坐之耳。

莊二十二年，「夏五月」，何注云：「以五月首時者，譏莊公取讎國女，不可以事先祖，奉四時祭祀，猶五月不宜以首時。」桓十七年五月丙午，「及齊師戰于奚」。注云：「去夏者，明夫人不繫於公也。」成十年秋七月，「公如晉」，注云：「如晉者，冬也。去冬者，惡成公前既怨懟不免牲，今復如晉，過郊乃反，遂怨懟，無事天之意，當絶之。」此皆穿鑿之甚。定十四年，「無冬」，徐疏云：「不修春秋，已無『冬』字；又《春秋》之説，口授相傳，達於漢時，乃著竹帛，去一『冬』字，何傷之有？」此疏最通。凡時月日之字，宜有而無者，皆當如是解之，何必穿鑿乎！昭二十五年秋七月，「上辛大雩，季辛又雩」。

《公羊》云：「又雩者，非雩也，聚衆以逐季氏也。」何注云：「日爲君，辰爲臣，去辰則逐季氏意明矣。」此以但書「上辛」、「季辛」，有干無支，遂傅會於逐季氏，尤可怪笑也！

何注更有穿鑿文義之病。隱元年《公羊傳》云：「王者孰謂？謂文王也。」注云：「文王，周始受命之王。方陳受命制正月，故假以爲王法。不言謚者，法其生，不法其死。」然則《中庸》云仲尼「憲章文、武」，爲法其死，不法其生乎？

經有語助，何注必爲之説。如隱五年「考仲子之宫」注云：「加『之』者，宫廟尊卑共名，非配號稱之辭，故加『之』以絶也。」徐疏云：「仲子是妾，不宜與宫廟連文，故加『之』以絶之。」僖九年，「晉里克弑其君之子奚齊」，注云：「欲言弑其子奚齊，嫌無君文，與殺大夫同；加『之』者，起先君之子。」如此之類，殊可怪笑，聊舉二條以見之。

《左氏》之語，何氏以爲《膏肓》，有非者，有是者。至《左氏》所記當時之人之言與事，而何氏以爲「膏肓」，則皆非也。如「師服曰：『今君命大子曰讎，弟曰成師，始兆亂矣。兄其替乎？』」何氏謂「左氏後有興亡，由立名善惡；引后稷名棄，爲《膏肓》」以難之。桓二年《左傳》疏。此但可以難師服耳，不可以難左氏也。「雖甥、聃甥、養甥，請殺楚子」，何氏云：「楚鄧强弱相懸，若從三甥之言，楚子雖死，鄧滅會不旋踵，若刳腹去疾，炊炭止沸。左氏爲短。」莊元年疏。此但可以難三甥耳，不可以難左氏也。此外，如季文子言十六族，世濟其美，堯不能舉，三族世濟其凶，堯不能去；文十八年。

程鄭問降階何由，「然明曰：是將死矣」；襄二十四年。申豐對季武子「古者日在北陸而藏冰」云云；昭四年。「鄭人相驚以伯有」，子產立公孫洩、良止以撫之；昭七年。王子朝言「王后無適，則擇立長」云云，昭二十六年。何氏皆難之。然但可以難季文子、然明、申豐、子產、王子朝耳，不可以難左氏也。其最謬者，范文子「使其祝宗祈死」。昭十七年。何氏云：「死不可請。偶自天祿盡矣，非果死。今左氏以爲果死，因著其事，以爲信然。於義，左氏爲短。」澧案：左氏但著其事耳，曷嘗云信然乎？「闔弒吴子餘祭」，《公羊》云：「謁也，餘祭也，夷昧也。弟兄迭爲君，而致國乎季子。飲食必祝，曰：天苟有吴國，尚速有悔於予身。」襄二十九年。此《公羊》説祈死之事。何氏難左氏而忘公羊，可謂鋭其東而忘其西者矣。《左傳》杜注因何氏之難，遂謂士燮因禱自裁，尤誣謬之極。

孔巽軒云：「七十子没而微言絶，三傳作而大義睽，《春秋》之不幸耳。幸其猶有相通者。而三家之師，必故各異之。使其愈久而愈岐。何氏屢蹈斯失。若『盟于包來下』，不肯援《穀梁》以釋傳；『叛者五人』，不取證《左傳》而鑿造『諫不以禮』之説，此其不通之一端也。」《公羊通義》序。巽軒之於何邵公，可謂好而知其惡者矣。《公羊·何序》徐疏云：「顔安樂等解。」此公羊苟取頑曹之語。又云：「顔氏之徒，既解《公羊》，乃取他經爲義，猶賊黨入門，主人錯亂。」徐彦較何邵公更獷悍矣。

何氏亦有用《左傳》、《穀梁傳》者。襄十一年，「秦人伐晉」，注云：「爲楚救鄭。」疏云：「爲楚救鄭之義，出《左氏傳》矣。」又如定八年，「盜竊寶玉大弓」，注云：「此皆魯始封之錫。」疏云：「《左傳》定四年，具有其文也。」又如莊八年，「齊無知弑其君諸兒」，注云「無知，公子夷仲年之子」，「襄公從弟」，此亦據《左傳》而言之。又如襄三十一年，「莒人弑其君密州」，注云「莒人納去疾，及展立，莒子廢之」；展因國人攻莒子，殺之，去疾奔齊。亦據《左傳》而述其事也。莊元年，「單伯逆王姬」，注云：「禮，齊衰不接弁冕，仇讎不交婚姻。」疏云：「義取《穀梁》之文。」定十五年，「夏，五月，辛亥，郊」，傳云：「曷爲以夏五月郊？」注云：「據魯郊正當卜春三正也。」疏云：「何氏必知然者，正以哀元年《穀梁傳》云『郊，自正月至於三月，郊之時。夏四月郊，不時。五月郊，不時。』之文也。」又如僖二十八年，「壬申，公朝于王所」，傳云：「其日何？録乎内也。」注云：「不月而日者，自是諸侯不繫天子，若日不繫於月。」澧案：上文「冬，公會晉侯、齊侯」云云「于温」，故云「不月」也。然《公羊傳》無説。《穀梁傳》云：「日繫於月，月繫於時。」「壬申，公朝于王所，其不月，失其所繫也，以爲晉文公之行事爲已慎矣。」何注取此爲説耳。何氏雖惡二傳，而仍不能不取之也。

《穀梁》述事尤少。近時有鍾氏文烝《補注》，於隱公十一年傳下，舉全傳述事者，祇二十七條，謂「穀梁子好從簡略」。澧案：僖二年傳，述晉獻公伐虢事；十年傳，述殺申生事，並詳述其語，則非盡好簡略者。實因所知之事少，故從簡略，而專尋究經文經義耳。

惠公仲子，《穀梁》以爲惠公之母。此《穀梁》之獨得者。蓋見《公羊》之不通而易其説，且以僖公成風，比例而得之也。左氏爲魯史官，必無不知魯君之母之理。蓋此經左氏本無傳，而附益者襲取

《公羊》之説耳。此劉申受《左氏春秋考證》語。附益者必在《穀梁》前，故不知有《穀梁》説也。下文「天子七月而葬」云云，乃取《王制》之語。《王制》雖出於漢時，其語則傳自古人也。劉申受《何氏解詁箋》於惠公仲子，不從《公羊》而從《穀梁》。孔巽軒則不取《穀梁》。此孔巽軒不及劉申受者也。

《穀梁》時月日之例，多不可通。隱元年，「公子益師卒」，傳云：「大夫日卒，正也；不日卒，惡也。」楊疏引何休云「公子牙、季孫意如何以書日乎」？此駁無可置辯矣。疏引鄭君所釋，亦不可通。又引麋信云：「益師不能防微杜漸，使桓弑隱。」此尤謬甚。益師卒，與桓弑隱事隔十年，而可歸罪於益師乎？《公羊》云：「何以不日，遠也。」此最通也。桓十四年夏五，《穀梁》云：「立乎定、哀，以指隱、桓。隱、桓之日遠矣，夏五，傳疑也。」既知遠則傳疑，則不當設「不日惡也」之例矣。　隱四年九月，「衛人殺祝吁于濮」，傳云：「其月，謹之也；于濮者，譏失賊也。」范注云：「討賊例時也，衛人不能即討祝吁，致令出入自恣，故謹其時月所在，以著臣子之緩慢也。」澧謂《春秋》以誅亂臣賊子爲最大之義。能殺亂臣賊子者，無如石碏殺祝吁，最足以彰王法而快人心。魏叔子《左傳經世鈔》云：《左傳》中「作用未有若此舉之光明正大忠厚者也」。尚可譏其緩慢乎？所謂「討賊例時者」，據莊九年春「齊人殺無知」耳。雍廩之殺無知，《左傳》不詳載其事；其載石碏殺祝吁，則設謀而後能殺之。二國情事未必同，豈得以彼例此？因有「九月」二字，遂於石碏純臣，横加譏貶，傎矣。穀梁未見《左傳》，不知石碏殺州吁事，而徒以時月爲例，故有此病也。

《穀梁》之病,更有在拘泥文例者。如僖十八年,「春王正月,宋公、曹伯、衛人、邾人,伐齊」,「五月戊寅,宋師及齊師戰於甗,齊師敗績」。傳云:「戰不言伐,客不言及;言及,惡宋也。」疏云:「《春秋》之例,戰伐不並舉。此上有伐文,今又言戰,是違常例也;又伐人者爲客,受伐者爲主,此言及齊師,是亦違常例也。」澧案:四國伐齊,曹、衛、邾不與齊戰,而獨宋與齊戰,安得不以「伐」與「戰」分言之乎?曹、衛、邾不與齊戰,獨宋與齊戰,又安得不言宋及齊戰乎?若云齊及宋戰,則反爲齊不與曹、衛、邾戰矣!此文義自當如此,安得以常例論之乎?孟子之説《春秋》,一曰其事,二曰其文。文者,所以記事也。事百變而不同,則文不能一成而不易。執其同者以爲常例,而以其異者爲違常例,奚可哉?

傳拘泥經文,而解傳者又拘泥傳文。如文元年「天王使叔服來會葬」,傳云:「其志重天子之禮也。」五年「王使毛伯來會葬」,傳云:「會葬之禮於鄙上。」楊疏云:「舊解以爲叔服在葬前至,先鄉魯國,然後赴葬所。毛伯以喪服發後始來,先之竟上,然始至魯國。故傳釋有異辭也。或二者互言之,未必由先後至,理亦通也。」澧案:此明是互言,舊解因傳異辭,遂造爲先後,至千載以上之事,豈可以意造乎?説《春秋》者,多妄造其事之病。此二事猶其小焉者耳!其大者,如鄭伯殺段是也。

《穀梁》之短,范注不曲從之。此范注之善也。哀二年「晉趙鞅帥師,納衛世子蒯聵于戚」,傳云:「納者,内弗受也。以輒不受父之命,受之王父也,其弗受,以尊王父也。」范注云:「寧不達此義。江熙曰：齊景公廢世子，世子還國書篡。若靈公廢蒯聵立輒，則蒯聵不得復稱曩日世子也。稱蒯聵爲世子，則靈公不命輒，審矣。然則從王父之言，傳似失矣。」文四年，「冬，十有一月，壬寅，夫人風氏薨」；「五年，春王正月，王使榮叔歸含且賵」，傳云：「賵以早，而含以晚。」范注云：「成風未葬，故書早。已殯，故言晚。國有遠近，皆令及事。理不通也。」范注之不曲從傳説如此。范氏引《禮·雜記》曰：「含者入，升堂致命，子拜稽顙。含者坐委於殯東南。含不必用，示有其禮。」楊疏引舊解，以爲「《雜記》諸侯之禮。若天子，則諸侯夫人有疾，當告於天子。天子遣使問之，有喪則致含，無則止矣。今歸含大晚，故譏之」。澧案：此舊解曲護傳文耳。豈有問疾而齎含玉以行者乎？即齎含玉以行，能必其及未殯而至乎？

范注多稱「寧所未詳」，隱九年，「天王使南季來聘」。傳云：「聘諸侯，非正也。」范注云：「《周禮》：天子時聘以結諸侯之好。傳曰『聘諸侯，非正』。寧所未詳。」此因《穀梁》與《周禮》不合，不敢定其是非也。莊元年，「齊師遷紀郱鄑郚」；傳云：「郱鄑郚國也，或曰遷紀於郱鄑郚。」范注云：「或曰之説，寧所未詳。」此以或説爲非，而不駁之也。定六年，「仲孫何忌如晉」；注云「仲孫忌而曰仲孫何忌，寧所未詳。《公羊傳》曰『譏二名』」。此不信《公羊》之説而不駁之也。有因何邵公之説不通，范氏但云「寧所未詳」者。桓四年夏，「天王使宰渠伯糾來聘」，范注云：「下無秋冬二時，寧所未詳。」楊疏云：「何休云『桓無王而行，天子不能誅，反下聘之，故去二時以見貶』。范以五年亦使臣聘，何以四時皆具？七年不遣臣聘，何因亦無二時，故直云『寧所未詳』也。」澧案：桓七年無秋冬，定十四年無冬，昭十年十有二月不書冬，莊二十有二年以五月首時，何休之説，皆謬，范皆云「寧所未詳」。莊三十二年，「公子牙卒」；成十六年，「公至自會」；昭十二年，「晉伐鮮虞」。注皆引鄭君説，而云「寧所未詳」。范氏最尊鄭君，而猶云「未詳」，慎之至也！

范氏爲《略例》百餘條。見《集解序》楊疏。楊疏引之，有稱「范氏略例」者，有稱「范例」者，有稱「范氏別例」者，皆即《略例》也。范氏注中已有例，又別爲略例，故可稱別例。楊疏所引，如文六年，「閏月不告月，猶朝于廟」，疏云：「范例猶有五等，發傳者三。」以下文多不録。此但分別發傳不發傳。如莊二十年夏「齊大災」，疏引范例云「災有十二，內則書日，外則書時」。以下文多不録。此分別書時月日之例，亦不穿鑿紆曲。如閔二年，「夏五月，乙酉，吉禘于莊公」，疏引范《略例》云：「祭祀例有九，皆書月以示譏；九者，謂桓有二烝一嘗，總三也；閔吉禘，四也；僖禘大廟，五也；文著祫、嘗，六也；宣公有事，七也；昭公禘武宮，八也；定公從祀，九也。」此以皆書月無異例，故臚舉其事而已。凡疏所引二十餘條，王仁圃《漢魏遺書鈔》，已鈔出。皆無穿鑿紆曲之病。蓋《春秋》無達例，但當臚列書法之同異，有可以心知其意者，則爲之説；其不可知者，則不爲妄説，斯得之矣。《四庫全書提要》疑楊士勛割裂《略例》，散入疏中。澧案：隱二年疏云「《春秋》二百四十二年，無王者一百有八」云云，與桓元年疏所引范氏例之語同，此楊氏取范氏例散入疏中之證。

僖四年，「許男新臣卒」，范注云：「十四年冬，蔡侯肸卒。傳曰『諸侯時卒』，惡之也。宣九年辛西，晉侯黑臀卒於扈，傳曰『其地，于外也。其日，未踰竟也』，然則新臣卒於楚，故不日耳，非惡也。」

澧案：此范注所引爲例者，似已合矣。楊疏引宋公和、宋公固、莒子去疾、吴子光、曹伯負芻、蔡侯東國、許男寧諸條，文多不録。而云「范氏之注，上下多違，縱使兩解，仍有僻謬，故並存之，以遺來哲」。此可見傳之所解，不盡可以爲例；與此雖似合，與彼則多違，必不能畫一也。知三傳之病，而後可以治《春秋》。知杜、何、范注，孔、徐、楊疏之病，而後可以治三傳。夫諸經之傳注箋疏，亦豈能無病？然大抵考據訓詁之疏失耳。三傳注疏之病，則動輒關於聖人之襃貶。若乖戾苛刻，是非顛倒，安得爲聖經乎？此澧所以各舉其病，恐後之治經者爲其所誤也。范氏序，歷舉三傳之傷教害義者，又言棄其所滯，擇善而從。此范武子立心之公正也。孔巽軒《公羊通義》序云：「古之通經者，首重師法。三傳各有得失，學者守一傳，即篤信一傳，倘將參而取焉？恐所取者，適一傳之所大失；所廢者，反一傳之獨得。」澧謂巽軒言重師法，是也。然《左傳》以公子益師卒不書日，爲公不與小斂，巽軒駁之云：「九月甲申，公孫敖卒於齊，公豈得與小斂乎？」然則治《左傳》者，篤信「公不與小斂」之説，巽軒以爲是耶？否耶？且巽軒云何邵公不通，若「盟于包來下」，不肯援《穀梁》以釋傳「叛者五人」，不取證《左傳》，而鑿造「諫不以禮」之説。然則何邵公之不通，乃其不參取之故也。參取，乃通也。

杜氏云：「古今言《左氏春秋》者，引《公羊》、《穀梁》，適足自亂。」《集解序》。孔沖遠云：「張蒼、賈誼、尹咸、劉歆，後漢有、鄭衆賈逵、服虔、許惠卿之等，各爲詁訓，然雜取《公羊》、《穀梁》以釋

《左氏》。」《正義序》。澧謂，此諸儒言《左氏春秋》而皆取《公羊》、《穀梁》，誠以三傳各有得失，不可偏執一家盡以爲是，而其餘盡非耳。鄭君之《箴膏肓》、《發墨守》、《起廢疾》，即此意也。師法固當重，然當以一傳爲主，而不可盡以爲是。鄭君箋《毛詩》，宗毛爲主，而有不同，即此法也。

鄭君注《左傳》未成，以與服子慎。見《世説·文學門》。而不聞注《公羊》、《穀梁》。是鄭君之治《春秋》，以《左傳》爲主也。陸氏《纂例》謂「左氏功最高」，蓋其意亦以《左傳》爲主。但其書名曰《集傳》，則不主一家，無師法耳。三傳分門角立，詬争已久。啖、趙、陸欲其歸於一，遂盡抉其藩籬。此亦勢所必至也。

劉原父之書，即啖、趙、陸之法，删改三傳而合爲一傳，然所删改多不當。如「鄭伯克段于鄢」，原父録《左傳》而改之云「大叔出奔，公追而殺諸鄢」。夫以爲《左傳》不可信，則不當録之。豈有句句可信，獨「太叔出奔共」一句，不可信者乎？既信《公羊》、《穀梁》殺段之説，乃録《左傳》而删改之。此則孔沖遠《正義序》所謂「方鑿圓枘」者矣。又如「秦人晉人戰于河曲」。《公羊》云：「曷爲以水地？河曲疏矣，河千里而一曲也。」《公羊》之意，嫌河曲不知何地，故解之，言河非處處有曲；千里乃一曲，但言其曲處，即可知其地。蓋河自南流入塞，至華陰，乃曲而東流，此秦晉戰處也。而原父作《權衡》云：「若千里一曲，悉可名之河曲。是三河之間，無他地名，直曰河曲而已，不亦妄乎？」原父之意，以爲三河之間，處處皆河曲。此不解《公羊》語意，而遽加駁難。雖無關《春秋》大義，然失之粗疏矣。

最荒謬者，孫明復之《尊王發微》。隱元年「不書即位」，孫云：「正也，五等之制，雖曰繼世，而皆請於天子。隱公承惠，天子命也，故不書即位，以見正焉。」十一年「公薨」，孫云：「不言葬者，以侯禮而葬也。隱雖見弑，其臣子請謚於周，以侯禮而葬，故不書焉。」即此二條，可知其務與三傳相反，遂虚造請於天子之事，竟以爲古事可以隨意而造者。其餘不通之説，不可枚舉。如隱元年「三月，公及邾儀父盟于蔑」，孫云：「凡書盟者，皆惡之也。《春秋》之法，惡甚者日，其次者時，非獨盟也。以類而求，二百四十二年諸侯罪惡輕重之迹，焕然可得而見矣。」如其説，則事無罪惡者，但當書年，不書時日乎？其意謂二百四十二年，無事不惡耳。且云「惡甚者日」，然則天王崩書日，亦惡甚乎？如此，而猶名其書爲「尊王」耶？歐陽永叔爲其墓志，云「先生治經，不惑傳注」，此爲其所欺矣。隱四年「九月，衛人殺州吁于濮」，孫云：「其言于濮者，威公被弑，至此八月，惡衛臣子緩不討賊，俾州吁出入自恣也。」此《穀梁》范注最謬之語，而孫明復抄襲之，可謂不惑乎？歐所作銘云：「聖既没經遭戰焚，逃藏脱亂僅得存。衆説乘之汨其原，怪迂百出雜僞真。後生牽卑習前聞，有欲患之寡攻群。往往止燎以膏薪，有勇夫子闢浮雲。剖摩蔽蝕相吐吞，日月卒復光破昏。博哉功利無窮垠，有考其不在斯文。」今以斯文考之，是耶？否耶？言不可不慎也。

《公是先生弟子記》云：「歐陽永叔曰：『趙盾弑其君，加之弑乎？』劉子曰：『加之爾。』『何以加之也？』曰：『不知賊之爲誰而不得討，可也；知賊之起也而力不能討，可也；知賊矣，力足以討矣，緣其親與黨而免之，是以謂之弑君也。』曰：『今有殺人者，有司足以執之而不執也，然則謂有司殺人，可乎？』曰：『否，不可！君固非人之比也。大臣之于其君，豈有司之于其人乎？君親之間，聖人加焉。後世猶亂，况勿加也。』」澧案：歐説見其集中《春秋論》下篇。其中篇云：「《公羊》、《穀梁》皆以爲隱假立以待桓也。予曰：生稱曰公，死書曰薨，何從而知其假？」此説尤謬，然則死書曰薨，何從而知其弑乎？《左傳》隱元年疏，引何休《膏肓》，云「隱公生稱侯，死稱薨，何因得爲攝者」？歐説依倣於此也。

不信三傳，始於唐人。韓文公《寄盧仝詩》云：「《春秋》三傳束高閣，獨抱遺經究終始。」蓋經學風氣，自唐而變。而遠溯其源，則《春秋繁露》已有「無傳而著」之語矣。見《竹林》篇。然其所謂「無傳而著」者，「齊頃公伐魯伐衛，大國往聘，慢其使者，晉、魯、衛、曹四國大困之於搴，自是頃公恐懼，卒終其身，國家安寧」也。然慢聘使之事，不見於經，無傳何由著乎？董生之説，已不可通，况後儒乎？試問之曰：使有經而無傳，何由知隱公爲惠公之子、桓公之兄乎？何由知弑隱公者爲誰乎？此可以爽然自失矣。方靈皋《春秋直解》序云：「聖人作經，豈豫知後之必有傳哉？使去傳，而經之義遂不可求，則作經之志荒矣。」此説似足以惑人，而實不通也。伏羲、文王作《易》，豈豫知後世必有孔子《十翼》哉？如方氏之言，則《十翼》亦可去矣。且後儒去傳解經者，彼其所著之書，亦傳之類也，非經也。使古之三傳可去，何不并去其自著之書乎？夫聖人之作經，所以必待傳而著者，聖人雖異人者，神明而朽没之期亦等。此皇侃《論語義疏》序語。

孔子修《春秋》時，年已老矣，故其傳付之丘明。傳之與經，一體相須而成也。此《史通·申左篇》語。朱子之修《綱目》，亦與門人相須而成。其綱猶經也，目猶傳也。使去目而獨存其綱，可乎？不可乎？《明史·婁諒傳》云：「著《春秋本意》十二篇，不採三傳事實。言是非必待三傳而後明，是《春秋》爲廢書矣。」然則《春秋》必待婁諒作《本意》而後明，亦廢書也。　孔巽軒《公羊通義》敘云：「大凡學者謂《春秋》事略，《左傳》事詳，經傳必相待而行，此即大惑。文王繫《易》，安知異日有爲之作《十翼》者？周公次《詩》，安知異日有爲之作小序者？聖人之所爲經，雖無三子者之傳，方且揭日月而不晦，永終古而不敝。」孔巽軒亦爲此説，又何責於不知經學者乎？

黄楚望云：「凡《左傳》於義理時有錯謬，而其事皆實；若據其事實，而虚心以求義理至當之歸，則經旨自明。澤之所得，實在於此。然則學《春秋》者，姑置虚辭，存而勿論，而推校《左傳》之事，以求聖經。此最爲切實，庶幾可得聖人之旨矣。」趙東山《春秋師説》卷中。又云：「所謂虚辭者，謂如尊君卑臣，貴王賤霸，崇周室、抑諸侯。若此之類，其義雖正，然人人所知。今有人能誦此説，似乎通曉；及至以一部《春秋》付與之，使之著筆，則莫知所措矣。」同上。黄氏之説，最爲醇正。且以尊君卑臣之類，人人所知者，皆爲虚辭，使不考事實而好爲大言者，無所置其喙，尤爲卓識也。

卷十一

小學

「詁者，古也；古今異言，通之使人知也」。此《毛詩·周南·關雎詁訓傳第一》孔疏語。《爾雅》邢疏襲用之。《爾雅·釋宫》郭注云「通古今之異語」，又孔疏所本也。蓋時有古今，猶地有東西，有南北，相隔遠，則言語不通矣。地遠則有翻譯，時遠則有訓詁。有翻譯，則能使别國如鄉鄰；《方言》，即翻譯也。有訓詁，則能使古今如旦暮，所謂通之也，訓詁之功大矣哉！

《漢書·藝文志》云：「古文讀應《爾雅》，故解古今語而可知也。」此謂《尚書》古文。觀於《史記》采《尚書》，以訓詁代正字，而曉然矣。如「庶績咸熙」，《史記》作「衆功皆興」。「庶，衆也」，「績，功也」，「咸，皆也」，「熙，興也」，皆見《釋詁》。其一二字以訓詁代者，如「寅賓」作「敬道」，「方鳩」作「旁聚」。「寅，敬也」，「鳩，聚也」，亦見《釋詁》。此所謂「讀應《爾雅》」也。以訓詁代正字，自孔子贊《易》而已然矣。如《乾》象傳，當云「天行乾」，而曰「天行健」。《艮》、《彖》傳，當云「艮其背」、「止其所也」，而曰「艮其止」。王輔嗣亦用此法。如《艮》初六「艮其趾」，王注云：「行無所之，故止其趾。」《震》六三「震蘇蘇」，王注云：「位非所處，故懼蘇蘇也。」

郭氏《爾雅序》云：「夫《爾雅》者，誠傳注之濫觴。」鄭漁仲《爾雅注序》云：「《爾雅》「出自漢代箋注未行之前。」是也。其後則有以漢代經注增入者，如《釋訓》「是刈是濩。濩，煮之也」。此顯然取之《毛傳》矣。「子子孫孫，引無極也」以下三十餘句，皆用韻，必是古人一篇文字，而取入《爾雅》也。郭注亦有用韻者，文多不録。王輔嗣《易注》亦有用韻者，如《睽卦》注云：「見豕負塗，甚可穢也。見鬼盈車，吁可怪也。先張之弧，將攻害也。往不失時，睽疑亡也。貴於遇雨，和陰陽也。」王逸《楚辭注》亦多有之。

《爾雅》訓詁同一條者，其字多雙聲。郝蘭皋《義疏》云：「凡聲同聲近聲轉之字，其義多存乎聲。」卷一。澧謂此但言雙聲，即足以明之矣。有今音非雙聲而古音雙聲者，可以其字之諧聲定之，又可以古無輕唇音及古音不分舌頭舌上定之。錢辛楣說，見《養新録》卷五。郝氏所謂聲近聲轉，即指此也。如「大也」一條內，弘、宏、洪三字雙聲，介、嘏、假、京、景、簡六字雙聲，溥、丕二字雙聲，訏、憮二字雙聲，昄、廢二字雙聲，奕、宇、淫三字雙聲。「至也」一條內，艐、格二字雙聲，到、弔二字雙聲，來、戾二字雙聲。又「大也」一條內，廓字以郭爲聲，古音讀如郭，則與介、嘏諸字雙聲。墳字今輕唇音，古讀重唇音，則與昄雙聲。《釋文》：昄、沈、旋，蒲板反。施、乾，蒲滿反。「至也」一條內，詹與至雙聲。古音不分舌頭舌上，則詹讀如儋，與到、弔雙聲。凡同在一條內而雙聲者，本同一意；意之所發而聲隨之，故其出音同，惟音之末不同耳。音末不同者，蓋以時有不同，地有不同故也。其音之出，則仍不改，故成雙聲也。《方言》：「虔儇，慧也。秦謂之謾，晉謂之懇。」「裙，陳、魏之間謂之帔，自關而東或謂之襬。」「牀，齊、魯之間謂之簀，陳、楚之間或謂之笫。」「簿，宋、魏、陳、楚、江淮之間謂之苗，或謂之麴。」郭注云：「此直語楚聲轉也。」觀於《方言》，則《爾雅》益明矣。

《釋詁》、《釋言》、《釋訓》，既通之使人知，則至今知之矣。至草木蟲魚鳥獸，《爾雅》雖已釋之，後世又有不知者。如以「王雎」釋「雎鳩」，後世又不知王雎爲何物。諸儒解説雖多，澧皆未敢信。此必求之陝西、河南有鳥常集於河洲，而雌雄有别者，乃可定爲雎鳩耳。《釋木》「櫟，其實梂」，邢疏云「《詩·秦風》云『山有苞櫟』」，陸機疏云：「秦人謂柞櫟爲櫟，河内人謂木蓼爲櫟。」機以爲此秦詩也，宜從其方土之言，柞櫟是也。澧謂雎鳩宜求之陝西、河南者，亦以其方土故也。至諸經所無之物，則雖不知，亦無害於經學。

「豹鼠既辨，其業亦顯」。此郭序語。此以博物顯也，而《爾雅》遂爲類書之祖矣。

郭注於《爾雅》之難明者，則爲引證，其餘但云「見《詩》、《書》」，或但云「常語」。此其《序》所謂「事有隱滯，援據徵之。其所易了，闕而不論」也。更有云「未詳」者，尤得闕疑之義，故其書體例謹嚴。然其引書則多誤，蓋博學而不能强記；作注援引時，又不復檢對。如《釋詁》注，引《詩》曰「胡不承權輿」，引《左傳》曰「禁禦不若」，又引《左傳》曰「百姓輯睦」，引《易》曰「鞏用黄牛之革，固志也」，引《孟子》曰「行或尼之」，引《禮記》曰「妥而後傳命」，皆誤也。其餘諸篇注，亦多誤引。邢疏或直言其誤，或云傳寫之誤。如《釋水》注引《公羊傳》曰：「河曲流，河千里一曲一直。」此誤多「一直」二字，猶或記憶之誤。至誤以「疏」字爲「流」字，《公羊》云：「河曲疏矣。」通人何至如此？此必傳寫之誤矣。郭注有引僞孔《尚書傳》者，尤可疑。

邢疏之精善者。如《釋言》「畛，殄也」。郭注云「謂殄絶」，邢疏云：「《周頌·載芟》云『徂隰徂畛』。《毛傳》曰『畛，埸也』。《地官·遂人》云『十夫有溝，溝上有畛』。則畛謂地畔之徑路也。至此而易之，故以畛爲埸，易則地絶，故得爲畛。」觀此，則邢氏之於訓詁甚通，惜如此者不多見。若盡能如此，則郝蘭皋疏不能駕乎其上矣！

邢疏之於音學，則未能盡明。如《釋詁》「迓，迎也」，疏云：「宣三年《左傳》曰『狂狡輅鄭人』，杜注云『輅，迎也』，《周禮·秋官》有『訝士』，及《聘禮》云『厥明訝賓于館』，鄭注皆云『訝，迎也』，《召南·鵲巢》云『百兩御之』，鄭注云『御，迎也』。字形雖别，音義實同。當以迓爲正字，餘皆假借。」此謂迓、訝、御音義實同，是也。「輅」音與「迓」不同，豈得因杜注訓爲「迎」而牽引之乎？由不識雙聲故也。且迓、迎是雙聲，而邢無説，亦足見其不識雙聲也。

邵二雲、郝蘭皋二家之疏，度越前人矣。郝氏之學，出於阮文達公。文達《與宋定之論爾雅書》云：「以聲音文字爲注《爾雅》之本，則《爾雅》明矣；其引『生明』、『生魄』以證『哉』，引夏屋逸書以證『權輿』，多寡有無，無關輕重也。」《與郝蘭皋論爾雅書》云：「今子爲《爾雅》之學，以聲音爲主而通其訓詁，余亟取之。」宋氏書不知已成否？郝氏疏則深得文達之法。文達集中《釋門》、《釋且》、《釋矢》、《釋鮮》諸篇，旁推交通，妙契微茫，尤有以開其門徑也。王懷祖《廣雅疏證》尤精於聲音、訓詁，然好執《廣雅》以説經。如「被之僮僮，被之祁祁」，《毛傳》云：「僮僮，竦敬也。祁祁，舒遲也。」詩意言祭時竦敬，去時舒遲，而借被以言之，《毛傳》深得其意。王氏《經義述聞》據《廣雅》「童童，盛也」，因謂「祁祁」亦盛貌，則失詩意矣。由偏執《廣雅》故也。《釋名》純以聲音爲主，有極精語，惜無注之者。

《説文》敘云：「象形者，畫成其物，隨體詰詘，日月是也。」「指事者，視而可識，察而見意，上下是也。」然則象形者，畫而成之，如圖畫然。指事者，指之而已，不畫其形也。日月有實形，其字固如畫。古文作，小篆變作耳。亦有非實形者，如亼象三合之形，□象回帀之形，八象分別相背之形，九象屈曲究盡之形，亦畫成也。又有字義不專屬一物，而字形則畫一物者，如「止，下基也」，象草木出有址；「高，崇也」，象臺觀高之形；「永，長也」，象水巠理之長，是也。又如「天大地大人亦大」，而大字象人形，尤其明著者也。如上下之字，非如圖畫，但以丨指一上，則可識爲上；以丨指一下，則可識爲下；以丨指□中，則可識爲中。而皆非如圖畫也。徐楚金以實者爲象形，虛者爲指事，非也。但當以畫成不畫成爲分別，不當以實形虛形爲分別也。

《説文》敘云：「假借者，本無其字，依聲託事，令、長是也。」澧嘗疑之，以爲出一縣之號令謂之令，爲一縣之尊長謂之長，此字義之引申，何以爲假借？必如「來」本瑞麥，以爲行來之來，「西」本鳥棲，以爲東西之西，乃假借字也，何以許君舉「令」、「長」二字乎？反覆思之，乃解「本無其字」之說。蓋古字少而後世字多。凡後世有一事一物爲古所無者，則創造一字；亦爲古所本無之字，若不創造一字，而即依託古有之字，則謂之假借。縣令、縣長古本無，而秦漢始有，其最著者也。當時固可創造令、長之字，乃即依託古有之「令」字、「長」字，是謂假借。若以此例推之，許君生於東漢，東漢所有而古本無者，如佛是也。此亦可創造一字，乃即依託古有之「佛」字，此即「令」、「長」二字之例也。其創造一字者，則如「僧」字是也。昔吾友侯君模亦疑「令」、「長」假借之義，澧爲此說，恨不得起君模而質其然否也。澧少時，嘗刻所作《六書說》，有人抄襲之，刻入彼所著書。澧今擇存少作入《讀書記》，恐覽者以爲抄襲彼之書，特注明之。六書惟轉注難明，澧舊有說，刻於《學海堂二集》，今覺其未安，故棄之。

《說文》敘云：「分別部居，不相雜廁。」此許君用《急就篇》語。其實《急就篇》不得謂之分別部居，不雜廁。蓋許君因《急就篇》之語，而悟得分部之法耳。段懋堂注云：「此前古未有之書，許君之所獨創，與《史籀篇》、《倉頡篇》、《凡將篇》雜亂無章者，不可以道里計。」澧謂未有《說文》之前，學識字者，讀《史籀》、《倉頡》、《凡將》之類，但憑記憶，而難於檢尋。今試以一、二字檢尋《急就篇》，即可見矣。自有《說文》，乃易於檢尋。此後自《玉篇》至國朝《字典》皆分部，皆《說文》之遺法也。

漢人用字多通借，在今日覺其古妙，且因此得以考古音古義。然古人所以用通借字者，實以無分部之字書，故至於岐異耳。《說文》既出，而用通借字者少矣，此《顏氏家訓》所謂許慎「貫以部分，使不得誤」者也。《書證篇》語。焦里堂云：「如麓、録二字，本皆有者也，何必借『録』爲『麓』？壺、瓠二字，本皆有者也，何必借『瓠』爲『壺』？疑之最久，叩諸深通六書之人，説之皆不能了。」《周易用假借論》。澧謂，實因無分部之字書故爾，不必疑也。

《説文》敘云：「其稱《易》，孟氏；《書》，孔氏；《詩》，毛氏；《禮》、《周官》、《春秋》、左氏、《論語》、《孝經》，皆古文也。」《易》孟氏，非古文，此已難解矣。段懋堂注云：「許書未嘗不用《魯詩》、《公羊傳》、今文《禮》，則皆難解矣。」澧反覆思之，此《敘》云：「粤在永元困頓之年。」此永元十二年，歲在庚子也。許沖上書，則在建光元年辛酉，相去二十二年矣。竊疑此二十二年中，許君有增入之字。其始每經但采一家，其後增采諸家，而敘文則未及改。至已病而遣子上書，尤不暇改耳。鄭小谷與澧書疑此事，澧答以此説。未幾而小谷訃至，不知其以此説爲然否。

《爾雅》「初、哉、首、基」，邢疏云：「初者，《説文》云：『從衣從刀，裁衣之始也。』哉者，古文作才，《説文》云：『才，草木之初也，以聲近借爲哉始之哉。』此皆造字之本意也。及乎《詩》、《書》雅記所載之言，則不必盡取此理。但事之初始，俱得言焉。」澧謂近人之説，多與邢氏同，以《説文》爲本義，《爾雅》爲引申義，其實不盡然也。造「初」字者，無形可畫，無聲可諧，故以从衣从刀會意耳。首象人頭，則人頭是本義。基从土，則地基是本義。其用爲「始」之義，皆引申。「初」字與此不同也。「哉」字則無以定之。

一字有數義，古人取易見之義以造字形。許君即據字形以説字義。此有兩例：其一字形即本義。許君説本義，又説字形。如「止，下基也，象艸木出有址」；「永，長也，象水巠理之長」，是也。其一字形非本義，許君但説字形，不説本義。如「侯，春饗所射侯也。从人，从厂，象張布，矢在其下」是也。《射義》云：「射者，射爲諸侯也。射中則得爲諸侯，不中則不得爲諸侯。」然則射禮之侯，所以名爲侯者，以諸侯故也。諸侯之侯名在先，射侯之侯名在後也。然造字，則諸侯無可象之形，故取射侯之侯以造字，而許君則但説射侯，不説諸侯。讀許書者，若以射侯爲本義，諸侯爲引伸義，則倒置矣。嘉定王倬甫，名宗漢，與澧書云：「《説文》有説轉義不及本義者。」舉尊字，酒器，从酋，収以奉之。本義是尊卑之尊，字形則从酋从収奉酒於所尊者。澧答書，以侯字佐證之。

古人造字，其意精微。如仁字从二人，即所謂「相人偶」也。阮文達公《論語論仁論》之説。孟子曰：「君子之於物也，愛之而弗仁。」朱子云：「人之與人，爲同類而相親。」《梁惠王》篇注。故从二人，則仁之意見矣。如「敬」字从攴茍。茍，自急敕也。程子以「主一無適」解「敬」字。《朱子語類》云：「問：『何謂主一？』曰：『無適之謂一，只是不走作。』」卷六十九。又云：「事無大無小，常令自家精神思慮盡在此。」卷二十。从攴茍，則主一無適不走作之意皆見矣。段氏《説文注》駁「主一無適」之説。段氏之偏見也。「仁」字、「敬」字，後儒講之最多，而古人造字，早傳其精意矣。

造字有易有難。如造一字、二字、三字，象形甚易；造四、五、六、七、八、九字，則難。造子字，象形甚易；造丑、寅以下諸字，則難。造甲、乙、丙、丁、戊、己、庚、辛、壬、癸十字，則皆難。游心古初，乃知古人意匠慘淡經營也。又如水字、木字、象形甚易；而江、河皆水，松、柏皆木，造字若何分別？但可造爲形聲字。此形聲字所以最多也。

《説文》説字形，有簡而未明者。人字解説云「象臂脛之形」。此象人側立形，故只見一臂一脛也。古鐘鼎石鼓文，人字皆作人，不作𠆢。儿字解説云「在人下，故詰屈。」此引「孔子曰」，未必然也。此象人跪曲其足也。作篆書者，此字多作儿，因真書作儿而誤耳。女字解説但云「象形」。此上象交兩手，下不露兩足也。又有可疑者，衣字解説云「象覆二人之形」。似不然也，秦《琅邪碑》「襲」字下半「衣」字作衣甚明。竊疑上象曲領，左右象兩袖，中二筆象交衽也。又如犬字解説云：「狗之有縣蹏者也。」此語難解，疑有誤字。狗豈有縣蹏一種，別名爲犬乎？鬥字解説云：「兩士相對，兵杖在後。」鬥部在丮、𠃨之下，猶𠬜部在𠂇、又之下。𠬜[二〇]下云「從𠂇又」，則鬥下當云「從丮𠃨」。其「兩士相對，兵杖在後」，當爲又一説耳。

《説文》句部字，皆句聲。此在《説文》爲變例。《夢溪筆談》云：「王聖美治字學，演其義爲『右文』。古之字書，皆從『左文』。凡字，其類在左，其義在右。如木類，其左皆從木。所謂『右文』者，如『戔』，小也，水之小者曰『淺』，金之小者曰『錢』，歺而小者曰『殘』，貝之小者曰『賤』。如此之類，皆以『戔』爲義也。」卷十四。戴東原云：「諧聲字，半主義，半主聲。《説文》九千餘字，以義相統，今作

《諧聲表》，若盡取而列之，使以聲相統，條貫而下如譜繫，則亦必傳之絶作也。」《答段若膺論韻書》。澧案：王氏右文之書，今不傳。戴氏有此説，而未著此書。錢溉亭、程彝齋、江晉三皆嘗爲之，見溉亭《與王無言書》。彝齋撰《洪稚存漢魏音後序》。晉三《諧聲表》。而皆未見刻本。惟姚文僖《説文聲係》，有刻本耳。澧少時亦作此書，用段氏十七部，分爲十七卷。每卷若干部，以所諧之聲爲部首。諧其聲者，下一字書之。又諧此字之聲者，又下一字書之。有高下至四五列者，名曰《説文聲表》。久已寫定，而亦未刻也。

子思曰：「事自名也，聲自呼也。」《中論·貴驗篇》引。此聲音之理，最微妙者也。程子云：「凡物之名字，自與音義氣理相通。天未名時，本亦無名，只是蒼蒼然也，何以便有此名？蓋出自然之理，音聲發於其氣，遂有此名此字。」《二程遺書》卷一。此説亦微妙。孔沖遠云：「言者，意之聲；書者，言之記。」《尚書序》疏。此二語，尤能達其妙旨。蓋天下事物之象，人目見之，則心有意。意欲達之，則口有聲。意者象乎事物而構之者也。聲者，象乎意而宣之者也。聲不能傳於異地，留於異時，於是乎書之爲文字。文字者，所以爲意與聲之迹也。未有文字，以聲爲事物之名；既有文字，以文字爲事物之名，故文字謂之名也。

聲象乎意者，以唇舌口氣象之也。此鄒特夫説。《釋名》云：「天，豫司兗冀以舌腹言之。天，顯也，在上高顯也。青徐以舌頭言之。天，坦也，坦然高而遠也。」「風，豫司兗冀横口合唇言之。風，氾也。其氣博氾而動物也。青徐言風，踧口開脣推氣言之。風，放也，氣放散也。」此以脣舌口氣象之之説也。更有顯而易見者，如大字之聲大，小字之聲小；長字之聲長，短字之聲短。又如説酸字，口如食酸之形；説苦字，口如食苦之形；説辛字，口如食辛之形；説甘字，口如食甘之形；説鹹字，口如食鹹之形，故曰以脣舌口氣象之也。

戴東原云：鄭康成「箋《毛詩》云『古聲填、寘、塵同』。及注他經，言古者聲某某同，古讀某爲某之類，不一而足」。《書廣韻四江後》澧案：鄭君之後，罕有説古音者，陸法言蓋知之矣，故《切韻》以江部次於東、冬、鍾三部之下，不以次於陽、唐二部下也。其最精通者，《左傳》孔疏。襄十年傳「兆如山陵，有夫出征，而喪其雄」，孔疏云：「古人讀『雄』與『陵』爲韻。《詩》《無羊》、《正月》，皆以『雄』韻『蒸』韻『陵』，是其事也。」襄二十九年傳「欲之而言叛，祇見疏也」，孔疏云：「多見疏，服虔本作『祇見疏』。晉宋杜本皆作『多』。古人『多』、『祇』同音。張衡《西京賦》云：『炙炮夥，清酤多。皇恩溥，洪德施。』『施』與『多』爲韻，此類衆矣。」《論語》：「多見其不知量也。」邢疏用此疏。昭七年傳「今夢黄熊入于寢門」，孔疏云：「張叔《皮論》云：校勘記引錢辛楣云：「張叔當爲張升，《皮論》當爲《反論》。」賓爵下革，田鼠上騰，牛哀虎變，鮌化爲熊，久血爲燐，積灰生蠅。著作郎王劭云：古人讀『雄』與『熊』者，皆『于陵』反，張叔用舊音。」昭十一年傳「楚子城陳蔡不羹」，孔疏云：「古者，羹臛之字，音亦爲『郎』。故《魯頌·閟宫》、《楚辭·招魂》與史游《急就篇》羹與房、漿、糠爲韻。但近世以來，獨以此地音爲郎耳。」《左傳》疏之精通古音如此。此疏據劉炫舊疏爲本。蓋劉炫識古音歟？僞《尚書》「太甲惟嗣王不惠于阿衡」，僞孔傳云「阿，倚」，孔疏云：「古人所讀阿、倚同音，故阿亦倚也。」《尚書》孔疏識古音者，惟此一條。疑亦本於劉炫也。《尚書》孔疏據劉焯、劉炫爲本。《易乾》卦象曰「大人造也」。孔疏云：「造，爲也。姚信、陸績之屬，皆以造爲造至之造。今案象辭皆上下爲韻，則姚信之義，其讀非也。」孔沖遠以「造」字訓「爲」、訓「至」，分兩音，乃不識古音之甚者。愈知《左傳》疏、《尚書》疏之識古音，不出於沖遠矣。

《說文》：「訴，从言，斥聲。」徐鉉等曰：「斥非聲，蓋古之字音，多與今異，如釁亦音門，乃亦音仍。他皆放此。古今失傳，不可詳究。」《夢溪筆談》云：「觀古人諧聲，有不可解者，如玖字、有字，多與李字協用。如《詩》『或群或友，以燕天子』，『彼留之子，遺我佩玖』，『投我以木李，報之以瓊玖』，『終三十里，十千維耦』，澧案「耦」與「里」不同韻。『自今而後，歲其有，君子有穀，貽孫子』，『陟降左右，令聞不已』，『膳夫左右，無不能止』，『魚麗于罶，鰋鯉。君子有酒，旨且有』，如此極多。」卷十四。徐與沈，亦頗知古音也。張皋文《說文諧聲譜》，有絲牽繩貫之法。如《關雎》首章鳩、洲、逑三韻，以洲字牽貫於《鼓鐘》三章鼛、洲、妯、猶四韻，則鳩、洲、逑、鼛、妯、猶六字同一韻也。又鳩字九聲，仇字亦九聲。以鳩字牽貫於《兔罝》二章逵、仇二字，則鳩、洲、逑、鼛、妯、猶、逵、仇八字，同一韻也。初學者依此法牽貫之，則無不識古韻者矣。張皋文著此譜未成，其子彥惟續成之。澧昔年至其家見之，尚未刻梓，今不知已刻否？

鄭庠分古韻爲六部。東、冬、江、陽、庚、青、蒸爲一部，皆收鼻音也。真、文、元、寒、删、先爲一部，皆收舌抵齶音也。侵、覃、鹽、咸爲一部，皆收閉脣音也。支、微、齊、佳、灰爲一部。支韻之末，直往不收，但清音如伊，濁音如怡，微、齊、佳、灰之末，亦如伊、怡，故與支爲一部也。魚、虞韻之末，亦直往不收，但清音如於、烏，濁音如余、胡，蕭、肴、豪、尤之末，亦如烏、胡，當與魚、虞爲一部。鄭庠分爲二部，未當也。歌、麻二韻，亦直往不收，歌之末如阿、何，麻之末如譁、華，此當用開口呼之字。譁、華二字合口呼，尚未精密，乃借用耳。當合爲一部。鄭庠以此合於魚、虞，非也。段懋堂云，鄭氏説「合於漢魏及唐杜甫、韓愈所用，而於周秦未能合」。《六書音均表》。澧謂，雖於古韻未能合，然若移蕭、肴、豪、尤，與魚、虞同一部，歌、麻自爲一部，則於今韻之大界限，甚明也。澧細審之，鼻音，即字母疑母之出音也。舌抵齶音，即泥母孃母之出音也。閉脣音，即明母之出音也。直往不收者，即影、喻、曉、匣四母之出音也。

國朝諸儒小學，度越千古，其始由於顧亭林作《音學五書》。亭林之意，惟欲今人識古音。乃古音明，而古義往往因之而明，此亭林始願不及者也。蓋字形字音，所以載字義者也。諸儒讀《説文》而識字形，讀《音學五書》而識字音。其識字義，乃自然之理，此猶生於三代之世，識其文字及語音，自識其所言之意也。吾輩生諸老先生之後，實爲厚幸。讀其書一二三年，無不通曉，不須更費心力。但持此以讀經，可以通經矣。即不能通經，而但通小學，亦非俗士矣！

卷十二

諸子書

韓昌黎《進學解》，稱孟、荀二儒，「吐辭爲經」。謝金圃《荀子·序》，云小戴所傳《三年問》，全出《禮論》篇；《樂記》、《鄉飲酒義》所引，俱出《樂論》篇；《聘義》子貢貴玉賤珉，亦與《法行》篇大同[二]。大戴所傳《禮三本》篇，亦出《禮論》篇；《勸學》篇即《荀子》首篇，而以《宥坐》篇末「見大水」一則附之；《哀公問》五義出《哀公》篇之首，則知荀子所著，載在二戴記者尚多。澧謂此「吐辭爲經」之證也。《文心雕龍·諸子篇》云：「其純粹者入矩。三年問喪，寫乎荀子之書，此純粹之類也。」昌黎《讀荀子》，則云「時若不醇粹」。劉彦和論《禮記》所取諸篇，昌黎總論之，言各有當也。

《荀子》書開卷即曰：「學不可以已。青，取之於藍而青於藍；冰，水爲之，而寒於水。」然則所謂「學不可以已」者，欲求勝於前人耳。其非十二子，實專攻子思、孟子。黄東發云：「欲排二子而去之，以自繼孔子之傳也。」《日鈔》卷五十五。故其非十子，但曰「它囂、魏牟也」，「陳仲、史鰌也」，「墨翟、宋鈃也」，「慎到、田駢也」，「惠施、鄧析也」；獨於子思、孟子，則曰「子思、孟軻之罪也」。且非子思、孟子之語，亦倍多於它囂之等。《韓詩外傳》取此篇，而刪其非子思、孟子之語。《困學紀聞》遂謂非子思、孟子者，爲韓非、李斯之流，託其師説以毀聖賢。此欲爲荀子回護耳。然又云：「直哉史魚，以爲盜名可乎？」則亦不能回護矣！其言曰：「案飾其辭而祗敬之，曰『此真先君子之言也』。楊倞注云：先君子，孔子也。子思唱之，孟軻和之。世俗之溝猶瞀儒，嚾嚾然不知其所非也，遂受而傳之，以爲仲尼、子游爲茲厚於後世。」據此，則當時儒者，皆深信子思、孟子得孔子之傳矣，尚可排而去之乎？後來王子雍之於鄭康成，陸子静之於朱晦菴，又從而效之。夫亦可以不必矣。陸子静詆有子、子貢、子夏諸賢，亦似效荀子也。

《非十二子》篇又云：「弟佗其冠，神禫其辭，禹行而舜趨，是子張氏之賤儒也。正其衣冠，齊其顔色，嗛然而終日不言，是子夏氏之賤儒也。《困學紀聞》云：「荀卿之譏毁過矣。然因其言，可以想見子夏門人之氣象。」偷儒憚事，無廉耻而耆飲食，是子游氏之賤儒也。」此詆子游氏，甚於子張、子夏氏。何以獨惡子游如此？觀其非子思、孟子，云世俗「以爲仲尼、子游爲茲厚於後世」。或子思、孟子之學，出於子游歟？

《孔叢子》云：「趙王問子順曰：『今寡人欲求北狄，不知其所以然。』答曰：『誘之以其所利而與之通市，則自至矣。』王曰：『寡人欲因而弱之，若與交市，分我國貨，散於夷狄，是彊之也，可乎？』答曰：『夫與之市者，將以我無用之貨，取其有用之物，是故所以弱之之術也。如斯不已，則夷狄之用，將麋於衣食矣，殆可舉棰而驅之，豈徒弱之而已乎？』」《陳士義》篇。《孔叢》僞書，可取者少，獨此一段，讀之令人感憤不已。自明以來，外夷與中國交市，彼正以無用之物弱我也。古人弱夷狄之術，而今夷狄以之弱中國。悲夫！往者不可諫，來者猶可追。自今以後，勿取其無用之貨，乃中國自彊之術也。不取其貨，則彼失其所利，是即弱夷狄之術也。後世當有讀孔子順之言而得治夷狄之術者乎？

戰國時儒家之書，存於今者，鮮矣。澧以爲屈原之文，雖詩賦家，其學則儒家也。《離騷》云：「紛吾既有此内美兮，又重之以修能。」又云：「汩吾若將不及兮，恐年歲之不吾與。」有天資，有學力，而又及時自勉也。《涉江》云：「被明月兮佩寶璐，世溷濁而莫余知兮，吾方高馳而不顧。駕青虬兮驂白螭，吾與重華遊兮瑶之圃。登崑崙兮食玉英，與天地兮比壽，與日月兮齊光。」此言人不知而不愠，與古聖人爲徒。高矣，美矣，足以不朽也！《橘頌》云：「深固難徙，廓其無求兮。蘇世獨立，横而不流兮。」此《中庸》所謂「强哉矯」也，此靈均之學也。宋玉《九辯》亦云：「獨耿介而不隨兮，願慕先聖之遺教。處濁世而顯榮兮，非余心之所樂。與其無義而有名兮，寧窮處而守高。食不媮而爲飽兮，衣不苟而爲温。竊慕詩人之遺風兮，願託志乎素餐。」其對楚王問，自謂「瑰意琦行，超然獨處」，非夸語也。杜子美稱之曰「風流儒雅亦吾師」，真可謂儒雅矣，真可師矣。彼罵宋玉爲罪人者，烏足以知之！皇甫持正《答李生第二書》云：「筆語未有駱賓王一字，已罵宋玉爲罪人。」朱子《楚辭集注》云：「景差《大招》，近於儒者窮理經世之學。」此尤非朱子不足以知之也。

管子之書，《史記》采入列傳者，曰「倉廩實而知禮節，衣食足而知榮辱，上服度則六親固。四維不張，國乃滅亡」。此最精醇之語，其餘則甚駁雜。其言曰：「惠者，民之仇讎也；法者，民之父母也。」《法法篇》「群臣之不敢欺主者，非愛主也，以畏主之威勢也。百姓之爭用，非以愛主也，以畏主之法令也。」《明法解》凡所謂「忠臣者務明術」同上。如此類者，法家語也，故《藝文志》以《管子》列於法家。或後之法家以其說附於管子書歟？《直齋書録解題》謂管子似非法家。又有云：「有名則治，無名則亂，治者以其名。」《樞言》。「督言正名，故曰聖人。」《心術》上篇。「凡物載名而來，聖人因而財之。」同上。如此類者，名家之言也。又云：「虛無無形謂之道。」同上「天曰虛，地曰静，乃不伐。潔其宫，開其門，去私毋言，神明若存。紛乎其若亂，静之而自治。强不能遍立，智不能盡謀。故必知不言無爲之事，然後知道之紀。」同上此則老子之説矣。又云：「仁從中出，義從外作。」《戒》篇。告子之説，出於此歟？抑告子之徒所依託者歟？又云：「人君唯毋聽兼愛之説。」此尤後人所依託也。其《地員》篇則農家者流。《藝文志》農家之書無存者，於此可見其大略。蓋一家之書，而有五家之學矣。

《管子》書所用權術，後世多不可用。或其事由於虛造，或當時人心近古，可以欺之。後世人皆狡猾，不復可以此欺之矣。《通典·輕重篇》載其事，而自注云：「凡問古人之書，蓋欲發明新意，隨時制事，其道無窮，而況機權之術，千變萬化？若一二楷模，則同刻舟膠柱耳！」

老子云：「使人復結繩而用之。」晁子止云：「蓋三皇之道也。」《郡齋讀書志》卷三上。趙邠卿云：「五帝以來，有禮義上下之事，不可復若三皇之道。」《孟子·滕文公章句》上。崔寔《政論》云：「俗士苦不知變，以爲結繩之約，可復理亂秦之緒。」《後漢書》本傳。好老子之説者，自以爲高，而不知適成爲俗士也。王介甫《太古篇》云：「太古之道，果可行之萬世，聖人惡用制作於其間？必制作於其間，爲太古之不可行也。吾以爲識治亂者，當言所以化之之術。曰歸之太古，非愚則誣。」

「道可道，非常道。名可名，非常名。」此所謂「正言若反」也。吴草廬注云：「《老子》一書，皆是此意。」澧謂佛氏書亦然，如云佛説般若波羅蜜，即非般若波羅蜜，是也。

「不尚賢，使民不争。」司馬温公注云：「賢之不可不尚，人皆知之。至其末流之弊，則争名而長亂，故老子矯之。」此一「矯」字，足以盡老子之學矣。

「聖人欲上人，以其言下之；欲先人，以其身後之。」「將欲歙之，必固張之；將欲弱之，必固强之；將欲廢之，必固興之；將欲奪之，必固與之。」吴草廬注云：「老子大概欲與人之所見相反，而使人不可測知。孫、吴、申、韓之徒，用其權術，陷人於死，而人不知。其立言不能無弊，有以啓之。」澧案：孫子云：「兵者，詭道也，故能而示之不能，用而示之不用，近而示之遠，遠而示之近。」

《始計》篇。又云：「能愚士卒之耳目，使之無知。易其事，革其謀，使人無識。」《九地》篇此老子之術也。《吴子》則無此等語，草廬連及之耳。

「古之善爲道者，非以明民，將以愚之。」吴草廬注云：「其流之弊，則爲秦之燔《詩》、《書》以愚黔首。」程子云：「秦之愚黔首，其術蓋亦出於老子。」《二程遺書》卷十五。澧案：韓非云：「商君教秦孝公燔《詩》、《書》而行法令。」《和氏》篇。《困學紀聞》云：「《史記・商君傳》不言燔《詩》、《書》。」何義門評云：「意者商鞅所燔，止於國中。至李斯乃流毒天下。」是燔《詩》、《書》始於商鞅，姚姬傳、洪稚存皆有此説。故其言曰：「民不貴學則愚，愚則無外交，國安不殆。」《墾令》篇。韓非亦云：「群臣爲學者可亡。」《亡徵》篇。韓非之學，出於老子、商鞅也。莊子亦云：「絶聖棄智，大盗乃止。殫殘天下之聖法，而民乃可與論議。」《胠篋》篇。惜乎莊子不見秦始皇焚書，而勝，廣大盗乃起也。

老子云：「失道而後德，失德而後仁，失仁而後義，失義而後禮。夫禮者，忠信之薄，而亂之首。」文子述老子之言，則云：「德者，民之所貴也；仁者，民之所懷也；義者，民之所畏也；禮者，民之所敬也。此四者，文之順也，聖人之所以御萬物也。君子無德則下怨，無仁則下争，無義則下暴，無禮則下亂。四經不立，謂之無道。」《道德》篇。此非老子之言。老氏之徒，知仁義禮之不可無，而爲是言耳。然又恐背老子之旨，故又云：「深行之，謂之道德；淺行之，謂之仁義；薄行之，謂之禮智。」《上仁》篇此所謂遁辭也。《史記・孟荀列傳》索隱引《別録》云：「文子，子夏之弟子。」然則文子蓋嘗爲儒家之學，故依違於二者之間也。

洪稚存云：自漢興，黄老之學盛行，文景因之以致治。至漢末，祖尚玄虛，於是始變黄老而稱老莊。陳壽《魏志・王粲傳》末，言嵇康好言老、莊。老、莊並稱，實始於此。即以注二家者而論，爲《老子》解義者，鄰氏、傅氏、徐氏、河上公、劉向、毌丘望之、嚴遵等，皆西漢以前人也，無有言及《莊子》者。注《莊子》實自晉議郎清河崔譔始，而向秀、司馬彪、郭象、李頤等繼之。聚文堂王氏合刻《河上公老子章句郭象莊子注敘》。澧案：此考《老》、《莊》諸家注甚詳。至黄老之學，則不自漢興乃盛行也。《史記・孟荀列傳》云：慎到、田駢、接子、環淵，「皆學黄老道德之術」，蓋其時已盛行矣。漢桓帝事黄老道，《後漢書・循吏王渙傳》。張角奉黄老道。《皇甫嵩傳》。漢初以黄老治，其末亦以黄老亂。嗚呼，可不戒哉！

道家者流，歷記存亡禍福，知「卑弱以自持」。此《漢書・藝文志》語。馬季長不應鄧騭之命，飢困悔歎，以爲非老莊所謂；其後遂爲梁冀草奏李固。《後漢書》本傳。此誤於卑弱也。嵇叔夜讀《莊》、《老》，重增其放，《與山巨源絶交書》。後遂爲司馬昭所殺。此誤於放縱也。二者皆可爲好《老》、《莊》之戒也。馬季長已言《老》、《莊》。洪稚存云始於嵇康，亦非。

《莊子》云：「自其同者視之，萬物皆一也。」《德充符》。此託爲孔子語。又云：「知天子之與己，皆天之所子。」《人間世》。此託爲顔子語。張横渠《西銘》即此意。

《莊子》云：「顔回曰：『敢問心齋。』仲尼曰：『唯道集虛。虛者，心齋也。』」《人間世》。此託爲孔、顔問答。呂與叔有詩云：「學如元凱方成癖，文似相如始類俳。獨立孔門無一事，只輸顔氏得心齋。」《二程遺書》卷十八。又見《上蔡語録》。此則誤以《莊子》寓言爲孔顔之學矣。

楊朱是老子弟子。見《列子·黃帝篇》及《莊子·寓言篇》。《莊子》云「陽子居」。子居，蓋朱之字。故禽滑釐問楊朱云：「以子之言問老聃、關尹，則子之言當矣。」《列子·楊朱篇》。荀子云：「言談議説，已無異於老墨，而不知分，是俗儒者也。」《儒效篇》。所謂老墨，即楊、墨也。《老子》云：「故貴以身爲天下，則可以寄天下；愛以身爲天下，則可以託天下。」吴草廬注云：「愛惜貴重此身，不肯以之爲天下。」楊朱爲我之學原於此。

楊朱云：「百年之壽大齊。得百年者，千無一焉。設有一者，孩抱以逮昏老，幾居其半矣。夜眠之所弭，晝覺之所遺，又幾居其半矣。痛疾哀苦，亡失憂懼，又幾居其半矣。量十數年之中，逌然而自得，亡介焉之慮者，亦亡一時之中爾。則人之生也，奚爲哉？奚樂哉？爲美厚爾，爲聲色爾。而美厚復不可常厭足，聲色不可常玩聞。乃復爲刑賞之所禁勸，名法之所進退。遑遑爾競一時之虛譽，規死後之餘榮；偊偊爾順耳目之觀聽，惜身意之是非。徒失當年之至樂，不能自肆於一時。重囚累梏，何以異哉？」《列子·楊朱篇》。以下引楊朱語，皆《列子·楊朱篇》。《莊子》云：「人上壽百歲，中壽八十，下壽六十，除病瘦、死喪、憂患，其中開口而笑者，一月之中，不過四五日而已矣。天與地無窮，人死者有時。操有時之具，而託於無窮之間，忽然無異騏驥之馳過隙也。不能說其志意，養其壽命者，皆非通道者也。」《盜蹠篇》。此二說正同。故楊子雲云「莊、楊」、「墨、晏」也。《法言・五百》篇云：「莊、楊蕩而不法，墨、晏儉而廢禮。」《莊子・齊物論》云「儒、墨之是非」。《史記・莊周傳》云「剽剥儒、墨」。莊子是楊朱之學，故言儒、墨之是非而剽剥之也。

《列子》言「楊朱見梁王，言治天下如運諸掌」，又述其言云：「不逆命，何羨壽？不矜貴，何羨名？不要勢，何羨位？不貪富，何羨貨？此之謂順民也。」又云：「野人之所安，野人之所美，謂天下無過者。」又云：「人人不損一毫，人人不利天下，天下治矣。」澧案：楊朱之學，此其大略也。蓋人人不羨名位，則朝無篡弑之臣；不羨貨利，則野無盜竊之民。各安其所安，各美其所美，故天下治矣。然欲如此，必先使天下無窮民而後可，彼其言曰：「宋國有田夫，常衣緼黂，以過冬。暨春東作，自曝於日，曰『負日之暄，人莫知者；以獻吾君，將有重賞。』」然田夫若無緼黂以過冬，何能待春日負暄乎？且使無田，則安有東作乎？此雖寓言，然其説則有不可通者矣。惟「不逆命」數語，可見其人品頗高。故孟子曰「逃楊必歸於儒」。蓋頗近於儒耳。

楊朱云：「天下之美，歸之舜、禹、周、孔；天下之惡，歸之桀、紂。」「凡彼四聖者，生無一日之歡，死有萬世之名。名者，固非實之所取也，雖稱之弗知，雖賞之不知，與株塊無以異矣。」「彼二凶也，生有從欲之歡，死被愚暴之名。實者，固非名之所與也，雖毀之不知，雖稱之弗知，此與株塊奚以異矣？彼四聖雖美之所歸，苦以至終，同歸於死矣。彼二凶雖惡之所歸，樂以至終，亦同歸於死矣。」以舜、禹、周、孔，儕於桀、紂。孟子之距之，非好辯也。善與惡，皆掃而空之，已似後世禪家宗旨矣。

楊朱云：「忠不足以安君，適足以危身；義不足以利物，適足以害生。」然則不必以忠事君，以義利物也。此孟子所謂「無君」，所謂「充塞仁義也」。

楊朱云：「太古至於今日，年數固不可勝紀，但伏羲以來，三十餘萬歲，賢愚好醜，成敗是非，無不消滅。」《列子》云：「夏革曰：『物之終始，初無極已。』殷湯曰：『然則上下八方，有極盡乎？』革曰：『無則無極，有則有盡。無極之外，復無無極，無盡之中，復無無盡。』」《湯問篇》。又云長廬子曰：「天地，空中之一細物。」《天瑞篇》。澧案：《列子》此所述諸説，既以爲始終無極，上下八方無極，而且無無極，天地但爲空中細物，三十萬歲之人事，無不消滅，何難舉而空之乎？此列子所以貴虚也。《天瑞篇》：「或謂子列子曰：『子奚貴虚？』」列子乃中國之佛也。黄山谷《跋亡弟嗣功列子册》云「列子書時有合於釋氏」。《朱子語類》云「佛氏之學，亦出於楊」。又云「《列子》言語，多與佛經相類」。(卷一百二十六)《子史精華·釋道部》，采《列子》、《莊子》同於宗門者十餘條。

楊朱云：「太古之人，知生之暫來，死之暫往。」《列子》云：「林類曰：『死之與生，一往一反。故死於是者，安知不生於彼？』」《天瑞篇》。此即輪迴之説也。錢辛楣《養新録》、洪稚存《曉讀書齋初録》，皆以爲釋氏之説出於此。

「孟孫陽問楊子曰：『有人於此，貴生愛身，以蘄不死，可乎？』曰：『理無不死。』『以蘄久生，可乎？』曰：『理無久生。且久生奚爲？百年猶厭其多，況久生之苦也乎？』孟孫陽曰：『若然，則踐鋒刃，入湯火得所志矣。』楊子曰：『不然。究其所之，以放於盡。何遽遲速於其間乎？』」觀此，則楊朱雖爲孟子所距，然猶高於後世神仙家也。以生爲苦，亦與佛氏同。

《墨子》云：「別士之言曰：『吾豈能爲吾友之身，若爲吾身？爲吾友之親，若爲吾親？』是故退睹其友飢，即不食；寒，即不衣；澧案：此謂友飢而不餽以食，友寒而不贈以衣也。疾病不侍養，死喪不葬埋。』別士之言若此，行若此。兼士之言不然，行亦不然，曰：『吾聞爲高士於天下者，必爲其友之身，若爲吾身；爲其友之親，若爲其親。然後可以爲高士於天下。』」《兼愛》下篇。當時楊氏爲我，墨氏兼愛，兩家争辯，故有「別士」、「兼士」之目也。又有「別君」、「兼君」之目。用楊氏之説者爲「別君」，用墨氏之説者爲「兼君」也。

諸子之學，皆欲以治天下，而楊朱之計最疏，墨翟之計最密。楊朱欲人不貪，然人貪則無如之何；老子欲人愚，然人詐則無如之何；商鞅、韓非，皆欲人畏懼而自禍其身。墨翟「兼愛」、「非攻」，人來攻則我堅守。何以爲守？蓄其人民，積其貨財，精其器械，而又志在必死，則可以守矣。此墨翟之所長也。《三國志·劉巴傳》注引《零陵先賢傳》云：「巴曰：『内無楊朱守静之術，外無墨翟務時之風。』」「務時」二字，足以盡墨氏之學。

《備城門》、《備高臨》、《備梯》、《備水》、《備突》、《備穴》、《備蛾附》，畢氏注云：「蛾同螘。」《迎敵祠》、《旗幟》、《號令》、《雜守》十一篇，所謂「墨守」也。此乃最古之兵書，惜其文多脱誤難解。近者藤縣蘇時學，舉人，字爻山。著《墨子刊誤》，是正頗多，稍稍可讀矣。

《魯問篇》云：「魯人有因子墨子而學其子者。其子戰而死，其父讓子墨子。子墨子曰：『子欲學子之子，今學成矣，戰而死，而子慍，是猶欲糶糴，讎則慍也。』」讎與售同。《淮南子》云：「墨子服役者百八十人，皆可使赴火蹈刃，死不還踵。」《泰族訓》。《呂氏春秋》云：「墨者鉅子孟勝，善荆之陽城君。陽城君令守於國，荆王薨，群臣攻吴起，兵於喪所，陽城君與焉。荆罪之，收其國。孟勝曰：『受人之國，不能死，不可。』其弟子徐弱曰：『死無益也，而絶墨者於世，不可。』孟勝曰：『我將屬鉅子於宋之田襄子。』徐弱曰：『若夫子之言，弱請先死以除路。』還殁頭前於孟勝。因使二人傳鉅子於田襄子。孟勝死，弟子死之者百八十，三人以致令於田襄子，畢氏校本云：句上當有「二人」二字。以，猶已也。遂反死之。」《上德篇》。案墨氏所謂鉅子，猶沙門傳衣者也。《呂氏春秋·去私篇》又有墨者鉅子腹䵍。高誘注皆云「鉅，姓」，畢氏已駁正之。澧案：墨子之學，以死爲能，戰國時俠烈之風蓋出於此。孟子所謂墨子「摩頂放踵」，摩，猶糜也，謂糜爛也。劉孝標《廣絶交論》云：「皆願摩頂至踵，隳膽抽腸。」江文通《詣建平王上書》云「剖心摩頂，以報所天」，任彦昇《奏彈曹景宗》云「自頂至踵，功歸造化；潤草塗原，豈獲自己」，皆用《孟子》語也，皆糜爛而死之謂也。《晏子春秋》：公孫接、田開疆、古冶子以勇力聞，「晏子請景公使人餽之二桃，曰『三子何不計功而食桃？』」三子挈領而死。（《諫下》）齊有北郭騷者，養其母不足。晏子分倉粟以遺之。晏子見疑于景公，出奔。北子令其友操劍奉而從，造于君庭，曰：晏子去齊國，齊必侵矣。方見國之必侵，不若死。謂其友曰：盛吾頭于笥中。退而自刎。其友曰：北郭子爲國故死，吾爲北郭子死，又自刎。景公大駭，追晏子反。（《雜下》）以死爲能者，其風氣蓋出於此也。

孟子謂墨子「無父」，嘗疑其太甚，讀墨子書而知其實然也。《墨子》書云：「公孟子曰：『三年之喪，學吾之慕父母。』子墨子曰：『夫嬰兒子之知，獨慕父母而已。父母不可得也，然號而不止，此丌故何也？即愚之至也。然則儒者之知，豈有以賢於嬰兒子哉？』」（《公孟篇》）。此之謂「無父」。《韓非子》云：「墨者之葬也，冬日冬服，夏日夏服，桐棺三寸，服喪三月。儒者破家而葬，服喪三年，大毀扶杖。夫是墨子之儉，將非孔子之侈也；是孔子之孝，將非墨子之戾也。」（《顯學篇》）。韓非猶以墨子爲「戾」，孟子謂之「無父」，不亦宜乎？蓋專欲富國強兵，遂至於戾而無父而不顧，是則墨子之學矣。

《公孟》篇云：「子墨子與程子辯，稱於孔子。程子曰：『非儒，句何故稱於孔子也？』子墨子曰：『是亦當而不可易者也。今鳥聞熱旱之憂則高，魚聞熱旱之憂則下，當此雖禹、湯之謀，必不易矣。鳥魚可謂愚矣，禹湯猶云因焉。今翟曾無稱於孔子乎？』」澧謂墨翟稱孔子不可易，是其是非之心，有幾希之存。乃一聞駁詰之語，而遽爲強辯，至以鳥魚之愚比孔子，而自比禹、湯，其狂悖至此而極矣！《晏子春秋》毁詆孔子者五章。劉向第録，以爲非晏子言，疑後世辯士所爲者。澧謂蓋墨氏所妄造也。《貴義》篇云：「子墨子曰：『以其言非吾言者，是猶以卵投石也；盡天下之卵，其石猶是也，不可毁也。』」墨翟自信之堅、自誇之妄如此。《論衡》云：「墨家之議，自違其術。其薄葬而又右鬼，死者審有知，而薄葬之，是怒死人也。」《薄葬篇》。《案書篇》亦有此説。此王充之以其言非墨子之言也。墨子將何辭以對耶？孰石孰卵耶？《漢書·藝文志》「《董子》一篇」自注云「名無心，難墨子」。今其書不傳，可惜也。

鄒特夫云：墨子《經》及《經説》，有中西算法。澧因取而讀之，如《經上》云：「平，同高也。」此即《海島算經》所謂「兩表齊高」也。又云：「直，參也。」即《海島算經》所謂「後表與前表參相直」也。又云：「纑，間虚也。」説云：「纑，虚也者，兩木之間，謂其無木者也。」《九章算術》劉徽注云：「凡廣從相乘謂之冪，即此所謂纑也。」《海島算經》云「以表高乘表間」。李淳風注云：「前後表相去爲表間，即所謂兩木之間無木者也。」又云：「端，體之無序而最前者也。」説云：「端，是。無同也。」此所謂「端」，即西人算法所謂「點」也；體之無序，即所謂綫也；序如「東序」、「西序」之「序」，猶言兩旁也。《幾何原本》云：「綫有長無廣，即此所謂無序。」謂無兩旁也。《幾何原本》又云：「綫之界是點。」即所謂最前也。《幾何原本》又云：「直綫止有兩端，兩端上下，更無一點。」即所謂無同也。又云：「有間中也，間不及旁也。」説云：「有間，舊作「聞」，畢本改作「間」，是也。謂夾之者也。」

間謂夾者也。《幾何原本》云：「直綫相遇作角爲直綫角，在直綫界中之形爲直綫形。」皆此所謂有間也，綫與界夾之也。又云：「中，同長也。」説云：「心中自是往相若也。」又云：「圜，一中同長也。」《幾何原本》云：「圜之中處爲圜心。一圜惟一心，無二心。圜界至中心作直綫俱等。」即此所謂「一中同長」也。此其文義易明者，其脱誤難明者，細繹之，算術當更多耳。

特夫又云：《經下》所云「臨鑑而立，景到」，畢注云：即今「影倒」字。謂窪鏡也。灃案：《經説》下云：「足敝下光，故成景於上。首敝上光，故成景於下。」此解窪鏡照人影倒之故也。畢云「以表言」，非也。又云：「鑒者近中，則所鑒大，景亦大；遠中則所鑒小，景亦小。」畢云「以鏡言」，是也。此則謂突鏡也。今西洋人製鏡之巧，不過窪、突二法，而墨子已知之。惜其文多脱誤難解耳。《經説》下又有云「挈，有力也」，「引，無力也」，疑即西人起重之法。惜特夫已逝，如其尚存，當能解之。

《天志》中篇云：「且吾所以知天之愛民之厚者有矣，曰磨爲日月星辰，以昭道之；制爲四時春秋冬夏，以紀綱之；雷降雪霜雨露，以長遂五穀麻絲，使民得而財利之；列爲山川谿谷，播賦百事，以臨司民之善否；爲王公諸伯，使之賞賢而罰暴；賊金木鳥獸，從事乎五穀麻絲，以爲民衣食之財。今有人於此，驩若愛其子，竭力單務以利之，其子長而無報子求父，故天下之君子，與謂之不仁不祥。今夫天兼天下而愛之，撽遂萬物以利之，然獨無報夫天，而不知其爲不仁不祥也。此吾所謂君子明細，而不明大也。」特夫以爲此即西人天主之説。灃謂西人事事似墨氏之學，惟墨氏非攻，彼則好攻，不同耳。《關尹子・二柱篇》云：「天非自天，有爲天者。地非自地，有爲地者。譬如屋宇舟車，待人而成，彼不自成。」此亦與天主之説無異。但《關尹子》乃後人依託之書耳。《貴義篇》云：「子墨子南遊，使衛關中載書甚多，弦唐子曰：『吾夫子教公尚過，曰「揣曲直而已。」今夫子載書甚多，何有也？』子墨子曰：『昔者周公旦朝讀百篇，夕見漆十士。翟上無君上之事，下無耕農之難，吾安敢廢此？』今若過之心者，數逆於精微，既已知其要矣，是以不教以書也。」黃東發之論陸象山曰：「象山雖謂此心自靈，此理自明，不必他求，空爲言議，然亦未嘗不讀書。至其於諸儒之讀書，則指爲戕賊，爲陷溺。」《日鈔》卷四十二。殆與《墨子》暗合者歟？《墨子》書引《尚書》者甚多，如《尚賢》中篇、下篇，《尚同》中篇，皆引《呂刑》，《明鬼》下篇，引《禹誓》即《甘誓》也。其餘屢引《仲虺之告》及《太誓》。而《孟子》書載「墨者夷之」之言曰：「儒者之道，古之人若保赤子。」獨以《康誥》歸之儒者，蓋指《大學》引《康誥》「如保赤子」，故以爲儒者之道也。

墨子弟子，見於《墨子》書者，程繁、管黔滶、畢注云：「疑敖字。」游、高石子、駱滑氂、弦唐子、公尚過、勝綽、禽滑釐、高孫子；見於《漢書・藝文志》者，隨巢子、胡非子，又有我子。顏注引劉向《別録》云：「爲墨子之學，不言墨子弟子。」又有田俅子[二二]。《志》但云：「先韓子」，亦不言墨子弟子。《韓非子・顯學》篇有相里氏之墨，相夫氏之墨，鄧陵氏之墨。《集聖賢群輔録》，有宋鈃、尹文之墨，相里勤、五侯子之墨，苦獲、已齒、鄧陵子之墨。《莊子・天下篇》有相里勤之弟子，五侯之徒，南方之墨者苦獲、已齒、鄧陵子。《孟子》書有墨者夷之。《呂氏春秋》有墨者孟勝、徐弱、田襄子、腹䵍。《論衡·福虛篇》有墨者之役纏子[一三]。晉魯勝注《墨辯》敘云：「惠施、公孫龍祖述其學。」《晉書》本傳。《孟子》所謂「墨翟之言盈天下」，此可見其略也。

《荀子》云：「上功用，大儉約，而慢差等，是墨翟、宋鈃也。」楊倞注云：「宋鈃，《孟子》作宋牼。」《非十二子》。《韓非子》云：「宋榮子之議，設不鬭争。」《顯學篇》。宋榮，亦即宋牼。《集聖賢群輔録》之宋鉶，即宋鈃。宋牼説秦楚罷兵，是爲設不鬭争，而其意則在懷利。孟子告之曰「何必曰利」，與首章告梁惠王同。然則首章「何必曰利」之一言，即距墨氏之要言也。

畢秋帆云：《經》上下、《經説》上下四篇，「有似堅白異同之辯」。《墨子》畢氏刻本，孫淵如附記此語。澧案：《大取》篇云：「非白馬焉，執駒焉説求之，舞説非也。」又云：「苟是石也，白敗是石也，盡與白同是石也。」此二條，皆似有誤字。《小取》篇云：「白馬，馬也。乘白馬，乘馬也。驪馬，馬也。乘驪馬，乘馬也。盜人，人也。多盜非多人也，無盜非無人也。愛盜非愛人也，不愛盜非不愛人也。」澧案：此與公孫龍之説相似。公孫龍之學，出於墨氏，此其證也。然墨子言「白馬，馬也」，公孫龍則云「白馬非馬」。其説云：「求馬，黄黑馬皆可致；求白馬，黄黑馬不可致。」故曰「白馬非馬」。又云：「『堅白石三，可乎？』曰：『不可。』『視不得其所堅，拊不得其所白。』『且猶白，以火見，而火不見，而火與目不見而神見，堅以手，而手以捶，是捶與手知而不知，而神與不知神乎？是之謂『離』焉。」皆較墨子之説，更轉而求深，皆由於正言若反，而加以變幻。然其末篇則云：「古之明王，審其名實，慎其所謂。」其大旨不過如是，何必變幻乎？後世談玄談禪者，皆有類於此。《三國志·鄧艾傳》注，云「爰邵長子翰，翰子俞，辯於論議，採公孫龍之辭，以談微理。」

《孟子》趙注，云「告子兼治儒墨之道」。澧案：《墨子·公孟》篇云：子墨子曰告子「稱我言以毀我行」。又云：「二三子復於子墨子曰：『告子勝爲仁。』子墨子曰：『未必然也。』」此告子兼治儒、墨之證也。告子毀墨子之行，墨子亦不以告子爲仁。總之，相詆而已。

申不害之書已亡，惟《群書治要》采其《大體篇》有云：「名者，天地之綱，聖人之符。張天地之綱，用聖人之符，則萬物之情，無所逃之矣。故善爲主者，倚於愚，立於不盈，設於不敢，藏於無事，竄端匿疏。《日本佚存叢書》評云：「疏，疑迹。」示天下無爲，是以近者親之，遠者懷之。示人有餘者，人奪之；示人不足者，人與之。剛者折，危者覆，動者摇，静者安，名自正也，事自定也。是以有道者，自名而正之，隨事而定之也。」又云：「聖人貴名之正也，主處其大，臣處其細，以其名聽之，以其名視之，以其名命之。」澧案：《群書治要》采此篇，蓋取其稍醇正者。然「藏於無事，竄端匿疏」，已見其術矣。「名者，天地之綱」云云，又可見《史記》所謂「申子之學，本於黄老而主刑名」；「申子卑卑，施於名實者也」。《史記》但言其「主刑名」。《漢書·刑法志》云：「韓任申子，秦用商鞅，有鑿顛、抽脅、鑊亨之刑。」則無異孫皓、劉鋹矣。

《韓非子》引《申子》云：「上明見，人備之；其不明見，人惑之。其知見，人惑之，不知見，人匿之。其無欲見，人司之；其有欲見，人餌之。故曰：吾無從知之，惟無爲可以規之。一曰，申子曰：慎而言也，人且知女；慎而行也，人且隨女；而有知見也，人且匿女；而無知見也，人且意女；女有知也，人且藏女；無知也，人且行女，故曰惟無爲可以規之。」又云：「獨視者謂明，獨聽者謂聰。能獨斷者，故可以爲天下主。」《外儲説右上》。又云：「失之數而求之信，則疑矣。」又云：「治不踰官，雖知不言。」《難三》。申不害之術，於此可見其略矣。其所謂無爲者，本於老子，因而欲使人主自專自祕，臣下莫得窺其旨。趙高説秦二世，所謂「天子稱朕，固不聞聲」，秦之亡，由此術也。劉向《别録》稱其「尊君卑臣，崇上抑下」。《漢書·元帝本紀》注引。此説則有利有病。觀於漢魏以後，可見也。

《戰國策》云：「魏之圍邯鄲也，申不害始合於韓王。王問申子曰：『吾誰與而可？』對曰：『臣請深惟而苦思之。』乃微謂趙卓、韓鼂曰：『子皆國之辨士也，夫爲人臣者，言不必用，盡忠而已矣。』二人各進議於王以事。申子微觀王之所説以言於王，王大説之。」鮑彪注云：「此術之最下者。」《韓策》。又云：「申子請仕其從兄官，昭侯不許也。申子有怒色。昭侯曰：『子嘗教寡人循功勞，視次第。今有所求，此我將奚聽乎？』申子乃避舍請罪。」同上。又見《韓非子·外儲説左上》。申不害之劣如此，乃稱爲「一世之賢士」，亦見《韓策》。何哉？

商鞅云：「以良民治，必亂至削；以奸民治，必治至强。」《説民》篇。「行刑，重其輕者，輕其重者。」同上。「重刑而連其罪。」《墾令》篇。「王者刑九賞一。」《去强》篇。「王者刑用於將過，賞施於告奸。」《開塞》篇。「求過不求善。」同上。嗚呼！既以奸民待良民，刑九而賞一矣，而賞又施於告奸，則不啻刑十而賞無一也。又云：「國有禮、有樂、有《詩》、有《書》、有善、有修、有孝、有弟、有廉、有辯，國有十者，上無使戰，必削至亡。國無十者，上有使戰，必興至王。」《去强》篇。「六蝨，曰禮樂，曰《詩》、《書》，曰修善，曰孝悌，曰誠信，曰貞廉，曰仁義，曰非兵，曰羞戰。國有十二者，上無使農戰，必貧至削。」《靳令》篇。嗚呼！禮樂《詩》、《書》仁義，不必與論矣；若孝悌，則自有人類以來，未有不以爲美者，而商鞅以爲蝨，以爲必亡必削。非梟獍而爲此言哉？親親尊尊之恩絶矣。此太史公《論六家要指》語。車裂不足蔽其辜也。《莊子》云：「夫至仁尚矣，孝固不足以言之。」《天運》篇。此其言孝，意已輕之，猶不至如商鞅之甚也。謝上蔡云：「孝弟可以論仁，而孝弟非仁也。」此語令人駭絶。儒者安得有此言乎？此朱子記上蔡《論語疑義》所引，蓋不誤也。

自古帝王之法，至商鞅而變。其言曰：「苟可以彊國，不法其故。苟可以利民，不循其禮。」《史記》列傳。尸佼著書，非先王之法，不循孔氏之術，劉向《孫卿子後序》。商鞅師之也。見《藝文志》。《尸子》書已佚，觀近人輯本，大約近於名家之説，如云「以實覈名，百事皆成」。《分篇》。又云「明分則不蔽，正名則不虚」，《發蒙》。是也。蓋其悖謬之語盡佚矣，是則尸佼之幸也！

《史記・韓非傳》云：「喜刑名法術之學。」《集解》云：「申子之書號曰『術』。商鞅之書號曰『法』。皆曰『刑名』。」李奇云：「韓非兼行申、商之術。」見《漢書・武帝本紀》注。澧案：韓非云：「申不害言術，而公孫鞅爲法。術者，人主之所執也。法者，臣之所師也。此不可一無，皆帝王之具也。」《定法篇》。「法者，編著之圖籍，設之於官府，而布之於百姓者也。術者，藏之於胸中，以偶萬端而潛御群臣者也。故法莫如顯，而術不欲見。」《難三》篇。問者曰：「主用申子之術，而官行商君之法，可乎？」對曰：「二子之於法、術，皆未盡善也。申子言『治不踰官，雖知弗言』。治不踰官，謂之守職也可；知而弗言，則人主尚安假借矣。商君之法曰斬一首者，爵一級，欲爲官者，爲五十石之官；斬二首者，爵二級，欲爲官者，爲百石之官。今有法曰『斬首者，令爲醫匠』，則屋不成而病不已。夫匠者，手巧也，而醫者，齊藥也，而以斬首之功爲之，則不當其能。今治官者，智能也；今斬首者，勇力之所加。而治者智能之官，是以斬首之功爲醫匠也。故曰：二子之於法、術，皆未盡善也。」《定法》篇。然則韓非兼申、商之法、術，而更進焉者也。

韓非之學，出於老子而流爲慘刻者，其意以爲先用嚴刑，使天下不敢犯，然後可以清静而治也。至暴秦嚴刑之後，漢初果以黄老致刑措矣。然秦以嚴刑而亡，漢以清静而治；嚴刑者近受其禍，清静者遠受其福；韓非未見及此也。彼欲於其一身，先用嚴刑，後享清静，而不知已殺其身，已亡其國也。且秦雖嚴刑，而博浪之椎，蘭池之盜，陳勝、吴廣之揭竿而起，何嘗畏嚴刑哉？况漢初雖云刑措，而游俠犯禁者紛紛而出，嚴刑不可恃矣，清静亦何可恃乎？「天地不仁，以萬物爲芻狗。聖人不仁，以百姓爲芻狗。」韓非之學，出於老子而流爲慘刻者在此。《老子》云：「民不畏死，奈何以死懼之！」惜乎！韓非之未解此也。罪當死者必死，則民畏；若不論罪之輕重而皆死，則民不犯輕罪而犯重罪矣。此陳勝、吴廣所謂「失期亦死，舉大計亦死」也。

李斯以書對二世，引《申子》曰「有天下而不恣睢，命之曰以天下爲桎梏者」。又引《韓子》曰「慈母有敗子，而嚴家無格虜」[二四]。又引「商君之法，刑棄灰於道者」。又引《韓子》曰「布帛尋常，庸人不釋，鑠金百鎰，盜跖不搏」。又云「滅仁義之塗，困烈士之行，塞聰揜明，若此，然後可謂能明申、韓之術，而修商君之法」。《史記．李斯列傳》。商鞅、申、韓之説，至此大暢，而秦亡矣。

韓非云：「仁者，謂其中心欣然愛人也。義者，君臣上下之争，父子貴賤之差也，知交朋友之接也，親疏内外之分也。臣事君宜，下懷上宜，子事父宜，衆敬貴宜，知交友朋之相助也宜，親者内而疏者外宜。義者，謂其宜也。禮者，所以情貌也，群義之文章也，君臣父子之交也，貴賤賢不肖之所以别也。中心懷而不喻，故疾趨卑拜而明之；實心愛而不知，故好言繁辭以信之。禮者，外節之所以喻内也。故曰禮以情貌也。凡人之爲外物動也，不知其爲身之禮也；衆人之爲禮也，以尊他人也；故時勸時衰。君子之爲禮，以爲其身。」《解老》篇。韓非此説，本以解老子「失德而後仁，失仁而後義，失義而後禮」，而其解仁、義、禮三字之義，則純乎儒者之言，精邃無匹，是其天資絶高。又其時去聖人未遠，所聞仁義禮之説，尚無差謬，而其文又足以達之，使其爲儒者解孔子之言，必有可觀者也。《法言》云：「莊周申韓，不乖寡聖人而漸諸篇，則顏氏之子閔氏之孫，其如台。」《問道》篇。《文子·道德》篇依託老子，論德、仁、義、禮四者，以兼愛無私爲仁，退讓守柔爲天下雌爲禮，較之韓非，相去霄壤矣。

《尹文子》云：「以名稽虛實，以法定治亂。萬事皆歸於一，百度皆凖於法。」則「頑嚚聾瞽，可與察慧聰明同其治也。能鄙齊功，賢愚等慮，此至治之術也。」《大道上》。《文子·下德》篇云：人才不可專用，而度量道術，可世傳也。故國治可與愚守也，而軍旅可以法同也。此與《尹文子》同意。名家、法家立説之意，盡於此數語。夫以名、法爲治，能鄙賢愚，混然無別。老子所謂「不尚賢，使民不争」也，而不知頑嚚聾瞽之人，布滿朝列，此真至亂之術耳。徐幹《中論》云：「若欲備百僚之名，而不問道德之實，則莫若鑄金爲人，而列於朝也，且無食禄之費矣！」《亡國》篇。尹文之「頑嚚聾瞽」，尚有食禄之費，誠不若徐幹之鑄金耳。朱子《名臣言行録》卷六，載吕夷簡在中書，奏令宋綬編次《中書總例》，謂人曰「自吾有此例，使一庸夫執之，皆可以爲相矣。」此即《尹文子》之説。

慎子云：「法雖不善，猶愈於無法，所以一人心也。」《威德》篇。又云：「夫投鉤分財，投策分馬，非鉤策爲均也。使得美者不知所以賜，得惡者不知所以怨，此所以塞怨望也。」見《群書治要》。此後世所以有《竹籤傳》也。《竹籤傳》見《日知録》卷八。

《列子》云：孔子曰：「曩吾修《詩》、《書》，正禮樂，將以治天下、遺來世，非但修一身、治魯國而已。而魯之君臣,日失其序,仁義益衰,情性益薄。此道不行一國與當年,其如天下與來世矣。吾始知《詩》、《書》禮樂無救於治亂,而未知所以革之。」《仲尼》篇。此假託孔子之言,不足與辯;但觀其言,則凡道、墨、名、法諸家所以自爲其學者,皆以爲孔子之《詩》、《書》禮樂,無救於亂,而思所以革之也。此道、墨、名、法諸家之根源也。

《漢書·藝文志》:陰陽家「《鄒子》四十九篇,《鄒子終始》五十六篇。」惜其書亡矣。《史記》云:「騶衍深觀陰陽消息,而作怪迂之變,《終始》、《大聖》之篇,十餘萬言,其語閎大不經,必先驗小物,推而大之,至於無垠。先序今以上至黄帝,學者所共術,大並世盛衰,因載其禨祥度制,推而遠之,至天地未生,窈冥不可考而原也。稱引天地,剖判以來,五德轉移,治各有宜,而符應若兹。」《孟荀列傳》。此蓋與後世邵康節《皇極》之書相似,其所謂九州,每一州有裨海環之,如此者九,乃有大瀛海環其外。此與近時外國所繪地圖相似,但外國所繪者有四五區,無九區耳。騶衍冥心懸想而能知此,亦奇矣哉!

《史記》云:「淳于髡博聞彊記,學無所主。」《孟荀列傳》。然則學必有所主,若但博聞彊記而無所主,則成爲淳于髡矣。《史記》又云:「淳于髡久與處,時有得善言。」同上若并此而無之,則更淳于髡之不若矣。《史記》以淳于髡附入《孟荀列傳》,云「其諫説,慕晏嬰之爲人」。又以髡入《滑稽傳》。澧案:戰國時人多辯論詼諧,成爲風氣,此太史公所以立爲一傳也。此風蓋起於晏子,故太史公謂淳于髡慕晏嬰也。《晏子春秋》云：「景公使圉人養所愛馬，暴死。公怒，令人操刀解養馬者。晏子侍前，問于公曰：『堯舜支解人，從何軀始？』公瞿然，遂不支解。」《諫上》。如此之類，乃滑稽之濫觴也。凡辯説，使人忽然感悟者，皆滑稽之類。如後世禪家之機鋒，亦是也。

《戰國策》云：蘇代爲燕説齊，先説淳于髡曰：「人有賣駿馬者，往見伯樂曰：『願子還而視之，去而顧之，臣請獻一朝之賈。』伯樂乃還而視之，去而顧之，一旦而馬價十倍。足下有意爲臣伯樂乎？臣請獻白璧一雙，黃金千鎰。」淳于髡曰：「謹聞命矣。」入言之王而見之，齊王大説蘇子。《燕策》。淳于髡之貪劣如此，蓋戰國之人，以受賄爲常事耳。「衛使客事魏，三年不得見。衛客患之，乃見梧下先生，許之以百金。梧下先生曰：『諾。』乃見魏王。魏王趨見衛客。」《衛策》。此與淳于髡正相類矣。信陵君厚遺侯嬴，「不肯受，曰：『臣修身潔行數十年，終不以監門困，故而受公子財。』」《史記·信陵君列傳》。此戰國時所罕見者。

《鬼谷子》云：「欲聞其聲反默，欲張反斂，欲高反下，欲取反與。」《反應》篇。此老子之道也。又云：「有守之人，目不視非，耳不聽邪，言必《詩》、《書》，行不淫僻，以道爲形，以德爲容，貌莊色温，不可象貌而得也。如是，隱情塞却而去之。」又云：「世無可抵，則深隱而待時。」《抵巇》篇。盧召弓云：觀此言，是其術遇正人而窮，遇明君治世，皆無所可用。《跋鬼谷子》。澧謂其不必遇正人明君也，鬼谷子本蘇秦假名。《史記·蘇秦傳》《索隱》引樂壹注《鬼谷子》書云：「蘇秦欲神祕其道，故假名鬼谷。」

《戰國策》「蘇秦説李兑」：「李兑舍人教李兑曰：『臣竊觀君與蘇公談也，其辯過君，其博過君，願君堅塞兩耳，無聽其談。』明日蘇秦復見，終日談而去。」《趙策》。遇李兑舍人而其術已窮，何足道哉！

唐來鵠《讀鬼谷子》云：「捭闔飛箝，實時之常態。不讀谷之書者，其行事皆得自然符契也。使天下用聖人之道，學温良忠慤敬讓之心，得如自然符契鬼谷之書者，則吾見聖人無恨矣！」

盧召弓又云：「或問曰：『如此則是書何以不毁？』曰：『凡夫奸邪之情狀，畢見於斯。爲人主者，不可不反覆留意焉。庶幾遇若人也，洞見其肺肝然。彼欲以其術嘗我，而我得以逆折之，是助上知人之明也，何可毁也？』」曾南豐《戰國策目録序》云：「君子之禁邪説也，固將明其説於天下，使當世之人，皆知其説之不可從，然後以禁則齊，使後世之人，皆知其説之不可爲，然後以戒則明。豈必滅其籍哉？」

陸清獻公云：「今之讀《戰國策》者多，亦曾以孟子之道權衡之乎？余懼其毒之中於人也，故指示其得失，使學者嚌其味而不中其毒。」《戰國策去毒》跋。澧謂諸子之書皆有毒。安得如清獻者，盡去其毒，使不中於人，則善矣！《郡齋讀書志》以《戰國策》入子部縱横家。故今亦以論《戰國策》者入此卷。

《世説》云：「袁悦有口才，能短長説，語人曰：『少年時讀《論語》、《老子》，又看《莊》、《易》，當何所益耶？天下要物，正有《戰國策》。』後説司馬孝文王，大見親待[二五]，幾亂機軸[二六]，俄而見誅。」

如袁悦者，乃中《戰國策》之毒而死者也。

《漢書·藝文志》云：「觀九家之言，捨短取長，則可以通萬方之略矣。」《文心雕龍·諸子篇》

云：「洽聞之士，宜撮綱要，覽華而食實，棄邪而採正。」柳子厚《辯文子》云：「觀其往往有可立者，又頗惜之。今刊去謬惡亂雜者，取其近是者。」權載之《進士策問》云：「九流百家，論著利病，有可以輔經術而施教化者，皆爲別白書之。」《黄氏日鈔・讀家語》云：「千載而下，倘有任道者出，體任微言，闡揚奥旨，與莊周及諸子百家所傳述，節而彙録之，其有功於聖門匪淺鮮矣。」澧案：《隋書・經籍志》、《唐書・藝文志》，梁庾仲容、沈約，皆有《子鈔》；《直齋書録解題》有司馬温公《徽言》，温公手鈔子書也；皆所謂「捨短取長」者也。澧讀諸子書，亦節而鈔之於左。不鈔《荀子》者，以其醇粹者多，鈔之不勝鈔。但當如韓昌黎所云削其不合者，以附於聖人之籍耳。

《管子》語，《史記》已采入列傳，其餘尚多可取者。其言曰：「道之在天者日也，其在人者心也。」《樞言》。「日益之而患少者惟忠，日損之而患多者惟欲。」同上。「先王之書，心之敬執也，而衆人不知也，故有事事也，無事亦事也。」同上。「思之思之，又重思之。思之而不通，鬼神將通之。非鬼神之力也，精氣之極也。」《内業》。《心術下》略同。「凡人之生也，必以平正。所以失之，必以喜怒憂患。是故止怒莫若詩，去憂莫若樂，節樂莫若禮，守禮莫若敬守敬莫若静，内静外敬，能反其性，性將大定。」同上。《心術下》略同。「人能正静者，筋肕而骨强。」《心術下》。「善氣迎人，親如弟兄。惡氣迎人，害於戈兵。不言之言，聞於雷鼓。」同上。「無根而固者情也。」《戒》。「寡交多親，謂之知人。寡事成功，謂之知用。聞一言以貫萬物，謂之知道。多言而不當，不如其寡也。博學而不自反，必有邪。」

同上。「適身行義，儉約恭敬，其唯無福，禍亦不來矣。驕傲侈泰，離度絕理，其唯無禍，福亦不至矣。」《禁藏》。「顧憂者可與致道。」《形勢》。「寧過於君子，而毋失於小人。過於君子，其爲怨淺；失於小人，其爲禍深。」《立政》。「全生之説勝，則廉耻不立。」《立政九敗解》。「聖人畏微，而愚人畏明。」《霸言》。「古之隳國家、隕社稷者，非故且爲之也，必少有樂焉，不知其陷於惡也。」《中匡》。「善罪身者，民不得罪也。不能罪身者，民罪之。」《小稱》。「堂上遠於百里，堂下遠於千里，門廷遠於萬里。今步者一日，百里之情通矣；堂上有事，十日而君不聞，此所謂遠於百里也。步者十日，千里之情通矣；堂下有事，一月而君不聞，此所謂遠於千里也。步者百日，萬里之情通矣；門廷有事，期年而君不聞，此所謂遠於萬里也。」《法法》。「士農工商四民者，國之石民也，不可使雜處。雜處則其言哤，其事亂。」《小匡》。「甚富不可使，甚貧不知耻。」《侈靡》。「懼之以罪，則民多詐。」《小問》。「論賢不鄉舉，則士不及行。」《八觀》。「商賈之人，不論志行而有爵禄也，則上令輕，法制毁。」同上。「十至私人之門，不一至於庭。百慮其家，不一圖國。屬數雖衆，非以尊君也；百官雖具，非以任國也。此之謂國無人。」《明法》。「今恃不信之人而求以智，用不守之民而欲以固，將不戰之卒而幸以勝，此兵之三闇也。」《九變》。

《晏子春秋》可取者，曰：「爲政患善惡之不分。」《問上》。「羞問之君，不能保其身。」同上。「君正臣從謂之順，君僻臣從謂之逆。」《諫上》。《諫下》同。「所謂和者，君甘則臣酸，君淡則臣鹹。」同上。「諸侯並立，能終善者爲長。列士並學，能終善者爲師。」同上。《問下》同。「國有三不祥：夫有賢而不知，一不祥；知而不用，二不祥；用而不任，三不祥也。」《諫下》。「朝居嚴，則下無言；下無言，則上無聞矣。下無言，則吾謂之瘖；上無聞，則吾謂之聾。」同上。「固有受而不用，惡有拒而不受者哉！」同上。「君子無禮，是庶人也。庶人無禮，是禽獸也。夫勇多則弒其君，力多則殺其長，然而不敢者，維禮之謂也。」同上。「人君無禮，無以臨其邦。大夫無禮，官吏不恭。父子無禮，其家必凶。兄弟無禮，不能久同。」《重而異者》。「夫藏財而不用，凶也。」《諫下》。「聖人千慮，必有一失；愚人千慮，必有一得。」《雜下》。「爲者常成，行者常至。常爲而不置，常行而不休者，故難及也。」同上。「古之能行道者，道用，與世樂業；不用，有所依歸。不以傲上華世，不以枯槁爲名。」《問下》。「有良鄰，則日見君子。」不合經術者。

《墨子》可取者，曰：「是故國有賢良之士衆，則國家之治厚；賢良之士寡，則國家之治薄。」《尚賢》上。「自貴且智者爲政乎愚且賤者，則治；自愚且賤者爲政乎貴且智者，則亂。」《尚賢》中。「凡天下禍篡怨恨，其所以起者，以不愛生也。」《兼愛》中。「譬若築墻然，能築者築，能實壤者實壤，能欣者欣，畢氏注云：「《說文》：掀，舉出也，與欣同。」然後墻成也。爲義猶是也：能談辯者談辯，能說書者說書，能從事者從事，然後義事成也。」《耕柱》。「世俗之君子，貧而謂之富，則怒；無義而謂之有義，則喜；豈不悖哉？」同上。「慧者心辯而不繁說。」《修身》。「善無主於心者不留。」同上。「立辭而不明於其類，則必困矣。」《大取》。

《老子》可取者，曰：「天道無親，常與善人。」七十九章。「飄風不終朝，驟雨不終日。孰爲此者？天地。天地尚不能久，而況於人乎？」二十三章。「知人者智，自知者明。勝人者有力，自勝者强。知足者富。强行者有志，不失其所者久。死而不亡者壽。」三十三章。「不自見，故明；不自是，故彰；不自伐，故有功；不自矜，故長。」二十二章。「多言數窮，不如守中。」五章。「重爲輕根，静爲躁君。」二十六章。「民之從事，常於幾成而敗之。慎終如始，則無敗事。」六十四章。「聖人常善救人，故無棄人；常善救物，故無棄物。」二十七章。「天下多忌諱而民彌貧。」五十七章。「法令滋彰，盜賊多有。」同上。「民不畏死，奈何以死懼之。」七十四章。「民不畏威，則大威至。」七十二章。「和大怨，必有餘怨。」七十九章。「夫慈，以戰則勝，以守則固。天將救之，以慈衛之。」六十七章。「禍莫大於輕敵。」六十九章。　黄氏《日鈔》鈔《老子》語爲二章，一爲《保身》章，一爲《保國》章。今於黄氏已鈔者不録。

《列子》可取者，曰：「天地無全功，聖人無全能，萬物無全用。」《天瑞》。「生者，理之必終者也；終者，不得不終，亦如生者之不得不生。」同上。「可以生而生，天福也；可以死而死，天福也。」《力命》。「一體之盈虚消息，皆通於天地，應於物類。」《周穆王》。「人未必無獸心，禽獸未必無人心。」《黄帝》。「人而無義，唯食而已，是雞狗也。彊食靡角，勝者爲制，是禽獸也。爲雞狗禽獸矣，而欲人之尊己，不可得也。人不尊己，則危辱及之矣。」《說符》。「聖人不察存亡，而察其所以然。」同上。　此稱關尹子語。「治國之難，在於知賢，而不在自賢。」同上。

《莊子》可取者，曰：「真者，精誠之至也。不精不誠，不能動人。故强哭者雖悲不哀，强怒者雖嚴不威，强親者雖笑不和。真悲無聲而哀，真怒未發而威，真親未笑而和。真在内者，神動於外，是所以貴真也。其用於人理也，事親則慈孝，事君則忠貞，飲酒則歡樂，處喪則悲哀。」《漁父》。「古之得道者，窮亦樂，通亦樂。所樂非窮通也，道得於此，則窮通爲寒暑風雨之序矣。」《讓王》。「古之所謂得志者，非軒冕之謂也，謂其無以益其樂而已矣。今之所謂得志者，軒冕之謂也。軒冕在身，非性命也，物之儻來，寄也。今寄去則不樂，由是觀之，雖樂，未嘗不荒也。故曰：喪己於物，失性於俗者，謂之倒置之民。」《繕性》。「知其不可奈何而安之若命，唯有德者能之。」《德充符》。「有爲也欲當則緣於不得已；不得已之類，聖人之道。」《庚桑楚》。「爲不善乎顯明之中者，人得而誅之；爲不善乎幽閑之中者，鬼得而誅之。明乎人，明乎鬼者，然後能獨行。」同上。「兵莫憯於志，鏌鎁爲下。寇莫大於陰陽，無所逃於天地之間。非陰陽賊之，心則使之也。」同上。「人之所取畏者，衽席之上，飲食之間；而不知爲之戒者，過也。」《達生》。「形勞而不休則弊，精用而不已則勞，勞則竭。水之性，不雜則清，莫動則平；鬱閉而不流，亦不能清，天德之象也。」《刻意》。「聖人之静也，非曰静也善，故静也；萬物無足以鐃心者，故静也。水静則明燭鬚眉，平中准，大匠取法焉。水静猶明，而況精神？」《天道》。「其耆欲深者，其天機淺。」《大宗師》。「凡外重者内拙。」《達生》。「小夫之知，不離苞苴竿牘，敝精神乎蹇淺。」《列御寇》。「有機械者必有機事，有機事者必有機心。機心存於胸中，則純白不備；純白不備，則神生不定；神生不定者，道之所不載也。」《天地》。「民知力竭，則以僞繼之。日出多僞，士民安取不僞？夫力不足則僞，知不足則欺，財不足則盜，盜竊之行，於誰責而可乎？」《則陽》。

商鞅書之可取者，曰：「聖人爲法，必使之明白易知。」《定分》。「聖人有必信之性，又有使天下不得不信之法。」《畫策》。「國皆有潛法，而無使法必行之法。國皆有禁奸邪刑盜賊之法，而無使奸邪盜賊必得之法。」同上。「人主使其民信如日月，此無敵矣。」《弱民》。「今亂國不然，恃吏，吏雖衆，同體一也。」《禁使》。「初假吏民奸詐之本，而求端慤其末，禹不能以使十人之衆，庸主安能以御一國之民？」《慎法》。「無宿治，則邪官不及爲私利於民，而百官之情不相稽。」《墾令》「凡人臣之事君也，多以主所好事君。君好法也，則臣以法事君。君好言也，則臣以言事君。」《修權》。「有土者不可以言貧，有民者不可以言弱。地誠任，不患無財；民誠用，不畏强暴。」《錯法》。「國富則淫，淫則有蝨，有蝨則弱。」《説民》。「農則樸，樸則安其居而惡出。」《算地》。「故其國刑不可惡，而爵禄不足務也，此亡國之兆也。」同上。「兵法，大戰勝，逐北無過十里；小戰勝，逐北無過五里。兵起而程敵，政不若者勿與戰，食不若者勿與久，敵衆勿爲客；敵盡不如，擊之勿疑。故曰兵大律在謹。」《戰法》。「故王兵之政，使民怯於邑鬭，而勇於寇戰。」同上。「國亂者，民多私義；兵弱者，民多私勇，則削國之所以。取爵禄者多塗人，亡國之所以。」《畫策》。

《韓非子》之可取者，曰：「安危在是非，不在於强弱。存亡在虚實，不在於衆寡。」《安危》。「至治之國，有賞罰而無喜怒。」《用人》。「利莫長於簡，福莫久於安。」《大體》。「書約而弟子辯，法省而民訟簡。」《八説》。「法莫如一，而使民知之。」《五蠹》。「小信成，則大信立，故明主積於信。」《外儲説左上》。「利所禁，禁所利，雖神不行。譽所罪，毁所賞，雖堯不治。」《外儲説左中》。「聞有吏雖亂而有獨善之民，不聞有亂民而有獨治之吏。故明主治吏不治民。」《外儲説右》。「明主之吏，宰相必起於州部，猛將必發於卒伍。」《顯學》。「下君盡己之能，中君盡人之力，上君盡人之智。」《八經》。「官職可以重求，爵禄可以貨得者，可亡也。」《亡徵》「群臣持禄養，交行私道而不效公忠，此謂明劫。」《三守》。「故爲人臣者，窺覘其君心也，無須臾之休，而人主怠慠處其上，此世所以有劫君弑主也。」《備内》。

《尹文子》之可取者，曰：「有理而無益於治者，君子弗言；有能而無益於事者，君子弗爲。君子非樂有言，有益於治，不得不言；君子非樂有爲，有益於事，不得不爲。」《大道上》。「爲善，使人不能得從，此獨善也；爲巧，使人不能得爲，此獨巧也；未盡善巧之理。爲善與衆行之，爲巧與衆能之，此善之善者，巧之巧者也。」同上。「雖彌綸天地，籠絡萬品，治道之外，非群生所餐挹，聖人措而不言也。」《大道下》。

《尸子》之可取者，曰：「貴人者，貴其心也。」《勸學》。「爵列者，德行之舍也。今天下貴爵列而賤德行，是貴甘棠而賤召伯也，亦反矣。」同上。「土積成嶽，則楩枏豫章生焉。水積成川，則吞舟之魚生焉。夫學之積也，亦有所生也。」同上。「慮之無益於義而慮之，此心之穢也。道之無益於義而道之，此言之穢也。爲之無益於義而爲之，此行之穢也。」《恕》。「胸中亂，則擇其邪欲而去之。」《處道》。「食所以爲肥也，壹飯而問人曰奚若？ 則皆笑之。 夫治天下大事也，今人皆壹飯而問奚若者也。」同上。「因井中視星，所視不過數星，自丘上以視，則見其始出，又見其入，非明益也，勢使然也。夫私心，井中也； 公心，丘上也。」《廣澤》。「人於囹圄，解於患難者，則三族德之； 教之以仁義慈悌，則終身無患而莫之德。」《貴言》。「敬災與凶，禍乃不重。」《意林》引。「義必利，雖桀殺關龍逢，紂殺王子比干，猶謂義之必利也。」《文選·非有先生論》注《運命論》注引。「中黄伯曰： 余左執太行之獶，而右搏雕虎； 又願爲牛，欲與象鬭，以自試。今二三子以爲義矣，將惡乎試之？ 夫貧窮，太行之獶也； 疏賤者，義之雕虎也，而吾日遇之，亦足以試矣。」《後漢書·張衡傳》《袁紹傳》注引。

《吕氏春秋》可取者，曰：「凡生之長也，順之也。使生不順者，欲也，故聖人必先適欲。」高誘云：「適，猶節也。」《重己》。「物也者，所以養性也，非所以性養也。今世之人，惑者多以性養物，則不知輕重也。」《本生》。「治欲者，不於欲，於性。 性者，萬物之本也。」《貴當》。「精神安乎形，而年壽得長焉。長焉者，非短而續之也，畢其數也。畢數之務，在乎去害。」《盡數》。「人之老也，形益衰而智益盛。」《去宥》。「耳不可以聽，目不可以視，口不可以食，胸中大擾，妄言想見，臨死之上，顛倒驚懼，不知所爲。用心如此，豈不悲哉？」《情欲》。「精氣之集也，必有入也。集於羽鳥，與爲飛揚； 集於走獸，與爲流行；集於珠玉，與爲精朗；集於樹木，與爲茂長；集於聖人，與爲夐明。」同上。「今夫攻者，砥厲五兵，侈衣美食，發且有日矣，所被攻者不樂，非或聞之也，神者先告也。身在乎秦，所親愛在於齊，死而志氣不安，精或往來也。」《精通》。「故父母之於子也，子之於父母也，一體而兩分，同氣而異息。若草莽之有華實也，若樹木之有根心也。雖異處而相通，隱志相及，痛疾相救，憂思相感，生則相歡，死則相哀，此之謂骨肉之親。神出於忠而應乎心，兩精相得，豈待言哉？」同上。「君子之自行也，動必緣義，行必誠義，俗雖謂之窮，通也；行不誠義，動不緣義，雖謂之通，窮也。然則君子之窮通，有異乎俗者也。」《高義》。「外物豈可必哉？君子之自行也，敬人而不必見敬，愛人而不必見愛。敬愛人者，己也；見愛敬者，人也。君子必在己者，不必在人者也。」《必己》。「人之情，莫不有重，莫不有輕。有所重則欲全之，有所輕則以養所重。伯夷叔齊，此二士者，皆出身棄生，以立其意，輕重先定也。」《誠廉》。「義，小爲之則小有福，大爲之則大有福。」《別類》。「擇先王之成法，而法其所以爲法。」《察今》。「失民心而立功名者，未之曾有也。」《順民》。「凡人主必信。信而又信，誰人不親？」《貴信》。「信之爲功大矣。信立，則虛言可以賞矣。虛言可以賞，則六合之内，皆爲己府矣。信之所及，盡制之矣。」同上。「不得其道而徒多其威。威愈多，民愈不用，故威不可無用，而不足專恃。」《用民》。「水鬱則爲污，樹鬱則爲蠹，草鬱則爲蕢。國亦有鬱，生德不通，民欲不達，此國之鬱也。國鬱久處，則百惡並起，而萬災叢至矣。上下之相忍也，由此出矣。故聖王之貴豪士與忠臣也，爲其敢直言而決鬱塞也。」《達鬱》。「凡治國，令其民爭行義也；亂國，令其民爭爲不義也。」《爲欲》。「故國亂，非獨亂也，又必召寇。獨亂未必亡也，召寇則無以存矣。」《應同召類》。「安危榮辱之本在於主，主之本在於宗廟，宗廟之本在於民，民之治亂在於有司。」《務本》。「使治亂存亡，若高山之與深谿，若白堊之與黑柒，則無所用智，雖愚猶可矣。且治亂存亡則不然，如可知，如不可知；如可見，如不可見。故智士賢者，相與積心愁慮以求之。」《察微》。「千里而有一士，比肩也；累世而有一聖人，繼踵也。士與聖人之所自來，若此其難也，而治必待之，治奚由至？雖幸而有，未必知也。不知則與無賢同，此治世之所以短，而亂世之所以長也。」《觀世》。《吕氏春秋》多采古儒家之説，故可取者最多。古之儒家，多偉人名論，其書雖亡，其姓名雖湮没，而其言猶有存者，令人發思古之幽情耳。

卷十三　西漢（未成）

卷十四　東漢（未成）

卷十五

鄭學

鄭康成《戒子書》云：「念述先聖之元意。」此自言其所學也。其論學之語，則《學記》注有云：「所學者聖人之道，在方策。」孔疏云：「鄭恐所學惟小小才藝之事。故云所學者聖人之道。」澧謂鄭恐學者鄉壁虛造，故又云「在方策」也。鄭君論學大旨蓋如此。

孔沖遠云：「禮是鄭學。」《月令》、《明堂位》、《雜記》疏，皆有此語。不知出於孔沖遠，抑更有所出？考兩《漢書》《儒林傳》，以《易》、《書》、《詩》、《春秋》名家者多，而禮家獨少。《釋文·序録》漢儒自鄭君外，注《周禮》及《儀禮·喪服》者，惟馬融；注《禮記》者，惟盧植。鄭君盡注三《禮》，發揮旁通，遂使三《禮》之書，合爲一家之學，故直斷之曰「禮是鄭學」也。

盧子幹云：「修禮者，應徵有道之人，若鄭玄之徒。」《後漢書》本傳。然則鄭君禮學，非但注解，且可爲朝廷定制也。袁彦伯云「鄭玄造次顛沛，非禮不動。」《後漢紀》卷二十九　《後漢紀》之語，皆掇會諸古書，非袁彦伯虚造。然則鄭君禮學，非但注解，實能履而行之也。孔子告顔子「非禮勿動」，顔子請事斯語。鄭君亦非禮不動，故范武子以爲「仲尼之門，不能過」也。

《六藝論》云：「注《詩》宗毛爲主，毛義若隱略，則更表明；如有不同，即下己意，使可識別也。」《釋文》引。此鄭君注經之法，不獨《詩箋》爲然。《周禮序》云：「二鄭，同宗之大儒，今讚而辨之。」讚即表明也，辨即下己意也。《後漢書·儒林傳》云：「鄭玄本習小戴禮，後以古經校之，取其義長者。」何平叔《論語集解》序云：「鄭玄就《魯論》篇章，考之齊、古，爲之注。」《隋書·經籍志》云：「鄭玄以《張侯論》爲本，參考《齊論》、《古論》而爲之注。」《論語》釋文云：「鄭校周之本，以齊、古讀正，凡五十事。」《尚書注》雖已佚，焦里堂輯《禹貢注》而釋之云：「鄭注一本於班氏《地理志》，間有不合者，必別據《地説》等書，明言所以易之之義。注雖殘闕，尚可考而知也。」然則鄭君注《周禮》、《儀禮》、《論語》、《尚書》，皆與箋《詩》之法無異，有宗主，亦有不同，此鄭氏家法也。何邵公墨守之學，有宗主而無不同。許叔重異義之學，有不同而無宗主。惟鄭氏家法，兼其所長無偏無弊也。

鄭君師事第五元，先通《公羊春秋》，又從張恭祖受《左氏春秋》、《韓詩》，然其後注《左傳》，鄭君注《左傳》未成，以與服子慎，見《世説·文學》門。而不注《公羊》；箋《毛詩》，而不箋《韓詩》。鄭君之學，不以先入者爲主也。《公羊》僖二十四年，徐疏引《發墨守》而論之云：「鄭氏雜用三家，不苟從一。」澧謂「不苟從一」之語，似識鄭君家法，其云「雜用三家」則非也。鄭君宗《左傳》而兼用《公羊》、《穀梁》，亦如宗《毛詩》而兼用齊、魯、韓耳，豈得謂之雜用乎？徐氏實未知鄭氏家法也。蓋鄭氏家法，知之者鮮矣！

鄭君之讚辨二鄭也，其説云：「玄竊觀二三君子之文章，顧省竹帛之浮辭，其所變易，灼然如晦之見明；其所彌縫，奄然如合符復析，疑當作「析符復合」。斯可謂雅達廣攬者也。然猶有參錯，同事相違，則就其原文字之聲類，考訓詁，捃祕逸。謂二鄭者，同宗之大儒，明理于典籍，觕識《周官》之義，存古字，發疑正讀，亦信多善，徒寡且約，用不顯傳于世。今讚而辨之，庶成此家世所訓也。」《周禮序》。澧嘗論之曰：自非聖人，孰無參錯？前儒參錯，賴後儒有以辨之。辨其未明者而明者愈明，辨其未合者而合者愈合，故足貴也。然辨其參錯，不可没其多善。後儒不知此義，讀古人書，辨其參錯，而其多善則置之不論，既失博學知服之義，且開露才揚己之風。此學者之大病也，由失鄭氏家法故也。讀鄭君《周禮序》，所謂如入宗廟，但見禮樂器。讀何邵公《公羊序》，則如觀武庫，但睹矛戟矣。鄭學非何所及，可於兩序見之。

《周禮注》與先鄭不同者，則云「玄謂」。《尚書大傳注》以《大傳》爲非者，則云「玄或疑焉」。《駁五經異義》，每條云「玄之聞也」。蓋説經不可不辨是非。《曲禮》：「毋雷同。」注云：「人之言，當各由己。」《孟子》曰：「人無是非之心，非人也。」然辨先儒之説，其辭氣當謙恭，不可囂争求勝也。其《箴膏盲》、《發墨守》、《起癈疾》則不然，有云「鄉曲之學，深可忿疾」者，此以何邵公三書有害於經學風氣，不得不忿疾。又何之年輩，不在鄭之前，不妨正言相非也。

《雜記下》：「上大夫之虞也，少牢；卒哭成事，附，皆大牢。下大夫之虞也，犆牲；卒哭成事，附，皆少牢。」注云：「卒哭成事，附，言『皆』，則卒哭成事，附，與虞異矣。」孔疏云：「鄭以《士虞禮》云：三虞卒哭，他，用剛日。先儒以此三虞卒哭同是一事，鄭因此經云上大夫虞用少牢，卒哭用大牢。其牢既別，明卒哭與虞不同。鄭引此文，破先儒之義，故云卒哭成事，與虞異矣。」澧案：鄭破先儒，而不引其説以破之，此亦尊先儒之法也。

《喪服小記》：「庶子不爲長子斬，不繼祖與禰故也。」注云：「言不繼祖禰，則長子不必五世。」孔疏云：「馬季長注《喪服》云：此爲五世之適，父乃爲之斬也。」鄭是馬季長弟子，不欲正言相非，故依違而言曰「不必」也，此尊其師之法也。

《詩譜序》云：「舉一綱而萬目張，解一卷而衆篇明；於力則鮮，於思則寡，其諸君子亦有樂於是與？」此鄭君著書之法也。蓋後人所賴有古人之書者，於力則鮮，於思則寡也。若穿鑿以爲深，詭祕以爲奇，鋪張以爲博，徒眩學者之耳目，則非君子所樂矣！《三國志·高貴鄉公紀》，淳于俊云：「鄭玄合《彖》象於經者，欲使學者尋省易了。」此知鄭君之意者也。

《鄭志》云：「文義自解，故不言之，凡説不解者耳。」《詩·螽斯》孔疏引。此諸經鄭注之所以簡約也。其顯而易見者，《少牢饋食禮》經二千九百七十九字，注二千七百八十七字；《有司徹》，經四千七百九十字，注三千四百五十六字；此據黃氏刻嚴州本卷後字數。《學記》、《樂記》二篇，經六千四百九十五字，注五千五百三十二字；《祭法》、《祭義》、《祭統》三篇，經七千四百六十字，注五千五百二十三字，此據張氏刻撫州本卷後字數。注之字數，少於經之字數，後儒注經者，能如是乎？朱子《答張敬夫孟子説疑義書》云：「本文不過數語，而所解者文過數倍，非先賢談經之體。」范蔚宗云：「玄質於辭訓，通人頗譏其繁。」此通人不知爲誰？所謂繁者，則殊不通也。蔚宗又云：「經有數家，家有數説，章句多者，或迺百餘萬言，學徒勞而少功，後生疑而莫正。鄭玄括囊大典，網羅衆家，删裁繁誣，刊改漏失，自是學者略知所歸。」然則蔚宗固知鄭之不繁也。

鄭君注經甚慎，如《周禮·大宰》「乃施法于官府，設其考」。注云：「考，成也。佐成事者，謂宰夫、鄉師、肆師、軍司馬、士師也。司空亡，未聞其考。」賈疏云：「案《鄉師》云『及葬，執纛以與匠師御匶』。注云：『匠師，事官之屬。其於司空，若鄉師之於司徒。』若然，鄉師是司徒之考，則匠師亦司空之考。而此云『未聞』者，彼文以義約之，司空考匠師也，無正文，故此云『未聞』也。」又，「大朝覲會同，贊玉幣」，注云：「玉幣，諸侯享幣也。其合亦如小行人所合六幣云。」賈疏云：「無正文，故言云也。」又《小宰》「祭祀之聯事」，注云：「奉牲者，其司空奉豕與。」賈疏云：「無正文，故云與以疑之也。」觀此，則知鄭注必據經之正文；無正文，則曰「未聞」，不敢臆説也。或言云者，蓋前人有此説也；或言與者，以己意揣度也，皆與有正文者不同，故未敢自以爲必然也。《膳夫》「羞用百二十品」，注云：「天子諸侯有其數，而物未得盡聞。」澧案：此未得盡聞，亦必明言之，其篤實如此。《𩺰人》「掌以時𩺰爲梁」，注云：「《月令》：季冬，命漁師爲梁。」賈疏云：「案《月令·季冬》云：『命漁師始漁，天子親往。』鄭以此經有『梁』字，故於《月令》以義取之，非是《月令》正文。」澧案：此雖無正文，而可知其必如此，則又有以義取之之法，不拘泥也。

鄭注《周禮》，並存故書、今書；注《儀禮》，並存古文、今文，此後來校書之法也。劉向校書，則如國朝《四庫》著録，非但校字而已。《熹平石經》則校字。《論語》「而在於蕭墻之内也」，其旁注云「盍毛包周無於」。但今惟見此一條耳。《儀禮》，從今文，則注内疊出古文；從古文，則注内疊出今文。此《士冠禮》賈疏語。此於己意所不從，亦不没之。《周禮》之並存故書、今書，亦是此意。段懋堂《周禮漢讀考》云：「鄭君擇善而從，絶無偏執。」此二語，真知鄭學者也！

孔巽軒云：「繹鄭君生質之訓，誦周雅教木之箋，所謂受中自天，秉彝攸好，孔提可案，漢學非訛。」《戴氏遺書序》。澧案：「生質」之訓者，《中庸》「天命之謂性」，注云：「《孝經説》曰：性者，生之質。」「教木」之箋者，《角弓》詩「毋教猱升木」，箋云：「以喻人之心皆有仁義，教之則進也。」此二條説心性最精，巽軒獨能識之。《禮記·緇衣》注云：「初時學其近者、小者，至於先王大道，性與天命，則遂扞格不入，迷惑無聞。」此又可與巽軒所論，反證而明也。《禮運》：「故人者，其天地之德，陰陽之交，鬼神之會，五行之秀氣也。」注云：「言人兼此氣性純也。」又：「故人者，天地之心也，五行之端也。食味、別聲、被色，而生者也。」注云：「此言兼氣性之效也。」此鄭君言性兼言氣。程子云：「論性不論氣不備。」（《遺書》卷六）鄭君兼氣性之説，可無不備之譏矣。

王西莊云：「學者若能識得康成深處，方知程、朱義理之學，漢儒已見及。程、朱研精義理，仍即漢儒意趣，兩家本一家，如主伯亞旅，宜通力以治田，醯醢鹽梅，必和劑以成味也。」（《十七史商榷》卷六十四。澧謂：昔之道學家，罕有知漢儒見及義理之學者，更罕有知程、朱即漢儒意趣者。近時經學家推尊康成，其識得康成深處如王西莊者，亦不多也。

《華陽國志》云：「丞相亮時，有言公惜赦者。亮答曰『先帝言：吾周旋陳元方、鄭康成間，每見啓告治亂之道備矣，曾不語赦也。』」卷七〇《三國志·蜀後主傳》注，亦引此。澧謂鄭君啓告昭烈治亂之道，其語惜乎不傳，然諸經鄭注言治亂之道亦備矣。澧采入《漢儒通義》者數十條，此不贅述。啓告昭烈之語，必有在其内者矣。

鄭君《戒子書》，自言「博稽六藝，粗覽傳記，時睹祕書緯術之奥」。澧案：六藝則曰博稽，傳記則曰粗覽，祕緯則曰時睹，三者輕重判然。其注經有取緯書者，取其可信者耳。《生民》詩毛傳云「后稷之母，配高辛氏帝焉」，箋云：「姜嫄當堯之時，爲高辛氏之世妃。」孔疏云：「《春秋命曆序》云『帝嚳傳十世』，則堯非嚳子；稷年又小於堯，姜嫄不得爲帝嚳之妃，爲其後世子孫之妃也。」張融云：「若使稷是堯兄弟，堯有賢弟不用，須舜舉之，此不然明矣。」鄭君取緯説精確者如此。

後儒多譏鄭君信緯，如梁許懋云：「鄭玄有參、柴之風，不能推尋正經，專信緯候之書。」《梁書》本傳。孔沖遠亦云：「鄭玄篤信讖緯。」《舜典》疏。王伯厚亦云：「鄭康成釋經，以緯書亂之。」《困學紀聞》卷四。皆謬説也。《續漢書·百官志》「太尉，公一人」，劉昭注云：「鄭玄注《月令》，曰『秦官』，《尚書中候》云：『舜爲太尉。』束皙以此追難玄焉。臣昭曰：康成淵博，自注《中候》，裁及注禮，而忘舜位，豈其實哉？此是不發譏於《中候》，而正之於《月令》也。廣微之誚，未探碩意。」澧謂如許懋、孔沖遠、王伯厚，皆劉昭所謂「未探碩意」者也。

鄭君注經，不信緯説者多矣，後儒疏陋未考耳。如《良耜》詩「有捄其角」，毛傳云：「社稷之牛角尺。」鄭箋不據《禮緯稽命徵》宗廟社稷角握之説以易毛傳。《月令》「反舌無聲」，注云：「反舌，百舌鳥。」不從《通卦驗》「蝦蟆無聲」之説。二條皆見孔疏。何嘗專信緯書乎？

鄭君先通《三統曆》、《九章算術》，迺西入關事馬融，在門下三年不得見。會融集諸生考論圖緯，聞鄭君善算，迺召見於樓上。漢獻帝建安元年，鄭君受劉洪《乾象曆》法，以爲窮幽極微，加注釋焉。漢獻帝云云，見《晉書·律曆志》。鄭君早年善算，至建安元年，年七十矣，猶爲此窮幽極微之學。故《疇人傳》論之云：「如箋《毛詩》，據《九章》粟米之率；注《易緯》，用乾象斗分之數。蓋其學有本，東京諸儒，皆不逮也。」又云：「然則治經之士，固不可不知數學。」澧謂國朝治經者，閻百詩、江慎修、錢辛楣、戴東原皆知數學；其後知數學者尤多，庶乎不愧鄭氏家法也。

鄭君注《禮》，又注律。禮所以爲教也，律所以爲戒也。注律，即注《禮》之意也。《晉書·刑法志》云：「秦漢舊律，後人生意，各爲章句。叔孫宣、郭令卿、馬融、鄭玄諸儒章句十有餘家，覽者益難。天子於是下詔，天子者，魏明帝。但用鄭氏章句，不得雜用餘家。文帝爲晉王，患前代律令本注煩雜，但取鄭氏，又爲偏黨，未可承用，於是令賈充定法律。」蓋前此尊鄭學，至是則王肅論禮，賈充定律，司馬氏之私人，競出而張其喙矣。

陶謙與諸豪桀移檄牧伯，同討李傕等，奉迎天子，奏記於朱儁曰「徐州刺史陶謙，前揚州刺史周乾，琅邪相陰德，東海相劉馗，彭城相汲廉，北海相孔融，沛相袁忠，太山太守應劭，汝南太守徐璆，前九江太守服虔，博士鄭玄等，敢言之車騎將軍河南尹莫府」云云。《後漢書·朱儁傳》。漢獻帝時，三公八座議屯騎校尉、不其亭侯伏完雖后父，不可令后獨拜於朝；或以爲當交拜，又子尊不加於父母，公私之朝，后當獨拜；或欲令公朝者，完拜如衆臣，於私宫，后拜如子：「不知四者，何是正禮？」澧案：此蓋三公八座訪問鄭君之語。鄭玄議曰：「不其亭侯在京師禮事出入，宜從臣禮。若后適離宫及歸寧父母，從子禮。」《通典》卷六十七。鄭君爲處士，而諸豪桀討賊，則引以爲重；三公八座議禮，則問以取決。千古處士所未有也。

王粲云：「世稱伊雒以東，淮漢以北，康成一人而已。咸言先儒多闕，鄭氏道備，粲竊嗟怪。因求所學,得《尚書注》,退思其意,意皆盡矣。所疑猶未諭焉。凡有二篇。」見《新唐書·元行沖傳》。《釋疑》。《祭法》,鄭注云:「有虞以上尚德,禘郊祖宗,配用有德,自夏已下,稍用其姓氏。」蔣濟難之云:「夫虬龍神於獺,獺自祭其先,不祭虬龍也。騏驎白虎仁於豺,豺自祭其先,不祭騏虎也。如玄之説,有虞已上,豺獺之不若耶?」《三國志·蔣濟傳》注。然則鄭君之學,漢末及魏時,有未折服者。王粲始雖嗟怪,後亦頗折服。若蔣濟所難,則謬妄極矣。有虞氏豈無四親廟以祭其先耶?何憒憒至此!

鄭君有自序,見《孝經》唐玄宗序并注邢疏,然所引寥寥數語,又已見《後漢書》本傳。洪筠軒《經典集林》有《鄭玄别傳》一卷,皆采之諸類書,其一條云「北海有鄭玄講堂」,見《初學記》卷二十四,其餘亦多本傳所有也。

《集聖賢群輔録》載二十四賢狀。《大司農北海鄭玄字康成狀》云:「玄含海岱之純靈,體大雅之洪則,學無常師,講求道奥,敷宣聖範,錯綜其數,作五經注義,窮理盡性也。」澧案:二十四賢狀,惟鄭君狀之語最隆重。如荀爽狀,則但云「究極篇籍」而已。凡此諸狀,雖云甄表所作,然皆據舊行狀爲之。如《司隸沛國朱寓字季陵狀》云「訪其中正,無識知行狀者」。然則非甄表所作,可知也。

袁翻云:「鄭玄訓詁三《禮》,及釋《五經異義》,並盡思窮神,故得之遠矣。覽其《明堂圖義》,皆有悟人意,察察著明,確乎難奪,諒足以扶微闡幽,不墜周公之舊法也。」《魏書》本傳。徐爰云:「鄭玄有贍雅高遠之才，沉静精妙之思，超然獨見。聖人復出，不易其言矣。」《宋書・天文志》一。　案：此論機衡。蕭子顯云：「康成生炎漢之季，訓義優洽一世，孔門褒成並軌，故老以爲前修，後生未之敢異。」《南齊書・劉瓛陸澄傳》論。　澧案：南北朝諸儒，推尊鄭學者多，此數條則最推尊者也。

唐史承節《後漢大司農鄭公碑》云：「雖稱積學，殆若生知。」此亦推尊之極，然非妄語也。「六藝殊科，五經通義，小無不盡，大無不備」，此亦史碑語。非「生知」而能之乎？《後漢書》載《戒子益恩書》云「不爲父母群弟所容」。史承節碑無「不」字。《山左金石志》云「言徒學，不能爲吏，以益生產，爲父母群弟所含容。此儒者之言也。范書妄加不字」。澧案：史承節所見范書，蓋無「不」字也。碑云「禮堂寫定，傳與後人」。范書「定」、「傳」二字作「傳定」，亦當以碑爲是。

宋林希《書鄭玄傳》云：「聖人之教，尤備於禮。秦悖人道，書灰火，學士腐於坑。遺及漢世，口諷手傳，或山巖屋壁之間，收拾缺編折册朽蠹斷絶之餘，次而成文，猶有篇章，條類明白。其不能完而少有訛誤，豈能免也？及得鄭氏注，精微通透，鉤聯濆會，故古經益以明世，學者皆知求而易入，識爲人之道者，漢諸儒之功；而成之者，鄭氏也。其於法制，更爲章明。然當大壞之後，聖人不世，以一人之思慮，欲窮萬世之文，豈不難哉！世之人指其一二而譏之，遂以鄭爲一家之小學。噫！亦甚愚矣。蓋玩文辭，則薄於經術，抑不思其所爲功者，雖玄猶有所不敢盡，況無玄哉？當漢之末，奸雄競起，玄脱一身於污濁之世，獨全其道，至使黄巾望玄而拜，不入其境。嗟夫！歷千百年，及此者迺幾人？尚敢輒詘玄哉！」《宋文鑑》卷一百三十一。宋人尊鄭君如林希者，不多見。此文有功於鄭學，故呂伯恭選入《文鑑》也。

顧亭林《述古》詩云：「六經之所傳，訓詁爲之祖。仲尼貴多聞，漢人猶近古。禮器與聲容，習之疑可睹。大哉鄭康成，探賾靡不舉！六藝既該通，百家亦兼取。至今三《禮》存，其學非小補。」國朝人尊鄭君，自亭林始也。

明嘉靖中，罷鄭君從祀孔廟。國初朱竹垞著《鄭康成不當罷從祀議》，其後復從祀。

世宗憲皇帝諭云：「鄭康成醇粹深通。」見《會典》卷三百五十三。自是以來，儒者尊崇鄭學，朝廷風教爲之也。李文貞《榕村語録》云：「東漢人物，矯立名節，衣冠言動，都少破敗，便道是吾儒盡頭。鄭康成輩博聞强記，著書立説，縫掖尊尚，以爲是吾儒高流。所以自漢至唐，一貫之義，何曾明白？」（卷四）此猶有卑視鄭君之意。自雍正、乾隆以後，譏鄭君者，雖尚有之，然甚少矣。

姚姬傳云：「鄭君康成總集其全，綜貫繩合，負閎洽之才，通群經之滯義，雖時有拘牽附會，然大體精密，出漢經師之上，又多存舊説，不掩前長，不覆己短。觀鄭君之辭，以推其志，豈非君子之徒，篤於慕聖，有孔氏之遺風者與？」《儀鄭堂記》。趙雲崧云：「北朝治經者，多專門名家。蓋自漢末鄭康成以經學教授，門下著録者萬人。流風所被，士皆以通經績學爲業；而上之舉孝廉，舉秀才，亦多於其中取之。雖經劉、石之亂，而士習相承，未盡變壞。故北朝經學，較南朝稍盛。」《廿二史札記》卷十五。澧謂爲漢學者尊鄭君，或有私見；趙、姚二君，非漢學之派，而其言如此，是公論矣。

《孝經正義》序云：「魏晉朝賢辯論時事，鄭氏諸經，無不撮引。」此劉知幾語，見《文苑英華》卷七百六十六，《唐會要》卷七十七。澧案：不獨魏晉爲然。南北朝議禮者，尤多引鄭説。見諸史及《通典》者，不可勝舉也。蓋自漢季而後，篡弒相仍，攻戰日作，夷狄亂中國，佛老蝕聖教，然而經學不衰，議禮尤重，其源皆出於鄭學。即江左頗遵王肅，然王肅亦因讀鄭君書，乃起而角勝耳。然則自魏晉至隋數百年，斯文未喪者，賴有鄭君也。

鄭小同「學綜六經，行著鄉邑，色養其親，不治可見之美，不競人間之名」。《三國志·高貴鄉公紀》注引華歆表。鄭君有此賢孫，而爲司馬昭鴆死，同上注引《魏氏春秋》。哀哉！

《經義考·承師類》載：鄭康成弟子王基、崔琰、國淵、任嘏、趙商、張逸、冷剛、田瓊、炅模、焦喬、王權、鮑遺、陳鏗、崇精。此竹垞表揚鄭學之意。竹垞所考有郄慮，今削去。慮承望曹操風旨，枉狀奏殺孔文舉，乃鄭門之敗類者。其未載者，氾閣屢見《鄭志》，當補。又《三國志·程秉傳》云：「逮事鄭玄，與劉熙考論大義。」《崔琰傳》云：「結公孫方等，就鄭玄受學。」《孝經》唐玄宗序並注邢疏云：「宋均《詩譜序》云『我先師北海鄭司農』」。則均是玄之傳業弟子，竹垞皆未考及也。張逸與鄭君同縣，鄭君妻以女弟。逸官至尚書左丞，見《太平御覽》卷五百四十一所采《鄭玄別傳》。

《經義考》又載治鄭氏《易》者許慈。澧案：《三國志·許慈傳》云「師事劉熙，善鄭氏學，治

《易》、《尚書》、三《禮》、《毛詩》、《論語》」，非止治《易》也。程秉逮事鄭君，與劉熙考論大義；許慈師事劉熙，善鄭氏學；則劉熙似是鄭君弟子。熙，北海人，固宜受學於鄭君也。《三國志・薛綜傳》云「從劉熙學」，則綜與慈，皆鄭君再傳弟子矣。又《姜維傳》云「好鄭氏學」，然不言其何所師受。郤正論維「樂學不倦，清素節約，一時儀表」。維天水人，與北海相去甚遠，而好鄭學。鄭學所及者遠矣。又《孫乾傳》云「先主領徐州，辟爲從事」，注采《鄭玄傳》云「薦乾於州」。乾被辟命，玄所舉也。案：乾，北海人，又爲鄭君所知，不知其嘗受學否？

孫叔然授學鄭康成之門人，稱東州大儒，徵爲祕書監，不就。王肅集《聖證論》譏短康成。叔然駁而釋之。《三國志・王肅傳》。鄭君卒於建安五年，叔然不及授學，蓋其年尚幼。後二十年而魏篡漢，叔然猶中年耳，而遂不仕魏，其高風峻節可想也。《通典》卷九十九載，「或問：長吏遷在傳舍而死，彼迎吏未至，此二國吏，服誰當輕重？孫叔然答曰：雖出傳舍，固當以君服之。彼迎吏，依娶女有吉日，夫死，斬縗弔，既葬，除之」。孫叔然議禮，澧惟見此條，或尚有之也。

卷十六

三國

王肅爲《尚書》、《詩》、《論語》、三《禮》、《左氏解》，及撰定父朗所作《易傳》，皆列於學官。其所論駁朝廷典制郊祀宗廟喪紀輕重，凡百餘篇；又集《聖證論》以譏短鄭康成。其僞作《孔子家語》，自爲序云：「鄭氏學行五十載矣，義理不安，違錯者多，是以奪而易之。」劉知幾云：「王肅注書，好發鄭短，凡有小失，皆在《聖證》。」劉知幾《孝經注議》見《文苑英華》卷七百六十六。又見《唐會要》卷七十七。《孝經序》正義，采其語而没其姓名。澧案：魏之典制，多因於漢，鄭君注禮，亦多用漢制。王肅「幼爲鄭學」，此王肅語，見《周禮·媒氏》疏。其後乃欲奪而易之，實欲并奪漢魏典制而易之，使經義朝章，皆出於己也。小失皆發鄭短，可見其不遺餘力矣。肅爲魏世臣，而黨於司馬氏，以傾魏祚。身死之後，其外孫司馬炎篡魏，事事尊王景侯，竟遂其奪而易之之願矣。

《郊特牲》孔疏引《聖證論》云：「鄭玄以《祭法》禘黄帝及嚳，爲配圓丘之祀，仲尼當稱『昔者周公禘祀嚳圜丘以配天』,今無此言,知禘配圜丘,非也。」澧案:《祭法》云:「殷人禘嚳而郊冥。周人禘嚳而郊稷。」然則周之禘嚳,乃因於殷禮,非始於周公;惟郊祀后稷,始於周公耳,此不可以難鄭也。《祭法》之禘,鄭以爲圜丘之祭,王以爲太廟之祭,千古聚訟莫能決,然巧借《孝經》之一語,而頓忘《祭法》之兩言,則弄巧而反拙矣!《舊唐書·禮儀志》載黎幹議狀云:「孔子説《孝經》稱周公大孝,何不言『禘祀嚳於圜丘以配天』,而反言『郊祀后稷以配天』?」此黎幹勦襲王肅語也。

王肅以郊與圜丘是一,郊即圜丘,圜丘即郊。《祭法》疏,《郊特牲》疏。《郊特牲》云:「郊之用辛也。周之始郊,日以至。」肅以爲「周之郊祭於建子之月,而迎此冬至長日之至也;而用辛者,以冬至陽氣新用事,故用辛也。周之始郊,日以至者,對建寅之月」;又祈穀郊祭,「此言始者,對建寅爲始也」。《郊特牲》疏。澧案:圜丘之祭,《周禮》明言「冬日至」,而《郊特牲》言「郊用辛」。若合而爲一,則冬至豈必辛日?辛日豈必冬至?故肅解「日至」爲「建子之月」,然所解仍未能通也。「郊之用辛也,周之始郊,日以至」,此二句,以下句伸説上句也。如肅説,則郊祭之用辛日,周之建子月郊祭日以至,兩句不相連屬,不成文義;且謂言始者,對建寅月爲始,然則言周者,對何國而言周乎?如謂郊與圜丘是一,則當解云郊之所以用辛日者,周之始郊,值辛日冬至,故其後皆以辛日郊也,或冬至辛日,或冬至前後辛日也。言周之始郊者,對殷而言也。

《郊特牲》疏云:「《聖證論》以天體無二,郊即圜丘,圜丘即郊。鄭氏以爲天有六天,丘、郊、各異。」《祭法》疏引王肅難鄭云：「天唯一而已，何得有六？」《家語》云：「季康子問五帝，孔子曰：天有五行，其神謂之五帝。五帝可得稱天佐，不得稱上天。」澧案：「六天」二字，文義不通。然鄭君之書，不見有此二字也。肅謂五帝不得稱上天，誠是也。然鄭未嘗稱五行之帝爲上天也。且季康子之問，孔子之答，皆稱爲五帝，未嘗稱爲五佐也。上天既謂之帝，五行之神亦謂之帝，是帝有六也。此與六天何異？欲難鄭而適足以申鄭矣。《郊特牲》疏云：「賈逵、馬融、王肅之等，以五帝非天，謂大皞、炎帝五人帝之屬。」此又與天佐之説，自相岐異矣。《晉書》、《宋書》《禮志》云：晉泰始二年「群臣又議，五帝即天也。雖名有五、其實一神，明堂南郊，宜除五帝之坐，五郊改五精之號，皆同稱昊天上帝」。太康十年，乃更詔曰：「《孝經》：郊祀后稷以配天，宗祀文王於明堂以配上帝。而《周官》云『祀天旅上帝』，又曰『祀地旅四望』[二七]。四望非地，則明堂上帝不得爲天也。往者衆議除明堂五帝位考之禮文正經不通。其復明堂及南郊五帝位。」澧案：王肅言五帝不得稱上天，而晉之群臣，乃云五帝即天，皆同稱昊天上帝，則名爲用王肅議，而實悖之矣。太康十年之詔，因韓、楊上書及摯虞議，改而如舊。當時天子尊用其外祖之説，而其臣能諍之，亦難得也。《舊唐書·禮儀志》載許敬宗奏議云：「天尚無二，焉得有六？」此亦勦襲王肅語也。許敬宗、黎幹大奸大惡，而亦公然説經議禮，此千古經學之羞矣！

《祭法》疏引肅難鄭云：「鄭以五帝爲靈威仰之屬，非也。」澧案：《後漢書·明帝紀》：永平二年「宗祀光武皇帝於明堂，以配五帝。」章懷注云：「《五經通義》曰：蒼帝靈威仰，赤帝赤熛怒，黄帝含樞紐，白帝白招矩，黑帝叶光紀。」此所引《五經通義》，不知何人所作？然章懷不引鄭説而引此，則必在鄭之前也。《後漢書·曹褒傳》云：作《通義》十二篇。不知章懷所引，即曹褒書否？《通典》卷八十三凶禮，引《五經通義》一條，在漢石渠議之後，《白虎通》之前。然則《五經通義》，在班固之前也。《隋書·經籍志》有《五經通義》，不注何人撰。《舊唐書·經籍志》「《五經通義》，劉向撰」，則不知其何所本也？五帝爲靈威仰之屬，鄭君以前，《五經通義》已有之，故鄭君以此注經，猶云經所謂五帝，若漢所謂靈威仰之屬耳。朱竹垞《齋中讀書》詩云：「真儒起北海，卓哉鄭司農！至於五帝名，亦惟祀典從。」靈威仰之屬，名號瓌奇，故後儒疑之。王蘭泉《金石萃編·禮器碑跋》云：「靈威仰五名，與《爾雅》所載青陽、朱明、白藏、玄英何異？」此亦可以釋其疑矣。

《祭法》疏又引肅難鄭云：「案《易》『帝出乎《震》』，震，東方，生萬物之初，故王者制之。初以木德王天下，非謂木精之所生。五帝皆黄帝之子孫，各改號代變，而以五行爲次焉，何太微之精所生乎？」澧案：《玉藻》疏引《異義》明堂制云：「講學大夫淳于登説，周公祀文王於明堂以配上帝，上帝，五精之帝。太微之庭，中有五帝座星。」據此，則太微之精，其説出於鄭君之前矣。《祭法》疏引馬昭申鄭云：「《孝經》云『郊祀后稷以配天』，則周公配靈威仰，漢氏及魏據此義而各配其行。」又引張融評云：「大魏與漢，襲唐虞火土之法。」然則郊祀感生帝，亦漢制，鄭君據以注經耳。

鄭君以五帝爲天帝，乃漢制也；以圜丘與郊爲二，則漢初之制也。王肅以圜丘與郊爲一，漢成帝時之制也；以五帝爲五人帝，王莽奏定之制也；又以爲天佐，則謬忌之説也。《史記·封禪書》云：秦并天下，令祠官所常奉天地、名山、大川、鬼神，唯雍四時上帝爲尊。沛公立爲漢王，問故秦時上帝祠何帝也？對曰：「四帝，有白、青、黄、赤帝之祠。」高祖曰：「吾聞天有五帝。」乃立黑帝祠，命曰北畤。《漢書·郊祀志》同。此五帝，皆上帝也，天帝也，祠於雍者也。又云：「今上初至雍，郊見五畤。後常三歲一郊。」此祭五帝於雍，謂之郊也。又云：「亳人謬忌奏曰：『天神貴者太一，太一佐曰五帝。於是天子令太祝立其祠長安東南郊。』」此以五帝爲太一之佐也。又云：「上幸甘泉，令祠官寬舒等具太一祠壇，五帝壇環居其下。」此太一祠壇在甘泉者也。《漢舊儀》云：漢法，「三歲一祭天於雲陽宮甘泉壇，以冬至日祭天」。又云：「甘泉臺去長安三百里，望見長安，成帝以來所祭天之圓丘也。」此據《藝文類聚》卷三十八。《太平御覽》卷五百二十七略同，惟「成」作「城」，下有「皇」字，「以」字下無「來」字，誤也。「成」、「城」皆誤，當作武皇帝。此以甘泉太一祠壇爲圓丘，與雍五畤謂之郊者，各異也。《封禪書》又云：「天子既已封太山，五年修封，則祠太一五帝於明堂上坐，令高皇帝祠坐對之。」此祠高帝於太山明堂以配六天帝也。《漢書·郊祀志》云：「成帝時，匡衡、張譚奏宜於長安定南北郊，郊見上帝。青、赤、白、黄、黑五方之帝畢陳，而罷雍五畤及甘泉泰畤。」此合祀太一及五天帝於長安，而不分郊與圓丘也。又云：「平帝元始五年，王莽奏中央疑脱「黄」字。帝黄靈后土畤于長安城之未地兆，東方帝太昊青靈句芒畤于東郊兆，南方炎帝赤靈祝融畤于南郊兆，西方帝少皞白靈蓐收畤于西郊兆，北方帝顓頊黑靈玄冥畤于北郊兆，奏可。」此太皡、炎帝之等乃五人帝，非天帝；又分在長安四郊及未地，王莽爲之也。《續漢書・祭祀志》云：光武建武二年，「采元始中故事，爲圜壇八陛。中又爲重壇，天地位其上。其外壇上爲五帝位，青帝位在甲寅之地，赤帝位在丙巳之地，黄帝位在丁未之地，白帝位在庚申之地，黑帝位在壬亥之地。隴蜀平後，乃增廣郊祀，高帝配食，位在中壇上」。此雖云采元始故事，然所祭乃五天帝，又不在四郊，與王莽所奏異也。又云：明帝永平二年，「初祀五帝於明堂，光武配」。《東觀漢記》同。此以光武配五天帝於明堂也。總而考之，漢制，郊見五畤，而鄭説郊祭一帝；《祭法》注。甘泉圜丘有五帝壇，光武之圜壇外亦爲五帝位，而鄭説圜丘惟祭昊天；《祭法》注云：「禘，謂祭昊天於圜丘也。」武帝太山明堂，祠太一五帝，而鄭説明堂惟祭五帝，《祭法》注。鄭君固多以漢制解經，而亦不盡泥於漢制也。王肅以郊丘是一，雖與匡衡、張譚所奏同，而甘泉圜丘有五帝壇，則已爲此説之濫觴矣。其以五帝爲五人帝，既與王莽同，復改用謬忌太一佐之説，謂之天佐，而又不明言出於謬忌。然《史記》、《漢書》具在，豈能掩人耳目哉！鄭、王之説，出於漢制者，昔人未詳考也。其從肅説者，竟不知其有出於王莽者矣。

鄭云：「星，辰，司中，司命，風師，雨師，此之謂六宗。」《祭法》疏。王肅必有難鄭之語，今不得而見。肅之自爲説，則見《祭法》疏，云「《聖證論》以四時也，寒暑也，日也，月也，星也，水旱也，爲六宗」。孔注《尚書》亦同之。《晉書・禮志》云《尚書》六宗諸儒互説不同，「王莽以易六子，遂立六宗祠。魏明帝以問王肅，亦以爲易六子，故不廢」。澧案：肅作《聖證論》，以爲四時寒暑之等，而對魏明帝，又以爲易六子，亦自相岐異也。易六子，其數猶巧合。《祭法》所言祭時、祭寒暑、祭日、祭月、祭星、祭水旱、祭四方，凡七事，乃除去祭四方而爲六，尤不能巧合矣。《尚書》僞孔傳，與肅説同，故近儒疑爲肅所作也。《續漢書·祭祀志》云：安帝元初六年，「以《尚書》歐陽家説，謂六宗者，在天地四方之中，爲上下四旁之宗。以元始中故事謂易六子者爲非是，更立六宗祀於雒陽西北戍亥之地」。據此，則易六子之祀，漢安帝時已廢。《晉志》云不廢者，蓋廢而復立耳。

《郊特牲》疏云：「鄭康成之説，以社爲五土之神，稷爲原隰之神。句龍以有平水土之功，配社祀之；稷有播五穀之功，配稷祀之。若賈逵、馬融、王肅之徒，以社祭句龍，稷祭后稷，皆人鬼也，非地神。故《聖證論》王肅難鄭云。」《祭法》及昭二十九年傳云：「句龍能平水土，故祀以爲社。」不云祀以配社，明知社即句龍也。《續漢書·祭祀志》劉昭注云：「自漢諸儒論句龍即是社主，或云是配。後荀彧問仲長統以社所祭者何神也？統答所祭者土神也。侍中鄧義以爲不然而難之。彧令統答焉。統答義曰：《禮運》曰：命降於社之謂殺地。《郊特牲》曰：社所以神地之道也。」相此之類，元尚不道配食者也。又云：「鈞之兩者，未知孰是？去本神而不祭，與貶句龍爲土配，比其輕重，何謂爲甚？」澧案：仲長氏謂社爲土神，既有典據，而猶云未知孰是，以説經議禮，不可不慎重也。如王肅者，正坐不知此義耳。

《晉書》、《宋書》[之][二八]《禮志》云：　晉太康九年，「詔曰：『社實一神，其并二社之地』。於是車騎司馬傅咸表曰：『《祭法》：王社大社，各有其義。』王景侯解《祭法》，則以置社爲人間之社。而別論復以太社爲人間之社，未曉此旨』。別論，蓋《聖證論》也。人間者，民間也，唐人諱「民」字，改之。「時成粲議，稱景侯論太社不立京都，欲破鄭氏學」。傅咸重表以爲「《大雅》云『乃立冢土』，毛公解曰『冢土，大社也』。景侯解《詩》，即用此說。《禹貢》『惟土五色』，景侯解曰『王者取五色土爲太社，封四方諸侯，各割其方色』。如此，太社復爲立京都也」。《晉書·禮志》又載摯虞奏：「宜定新禮，從二社。」詔從之。澧案：此亦肅說之自相岐異，故爲傅咸、摯虞所駁也。傅咸表又云：「太社不立於京都，當安所立？」尤無可置辯矣。

《王制》「天子七廟」，鄭注云：「此周制。七者，太祖及文王、武王之祧，與親廟四。太祖，后稷。」孔疏云：王肅以爲「謂高祖之父及高祖之祖廟爲二祧，并始祖及親廟四爲七」。馬昭難王義云：「盧植說云：二祧謂文武。」《王制》七廟，盧植云：「皆據周言也。」《穀梁傳》天子七廟，尹更始說天子七廟，據周也。《漢書》韋玄成四十八人議，皆云周以后稷始封，文、武受命。《石渠論》《白虎通》云：「周以后稷、文、武特七廟。」澧案：《鄭志》云「爲記注時，就盧君」。故鄭說七廟與盧同。且兩漢數十人之說皆然，肅乃欲盡奪而易之乎？疏又引《聖證論》云：「自上以下，降殺以兩，今使天子諸侯并親廟四而止，則君臣同制，尊卑不別。」澧謂天子有文、武二祧，諸侯無之，此即降殺矣，何復求降殺乎？且諸侯五廟，惟魯用王禮。有魯公、武公二廟，以象文、武二祧。而爲七廟，則周天子七廟，亦并文、武二祧數之，明矣。若如肅説，始祖與高祖之父之祖及親廟四爲七，又有文、武二廟不遷而爲九，則是天子九，諸侯五，降殺以四，非降殺以兩矣。近儒之説最善者，金輔之《禮箋》云：「《王制》、《祭法》，所記不同。《王制》所云，周人之典祀也；《祭法》所云，周初建設之制也。」此説本於《周禮·守祧》賈疏，剖析最爲簡明。《祭法》：遠廟爲祧。有二祧，乃周昭王以前之制。其時文王、武王在四親廟，迭遷。其在二祧者，亦迭遷。至穆王、共王時，文、武在二祧，則永不遷。此後則高祖之父之祖，遷主於文、武二祧矣。蓋周公制禮之時，以文、武宜百世不遷，故特立二祧廟，以待文、武在此二廟時，永不遷也。《王制》所云七廟，通前後言之也。《通典》卷四十九，引鄭康成《禘祫志》云：「太王王季以上遷主，祭於后稷之廟，其坐位與祫祭同。文、武以下遷主，若穆之遷主，祭於文王之廟。文王居室之奥東面，文王孫成王居文王之東而北面，以下穆王直至親盡之祖，以次繼而東，皆北面，無昭主。若昭之遷主祭於武王之廟，武王亦居室之奥東面，其昭孫康王亦居武王之東而南面，亦以次繼而東，直至親盡之祖，無穆主也。」此鄭説，最詳明無疑義矣。《隋書·禮儀志》云許善心、褚亮等議曰：「自歷代以來，雜用王、鄭二義。若尋其指歸，校以優劣，康成止論周代，非謂經通；子雍總貫皇王，事兼長遠。」澧案：此謂鄭論周代，是也。其謂子雍總貫皇王，不知皇王指何代？其廟制異於周代者，何由而知之也？

《檀弓》疏云：「王肅以二十五月禫，除喪畢；而鄭康成則二十五月大祥，二十七月而禫。王肅難鄭云：若以二十七月禫，其歲末遭喪，則出入四年。《喪服小記》何以云再期之喪三年？」澧案：「再期之喪三年」者，謂再期而大祥耳，此後尚有禫服也。如肅説，則無禫服而後可矣；有禫服，雖出入四年，然仍未滿三年也。《宋書·武帝紀》云：永初元年，「改晉所用王肅祥禫二十五月儀，依鄭玄二十七月而後除」。又《王准之傳》云：「奏曰：『鄭玄注禮，三年之喪，二十七月而吉。古今學者，多謂得禮之宜。晉初用王肅議，二十五月而除。江左以來，唯晉朝施用；搢紳之士，多遵玄議。今大宋開泰，愚謂宜以玄義爲制，朝野一禮。』從之。」《禮志》同。王肅難鄭之説甚多。澧今但考其大者，小失則不發其短也。凡鄭君之説，未必盡是；肅之所難，未必盡非。惟鋭意於奪而易之，故其説多輕率，復多矛盾也。夫前儒之説有誤，後儒固當駁正，即朝廷典制有誤，亦當論駁。肅之病，在有意奪易，此其心術不端，雖有學問，徒足以濟其奸耳。姚姬傳《儀鄭堂記》云：「鄭君起青州，弟子傳其學，既大著，迄魏王肅駁難鄭義，欲争其名，僞作古書，曲傅私説。學者由是習爲輕薄。自鄭、王異術，而風俗人心之厚薄以分。」澧謂近儒講漢學者，皆尊鄭君而惡王肅，容或有一偏之見。姚氏非講漢學者，而其言亦如此，是公論矣。

王肅雖好與鄭立異，然亦有用鄭説者。《通典》載魏明帝崩，「尚書訪曰：當以明皇帝謚告四祖，祝文於高皇稱玄孫之子云何？王肅曰：荀爽、鄭玄説，皆云天子、諸侯事曾祖以上，皆稱曾孫」。卷七十九。此肅之從鄭説者，不多見也。

虞翻奏上《易注》云：「諸家不離流俗，荀諝顛倒反逆，馬融復不及諝，鄭玄、宋忠，皆未得其門。」此欲推倒一世豪傑矣。又云：「臣郡吏陳桃，夢道士以《易》三爻飲臣。豈臣受命，應當知經？」此尤怪妄可笑。説夢已妄，况説他人之夢，且以入奏疏乎？又奏《鄭玄解尚書違失事》云：「康王執瑁，古月似同，從誤作同，復訓爲酒杯。成王疾困，憑几洮頮爲濯，以爲澣衣成事，洮字虚更作濯，以從其非。又古大篆丣字，讀當爲桺，而以爲昧；分𠔁三苗，𠔁古別字，又訓北，言北猶別也。於此數事，誤莫大焉。」澧案：江艮庭《尚書集注音疏》，謂翻所駁皆誣罔。王西莊《尚書後案》，謂翻言無一可信。惟段懋堂《尚書撰異》，最爲持平，謂其時鄭注《尚書》，家習户曉，豈能鑿空相誣？惟仲翔考究未精耳。壁中《書》，桺谷必是丣字，鄭於雙聲求之，讀當爲昧。鄭注《周禮·縫人》引伏《書》「桺穀」，其注《古文尚書》，則不欲牽合伏《書》也。韓非曰「背厶爲公」，以背訓八。故鄭君注《尚書》云「北猶別也」。仲翔不知鄭注是古義，輒欲改《堯典》「北」字爲「𠔁」字，而譏鄭，非也。「同瑁」改作「冃瑁」，則三宿、三祭、三詫者，果何物乎？如其説，則「瑁」字已足，「冃」爲贅也。大保以異冃秉璋以酢天子之瑁，乃有異者乎？其悖謬甚矣。江氏云：「若以『同』爲『冃』，謂爲古『瑁』字，則奉冃瑁受冃瑁，成何語乎？王受同以祭，太保以異同酢，則同非酒器而何？」王氏云：「瑁豈可酌酒，屢相授受何爲乎？翻真妄人矣！」以上三事，段氏皆斷爲虞氏之誤。惟虞氏所述鄭注「洮頮」爲濯，以爲澣衣成事。段氏云：「爲濯之上有脱文，當云洮讀爲濯。《周禮·守祧》注：古文祧爲濯。《爾雅》郭本珧，衆家本皆作濯，是其例也。解爲浣衣，於事或乖，而於字義必求是。」此段氏謂鄭注字義是，而事或乖，絶不回護。是虞駁鄭四事，其一是鄭誤，其三是虞誤也。王西莊云：「鄭注但云洮濯，無澣衣之語。」澧謂此説惜無確據，如確無「澣衣」之語，則濯謂濯手，洮頮謂濯手頮面，甚通矣。鄭説四事，皆不誤矣。孫淵如云：「王病困，恐有不潔，又不便更衣，澣濯其污，方被冕服。」此則不可通也。不更衣，則衣在身，豈能澣濯乎？且即使鄭所説四事盡誤，亦皆小失，無關大義，安得云「誤莫大焉」？況一經之注，誤者只四條，正可見其精善耳！虞又奏云：「玄所注五經，違義尤甚者，百六十七事。行乎學校？傳乎將來，臣竊耻之。」此百六十七事，不知若何？即使鄭盡誤，亦非虞之耻也，何必囂争如此？江艮庭云：「虞翻，小人也，忌鄭君之名而詆之耳。」謂爲小人，未免已甚；謂忌鄭君之名而詆之，則定論矣。翻爲王朗功曹。朗被孫策擊敗浮海，翻追隨營護，及歸，復爲孫策功曹，似太無氣節。蓋翻有老母，如不從策，恐有殺身之禍，不能奉母耳。

與鄭立異者，魏有王肅，吴有虞翻。蜀亦有李譔，著古文《易》、《尚書》、《毛詩》、三《禮》、《左氏傳》、《太玄》指歸，皆依準賈、馬，異於鄭康成；與王氏殊隔，初不見其所述，而意歸多同。總由鄭君名重，故三國各有人欲奪而易之也。譔遍注七經，則其學甚博，其書不傳，亦可惜也。

漢昭烈署周群爲儒林校尉，來敏爲典學校尉，尹默爲勸學從事，許慈、胡潛並爲博士。尹默通諸經史，又專精於《左氏春秋》。來敏善《左氏春秋》，尤精於《倉》、《雅》訓詁。杜瓊著《韓詩章句》十餘萬言。許慈治《易》、《尚書》、三《禮》、《毛詩》、《論語》。蜀人治經者頗不少，惜其書湮没，不如魏、吴諸儒，烜赫有名於後世也。有名於後世者惟譙周，則蜀之羞矣。

魏齊王芳時，何晏奏曰：「善爲國者，必先治其身。治其身者，慎其所習。所習正，則其身正。其身正，則不令而行。所習不正，則其身不正。其身不正，則雖令不從。是故爲人君者，所與游必擇正人，所觀覽必察正象，放鄭聲而弗聽，遠佞人而弗近，然後邪心不生，而正道可宏也。季末闇主，不知損益，斥遠君子，引近小人，忠良疏遠，便辟褻狎，亂生近暱。譬之社鼠，考其昏明，所積以然。故聖賢諄諄以爲至慮。舜戒禹曰『鄰哉！鄰哉！』言慎所近也。周公戒成王曰『其朋！其朋！』言慎所與也。《詩》云『一人有慶，兆民賴之』[二九]。可自今以後，御幸式乾殿及游豫後園，皆大臣侍從。因從容戲宴，兼省文書，詢謀政事，講論經義，爲萬世法。」錢辛楣《何晏論》云：「予嘗讀其疏，以爲有大儒之風。此豈徒尚清談者能知之而能言之者乎？若夫勸曹爽絀司馬懿，此平叔之忠於公室也。范寧奈何不考其本末，而輒以『膏粱傲誕、利口覆邦』詆之？陳承祚之徒，徒以平叔與司馬宣王有隙，故傳記不無誣辭也。」澧謂平叔之受誣，得錢氏之論而一雪矣。吾友鄒特夫亦云：「何晏之奏，皆《論語》之精義也。」陳承祚不敢爲平叔作傳，故載此疏於本紀，并載孔乂之奏；其實非本紀所宜有，蓋欲特傳此疏耳。承祚固有深意也。

何晏請管輅爲卦，輅既稱引鑒誡，晏謝之曰：「知機其神乎，古人以爲難；交疏而吐其誠，今人以爲難。君今一面而盡二難之道，可謂明德惟馨。《詩》不云乎：『中心藏之，何日忘之。』」《管輅傳》《世説·規箴門》同。《世説》注引《名士傳》曰：是時「曹爽輔政，識者慮有危機。晏有重名，與魏姻戚，内雖懷憂，而無復退也。著五言詩以言志曰：『鴻鵠比翼游，群飛戲太清。常畏大網羅，憂禍一旦并。豈若集五湖，從流唼浮萍。永寧曠中懷，何爲怵惕驚？』平叔能受善言，悟危機，而不能自脱，良可哀也」。豈可苛論乎？

何晏以爲聖人無喜怒哀樂。王弼與不同，以爲「聖人茂於人者，神明也；同於人者，五情也。神明茂，故能體沖和以通無；五情同，故不能無哀樂以應物。然則聖人之情，應物而無累於物者也」。《鍾會傳》注引《王弼傳》。程明道《定性書》云「聖人之情，順萬事而無情」，與輔嗣之説頗相似。《世説》云：「王輔嗣弱冠，詣裴徽。徽問曰：『夫無者，誠萬物之所資，聖人莫肯致言，而老子申之無已，何耶？』弼曰：『聖人體無，無又不可以訓，故言必及有；老、莊未免於有，恒訓其所不足。』」《文學門》。輔嗣談老、莊，而以聖人加於老、莊之上。然其所言「聖人體無」，則仍是老莊之學也。猶後儒談禪學，而以聖人加於佛之上，然其所言聖學，則仍是禪學也。

《世説》《文學門》。注引《王弼别傳》云「以所長笑人」。澧謂虞仲翔注《易》，而遍詆荀諝、馬融、鄭康成、宋忠，亦以所長笑人也。此輕薄風氣，學者宜戒之。

董昭上疏陳末流之弊，云「竊見當今年少，不復以學問爲本，專更以交游爲業。國士不以孝悌清修爲首，乃以趨埶游利爲先」。杜恕上疏云：「今之學者，師商、韓而上法術，競以儒家爲迂闊，不周世用。」此最風俗之流弊。東漢學問風俗之美，至魏時變壞如此。

魚豢《魏略》，以董遇、賈洪、邯鄲淳、薛夏、隗禧、蘇林、樂祥七人爲儒宗。其序曰：「正始中，有詔議圜丘，普延學士。是時郎官及司徒領吏二萬餘人，而應書與議者，略無幾人。又是時朝堂公卿以下四百餘人，其能操筆者，未有十人，多皆相從飽食而退。嗟夫！學業沉隕，乃至於此。是以私心常區區貴乎數公者，各處荒廢之際，而能守志彌敦者也。」《王肅傳》注。漢末經學極盛，曾幾何時，乃至於此。魏明帝太和四年詔曰「兵亂以來，經學廢絶」，然則荒廢已久矣。學業沉隕甚易，吾輩可不守志彌敦乎？

《魏略》又云人有從董遇學者，「遇云：『必當先讀百遍。』言『讀書百遍，而義自見』。從學者云：『苦渴無日。』遇言：『當以三餘：冬者歲之餘，夜者日之餘，陰雨者時之餘也。』由是諸生少從遇學。」同上。澧謂遇之學，可謂善學矣；遇之教，可謂善教矣。而諸生少從遇學，可見能受教之難其人也，亦由於魏世之學之衰也。

高貴鄉公講《尚書》畢，賜執經親授者司空鄭沖、侍中鄭小同等各有差。又宴群臣於太極東堂，與侍中荀顗等講述禮典，遂論夏少康，群臣咸悦服。又幸太學，講《易》、《尚書》、《禮記》，又詔群臣皆當「玩習古義，修明經典」。其被弑時，年甫二十耳。使其享國長久，經學必大興矣。所謂「玩習古義」者，蓋不喜王肅之學。觀其幸太學講《尚書》，駁王肅之説，可知其意矣。

孫休詔「案古置學官，立五經博士」，欲與博士祭酒韋曜、博士盛沖講論道藝。左將軍張布恐入侍發其陰失，因妄飾説以拒遏之。休答曰：「君意特有所忌故耳。」布又言懼妨政事，休答曰：「書籍之事，患人不好，好之無傷也。王務學業，不相妨也。」休更恐其疑懼，竟如布意，廢其講業，不復使沖等入。此事甚可惜。讀史至此，不禁爲之感歎也！

卷十七　晉（未成）

卷十八　南北朝隋（未成）

卷十九　唐五代（未成）

卷二十　宋（未成）

卷二十一

朱子書

朱子《論語訓蒙口義》序云：「本之注疏以通其訓詁，參之《釋文》以正其音讀，然後會之於諸老先生之説，以發其精微。」《與魏應仲書》亦云：「參以《釋文》正其音讀。」《論語要義目録》序云：「其文義名物之詳，當求之注疏，有不可略者。」《答余正父書》云：「今所編禮書内，有古經闕略處，須以注疏補之，不可專任古經而直廢傳注。」《答張敬夫孟子説疑義書》云：「近看得《周禮》、《儀禮》一過，注疏見成，却覺不甚費力也。」《語類》云：「祖宗以來，學者但守注疏；其後便論道，如二蘇直是要論道。但注疏如何棄得？」卷一百二十九。又云：「今世博學之士，不讀正當底書，不看正當注疏。」卷五十七。朱子自讀注疏，教人讀注疏，而深譏不讀注疏者如此。昔時講學者，多不讀注疏；近時讀注疏者，乃反訾朱子；皆未知朱子之學也。

《語類》云：「某尋常解經，只要依訓詁説字。」卷七十二。又云：「先生初令義剛訓二三小子，見教曰：『訓詁則當依古注。』」卷七。《答黄直卿書》云：「近日看得後生，且是教他依本子認得訓詁文義分明爲急。今人多是躐等妄作，誑誤後生，其實都曉不得也。」《答李公晦書》云：「先儒訓詁，直是不草草。」《答王晉輔書》云：「禮書縮訓爲直者非一，乃先儒之舊，不可易也。」朱子重訓詁之學如此。其《答何叔京書》云：「李先生教人，大抵令於静中體認大本，未發時氣象分明，即處事應物，自然中節。當時竊好章句訓詁之習，不得盡心於此。」朱子從學於李延平，乃早年事，其時已好章句訓詁之學矣。

《語類》云：「而今人多説章句之學爲陋。某看見人多因章句看不成句，却壞了道理。」卷五十六。澧案：薛艮齋《與朱編修書》云：「漢儒之陋，則有所謂章句家法」。此稱朱編修者，朱子嘗除樞密院編修也。朱子所云「今人」者，蓋即艮齋也。朱子注《大學》、《中庸》，名曰《章句》，用漢儒名目，以曉當時之以爲陋者也。讀朱子書者，當知之；講漢學者，亦當知之。

《學校貢舉私議》云：「其治經必專家法者，天下之理，固不外於人之一心。然聖賢之言，則有淵奥爾雅，而不可以臆斷者；其制度名物，行事本末，又非今日之見聞所能及也。故治經者，必因先儒已成之説而推之。借曰未必盡是，亦當究其所以得失之故，而後可以反求諸心，而正其謬。此漢之諸儒，所以專門名家，各守師説，而不敢輕有變焉者也。」《語類》云：「漢儒各專一家，看得極子細。今人才看這一件，又要看那一件，下稍都不曾理會得。」卷一百二十一。《策問》云：「問漢世專門之學，如歐陽、大小夏侯、孔氏《書》，齊、魯、韓氏《詩》，后氏、戴氏《禮》，董氏《春秋》，梁丘、費氏《易》，今皆亡矣。其僅有存者，又已列於學官，其亦可以無惡於專門矣。而近世議者深斥之，將謂漢世之專門者耶？抑別有謂也？今百工曲藝，莫不有師。至於學者尊其所聞，則斥以爲專門而深惡之，不識其何説也？二三子陳之。」

《記解經》云：「凡解釋文字，不可令注脚成文。成文則注與經各爲一事，人唯看注疏而忘經；不然，即須各作一番理會。須只似漢儒毛、孔之流，略釋訓詁名物，及文義理致尤難明者，而其易明處，更不須貼句相續，乃爲得體。蓋如此，則讀者看注，即知其非經外之文，却須將注再就經上體會，自然思慮歸一，功力不分，而其玩索之味，亦益深長矣。」《答張敬夫書》云：「漢儒可謂善説經者，不過只説訓詁，使人以此訓詁玩索經文。訓詁經文，不相離異，只做一道看了，直是意味深長也。」《語類》云：「漢初諸儒，專治訓詁。如教人亦只言某字訓某字，自尋義理而已。」卷一百三十七。「自晉以來解經者，却改變得不同，王弼、郭象輩是也。漢儒解經，依經演繹；晉人則不然，捨經而自作文。」卷六十七。「傳注，惟古注不作文，却好看。疏亦然。今人解書，且圖要作文，又加辨説，百般生疑，故其文雖可讀，而經意殊遠。程子《易傳》，亦成作文，説了又説。故今人觀者，更不看本經，只讀傳，亦非所以使人思也。」卷十一。「程先生經解，理在解語内。某集注《論語》，只是發明其辭，使人玩味經文，理皆在經文内。」卷十九。「南軒□[三〇]《孟子》，嘗説『他這文字不好看』。蓋解經不必做文字，止合解釋得文字通，則理自明，意自足。今多去上做文字，少間説來説去，只説得他自己一片道理，經意却蹉過了。」卷一百三。

《語類》云：「古時無多書，人只是專心暗誦，且以竹簡寫之。尋常人如何辦得竹簡如此多？所以人皆暗誦而後已。伏生亦只是口授《尚書》二十餘篇。黄霸就獄，夏侯勝授《書》於獄中，又豈得本子？只被他讀得透徹。後來著述諸公，皆以名聞。漢之經學，所以有用。」卷十四。

《語孟集義》序初曰《精義》，後改名《集義》。云：「漢魏諸儒，正音讀，通訓詁，考制度，辨名物，其功博矣。學者苟不先涉其流，則亦何以用力於此？」《答張敬夫書》云：「秦漢諸儒，解釋文義，雖未盡當，然所得亦多。今且就分數多處論之，則以爲得其言而不得其意，與奪之際，似已平允。若更於此一向刻核過當，却恐意思迫窄，而議論偏頗，反不足以服彼之心。」又《與林擇之書》云：「欽夫云：《論》《孟》序中不當言漢儒得其言而不得其意，蓋漢儒雖言亦不得也。某則絶不愛此等説話。」朱子深明漢儒之學，故不喜南軒刻核之論也。

朱子議宋寧宗當爲孝宗承重，而無證驗。後檢得《儀禮・喪服》疏引《鄭志》之説，乃自書奏稿後云：「學之不講，其害如此。向使無鄭康成，則此事終未有決斷。」又《答黄商伯》云《儀禮・喪服》疏云云，「分明是畫出今日事。往時妄論，亦未見此；歸乃得之，始知學之不可不博如此，非細事也」。又《答李季章書》云：「乃知漢儒之學，有補於世教者不小。」朱子生平，於此事最折服鄭君，其後編《儀禮》，以鄭注補經，蓋由於此也。《語類》云：「鄭康成是個好人，考禮名數，大有功，事事都理會得。如漢律令，亦皆有注，儘有許多精力。東漢諸儒煞好，盧植也好。康成也可謂大儒。」卷八十七。「使鄭康成之徒制作，也須略成個模樣，未説待周公出制作。」卷八十四。澧案：《後漢書・盧植傳》上封事云：「修禮者，應徵有道之人，若鄭玄之徒。」朱子此説，蓋出於彼。「問：《禮記》古注外無以加否？曰：鄭注自好。」卷八十七。「瑟兮、僩兮者，恂慄也。『恂』字，鄭氏讀爲『峻』。某始者言此只是『恂恂如也』之『恂』，何必如此？及讀《莊子》，見所謂『木處則惴慄恂懼』，然後知鄭氏之音爲當。如這般處，須是讀得書多，然後方見得。」卷十七。「如『至誠無息』一段，諸儒説多不明，却是古注是。」卷六十四。「鄭康成解『非天子不議禮』，云：『必聖人在天子之位然後可。』若解經得如此簡而明，方好。」卷六十四。　澧案：此條記者稍誤。《中庸》雖有「其位」一節，鄭注云：「言作禮樂者，必聖人在天子之位。」朱子語，指此也。「漢儒解『天命之謂性』云：『木神仁，金神義』等語，却有意思，非苟言者。學者要體會親切。」卷五。《答呂伯恭書》云：「近看《中庸》古注，極有好處。如說篇首一句，便以五行、五常言之。後來雜佛、老而言之者，豈能如是之慤實耶？因此方知擺落傳注，須是兩程先生，方始開得這口。後學承虛接響，容易呵叱，恐屬僭越，氣象不好，不可以不戒耳！」李繼善問：「《檀弓》殷練而祔，周卒哭而祔，孔子善殷；程、張二先生以爲須三年而祔；《士虞禮》鄭氏注所說，於經未有所見，不知如何？」朱子答書云：「若謂只是注文，於經無見，即亦未見注疏之所以不可從者，不當直以注爲不足信也。」又郭子從問祔，答書云：「當如鄭說，伊川恐考之不詳。」郭子從問諒闇：「鄭氏以爲凶廬。天子居凶廬，豈合禮制？」答書云：「假使不如鄭氏說，亦未見天子不可居廬之法。來喻所云，不知何據，恐欠子細也。」「余正甫問《儀禮·喪服》大功章『女子子嫁者未嫁者，爲世父母、叔父母、姑姊妹。』答書云：『當從鄭注之說無疑。』」澧案：如此之類，皆於鄭注推服尊信甚至。至《曲禮》「若夫坐如尸，立如齋」，此取《大戴禮》曾子事父母篇文，而未節去「若夫」二字。鄭注誤以「夫」爲「丈夫」。朱子但云「他也是解書多後，更不暇仔細。」《語類》卷八十七。而不爲詆斥之語，其尊鄭也至矣。又云：「王肅議禮，必反鄭玄。」同上。蓋亦不喜肅之詆鄭也。又云：「鄭玄、王肅之學，互相詆訾，王肅固多非是，然亦有考據得好處。」《語類》八十三。此愈可見朱子非偏於尊鄭者。若王肅有好處，朱子固不没之也。

《答吕伯恭書》云：「《中庸》『仁者人也』，古注云：『人也，讀如相人偶之人；以人意相存問之言。』『相人偶』此句不知出於何書，疏中亦不説破，幸以見告。所謂『人意相存問』者，却似説得字義有意思也。」又云：「『相人偶』更有一、二處，但皆注中語，不知別有成文，或當時人語如此耶？」澧案：鄭康成以「相人偶」解「仁」字，而朱子以爲有意思，漢學、宋學兩家，皆可無疑矣。阮文達公以「相人偶」解「仁」字，尚有疑之者，未知朱子之説故也。

《鄉黨》「侃侃如也」、「誾誾如也」，《集注》云：「許氏《説文》：侃侃，剛直也。誾誾，和悦而諍也。」《語類》云：「問：先生解侃侃、誾誾四字，不與古注同。古注以侃侃爲和樂，誾誾爲中正。曰：《説文》以侃爲剛直。《後漢書》中亦云『侃然正色』。誾誾是『和説而諍』，此意思甚好。」（卷三十八）《孟子》「自怨自艾」、《集注》云：「艾，治也。《説文》云『芟草也』」；蓋斬絶自新之意。」《語類》云：「問『習，鳥數飛也』之義。」曰：「此是《説文》『習』字從『羽』。《月令》『鷹乃學習』，只是飛來飛去。」卷二十。「非禮勿視，《説文》謂『勿』字似旗脚。此旗一麾，三軍盡退，工夫只在『勿』字上。纔見非禮來，則以『勿』字禁止之。」卷四十一。「《説文》屑字云：『動作切切也』。『不屑去』，只是不汲汲於是。」卷五十三。「『聖人有以見天下之賾』。『賾』字在《説文》，曰『雜亂也』。古無此字，只是『嘖』字。」卷七十五。「『往近王舅』。近音既，《説文》作『⿺辶丌』，誤寫作近。」卷八十。「頃因看《筆談》，辨某人誤以屏爲反坫。後看《説文》，『坫』字下乃注云『屏也』，因疑存中所辨未審。」卷一百三十八。《記永嘉儀禮誤字》云：「《少牢饋食禮》：『日用丁己』。乃戊己之己，故注云：取其令名，自丁寧自變改，蓋本《說文》改字从己从支，爲己有過支之則改之義，而諸本或寫己爲辰巳之巳。《釋文》遂以祀音，張氏亦不能覺其誤也。」朱子說經，考據《說文》如此。《語類》云：「《字說》自不須辯，只看《說文》便見王字無意思。」（卷一百四十）朱子深於《說文》，故以王介甫《字說》爲無意思也。又《答呂伯恭書》云：「向議欲刊《說文》，不知韓丈有意否？因贊成之爲佳。」又云：「《說文》此亦無好本，已作書與劉子和言之矣。」朱子汲汲於刊《說文》如此，爲朱子之學者宜知之，爲《說文》之學者宜知之。《語類》云：「《玉篇》偏傍多誤收者，如者、考、老是也。」（卷一百四十）又云：「或問『二女果』，趙氏以『果』爲『侍』，有所據否？曰：『某嘗推究此。《廣韻》從「女」從「果」者，亦曰「侍也」。』」（卷六十一）朱子不獨考據《說文》，其於《玉篇》、《廣韻》，亦皆推究也。《玉海》後附刻《急就章》，末云：「越本，朱文公刊於浙東。戴帥初《急就篇注釋補遺自序》云家有《急就篇》一卷，經新安朱先生仲晦所校。」亦可見朱子好校刊字書也。

《答楊元範書》云：「字畫音韻，是經中淺事，故先儒得其大者，多不留意。然不知此等處不理會，却枉費了無限辭說牽補，而卒不得其本義，亦甚害事也。」《論語或問》云：「或問十章之說，「君子之於天下也」章。曰：此章諸說多誤，蓋由音讀之學不明。」澧案：朱子《四書音》，以陸氏《釋文》及孫宣公《孟子音義》爲本，而亦多不同。澧別有考，文多不録。《文集》有歐陽希遜問《論語》、《孟子》「比」字，「舊音毗志反，《集注》皆作必二反。」朱子答書云：「記得『比』字是用賈昌朝《群經音辨》改定。」朱子於音讀之學，考據詳博如此。又有《與程可久書》云：「『切響』二字，不審義例如何？幸望詳賜指喻。」《與黄商伯書》云：「向見楊伯起有《切韻》書，只三四十板，而聲形略備。亦嘗傳得，而爲人借失之，敢煩爲借抄一本。」朱子講求反切之學又如此。

《文集》中考禮之文，如《禘祫議答》、《社壇説》、《明堂説》、《殿屋廈屋説》、《深衣制度辨》、《君臣服議》、《跪坐拜説》、《周禮太祝九拜辨》，《儀禮·釋宫》李如圭所作，而入《朱子文集》，林月亭學正以爲朱子所商榷而論定者。見《學海堂初集·答問儀禮釋宫何人爲精確》。皆博考詳辨，其長篇至數千言。又有《記鄉射疑誤》一篇，尤考覈精細。朱子深於禮學，於此可見。

《琴律説》、《答吴元士書》，皆研究聲律。《語類》云：「今之士大夫，問以五音十二律，無能曉者。要之當立一樂學，使士大夫習之，久後必有精通者出。」卷九十二。又云：「《禮記》注疏，説五聲、六律、十二管，還相爲宫處分明。」同上。《答張仁叔書》云：「所論律吕，須作一圖子，分定十二律之位。却於中間空處，别用紙作一小輪子，寫五聲之位，當心用紙條穿定，令可輪轉。却依《通典》十二律之均，逐一認定，分别正聲子聲，則自見得次序分明。不可只如此空説也。」《答蔡季通書》云：「律準，前日一哥來此，已刻字調絃而去。但中絃須得律管，然後可定。然則此器亦是樂家第二義也。」又云：「近因諸人論琴，就一哥借得所畫圖子，適合鄙意，乃知朝瑞只説得黄鐘一均内最上一絃，而遽以論琴之全體，宜乎膠固偏執而無所合也。學不欲陋，豈不信然！」《語類》云：「季通不能琴，他只是思量得，不知彈出，便不可行。這便是無下學工夫。吾人皆坐此病。」(卷九十二)《答廖子晦書》云：「《樂記》圖譜，甚荷録示，但尚未曉用律次第。此間有人頗知俗樂，方欲問之。」朱子講求樂律如此。其以唐時《鹿鳴》、《關雎》十二詩譜編入《儀禮經傳通解》，及《與朱魯叔書》求南海廟唐朝樂譜。澧著《聲律通考》，已采録而論之矣。其云「《禮記》疏説還相爲宫處分明，及作圖子之法，尤爲初學講求聲律之階梯也。」作圖子之法，内外大小兩層皆圓，圓邊皆匀分十二位，外層左旋寫十二律，内層亦左旋寫五聲二變。宫與商，商與角，角與變徵，徵與羽，羽與變宫，其間皆空一位無字。變徵在徵之右，變宫在宫之右，其間不空也。

《語類》云：「《通典》好一般書。」卷八十四。「《通典》亦自好設一科。」同上。「樂律，《通典》亦略備。范蜀公與温公，都枉了相争，只《通典》亦未嘗看。」卷九十二。「《通典》又不是隱僻底書，不知當時諸公何故皆不看？」同上。朱子之重《通典》如此。爲朱學者，不可不看《通典》也。

《文集》有《壺説》一篇，算《禮記·投壺》之壺之周徑甚詳，可見朱子知算學。《語類》云：「算法甚有用，若時文整篇整卷，要作何用耶？徒然壞了許多士子精神。」卷十四。《答曾無疑書》云：「曆象之學，自是一家。若欲窮理，亦不可以不講。」《答李敬子書》云：「康節之言，大體固如是。然曆家之説，亦須考之，方見其細密處。如《禮記·月令》疏，及晉《天文志》，皆不可不讀。」《答蔡季通書》云：「近校得《步天歌》，頗不錯。其説雖淺而詞甚俚，然亦初學之階梯也。」《答蔡伯静書》云：「《步天歌》聞有定本，今就借，校畢，即納還也。」朱子講求曆算之學如此。《語類》又云：「今坐於此，但知地之不動耳。安知天運於外，而地不隨之以轉耶？」卷八十六。此則今日西洋人地動之説，朱子亦見及矣。

《答李季章書》云：「黄文叔頃年嘗作地理木圖以獻，其家必有元樣，欲煩爲尋訪，刻得一枚見寄。」又答書云：「此近已自用膠泥起草，似亦可觀。若更得黄圖參照，尤佳。」《語類》云：「理會《禹貢》，不如理會如今地理。舊鄭樵好説，後識中原者見之，云全不是。」卷七十九。「大凡兩山夾行中間必有水，兩水夾行中間必有山。江出於岷山，岷山夾江兩岸而行，那邊一支去爲隴，本注云：他本云：那邊一支，去爲江北許多去處。這邊一支爲湖南，又一支爲建康，又一支爲兩浙，而餘氣爲福建二廣。」同上。朱子之講求地理又如此。所謂理會如今地理，及兩山夾行中間必有水，兩水夾行中間必有山者，尤地理之要言也。《考工記》云：「凡天下之地勢，兩山之間，必有川焉。」然則兩川之間，亦必有山焉也。

《説文》三《禮》、曆算、地理之類，皆近儒以爲絶學[三二]，而朱子已提倡之，故今詳述其説也。

《答謝成之書》云：「天文、地理、禮樂、制度、軍旅、刑法，皆是著實有用之事業，無非自己本分内事。其與玩意於空言，以校工拙於篇牘之間者，其損益相萬萬矣。」《答余彝孫書》云：「大凡禮樂制度，若欲理會，須從頭做工夫，不可只如此草草，略説一二。但恐日力未遽及此，不若且專意於其近者爲佳耳。」《答孫季和書》云：「讀書玩理外，考證又是一種工夫。所得無幾，而費力不少，向來偶自好之。」《語類》云：「學者於文爲度數，不可存終理會不得之心，須立個大規模，都要理會得。

至於其明其暗，則係乎人之才何如耳。」卷七。「禮樂法度，古人不是不理會，只是古人都是見成物事，到合用時，便將來使。如今禮樂法度，都一齊亂散，不可稽考。若著心費力在上面，少間弄得都困了。」卷一百二十。「爲學須是先立大本，其初甚約，中間一節甚廣大，到末稍又約。近日學者，多喜從約，而不於博求之。不知不求於博，何以考驗其約？如某人好約，今只做得一僧，了得一身。又有專於博上求之，而不反其約，今日考一制度，明日又考一制度，空於用處作工夫，其病又甚於約而不博者。」卷十一。朱子好考證之學，而又極言考證之病，其持論不偏如此。蓋讀書玩理與考證，自是兩種工夫，朱子立大規模，故能兼之。學者不能兼，則不若專意於其近者也。朱子時，爲考證之學甚難，今則諸儒考證之書略備，幾於見成物事矣。學者取見成之書而觀之，不甚費力，不至於困矣。至專意於其近者，則尤爲切要之學，而近百年來爲考證之學者多，專意於近者反少，則風氣之偏也。

黄勉齋爲《朱子行狀》，云「其爲學也，窮理以致其知，反躬以踐其實。居敬者，所以成始成終也」。李果齋亦云：「主敬以立其本，窮理以致其知，反躬以踐其實。」《宋史》取此數語入朱子傳。朱子弟子所述朱子之爲學如此。然此其大略耳，今采朱子書以證明之。

窮理之説，朱子著於《大學補傳》，又作《或問》數千言以明之。所引程子語十六條，以明所謂竊取程子之意。其一條云：「或讀書講明道義，或論古今人物而别其是非，或應接事物而處其當否，皆窮理也。」又一條云：「或先其易者，或先其難者，各隨人淺深。譬如千蹊萬徑，皆可以適國，但得一道而入，則可以推類而通其餘矣。」又一條云：「如欲爲孝，則當知所以爲孝之道，如何而爲奉養之宜，如何而爲温凊之節，莫不窮究，然後能之，非獨守夫孝之一字而可得也。」又一條云：「當知至善之所在，如父止於慈，子止於孝之類。若不務此，而徒欲汎然以觀萬物之理，則吾恐其如大軍之游騎，出太遠而無所歸也。」朱子又伸其説云：「今且以其至切而近者言之，則心之爲物，實主於身。其體則有仁、義、禮、智之性，其用則有惻隱、羞惡、恭敬、是非之情，渾然在中，隨感而應，各有攸主而不可亂也。次而及於身之所具，則有口、鼻、耳、目、四肢之用；又次而及於身之所接，則有君臣、父子、夫婦、長幼、朋友之常。是皆必有當然之則而自不容已，所謂理也。」朱子之言理，切實如此。又云：「若其用力之方，則或考之事爲之著，或察之念慮之微，或求之文字之中，或索之講論之際。」朱子言窮理之方如此。又云：「今必以是爲淺近支離，而欲藏形匿影，别爲一種幽深恍惚艱難阻絶之論。務使學者莽然措其心於文字言語之外，而曰道必如此，然後可以得之，則是近世佛學詖淫邪遁之尤者，而欲移之以亂古人明德新民之實學，其亦誤矣。」又云：「有以『今日格一物，明日格一物』爲非程子之言者，不知何所病而疑之也？豈其習於持敬之約，而厭夫觀理之煩耶？」此又可見當時有以窮理爲淺近支離而厭其煩者，朱子不得不辨之也。

《語類》云：「所謂窮理者，事事物物，各自有個事物底道理。窮之須要周盡，若見得一邊，不見一邊，便不該通。窮之未得，更須款曲推明。蓋天理在人，終有明處，須從明處漸漸推將去。」卷十五。「且如一穴之光，也喚做光。然逐旋開劃得大，則其光愈大。」同上。「但看《孟子》便得。如說仁、義、禮、智，便窮到惻隱、羞惡、辭遜、是非之心；說好貨、好色、好勇，便窮到大王、公劉、文武；說古今之樂，便窮到與民同樂處。故其知識包宇宙，大無不該，細無不燭。」同上。「豈有學聖人之書，爲市井之行？這個窮得個甚道理？而今說格物窮理，須是見得個道理親切了，未解便能脫然去其舊習。其始且見得個道理如此，那事不是，亦不敢爲。其次見得分曉，則不肯爲。又其次見得親切，則不爲之，而舊習都忘之矣。」同上。「問：知至，若論極盡處，則聖賢亦未可謂之知至。如孔子不能證夏、商之禮，孟子未學諸侯喪禮，與未詳周室班爵之制之類否？曰：『然。如何要一切知得？然知至只是到脫然貫通處，雖未能事事知得，然理會得已極多。萬一有插生一件差異底事來，也都識得他破。只是貫通，便不知底，亦通將去。』」卷十八。「有人嘗說學問只用窮究一個大處，則其他皆通。如某正不敢如此說。須是逐旋做將去，不成只用窮究一個，其他更不用管，便都理會得？豈有此理！」同上。「且窮實理，令有切己工夫。若只泛窮天下萬物之理，不務切己，即是《遺書》所謂『遊騎無所歸』矣。」同上。「器遠問：『格物，當窮究萬物之理令歸一，如何？』曰：『事事物物，各自有理，如何硬要捏合得？』」同上。此朱子講窮理之語，尤可伸明《大學補傳》之說也。

《語類》云：「看來別無道理，只有個是非。若不理會得是非分明，便不成人。若見得是非，方做得人。這個是處，便是人立腳底地盤。向前去，雖然更有裏面子細處，要知大源頭，只在這裏。且要理會這個，教明白，始得。這個是處，便即是道，便是所謂天命之謂性，率性之謂道。萬物萬事之所以流行，只是這個。做得是，便合道理；纔不是，便不合道理。所謂學問，也只在這裏。」卷一百三十。「所謂道，不須別去尋討，只是這個道理。非是別有一個道，被我忽然看見，攫拏得來，方是見道。只是如日用底道理，恁地是，恁地不是。事事理會得個是處，便是道也。」卷十三。朱子説道理，通徹性命，包括學問，至此明白已極矣。

反躬踐實，此語無疑義。《語類》云：「如説仁、義、禮、智，曾認得自家如何是仁，自家如何是義，如何是禮，如何是智，須是著身己體認得。如讀『學而時習之』，自家曾如何學？自家曾如何習？『不亦説乎』，曾見得如何是説？須恁地認，始得；若只逐段解過去，解得了便休，也不濟事。」卷十一。「默而識之，學不厭，教不倦，今學者須是將此三句時時省察。我還能默識否？我學還不厭否？我教還不倦否？」卷三十四。「且如居處恭，執事敬，與人忠，雖之夷狄，不可棄也。與那言忠信，行篤敬，雖蠻貊之邦行矣。言不忠信，行不篤敬，雖州里行乎哉？此二事須是日日粘放心頭，不可有些虧欠處。」卷四十三。「世俗之學，所以與聖賢不同者，亦不難見。聖賢直是真個去做，説正心直要心正，説誠意直要意誠；修身齊家，皆非空言。今之學者説正心，但將正心吟詠一餉；説誠意，又將誠意吟詠一餉；説修身，又將聖賢許多説修身處，諷誦而已。或掇拾言語，綴緝時文。如此爲學，却於自家身上，有何交涉？」卷八。「見説『毋不敬』，便定定著毋不敬，始得。見説『思無邪』，便定定著思無邪，始得。《書》上説『毋不敬』，自家口讀『毋不敬』，身心自恁地怠慢放肆。《詩》上説『思無邪』，自家口讀『思無邪』，心裏却胡思亂想，這不是讀書。」卷一百十四。論「敬」之説最多。《語類》云：「『敬』字不可只把做一個『敬』字説過，須於日用間體認，是如何此心常卓然公正，無有私意？便是敬。有些子計較，有些子放慢意思，便是不敬。故曰敬以直内，要得無些子偏邪。」卷四十四。「問『主一』。曰：『做這一事，且做這一事。做了這一事，却做那一事。今人做這一事未了，又要做那一事，心下千頭萬緒。』」卷九十六。「問：『何謂主一？』曰：『無適之謂一，只是不走作。』又問：『思其所當思，如何？』曰：『却不妨，但不可胡思，且只得思一件事。如思此一事，又别思一件事，便不可。』」同上。「或云：『主一之謂敬，敬莫只是主一？』曰：『主一又是敬字注解。要之事無小無大，常令自家精神思慮盡在此。遇事時如此，無事時也如此。』」卷十二。「敬有死敬，有活敬。若只守著主一之敬，遇事不濟之以義，辨其是非，則不活。」同上。「或問：『主敬只存之於心，少寬四體，亦無害否？』曰：『心無不敬，則四體自然收斂。不待十分著意安排，而四體自然舒適。著意安排，則難久而生病矣。』」同上。「今之言敬者，乃皆裝點外事，不知直截於心上求功，遂覺累墜不快活，不若眼下於求放心處有功，則尤省力也。但此事甚易，只如此提醒，莫令昏昧，一二日便可見效，且易而省力，只在念不念之間耳，何難而不爲？」同上。「初學於敬不能無間斷，只是才覺間斷，便提起此心；只是覺處，便是接續。某要得人只就讀書上體認義理，日間當讀書，則此心不走作；或只去事物中衮，則此心易得汩没。知得如此，便就讀書上體認義理，便可唤轉來。」卷十一。《答李晦叔書》云：「持敬讀書，只是一事，而表裏各用力耳。」《答林易簡書》云：「敬不是萬慮休置之謂，只要隨事專心謹畏，不放逸耳。不須許多閑説話也。」《答或人書》云：「二先生所論『敬』字，須該貫動静看，故曰『毋不敬，儼若思』。」又曰：「事思敬，執事敬，豈必以攝心坐禪，而謂之敬哉！」此朱子主敬之説，剖析精詳，不使流於禪學也。五經、四書之所謂「敬」，至宋時乃流於攝心坐禪，此學問之一大變也。

《甲寅行宫便殿奏札》云：「爲學之道，莫先於窮理。窮理之要，必在於讀書。欲窮天下之理，而不即經訓史册以求之，則是正墻面而立爾。此窮理所以必在乎讀書也。」又云：「此數語者，皆愚臣平生爲學艱難辛苦已試之效。竊意聖賢復生，所以教人，不過如此。」此朱子自述之語。黄勉齋、李果齋述朱子之學，言窮理而不言讀書，當以朱子所自述者補之也。黄梨洲云：「自周元公以主静立人極開宗明道，以静字稍偏，不若專主於敬，伊川則以敬字未盡，益之以窮理之説，而曰涵養須用敬，進學在致知。」《宋元學案》（卷十六）澧謂朱子又益之以讀書之説，而曰窮理「必在於讀書」。蓋三變而愈平愈實，愈無弊矣。

《答劉定夫書》云：「鄙意且要得學者息却許多狂妄身心，除却許多閑雜説話，著實讀書。初時儘且尋行數墨，久之自有見處。最怕人説學不在讀書。不務佔畢，不專口耳，下稍説得張皇，都無收拾，只是一場大脱空，直是可惡！」澧案：此所以必在乎讀書也！

《答江德功書》云:「若要讀書,即且讀《語》、《孟》、《詩》、《書》之屬,就平易明白有事迹可按據處,看取道理體面,涵養德性本原。」《答高國楹書》云:「讀書亦有次第,且取其切於身心者讀之。若經理世務,商略古今,竊恐今日力量,未易遽及,且少緩之,亦未爲失也。」澧案:既知必在乎讀書,又當知讀書有次第如此。《答蔡季通書》云:「諸友相聚,作何工夫?一日之間,須著一兩時辰,作科舉外工夫爲佳。」此尤切近之要語。

《答滕德粹書》云:「取其一書,自首至尾,日之所玩,不過一二章。心念躬行,若不知復有他書者,如是終篇,而後更受業焉。」《答林正卿書》云:「蓋讀書之法,須是從頭至尾,逐句玩味。看上字時,如不知有下字;看前句時,如不知有後句。看得都通透了,又却從頭看此一段,令其首尾通貫,然方其看此段時,亦不知有後段也。如此漸進,庶幾心與理會,自然浹洽,非惟會得聖賢言語意脈不差,且是自己分上身心義理,日見純熟。」《答胡寬夫書》云:「大抵自家所看文字及提督學生工夫,皆須立下一定格目。格目之内,常切存心;格目之外,不要妄想。如看《論語》,今日看到此段,即專心致意,只看此段。後段雖好,且未要看。直待此段分曉,説得反覆不差,仍且盡日玩味,明日却看後段。日用凡事皆如此,以類推之可見。不然,雖是好事,亦名妄想。此主一之漸也,若不如此,方寸之間,頃刻之際,千頭萬緒,卒然便要主一,如何按伏得下。」《答胡季隨書》云:「近日學者,説得太高了,意思都不確實,不曾見理會得一書一事徹頭徹尾。東邊綽得幾句,西邊綽得幾句,都不曾貫穿浹洽，此是大病。」《答趙履堂書》云：「讀書遺忘，此亦士友之通患，無藥可醫。只有少讀深思，令其意味浹洽，當稍見功耳。」《答張元德書》云：「讀書切忌貪多，唯少則易以精熟，而學問得力處，正在於此。」《語類》云：「曉得文義是一重，識得意思好處是一重。若只是曉得外面一重，不識得他好底意思，此是一件大病。」卷一百十四。「讀書之法，須是用工去看。先一書費許多工夫，後則無許多矣。始初一書費十分工夫，後一書費八九分，後則費六七分，又後則費四五分矣。」卷十。澧案：既知必在乎讀書，又當知讀書之法如此也。

《語類》又云：「學者觀書，先須讀得正文，記得注解，成誦精熟。注中訓釋文意、事物、名義，發明經指，相穿紐處，一一認得，如自己做出來底一般，方能玩味反覆，向上有透處。若不如此，只是虛設議論，如舉業一般，非爲己之學也。曾見有人說《詩》，問他《關雎》篇，於其訓詁名物全未曉，便說：『樂而不淫，哀而不傷。』某因說與他道：公而今說《詩》，只消這八字，更添『思無邪』三字，共成十一字，便是一部《毛詩》了。其他三百篇，皆成渣滓矣！」因憶頃年見汪端明說：「沈元用問和靖：『伊川《易傳》，何處是切要？』尹云：『體用一源，顯微無間。此是切要處。』後舉似李先生，先生曰：『尹說固好。然須是看得六十四卦、三百八十四爻都有下落，方始說得此話。若學者未曾子細理會，便與他如此說，豈不誤他！』某聞之悚然！始知前日空言無實，不濟事，自此讀書益加詳細云。」卷十一。澧案：此段下有注云，此「係先生親書示書堂學者」。今學者尤當以爲法也。

《答柯國材書》云：「大概讀書，且因先儒之說，通其文義而玩味之，使之浹洽於心，自見意味可也。如舊説不通，而偶自見得別有意思，則亦不妨。但必欲於傳注之外，別求所謂自得者，而務立新説，則於先儒之説，或未能究而遽舍之矣。如此則用心愈勞，而去道愈遠，且謂之自得，則是自然而得，豈可彊求也哉！今人多是認作獨自之自，故不安於他人之説，而必己出耳。」《答許順之書》云：「大抵文義，先儒盡之，不可只管立説求奇，恐失正理，却與流俗詭異之學，無以異也。只據他文理，反覆玩味，久之自明，且是胸中開泰，無許多勞攘，此一事已快活了。」《答江德功書》云：「學者以玩索踐履爲先，不當汲汲於著述，既妨日用切己工夫，而所説又未必是。」又云：「聖賢之言，意旨深遠，子細反覆，十年二十年，尚未見到一二分。豈可如此，纔方撥冗看得一過，便敢遽然立論？似此恐不但解釋文義，有所差錯，且是氣象輕淺，顧且放下此意思，將聖賢言語，反覆玩味，直是有不通處，方可權立疑義，與朋友商量。庶幾稍存沉浸醲郁氣象，所繫實不輕也。」《答黄直卿書》云：「爲學直是先要立其本，文義却可且與説出正意，令其寬心玩味，未可便令考校同異，研究纖密。恐其意思促迫，難得長進。」《答趙子欽書》云：「大抵讀書，須見得有曉不得處，方是長進。又更就此闕其所疑，而反覆其餘，則庶幾得聖人之意，識事理之真，而其不可曉者，不足爲病矣。」《答曾泰之書》云：「所喻《鄉黨》卒章疑義，此等處且當闕之。却於分明易曉。切於日用治心修己處，反覆玩味，深自省察。有不合處，即痛加矯革，如此方是爲己功夫。」《答陳才卿書》云：「所示《儀禮》所疑，此等處難卒説。但看時隨手札記，向後因讀他處，邂逅或有發明，自不費力。今徒守此一處，反成擔閣，虛度光陰，不濟事也。」澧案：既知必在乎讀書，又當知務立新説而不闕疑，乃讀書之病也。

《語類》云：「先生謂學者曰：『公看《詩》，只看《集傳》，全不看古注。』曰：『某意欲先看了先生《集傳》，却看諸家解。』曰：『便是不如此，無却看底道理。』」卷八十。朱子自著《詩集傳》，而教學者先看古注，即所謂因先儒之説，通其文義也。然則治經當先讀古注，乃一定之理。朱子之教如此也。

《語類》云：「讀書乃學者第二事。」卷十。「讀書已是第二義。蓋人生道理，合下完具，所以要讀書者，蓋是未曾經歷見許多。聖人是經歷見得許多，所以寫在册上與人看。而今讀書，只是要見得許多道理。及理會得了，又皆是自家合下元有底，不是外面旋添得來。」同上。「學問，就自家身己上切要處理會方是。那讀書底已是第二義。自家身上道理都具，不曾外面添得來。然聖人教人，須要讀這書時，蓋爲自家雖有這道理，須是經歷過，方得。聖人説底，是他曾經歷過來。」同上。澧案：朱子既云窮理必在乎讀者，而此三説，則以讀書爲第二事，第二義。此三條蓋只一説，記者不同耳。然所云要見得許多道理者，即窮理也；所云學問就自家身己上切要處理會方是者，亦即窮理也；即所謂爲學之道，莫先於窮理也。窮理爲第一事，第一義也。其云所以要讀書，又云聖人教人須要讀這書，即所謂窮理必在乎讀書也。然則第一事必在乎第二事，第一義必在乎第二義也。《語類》又云：「若曰何必讀書，自有個捷徑法，便是誤人底深坑。」同上。然則除此第一事、第一義，更無捷徑也。若以爲第二而輕視之，則誤矣。

《語類》云：「洪慶將歸，先生召入與語。曰：『如今要下工夫，且須端莊存養，獨觀昭曠之原，不須枉費工夫，鑽紙上語。待存養得此中昭明洞達，自覺無許多窒礙，恁時方取文字來看，自然有意味，道理自然透徹，遇事時自然迎刃而解，皆無許多病痛。此等語，不欲對諸人說，恐他不肯去看文字，又不實了。且教他看文字，撞來撞去，將來自有撞著處。公既年高，又做這般工夫不得，若不就此上面著緊用工，恐歲月悠悠，竟無所得。』」卷一百十五。《答蔡季通書》云：「老人之學，要當有要約處，恐非《儀禮》之所及也。」朱子既云必在乎讀書，不讀書者爲深坑，而教石洪慶不須看文字，且朱子最好《儀禮》，而謂老人非所及，可知凡學者宜及其未老讀書；若年老，則欲讀而無及矣。然既年老，則又教以昭曠，教以要約，所謂教亦多術也。

南宋時風氣之弊，朱子救正之，故辯論最多。《語類》云：「二程先生發明道理，開示學者，使激昂向上，求聖賢用心處，放得稍高。不期今日學者，乃捨近求遠，處下窺高，一向懸空說了，扛得兩脚都不著地，其爲害反甚於向者之未知尋求道理，依舊在大路上行。今之學者，却求捷徑，遂至鑽山入水。吾友要知須是與他古本相似者，方是本分道理；若不與古本相似，盡是亂道。」卷一百十三。問：「昔鄒道鄉論伊川所見極高處，以爲鮮于侁問於伊川曰：『顔子不改其樂，不知所樂者何事？』伊川曰：『尋常道顔子所樂者何事？』曰：『不過説顔子所樂者道。』伊川曰：『若有道可樂，便不是顔子。』」曰：「正謂世之談經者，往往有前所説之病：本卑而抗之使高；本淺而鑿之使深；本近而推之使遠；本明而必使之至於晦。且如『伊尹耕於有莘之野，由是以樂堯、舜之道』，未嘗以樂道爲淺也。直謂顔子爲樂道，有何不可？」卷三十一。《與張敬夫論癸巳論語語書》云：「『奢則不遜。』聖人斯言，非勉學者爲儉而已。此説是欲求高於聖人，而不知其言之過，心之病。」此書雖名爲説《論語》者，然考其實，則幾欲與《論語》競矣。《再答敬夫論中庸章句書》云：「大率擺落章句，談説玄妙，慣了心性。」《答吴伯豐書》云：「元來道學不明，不是上面欠却工夫，乃是下面元無根脚。」《答吕子約書》云：「謂當行之理爲達道，而沖漠無朕爲道之本原，此直是不成説話。」《答陳安卿書》云：「不可一向如此向無形影處追尋。」《答許順之書》云：「今動不動便先説個本末精粗無二致，正是鶻崙吞棗。」又云：「不要説得太高妙，無形影。非惟教他人理會不得，自家亦理會不得也。」又答書云：「一條平坦官路，却没人行著，只管上山下水，是甚意思。」《答徐子融書》云：「見正叔説向得曾參多『一唯』之句，深有契合，此正是大病。今只此『一唯』，尚且理會不得，如何欲更向他頭上過去也。」《答江德功書》云：「若曰人人親見三聖而師之，此尤不揆之言。如所説乾坤字義，恐未夢見三聖在，如何敢開此大口耶？元書謹用封納。拙直之言，盡於此書，今後不敢聞命矣。」又有答書云：「三數年來，雖所論不合，加以鄙性淺狹，譏誚排斥，無所不至，而下問之意，愈勤不懈。」然則江德功亦甚難得也。澧案：當時談經講學者，至於如此，若非朱子排斥之，更不知伊于胡底矣！此其救正風氣者一也。

《雜學辨》謂吕氏《大學解》自以爲左右采獲而集儒、佛之大成，又附録云「習聞近世禪學之風而慕效之」。《語類》云：「古之聖賢，未嘗説無形影話，近世方有此等議論。蓋見異端好説玄、説妙，思有以勝之，故亦去玄妙上尋，不知此正是他病處。」卷一百一。「近來人被佛家説一般大話，他便做這般底話去敵他。」卷四十一。「别人不曉禪，便被他謾。澧案：上文論僧宗杲，此「他」字指宗杲也。某却曉得禪，所以被某看破了。」同上。《答汪叔耕書》云：「忘心忘形，非寐非寤，虚白清鏡，火珠静月。每現輒變之説，則有大不可曉者。不知儒者之學，自六經孔孟以來，何嘗有是説？而吾子何所授受而服行之哉！」此排斥禪學，其救正風氣者又一也。

《答方伯模書》云：「謂夷齊不當去，此説深所未曉。」《答沈晦叔書》云：「近日一派，流入江西，蹴踏董仲舒而推尊管仲、王猛。又聞有非陸贄而是德宗者，尤可駭異。」《答陳正已書》云：「董仲舒所立甚高，恐未易以世儒詆之。」《答何叔京書》云：「示喻孔明事，以爲略數千户而歸，乃常人之態，熹竊疑之。夫孔明之出祁山，三郡響應；既不能守，拔衆而歸，蓋所以全之也。近年淮漢之間，數有降附，而吾力不能守；敵騎復來，則委而去之，使忠義遺民肝腦塗地，此則孔明之所不忍也。故其言曰『國家威力未舉，使赤子困於豺狼之吻』，蓋傷此耳，恐未必如明者之論也。」又答云：

「《武侯傳》，熹欲載諸葛瞻及子尚死節事，以見善善及子孫之義。欽夫却不以爲然，以爲瞻不能去黃皓，又不能奉身而去，可謂不克肖矣。此法甚嚴，非慮所及也。」《直齋書録解題》云：「《諸葛武侯傳》一卷，侍講張栻撰，以陳壽作史私且陋，裒集他傳及裴松之所注爲此傳，而削去管樂自許一則。朱晦翁以爲不然。《答余正甫書》云：「魏元成加服，若果非是，只合坐以輕變禮經之罪，恐與失節事讎自不相須也。蓋人之資稟見識不同，當節取焉。不可株連蔓引而累罪併贓也。」《論語集注》云：「程子曰：王珪、魏徵不死建成之難，後雖有功，何足贖哉？愚謂王、魏先有罪而後有功，不以相掩可也。」《語類》云：「今世人多道東漢名節無補於事。某謂三代而下，惟東漢人才，大義根於其心，不顧利害，生死不變其節。雖誅殛竄戮項背相望，略無所創。今士大夫顧惜畏懼，何望其如此？平居暇日，琢磨淬厲，緩急之際，尚不免於退縮。況遊談聚議，習爲軟熟，卒然有警，何以得其仗節死義乎？大抵不顧義理，只計較利害，皆奴婢之態，殊可鄙厭！」卷三十五。宋儒好苛論古人，朱子或微辨之，或力斥之，此其救正風氣者又一也。

南宋時科舉之弊，朱子論之者甚多，其言亦極痛切，今略舉數條於此。《衡州石鼓書院記》云：「今日學校科舉之教，其害有不可勝言者，不可以爲適然而莫之救也。」《學校貢舉私議》云：「名爲治經而實爲經學之賊，號爲作文而實爲文字之妖，主司命題，又多爲新奇，以求出於舉子之所不意，於所當斷而反連之，於所當連而反斷之，爲經學賊中之賊，文字妖中之妖。」又云：「怪妄無稽，適足以敗壞學者之心志,是以人材日衰,風俗日薄。」《語類》云:「今人文字,全無骨氣,自是時節所尚如此,只是人不知學,全無本柄;被人引動,尤而效之。如而今作件物事,一個做起,一人學起,有不崇朝而遍天下者。本來合當理會底事,全不理會,直是可惜。」卷一百三十九。「時文之弊已極,日趨於弱,日趨於巧小,將士人這些志氣,都消削得盡。莫説以前,只是宣和末年,三舍法纔罷,學舍中無限好人才,如胡邦衡之類,是甚麽様有氣魄!做出那文字,是甚豪壯。當時亦自煞有人。及紹興渡江之初,亦自有人才,那時士人所做文字極粗,更無委曲柔弱之態,所以亦養得氣宇。只看如今是多少衰氣!」卷一百九。「最可憂者,不是説秀才做文字不好,這事大關世變。」同上。「問:『今日科舉之弊,使有可爲之時,此法何如?』曰:『更須兼他科目取人。』」同上。「問:『今之學校,自麻沙時文册子之外,其他未嘗過而問焉。』曰:『怪他不得,上之所以教者,不過如此。然上之人,曾不思量,時文一件,學子自是著急,何用更要你教?你設學校,却好教他理會本分事業。』」同上。此亦朱子欲救當時風氣之弊。使朱子見今日科舉時文,不知更以爲何如耳!

朱子之書,近儒最不滿者,《通鑑綱目》也。朱子修《綱目》,自云:「義例精密,上下千有餘年,亂臣賊子,真無所匿其形。」《答劉子澄書》。又云:「《通鑑》功夫浩博,甚悔始謀之太鋭,今甚費心力。然業已爲之,不容中輟。」《與林擇之書》。又云:「《綱目》竟無心力整頓得,恐爲棄井矣。」《答蔡季通書》。又《答潘恭叔書》云:《綱目》亦苦無心力了得。又云:「藏之巾笥,姑以私便檢閲,自備遺忘而已。」《資治通鑑綱目序》。灃案：司馬温公作《通鑑》，自言止欲使觀者自擇其善惡得失，以爲勸戒，非若《春秋》立褒貶之法。《通鑑》卷六十九。朱子則欲義例精密。夫《春秋》二百四十二年，《綱目》一千三百六十二年，視《春秋》年數五倍，朱子雖大賢，而著書褒貶者，乃五倍於孔子之書。且《春秋》始於隱公元年，距孔子生一百七十三年，已謂之所傳聞之世；《綱目》終於後周末年，距朱子生一百七十年，所記之事，皆在所傳聞之世之前。此其義例必不能精密。故朱子自悔始謀之太鋭，但云「便檢閲」而已。《新唐書·裴光廷傳》云：「光廷引壽安丞李融、拾遺張琪、著作佐郎司馬利賓直弘文館，撰《續春秋經傳》，自戰國訖隋，表請天子修經，光廷等作傳，書久不就。」此即綱目之先聲也。然自戰國訖隋，已不能就，而況又多唐五代之事乎？後儒推尊太過，遂欲上掩《通鑑》。朱子無此意也。朱子之論《通鑑》曰：「偉哉書乎！自漢以來，未始有也。」《跋通鑑紀事本末》。其推尊也至矣。司馬温公《乞令校定資治通鑑所寫稽古録札子》云：「年祀悠遠，載籍浩博，非一日二日所能遍閲而周知，所宜提其綱目，然後可以見治亂存亡之大略也。」然則朱子「綱目」二字，亦出自温公，曷嘗欲掩温公乎？朱子《跋司馬文正公通鑑綱要真迹》云：「右司馬文正公手書楚漢間事一卷，疑是《通鑑》目録草稿。然又加以總目，則今本所無。且别有綱要之名，不知又是何書也？」然則朱子之「綱目」，猶司馬公「綱要」之意耳。特爲書法發明者，以《春秋》爲比，遂爲後人所不平。而爲質實者，又太疏謬，爲後人指摘。《陔餘叢考》卷十五摘出者甚多。灃嘗謂刻《綱目》者，當盡删書法、發明、質實之類，使不爲《綱目》累，則善矣！《潛丘札記》云：「《綱目》赧王三十六年『趙王欲與樂毅謀伐燕，毅泣曰：臣疇昔之事昭王，猶今日之事大王也。若復得罪在他國，終身不敢謀趙之奴隸，況子孫乎？趙王乃止』。此段《通鑑》原文所無，嘗問諸人，人莫能應。余考之，出《三國志·魏武帝紀》注。然則文公門人，學盡博，擇亦精矣。」（卷二）讀《綱目》而能知其精博處，如閻百詩者，蓋鮮矣。

朱子《答尤延之書》云：「温公舊例，凡莽臣皆書『死』，如太師王舜之類。獨楊雄匿其所受莽朝官稱，而以『卒』書，似涉曲筆。不免却按本例書之曰『莽大夫楊雄死』。」澧謂王莽篡漢，曹丕亦篡漢，仕於莽者書「死」，仕於丕者書「卒」，《綱目》書「陳群卒」。不能畫一也。然錢辛楣謂史家通例，未有書「死」者，《春秋論》。則非也。《漢書·王莽傳》書「太師王舜死」、「大司馬甄邯死」，而《通鑑》因之，豈得云非史例乎？《史記·秦始皇本紀》：三年，王齮死。七年，將軍鷔死，夏太后死。十二年，文信侯不韋死《秦楚之際月表》：二世元年，周文死，陳涉死。《鄭世家》：鄭子十二年，祭仲死。《趙世家》：肅侯十二年，商君死。孝成王十四年，平原君趙勝死。《韓世家》：昭侯二十二年，申不害死。《韓長孺傳》：丞相田蚡死。《匈奴傳》：驃騎將軍去病死。以後諸史，書「死」者亦不少。

朱子著書既多，自不能無誤。《四書章句集注》雖極用意，亦尚有誤處，後儒自當訂正之。然訂正甚不易也。《論語》：「而謀動干戈於邦内。」《集解》：「孔曰：戈，戟也。」《集注》因之。《孟子》：「干戈朕。」趙注云：「戈，戟也。」《集注》亦因之。閻百詩謂《集注》援引多誤，如「戟有枝兵」，「戈平頭戟」。其器各别，不得即以戈作戟解。《四書釋地·三續》錢辛楣取此説入《養新録》卷三。澧謂此固非朱子之誤，且非孔、趙之誤，閻氏誤也。戟，有枝兵；戈，平頭戟，皆《説文》文也。戟是大名，故《説文》不曰「戟有枝戈」，而曰「戟有枝兵」也；戈是戟之類而平頭者，故曰「戈，平頭戟」也。戈是戟之類，故孔、趙以戟釋戈，正與《説文》合也。《孟子》：「子之持戟之士。」《集注》云：「戟，有枝兵也。」朱子固未嘗不用《説文》也。以閻百詩之淵博，而訂正朱注者，尚有疏失如此，凡後儒攻駁朱注之説，學者當細考之。若過信其説，遂有輕蔑朱注之意，此學者之大病也。考訂器物，關係甚小，舉此以見小者尚不可輕易駁難，况其大者，尤不可不慎也。

朱子爲《張魏公行狀》，近人所譏也。朱竹垞《謁韓蘄王墓》詩云：「輸與喪師張魏國，史家具狀得徽公。」然《語類》云：「張魏公亦汪、黄薦。李丞相罷相，乃魏公言罷也。」卷一百三十一。「魏公初赴南京，亦主汪、黄。」同上。「張魏公才極短，雖大義極分明，而全不曉事。扶得東邊，倒了西邊；知得這裏，忘了那裏。」同上。「趙公素鄙秦之爲人，魏公却薦秦相。」同上。「如某向來爲《張魏公行狀》，亦只憑欽夫寫來事實做將去。後見《光堯實録》，其中煞有不相應處。」同上。「魏公要用兵，其實亦不能明大義。」卷一百三十三。朱子之論張浚，固已毫無迴護。又爲《張敬夫畫像贊》云：「汲汲乎其幹父之勞。」贊其子而云「幹父」，尤爲直筆也。

朱子尊邵康節，亦近人所不滿也。然朱子《答王子合書》云：「康節説伏羲八卦，乾位本在南，坤位本在北。文王重《易》時，更定此位。其説甚長，大概近於附會穿鑿。」《語類》云：「問：『康節於《易》如何？』曰：『他又是一等説話，但與聖人之學自不同。』」卷六十六。「康節坐地默想推將去，便道某年某月某日當有某事，聖人決不恁地。」卷六十七。「《先天圖》傳自希夷，希夷又自有所傳，蓋方士技術，用以修煉。」卷一百。「問：『康節與楊氏爲我之意何異？』先生笑而不言。」同上。「康節之學，近似釋氏。」同上。「二程謂其粹而不雜，以今觀之，亦不可謂不雜。」同上。朱子之於康節，固不濫推尊也。

朱子之詆蘇子瞻，亦近人所不滿也。今觀集中《答程允夫書》、《答汪尚書書》，皆痛詆蘇氏。吕伯恭謂蘇氏乃唐、景之流，朱子答書云：「屈、宋、唐、景之文，不過悲愁、放曠二端，大爲心害。」又有《答程允夫書》云：「去冬走湖湘，講論之益不少。敬夫所見，超詣卓然，非所可及。向所論蘇學之蔽，吾弟相信未及，今竟以爲如何？」澧案：乾道三年丁亥，朱子訪張敬夫於潭州，時三十七歲。此書云去冬，則其後一年，朱子三十八歲也。其《答汪玉山吕東萊書》，未知其在某年，然汪玉山卒於淳熙三年丙申，朱子四十七歲；吕東萊卒於淳熙八年辛丑，朱子五十二歲，則朱子答書，皆在辛丑之前，蓋前此深惡蘇氏之學。至辛丑歲，《跋東坡與林子中帖》云「三復其言」。壬寅歲，朱子五十三歲。以此帖刻石，再跋之云：「仁人之言，不可以不廣。」紹熙壬子，朱子六十三歲。《跋楊深父家藏東坡帖》云：「楊深父示予以東坡公與其先世往來手書，知二公相與之驩，始終不替，而又足以見人心公論所在之不可以刑禍屈也。」慶元丁巳，朱子六十八歲。《跋東坡書李杜諸公詩》云：「捧玩再三，不勝敬歎。」慶元己未朱子七十歲《跋張以道家藏東坡枯木怪石》云：「其傲風霆、閲古今之氣，猶足以想見其人。以道東西南北，未嘗寧居，而能挾此以俱，寶玩無斁，此意已不凡矣。」又《跋陳光澤家藏東坡竹石》云：「東坡老人，英秀後凋之操，堅確不移之姿，竹君石友，庶幾似之。百世之下，觀此畫者，尚可想見也。」此跋無年月。其推重東坡如此，與昔時大不同。又爲《楚辭集注》，推重屈、宋。此宜以晚年爲定論者也。

《語類》云：「魯叔問：『温公薨背，程子以郊禮成，賀而不弔，如何？』曰：『這也可疑。』或問：『賀而不弔，而國家事體又重，則不弔似無可疑？』曰：『便是不恁地。所以東坡謂「子於是日哭則不歌」，即不聞歌則不哭。蓋由哀而樂則難，由樂而哀則甚易。且如早作樂而暮聞親屬緦麻之戚，不成道既歌則不哭？這個是一脚長，一脚短，不解得平。如所謂「三揖而進，一辭而退」，不成道辭亦當三？這所在，以某觀之，也是伊川有些過處。』道夫問：『這事，且看温公諱日與禮成日同，則弔之可也。或已在先，則更差一日，亦莫未有害否？』曰：『似乎在先，但勢不恁地，自是合如此。只如「進以禮，退以義」，「罪疑惟輕，功疑惟重」，天下事，自是恁地秤停不得。』」卷九十七。朱子之持平如此，未嘗偏於洛黨也。《名臣言行録後集》卷十三，采《聞見録》云：「朱光庭、賈易，皆以謗訕誣子瞻。」朱子采此語，亦可見其不偏也。

《戊申封事》云：「夫世俗無知，既以道學爲不美，則是必欲舉世之人俱無道，俱不學，悉如已之所爲，而後適於其意耳。」當時之人，以道學爲不美，朱子既辯之如此。然其《答林擇之書》云：「要須把此事來做一平常事看，朴實頭做將去，久之自然見效，不必大驚小怪，起模畫樣也。且朋友相聚，逐日相見，晤語目擊，爲益已多，何必如此忉忉，動形紙筆，然後爲講學耶？如此，非惟勞擾無益，且是氣象不好，其流風之弊，將有不可勝言者。可試思之，非小故也。」澧案：後世所譏假道學，即朱子所謂「大驚小怪，起模畫樣」者也。近儒又有因明人講學之弊，謂講學非天下之福者。然朱子所謂流風之弊，將有不可勝言者，亦已逆料之矣，不可以譏朱子也。

李文貞云：「周、程、張、邵，不得朱子，恐不能如此烜赫。」《榕村語録》卷十九。澧謂尊朱子者，原不在乎稱頌之語，而文貞此語則確極。方望溪云：「王崑繩曰：『百世以下，聰明傑魁之士，沉溺於無用之學而不返，是程、朱之罪也。』余曰：『子毋視程、朱爲氣息奄奄人，觀朱子《上孝宗書》，雖晚明楊、左之直節，無以過也。其備荒浙東，安撫荆湖，西漢趙、張之吏治，無以過也。』崑繩自是終其身，口未嘗非程、朱。其後余以語崑繩者語剛主，剛主立起自責。」《李剛主墓志銘》。澧謂詆毁朱子者，原無傷日月，然王崑繩、李剛主，蓋皆未讀朱子書而輒詆之耳。望溪使之觀朱子書，則自然折服矣。夫未讀其人之書而輒詆之，他人且不可，況程、朱乎？更有未讀程、朱書而尊程、朱者，則科舉習氣耳，豈真尊程、朱哉？

朱竹垞《朱文公文鈔》序云：「陳同甫言於孝宗曰：『今世之儒士，自以爲正心誠意之學者，皆風痺不知痛癢之人也。舉一世安於君父之讎，方且低頭拱手，高談性命之學，不知何者謂之性命乎？』吾觀朱夫子集，獨取其有關時事出處者，俾後之論文者，觀其感奮激烈。彼同甫之書，不爲夫子言之，亦可信矣。」澧謂陳同甫之荒唐，竹垞謂其不詆朱子，吾不信也。竹垞鈔朱子之文，則立意甚善，所鈔之本，今雖不得而見之，學者當師其意，取朱子集中封事、奏札諸篇，讀之可矣。此必不可不讀者也。

卷二十二　遼金元　（以下未成）
卷二十三　明
卷二十四　國朝
卷二十五　通論

附録

西漢

《漢書·百官公卿表》云：「博士，秦官，掌通古今。」蓋秦雖焚書坑儒而猶知朝廷不可無通古今之官也。其爲博士者，有伏生、見《史記·儒林傳》有羊子、見《漢書·藝文志》有叔孫通。見《史記》本傳。後凡見本傳者不注。始皇徵齊魯儒生博士七十人至泰山下議封禪。《史記·封禪書》陳勝起山東、二世召問博士、諸儒生三十餘人。見《史記·叔孫通傳》。秦之儒者固不少，陳勝亦有博士孔甲，見《史記·儒林傳》陳餘亦儒者。《史記·淮陰侯傳》云：「成安君，儒者也。」張良學《禮》淮陽，不知淮陽何人。此《禮》家古經師，惜姓名湮没耳。浮丘伯，孫卿門人。楚元王、魯穆生、白生、申公，所從受《詩》。見《漢書·楚元王交傳》此皆開漢儒之先者也。《楚元王交傳》又云：「穆生不嗜酒，常爲設醴。及王戊即位，忘設，穆生曰：『先王之所以禮吾三人者，爲道之存故也。今而忽之，是忘道也。』遂謝病去。」當時儒者以經學爲道，經學存即道存也。

《史記·儒林傳》云：「高皇帝誅項籍，舉兵圍魯。魯中諸儒尚講誦、習禮樂，弦歌之聲不絕。」《游俠傳》云：「魯人皆以儒教。」《孔子世家》云：「魯世世相傳，以歲時奉祠孔子冢。而諸儒亦講禮、鄉飲、大射於孔子冢。」太史公曰「余適魯，觀仲尼廟堂、車服、禮器，諸生以時習禮其家。余低回留之不能去」云。此尤可見自孔子没後，魯諸儒世世傳其禮教，至太史公時，三百年猶未絶也。講禮、鄉飲、大射者，蓋習其儀也。惟習此於孔子冢者，冠、昏、喪祭之禮，家家行之。惟鄉飲、大射，不能行之於家，故習之於孔子冢也。

陸賈作《新語》，每奏一篇，高帝未嘗不稱善，左右呼「萬歲」。此與叔孫通起朝儀，高帝乃知爲皇帝之貴，皆西漢開國景象。故《漢書·高帝本紀》之末言「其規摹弘遠」，而以此二事並稱之也。今世所傳《新語》，《四庫提要》以爲依託，今不采。

舉孝弟力田始於惠帝四年，其時曹參爲相國，此其相業也。選舉之法此爲最古。兩漢風俗醇厚，蓋基於此。文帝以後屢賜孝弟力田錢帛，宣帝、成帝皆賜孝弟力田爵，而賈人則不得仕宦。後世輕賤農民。賈人有田者，使農民爲佃户，視之如僕隸。古今風俗相反如此。

舉孝廉始於武帝元光元年，此尤選舉至善之法。或疑所舉之人未必皆名實相副，此迂陋之見也。朝廷選舉之法，所以樹教化而善風俗也。若考核名實，則有司之事耳。此名家之學之陋，淺人不知也。《後漢紀》載：「太史張衡曰：『自初舉孝廉迄今二百歲矣，皆先孝行有餘力，始及文法，辛卯詔以能宣

章句奏案爲限，雖有至孝，猶不應科。此棄本而就末。」」（卷十八）

司馬温公《河間獻王贊》云：「微獻王，則六藝其遂曀乎！其功烈至今賴之。景帝之子十有四人，栗太子廢，而獻王最長，嚮若遵大義，屬重器，用其德，施其志，焕然帝王之治復還，其必賢於文景遠矣。嗟乎！天實不欲禮樂復興邪，抑四海自不幸而已矣！」

《説苑》載河間獻王之語云：「堯存心於天下，加志於窮民，痛萬姓之罹罪，憂衆生之不遂也。有一民飢，則曰：『此我飢之也。』有一人寒，則曰：『此我寒之也。』一民有罪，則曰：『此我陷之也。』當舜之時，有苗氏不服，禹欲伐之。舜不許，曰：『諭教猶未竭也。』究諭教焉而有苗氏請服。」又云：「禹稱民無食，則我不能使也；功成而不利於人，則我不能勸也。故疏河以導之，鑿江通於九派，灑五湖而定東海，民亦勞矣。然而不怨苦者，利歸於民也。」又云：「湯稱學聖王之道者譬如日焉，静居獨思譬如火焉。夫捨學聖王之道若捨日之光。何乃獨思若火之明也？」卷一。此所述堯、舜、禹、湯之言，蓋獻王所得古書載之，可以亞於虞、夏、商書者也[三二]。

班史稱河間獻王「修學好古，實事求是」，此二語必西漢時所傳最確者也。《淮南子》云：「有符於中，則貴是而同今古，無以聽其説，則所從來者遠而貴之耳。」高誘注云：「符驗，驗者有明也。」《修務訓》。此説雖亦貴是，而不重好古，然心中何以有明？苟非生而知之，則必由於修學矣，即獻王所云湯稱學聖王之道譬如日焉也。《論衡》云：「俗好高古而稱所聞前人之業菜果甘甜，後人所造蜜酪辛苦。」《超奇篇》。此即淮南所謂「從來者遠而貴之」。拘儒頗有此病，病在好古而不求是也。「修學好古，實事求是」，後儒當遵奉之，一字不可少也。張稷若《儀禮鄭注句讀》有長山劉孔懷序云：「余讀《河間獻王傳》，於『實事求是』一言，深服膺焉。」劉孔懷不知所學何如，此語可謂有識。今則人皆知此矣。

賈誼之學，蓋長於禮。以爲漢興至孝文二十餘年，當改正、朔、易服色、法制度、定官名、興禮樂、草具其事，儀法悉更秦之法。此非復叔孫通之所爲矣，蓋可以上繼周禮矣。惜其儀法不傳，惟讀其上疏，屢引古禮，如引《學禮》曰「帝入東學，上親而貴仁」云云。《三代之禮》「春朝朝日，秋暮夕月」云云。其博習禮學，可以窺見一斑。又云「《禮》者，貴絶惡於未萌，而起教於微眇」，尤深明制禮之意。《新書·禮篇》云「道德仁義，非禮不成」云云，《曲禮》采之。《容經篇》亦似《禮記》。《經典釋文·序録》云：「左氏傳荀卿，傳張蒼，蒼傳賈誼。」汪容甫爲《新書》序，考其所述古事，與《左傳》不同者八條。文多不録。其説《詩》與毛義不同者五條。《騶虞》、《鴛鴦》、《靈臺》、《皇矣》、《旱麓》。容甫云：「於時三家之學未立，故秦時老師大儒猶有存者。師友所承，不可盡知，使得是千百説而通之，豈復有未師之陋哉！」澧案：吴公薦賈生於朝，但言其頗通諸子百家之書，不言其通經。蓋當時不尚經學，故但言諸子百家也。

朱子《儀禮經傳通解》以《保傅傳》爲第三十篇，其《目録》云：「漢昭帝詔曰：『通《保傅傳》文。』穎以爲賈誼所作，即此篇也。今在《大戴禮》四十八篇，其詞與誼本傳疏語正合。其言教太子輔少主之道至詳悉而極懇切矣。故自當時即以列於《孝經》、《論語》、《尚書》之等，而進之於君，蓋識其言之要者矣！後之君子有愛君憂國之深慮者，其可以不之省哉！」朱子《楚辭集注·服賦》注云：「誼有經世之才，文章蓋其餘事，其奇偉卓絕，亦非司馬相如輩所能彷彿。而揚雄之論，常高彼而下此，韓愈亦以馬、揚廁於孟子、屈原之列，而無一言以及誼，余皆不能識其何説也。」

《新書·道術》篇云：「道者，所從接物也。其本謂之虛，其末謂之術。」黄氏《日鈔》譏其「以道爲虛、以術爲用」。澧以爲不然也。觀其下文云「明主南面而正，如鑑之應，如衡之稱」，其所謂「虛」者如此。又云「人主仁而境内和矣，故其士民莫弗親也；人主義而境内理矣，故其士民莫弗順也」，其所謂「術」者如此，非老、莊所謂「虛」，申、韓所謂「術」也。

董仲舒舉賢良，武帝制策，問「三代受命之符、災異之變、性命之情、天人之應」，又言「子大夫明於陰陽」云云。此正合董生之學，故董生對策得以暢言之。

《春秋繁露》云：「天意難見也，其道難理，是故明陽陰入出實虛之處，所以觀天之志。辨五行之本末、順逆、小大、廣狹，所以觀天道也。」《天地陰陽篇》。董生之言陰陽五行，其根源在此數語。

又云：「天地之間有陰陽之氣，常漸人者，若水常漸魚也。所以異於水者，可見與不可見耳。其澹澹也，人常漸是澹澹之中，而以治亂之氣與之流通相殽也。」同上。此説陰陽之氣至精微而又確實，雖曰「不可見」，然實「可見」也。《素問》王冰注云：「夫落葉飛空，不疾而下，爲其乘氣，故勢不得速焉。」《五運行大論》注。此可證董生之説矣。若説陰陽而入於杳冥，使人不可見，則何足據乎？其云「治亂之氣與之流通」，則災異之説，所由來也。

董生之言陰陽也，「貴陽而賤陰」。此《繁露·陽尊陰卑篇》語。又云：「陽氣暖而陰氣寒，陽氣予而陰氣奪，陽氣仁而陰氣戾，陽氣寬而陰氣急，陽氣愛而陰氣惡，陽氣生而陰氣殺。是故陽常居實位而行於盛，陰常居空位而行於末。天之好仁而近，惡戾之變而遠，大德而小刑之意也。」《王道通》三篇。此所謂仁人之言也。

因天之陰陽而言人之陰陽，其説云：「身之有性情也，若天之有陰陽也。言人之質而無其情，猶言天之陽而無其陰也。窮論者無時受也。」《繁露·深察名號篇》。又云：「人之誠有貪有仁，仁貪之氣兩在於身。身之名取諸天，天兩有陰陽之施，身亦兩有貪仁之性。」同上。此通天人之説矣。又云：「天地之陰氣起，而人之陰氣應之而起，人之陰氣起，而天地之陰氣亦宜應之而起，其道一也。明於此者，欲致雨則動陰以起陰，欲止雨則動陽以起陽。故致雨非神也，而疑於神者其理微妙也。非獨陰陽之氣可以類進退也，雖不祥、禍福所從生，亦由是也。」《同類相動篇》。此言陰陽而及於致雨、止雨，其説本醇正，至《求雨》、《止雨》二篇，則近於術士之所爲矣。

《對策》云：「國家將有失道之敗，而天迺先出災害以譴告之。不知自省又出怪異以警懼之。尚不知變，而傷敗乃至。以此見天心之仁，愛人君而欲止其亂也。」《繁露·必仁且知篇》略同。又云：

「邪氣積於下，怨惡畜於上。上下不和，陰陽繆盭而妖孽生矣。此災異所緣而起也。」此論災異之説甚醇正。至《漢書・五行志》所引董生説《春秋》之事，傅合災異，則多不足信。《志》所引劉向、劉歆説，多與董生説不同。可見災異之説各以意推説，非有實據也。《繁露・五行相勝篇》亦屢引《春秋》事。《五行志》序云：「董仲舒治《公羊春秋》，始推陰陽爲儒者宗。」《公羊》何注好説災異，實出於董生。蓋董生好言災異，其後遂成風氣矣。《繁露・五行・五事篇》乃《洪範・五行志》之學，《治亂・五行篇》、《五行・變救篇》皆似《月令・五行相勝篇》，《五行相生篇》則説司農、司馬等五官，《五行對篇》對河間獻王問《孝經》「夫孝，天之經、地之義」，亦以五行爲説，尤可以不必矣。班孟堅《李尋傳》論云：「漢興，推陰陽言災異者，孝武時有董仲舒、夏侯始昌；昭、宣則眭孟、夏侯勝；元、成則京房、翼奉、劉向、谷永；哀、平則李尋、田終。術假經設誼，依託象類，或不免乎『億則屢中』。仲舒下吏，夏侯囚執，眭孟誅戮，李尋流放，此學者之大戒也。」澧謂好言陰陽災異，實漢儒之病，班氏之論卓矣。

董生之學深邃者，在春秋及陰陽之説。其大有功於世者，則班孟堅所云「切當世、施朝廷」者也。班氏云：「自武帝初立，魏其武安侯爲相，而隆儒矣。及仲舒對册，推明孔氏，抑黜百家，立學校之官，州郡舉茂材孝廉，皆自仲舒發之。」澧謂孔子、孟子不能行其道於天下，至董生乃能施之、發之，此天運使然也。漢武帝時，氣運極盛也。故竇嬰、田蚡粗豪之人而知隆儒，趙綰、王臧以此殺身，而其志終伸於身後也。

太史公作《孔子世家》，以孔子比周公也。作《仲尼弟子列傳》，其無言行可記者，但云「某國人，少孔子若干歲」，且有無歲數者。《列傳》自伯夷以下僅百餘人，而此一傳，多至七十七人，其尊聖門至矣。

《孟子荀卿列傳》末云：「蓋墨翟，宋之大夫也。善守禦，爲節用。墨子之所長，盡在此六字。或曰並孔子時，或曰在其後。」太史公不爲墨翟立傳，而但作此數語。至楊朱，更無一語及之。此即太史公之「距楊墨」也。

司馬相如，經師也，非止作《凡將》、通小學而已。《三國志》秦宓《與王商書》曰：「蜀本無學士，文翁遣相如東受七經，還教吏民，於是蜀學比於齊魯。故《地理志》曰：『文翁倡其教，相如爲之師。』」談漢學者宜知之。

賈山祖父祛，故魏王時博士弟子。澧案：此可見「博士」之官，戰國已有之。山受學祛之所言，其所作《至言》云：「《詩》曰『濟濟多士，文王以寧』。天下未嘗亡士也，然而文王獨言『以寧』者，何也？文王好仁則仁興，得士而敬之則士用，用之有禮義。故不致其愛敬，則不能盡其心；不能盡其心，則不能盡其力；不能盡其力，則不能成其功。」此善於説詩，即非其祖父祛所言，而山自爲説，亦西漢人《詩》説也。然班孟堅言其「涉獵書記，不能爲醇儒」，此語必西漢時所傳，其時儒學以專精爲貴也。班氏又言谷永於經書「汎爲疏達」，與杜欽、杜鄴略等，不能洽浹如劉向父子及楊雄。

《鹽鐵論》文學引《孟子》曰：「居今之朝，不易其俗，而成千乘之勢，不能一朝居也。」《論儒篇》。又引孟子曰：「今之士、今之大夫，皆罪人也。」《孝養篇》。又曰：「竊聞治人之道，抑末利而開仁義。諸侯好利則大夫鄙，大夫鄙則士貪，士貪則庶人盜。」《本議篇》。此即《孟子》首章之説。又曰：「蒙以不潔，鄙夫掩鼻。惡人盛飾，可以宗祀上帝。」《殊路篇》。「君不鄉道，不由仁義，而爲之强戰，雖克必亡。」《伐功篇》。「故君仁莫不仁，君義莫不義。」《世務篇》。「地利不如人和。」《險固篇》。皆用孟子之文。賢良曰：「野有餓殍不知收也；狗豕食人食，不知檢也。爲民父母，民飢而死，則曰『非我也，歲也』。何異乎以刀殺之，則曰『非我也，兵也』。」《水旱篇》。「昏暮叩人門户求水火，貪夫不恡，何則？饒也。夫爲政而使菽粟如水火，民安有不仁者乎？」《授時篇》。「公劉好貨，居者有積，行者有囊；大王好色，内無怨女，外無曠夫。」《鹽鐵・取下篇》。「未有仁而遺其親，義而後其君也。」同上。亦用孟子之文。當此之時，賢良茂陵唐生，文學魯萬生之倫六十餘人。此《雜論篇》語。「殊路同歸，指在於崇禮義，退財利。」此《利議篇》語。以此知西漢時傳《孟子》之學者不少。蓋文帝置《孟子》博士，其效如此。或曰「賢良、文學之言，安知非桓次公所潤色乎」？姚姬傳《跋〈鹽鐵論〉》云：「寬之書述事頗不實。」曰：然則桓次公深於《孟子》之學矣。韓昌黎《送王塤序》稱其爲文「好舉《孟子》之言，幾於知道」。桓次公亦「幾於知道」者哉[三三]！

《淮南子》，雜家也，而楊子雲不病其雜。《法言・問神篇》云：「或曰『《淮南》其多知歟？曷其雜也』。

曰：『人病以多知爲雜。』」澧謂《天文訓》、《墬形訓》、《兵略訓》諸篇所説天文、曆律、地理、兵法，皆儒者所當知，可謂之「博」，不可謂之「雜」，但頗失之好奇耳。《時則訓》取之《月令》，此陰陽家之言，今入於《禮記》矣。其論周末諸子云：「申、韓、商鞅之爲治也，掙拔其根，蕪棄其本，而不窮其所由生，何以至此！」《覽冥訓》。「趙政晝決獄而夜理書，御史冠蓋接於郡縣，覆稽趨留。然奸邪萌生，盜賊群居，事愈煩而亂愈生。故法者治之具也，而非所以爲治也。」《泰族訓》。「故有道以統之，法雖少足以化矣；無道以行之，法雖衆足以亂矣。」同上。「國之所以存者，非以有法也，以有賢人也。其所以亡者，非以無法也，以無賢人也。」同上。「所以貴扁鵲者，非貴其隨病而調藥，貴其擪息脈血，知病之所從生也。所以貴聖人者，非貴隨罪而鑒刑也，貴其知亂之所由起也。若不修其風俗而縱其淫辟，乃隨之以刑繩之以法，法雖殘賊，天下弗能禁也。」同上。「法能殺不孝者，而不能使人爲孔、曾之行；法能刑竊盜者，而不能使人爲伯夷之廉。」同上。其排斥申、韓、商鞅、秦始皇如此。當其著書時，法家之説及黄老之説猶盛行。其排斥法家可謂有定識、有定力，惟其所謂「道」者，老子之道，故高誘《序》云「其旨近老子」也。如云：「率性而行謂之道，得其天性謂之德，性失然後貴仁，道失然後貴義。是故仁義立而道德遷矣，禮義飾而純樸散矣。」《齊俗訓》。此則當時尚黄、老之習氣也。又云：「知神明然後知道德不足爲也。」《本經訓》。此則更欲高於老子道德之説矣。《原道訓》云：「機械之心藏於胸中，則純白不粹，神德不全。」《俶真訓》云：「自其異者視之，肝膽胡越；自其同者視之，萬物一圈也。」如此類者，則襲用《莊子》語耳。又如《主術訓》云：「非澹薄無以明德，非寧静無以致遠。」又云：「心欲小而志欲大，智欲圓而行欲方。」此則世人但知爲諸葛武侯、孫思邈之語，而不知其出於《淮南子》矣。

西漢重經術始於武帝時。然前此未嘗無人，但多湮没耳。梁孝王謀反端頗見，太后日夜泣不止。景帝問公卿大臣，大臣以爲遣經術吏往治之乃可解。於是遣田叔、吕季主往治之。此二人皆通經術、知大禮。來還，至霸昌殿，取火悉燒梁之反辭，但空手來對景帝言：「梁王不知也。造爲之者，獨其幸臣羊勝、公孫詭之屬，謹以伏誅死。」太后聞之，立起坐，飡，氣平復。田叔、吕季主真不愧經術吏。而其時大臣已知重經術，在竇嬰、田蚡之前矣。褚先生記此事，而論之云：「故曰：『不通經術、知古今之大體，不可以爲三公及左右近臣。少見之人，如從管中窺天也。』」褚先生又記燕王旦謀爲叛逆，事發覺，公卿大臣請遣公户滿意往諭之。公户滿意習於經術，稱引古今通義。旦叩頭服罪。澧案：公户滿意乃徐生善爲頌者之弟子也。見《漢書·儒林傳》。

武帝以後固重經術矣。孔文舉云：「雋不疑定北闕之前[三四]，夏侯勝辯常陰之驗，然後朝士益重儒術。」《後漢書·謝該傳》。然則前此朝士猶不甚重之，至是乃益重之耳。且以斷獄及占驗而重之，其時之風尚可見也。

王吉兼通五經，能爲《騶氏春秋》，以《詩》、《論語》教授。好梁丘賀説《易》，令子駿受焉。宣帝時，上疏曰：「陛下惟思世務，將興太平，未可謂本務也。公卿未有建萬世之長策，舉明主於三代之隆者也。《春秋》所以大一統者，六合同風，九州共貫也。今俗吏所以牧民者，非有禮義科指可世世通行者也。臣願陛下與公卿大臣延及儒生，述舊禮，明王制。毆一世之民，濟之仁壽之域。」澧案：賈、董之後罕見此議論。宣帝乃以其言爲迂闊，宣帝之於儒術固不甚重之也。鄒氏無師而王陽能爲其學，即師也。其言《春秋》大一統，蓋出於鄒氏之説歟？

自武帝重經學，詔戾太子受《公羊春秋》，又從瑕丘江公受《穀梁》。宣帝師受《詩》、《論語》、《孝經》。受《詩》於東海澓中翁。霍光白令夏侯勝用《尚書》授太后。其後元帝好儒，成帝好經書，薛宣經術淺，成帝輕之。陽朔二年詔曰：「古之立太學，將以傳先王之業，流化於天下也。儒林之官，四海淵原，宜皆明於古今。温故知新，通達國體，故謂之博士。否則學者無術焉，爲下所輕，非所以尊道德也。工欲善其事，必先利其器。丞相御史其與中二千石。二千石雜舉可充博士位者，使卓然可觀。」袁彦伯云：「元、成、明、章之間，尊師稽古，賓禮儒術，故人重其學。」《後漢紀》卷二十二。蓋武帝開一代風氣，至元成猶能繼之，流及東漢明、章而極盛。荀悦乃云：「孝武皇帝内修文學，然好其文，不盡其實；發其始，不要其終。」《漢紀》卷二十三。所論頗苛矣。

申公弟子爲博士者十餘人。孔安國至臨淮太守，周霸至膠西内史，夏寬至城陽内史，碭魯賜至東海太守，蘭陵繆生至長沙内史，徐偃爲膠西中尉，鄒人闕門、慶忌爲膠東内史。其治官民皆有廉節，稱其好學。此西漢儒者學行、政事兼備者。

雋不疑治《春秋》，爲郡文學，進退必以禮。疏廣少好學，明《春秋》，學者自遠方至。于定國爲廷尉，乃迎師學《春秋》，身執經北面備弟子禮，爲人謙恭，尤重經術。士雖卑賤，徒步往過，定國皆與鈞禮，恩敬甚備。薛廣德以魯《詩》教授，爲人温雅有醖藉，及爲三公，直言諫争。平當以明經爲博士，以經明《禹貢》使行河。彭宣治《易》，事張禹，舉爲博士。禹薦宣「經明有威重，可任政事」。班孟堅以此六人同傳，皆學行、政事兼備。讀其傳，皆無瑕玷也。

《容齋隨筆》云：「漢元帝《紀贊》云：『貢、薛、韋、康宋人避「匡」字改爲「康」迭爲宰相。』謂貢禹、薛廣德、韋玄成、康衡也。衡專附石顯，最爲邪臣。廣德但有諫御樓船一事。」按《劉向傳》弘恭、石顯白逮更生下獄。下太傅韋玄成、諫大夫貢禹與廷尉雜考劾。更生前爲九卿，坐與蕭望之、周堪謀排許史，毁離親戚，欲退去之而獨專權。爲臣不忠，幸不伏誅，復蒙恩召用。不悔前過，而教令人言變事，誣罔不道，更生坐免爲庶人。若以漢法論之，更生死有餘罪，幸元帝不殺之耳。然則韋、貢之所以進用，皆陰附恭、顯而得之，班史隱而不論，唯於《石顯傳》云：「貢禹明經著節，顯使人致意，深自結納，因薦禹天子，歷位九卿，至御史大夫，正在望之死後也。」卷九。澧謂容齋所抉摘者當矣。蓋自公孫弘之後，其邪矯之術遂沾染於經學之儒。此西漢儒風所以不醇也。孫可之《逐痁鬼文》云：「有公孫弘者，刻己沽名，飾情釣聲，内苞禍心，外示舒弘。死而有知，是爲矯鬼。」

楚元王交與申公俱受《詩》於浮丘伯。申公爲《詩》傳，號《魯詩》；元王亦次《詩》傳，號曰《元王詩》。此漢之宗室有經學者，在河間獻王之前，子政乃其玄孫，所説《詩》與毛義異者，後儒以爲必本於《魯詩》。此王伯厚《〈漢書·藝文志〉考證》語，後儒皆從之。澧謂：或本於《元王詩》也。《説苑·反質篇》：《詩》云：「尸鳩在桑，其子七兮。淑人君子，其儀一兮。」傳曰：「尸鳩之所以養七子者，一心也；君子之所以理萬物者，一儀也。以一儀理物，天心也。五者不離合而爲一謂之天心。在我能因自深結其意於一，故一心可以事百君，百心不可以事一君，是故誠不遠也。夫誠者一也，一者質也。君子雖有外文，必不離内質矣。」澧案：此《詩傳》當是《元王詩傳》也。

宣帝詔劉子政受《穀梁春秋》，十餘年大明習。《穀梁》書少，劉子政受之十餘年乃大明習者，《藝文志》有《穀梁外傳》二十篇，《穀梁章句》三十三篇，其書固不少也。其上《封事》所説《春秋》，乃多與《穀梁》不同。如云：「魯隱之初即位，周大夫祭伯出奔於魯。」此乃《公羊》説，《穀梁》則云：「來者，來朝也。」顔師古注引張晏曰：「《穀梁傳》曰『奔也』」，此張晏之誤，師古未訂正之。又云：「尹氏世卿而專恣。」此亦用《公羊》譏世卿之説。《穀梁》無此説。又云：「鄭傷桓王。」此事惟見《左傳》，《公羊》、《穀梁》皆無之。又云：「戎執其使。」此似從《左傳》，《公羊》以爲「戎狄」，《穀梁》則云「戎者，衛也」。是時《公羊》、《穀梁》二家相争，子政受《穀梁》而多從《公羊》，且其子歆治《左氏》數以難子政。子政自持其《穀梁》義而乃有取於《左傳》，蓋雖篤守家法，而識量則甚宏通也。

劉子政奏疏多引經，元帝時所上《封事》，一篇之中引《詩》至十五條。其説《春秋》，自平王末年至周之陵夷，不能復興，括盡一部《春秋》。又引《易》、引《論語》，讀之似一篇經說。其言痛切，發於至誠。班孟堅云：「向卒後十三歲，而王氏代漢。」此乃特筆也，明子政在漢，猶不至於亡也。張天如《百三家集・劉中壘集》題詞云：「太史公《屈原傳》云：『原死後，楚日削，竟爲秦滅。』孟堅亦云：『子政卒後十三歲，王氏代漢。』此兩人係社稷輕重何如哉！」又比之孟軻、孫况、董仲舒、司馬遷、楊雄。灃謂：子政比董生尤醇正，比楊子雲蓋但以其博洽耳。子雲豈可比子政哉！曾南豐《新序・目録序》、《說苑・目録序》尊楊子雲而詆劉子政，不知其何意，不必與辯矣。

《說苑》多載孔子語，其最精者曰：「事無終始，無務多業。」《建本篇》。「子路問於孔子曰：『請釋古之學而行由之意，可乎？』孔子曰：『不可。釋古之學而行子之意，庸知子用非爲是、用是爲非乎？』」同上。「木受繩則正，人受諫則聖。」同上。「子貢問治民於孔子。孔子曰：『懔懔焉如以腐索御奔馬。』」《政理篇》。以上二條《僞古文尚書》取之，以其最精也。「夫一仞之牆，民不能踰；百仞之山，童子升而游焉，陵遲故也。今是仁義之陵遲久矣，能民弗踰乎？」同上。「夫舉賢者百福之宗也，而神明之主也。不齊之所治者小也，不齊所治者大，其與堯舜繼矣。」同上。不齊，宓子賤。「人必忠信重厚，然後求其知能焉。今人有不忠信重厚而多知能，如此人者譬猶豺狼與，不可以身近也。」《尊賢篇》。「居不幽則思不深，身不約則智不廣。」《雜言篇》。「人君不困不成王，列士不困不成行。」同上。「學者非爲通也，爲窮而不困也，憂不衰也。」同上。如此類者，記聖人之言，《論語》之亞也。若無

《説苑》，則其語不傳矣。《新序》書少，所載亦少，故今祇録《説苑》。

又多載孔子弟子及子思、孟子語。如子路曰：「不能勤苦，不能恬貧窮，不能輕死亡，而曰我能行義，吾不信也。」《立節篇》。子賤曰：「自吾之仕，所得者始誦之文，今履而行之，是學日益明也。」《政理篇》。曾子曰：「狎甚則相簡也，莊甚則不相親。是故君子之狎足以交懽，莊足以成禮而已。」《叢談篇》。此外有刖者悦子羔，孔子稱之之語，孔子與漆雕馬人問答語，公孟子、高顓、孫子莫與曾子問答語，公明宣與曾子問答語。「子思曰：『學所以益才也，礪所以致刃也。吾嘗幽處而深思，不若學之速；吾嘗跂而望，不若登高之博見。故順風而呼，聲不加疾，而聞者衆；登丘而招，臂不加長，而見者遠。故魚乘於水，鳥乘於風，草木乘於時。』」《建本篇》。「子思居於衛，緼袍無表。二旬而九食。田子方聞之，使人遺狐白之裘。子思辭而不受。子方曰：『我有子無，何故不受？』子思曰：『伋聞之，妄與不如遺棄物於溝壑。伋雖貧也，不忍以身爲溝壑，是以不敢當也。』」《立節篇》。「孟子曰：『人皆知以食愈飢，莫知以學愈愚。』」《建本篇》。「孟子曰：『人知糞其田，莫知糞其心。糞田莫過利苗得粟，糞心易行而得其所欲。何謂糞心？博學多聞。何謂易行？一性止淫也。』」同上。《列女傳》亦多載名言。如齊田稷母云：「吾聞士修身潔行，不爲苟得；竭情盡實，不行詐僞。非義之事，不計於心；非理之利，不入於家。言行若一，情貌相副。」此田稷母所聞之古語也，爲士者當「書諸紳」[三五]。

楊子雲《法言》云：「楚兩龔之絜，其清矣乎！」《問明篇》。「蜀莊沉冥，吾珍莊也，居難爲也。」同上。蜀莊，嚴君平也。「或問『柳下惠非朝隱者與？』曰：『古者高餓顯，下禄隱。』」《淵騫篇》。此皆子雲自愧自傷之語也。王介甫云：「餓顯之高，禄隱之下，豈足求聖賢哉！」《論禄隱》。此不知子雲之意而妄論論之。

《法言》云：「古者楊、墨塞路，孟子辭而闢之，廓如也。後之塞路者有矣，竊自比於孟子。」《吾子篇》。子雲所闢者，老、莊、申、韓也。真可以比孟子矣。然又云：「老子之言道德，吾有取焉耳。」《問道篇》。則不能廓如矣！惟闢神仙之説最善，其説云：「或問『人言仙者有諸乎？』曰：『吾聞伏犧、神農殁，黄帝、堯、舜殂落而死。文王畢，孔子魯城之北，獨子愛其死乎？』」《君子篇》。持此以問言仙者，其何辭以對？又云：「仙人名生而實死也。」同上。尤快論也！司馬相如《大人賦》云：「低徊陰山，翔以紆曲兮，吾乃今日睹西王母。皬然白首，戴勝而穴處兮，亦幸有三足烏爲之使。必長生若此而不死兮，雖濟萬世不足以喜。」此亦妙於語言也。

又云：「或曰『有人焉，自姓孔而字仲尼，入其門，升其堂，伏其几，襲其裳，則可謂仲尼乎？』曰『其文是也，其質非也』。」《吾子篇》。子雲既明乎此，則何必著書以擬《易》、擬《論語》哉！黄山谷《溪山吟》云：「念昔楊子雲，刻意師丘、軻。」惟其「刻意」，故至於「其文是，其質非」矣。

又云：「聖人之辭可爲也，使人信之不可爲也。」《修身篇》。子雲之病，正在「聖人之辭可爲」一語耳。然亦有信子雲之辭，爲聖人之辭者，張平子、王仲任之等是也。《後漢書·張衡傳》云：「謂崔瑗曰：『吾觀《太玄》，方知子雲妙極道數，乃與五經相擬，非徒傳記之屬。漢家得天下二百歲之書也。』」《論衡·超奇篇》曰：「陽成子長作《樂經》，楊子雲作《太玄經》，非庶幾之才不能成也。孔子作《春秋》，二子作兩經，所謂『卓爾蹈孔子之迹，鴻茂參貳聖之才』者也。」

又云：「子游、子夏得其書矣，未得其所以書也。宰我、子貢得其言矣，未得其所以言也。顔淵、閔子得其行矣，未得其所以行也。」《君子篇》。儒者輕議聖門諸賢始於此。又云：「七十子之於仲尼也，日聞所不聞，見所不見，文章亦不足爲矣。」《淵騫篇》。儒者輕視文章始於此。

太玄云：「君子藏淵足以禮神，發動足以振衆，高明足以覆照，制刻足以竦凝，幽冥足以隱塞。君子能此五者，故曰罔直蒙酋冥。」《玄文篇》。「風而識虎，雲而知龍。賢人作而萬類同。」同上。「夫天，宙然示人神矣；夫地，佗然示人明矣。」《玄攡篇》。「立天之經曰陰與陽，形地之緯曰縱與横，表人之行曰晦與明。」《玄瑩篇》。「昆侖天地而産蓍參珍睟精以揲數。」《玄數篇》。此亦朱竹垞所謂「黎丘鬼」也。竹垞《齋中讀書詩》云：「嗟彼黎丘鬼，乃以祀瞽宗。」謂王通也。

《宋史·章詧傳》云：「范百禄從扣《太玄》，詧爲解述大旨，再復攡詞曰：『人之所爲而不足者，善也；所醜而有餘者，惡也。君子能强其所不足而拂其所有餘，《太玄》之道幾矣。予之於《太玄》也，述斯而已。若苦其思、艱其言、迂溺其所以爲數，是惡足以語夫道哉！』」澧謂《太玄》此數語最精善，且無艱深之病，章督述之，可謂有識。

《太玄》云：「鋭一無不達。」《鋭首》「達于中衢，大小無迷。」《達首》。「鑒貞不迷，于人攸資。」《瞢首》。「沉視自見，賢于眇之眄。」《沉首》。「微失自攻，人未知也。」《差首》。學者當以爲法。又云：「上無根，思登于天，谷在于淵。」《上首》 司馬温公注云：「谷，窮也。」「鋭其東，忘其西。」《鋭首》。「盲征否明，不見道也。」《晦首》。「羨于初，後難正也。」《羨首》。 司馬温公注云：「《周禮》有璧羨不圓之璧也。始初而邪，則次後不能正矣。」「霈其所好，漸以差也。」《差首》。「將成之矜，爲道病也。」《成首》。學者當以爲戒。

「日正中，月正隆，君子自晦不入窮。測曰，日中月隆，明恐挫也。」《晦首》。「月闕其摶，不如開明於西。測曰月闕其摶，賤始退也。」《中首》。此邵康節之學所自出。朱子云：「康節凡事只到中央便止，如看花，切勿看離披是也」[三六]。《語類》卷一百。

《易緯稽覽圖》、《是類謀》皆以一卦主六日七分。六十卦主一歲三百六十五日四分日之一。孟喜、京房皆用其説。楊子雲依倣之爲《太玄》，以一首當四日半，八十一首當三百六十四日半。踦贊當半日，羸贊當四分日之一。又引長之，以八十一首當一元四千六百一十七歲。《續漢書·律曆志》注引何承天云：「劉歆三統法尤復疏闊，楊雄心惑其説，采爲《太玄》。」後來邵康節又依倣之爲《皇極經世》，引長之爲十二萬九千六百年。全謝山《讀〈易〉别録》云：「康節所用以推元會者，即六日七分之法。」故康節謂楊雄知曆法，又知曆理。《皇極經世・觀物外篇》。既依倣之，故推許之耳。程伊川云：「堯夫之學大抵似楊雄。」（《遺書》卷十五）朱子亦云：「康節之學似楊子雲。」（《語類》卷一百）

《劇秦美新》云：「秦餘制度，項氏爵號，雖違古而猶襲之。是以帝典闕而不補，王綱弛而未張。此非劇秦乃劇漢矣。後儒談王道而譏漢制，蓋子雲開其端也。」《三國志・衛臻傳》：「群臣並頌魏德，多抑損前朝，臻獨明禪授之義，稱揚漢美。」此勝子雲遠矣。

曾南豐《答王深甫書》以子雲比箕子，且云：「箕子於美新，安知其不爲南豐？」議論之謬如此。

《三國志・秦宓傳》云：「王商爲嚴君平、李宏立祠。宓與書曰：『李仲元不遭《法言》，令名必淪，可謂攀龍附鳳者矣。』如楊子雲潛心著述，行參聖師，怪子替茲，不立祠堂。」澧謂王商不爲子雲立祠者，必以其擬經、美新二事也，何足怪乎？

班孟堅爲王、貢、兩龔、鮑傳，末載郭欽、蔣詡、栗融、禽慶、蘇章、曹竟，皆不仕於王莽。其贊云：「漢興，將相名臣懷祿耽寵者多矣，是故清節之士，於是爲貴。」此總括一代風氣，良史特筆也。西漢人懷祿耽寵之風，其所由來遠矣。陳平對高帝云：「大王慢而少禮，士廉節者不來。大王能饒人以爵邑，士之頑鈍嗜利無恥者，亦多歸漢。」開國之初如此，安得不成爲一代風氣乎？武帝以後頗尚儒術，雖未能盡挽頽風，而末季遂多清節之士矣。《後漢書・黨錮傳序》云：「王莽簒國，忠義之流耻見纓紼，雖漢德重開，而保身懷方，彌相慕襲。」此亦范書之特筆。東漢風俗，乃西漢末年清節之士開其先也。班史所載不仕王莽者祇數人。《後漢書・逸民傳序》則云「不可勝數」。澧案：卓茂，其最著顯者也。范書《卓茂傳》末有孔休、蔡勳、劉宣，《任延傳》有龍丘萇，《逸民傳》有向平、逢萌、王霸、周黨，《黨傳》後有譚賢、殷謨，《戴良傳》有其曾祖父遵，若詳考之，當更有其人。班氏頗簡略矣。然向平與禽慶同遊五岳，班氏載禽慶不載向平，豈以向平嘗爲王邑所辟歟？此似有意也。薛方自比巢由，而以莽比堯舜，亦斯言之玷。至謂郇越志節尤高，而置之紀、逡、二唐之列，則未喻其意矣。

【校記】

[一]「蓋亦此意」：現所據標點的光緒十八年本爲「蓋亦此意」，然而十二年本則爲「意在斯乎」，或爲東塾自己改定。

[二]「錧鎋」：焦循《孟子正義》云：「『錧鎋』當作『輨轄』。」

[三]「神輸」：《漢書・藝文志》載有《神輸》五篇。劉向説：「『神輸』者，王道失則災害生，得則四海輸之祥瑞。」

[四]「離於木爲科上槁」：原刻本誤作「稿」，今改爲「槁」。

[五]《鄭志》：書名。鄭玄殁後，其門人述答弟子之言爲《鄭志》八卷。玄之孫小同編爲十一卷。

[六]「師師」：舊解爲「相師效法」；一説，前一「師」解爲「衆」，後一「師」解爲「官」。

[七]「沛」：刻本爲「邿」，即「沛」郡之「沛」的異體字，以後類似情況徑改，不再出校。

［八］「以銀環進之，著於右手；既御，著於左手」：查今本毛傳爲「以銀環進之，著於左手；既御，著於右手」。此處可能是東塾誤記。

［九］「古平安時，衆民之所築完」：原刻本爲「平安師」。查今本鄭箋，均爲「平安時」，此顯係由音同而筆誤。

［一〇］「解爲女史説懌妃妾之德」：原刻本「懌」作「釋」，誤，今據《詩經・静女》改之。

［一一］「載秋官典瑞」：查《周禮》大行人、小行人、司儀三者確屬秋官，但「典瑞」却屬春官。此當爲東塾誤記。

［一二］「掌舍設梐枑再重」：鄭玄從杜子春説，認爲梐枑就是「行馬」，即先用兩木相交叉，再用一横木穿過若干組交叉木，構成類似現在的街上臨時攔阻交通用的設備。古代需要時臨時放在宫門前，以禁止人馬通過。鄭玄謂「行馬再重者，以周衛有内外列也」，就是説設置行馬，爲内外兩重。

［一三］崩：各本皆無。然查《禮記・禮器》原文，「天子」下有「崩」字，據補。

［一四］「乏南」：「乏」，名詞，狀似今之屏風。古射禮唱獲者蔽以御矢之具。「乏南」即指在「乏」之南面。

［一五］「取脯降出」：「脯」下各本皆脱「醢」字。據《郊特牲》孔疏補。

［一六］「冔」：况甫切（kǔ 音「苦」），像祭冠。

［一七］「夫聖王之制祭祀也」：各本皆作「聖人」。查《禮記・祭法》，原文作「聖王」。又《國語・魯語》引文亦作「聖王」，據改。

［一八］「恒其德，偵」：查《易・恒卦》作「貞」。《禮記》則作「偵」。東塾此處既然是引用《禮記》文，故

應作「偵」。

[一九]「穎考叔」： 穎，水名。从水，頃聲。諸本均作「潁」，今據十三經《左傳》改。

[二〇] 𠨍： (xiǎng，音「響」)，金文作「」，像兩人對食。義爲饗。楷書寫作「卯」，但實與卯（mǎo，音「鉚」）爲形同義異的兩個字。

[二一]「亦與《德行》篇大同」： 查《荀子》一書，無《德行》篇，惟有《法行》篇，而且此篇也的確記載有「子貢貴玉賤珉」之事。此處顯係東塾誤記。

[二二]「又有田俅子，《志》但云『先韓子』，不言墨子弟子」。這一段話是東塾叙述墨家學説，提到墨子弟子時加的自注。《漢書・藝文志》説墨氏六家，田俅子是其中之一。《志》就是指《漢書・藝文志》，《藝文志》載《田俅子》三篇。根據《志》載，《田俅子》可加書名號。東塾注「亦不言墨子弟子」，則指人而言，故不加書名號。

[二三]「役」： 「役」猶「徒」也，不一定是指賤稱的奴僕。《論衡・福虚》記載：「儒家之徒董無心，墨者之役纏子相見論道。」「徒」與「役」對文互見。

[二四]「格隸」： 《史記・李斯列傳》引韓非説作「格虜」。

[二五]「大見親待」： 各本均作「親待」，查《世説新語・讒險》原文爲「大見親待」，據改。

[二六]「幾亂機軸」： 原刻本「軸」作「柚」，不詞。查《世説新語・讒險》原文爲「機軸」，據改。

[二七]「祀天旅上帝……祀地旅四望」： 原刻本誤作「配天……禮地」，今據《晉書》、《宋書》之《禮志》改。

[二八]「晋書宋書禮志」：東塾原意爲《晋書》及《宋書》之《禮志》中均有此記載，但標點時却頗爲犯難，如作《晉書·宋書·禮志》，則《宋書》成爲《晉書》之一部分了。故按現在這樣加「之」以使之更明確。

[二九]「詩云：一人有慶」：原刻本亦作「詩云」，實誤。《詩》中并無此語，此乃《尚書·吕刑》篇中語。今按標點慣例，對「詩」字仍加書名號。

[三〇]「南軒□《孟子》，嘗説……」：《朱子語類》「□」處文爲「語」字，原刻本則於「南軒」後面留下一個墨釘，蓋東塾已覺事有可疑：「南軒」即南宋時人張栻，何得與孟子語？故以墨釘存疑。今僅加書名號爲《孟子》，墨釘則以□代之，使之一仍其舊。

[三一]「皆近儒以爲絶學」：原刻本「以爲絶學」爲四個□，據光緒十二年本補。

[三二]「可以亞於虞夏商書者也」：東塾原意爲《説苑》中記録的「堯、舜、禹、湯之言」很珍貴，與《尚書》中所記録的他們的話差不多。《尚書》爲夏商周三代政府文獻匯編，所以其中多記載堯舜禹湯的話，後人在説到其中某一部分時則又可稱之爲《虞書》、《夏書》、《商書》、《周書》。如《左傳·僖公五年》中「宫之奇諫假道」時説「故《周書》曰」，《左傳·襄公三年》「祁奚薦賢」時説「《商書》曰」，實際都是指的《尚書》。此處標點則頗爲難。思之再三，不加書名號爲是。

[三三]「桓次公」：桓寬，字次公。西漢人。他將一次大臣在朝廷會議中的辯論記録而成《鹽鐵論》一書。

[三四]「孔文舉云：『雋不疑定北闕之前』」：「雋」，原作「儁」，《漢書》作「雋不疑」，下文也作「雋不疑」，故改。

[三五]「爲士者當書諸紳」：「書諸紳」出自《論語·衛靈公》：「子張問行。子曰：『言忠信，行篤敬，雖蠻貊

之邦，行矣；言不忠信，行不篤敬，雖州里行乎哉？立則見其參於前也，在輿則見其倚於衡也，夫然後行。』子張書諸紳。」後遂以「書諸紳」表牢記在心之意。

〔三六〕「如看花，切勿看離披是也」：離披，衰殘、雕敝之貌。明代陳第《九辯》：「皇天平分四時兮，竊獨悲此凛秋。白露既下百草兮，奄離披此梧楸。」

東塾讀書論學札記

黃國聲　整理

整理説明

《東塾讀書論學札記》選録自抄本《東塾遺稿》，凡二百七十則。《東塾遺稿》是陳澧平日讀書摘要、治學心得以及爲《東塾讀書記》撰述所作的資料性筆記。因爲是不打算發表的私記，所以論事論人，直言不避，甚至措辭激烈。例如對於他所尊重的鄉先輩曾釗，謂其有好古之病；對於林伯桐，則稱其品行好，但不虚心。評論惠定宇，謂其有學無識。又謂惠、戴皆僞君子。不滿方苞，謂其乃真不識古文者。但在《東塾讀書記》中，談到惠、方等人時，評論均以委婉語氣出之。蓋東塾之意在辯論學術，形諸著作時，留有餘地，引而不發，免啓無謂争端也。

《東塾遺稿》原無書名，是收藏者嶺南大學圖書館代擬的。此書的發現與收藏經過，頗爲曲折。據陳德芸《廣東未刻之書籍》（載一九四〇年廣東文物展覽會編《廣東文物》）云：「距今十年前，廣州舊書畫販曾發見先生（東塾）筆記小册凡七八百册，似爲先生手著《學思録》之稿。」「初發現於多寶齋，僅取值五百元。後乃分散割售。滇軍將領廖品卓（行超）購其抄寫最完整之一部分，約爲全書四分之一。所餘由羅原覺介紹，售於香港高隱岑。時南海崔百越（師貫）主高氏家，代爲保存，占全書四分之三。後由中山莫鶴鳴（漢）提議，延請專家，在利園分任校訂，以爲刊印之預備。預計經費一萬元，由莫鶴鳴、莫幹生、莫詠虞、利希慎四人分任。請何翽高（藻翔）校經部，鄧爾雅校史部，崔百越校子部，某君校集部。校完之稿僱員抄寫。經部校得最多，集部似未著手。兩年以來，支過經費四千餘元。後因利氏死於意外，校書地點受牽動，遂爾中輟。高隱岑亦作古，原稿全分讓渡於古公愚（直）。今北平圖書館所存，似即爲古氏經手讓渡者。其已抄之副本，由莫氏贈於鄧爾雅。鄧氏交其甥容元胎（肇祖），讓渡於嶺南大學圖書館。」又何多源編《嶺南大學圖書館館藏善本圖書題識》云：「遺稿一部計六百餘小册，此書購得後，由陳受頤博士與楊壽昌教授整理，故存之中文系辦公室中，前年始由中文系搬回本館，但點收時僅得四百八十六册，與六百餘册之數不符，蓋已散失一百餘册矣。惜哉！」陳文謂古直所得原稿，讓渡於北平圖書館。今查《全國古籍善本書目》，並無記載，私人藏家目録，亦未見蹤迹。陳氏之説，或可存疑。如是，則今轉歸中山大學圖書館藏之《東塾遺稿》，雖屬抄本，究爲僅存之較完備之本而彌足珍貴。

遺稿抄校均認真，很少錯誤。偶有偏旁誤寫、同音致誤的，據文義徑改，不出校。有疑不能明者，出校記存疑。

一 《史記·老子列傳》云:「莊子,其學無所不闚。」我亦頗似之。莊周者,工於文章者也,然而愚矣。欲使人墮聰明,去禮教,而復於上古,試思能乎?不能乎?不知其不能,愚矣;知其不能而姑以此作爲文章,又妄矣。獨其文章可取耳。余以論莊子,蓋聖人不易者也。

二 南北朝、隋唐時佛教所以盛行者,其時利欲極熾,故彼空寂之説得而入之也。今歐羅巴人來講耶穌之説,爲善去惡,亦以今時利欲極熾,不復知有善惡。凡夷狄之學得入中國,皆因中國不講學故。若人人講學,彼豈得入哉!

三 《學記》曰:「君子如欲化民成俗,其必由學乎!」必由學,斷無他術也。是故《學記》一篇,乃治國平天下之本也。不由學,必不能化民成俗。以前不甚可知,自孔子後,儒者必讀書。直至宋儒道學,始有不必讀書之學。唐時科舉之學,讀書淺雜。明時科舉至今,更不必讀書。

四 學問斷不能有真是非,著書正之,亦枉然耳。代代更懶讀書,故將絶。大約孔子之學,至今欲絶未絶而維持之。

五 余之學以考據爲主。論事必有考據,乃非妄談;説理必有考據,乃非空談。

有正論而矯者程,有古而僞者惠,有聰明而强者王、戴。有愚者,有黠而正者,有黠而文者。

六 我未見貴遠而賤近者也,大都貴近而賤遠耳。於近時之風氣則趨而效之,於古人之學術則輕而蔑之,自宋以來皆如此。宋儒貴周、程而輕漢儒,近儒貴惠、戴而詆宋儒。吾安得貴遠賤近者而與之論學問哉！

七　得古帖必臨摹之，欲得古帖之佳處也。得古書乃掎摭之，欲求古書之錯處也。是何尊古帖而薄古書也！如此書，但宜負古帖，勿負古書。

八　黎二樵詩集自序云：「彼風氣者，方置吾於其樞，吾不能撓其柄也。」凡學問文章，風氣移人，能自立者甚少。二樵頗能自爲者，故其言如此。彼但趨風氣者，不能爲此言也。

九　吾黨切不可輕易立説，立説而誤，又煩後人駁正，此書籍所以日多也。書多亦何妨，但本無事而自擾之，誠可不必耳。

一〇　今人只講訓詁考據而不求其義理，遂至於終年讀許多書而做人辦事全無長進，此真與不讀書等耳。此風氣急宜挽回也。

一一　晨讀《學而》章。我病在不習，不習則不熟，不熟則不如荑稗。數年中朋友甚少，令我不樂。今人知我名者，輒謂我能爲詩，此真不知我者，我愠矣，然亦何必愠乎。孟子之「有不豫色」，亦是愠。今亦有知我者矣，郭中丞也，然我不肯爲之用。

一二　學之爲言效也。效古人，則當時時心目中常以古人自待，視此身即是古人，有一不合於古人者，即毅然不爲；有可合於古人者，即毅然爲之。否則不得謂之效，不得謂之學。

一三　教小兒，亦當使之常有喜悦意，不然，彼必不好學矣。喜悦在乎讀書熟，讀書熟在乎功課少而嚴，不容懶惰。早放學，使得嬉戲。《論語》第一章，即説一個「説」字，一個「樂」字，一個「不愠」，可見爲學是一片歡喜境界。

一四　臧玉林「雜記義疏點煩」之説，不可行也。使點煩之書成，將使初學者不讀舊本但讀新本乎？則初學讀經而目未睹唐疏，何得謂之經生。將使之新舊本並讀乎？是欲少讀而反致多讀也。至於成學之士著書援引，又豈可引新本而謂之唐人疏義乎？是誣也。若仍引舊本，則新本無用矣。曰：然則唐疏之繁，使學者畏讀，則奈何？曰：孔、賈七經疏，不盡繁也，如《左傳》疏則頗簡矣，最繁者，《詩》疏耳。夫《十三經》疏，治經者原不必全讀，經學以專經爲貴，專某經則專讀某經之疏，其餘乃旁涉耳。至於所專習之經疏，雖繁亦一二年可畢，何患其繁耶！《五經》正義惟《詩》最繁，《左傳》最簡，《詩》疏實有令人生厭處。

一五　明中葉以前，尊朱子而莫敢異辭，朱子雖有誤説，不敢説亦不能説也。楊升庵、王陽明出而詆之，後之學者熟聞之，乃以朱子爲真可詆毀者。乾隆中復有戴東原，此後竟有與朱子爲仇如汪容甫者矣。

一六　本朝諸儒倡明漢學者，自惠定宇始，然其所得者，漢學之最不好處。汪容甫因惡朱子而並抑《大學》。

一七　近儒專講訓詁，試問朝廷若使通經之士爲官，能以訓詁治百姓乎？

一八　我欲問今之所謂治經者、所謂能文章者，讀書之法當如何？讀了要如何？只問此二句，看如何答。

一九　方東樹著《漢學商兑》，也難怪，只他無學，又挾嫌，故偏宕如是耳。「淺儒襲漢學，心力每浮躁」，今漢學已衰，《學思録》慎勿輕貶之。

二〇　陸清獻之學最正最切實，加以江慎修、顧亭林之學以博之，則成朱子之學矣。此二君子皆朱子之學也。

二一　俗儒妄議宋賢，試思二程、張、朱求聖人之學，凡天地人物之理、聖賢之書、二氏之説，皆盡心力而探索之，講求之，研之於心而踐之於身，自朱子之後，有如此之人否？此等魄力之大，雖亭林先生亦未及也，而況後來小儒哉！

二二　經學所以治天下，無經則不可以治天下矣。前明之經學最陋，何以能治天下乎？然則經學之治天下，乃其大義耳，名物訓詁之小者，與治天下無所關係也。前明經學雖陋而大義未嘗失也，故仍可以治天下。近百年來，名物訓詁雖精而無補於天下之亂也。觀此可以知經學之所重在彼不在此矣。

二三　漢儒之書有微言大義，而世人不知也。唐疏亦頗有之，世人更不知也。真所謂「微言絶、大義乖」矣。宋儒所説皆近於微言大義，而又或無所考據，但自謂得不傳之學，夫得不傳，即無考據耳，無師承耳。本朝國初儒者救明儒之病，中葉以來拾漢儒之遺，於微言大義未有明之者也。故余作《學思録》，求微言大義於漢儒宋儒，必有考據，庶幾可示後世耳。漢儒得傳，宋儒得不傳，皆未可盡信。

二四 《儀禮鄭注句讀》序言「遥想其光氣」；若無此語，讀此書者安能知作者之用心如是乎？又如《經義述聞》，條條駁難古注疏，安知其讀注疏時非俯首折服而偶遇此不得於心者而後駁之乎？讀前人書隨其書之所説而溺焉，則成流弊，而不知昔人著書者原不如是也。讀《儀禮》而望其光氣，只於序中言之，其書中無此説也，此真善著書者也。若處處自言之，則如歐陽永叔爲《五代史》，處處自作注解，真淺人也。然竟不於序中言之，則後之讀者不知望其光氣，但知句讀而已，是又無以啓導後人矣。嗟乎，著書真不易也！鄭君箋訂而於《詩譜序》言「昭昭在斯」，此真千古之法也。

二五 講小學無論矣，至讀注疏，則所講解者聖賢之言也，乃近日講解而卑陋蒙蔽如故，且或加甚焉。何也？知有注疏而不知有經也。注疏者，老博士之學也，士大夫之學不可廢也。此論待之太高矣。彼欲如作時文樣寫一個題目作一篇文字耳。今之所謂經解，無異於時文也。

二六 必讀經乃謂之經學。以疏解注，以注解經，既解而讀之思之，此經學也。不以疏解注，是讀疏非讀注也。不以注解經，是讀注非讀經也。嗟乎，天下豈易有經學哉！此亦《學思録》大指。

二七　若真讀注疏，自首至尾，於其疏誤而駁正之，雖寥寥數語，亦足珍。一家數條，積之則多，以俟有孔、賈其人者出而集合之，有功於經者大矣。若不自首至尾讀之，隨意翻閲，隨意駁難，雖其説勝於先儒，而失讀書之法，此風氣之壞，必須救之。

二八　有真漢學，有假漢學，亦猶有真道學、假道學也。要識真漢學，須讀鄭君書；要識假漢學，讀近人書如惠氏之類。

二九　惠定宇之講明堂也，以宋人之説先天，我説後天，又以明堂助成之，可與宋人角立矣。不知宋之先天圖，乃宋學之大病，而乃與之角勝，已愚矣。乃又傅會於明堂，而以爲大道，且因此捨康成而尊蔡伯喈，可謂傎矣。有學無識，故至於此。

三〇　惠、戴皆攻詆宋儒，戴顯言之，惠不顯言耳。惠氏甚深沉，戴氏鋒芒盛耳。戴氏頗疏通，亦勝惠氏，總之，二人皆非光明磊落之君子也。本朝學術，壞於此二人。王西莊心術亦勝於錢竹汀。

三一　宋儒講道，近儒以爲不然也，去而講經。近儒之講經，果盡合於聖人乎？亦未必然也。宋儒之朱子，以經講道者也，雖未必盡合聖人，然不合者寡矣。近儒誰能匹之，請細思之。顧亭林、陸稼書、江慎修皆無客氣，惠、戴之學則有客氣矣。有客氣，則能奪人而成昏蔽矣。

三二　高郵王氏《述聞》之書善矣，學者則有辨。如《十三經注疏》，卷卷讀之，句句讀之，不紊不漏，其無疑者熟而復之；有疑然後考之，考之而有誤，然後駁之，然後自爲説以易之。既自爲説矣，而又思彼説果誤，我果不誤歟？然後著於書，如是則善矣。若隨手翻閲，搜求古人誤而駁之，而自爲説，雖條條的確，弗善也。若乃古説不誤而自爲説反誤，則更不足言矣。

三三　今人多零碎經學而未嘗看注疏一部者，此猶不知醫者查《本草》藥性，查得幾味便説幾味，如是而曰知醫，可乎？如是而曰知經，可乎？此等風氣，蓋由《九經古義》、《經義述聞》而起。

三四　世之論文者，以駢體爲華，古文爲實。夫古文亦華而已，求其實則寡矣。豈惟説經爲然，講道學亦華而已，求其實亦寡矣。夫華固不可無也，譬之草木之實，必有華承之，講學説經爲文章者，其勿爲無實之華可也。無害之華可以悦目，亦世間所必有。

三五　天下之亂由於做官者不知讀書，讀書者不知做官。讀書做官本非兩途，無如做官者專爲苟且之政，而與事理相背；讀書者專爲無用之學而與官事不相通，此天下所以亂也。做官者與讀書者當分任其咎。做官者不知讀書，則無以仁義與王言者矣。

三六　予前數年談論間言：近人所謂樸學，皆華詞耳。鄒特夫首肯之。夫以樸學爲華詞，亦自古所未有也。昔人以樸學爲不美之名，今人以樸學爲美名，故樸即華矣。

三七　爲學猶醫也。取古人之言以益於已者，猶以古方治己病也。訂古人之誤者，猶開方以醫人也。我欲以古方治我病,不敢遽開方醫人也。取古書之善者而讀之,猶服補藥也。訂古書之誤者而改之,是醫古人也。古人不待我爲醫矣,醫之者欲勿使爲後人病,然恐我不足以醫古人耳。

三八　古來多少名醫良方,我尚未知,而欲自行醫開方醫人,妄矣。自己虛弱不補,自己有病不治,而先開方醫人,又妄矣。且所開之方,是耶? 非耶? 較之古方何如耶? 請自思之。自己不知,後更有人評論之也。

三九　高郵王氏《述聞》之最善者,如解「終風且暴」爲「既風且暴」、「自土沮漆」爲「自杜徂漆」是也。此誠爲毛、鄭所不及知,可驚而可喜者。然使毛、鄭知之,則但曰「終,既也」而已,但曰「土讀爲杜,沮當爲徂」而已。讀者不覺其可可驚可喜矣。然則毛傳、鄭箋若出後人之手,皆可驚可喜者,奈何讀書不覺,而獨喜王氏《述聞》也。

四〇　本朝人之講漢學,猶明人之講宋學也。明人之言,其發明義理有過於宋儒者,近人發明訓詁亦有過於漢儒者,然明儒不如宋儒,本朝諸儒亦不及漢儒也。明人有假道學,今人亦有假漢學。

四一　余非不能考據繁瑣者也,《水道》、《聲律》、《切韻》三書可謂繁瑣矣,特不欲效近人説經解字繁瑣之習氣耳。不同流俗。

四二　本朝諸儒考據訓詁之學斷不可輕議,若輕議之,恐後來從而廢棄之,則明儒之荒陋矣。

今人考古者少，已大不如國初以來之淵博，斷不可順其風氣而一空之也。但當取義理以補之耳。《學思録》必須有一段説明此意。

四三 《隋書·經籍志》：《古今地譜》二卷。　余欲爲此書，今不暇矣。　取歷代史外國傳而通考之，證以今地，可成一書，甚有用也。

四四 《宋書·范蔚宗傳》，《自序》云：「至於《循吏》以下及《六夷》諸序論，筆勢縱放，實天下之奇作。」又云：「贊自是吾文之傑思，殆無一字空設，奇變不窮。」余作《學思録》亦如此。

四五 《宋書·范蔚宗傳》：「吾雜傳論，皆有精意深旨，既有裁味，故約其詞句。」余著書頗用此法。

四六 《隋書·王劭傳》：「採摘經史謬誤爲《讀書記》三十卷，時人服其精博。」今人學問，多此一派。　今人研尋注疏，直欲詆訶古人得失耳。

四七 《北齊書·儒林·劉晝傳》：「舉秀才入京，考策不第。乃恨不學屬文，方復緝綴辭藻，言甚古拙。制一首賦，以『六合』爲名，自謂絶倫，吟諷不輟。乃歎曰：『儒者勞而少工，見於斯矣。我讀儒書二十餘年而答策不第，始學作文，便得如是。』曾以此賦呈魏收，收謂人曰：『賦名六合，其愚已甚，及見其賦，又愚於名。』」　近有襲自珍者，著論一篇，名曰《五經大義終始論》，亦《六合賦》之類也。

四八《魏書·胡叟傳》：「既善典雅之詞，又工鄙俗之句。」　袁簡齋是也。

四九《魏書·王由傳》：「好學有文才，性方厚，有名士之風。」　名士必方厚。　未有圓薄而爲名士者也。

五〇《魏書·成霄傳》：「字景鸞，亦學涉，好爲文詠，但詞采不倫，率多鄙俗。與河東姜質等朋遊相好，詩賦間起，知音之士，共所嗤笑。閭里淺識，頌諷成群，乃至大行於世。」　袁簡齋似之。

五一《後漢書·臧洪傳》：「父旻，有幹事才。」章懷注曰：「旻達於從政，爲漢良吏。太尉袁逢問其西域諸國土地風俗人物種數，旻具答言西域本三十六國，後分爲五十五，稍散至百餘國。大小，道里近遠，人數多少，風俗燥溼，山川草木鳥獸異物名種不與中國同者，口陳其狀，手畫地形。逢奇其才，歎息言：『雖班固作《西域傳》，何以加此乎？』」　今亦當講求徼外地理。

五二　本朝諸儒倡明漢學者，自惠定宇始，然其所得者，漢學之最不好處。[一]

五三《學記》：「此大學之道也。」正義曰：「是大學賢聖之道理，非小學技藝耳。」　近百年來之學，皆小學技藝耳。

五四　近儒專講訓詁，試問朝廷若使通經之士爲官，能以訓詁治百姓乎？[二]

五五《後漢書·王暢傳》：「功曹張敞奏記曰：『仁賢之政，流聞後世。夫明哲之君，網漏吞舟之魚，然後三光明於上，人物悦於下。言之若迂，其效甚近。』」　治天下必始於學校貢舉，亦所謂言之若迂，其效甚近。

五六 《國風》難讀，以其意往往在言外，必吟詠尋思而後得之，如《樛木》詩之言『福履』，似頌禱之恒言耳。及觀後世后妃妬忌而爲禍，乃知不妬忌之爲福矣。《正雅》與《頌》雖較《風詩》爲易曉，所述者非盛世之事，尚少驚心動魄之言。至《變雅》則指陳時事，深切著明，讀之輒爲悚然，其爲益最多也。

五七 治《詩》當如戴東原、阮文達，勿似陳啓源之《稽古篇》也。

五八 張皋文之學以《儀禮圖》爲最，其次則《易義别録》也。《虞氏易義》吾所不取。其駢文、古文、時文，則皆善於臨摹而已。《儀禮圖》亦楊氏之屋下屋耳，楊信齋已有《儀禮圖》矣。

五九 爲王氏《述聞》之學者，必當讀注疏，一句不漏，一篇不紊，以注疏解經，使文從字順。其有不順，乃考群經訓詁以易之。又必先博稽訓詁以待援引。若於《十三經注疏》隨手翻閲，偶有不安，即爲一説以易之，則非王氏之學者。

六〇 《列女傳》：「魯漆室女倚柱悲嘯曰：『愚僞日起，禍及衆庶，婦人獨安所避乎？』」今世之病，「愚僞」二字盡之矣，魏默深所謂寐患、虚患也。愚者頑不知道，僞者窳不供事；愚者不明，僞者不强；愚者惑，僞者不立；愚者不致知，僞者不誠意。夫孰知不致知、不誠意之禍及衆庶而無所避哉！彼無識者安能知「愚僞」二字之爲禍乎？且禍及衆庶而不能避乎？故講致知誠意明强之學者，救禍也。

六一　魏有王肅，蜀有李譔，吴有虞翻，皆與鄭爲難，蓋一大儒出則争名者各出而欲奪之矣。譔五經皆有著述，其學當不下於王肅，惜其不傳也。

六二　鄭君之學維持魏晉南北朝之世道，至中唐以後，其道衰微寖絶，直至國朝復知尊信，然而其道未明也，以其名尊之而已。　朱子之學維持世道，自宋元至於今日，而衰微寖絶，何時復興，則吾不得而知之矣。然恐興之亦徒尊其名，未必明其道也。

六三　鄭學有王肅與爲敵，不能奪也，宋時道學諸儒出而鄭學絶。朱學有陸子静、王守仁與爲敵，不能奪也，本朝漢學諸儒出而朱學絶。

六四　凡治經者當以内傳爲先，而又不可無外傳之學。内傳者，解經之學也。外傳者，通經致用之學也。若不爲外傳之學，何以誦《詩》三百則能達於授政而專對於四方乎！　爲禮學者當知禮意，爲詩學者當知詩意，即外傳之學是也。

六五　吾之惡王肅，惡其人也，非惡其難鄭也。吾之惡王肅難鄭，惡其作僞也。若平心論辨，如鄭之駁許氏《異義》，吾豈惡之哉！　江艮庭曰：「其人，小人也。」此定論矣。

六六　王肅難鄭多矣，豈無鄭失而王得者？　然王之居心爲可惡也。鄭之於毛則曰箋，於二鄭則曰讚而辨之。即使鄭有失，王但當爲之箋爲之讚辨，乃緣隙奮筆，遂欲奪席，此其居心可惡爲如何乎！然終以此見惡於後世。甚矣，心術之不可揜也。朱子曰：「鄭康成畢竟是好人。」吾則曰：「王肅畢竟是不好人。」

六七　顏延年《陶徵士誄》云：「和而能峻，博而不繁。」以此八字書紳銘座，奉以爲師。和而能峻，品，行己有耻；博而不繁，學，博學於文。遠師彭澤，近法亭林。賤子和多於峻，不繁而未博，愧甚，愧甚。陶公品學如此，吾師乎，吾師乎！勉力學「峻」字。

六八　顏延年《陶徵士誄》：「廉深簡潔，貞夷粹温。」廉者有分界，深者有浮淺。浮淺則世俗之人耳。簡者刪除繁妄。月亭先生有簡壽之説。

廉　非特不貪也。凡物正方必有廉，此其象也。

深　世俗之事不必論，但浮淺即非君子之學之行也。王氏之經學、袁氏之詩才，皆淺之爲病耳。

簡　月亭先生云簡壽。

潔　一匹素練，勿受一點污穢。

貞　正也，堅也。正矣而不堅，固非貞也。

粹　如米之精鑿，去盡粗糲。

温　知凉之非，則知温之是矣。

六九　朱子論陶公,似於其嗟貧而不滿焉,吾正以其嗟貧而愈敬之耳。陶公云:「嗚呼,寓形宇内復幾時!」我寓形宇内復幾時乎?必有死之一日也。早與晚相去幾何?寓形而已,此寓形必腐壞者也。即氣亦必絶者也。此性寓於形氣,數十年作得幾句言語以維持世道而已,然亦非不朽者也。亦太虚中一點浮雲耳。陶公不爲矯激之事也。

七〇　明人謂陳白沙爲活孟子,妄言耳,不足與論也。

七一　東坡稱韓文公文起八代之衰,以駢體爲衰也。陸宣公文皆駢體,且其格又不高,而東坡又推尊之至,豈非文章不論體格,但視其所説者爲何如語乎?陸宣公奏議唐人誰可匹敵,其白樂天諷諭詩乎!

七二　陸宣公《均節賦税恤百姓第五條》:「此堯湯所以見稱於千古也。願陛下遵之慕之,繼之齊之,苟能存誠,蔑有不至。」陸宣公多説誠字,此等語如出於宋儒,則是習氣,是時趨,在唐時則惟陸宣公能説耳。

七三　東坡云:「置之座隅,如見贄陸宣公面。反讀熟讀,如與贄言。」凡讀書皆當如此,必當如此。

七四　陸宣公《均節賦税恤百姓第六條》:「法貴必行,不在深刻。」使禁煙時知此,則禁絶而無後患矣。

七五 韓文公曰：求聖人之道，必自孟子始。今當日日讀《孟子》，讀《孟子》畢，乃可讀《論語》也。好經學、理學者讀《孟子》，好古文者讀《孟子》。好詩者讀陶詩。好駢體文、好經濟者讀《陸宣公奏議》。澧謂聖人復起不易斯言。蓋《五經》之文淵奥，《論語》之文精約，《孟子》之文則真所謂分决狐疑、登皇耳目者，讀之使人昭然若發蒙。昌黎謂云云，如航斷港絶潢以求至於海，然則讀《孟子》而後求之於《五經》、《論語》，如航長江大河以入於海也。

七六 昌黎爲文章，自唐虞以來編簡，靡不通達。後之學韓文者，不知通幾篇幾簡而謬云學韓文也。凡學韓文者宜知此。

七七 昌黎《與鳳翔邢尚書書》云：「愈也布衣」云云，「以文名於四方，前古之興亡，未嘗不經於心也；當世之得失，未嘗不留於意也」。學韓文者當如此。學者皆當如此，不獨學古文也。

七八 昌黎《答張籍書》：「三十而立，四十而不惑。吾於聖人既過之，猶懼不及，矧今未至注云，時年二十九。固有所專至耳。請待五六十，然後爲之，冀其少過也。」著書不可太早。

七九 昌黎《送區册序》：「與之翳嘉林，坐石磯，投竿而漁，陶然以樂，若能遺外聲利，而不厭乎貧賤也。」昌黎之取友如此。唐時南海人有如此者，今粤人當奉以爲鄉之先賢而追效其遺風。乃昔時惟知尊白沙，百餘年來則尤無所效法矣。胡大靈尚頗有遺外聲利、不厭貧賤之風。

八〇　韓文公《圬者王承福傳》:「夫力易强而有功也,心難强而有智也。」　今學者不能强而有智,而遂不强其力而有功,惜哉!　心難强而有智,故詞章不可强也。力易强而有功,故樸學雖愚者可爲也。

八一　昌黎《答殷侍御書》:「近世《公羊》學幾絶,非先生好之樂之,味於衆人所不味,務張而明之,其孰能勤勤拳拳若此之至。」　余於《穀梁》亦欲如此,後來遂輟業,心常不能忘。近年則亦有味於衆人之所不味,張而明之者,《朱子語類》也,陶詩也。味於衆人之所不味,余頗有此意。

八二　《易》:「風雷,《益》。君子以見善則遷,有過則改。」　自問生平少改過工夫。有益之事,無過於此。見善即遷,則德益增;　有過則改,則行益純。　我只積得一「廉」字。

八三　陸宣公《請數群臣兼許令論事狀》:「人之有心,不能無欲,欲不歸於善,則湊集於邪。」　人不能無欲,欲非盡惡,此數語最明。

八四　《史通·採撰》:「務多爲美,聚博爲功,雖取説於小人,終見嗤於君子矣。」　余著書患採撰未博,讀此釋然矣。

八五　《史通·雜説中》:「臧氏《晉書》稱苻堅之竊號也,雖疆宇狹於石虎,至於人物則過之。」案後石之時,張據瓜、凉,李專巴、蜀,自遼而左,人屬慕容,涉漢而南,地歸司馬。逮於苻氏,則兼而有之。《禹貢》九州,實得其八。而言地劣於趙,是何言歟?　夫識事未精,而輕爲著述,此其不知量也。張勔抄撮晉史，不求異同，而備揭此言，不從沙汰，罪又甚矣。」識事未精，輕爲著述，爲不知量，吾或免矣。然不可不以爲戒，更願學侶戒之。

八六 《左傳・文十二年傳》：「先君蚡冒所以服陘隰也。」杜云：「蚡冒，楚武王父。」正義曰：「劉炫云：『案《楚世家》，蚡冒卒，弟熊達殺蚡冒子而代立，是爲楚武王。則蚡冒是兄，不得爲父。』今知不然者，以《世家》之文，多有紕繆，與經、傳異者，非是一條。杜氏非不見其文，但見而不用耳。劉以《世家》而規杜，非也。」執古書以駁古人，往往有此失。古人豈不見古書，未可以今所見之古書駁之也。

八七 杜《序》云：謂左丘明作傳，「將令學者原始要終，尋其枝葉，究其所窮。」近儒摘句解經，成爲風氣，其原始要終，尋其枝葉，究其所長者，鮮矣。

八八 學者之病在懶而躁，不肯讀一部書。此病能使天下大亂。此條入《學思録》。

八九 余不講理學，但欲讀經而求其義理。不講文章，但欲讀經而咀其英華。不講經濟，但欲讀經而知其法戒耳。

九〇 吾欲學者皆專習一經注疏而漸求其義理，因漢儒經注而求漢儒實行。若此學能成，則非小補矣。

學海堂課經解，引之於經學耳，若但以此爲事，則雜然解釋群經，固不成經學，而尤不能入於義理矣。

九一　專習一經以治身心，吾之學如此而已。《學思録》宗旨歸宿處。

九二　近人有詆漢學而以程、朱爲言者，試問爲程、朱之學，能不讀程、朱之書而考證之乎？試問其嘗讀程、朱之書乎？嘗見士人有不知程、朱朝代事迹者。務科舉而荒陋，因懶惰而空疏，而以程、朱藉口，程、朱豈荒陋空疏者，試問其曾讀程、朱之書否？則無可置喙矣。然人多懶惰而安於空疏，將來此等議論盛行，讀書種子絶矣。大可憂也。

九三　世之不學者，或以務科第，或以乏書籍，而又欲入於作者之林，則詆考據而言程、朱。如段茂堂、程易疇、阮文達則可以詆漢學矣。詆宋學者能爲許、鄭之學，詆漢學者不能爲程、朱之學也。

九四　文章與經本兩家，然如徐孝穆、楊盈川皆深究禮學，柳子厚亦頗知之，後之爲古文、駢體文者不能也。魏叔子誚侯朝宗無本領是也，然魏叔子本領亦有限。汪堯峯好作經解，方望溪至治《儀禮》十次，又删《通志堂經解》，然仍不識經學。作古文而識經學者，姚姬傳耳。今之自謂學姚姬傳者，又不識經學矣。識經學又能作古文，其錢辛楣、王蘭泉乎？識經學又能作駢體，其孔巽軒、洪稚存乎？　八家四六：袁、吴、孔、洪、曾、劉、孫、邵。

九五　士子懶讀書，足以亂天下。懶讀書而求科第，遂競爲倩代録舊。以余所知而言之，自嘉慶己卯科至今五十年，倩代録舊而中者不可勝數，其人遂爲達官，安得天下不亂乎？

九六 有時文五百年，無未出之題，大約每一題有數千萬篇，不割裂則不能避録舊者，而割裂又壞文風。夫自古帝王立法，無五百年而不弊者，何况時文非古帝王之制也。惟有廢時文而後免於録舊之弊。而淺陋不能之人，猶謂時文不可廢，此不足與論也。

九七 凡風氣必有所因而轉之，若今忽然舉程、朱道學以教人，則必無應之者。且講道學而不讀經，則亦非程、朱之學也。專經而明理敦行，此真漢以來學術之中道，人可共由之者矣。

九八 道學家輕蔑注疏，時文家沉溺講章，留俗移人，雖有治經者，亦迷其門徑。陸清獻道學家也，亦時文家也，而深通古經學，蓋其天資絶高，不爲習俗所染也。此條爲方望溪言之而不必明斥之。

九九 讀經而詳味之，此學要大振興。曾子讀《喪禮》，泣下沾襟。周磐廢《蓼莪》，朱子説《行葦》。鄭君似有勸人尋味語，朱子有「其味深長，最宜潛玩」之注。能尋經文，則學行漸合爲一矣，經學理學不相遠矣。人能通一經而詳味之，此真漢學也。《學思録》當大提倡此學。

一〇〇 孔子之前，周公以禮治天下，至孔子時而漸衰。孔子道不行，欲治後世之天下，惟有傳其道於諸弟子，而所以載道而傳者惟有書耳。是以删述《六經》也。孔子既述古以爲經，諸子亦述孔子之言以爲《孝經》、《論語》。《論語》成於曾子啓後，此孔門再傳弟子之書，灼然可見者。其時傳聖人之經，誦聖人之語者，不知幾何人，其見於孟子書者，公明儀、公明高、費惠公子思弟子之等，實不少也。且孟子弟子更不少也，必謂孟子没而不傳，則孟子弟子皆師死而遂背之者歟！唐宋儒者掃棄孔孟弟子，其咎甚大。即謂非有心掃棄，亦其讀書粗疏，不加稽考，又不知孔門之教，闇而不著，故古儒多不知姓名如公明儀之類。亦不知其行事，遂一筆抹殺，逞其粗心浮氣而以爲快。誠思昌黎之後尚有李翺、皇甫湜、來無擇、孫樵，程氏之後尚有楊龜山、羅仲素、李願中，朱子之後尚有黄直卿以及金華四先生，而必謂孟子死聖人之道不傳，全無憑據，逞其臆説以抹殺古儒，此古儒之罪人也。古未聞有弟子如是之多者，孔子特創之也。非多其傳道者，則易衰而熄，而唐宋儒者偏謂孔子門弟子傳道者少，吾不知其何心。果如其説，傳道惟曾子、子思、孟子，孟子殁而無傳，而又加以異學争鳴，暴秦坑焚之禍，如火滅矣，何以能復然？水涸矣，何以能復潤？漢興何以治天下？以此思之，魯儒居孔子冢上者數百家，及項羽死而魯諸生猶弦誦者，此等人真有功於聖道，而叔孫通、陸賈尤大有功也。淺人何足以知之。以上分兩段，人一段，書一段。此兩段議論，千古未有。若必以一貫爲傳道，則《論語》所載孔子告顔子者，未有一貫之語。子思之《中庸》，孟子之七篇，亦皆無一貫二字也。孔子所删述之經，亦無一貫二字也。若謂諸經雖無一貫之字，而其言皆一貫之理，則是傳經即傳一貫之理矣。

一〇一　天下亂由於學術衰，學術衰由於懶讀書，懶讀書，亂天下矣。《學思録》切要語。

一〇二　林月亭先生《供冀小言·古昔》篇云：「竭耳目之力其所知亦有限，何如古人之多而能備耶！」此余所以不爲札記經義之書也。月亭先生此語非爲札記而發，愚有觸於其言耳。

一〇三　吾著《學思録》之宗旨，惟在分四科，每科又分之，不使爲專門之學者謂人人皆當如我。《學思》凡例。

一〇四　少時不讀近代文集，今老矣，乃知其不可也。經書難讀，近代賢人君子之所言易讀易知，讀之易得其益，不可不讀也。

一〇五　著書之戒。《文心雕龍序》云：「各照隅隙，鮮觀衢路。」愚嘗論讀書當如在大街上行，著書則發明一義如在横街卜居。古今著書之病曰膽大，此病始於老子。

一〇六　合數百年來學術之弊細思之，若講宋學而不講漢學，則有如前明之空陋矣。若講漢學而不講宋學，則有如乾嘉以來之膚矣。況漢宋各有獨到之處，欲偏廢之而勢有不能者，故余説鄭學則發明漢學之善，説朱學則發明宋學之善，道並行而不相悖也。

一〇七　謂經學無關於世道，則經學甚輕，謂有關於世道，則世道衰亂如此，講經學者不得辭其責矣。蓋百年以來講經學者，訓釋甚精，考據甚博，而絶不發明義理，以警覺世人。其所訓釋考據，又皆世人所不能解，故經學之書汗牛充棟，而世人絶不聞經書義理，此世道所以衰亂也。

一〇八　余嘗言近人多言樸學，然近人之經學華而非樸，吾友鄒特夫首肯之。

一〇九　近年讀書史甚草率，朱子所謂「搓過不精」者也。自顧始衰之年，兀兀如此，若早讀書十年，豈不綽有餘裕乎！

一一〇　讀書莫患乎專求古人之錯處，譬如遊名山者不得其美景，而枯得朽樹一枝；赴盛筵者不得其美味，而枯得敗肉一臠耳。又如與賢人君子交好，而不得其嘉言美行，但得其過失。讀古人書即是尚友古人，豈可但説其短而不知其美乎？

一一一　王西莊《尚書後案》序曰：「余於鄭氏一家之學可謂盡心焉耳，若云有功於經，則吾豈敢？」餘嘗謂有經學，有注學，有疏學，有碎義之學，注疏及碎義之學不可皆謂之經學也，乃經學之類耳。如王西莊不敢自謂有功於經，可謂篤論。西莊可謂注學矣，其於有功於經只一間耳。能讀疏者爲疏學，余皆碎義耳。

一一二　今余所論著者，乃經學也，漢學也，鄭學也。周公居東非東征；孔子作《孝經》，道之根源，六藝之總會；孟子教梁、齊之君王天下，時周已非天子。鄭君實懷明德，此等乃其犖犖大者，非如近人零碎纖屑無關要緊之經學耳。

一一三　微言大義必從讀書考古而得，《學思録》説微言大義，恐啓後來不讀書不考據之弊，不可不慎。必須句句説微言大義，句句説讀書考據，勿使稍墮一偏也。微言大義從讀書、考古而得，此二語庶乎無弊矣。

一一四　聖賢之道，修己治人。然修己若何，治人若何，必求之古聖賢之書然後其事不謬，且彬彬乎有文焉，否則鄉人而已，俗吏而已，又或黃老商韓而已，其又甚則夷狄而已。修己者，誠意、正心、修身也。治人者，齊家、治國、平天下也。求聖賢之書，格物致知也，其事不謬而彬彬有文，至善也。

一一五　王西莊《尚書後案》序云：「余於鄭氏一家之學，可謂盡心焉耳，若云有功於經，則吾豈敢？」西莊乃肯爲此語。近時説經之書，一家之學，多有功於經者不少。

一一六　著書必須無一毫私僞留於心目之間。

一一七　心要常虛明而不可熱，熱則昏矣。非特名利之心不可熱，著述之心亦不可熱。常湛然朗然超乎萬物之上，而後可以讀書，可以著書。

一一八　國朝儒者於漢學、宋學、禮樂、書數、天文、地理無不貫綜者，江慎修一人也，余所仰慕在此。今年已五十，不能及江慎修，亦不能及戴東原，但似程易田耳。吾友侯君模自言所學似洪、孫。

一一九　本朝經學實出唐人之上，唐之孔、賈義疏，全賴有南北朝舊疏。本朝諸儒後於唐儒千餘年，而其説經解字乃時時勝於唐儒，且有勝於漢儒者，真經學之極盛也。阮文達公之刻《皇清經解》，本欲集諸家之説爲一書，若此書成，直可繼賈、孔義疏之後也。

一二〇　漢唐宋學，自來無兼之者，余之《學思録》自成一家，不可不勉成之也。謝朝華於已披，啓夕秀於未振，其可傳者在此。

一二一　近來朋友説經者，只乾隆、嘉慶數十年間學派，若與論康熙、雍正以前學問，便不曉得，何況漢、唐、宋耶！　云漢學者，妄語耳。

一二二　因讀歸震川論科舉之學感而書此，嗟乎，不知世間有幾人真好讀經書者！　若名爲讀經書而能尋其味者，吾友楊浦香也。講經學者則不足與於此也。彼徒以講經學爲名士，則其所作經解，不過名士之招牌而已。即使解説可取，而其心並不在聖賢之經書，此不得謂讀經書之人也。試問其心曾有一念欲依經書所以做人否？

一二三　士之作時文者，視經書爲時文題目也。作經解者，視經書爲經解題目也。此皆歸震川所謂「不知聖人之書爲何物」者也。

一二四　科舉之士以一句經書爲題，作一篇時文。經學之士以一句經書爲題，作一篇經解。二者無以異也，皆俗學也。其心不在聖賢之經書也。《學思録》皆不能不發明此等議論，然恐世人因此更不讀經書，必須伸明之曰：經不可不解説，但不可只解説其文而不尋繹其理。引程子扶醉漢語。

一二五　《王制》云：「行僞而堅。」亭林先生言當時之人「行僞而脆」。嗚呼，孰知今日求行僞而脆者且不可得乎！爲君子、假道學最可惡，而今日則真小人真無道無學，不特不讀書者爲然，我輩中人亦然，豈不大可懼哉！

一二六　自非聖人，孰能無過，前人疏失，望之後人。然後人讀前人之書，必先求其是而後訂其非。今則甫唐[三]簡編，先尋瑕隙，即使果中其病，而前人所説者千萬，後人所訂者一二，所得孰多？沾沾自喜，尤傷忠厚。其謬一也。本朝鉅儒，顧、閻爲之弁冕，二君皆尊朱子。其詆朱子者，毛大可爲首，戴東原繼之，頹風所扇，陋儒小生未識朱子爲何如人，不見朱子之書爲何如語，而信口輕蔑。其謬二也。《十三經注疏》頒在學官，明儒束閣不觀，固可哂矣，今則家標漢學之名，人競經師之號，不知一生曾讀注疏幾部，大抵隨手檢閲，聊爲掇拾之資。不識源流，不知首尾。其謬三也。

一二七　《學思録》由漢唐注疏以明義理而有益有用　繁釀之文無益無用者置之。由宋儒義理歸於讀書而有本有原　師心之説無本原者棄之。此《學思録》大指也。

一二八　尋得漢儒真好處，則漢儒之學即聖賢之學矣。尋得宋儒真好處，則宋儒之道即聖賢之道矣。明儒之學宋儒，多學得宋儒不好處。本朝儒者學漢儒，又多學識漢儒不好處也。漢儒好處如何？曰純。宋儒好處如何？曰切。

一二九　道學不可空講，經學不可泛講。且講人品必須講明狂狷鄉原，流俗四等，必須置身狂狷中，不可一步墮入鄉原流俗。區區讀書數十年，只讀得此數句。　此條抄入《學思録·孟子》

卷內。

一三〇　著書不能删省，歲月限之也。　著書不可米鹽煩碎。　著書者不可貪多，其米鹽煩碎者别存之以應問可也。　亦不必應問。

一三一　吾師陳厚甫先生曰：「今天下之弊，曰利，曰吏，曰例而已。」此三語亦可當一篇大文字。

一三二　程子云：「餓死事小，失節事大。」桂星垣謂君臣、夫婦二倫至宋儒而始嚴，此宋儒之功。星垣之論，千古卓識也。自紀文達不喜程子此二語，作小説時時詘笑之，遂有無識者爲其所惑。昨潘氏園座中有舉程一姓吕，一姓梁語而云豈有此理。吾聞而愕然，然不屑與辯也。

一三三　史遷《報任少卿書》云：「亦欲以究天人之際，通古今之變，成一家之言，草創未就。」《學思録》亦欲如此。　《學思録》以甲部爲主，亦欲如此耳。　《學思録》竊取此意。　平生之志與業皆在其中。

一三四　《亭林文集》三《病起與薊門當事書》：「天生豪傑，必有所任，如人主於其臣，授之官而與以職。今日者拯斯人於塗炭，爲萬世開太平，此吾輩之任也。仁以爲己任，死而後已，故一病垂危，神思不亂。使遂溘然長逝，而於此任已不可謂無尺寸之功，今既得生，是天以爲稍能任事而不遽放歸者也，又敢怠於其職乎？」此一段不記何年所抄，辛未年正月余大病不死，亦如是耳。讀之令人神至。

一三五　何止佛老歸於善，即回回、天主亦歸於善，但善其所善，非至善也。

一三六　《新唐書・藝文志》雜史類：　阮孝緒《正史削繁》十四卷。此書《隋志》有。　此書先得我心，蓋正史閲數百年則多數百卷，不削其繁，將來有終身讀之不能盡者矣。

一三七　有學問者不可工書畫，工書畫能掩其學問。

一三八　《新唐書・文藝傳》二百一《杜甫傳》：「甫曠放不自檢，好論天下大事，高而不切。」余亦有此病。　狂者嘐嘐然而行不掩，杜公有焉，聖人所欲得也。

一三九　由考據而致用，亭林之學也。由考據而明理，余之學也。講義理必由考據，否則臆説耳，空談耳。

一四〇　近人詆考據之學，試思本朝之學所以能與漢、唐、宋各極其盛者，非考據乎？若無考據之學，則遠出漢、唐、宋之下矣。

一四一　乾隆、嘉慶時諸儒之小學、經學，使古人復起，亦必驚喜以爲不意有此學也。前人安知訓詁考據有此哉！

一四二　余昔時甚厭宋人文集動輒數十百卷，其後忽悟此亦有佳處，能使其人隔數百年而讀其書全身皆見，如接其謦欬也。然人人如此，則一人百卷，十人千卷，後人不勝其讀矣。道學家更不可如此,否則終日終身讀語録文集,無静坐時矣。

一四三　我之學在分四科,而以經學爲本。讀經即是心性之學,先從耐煩始。耐煩者,勤也。今之人只是一懶字。一懶字足以禍天下,壞聖學。懶而求榮,此今之大病,若何而醫治之。必使懶者辱,勤者榮,則可以醫之矣。頑不知道,窳不供事,皆懶也。魏默深所謂二病,即頑與窳也。

一四四　士爲讀書者所笑,曰沉溺於科舉中也。讀書者又爲道學者所笑,曰沉溺於書卷中也。道學者又爲禪學者所笑,曰沉溺於道學中也。安知不有笑禪學者,以爲沉溺於禪學中也哉!超然特立,我讀我書,我修我行而已矣。

一四五　假道學,小人也;真道學,君子也。假經學,小人也;真經學,猶未知其必爲君子也。真經學必兼真道學,乃可貴也。真道學雖假經學,亦可貴矣。

一四六　鄭小谷文《記家學小引》:「子弟能爲詩古文固佳,不能爲詩古文亦佳。惟問以古文家不能舉至十,問以古詩家不能舉至十,便合打煞。」教人工文而曰不必讀書,可信乎?

一四七　鄭小谷《記家學小引》:「讀書未求精先求博,爲人未求狂先求狷,立言未求華先求實。」

一四八　余近年讀漢儒書必求義理,讀宋儒書必加考據,如是,則其善者真可依據矣。其否者亦洞見底蘊矣。

一四九 《學思録》庶幾成一家之言。

一五〇 亭林《與人書》：「君詩之病在於有杜，君文之病在於有韓、歐。有此蹊徑於胸中，便終身不脱『依傍』二字，斷不能登峰造極。」 韓、歐蹊徑且不可有，而况桐城蹊徑乎！ 此等語乃古文真訣，欲寫出爲一篇以告後之爲古文者。

一五一 東坡《荀卿論》：「荀卿者，喜爲異論而不讓，敢爲異論而不顧者也。」 意其爲人必也剛愎不遜而自許太過。 老，務爲深遠。 莊，恣爲荒唐。 荀，好爲不遜。 楊，故爲艱深。

一五二 《説文》九千餘字不盡有用，亦可取其見於《十三經》中者而爲一書也。昔欲與子琴作真小學書，正此意也。

一五三 《北周書·薛憕傳》：「終日讀書，手自抄略，將二百卷。」 此三句正與余同。余之日録當名爲抄略。

一五四 《孟子》曰：「觀水有術，必觀其瀾。」 觀書有術，必提其要。 讀經史必須摘録，用《黄氏日抄》之法。 此所謂提要鈎玄。

一五五 《黄氏日抄》：「余苦多忘，凡讀書必略記所見。」 余亦如此。

一五六　陶公《答龐參軍》詩序云：「吾抱疾多年，不復爲文，本既不豐，復老病繼之。」余不爲文，亦以本不豐故也。

一五七　歐、曾、王皆摹倣昌黎之文，非獨摹倣其文而已，又摹倣其文之所言。凡説聖人之道、闢異端之説、議論先儒、自述學行，皆一一摹倣，遂成習氣矣。

一五八　「民吾同胞，物吾與也」，不如杜詩「安得廣厦千萬間」。杜詩衝口而出，故不可及。杜詩是極窮困時而猶能出此言，故不可及。

一五九　《新唐書》渤海敬王奉慈七世孫《戡傳》：「常惡元和有元、白詩，多纖豔不逞，而世敬重之。乃集詩人之類夫古者，斷爲唐詩，以譏正其失云。」後來獨尊盛唐而卑視中晚者，唐人已有之矣。

一六〇　詩不可多，如陶詩固佳，然更有如此詩數千首，則亦不覺其佳矣。

一六一　朱子《中庸》注云：「根本盛大而出無窮。」此語最好。學問文章當如此，南山先生嘗舉此語。今諸學侶多無根本，不但不盛大而已。

一六二　詩文、書法皆有氣能薰蒸人，故於所熟習之人，則詩文、書法亦似之。至時代相隔漸遠，則必誦讀摹倣而後相似，蓋其氣漸遠漸微矣。

一六三　教官論，必要作。

一六四 余文集中當有一種如魏叔子日録者，但不用俚俗語。

一六五 漢以前書未閲者：《方言》 《東觀漢記》 《吴越春秋》 《越絶書》 《孔叢子》似已閲 《潛夫論》似已閲，下二種同 《申鑒》 《中論》 《握奇經》似已閲，下七種同。 《六韜》 《孫子》 《吴子》 《司馬法》 《尉繚子》 《三略》 《素書》 《素問》已閲一半 《靈樞經》 《難經》 《金匱要略》 《傷寒論》 《周髀算經》 《九章算學》 《孫子算經》 《宅經》 《靈棋經》 《易林》 《京氏易傳》似已閲 《鬻子》似已閲，以下五種同。 《子華子》 《尹文子》 《慎子》 《鶡冠子》 《風俗通義》 《穆天子傳》 《神異經》 《海内十洲記》 《漢武故事》 《漢武洞冥記》 《列仙傳》 《周易參同契》似已閲 此上四十五種，查未閲者當遍閲之。 似已閲者廿種，閲半者一種。 餘廿四種除醫書四種、算書四種、術數二種、小説七種、神仙一種，共十八種可不閲。必閲者六種。

點讀過者：注疏十三部 漢儒説經諸書 《周易集解》 《論語》(皇疏) 《説文》 《國語》 《國策》 《史記》至《遼史》、《金史》 《通鑒》 《通典》 周秦諸子書 司馬温公諸書 《二程遺書》 朱子諸書 《陸象山集》 《亭林集》 《日知録》 《陸清獻集》 《抱朴子·外編》 《文選》 《駢體文鈔》 李杜集 韓、柳、歐、曾、王、蘇集 《山谷集》

一六六　余欲著《三禮表》。此書若三十歲時爲之，至今可成。今五十始衰，斷不能成，望後來有志者成之耳。蓋讀《三禮》者，苦其浩如煙海，幸有江氏綱目，整頓禮文，若名物制度之等差，作表以明之，可與綱目並行也。綱目《儀禮》爲主，表則《周禮》爲主，存此説於《學思録》中。

一六七　《資治通鑒》胡注説地理者不可不讀。《稽古録》不可不讀，然誰堪讀之？本朝人只愛博，如此好書無人識矣，此士大夫之學遂廢也。

一六八　昔所抄《水經注》名曰《水經提綱》，或避諱曰《酈注提綱》。然何必避，以此字非余所題也。

删去記事及寫景語，乃易刻。

一六九　梁武帝論必要作。破惑論謂文昌也必要作。

一七〇　《大清名臣言行録》。欲著此書，每人第一行書姓與謚，無謚者書其最大之官銜。其下小注名某，字某，某處人，家世、科甲、官職、著述及子孫有名者，一一詳細書之，而不書事迹。然後提行條録其言與事。每條小注所採之書，如兩書並有者，以詳者爲主，略者爲小注。奏疏及所著之書及文集，皆言也，皆採録之。政事皆行也，皆採録之。後人評論亦擇而録之於後。

又欲著《大清官儀》一書。已告李恢垣。

一七一　粤語　考《廣韻》注明之。

逍遥　讀尤韻，舒遲之意。

牛　去聲，愚也。　牛　去聲豆，愚也。

巖　清聲，合也。　多暗切堆，庸懦也。　蘇揖切　重言之，碎也。　區飲切　蓋覆也。

泥含切　爛也。重言，甜也。　泥含切皮裂切　重言之。

蓬　清聲，重言之，白也。　汪汪　緑也。

卑卑　青也。

的的　藥韻，紅也。　邦各切　重言，紅也。

悠悠　清聲，清也。

庵庵　黄也。

麻麻　清聲，黑也。

萌　清聲，重言之，黑也。

搜搜　散也。

癡　黏合也。

拏　清聲，合也。又瘡瘢也。

麻　清聲，雙合也。

□切　交也。

懷　清上聲，取水也。

佔　猜也。　奇合切　以口取食也。　惡　難也。　吾壓切　以牙磨物也。亦遷坐而不離地也。又厓，遲也。

蓳　以杖刺物也。

坎　撞也。

堆　上聲，同上。　多飲切　擊也。又入聲，同上。又去聲，頓足也。

隘　高叫也，相詈也。

鬧　罵也。

湯　宰割也。

煲　煮也。　波歸切　跛也。

彎　曲也。

刁刁　酸也，苦也。

獰獰　苦也，鹹也。

含含　清聲，辣也。　迷耶切　清聲，背負也。上聲，不正也。

萌　清去聲，牽引也。

蔑蔑　淡也。

傑　稠濃也。

吟沈　細語也。又上聲。

胗膩　《廣韻》：胗，乃亞切，膩也。粵語胗，平聲。《集韻》：黟與拏音同，黏著。

止耳　恃也。

南　清上聲，取水也。

遥　上聲，取水也。

朏　《廣韻》：苦骨切，朏，臀。俗又作胐。

拏　上聲，牝。

嘽　音韡。嘽嘽，喧也。《廣韻》：嘽，道經疏云：吐氣聲也。《集韻》：譁與韡同音，喧也。

一七二　抄《孟子》説《詩》語爲治《詩經》要法。「天生烝民，有物有則」云云，「《小弁》之怨，親親也。親親，仁也」。此二條，經學、性理合而爲一矣。此最要最要者。

一七三　《孟子》：「有恒産者有恒心。」告齊宣王、滕文公同此數語。《老子》言：「安其居，樂其俗，老死不相往來。」即有恒心之謂也，惟欲復結繩爲太過耳。今日民心浮動，當思所以安静之，漸復其恒心，乃能不放僻邪侈也。

一七四　《孟子》：「諸侯之禮，吾未知學也。」　非必一事不知乃爲博學也。

一七五　《新唐書·文藝傳》序：「夫子之門以文學爲下科，何哉？　蓋天之付與，於君子小人無常分，惟能者得之，故號一藝。自中智以還，恃以取敗者有之，明奸飾僞者有之，怨望訕國者有之。」　文學爲四科之總會，非下也。宋子京不識也。

一七六　「周餘黎民，靡有孑遺。」孟子善引《詩》，隨意引之皆合。

一七七　《孟子》曰：　孔子登泰山一章，「君子之志於道也，不成章不達」。　近人學問成章者何人？

一七八　《孟子》：「是以言餂之也。」朱注云：「今人以舌取物曰餂。」　以俗語解經，古法也。

一七九　「人皆有不忍」一章。　道學家講仁義陳腐可厭，請讀此章，何等痛快，從極淺處指點入手之路，以見仁義之非難。　人能充無欲害人之心而仁不可勝用也。　苟能充之，足以保四海。

一八〇　歐陽公見人不説文章而説政事。　古之文章皆深厚華美，自歐陽子變爲清暢，使後人易學。　至於經學，則古人皆篤實謹慎，唐之中葉，變而輕蔑先儒。　歐陽子承之，復自恃其文章，敢爲傲慢之言；　又以其名高，遂開爲後來風氣。近日文章之士不足以知此，而爲經學者又多不觀宋人書，故罕知歐陽子之病者也。

一八一 蘇詩紀評本《寄題清溪寺》云："口舌安足恃，韓非死説難。自知不可用，鬼谷乃真奸。遺書今未亡，小數不足觀。秦儀固新學，見利不知患。嗟時無桓文，使彼二子顛。死敗無足怪，夫子固使然。"朱子謂東坡早拾蘇、張之緒餘，觀此詩則非也。此正東坡早年詩也。

一八二 宋人好説喜怒哀樂未發，殆因蘇子由謂未發即禪家所謂本來面目。禪家有此，儒家不可無，故競爲之説歟？然伊川已喜説此，亦未必因蘇説也。

一八三 《東坡集·韓愈論》："韓愈之於聖人之道，蓋亦知好其名矣，而未能樂其實。何者？其爲論甚高，其待孔子、孟軻甚尊，其距楊、墨、佛、老甚嚴，此其用力，亦不可謂不至也；然其論至於理而不精，支離蕩佚，往往自叛其説而不知。"北宋儒者之學皆出於韓而好苛論韓，東坡亦不免。

一八四 古之文章皆深厚華美，自歐陽子變爲清暢，使後人易學。至於經學，則古人皆篤實謹慎。唐之中葉，變而輕蔑先儒，歐陽子承之，復自恃其文章敢爲傲慢之言；又以其名高，遂開爲後來風氣。近日文章之士不足以知此，而爲經學者又多不觀宋人書，故罕知歐陽子之病者也。

一八五 學思宋學。變化氣質甚難，吾讀書三十年，纔變得少許，未能變者多矣，每思之，甚愧也。然此事實最要，自己氣質尚不能變化，而欲變化天下風俗乎！

一八六　北宋諸賢可以爲法者,如胡翼之、范文正、司馬文正,豈必周、程哉! 講宋學而但知周、二程、張,隘矣。北宋時朝野風氣皆後世所不及,士大夫有學問,有文章,有氣節,自魏晉以來未有也。南宋講道學而不及北宋遠矣。

一八七　余爲《學思録》,凡無當大義者皆删,固不敢與古人比其淵博,亦無取乎淵博也。且博學非引書多之謂也。

一八八　後世若宋學復興,無論象山之學誤人也,周子之《太極》、《通書》,大程子之《定性書》、張子之《西銘》,亦必誤人,此朱子所謂「説得太高,兩脚都不到地」者也。《學思録》必論之,雖得罪於周、程、張,而不悔也。若宋學復興,但當爲朱子之學而已。北宋諸儒可以爲法者不少。

一八九　大約學問高下,全在心粗心細之不同,其博極群書亦爲欲考證精細而已。若博而不細,則無益也。程伊川云:「我輩不及聖賢,只在心粗。」此語精確之至。

一九〇　余不能强記,但可講義理之學耳。

一九一　《宋元學案》葉適水心《習學記言》:「由後世言之,祖習訓故,淺陋相承者,學而不思之類也。穿穴性命,空虚自喜者,思而不學之類也。士不越此二途。」　我今不以「學思」名其書,庶不拾水心之牙慧也。

一九二　楊誠齋言:「燭定則明,摇則昏,而况心乎!」　廿餘年前,余讀書有此譬喻,乃暗合誠齋説。

一九三 小學之功所以大者，爲天下教初學童子，凡人無不自童子來者也。

一九四 朱竹垞《重刊玉篇序》：「未有不識字而能通天地人之故者，宋儒持論以灑掃應對進退爲小學，由是《説文》、《玉篇》皆置不問。今之兔園册子專考稽於梅氏《字彙》、張氏《正字通》，所立部屬分其所不當分，合其所必不可合，而小學放絶焉。是豈形聲文字之末與？推而至於天地人之故，或窒礙而不能通，是學者之深憂也。」此等議論開一代風氣，此真中宋儒之病。然今仍不以《説文》、《玉篇》爲小時之學，而以爲皓首研窮之學，而大學又於絶矣。論學甚難，稍偏即有流弊。分則無弊。

一九五 段懋堂注《説文》，多據群書所引以攻二徐之本，學者往往病之。孫淵如《重刊宋本説文序》云：「漢人完帙，僅存此書，次第尚可循尋，倘有校訂，不合亂其舊次，增加俗字。唐人引據，多誤以《字林》爲《説文》，張參、唐元度不通六書，所引不爲典要，並不宜取以更改正文。」此爲段氏言之也。孫氏重刻古本，固必不可更改，然《説文》自東漢傳寫，以至南唐、北宋，誠有如徐鉉等所謂錯亂遺脱不可盡究者，二徐之所校定，未必盡合許氏之舊也。段氏有《説文訂》之作，孫氏亦云：「錢明經坫、姚編修文田、嚴孝廉可均、鈕居士樹玉及予手校本，皆檢録書傳所引《説文》異字異義，參考本文。今刊宋本，別爲條記，附書而行。」然《説文訂》尚未詳博，孫刻《説文》又未刻所謂條記者。余欲爲《説文校勘記》，此真小學家不可無之書也。今讀二徐之本時有難通，正未可以議許氏也。

一九六　《公羊》宰晅條下：「惠公者何？隱之考也。」何注云：「入廟稱禰。舊説云『禰』字示傍爾，言雖可入廟是神示，猶自最近於己，故曰禰。」深得諧聲字義，余著《説文聲統》，純用此意。《學思録》最要。

一九七　范蔚宗《自序》云：「吾雜傳論皆有精意深旨，既有裁味，故約其詞句。」「既有裁味，故約其詞句」，此二語精極，吾著書往往似之。

一九八　後人有勝於古人者，如碑銘起於漢時，惟稱揚其人之美，至唐宋乃直書其事，可爲史傳之資，乃爲不空作者，勝於漢碑銘矣。

一九九　王介甫爲王深甫墓誌銘，全無事迹，但空議論，比之孟軻、揚雄，無論其虚美，即以文論，亦不應如此。

二〇〇　昌黎《考功員外盧君墓銘》：「其子暢命孫立曰：『乃祖德烈靡不聞，然其詳而信者，宜莫若吾先人之友。先人之友無在者，起居丈有季曰愈，能爲古文業其家，是必能道吾父事業，汝其往請銘焉。』立於是奉其父命，奔走來告。愈謂立曰：『子來宜也，行不可一二舉，且吾之生也後，不與而祖接，不得詳也，其大者，莫若衆所與，觀所與衆寡，玆可以審其德矣。』」不得其詳，然後舉其大者。方望溪未之知也。

二〇一　《碧雞漫志》云：「古人善歌得名，不擇男女。」「今人獨重女音，不復問能否。而士大夫所作歌詞，亦尚婉媚，古意盡矣。」宋詞之病在此，自來詞家皆不知也。

二〇二　方東樹詆亭林「悖謬邪説，其禍聖道不小」，《漢學商兑》卷中之上詆亭林「《與友人論學書》力闢言心言性，《日知録》以爲六經孔孟不言心學。」「顧氏以《中庸》章句引程子傳授心法，以爲借用釋氏之言」，方氏遂詆之如此。

二〇三　東坡《松風亭下梅花盛開》詩，紀文達評云：「朱晦庵極惡東坡，獨此詩屢和不已，豈晉人所謂『我見猶憐』耶？」朱子跋東坡書畫，敬服之至，文達蓋但見其早年詆東坡諸書耳。

二〇四　東坡《故周茂叔先生濂溪》詩云：「先生本全德，廉退乃一隅。」又云：「先生豈我輩，造物乃其徒。」紀文達評云：「東坡傾倒於茂叔如是，而與伊川不免齟齬，則伊川有以激之也。」近日王楚材編《宋元學案》，以黄山谷謂周茂叔爲光風霽月，遂進之不入東坡學略之内，豈知東坡之稱茂叔，更不止光風霽月乎！

二〇五　今斷無提倡陸學之理，恐其將萌，則舉其病而先絶之，然後取其善以示持平可矣。今急宜有人提倡亭林之學。　　行己有耻，博學於文。

二〇六　《黄氏日抄》曰：「象山謂千百年間講學者，皆異端邪説，到吾方一清。此則孔子所不敢也。」澧謂後儒敢孔子所不敢者多矣，王通、歐陽修等不可勝計。

二〇七　《容齋隨筆》曰：「列子書事，簡勁宏妙，其言惠盎見宋康王，説勇力一段語，宛轉四反，非數百言曲而暢之不能了，而潔浄粹白如此，後人筆力，渠復可到耶！」簡勁、宏妙、潔浄、粹白八字，作古文者當知之。

二〇八　《莊子》曰：「世俗之人，皆喜人之同乎己而惡人之異於己也。」《在宥》　講學家皆如此，雖朱子不免。

二〇九　今之詩人最不真，故不能動人。

二一〇　老氏之學，流爲韓非，又流爲鬼谷，真罪之魁也。

二一一　《商子·更法》：「吾聞窮巷多恡，曲學多辯。」故余近日説經不多辯也。

二一二　《商子·去强》：「國爲善，奸必多。」前古所無之邪説。

二一三　昔時曾勉士先生言及塾師爲學童講《論語》，勉士先生曰：當講皇疏。嗟呼！好古之病，一至於此。如皇疏者，但當存之爲一種古物而已。虞氏《易》亦然。

二一四　《論語》：「賢者識其大者。」余竊效此語云：孔孟之道在人，賢者識其大者，不賢者識其小者，莫不有孔孟之道焉。豈可云孟子死不得其傳，人欲肆而天理滅也。何不聞孔子云：文武既殁，不得其傳，我生五百年之後，得不傳之學乎！

二一五 《孟子》：「中道而立。」 如作文，學韓、歐爲中道，學秦漢者過高，學歸、方太卑。

二一六 昔我謂特夫精學，不信者云： 未必真精。我舉特夫爲學長，有問我者曰：「特夫是你學生乎？」我答曰： 「是我先生。」其人笑問： 「何也？」我答： 「我所不知者，特夫教之，非先生而何？」

二一七 林月亭學問、品行皆好，惟不虛心。 恨不得與南山論此。 南山虛心，勝月亭遠矣。

二一八 昔時余過蘇州訪陳石甫奂，問江南人講經學者，石甫曰「無」。當時以爲石甫太過，今知不然。如有問嶺南講經學者，何以答之？

二一九 袁簡齋爲錢辛楣之太恭人作墓誌銘，其序云： 「先生以績學清望，慹伏海内，于二千年金石文字，尤所詳審。枚不文，何能爲役。然此是何如重任，數百里外不他諉，獨通書命枚，或者覽所述作，其亦有以取之耶？」簡齋得辛楣請作誌銘，沾沾自喜如此，然其言則是也。當時海内有文名者不乏人，而辛楣獨請簡齋，世俗無識者附和桐城派而痛詆簡齋，辛楣則不然也。簡齋此銘頗佳，使姚姬傳爲之，能如是否乎？

二二〇 嘗見吴氏《筠清館帖》有唐人寫經，成親王跋云： 「今人見慣宋元明諸家書，故不能出其範圍。試觀此唐人書，欲求一字似宋元明人而不可得。何以故？ 心所本無故。」此論最精，文章之道亦然,絶不看近代之文,則作文自然高古。世之學爲文者,乃專以近人之文爲極則,宜其囿於淺近也。

二二一　若天下之士皆不讀經史,則軍機兩書房之官皆時文之士,何以治天下哉!

二二二　作古文而但寫情景,則亦不過如一首好詩,一幅好畫耳。若説經、紀事、論古今之文,乃可尚也。癸酉十一月閲歸震川《滄浪亭記》、《吴山圖記》書此。

二二三　方望溪謂古文不過爲人愛玩,此可見其真不識古文也。姑不論昌黎文之載道,即宋人大篇碑版文字,《宋史》惟賴有此。凡《宋史》之傳有舊文者,即燦然可觀,否則甚劣者有之。文之關乎一代史書者如此,望溪不識也。

二二四　陳麗秋此去大可憂。近年之人好西夷之説,大可怪也,大可憂也,此乃變於夷者也。中國之技藝失傳,則置之,聞外國之技藝,則學之。

二二五　《聽松廬詩略》刻成,客問曰:「是以比《漁洋精華録》者也,《漁洋精華録》數[四]百首,何此《詩略》之少乎?」余曰:「謂之精華而得多乎? 若余選《漁洋録》,删之者多矣。何以言之? 夫詩題目同者,詩之高下易見也,漁洋、南山皆有匡廬詩,余選南山八首,讀之如置身匡廬而見雲水之狀也。《漁洋精華録》説匡廬之景,髣髴焉而已,使吾選之,但存一二記遊歷耳。吾正病《漁洋精華録》之多也。」

二二六　昔人云，非史官不當爲人作傳，余甚嗤之，陶淵明作《孟嘉傳》，陶公豈史官耶？何寡陋至此。

二二七　翁覃溪不爲經學，而論經學乃多中肯語，爲經學者反不如此也。此何故哉？當局者迷，旁觀者清也。

二二八　吾不爲佛學，然頗知佛學。蘇子由深於佛學者也，其言曰：「巖棲谷飲，爲天人師可也，而不可以治天下。」吾謂佛本通三界言之，然既爲人，不能不論治天下之道。不論治天下之道，又焉能論天堂地獄乎？論治天下之道，安能不以儒道治之乎？三災八難，共所不免，彼好佛者安能出此二語之外乎？顏之推謂佛教非周、孔所及，然吾輩萬不能及周、孔而況欲學周、孔所不及者乎？若謂周、孔之學其途紆而難成，不如佛之直捷，然此又不能逃蘇子由所論之外也。若以列子言之，則天下古今皆甚微而幻。然如此，則佛教亦可不立矣。粵人幸無惑於佛者，或似有之，亦皆不識佛教者也。其見識行事又甚卑。數日來看《一切經音義》，乃知佛國人死則置其尸於城外幽僻之地，謂之送林，其地名曰尸陀林。任野鳥食人之尸，所謂靈鷲者，即食死人肉之鳥也。知人之將死，則群至其家而鳴者也。此不及中國古之葬者厚衣以薪，直是舉而委之於壑。俗人佞其時佛已出世，而不易之以棺槨，蓋所謂佛者，全不理人事，任其風俗之惡而不顧者也。俗人佞佛，求生西方者，固不知此等事。儒者好佛，亦但好其書所言妙理，而不考其國之風俗，不但名儒者如此，名僧者亦如此。當知中國風俗勝佛國遠甚，即易之以棺槨一事，可知矣。若云外形骸而以理自存，故不妨如此，是率鳥獸而食人肉，佛竟不慈悲耶？若云無我相、人相、衆生相、壽者相可使人我之肉與衆生無異，任衆生食之，不必存留爲壽者相，如此，則無四相之語，不可爲訓矣。無四相之語，亦斷不可如此解之也。

二二九　真書有篆隸筆氣則高古，篆隸有真書筆氣則庸近。猶時文有古文氣則佳，古文有時文氣則不佳也。此隸書所以難寫也。

二三〇　隸書所以難好者，以向來習熟真書，雖作隸書終不脱真書蹊徑也。篆書去真書雖遠，然猶未免沾染，况隸書乎？此造微之論，今夜忽悟得之。癸酉重九夜四鼓書。

二三一　《北史·奚斤傳》：「斤聰辯彊識，善於談論，遠説先朝故事，雖未皆是，時有所得，聽者歎美之。」　袁子才爲諸大臣傳解，即所謂雖未皆是，時有所得者也。

二三二　《南史·文學傳》：劉昭子緩云：「不須名位，所須衣食。不用身後之譽，惟重目前知見。」　何謂知見，謂見聞耶？謂名譽耶？袁簡齋正如此。

二三三　鄭公語：閑居以安性，覃恩以終業。諸葛公語：澹泊以明志，寧静以致遠。我此時正當如此。

二三四　二王書法所以爲美者，其時隸書轉爲楷書，皆成崛强，右軍始變而圓美也。唐有韓文公，本朝阮文達，皆識右軍書，所見超絶，然於右軍書之所以爲美，恐未得之也。

二三五　余讀書有得有失，每逢精理名言，抽撮而紬繹之，愜於心者非同口耳之學，此其所得也。其餘則皆略之，與未讀同，此其所失也。

二三六　昌黎古文，於尋常句法參差之，顛倒之，蓋已無所不有矣。後之爲古文者，如復參差之，顛倒之，無論優孟衣冠不足貴，且皆昌黎所有之句法，不足爲奇也。縱令能於昌黎所有者避之，亦不必然矣。故今作古文，不宜復作參差顛倒之句，文章在乎理足韻高，豈在句法乎？

二三七　地動之説，可疑者：投物於空中及鳥飛，皆復其故處，且火燄炎上，何以不曲也？是可疑也。

二三八　陳先生範川《上李鹿坪使相詩》云：「番舶誰令萬里過，貪狼終覺野心多。雄師豈必煩楊僕，片檄能教下趙佗。白雉輸誠今尚爾，黄龍負約久如何？鯫生雅重珠厓議，要使千年海不波。」又《和達誠齋監督達三登越王台原韻》云：「漢有珠厓議，伊誰利藪開？」自注云：「君嘗謂與外洋通市，商民因緣爲奸，彼夷有輕中國心，且慮後患，不如絶之便。」吾師在粵時，夷人始有桀驁之意，吾師灼見亂萌而爲此詩。達誠齋身爲監督，得通市之利，而亦知其患，其人亦不凡也。

二三九　姜白石詩「白天碎碎如拆綿」，「白天碎碎」出李長吉《十二月樂詞》；「梨花落盡成秋色」，出李長吉《十二月樂詞》「梨花落盡成秋苑」也。白石蓋喜讀長吉詩者。

二四〇　東坡詩「歸來春酒凍」《次韻蘇伯固遊蜀岡送李孝博奉使嶺表》。《豳風》「爲此春酒」，毛傳云：「春酒，凍醪也。」坡詩本於此，可見宋詩人習於經傳。今蘇集作「春酒熟」，乃淺人所改，惟許青士觀察所藏坡公真迹刻於肇慶者不誤也。

二四一　《隋書·薛道衡傳》：「《高祖文皇帝頌》「懸法象魏」」，魏字與微字、威字爲韻，讀平聲也。亭林詩亦有用仄聲爲平聲者。

二四二　杜工部《題鄭縣亭子》詩起句云：「鄭縣亭子澗之濱。」下七句平仄皆諧，不應此句獨用吴體。此句「縣」字作平聲讀也。《釋名》云：「縣，懸也，懸繫於郡也。」《風俗通義》云：「縣，玄也。言當玄静，平徭役也。」《水經注》引《十三州記》云：「縣，弦也。施繩用法，不曲如弦。弦聲近縣，故以取名。《河水注》。」《匡謬正俗》云：「州縣字本作寰，後借縣字爲之。」是古人州縣之縣，皆作平聲讀也。

二四三　一字有數義，以數音别之，此自南北朝已然，然實拘泥。亭林先生詩云：「古人尚酬言，亦期相切蹉。願君無受惠，受惠難負荷。」又云：「君才如海不可量，奇正縱横勢莫當。彈箏扣缶坐太息，豈可日月無弦望。」《薊門送子德歸關中》。負荷之荷，弦望之望，世人皆讀去聲，此讀平聲也。先生深於音學，故無拘泥如此。

二四四　老杜《憶弟》詩：「且喜河南定，不問鄴城圍。」「喜」字當平，「南」字當仄，而老杜不論也。然必首句乃可。

二四五　温公《月下小飲》詩云：「舉首孤輪不似遥，尊前狂氣出雲霄。嫦娥不惜借丹桂，欲就高枝掛酒瓢。」　誰知是温公詩乎？

二四六　《傳家集·留客》：「酒煙漠漠自生春，舞袖飄飄拍拍新。須信客歸絲竹散，清風白月解愁人。」　此真不知爲温公詩矣。

二四七　温公《柳枝詞十三首》，末一首云：「宣陽門前三月初，家家楊柳緑藏烏。歡似白花飄蕩去，忽能棄擲博山爐。」　誰知爲温公詩耶？

二四八　《雜説》入文集。　余嘗讀《中庸》「喜怒哀樂之未發，謂之中；發而皆中節，謂之和。」不得其解。忽憶前數日晚飯畢，啜茗晏坐，兒輩來見，命之所讀書。其一講之熟，予欣然喜；其一不熟，予拍案，茗椀覆焉。乃悟曰：此可以解《中庸》矣。啜茗晏坐，喜怒哀樂之未發也；書熟則喜，不熟則怒，發而中節也。拍案覆椀，則不中節矣。誠能致吾啜茗晏坐之心，致中也；致吾書熟則喜、不熟則怒之心而勿拍案覆椀，致和也。《中庸》之語，豈幽眇難解者？彼爲幽眇難解之説者，吾不從也。

二四九　《北史·公孫質傳》附《公孫表傳》後云：「太武征凉州，留穆壽輔景穆。時蠕蠕乘虚犯塞，京師震恐。壽雅信任質，爲謀主。質性好卜筮，卜筮者咸云必不來，故不設備。由質，幾敗國。」今復見此事，讀此爲之憤恨。

二五〇　《北史·穆壽傳》：「太武征涼州，命壽總録機要，曰：蠕蠕吳提必來犯塞，若伏兵漠南，殄之爲易。壽信卜筮，謂賊不來，竟不設備。吳提果至，京邑大駭。壽不知所爲，欲築西郭門，請景穆避保南山。」信卜筮謂賊不來，而不設備，葉相似之。

二五一　《北史·隋煬帝紀》：「或有言賊多者，輒大被詰責。」前數年，徐總督廣縉正如此。

二五二　《禮記·禮器》：「洿其宫而豬焉」，鄭注云：「豬，都也。南方謂都爲豬。」據此，則東漢時北方之音，舌頭都舌上豬有分；南方之音，舌頭舌上無分也。小學音學。

二五三　《魏書·裴粲傳》：「左右白言賊至，粲云：『豈有此理！』左右又言『已入州門』。粲乃徐云：『耿王賊耿翔可引上廳事，自餘部衆，且付城外。』」前時抄此條，非有所指，乃近日葉相之於夷寇，正復相類，爲之慨然。戊午正月六日書。

二五四　《曝書亭集·書先太傅奏疏尺牘卷後》：「利瑪竇宜勒其歸國。」此真卓識，惜不得其奏稿讀之。

二五五　古者帝王弼成王服，天下有道，守在四夷，其外，存而不論可也。今則不然，自明以來，西海諸國咸來通市。今則攻陷省會，直窺京師，蓋有數十年久處中國，諳悉地形，且印度之地爲彼所得，已與中國鄰近者。復造輪船，來往自如，萬里之遥，計日可至，而中國之人懵然不知，猶以爲極西荒遠之國也，豈不愚哉！古人云：知彼知己，百戰百勝。故昔之考地理者，考九州之内；今之考地理者，更當考九州之外。時殊世異而猶□□，所謂愚儒無知者矣。禁中國之人不好夷貨，不能使彼不好中國之貨，則彼之通市不絶；絶之則彼必内犯，沿海之地不得安矣。惟有使中國之商販中國之貨出海互市，而不許外國市舶至中國耳。

二五六　《新五代史》　學思論文。　查薛史。　《梁臣·敬翔傳》：「爲人作牋刺，傳之軍中。太祖素不知書，翔所作皆俚俗語，太祖愛之。」　作俚俗語者，欲求俗人愛之耳，袁子才是也。　俚俗語愛之者多，故袁子才詩文多俚俗也。

二五七　《讀書記》　古人創始之功，後人日用而不知，如許氏之《説文》、孫炎之反語是也。《説文》不作，則但有《急就》之屬，無部居之分别，則無《玉篇》以下諸書，而識字難矣。反語不作，有「讀若」之音，無雙聲疊韻之區域，則無《切韻》以下諸書，而知音難矣。自魏晉至今，人能識字，皆許氏之教；人能知音，皆孫氏之教也。作者之謂聖，許氏作《説文》，雖謂之文字之聖可也。孫氏作反語，雖謂之音韻之聖可也。近儒皆尊許氏矣，孫氏之功，澧竊欲表章之。

二五八　《東塾記》　有《説文》而今人識三代以上之字，有《音學五書》而今人識三代以上之音。夫居今日而著書使人恍若於二千餘年之上，豈非亘古奇作乎！後來江、段諸家因而加密，然皆謂之顧氏之學可矣。

二五九 陶公《與子儼等疏》云：「性剛才拙，與物多忤。」《飲酒》詩：「深感父老言，禀氣寡所諧。」旁注：多忤也。「紆轡誠可學，違己詎非迷！且共歡此飲，吾駕不可回。」旁注：性剛也。《飲酒》詩：「擺落悠悠談，請從余所之。」 浩然之氣，即吾駕不可回也。余不與物忤，嘗自疑是鄉願也。同乎流俗，合乎污世，不肖不至此耳，竟有同處、合處，可愧也。

二六〇 陶詩《飲酒》：「擺落悠悠談，請從余所之。」 今我讀書、著書亦是如此，不須隨風尚、競時名也。陶公本言不出仕，非言讀書著述，然余別有會心。

二六一 陶公清、真、剛、勇、堅。

二六二 陶公《詠貧士》詩：「豈不實辛苦，所懼非飢寒。貧富常交戰，道勝無戚顏。」 辛苦飢寒不懼，然後戰勝私欲也。此真實學問。「道勝無戚顏」五字，聖賢地位。

二六三 陶公詩於辛苦飢寒，時時嗟歎言之，絶不矯情作曠達語，而卒能戰勝貧富，其堅忍强固之功，可想見矣。

二六四 《臨川集》卷六十二《看詳雜議》：「議曰：罷官而止俸。臣某曰：文王治岐，仕者世禄；武王克商，庶士倍禄。蓋人主於士大夫能饒之以財，然後可責之以廉耻。方今士大夫所以鮮廉寡耻，其原亦多出於禄賜不足；　又以官多員少之故，大抵罷官數年而後復得一官。若罷官而止俸，恐士大夫愈困窮而無廉耻。士大夫無廉耻，最人主所當憂。」「士大夫無廉耻，最人主所當憂。」若不但不憂之而又驅之爲無廉耻，使之但以得官爲榮，得賜爲恩，得財爲美。叩頭以謝，屈膝以乞，攘竊以取，而恬不爲怪，此元、明之所以覆亡也。

二六五　《臨川集》卷七十四《上執政書》：「方今寬裕廣大，有古之道，大臣之在内，有不便於京而求出；　小臣之在外，有不便於身而求歸。　朝廷未嘗不可，而士亦未有以此非之者也。」　北宋時則可，今則不可，此吾所以思北宋時也。　北宋寬裕廣大。

二六六　《亭林文集》：「《論語》，聖人之語録也。捨聖人之語録而從事於後儒，此之謂不知本矣。《與施愚山書》」　此語是也。　然亦不可一概而論，如《朱子語類》，精博之極，則學者所宜從事，所惡於語録者，陳言空論耳。　不可以「語録」二字盡行抹殺也。　然則《朱子語類》，乃朱子之「論語」也。

二六七　《亭林文集》：「百人之中尚有一二讀書，而又皆躁競之徒，欲速成以名於世。語之以五經則不願學，語之以白沙、陽明之語録則欣然矣，以其襲而取之易也。《與友人論門人書》」　余嘗謂漢學已衰，異時必講宋儒之學，然必不講程、朱，講陸、王而已。　故必宜及此防其萌蘖也。　今之講漢學者亦多歸躁競，語之以孔、賈義疏，則不願讀，語之以王氏《述聞》，則欣然矣。　以其襲而取之之易也。

二六八　《朱子語類》一百一卷第五葉云：「古之聖賢未嘗説無形影話，近世方有此等議論。蓋見異端好説玄、説妙，思有以勝之，故亦去玄妙。不知此正是他病處。如孟子説反身而誠，本是平實。伊川亦説得分明。到後來人説時，便如胸中打個筋斗。」此一段最中宋儒之失，乃斷數百年大公案也。

二六九　《世説新語》多記魏、晉俗語，即後來語録之體也。以其時代稍遠，又多清雋之言，故世人多好之。宋儒俗語在其後，又皆道學之語，故多惡之耳。

二七〇　正君臣之名　除繁僞之例　分別陋規或禁或聲明　禁拜認師生　禁換帖兄弟　增京官俸　增武官俸　增文官七品以下俸　會計天下財賦出入　府州縣掌兵税監　用吏員　賤洋貨　内務府用士人使屬於吏部　使相　置諫官　使六科舉封駁之職　置書學博士　罷翰林試詩賦　正卿省爲一員　滿漢結婚　駐防許入良籍　舉孝廉方正　舉茂才異等　十科進士　仿宋制差京官出知州縣　抑躁進　停捐納　開經筵　吏員候選者別設中額許入監讀書應試　生員明律例者許與吏員同行

聲案：此條未標明主題，從内容看，當是東塾打算對時政建言所草擬的提綱。

【校記】

[一] 此條與一六重出。

[二] 此條與一八重出。

[三] 唐　原文如此，頗難索解，當係抄誤。

[四] 數　原脱，蓋漏抄也。今據文意補。

東塾雜俎

呂永光　點校

點校説明

《學思録》，是陳澧先生的一部内容廣博的讀書筆記。他生前僅整理刻成十五卷，改名爲《東塾讀書記》。其餘未付刻的稿本十卷，遺命曰《東塾雜俎》，令門人及其子編録成書。先生逝世後，後人又續刻《西漢》一卷補入《東塾讀書記》，故《東塾讀書記》較後的一些版本實際上有十六卷。而《東塾雜俎》一書，則遲至日寇侵華期間，方由先生的長孫陳慶龢在紹興人周肇祥的協助下編録完畢[1]，作爲《敬躋堂叢書》之一，於癸未年（一九四三）春由北京古學院刊刻成書（近年復由北京市中國書店重新印行）。《東塾雜俎》刻本除收入《東塾讀書記》目録所列十卷未成稿外[2]，又依剩稿内容，增闢《唐疏》、《餘録》、《瑣記》三卷，另《宋》一卷則析爲《北宋》、《南宋》兩卷，故實爲十四卷。

《東塾讀書記》、《東塾雜俎》着重於經學、史學並及於諸子、文藝，斷代而論其人物、學術，二書集陳澧先生治學的精華，是研究其學術思想的重要著作。

《東塾雜俎》本陳澧先生讀書時隨手著録，故其條文詳略不一，形式多樣。其或直接、或間接引述某一書或數書的文字，而附以評論；或不予評論而寄意於所引述的文字之中；又或徑直評論某人、某書、某事物。此書涉獵博雜，批評精辟，凝結了這位嶺南著名學者畢生治學的真知灼見，亦是其本人較重視的幾種著作之一。

今此書的校點，以北京古學院癸未年刻本爲工作底本（簡稱癸未本），而以中山大學圖書館古籍部所藏陳澧手定稿本（簡稱稿本）爲通校底本，至於書中正文各條所引書目，則儘量以原書善本或較好的版本參校。又有中山大學圖書館古籍部所藏陳慶龢編録稿本，即癸未刻本的底本，亦取之作爲通校本，而不另出校。

《東塾雜俎》經陳慶龢編録後，原稿本龐雜散亂的條文得以按卷目各歸其類，重出之文得以剔除，空闕待查之處得以核實補足，個別筆誤得以訂正，故其功實不可没。然而由於時間倉促，疏漏之處亦在不少。如某些條文所入卷目不當[3]、原稿本某些引録之誤未能矯正、個別條文妄改原稿致誤等。而癸未刻本較之陳慶龢編録稿本，文字的衍、脱、倒、訛之處尤多。今校點本的分卷及條目序次均按癸未本不作改動。而書中個別條目，如所引《春秋左傳》數條，體例不一，或作「左傳昭六年」、「左傳襄二十八年」，或作「昭十二年左傳」、「定八年左傳」、「襄公十九年左傳」，後者不合今人閱讀及標點習慣，故並改爲前者之例。據引録書目原文訂正癸未本錯訛之處，一般出校。而癸未本以形近而誤之字，如「絶末學」誤作「絶未學」、「圖讖」誤作「圖纖」、「母子間」誤作「母子問」等，則徑改不出校；稿本及癸未本的避諱字，如避孔丘之諱而改「左丘明」爲「左邱明」、避清聖祖玄燁之諱而改「唐玄宗」爲「唐元宗」、避清高宗弘曆之諱而改「周弘正」爲「周宏正」等，亦徑改不出校； 明顯的形近誤字，如「日、曰」、「己、已、巳」之類，亦徑改不出校。 校點中深感學力有限，疏漏錯謬之處定在不免，切盼方家明教。

承蒙本研究所黄國聲教授及暨南大學古籍研究所毛慶耆教授通審全書並多方指教，謹表謝忱！

中山大學中國古文獻研究所 呂永光

二〇〇五年十月二十三日

注：

① 陳慶龢(一八七一—一九六〇)，字公睦(穆)，别號槁木、容園、誤庵，東塾先生長孫。 清光緒貢生。 曾留學日本習法政，歸國後任北洋學堂監督、外務部章京、駐檀香山領事，調部掌秘書，轉財政部。 一九二九年退休。 年九十卒於北京。 其詩文多不存稿。

② 《東塾讀書記》目録所列十卷未成稿，爲《西漢》、《東漢》、《晉》、《南北朝隋》、《唐五代》、《宋》、《遼金元》、《明》、《國朝》、《通論》各一卷。 其後補入《東塾讀書記》的《西漢》一卷，尚未能盡録，餘者仍以《西漢》爲目作一卷，

録入《東塾雜俎》。

③如卷二「《後漢書·儒林謝該傳》云」、「《後漢書·黨錮傳》序云」、「《後漢紀》袁宏曰」入《西漢》而不入《東漢》；卷二「《三國志·崔琰傳》注采司馬彪《九州春秋》曰」、「《三國志·荀彧傳》注」入《東漢》而不入《三國》；卷十一「《管子書》云」、「《論衡》曰」入《國朝（清）》而不入《諸子》，「《後漢書·楊終傳》云」、「《後漢書·張衡傳》云」入《國朝》而不入《東漢》，「陶淵明《答龐參軍詩序》云」入《國朝》而不入《晉》，「老蘇《與歐陽内翰書》云」、「曾南豐《請令州縣特舉士札子》云」入《國朝》而不入《北宋》，「鞏仲至與朱子論詩」入《國朝》而不入《南宋》；等等。

序

三代以降，諸子偭離，儒術寖雜。嬴秦所坑，非真儒也。漢學代興，門户斯别。魏晉踳駮，迨宋而昌。帖經取材，性理爲幟，章甫佔畢，輒尊爲儒。所謂真儒，闇焉轉晦。程、周而外，鮮知其名。朱、陸異同，觝擊益烈。欲樹之範，以壹其趨，則緣流溯源，誦言考行，其準的也。蘭甫先生，近世大儒。平亭漢宋，獨標精詣。著述滿家，士林楷之。《東塾雜俎》，因循未槧。海内睪望，競欲先睹。其書，蓋《讀書記》之餘緒也。斷代尚論，衡其人物，鈎玄舉要，咸表宗尚。人倫之矩，聖譯之流。其學其人，澂然斁見。上下百世，綜其淵源。公孫公穆，共治古學，迺出家稿。其未完者，周子養厂，實助公穆共理緝之。剞劂既竟，屬介一言。餘維蕺山遺書，或參僞亂。端禮日程，間雜迂曲。時際改革，代歷遐遠。高弟徂往，後嗣不守。楮葉殽混，難言之矣。又或牽率忌諱，竄易章句。若蒙尺霧，莫析其真。儒籍之厄，藝林所憾。然則書傳不傳，有賴於賢子若孫，豈不汲汲哉！兹編家守，逮於累世。手迹炳在，墜緒可拾。公穆繼起，躬事斠緝。先芬之誦，晚近尤罕。雖大儒餘瀋，蛟龍所護，而清門流澤，青箱踵熾，有足稱焉。是用樂策厥成，且述其顛末，以告來者。若夫儒術源流，若川匯澥。來楫之導，是曰知津。體例必嚴，甄擇惟謹。公有千秋，無待詞贅云。甲申初春，合肥王揖唐。

目録

點校説明……四一九
序……王揖唐　四二三
卷一
西漢《讀書記》目録卷十三……四二七
卷二
東漢《讀書記》目録卷十四……四三三
卷三
晉《讀書記》目録卷十七……四七六
卷四
南北朝隋《讀書記》目録卷十八……四八七
卷五
唐五代《讀書記》目録卷十九……四九六
卷六
唐疏《讀書記》目録無，據原稿補……五三五
卷七
北宋《讀書記》目録卷二十……五五七

卷八

南宋《讀書記》目録併入北宋爲一卷，今據原稿析出 …………………… 六〇三

卷九

遼金元《讀書記》目録卷二十一 …… 六二一

卷十

明《讀書記》目録卷二十三 ………… 六二八

卷十一

國朝《讀書記》目録卷二十四 ……… 六四七

卷十二

通論《讀書記》目録卷二十五 ……… 六九四

卷十三

餘録《讀書記》目録無此卷，今補 …… 七一四

卷十四

瑣記《讀書記》目録無此卷，今補 …… 七三七

卷一

西漢

《史記·禮書》云：「故禮者，養也。稻粱五味，所以養口也；椒蘭芬茝，所以養鼻也；鐘鼓管弦，所以養耳也；刻鏤文章，所以養目也；疏房牀笫几席[一]，所以養體也：故禮者，養也。君子既得其養，又好其辨也。所謂辨者，貴賤有等，長少有差，貧富輕重，皆有稱也。」「孰知夫士出死要節之所以養生也，孰知夫輕費用之所以養財也，孰知夫恭敬辭讓之所以養安也，孰知夫禮義文理之所以養情也。人苟生之爲見，若者必死；苟利之爲見，若者必害；怠惰之爲安，若者必危；情性之爲安，若者必滅。」太史公此論，可以繼五經之後。《索隱》云：「此文皆出《大戴禮》，蓋是荀卿所説。」

《史記·天官書》所載占驗多矣，至於終篇，乃曰：日月薄蝕，行南北有時。天之五官坐位，爲經，不移徙，大小有差，闊狹有常。五星見伏有時，所過行贏縮有度。然則太史公固不信占驗也，以相傳如此而存其説耳。

《史記·儒林傳》云：「申公獨以《詩經》爲訓以教，無傳疑，疑者則闕不傳。《索隱》云：「謂申公不作《詩》傳。」《漢書》略同。此是章句之類。

《漢書·儒林·胡母生傳》[二]：「弟子遂之者，蘭陵褚大，東平嬴公，廣川段仲温、吕步舒。」「唯嬴公守學，不失師法。」漢經師不失師法。

《漢書·儒林·王式傳》：山陽張長安幼君先事式，後東平唐長賓、沛褚少孫亦來事式，問經數篇，式謝曰：「聞之於師具是矣，自潤色之。」不肯復授。唐生、褚生應博士弟子選，詣博士，摳衣登堂，頌禮甚嚴。試誦説有法，疑者丘蓋不言。

《漢志》九流，陰陽家不入於術數。蓋論陰陽之理者，如宋儒太極先天也。

汲黯所學，則黄老也。老子之學，和光同塵；而汲黯則甚不和，甚不同。何哉？性情出於自然，學問或由時尚，故性情與學問有相符者，有不相符者。不獨汲黯爲然也，且不獨黄老之學爲然也。楊大年似浮華而實清直，韓致堯似冶蕩而實樸忠。

東坡云：西漢風俗諂媚。不爲流俗所移，惟汲長孺耳。本朝太宗時，亦有此風，至今未衰。吾嘗發策學士院，問兩漢所以亡者，難易相反，意在此也。《史評》。

又云：漢學宗經師，有識義理者衆，故王莽之亂，多守節之士。世祖繼起，褒尚名節之士，故東漢之士多名節。知名節而不能節之以禮，遂至於苦節之士有視死如歸者。苦節既極，故晉魏之士變而爲曠盪，尚浮虛而亡禮法。禮法既亡，與夷狄同，故五胡亂晉。《史評》。　坡公所謂識義理，非道學家所謂義理。

又云：　西漢之士多智謀，薄於名義；　東京事風節，短於權略；　兼之者，三國名臣也。而孔明巍然三代王者之佐，未易以世論也。《史評》。

劉更生懼恭、顯傾危，上封事，引《易》四條、《詩》十五條、《春秋》二十餘事。成帝時，諫延陵疏，引《易》、《春秋》各一條，《詩》二條。上封事極諫，引《書》一條、《春秋》二條。元延中，上奏，引《易》、《書》、《春秋》各一條。

劉歆移書讓太常博士云[三]：　分文析字，煩言碎辭。　漢人煩碎。

《後漢書・儒林・謝該傳》云：　少府孔融上書薦之曰：「雋（儁）不疑定北闕之前[四]，夏侯勝辯常陰之驗，然後朝士益重儒術。」

《後漢書・范升傳》：　尚書令韓歆上疏，欲爲費氏《易》、左氏《春秋》立博士。升奏曰：「孔子曰：『博學約之，弗叛矣夫。』夫學而不約，必叛道也。」此謂費氏《易》、左氏《春秋》不可立也。然更詰之曰：「學而不博，叛道否乎？」其何辭以對？　又云：「老子曰：『學道日損。』損猶約也。又曰[五]：『絶學無憂。』絶末學也。」尤謬。　又云：「京、費已行，次復高氏，《春秋》之家，又有騶、夾」云云，則頗難處也。

揚子雲《法言》云：「雄見諸子各以其知舛馳，大氐詆訾聖人。」又云：「允治天下，不待禮文與五教，則吾以黄帝、堯、舜爲疣贅。」《問道篇》。此未足以杜老、莊之口也。彼竟以黄帝、堯、舜爲疣贅也。又云：「鴻荒之世，聖人惡之。」同上。彼竟謂「鴻荒之世，聖人好之」也。又云：「或問無爲，曰：『奚爲哉？在昔虞、夏，襲堯之爵，行堯之道，法度彰，禮樂著，垂拱而視天民之阜也，無爲矣。紹桀之後，纂紂之餘，法度廢，禮樂虧，安坐而視天民之死，無爲乎？』」《問道篇》。此則老、莊無可以置其喙矣。

《後漢書·黨錮傳序》云：「漢祖杖劍，武夫勃興，憲令寬賒，文禮簡闊，緒餘四豪之烈，人懷陵上之心，輕死重氣，怨惠必讐，令行私庭，權移匹庶，任俠之方，成其俗矣。自武帝以後，崇尚儒學，懷經協術，所在霧會，至有石渠分争之論，黨同伐異之説，守文之徒盛於時矣。至王莽專僞，終於篡國，忠義之流耻見纓紼，遂乃榮華丘壑，甘足枯槁。雖中興在運，漢德重開，而保身懷方，彌相慕襲，去就之節，重於時矣。逮桓、靈之間，主荒政謬，國命委於閹寺，士子羞與爲伍，故匹夫抗憤，處士横議，遂乃激揚名聲，互相題拂，品覈公卿，裁量執政，婞直之風，於斯行矣。夫上好則下必甚，矯枉故直必過，其理然矣。若范滂、張儉之徒，清心忌惡，終陷黨議，不其然乎？」

《後漢紀》卷二十二[六]：袁宏曰：「戰國縱横，强弱相陵，臣主側席，憂在危亡，不曠日持久以延名業之士[七]，而折節吐誠以招救溺之賓，故有開一説而饗執珪，起徒步而登卿相，而遊説之風盛矣。高祖之興，草創大倫，解赭衣而爲將相，舍介胄而居廟堂，皆風雲豪傑屈起壯夫，非有師友淵深可得而觀，徒以氣勇武功彰於天下，而任俠之風盛矣。逮乎元、成、明、章之間，尊師稽古，賓禮儒術，故人重其學，各見是其業[八]，徒守一家之説，以争異同之辯，而守文之風盛矣。自兹以降，主失其權，閹竪當朝，佞邪在位，忠義之士發憤忘難，以明邪正之道，而肆直之風盛矣。夫排憂患，釋疑慮，論形勢，測虚實，則遊説之風有益於時矣；然猶尚譎詐，明去就，間君臣，疏骨肉，使天下之人專俟利害，弊亦大矣。輕貨財，重信義，憂人之急，濟人之險，則任俠之風有益於時矣；然竪私惠，要名譽，感意氣，讎睚眦，使天下之人輕犯敘之權[九]，弊亦大矣。執誠説，修規矩，責名實，殊等分，則守文之風有益於時矣；然立同異，結朋黨，信偏學，誣道理，使天下之人奔走争競，弊亦大矣。崇君親，黨忠賢，潔名行，厲風俗，則肆直之風有益於時矣；然定臧否，窮是非，觸萬乘，陵卿相，使天下之人自置於必死之地，弊亦大矣。」

【校記】

[一] 稿本、癸未本皆無「几席」二字，據《史記·禮書》補。

[二] 癸未本作「又《胡母生傳》」，而文義與《史記·儒林傳》不合。光按：此乃編録者調整稿本條目序次，而引用書名未作相應調改所誤。今據稿本及《漢書·儒林傳》改。

［三］癸未本作「又云」，據稿本及《漢書・劉向劉歆傳》改。

［四］雋不疑，稿本、癸未本皆作「儁不疑」，據《漢書・儒林・謝該傳》改。

［五］又曰，稿本、癸未本皆無，據《後漢書・范升傳》補。

［六］卷二十二，稿本、癸未本皆誤作「卷二十三」。

［七］此句「不曠日」之前，文淵閣《四庫全書・後漢紀》有一「無」字。

［八］各見，文淵閣《四庫全書・後漢紀》作「各自」。

［九］犯敘，文淵閣《四庫全書・後漢紀》作「執政」。

卷二

東漢

光武初之長安，受《尚書》，略通大義。《本紀》。「軍旅間賊檄日以百數」，「猶以餘暇講誦經書」。《後漢紀》卷五。「東西誅戰，不遑啓處，然猶投戈講藝，息馬論道。」《樊準傳》後樊準疏[一]。馬援稱其「經學博覽」，「前世無比」。《馬援傳》。洎乎中興，愛好經術，未及下車，先訪儒雅，採求闕文，補綴漏逸。《儒林傳序》。「中年以後，干戈稍戢，專事經學，自是其風世篤焉。」《儒林傳論》。自古帝王篤好經學如光武者，未之有也。此東漢經學所以獨盛於歷代也。

明帝「游意經藝，每饗射禮畢，正坐自講，諸儒並聽」。「多徵名儒」，「布在廊廟」，「每讌會，則論難衎衎，共求政化」。《樊準傳》後樊準疏[二]。此東漢政化所以獨高千古，而儒者所以有益於天下也。

明帝幸桓榮家問起居，入街下車，擁經而前。自是諸侯、將軍、大夫問疾者不敢復乘車到門，皆拜牀下。章帝先備弟子之儀，使張酺講《尚書》一篇，然後修君臣之禮。此東漢師道所以獨隆也。

明德馬皇后能誦《易》，好讀《春秋》、《楚辭》，尤善《周官》、董仲舒書。《後漢紀》云：后「誦《易經》，習《詩》、《論語》、《春秋》，略記大義，聽言觀論，摘發其要。（卷九）常與章帝旦夕言道政事，及教授諸小王《論語》、經書。和熹鄧皇后從曹大家受經書，兼天文、算數。晝省王政，夜則誦讀。而患其謬誤，博選諸儒，詣東觀讎校傳記。徵和帝弟濟北、河間王子男女，又鄧氏親近子孫，並爲開邸第，教學經書。詔曰：時俗淺薄，巧僞滋生，五經衰缺。不有化導，將遂陵遲。故欲褒崇聖教，以匡失俗。以皇后而讀經書，崇聖教，千古所希有矣。

沛獻王輔好經書，善説京氏《易》、《孝經》、《論語》，作《五經論》，時人號之曰《沛王通論》。東平獻王蒼好經書，與公卿共議南北郊冠冕車服制度及光武廟登歌八佾舞數。後世以東平與河間並稱矣。《沛王通論》，亦可以配《楚元王詩傳》也。

鄧禹「年十三，能誦《詩》，受業長安」。「篤行淳備，事母至孝。天下既定，常欲遠名勢。有子十三人，各使守一藝。修整閨門，教養子孫，皆可以爲後世法」。祭遵「少好經書，家富給，而遵恭儉」，「廉約小心，克己奉公」，「取士皆用儒術」，「又建爲孔子立後，奏置五經大夫。雖在軍旅，不忘俎豆，好禮悦樂，守死善道」。寇恂「經明行修，爲汝南太守，修鄉校，教生徒，聘能爲《左氏春秋》者，親受學焉」。李忠「好禮修整」，「起學校，習禮容，春秋鄉飲，選用明經」。朱祐「爲人質直，尚儒學」。「初學長安，光武往候之，祐不時相勞苦，而先升講舍」。《後漢紀》卷八云：朱祐「論議常依古法」。馮異「好讀書，通《左氏春秋》，「爲人謙退不伐」。賈復「剛毅方直，多大節」，「少好學，習《尚書》」。耿弇「少好學，習父業」，學《詩》、《禮》。耿純、王霸、劉隆、陳俊，亦皆學於長安。陳俊少學長安，見《後漢紀》卷一。二十八將，德行經學純篤者如此之多，較之販繒屠狗者，相去霄壤矣。三代以上不敢知，三代以下所未有也。黄東發《古今紀要》云：「《東漢精華》云：『二十八將，全無奸雄厠其間。』」郭凉身長八尺，氣力雄猛。雖武將，然通《詩》、《書》。見《杜茂傳》。二十八將之外，復有此人，奇哉。

卓茂「習《詩》、《禮》及曆算，究極師法，稱爲通儒」。爲密令，視民如子，教化大行。王莽居攝，以病免歸郡。光武下詔，稱其「束身自修，執節淳固」，「名冠天下」。蓋德行、政事、文學一人兼之。開國之初，有此大賢，爲太傅，封侯，振起一代學行，此由於氣運之極盛也。

杜林「博洽多聞，時稱通儒」，以名德用，群寮甚尊憚之。爲光禄勳，「郎有好學者，輒見誘進，朝夕滿堂」。爲大司空，稱爲任職相。東漢初年，賢宰相如是。

鄭興、衛宏、徐巡皆受學於杜林。林得漆書《古文尚書》一卷，出以示宏等曰：「林流離兵亂，常恐斯經將絶，何意東海衛子、濟南徐生復能傳之，是道竟不墜於地也。《古文》雖不合時務，願諸生無悔所學。」於是《古文》遂行。

杜林薦鄭興曰：「執義堅固，敦悦《詩》、《書》，好古博物，見疑不惑，宜侍帷幄，以助萬分。」《鄭興傳》。

范蔚宗云：「自安帝覽政，薄於藝文，博士倚席不講。」「順帝感翟酺之言，迺更修黌宇。」「自是游學增盛，至三萬餘生。然章句漸疏，而多以浮華相尚，儒者之風蓋衰矣。」[三]《儒林傳序》。澧謂：此言學校至是而衰耳。自此之後，鉅儒迭出，如許、鄭、何、趙諸賢，其書傳至今日者，皆起於安、順之後者也。中葉以前，朝廷隆其教；中葉以後，儒者精其學。蓋所貴乎儒者，在能挽朝廷風教之衰耳。

自伏生已後，至伏湛，世傳經學，清静無競，東州號爲伏不鬬。自歐陽生傳伏生《尚書》，至歐陽歙，八世皆爲博士，世世傳經，自西漢至東漢二百餘年，此後世所無也。袁安祖父良，習孟氏《易》。安少傳良學。安子京，習孟氏《易》，作《難記》三十萬言。此則傳四世。虞翻高曾祖考，世傳孟氏《易》，至翻五世。見《三國志·虞翻傳》注所采翻别傳。亦伏氏、歐陽之亞矣。國朝元和惠氏，三世傳經，頗似東漢人。故惠定宇以漢學名家也。

杜鄴母，張敞女也。鄴從敞子吉學，得其家書。吉之子竦，博學文雅，過於敞。鄴之子林，又從竦受學。張敞之學傳及内外曾孫，亦後世所無。

《後漢紀》云：「（樊英）隱居教授，受業者自四方至。」又云：「英居家有法度，篤於鄉里。自陳寔之徒少時從英。英常病卧便坐，妻遣婢拜問疾，英下牀答拜。寔問之，英曰：『妻，齊也。共奉祭祀，禮無不答。』又有鄰人子止英家，每醉呴呼，曰：『其父臨死，以相委屬，故收養之。』寔常以此稱焉。」卷十八。據此，則陳太丘之學似出於樊英也。

《後漢書·黃瓊傳》云[四]：李固以書遺之曰：「《陽春》之曲，和者必寡。盛名之下，其實難副。近魯陽樊君被徵初至，朝廷設壇席，猶待神明。章懷注云：「樊君，樊英也。事具英傳。」《後漢書》英入《方術傳》。雖無大異，而言行所守，亦無所缺。而毀謗布流，應時折減者，豈非觀聽望深，聲名太盛乎？自頃徵聘之士，胡元安、薛孟嘗、朱仲昭、顧季鴻等，其功業皆無所采，是故俗論皆言處士純盜虛聲。」瓊上疏順帝曰：「臣前頗陳災眚，並薦光祿大夫樊英、太中大夫薛包及會稽賀純、廣漢楊厚，未蒙御省。伏見處士巴郡黃錯、漢陽任棠，年皆耆耋，有作者七人之志。」

《瓊傳》論曰：順帝「遂乃備玄纁玉帛，以聘南陽樊英，天子降寢殿，設壇席，尚書奉引，延問失得」。

蔡伯喈爲陳太丘碑云「德務中庸」。澧案：范蔚宗云，漢自中世以下，俗以遁身矯潔放言爲高，唯陳先生進退之節，必可度也。據於德故物不犯，安於仁故不離群，行成乎身而道訓天下。此所謂「德務中庸」也。

蔡伯喈撰陳太丘三碑，其一云「使夫少長咸安懷之」，又云「用行舍藏」，又云「不還貳以臨下」，皆以孔、顔爲比。又一碑云「許令以下，至於國人，立廟承祀，具如祖禰，固上世之所希有，前哲之所不過也」。伯喈撰郭林宗碑，自言無愧色。後十八年，撰此三碑，出於國人之公論，尤必無愧色矣。郭林宗，建寧二年卒。陳太丘，中平三年卒。

《三國志・管寧傳》注采《先賢行狀》云王烈「以潁川陳太丘爲師，二子爲友。時潁川荀慈明、賈偉節、李元禮、韓元長，皆就陳君學」。蔡伯喈撰陳太丘碑文云「築室講誨」，又云「荀慈明、韓元長等五百餘人，緦麻設位」。合二文觀之，則五百餘人皆以太丘爲師者也。邴根矩負笈至潁川，宗陳仲弓，蓋亦以爲師。管幼安敬善陳仲弓，則不知以爲師否。其貌甚恭，言甚順，則亦近於德務中庸者也。

范蔚宗爲《郭林宗傳》，謂好事附益，華辭不經。澧案：《後漢紀》卷二十三載林宗事特詳，凡千八百言，容或有附益，今删取其略云：並日而食，衣不蓋形。人不堪其憂，林宗不改其樂。宵行幽闇，必正其衣服。苻融見而歎曰：「高雅奇偉，達見情理。行不苟合，言不夸毗。此異士也！」李膺曰：「聰明通朗，高雅密博。今之華夏，鮮見其倫。」宋子俊與杜周甫論之曰：「學問淵深，格量高俊，含宏博恕，忠粹篤誠。誠非今之人，三代士也！漢元以來，未見其匹也！」又案：蔡伯喈《郭有道碑》云：「收文武之將墜，拯微言之未絶。《禮》、《樂》是悦，《詩》、《書》是敦。匪惟摭華，乃尋厥根。宫墻重仞，允得其門。」伯喈自言爲此碑無愧色，則更非華辭矣。尋《詩》、《書》、《禮》、《樂》之根，尤可證宋子俊「學問淵深」之語也。《集聖賢群輔録》載《甄表狀》云：「泰器量宏深，孝友貞固，名布華夏，學冠群儒。」此亦非華辭，而推重林宗如此。惟葛稚川力詆之，《抱朴子・正郭篇》云：嵇生以爲太原郭林宗，蓋亞聖之器也。余答曰：「亞聖之評，未易以輕有許也。夫所謂亞聖者，與彼周、孔其間無所復容之謂也。若人者，亦何足登斯格哉。」此似極推尊周、孔，實則欲貶抑林宗耳。又云：「誠爲游俠之徒，未合逸隱之科。」又云林宗「有耀俗之才，口稱静退，心希榮利」。其力詆如此。又謂「前賢多亦譏之」，因引故太傅諸葛元遜、故零陵太守殷府君伯緒、故中書郎周生恭遠諸説之譏林宗者以爲證。夫前賢推重林宗之語不可枚舉，稚川獨引譏林宗者以助其排斥，此真蔚宗所謂「華辭不經」者矣。

范蔚宗之論黄叔度曰「道周性全」，非此四字，不能稱叔度也。宋人謂程伯子爲「天生完器」，即「道周性全」之謂也。

邴根矩不滿鄭君，《三國志》注采其别傳云：欲遠游學，詣安丘孫崧，崧曰：「君鄉里鄭君，誠學者之師模也。君乃舍之，躡屣千里，所謂以鄭爲東家丘者也。」原曰：「人各有志，所規不同。君謂僕以鄭爲東家丘，君以僕爲西家愚夫耶？」乃單步負笈，苦身持力，至陳留則師韓子助，潁川則宗陳仲弓，汝南則交范孟博，涿郡則親盧子幹。其不滿鄭君如此。其後，鄭君以博學洽聞，注解典籍，儒雅之士集焉。根矩以高遠清白，頤志澹泊，口無擇言，身無擇行，英偉之士向焉。是時海内清議，云青州有邴、鄭之學。遂各立門户。鄭太對董卓云：「東州鄭玄學該古今，北海邴原清高直亮，皆儒生所仰，群士楷式。」《三國志·鄭渾傳》注采張璠《漢紀》略同。至隋時，王無功《游北山賦》云：「康成負笈而相繼，根矩摳衣而未已。」猶以鄭、邴並稱。其並立門户，甚似陸子静之與朱子，惟不聞相詬争耳。根矩爲曹操司空掾、丞相徵事，又爲曹丕五官將長史。本傳。《世説新語》卷一注采《魏略》云：管寧少恬静，常笑邴原、華子魚有仕宦意。

《通典》卷六十七載後漢獻帝時，三公八座議，以爲皇后天下之母，屯騎校尉不其亭侯伏完雖后父，不可令后獨拜於朝；或以爲當交拜；又子尊不加於父母，公私之朝，后當獨拜；或欲令公朝完拜如衆臣，於私宫后拜如子。不知四者何是正禮。鄭玄議曰「不其亭侯在京師[五]，禮事出入，宜從臣禮。若后適離宫，及歸寧父母，從子禮」。丞相徵事邴原駁曰：「父子之義，寧爲公私易節？公庭則爲臣，在家則爲父，是違禮而無常也。」言子事父無貴賤。澧案：根矩此駁，似非故與鄭君立異，鄭君之議實有未安也。如根矩議，皇后拜於公朝，亦未安也。完拜，而后辭之，則兩得矣。

《三國志·邴原傳》注引《原别傳》曰[六]：「孔融在郡，教選計當任公卿之才，乃以鄭玄爲計掾，彭璆爲計吏，原爲計佐。」

《三國志·管寧傳》注又采《先賢行狀》云[七]：「(王烈)通識達道，秉義不回。」「宗族稱孝，鄉黨歸仁。以典籍娱心，育人爲務，遂建學校，敦崇庠序。其誘人也，皆因其性氣[八]，誨之以道，使之從善遠惡。益者不自覺，而大化隆行，皆成寶器。門人出入，容止可觀，時在市井，行步有異，人皆别之。州閭承風，咸競爲善。」「會董卓作亂，避地遼東。」「東域之人，奉之若君。」「使遼東彊不陵弱，衆不暴寡，商賈之人，市不二價。」王彦方盛德若此，《三國志》但附見《管寧傳》，云「名聞在原、寧之右」，失之太簡。

《後漢書》本傳亦略。《邴原傳》注采《獻帝起居注》曰：建安十五年，初置徵事，原與平原王烈俱以選補。《通典》卷二十一《職官三》云：「魏武爲丞相，置徵事二人。」注云：「以邴原、王烈選補之。」杜説蓋即本於裴注，似王彦方嘗事曹操者，然照本傳云，曹操聞烈高名，遣徵不至，終於遼東。《管寧傳》云：王烈，「太祖命爲丞相掾、徵事，未至，卒於海表」。注采《先賢行狀》云：「太祖累徵召，遼東爲解而不遣。」據此諸説，是操累徵，而彦方以建安二十三年寢疾，年七十八而終，未嘗至也。

「北海天逸，音情頓挫，高志直情，嚴氣正性。」范蔚宗《論》、《贊》精妙，使千載下如見其人。《三國志·崔琰傳》注采司馬彪《九州春秋》曰：孔融所任用，「好奇取異，皆輕剽之才。至於稽古之士，謬爲恭敬，禮之雖備[九]，不與論國事也。高密鄭玄，稱之鄭公，執子孫禮」。又采張璠《漢紀》曰：「融所建明，不識時務。」魏晉人以孔北海爲曹操所殺，故多短之。張璠非真短之，觀「不識時務」之語，可知矣。惟《後漢紀》稱述北海事甚詳，卷二十九、三十。此袁彦伯之特識也。

劉陶「明《尚書》、《春秋》，爲之訓詁。推三家《尚書》及古文，是正文字七百餘事[一〇]，名曰《中文尚書》」。靈帝「詔陶次第《春秋》條例」。「陶著書數十萬言，又作《七曜論》、《匡老子》、《反韓非》、《復孟軻》，及上書言當世便事、條教、賦、奏、書、記、辯疑，凡百餘篇」。其爲縣長，「病免，吏民思而歌之」。爲侍御史、諫議大夫[一一]，「數切諫，爲權臣所憚」。宦官共讒之，下獄，閉氣而死。《後漢紀》云：諸中官讒陶與張角通情，收陶考黄門北寺，楚毒極至，不食而死。（卷二十四）儒林、直臣、循吏，一人兼之。其死之寃酷，自謂與三仁爲輩，尤可哀也。《三國志》：士燮事潁川劉子奇，治《左氏春秋》。袁徽《與荀彧書》，稱其官事小闋，輒玩習《書》、《傳》。《春秋左氏傳》中諸疑，皆有師説。又《尚書》兼通古今，大義詳備。聞京師古今之學，是非忿争，今欲條《左氏》、《尚書》長義上之。澧案：劉子奇之經學，蓋士燮盡能傳之矣。

盧植「少與鄭玄俱事馬融，能通古今學，好研精而不守章句」。「闔門教授。性剛毅有大節，常懷濟世志，不好辭賦，能飲酒一石」。獻書以規竇武。「作《尚書章句》、《三禮解詁》」。上書曰：「今之《禮記》，特多回冗。章懷注云：「回冗，猶紆曲也。」臣前以《周禮》諸經，發起粃謬，敢率愚淺，爲之解詁，而家乏，無力供繕寫上。願得能書生二人，共詣東觀，就官財糧，專心研精，合《尚書》章句，考《禮記》得失。」「與諫議大夫馬日磾、議郎蔡邕、楊彪、韓説等，並在東觀，校中書《五經》記傳，補續《漢紀》。」靈帝「以非急務，轉爲侍中」。黄巾賊起，植征之，「連戰破賊帥張角，斬獲萬餘人」。及皇甫嵩討平黄巾，「盛稱植行師方略，嵩皆資用規謀，濟成其功」。何進謀誅中官，召董卓。植固止之，不從。董卓「議欲廢立，群僚無敢言，植獨抗議不同」。卓怒，將誅植。議郎彭伯曰：「盧尚書海内大儒，人之望也。今先被害，海内震怖。」卓乃止。曹操北討柳城，過涿郡，告守令曰：「故北中郎將盧植，名著海内，學爲儒宗，士之楷模，國之楨幹也。」盧子幹研精古今學，才兼文武，危亂而見忠義之節。董卓以海内大儒，不敢加害。既歿，而曹操猶敬之，稱其學爲儒宗，士之楷模，國之楨幹。漢末儒者，自鄭君之外，未能或之先也。惜其所著《尚書章句》、《三禮解詁》今皆不存。而零文斷句，見之猶起敬也。武進臧氏有輯本。《三國志·盧毓傳》：父植，有名於世。毓爲吏部尚書。前此諸葛誕、鄧颺等馳名譽，有四窗八達之誚。帝疾之。時舉中書郎，詔曰：「得其人與否，在盧生耳。選舉莫取有名，名如畫地作餅，不可啖也。」毓對曰：「名不足以致異人，而可以得常士。常士畏教慕善，然後有名，非所當疾也。」《崔琰傳》云：盧毓始入軍府，琰名之曰「清警明理，百鍊不消」。

延篤論解經傳，多所駁正，後儒服虔等以爲折中。《宦者州輔碑》陰有故京兆尹延篤叔堅題名。趙德夫《金石録》云：「挂名於此，亦可耻。」（卷十五）洪景伯《隸釋》云：「方叔堅居里，而同郡爲輔勒石，借其名以爲重，叔堅亦不得而拒焉，非若他碑門生故吏之比。趙氏其何疑焉？」（卷十七）澧謂：洪説是矣。然叔堅不得而拒者，蓋亦有故。篤本傳云：「少從潁川堂谿典受《左氏傳》。」《宦者·曹騰傳》云：「桓帝得立，騰與長樂太僕州輔等七人以定策功，皆封亭侯。」騰用事省闥，其所進達，皆海内名人，陳留虞放、邊韶、南陽延固、張温、弘農張奂、潁川堂谿典等。然則堂谿典叔堅受學之師也。曹騰、州輔以宦官同時用事，叔堅之師可爲騰所進達，則其挂名於輔碑陰，似亦不足爲耻，故不得而拒也。堂谿典，騰傳作「堂谿趙典」，「趙」字衍文。《三國志·武帝紀》注采司馬彪《續漢書》載曹騰事，作「堂谿典」，可證也。

《後漢書·曹襃傳》云：博物識古，爲儒者宗。作《通義》十二篇，演經雜論百二十篇，又傳《禮記》四十九篇。

《後漢書·伏湛傳》：玄孫無忌〔一二〕。「永和元年，詔無忌與議郎黄景校定中書《五經》、諸子百家、藝術。」

《後漢書·賈逵傳》云：「學者宗之，後世稱爲通儒。」章懷注云：「應劭《風俗通義》曰：『授先王之制，立當時之事，綱紀國體，原本要化，此通論也。』《論》曰：『鄭、賈之學，行乎數百年中，遂爲諸儒宗。」

《後漢書·荀悦傳》云：《申鑒》曰：「若教化之廢，推中人而墜於小人之域；教化之行，引中人而納於君子之塗。」《書録解題》卷九引此數語云：「古今名言也。」如近日，乃真推中人於小人之域也。

又云：其《申鑒》也。大略曰：致政之術，先屏四患：一曰僞，二曰私，三曰放，四曰奢。僞亂俗，私壞法，放越禮，奢敗制。四者不除，則政末由行矣。放越禮，遂有嵇、阮；奢敗制，遂有王愷、石崇。今之患當曰五，曰躁。

《漢紀》卷二十二曰：「孔子曰：『政者，正也。』夫要道之本，正己而已矣〔一三〕。平直真實者，正之主也。故德必核其真，然後授其位；能必核其真，然後授其事。功必核其真，然後授其賞；罪必核其真，然後授其刑。行必核其真，然後貴之；言必核其真，然後信之。物必核其真，然後用之；事必核其真，然後修之。一物不稱，則榮辱賞罰，從而繩之。故衆正積於上，萬事實於下。先王之道，如斯而已矣。」此論石顯也。荀悦之學如此。

《漢紀》卷二十五論王商、馮婕妤曰：「夫獨智不容於世，獨行不畜於時，是以昔人所以自退也。

雖退猶不得自免，是以離世深藏。」「本不敢立於人間，況敢立於朝乎？」「是以寧武子佯愚，接輿佯狂，困之至也。人無狂愚之慮者，則不得自安於世。」此段甚悲憤。《後漢書・荀悦傳》云：「靈帝時，閹

宦用權，士多退身窮處，悦乃託疾隱居，時人莫之識，唯從弟彧特稱敬焉。初辟鎮東將軍曹操府，遷黃門侍郎。獻帝頗好文學，悦與彧及少府孔融侍講禁中，旦夕談論[一四]。累遷祕書監、侍中。時政移曹氏，天子恭己而已。悦志在獻替，而謀無所用，乃作《申鑒》五篇。其所論辯，通見政體，既成而奏之。」此悦之所以悲憤也。

《論衡》曰：「（儒者）傳先師之業，習口説以教，無胸中之造，思定然否之論。郵人之過書，門者之傳教也[一五]。封完書不違教，審令不遺誤者，則爲善矣。儒者傳學，不妄一言，先師古語，到今具存。雖帶徒百人以上，位博士、文學，郵人、門者之類也。」《定賢篇》。果能傳學不妄一言，先師古語到今具存，其功大矣。此所謂「守先待後」者，王充安得而詆之哉！

《中論》曰：「凡學者，大義爲先，物名爲後，大義舉而物名從之。然鄙儒之博學也，務於物名，詳於器械，考於詁訓，摘其章句，而不能統其大義之所極，以獲先王之心。此無異乎女史誦詩、内豎之傳令也。故使學者勞思慮而不知道，費日月而無成功。故君必擇師焉。」《治學篇》。徐幹之説，似本於王充。其云「學者大義爲先」，固爲學之準的。云「學者勞思慮而不知道」，深中近儒之病矣。然《學記》曰：「不學雜服，不能安禮。」則物名、器械、詁訓、章句，亦不可不學。若因此論而鄙棄之，則又成空疏之學矣。

江革，鄉里稱之曰「江巨孝」。每朝會，章帝使虎賁扶持，及進拜，恒目禮焉。時有疾不會，輒太官送醪膳。京師貴戚各奉書致禮，革無所報受。帝聞而益善之。後上書乞骸骨，賜告歸。制詔齊相曰：「諫議大夫江革，今起居何如？夫孝，百行之冠，衆善之始也。縣以見穀千斛賜『巨孝』，常以八月長吏存問，致羊酒。如有不幸，祠以中牢。」由是「巨孝」之稱，行於天下。《後漢書·江革傳》。毛義，以孝行稱。天子聞而嘉之，賜穀千斛，八月長吏問起居，加賜羊酒。薛包，建光中徵拜侍中。包性恬虛，以死自乞，有詔聽焉。禮如毛義。《後漢紀》。漢天子重經學，又加禮於孝子如此，此所以培風俗也。

《後漢書·列女傳》：「（姜）詩事母至孝，妻奉順尤篤。」「赤眉散賊經詩里，弛兵而過，曰：『驚大孝必觸鬼神。』時歲荒，賊乃遺詩米肉，受而埋之，比落蒙其安全。」《儒林傳》：「（孫期）家貧，事母至孝。」「遠人從其學者，皆執經壟畔以追之，里落化其仁讓。黄巾賊起，過期裏陌，相約不犯孫先生舍。」《鄭康成傳》：「建安元年，自徐州還高密，道遇黄巾賊數萬人，見玄皆拜，相約不敢入縣境。」東漢賊知敬孝敬儒。

劉表受學於同郡王暢。尹默、李譔從司馬德操、宋仲子受古學。士燮事潁川劉子奇，治《左氏春秋》。張昭從白侯子安受《左氏春秋》。皆《三國志》本傳。張紘事博士韓宗，治京氏《易》、歐陽《尚書》，又於外黄從濮陽闓受《韓詩》及《禮記》、《左氏春秋》。本傳注引《吴書》。王暢諸人皆漢末經師，故史家特著之也。惟劉子奇、宋仲子最顯，餘皆晦而不彰矣。《杜微杜瓊傳》並云：受學於廣漢任安。《季漢輔臣贊》注云：何彦英，名宗，事廣漢任安學。《周群傳》：父舒，少學術於廣漢楊厚。《秦宓傳》注引《益部耆舊傳》曰：任安少事廣漢楊厚，究極圖籍。案：楊厚、任安二人，不知其爲經學否也。《後漢書·儒林傳》云：任安少游太學，受孟氏《易》[一六]兼通數經。又從同郡楊厚學圖讖[一七]，究極其術。楊厚則專於圖讖之學，見《後漢書》本傳。楊厚與樊英同徵，見《後漢紀》。

劉表爲荊州牧，關西、兗、豫學士歸者蓋有千數。表安慰賑贍，皆得資全。遂起立學校，博求儒術，綦毋闓、宋忠等撰立《五經章句》，謂之後定。此唐貞觀《五經正義》之先聲也。今惟見《通典》卷八十三所引表後定喪服二條。一條「既除喪，有來弔者」；一條「君弔臣」。

《三國志·荀彧傳》注《彧別傳》曰：彧嘗言於太祖曰：「宜集天下大才通儒，考論六經，刊定傳記，存古今之學，除其煩重，以一聖真，並隆禮學。」彧德行周備，非正道不用心，名重天下，莫不以爲儀表，海内英儁咸宗焉。荀文若見識自不凡。

《後漢書·荀爽傳》云：「著《禮》、《易傳》、《詩傳》、《尚書正經》、《春秋條例》；又集漢事成敗可爲鑒戒者，謂之《漢語》；又作《公羊問》及《辯讖》，並他所論敘，題爲《新書》，凡百餘篇。今多所亡缺。」此兼通五經矣。通五經者，惟荀慈明。今人只知《易注》耳。

東漢學問、風俗，幾比隆於三代矣。然惟光武在位最久，年至六十二。明、章相繼，在位皆十餘年，而年已不能至四、五十。和帝以後，則皆幼主，且多短折，遂至權在外戚，極於梁冀之凶恣。《後漢書》冀傳云：「凶恣日積。」宦官殺冀，而權在宦官，以至大亂。學問、風俗之美，其有存焉者，曹操起而盡敗壞之。《日知録》云：「經術之治，節義之防，光武、明、章數世爲之而未足；毀方敗常之俗，孟德一人變之而有餘。」(卷十三)豈天運有不能復於三代者耶？吁，可歎也！

《後漢書．儒林傳》論曰：「且觀成名高第，終能遠至者，蓋亦寡焉。而迂滯若是矣。」經學之人，名位不昌者多矣。

《後漢書．蔡邕傳》云：馬日磾馳往謂王允曰：「伯喈曠世逸才，多識漢事，當續成後史，爲一代大典。且忠孝素著，而所坐無名。」邕死獄中〔一八〕，北海鄭玄聞而歎曰：「漢世之事，誰與正之！」

《釋文．序録》：《禮記》孫炎注二十九卷，自注云：「字叔然，樂安人。魏秘書監，徵不就。」《顔氏家訓》云：「孫叔然創《爾雅音義》，是漢末人獨知反語。至於魏世，此事大行。」然則顔氏不以孫叔然爲魏人也。

《後漢書》黄瓊之孫琬傳云：「時司空盛允有疾，瓊遣琬候問，會江夏上蠻賊事副府，允發書視畢，微戲琬曰：『江夏大邦，而蠻多士少。』琬奉手對曰：『蠻夷猾夏，責在司空。』因拂衣辭去。允甚奇之。」　晉人之風，此已開先矣。

《後漢書．獨行傳》：「向栩，字甫興，河內朝歌人。向長之後。少爲書生，性卓詭不倫。恒讀

《老子》，狀如學道。又似狂生，好被髮，著絳綃頭。常於竈北坐板牀上，如是積久，板乃有膝踝足指之處。不好語言而喜長嘯。賓客從就，輒伏而不視。有弟子，名爲『顔淵』、『子貢』、『季路』、『冉有』之輩。或騎驢入市，乞丐於人。或悉要諸乞兒俱歸止宿，爲設酒食。時人莫能測之。」然則晉人狂誕，宋、明諸儒好静坐，動輒以聖人自比者，漢時已有此風氣矣。

章帝建初四年，詔曰：「漢承暴秦，褒顯儒術，建立《五經》，爲置博士。其後學者精進，雖曰承師，亦别名家。」章懷注云：「言雖承一師之業，其後觸類而長，更爲章句，則别爲一家之學。」

章句者，章章而解之，句句而解之也。《桓譚傳》章懷注云[一九]：「章句，謂離章辨句，委曲枝派也。」經師解經，以授弟子，必當如是。然自西漢已有章句繁多之病。如張山拊事小夏侯建，授山陽張無故子儒、信都秦恭延君。無故善修章句，守小夏侯説文。恭增師法至百萬言。此明以守師説者爲善修章句，而增至百萬言者爲不善矣。桓譚《新論》云：秦延君説《堯典》「篇目」兩字至十餘萬言，説「曰若稽古」三萬言。桓榮受朱普學，章句四十萬言，浮辭繁長，多過其實。及榮入授顯宗，減爲二十三萬言。其子郁復删省成十二萬言。樊儵删定《公羊嚴氏春秋》章句[二〇]，世號「樊侯學」。張霸以樊儵删《嚴氏春秋》猶多繁辭，迺減定爲二十萬言，更名「張氏學」。張奂學歐陽《尚書》。初，《牟氏章句》浮辭繁多，有四十五萬餘言，奂減爲九萬言。伏恭父黯章句繁多，恭迺省減浮辭，定爲二十萬言。澧案：前書《儒林傳》：張山拊事小夏侯建，授山陽張無故子儒、信都秦恭延君。無故善修章句，守小夏侯説文。恭增師法至百萬言。蓋自經學盛時，諸家章句競爲浮辭，以多爲貴，已非實學，故有識者從而删減之。至鄭君出，删裁繁誣，刊改漏失，遂爲千古經學之準的也。

漢之經學，最重章句。其書傳至今日者，惟趙邠卿《孟子章句》。其不爲章句之學者，范書衹載數人。如：馬援嘗授《齊詩》，意不能守章句。桓譚遍習《五經》，皆詁訓大義，不爲章句。班固所學無常師，不爲章句，舉大義而已。荀淑博學，而不好章句，多爲俗儒所非。韓融少能辨理，而不爲章句學，聲名甚盛。王充好博覽，而不守章句。梁鴻博覽，見無不通，而不爲章句。此數人非經學之儒，尚無足怪。至盧子幹，則經學大師也，能通古今學，好研精而不守章句。

徐防以《五經》久遠，聖意難明，宜爲章句，以悟後學。上疏曰：「臣聞《詩》、《書》、《禮》、《樂》，定自孔子；發明章句，始於子夏。漢承亂秦，經典廢絶，本文略存，或無章句，故立博士十有四家，設甲乙之科，以勉勸學者。伏見太學試博士弟子，皆以意説，不修家法，不依章句，妄生穿鑿，以遵師爲非義，意説爲得理。臣以爲博士及甲乙策試，宜從其家章句，若不依先師，義有相伐，皆正以爲非。」

《論衡》云：「儒者説《五經》，多失其實。前儒不見本末，空生虚説；後儒信前師之言，隨舊述故，滑習辭語[二]。苟名一師之學，趨爲師教授，及時蚤仕，汲汲競進，不暇留精用心，考實根核；故虚説傳而不絶，實事没而不見。」《正説篇》。近人譏宋儒，正如此。

《後漢書・徐防傳》：上疏曰：「改薄從忠，三代常道；專精務本，儒學所先。」注引《東觀記》云防上疏云：「六經衰微，學問寖淺，誠宜反本，改矯其失。」嗟乎，此正今日之謂矣！

章帝建初四年，詔曰：「孝宣皇帝以爲去聖久遠，學不厭博，故遂立大、小夏侯《尚書》，後又立京氏《易》。至建武中，復置顔氏、嚴氏《春秋》、大小戴《禮》博士。此皆所以扶進微學，尊廣道藝也。」建初八年，詔曰[二二]：「《五經》剖判，去聖彌遠，章句遺辭，乖疑難正，恐先師微言將遂廢絶，非所以重稽古，求道真也。其令群儒選高才生，受學《左氏》、《穀梁春秋》、《古文尚書》、《毛詩》，以扶微學，廣異義焉。」《本紀》。前明尊宋儒而盡棄漢唐注疏，近儒尊漢學而盡棄程、朱之書[二三]，皆非所以求道真、廣異義也。

《後漢・儒林傳序》云：肅宗詔高才生受《古文尚書》、《毛詩》、《穀梁》、《左氏春秋》，雖不立學官，然皆擢高等，所以網羅遺逸，博存衆家。西漢經學至此而變，不可不知。

《後漢書・賈逵傳》[二四]：「逵數爲帝言《古文尚書》與經傳《爾雅》詁訓相應，詔令撰歐陽、大小夏侯《尚書古文》同異。逵集爲三卷，帝善之。復令撰齊、魯、韓《詩》與《毛氏》異同。」賈逵語與《藝文志》所云「古文讀應《爾雅》，故解古今語，而可知也」，大意相同。

《後漢・陳元傳》云：上疏曰「理丘明之宿冤」。《賈逵傳》云：奏曰左氏「冤抑積久」。又云：劉歆「輕移太常」，「詆挫諸儒」。諸儒「從是攻擊《左氏》」[二五]，遂爲重讎」。

《通典》：左監門衛録事參軍劉秩論曰：孝武晚歲務立功名，由是精通秀穎之士不游於學，游於學者率章句之儒也。至於東漢，光武好學，不能施之於政，乃躬自講經。肅宗以後，時或祖述尊重儒術，不達其意而酌其文，三公尚書雖用經術之士，而不行經術之道。是以元、成以降，迄於東漢，慷慨通方之士寡，廉隅立節之徒衆。《選舉五》。澧謂：劉秩見識卑陋乖戾，故其言如此也。廉隅立節之徒衆，正是東漢高出千古處，乃爲不足之辭。甚矣，其謬也！

司馬温公曰：東漢忠厚清修之士，豈惟取重於搢紳，亦見慕於衆庶；愚鄙汚穢之人，豈惟不容於朝廷，亦見棄於鄉里。自三代既亡，風化之美，未有若斯之盛者也。《資治通鑑·漢紀論》。

《日知録》云：三代以下，風俗之美，無尚於東京者。孟德既有冀州，崇奬跅弛之士。觀其下令再三，至於求負汙辱之名，見笑之行，不仁不孝而有治國用兵之術者，於是權詐迭進，奸逆萌生。故董昭太和之疏已謂「當今年少不復以學問爲本，專更以交游爲業；國士不以孝悌清修爲首，乃以趨勢求利爲先」。至正始之際，而一二浮誕之徒騁其智識，蔑周、孔之書，習老、莊之教，風俗又爲一變。卷十三。案：操之令曰「若必廉士而後可用，則齊桓其何以霸世！今天下得無盜嫂受金而未遇無知者乎？吾得而用之」。又令曰「有行之士未必能進取，進取之士未必能有行也」。陳平豈篤行，蘇秦豈守信耶？有司明思此義，則士無遺滯，官無廢業矣」。《三國志·魏武帝紀》。曹操之令，蓋倣漢武帝而爲之。《漢書·武帝紀》：元封五年，詔曰：「蓋有非常之功，必待非常之人。故馬或奔踶而致千里[二六]，士或有負俗之累而立功名〔二七〕。夫泛駕之馬，跅弛之士，亦在御之而已。其令州郡察吏民有茂材異等可爲將相及使絶國者。」晉灼曰：「負俗，謂被世譏議也。」師古曰：「跅者，跅落無檢局也。弛者，放廢不遵禮度也〔二八〕。」當操之時，士猶廉篤守信。此由光武、明、章培養於上，名臣名儒數十輩倡導於下，積一二百年而不衰。曹操乃誘以官爵而敗壞之。魏晉以後，士風之不美，皆曹操之罪也，豈但爲漢賊而已哉！

東漢尚名譽，爲七字句者多矣，獨鄭康成無之。此亦可見鄭君之高也。《後漢書·循吏衛颯傳》注〔二九〕：《東觀記》曰「茨充字子河，鄉里號曰『一馬兩車茨子河』」。案：茨充代衛颯爲桂陽太守〔三〇〕。在光武、明、章時，已有七字號句矣。

今人言漢儒之學，乃指其訓詁之學耳。其實，漢儒義理之明、德行之高，皆不亞於宋儒。澧取其講義理者編爲《漢儒通義》一書矣，惟《通義》之書不加案語，今取數條而發明之。如：《春秋繁露》云「聖者法天，賢者法聖」，即濂溪所謂「賢希聖，聖希天」也。《毛詩·板》傳云「王者，天下之大宗子」，即橫渠所謂「大君者，吾父母宗子」也。《論語》「仁者靜」，孔傳曰：「無欲，故靜。」《乾文言》傳：「利貞者，性情也。」王輔嗣注云：「不性其情，何能久行其正？」此輔嗣最精醇之語。所謂「性情」，即宋儒所謂「理欲」也。「性其情」者，孔疏釋之云「以性制情」，即宋儒所言「存理遏欲」也。高堂隆諫明帝疏云：「夫六情五性，同在於人，嗜欲廉貞，各居其一。及其動也，交爭於心。欲彊質弱，則縱濫不禁；精誠不制，則放溢無極。」此所謂「廉貞」，即「性」也，「理」也。「嗜欲」，即「情」也。所謂「質」，亦即「性」也。漢順帝時，張平子上疏云「情勝其性，流遯忘反」，此亦謂「欲勝其理」也。漢、魏人説「性情」，宋人説「理欲」，名目不同，其意則一也。荀慈明對策云「人能枉欲從禮，則福歸之」，此則以「禮」與「欲」對言之，即宋儒所謂「勝私欲而復於禮」也。漢、魏人之説，固多同於宋儒者也。

諸葛武侯《誡子書》云：「静以修身。非寧静無以致遠。夫學欲静也，才欲學也，非學無以廣才，非静無以成學。」鄭君閑居以安性，覃思以修業；葛氏澹泊以明志，寧静以致遠：漢人非不主静也。漢人無釋氏之學，其言静，或涉於黄、老；宋人言静，則多涉於釋氏矣。

《後漢書·西域傳論》云〔三〕：「佛道神化，興自身毒，而二漢方志莫有稱焉。」「班勇雖列其奉浮圖，不殺伐，而精文善法導達之功靡所傳述。」「漢自楚英始盛齋戒之祀，桓帝又修華蓋之飾。將微意未譯，而但神明之邪？」

近百餘年來崇尚漢儒之學，然學漢儒之學必當學漢儒之行，學漢儒之行必當讀《後漢書》矣。范蔚宗之有功於漢儒最大，非其學識卓越，不能如此。而蒙謀逆之名，沉冤千載。至王西莊著《十七史商榷》，始昭雪之。其説云：范蔚宗決不當有謀反事也。想平日憎疾者多，共相傾陷。《宋書》全據當時鍛錬之詞書之，而猶詳載其自辯語。《南史》並此删之，則蔚宗冤竟不白矣。又謂：觀蔚宗《與甥侄書》所述，志在根本之學，六朝文士罕見及此。又引蔚宗自論其《後漢書》之語，謂今讀其書，貴德義，抑勢利，進處士，黜奸雄；論儒學則深美康成，褒黨錮則推崇李、杜；宰相多無述而特表逸民，公卿不見采而惟尊獨行。立言若是，犯上作亂，必不爲也。卷六十一。澧因西莊之説更爲考證，別撰《中范》一卷，以辨其誣枉，此不復述也。三代以後，學問、風俗莫高於東漢，學者當慕而效之。《後漢書》不可不熟讀也。願告學侶：作《後漢書》者，非謀反之人。其人品、學問卓絶千古，當尊而奉之也。

《後漢書·鄭興傳》[三]：建武六年，東歸。明年，上疏曰：「宜留思柔剋之政，垂意《洪範》之法。」

《後漢書·儒林傳論》曰：迹衰敝之所由致，而能多歷年所者，斯豈非學之效乎？故先師垂典文，褒勵學者之功篤。

近人謂宋儒講義理，譏漢儒不講義理，此未見漢、宋人書者也。宋人有文集，有語録；漢人不但無語録，並無文集，其講義理，惟注經耳。且漢人注經謹嚴簡約，無自發議論溢出經文之外，如宋人之説經者也。即令有一二篇傳於世，亦如鄭康成《戒子書》耳。無學之人不知漢、宋時代之不同，但以宋儒多講道學之語，而漢儒無之，遂以爲漢儒不識義理，此不通之極也。如朱注《大學》「在明明德」一段，《中庸》「天命之謂性」一段，若漢人，則不能入於注矣。董子《春秋繁露》多説性理，乃自著一書，非注經也。

王蘭泉《含山縣訓導蔡先生墓志銘》云：名瓏，字文舟，崇明縣人。嘗與諸生讀《後漢書·范式傳》，迴翔循誦，聲哀厲，至於泣下。有諸生魏某在坐，忽起而揖曰：「某與某生，夙相好也。以田故，將訟諸縣官。今聞古人行誼如此，自愧且悔。」遽出訟牒於懷，壞之。可見《後漢書》之有益於世。

以其人行誼可以感人，而范蔚宗之文能達之，又足以感人也。

《後漢書·魯丕傳》云[三三]：與賈逵、黄香等相難，上疏曰：「臣聞説經者，傳先師之言，非從己出，不得相讓，相讓則道不明。」

建武五年，修起太學，服方領習矩步者，委它乎其中。《儒林傳序》。東漢初年，儒風如此。其後耆名高義開門受徒者，編牒不下萬人。所談者仁義，所傳者聖法也。故人識君臣父子之綱[三四]，家知違邪歸正之路。《儒林傳論》。東漢儒風，實與宋儒道學無異。而後儒歧視之，且以漢、宋互相詆毁，蓋皆未讀史者歟。《世説新語·德行門》云：「王平子、胡毋彦國諸人，皆任放爲達。或有裸體者。」注引王隱《晉書》云：「魏末阮籍，嗜酒荒放，露頭散髮，裸袒箕踞。」東漢方領矩步之風，至魏、晉時，變至如此。

《後漢書·儒林傳》：孫堪明經學[三五]，有志操，清白貞正，愛士大夫，然未嘗一毫取於人，以節介氣勇自行。《文苑·侯瑾傳》：常以禮自牧，獨處一房，如對嚴賓焉[三六]。西河人敬其才而不敢名之，皆稱爲「侯君」云。《黄琬傳》：刁韙常以法度自整，家人莫見惰容焉。《後漢書》本傳。張湛矜嚴好禮，動止有則，居處幽室，必自修整，雖遇妻子，若嚴君焉。及在鄉黨，詳言正色，三輔以爲儀表。人或謂湛僞詐，湛聞而笑曰：「我誠詐也。人皆詐惡，我獨詐善，不亦可乎？」《後漢書》本傳。近世人好詆人假道學，自東漢之初，已然矣。

馬融「善鼓琴，好吹笛，達生任性，不拘儒者之節。居宇器服[三七]，多存侈飾」。《後漢書》本傳。爾時所謂儒者，猶後世所謂道學也。

趙岐娶馬融兄女，融外戚豪家，岐嘗鄙之，不與融相見。《後漢書》本傳。與其友書曰：「馬季長雖有名當世，而不持士節，三輔高士未嘗以衣裾襒其門也[三八]。」岐曾讀《周官》二義不通，一往造之，賤融如此也。本傳注引《三輔決録》注。《三輔決録》注云「融妹聟」，則非娶融兄女。

馬融女壻袁隗譏之曰[三九]：「南郡君學窮道奥，文爲辭宗，而所在之職，輒以貨財爲損。」《列女·汝南袁隗妻傳》。然則士有士節，儒者有儒者之節也。

《後漢書·桓譚傳》云：「父成帝時爲太樂令。譚以父任爲郎，因好音律，善鼓琴。」「性嗜倡樂，簡易不修威儀，而憙非毀俗儒，由是多見排抵。」《賈逵傳》云：「俶儻有大節。」「然不修小節，當世以此頗譏焉。」可知東漢儒者小節必修，而當時責備儒者又甚嚴也。

《後漢書·桓榮傳》云：以榮爲少傅。榮大會諸生[四〇]，陳其車馬、印綬，曰：「今日所蒙，稽古之力也。」族人桓元卿歎曰：「我農家子，豈意學之爲利，迺若是哉！」

《舊唐書·儒學傳序》云：漢家宰相，無不精通一經，由是人識禮教，理致昇平。近代重文輕儒，或參以法律，儒道既喪，淳風大衰，故近理國多劣於前古。夫漢家昇平由於宰相通經，此劉昫之卓論也。後世命相者宜知之。

《後漢書·鄭康成傳》云：袁紹客見玄儒者，未以通人許之。又云：玄質於辭訓，通人頗譏其繁。至於經傳洽孰，稱爲純儒。　儒者與通人不同。

東漢諸儒，列於《儒林傳》者，惟楊政粗躁，周澤矯激，其餘皆儒行無玷。不在《儒林傳》者，惟馬融敗類，其餘亦皆儒行無玷。若紀逡、唐林、唐尊，仕於王莽，則玷矣。

姚姬傳云：「漢儒行事具在，將謂其第能博聞稽古，爲有功於經乎；抑有功修實踐，無愧於儒者也？」《山東鄉試策問》。

東漢一代，德行、政事、文章，皆出於經學。

司馬温公《稽古録》曰：「東漢之風，忠信廉耻，幾於三代矣！」

《後漢書·朱浮傳》云：博士之官，爲天下宗師，使孔聖之言傳而不絶。舊事，策試博士，必廣求詳選。博士之重如此，不可不知。今若廣求詳選可爲天下宗師者爲博士，此治天下之本也。西漢人講經學，其末造有可爲天下宗師者，東漢之興，乃舉而尊顯之耳。

何休注訓《孝經》、《論語》，風角七分，皆經緯典謨，不與守文同説。《後漢書·儒林》本傳。

東漢人尚名譽，至魏而虚譽不可信矣。如《世説新語》注引《魏書》云：司馬師道德清粹。《言語門》。豈不傎耶！

《後漢書·安帝紀》：永初二年，詔曰：「間令公卿郡國舉賢良方正，遠求博選，開不諱之路，冀得至謀，以鑒不逮，而所對皆循尚浮言，無卓爾異聞。」

《後漢書·楊賜震之孫傳》[四二]：對曰：「鴻都門下，招會群小，造作賦説，以蟲篆小技見寵於時。」

《後漢書·蔡邕傳》云：初，靈帝好學，「因引諸生能爲文賦者。本頗以經學相招，後諸爲尺牘及工書鳥篆者，皆加引召，遂至數十人」。邕上封事曰：「夫書畫辭賦，才之小者，匡國理政，未有其能。」「而諸生競利，作者鼎沸。」「但守奉禄，於義已弘，不可復使理人及仕州郡。」

又云：特詔問邕，對曰：「宰府孝廉，士之高選。近者以辟召不慎，切責三公，而今並以小文超取選舉。」

《後漢書·左雄傳》云：上言：「郡國孝廉，古之貢士，出則宰民，宣協風教。若其面墻，無所施用。」此以文爲重矣。

《後漢書·黄瓊傳》云：「瓊以前左雄所上孝廉之選，專用儒學文吏，於取士之義，猶有所遺，乃奏增孝悌及能從政者爲四科，事竟施行。」

論漢時掾吏爲入仕之途，兼論及本朝三途用人，自捐納盛行，而吏員之路塞矣。

《後漢書·鄭興傳》：「帝嘗問興郊祀事，曰：『吾欲以讖斷之，何如？』興對曰：『臣不爲讖。』帝怒曰：『卿之不爲讖，非之耶？』」《桓譚傳》：「世祖即位，徵待詔，上書言事失旨，不用。後大司空宋弘薦譚，拜議郎給事中，因上疏陳時政所宜。」「書奏，不省。是時帝方信讖，多以决定嫌疑。」「譚復上疏曰：『今諸巧慧小才伎數之人，增益圖書，矯稱讖記，以欺惑貪邪，詿誤人主，焉可不抑遠之哉！臣譚伏聞陛下窮折方士黃白之術，甚爲明矣；而乃欲聽納讖記，又何誤也！其事雖有時合，譬猶十數隻偶之類。陛下宜垂明聽，發聖意，屏群小之曲説，述《五經》之正義，略雷同之俗語，詳通人之雅謀。』」「帝省奏，愈不悦。其後有詔會議靈臺所處，帝謂譚曰：『吾欲讖決之，何如？』譚默然良久，曰：『臣不讀讖。』帝問其故，譚復極言讖之非經。帝大怒曰：『桓譚非聖無法，將下斬之。』譚叩頭流血，良久乃得解。出爲六安郡丞，意忽忽不樂，道病卒。」《張衡傳》云：「初，光武善讖，及顯宗、肅宗，因祖述焉。自中興之後，儒者爭圖緯，兼復附以妖言。衡以圖緯虚妄，非聖人之法，乃上疏曰：『宜收藏圖讖，一禁絶之。』」又云：「往者侍中賈逵摘讖互異三十餘事，諸言讖者皆不能説。」《後漢紀》卷十八：華嶠曰：「後世爭爲圖緯之學，以矯世取資，是以通儒賈逵、馬融、張衡、朱穆、崔實、荀爽之徒忿其若此，奏皆以爲虚妄不經，宜悉收藏之。」《黨錮傳序》云：河内張成善説風角，推占當赦，遂教子殺人。李膺爲河南尹，督促收捕，既而逢宥獲免，膺竟案殺之。初，成以方伎交通宦官，桓帝亦頗誶當作「訊」其占。成弟子牢修因上書誣告膺等。於是天子震怒，班下郡國，逮捕黨人。澧謂：漢人尚術數之學，終以風角發大禍之端，可爲後世之大戒也。

漢儒好術數之學，後世亦然。宋景濂云：「近世大儒，於禄命家無不嗜談而樂道之者。」《禄命辨》。至今此風不改，算命擇日之説，士人好之者十之八九。《論語》曰：「雖小道，必有可觀者焉。

致遠恐泥，是以君子不爲也。」

本朝儒者尊漢學，謂漢學近古，誠是也。然講漢儒經注，尤當講求漢儒經術，且當因漢儒之學而師漢儒之行，又當知漢儒經學之病在術數，漢儒之行之過在漢末立名譽，而不由之也。

《後漢書·宋均傳》云「均性寬和，不喜文法」，常以爲苛察之人，「身或廉法，而巧黠刻削，毒加百姓，災害流亡所由而作。及在尚書，恒欲叩頭爭之，以時方嚴切，故遂不敢陳。帝後聞其言而追悲之」。

《後漢書·崔駰傳》[四二]：「年十三能通《詩》、《易》、《春秋》，博學有偉才，盡通古今訓詁、百家之言。」

《後漢書·鮑永傳》云：「永雖爲將率，爲更始將也。而車服敝素，爲道路所識。」注云：「《東觀記》曰：『永好文德，雖行將軍，常衣皂襜褕，路稱鮑尚書兵馬。』俗本或有『爲』上加『不』者，誤也。」永傳又云：光武即位，「時董憲裨將屯兵於魯，侵害百姓[四三]，迺拜永爲魯郡太守。永到，擊討，大破之，降者數千人。唯別帥彭豐、虞休、皮常等各千餘人，稱『將軍』，不肯下。頃之，孔子闕里無故荆棘自除，從講堂至於里門。永異之，謂府丞及魯令曰：『方今危急而闕里自開，斯豈夫子欲令太守行禮，助吾誅無道邪？』迺會人衆，修鄉射之禮，請豐等共會觀視，欲因此禽之」。

《後漢紀》卷十八[四四]：「(朱寵)初爲穎川太守，表孝悌儒義，理冤獄，撫孤老，功曹、主簿皆選明經有高行者。每出行縣,使文學祭酒佩經書前驅,頓止亭傳,輒復教授。」

《後漢書·循吏·任延傳》:「年十二,爲諸生,學於長安,明《詩》、《易》、《春秋》,顯名太學,號爲『任聖童』。」「拜武威太守」,「造立校官[四五],校,學也。自掾吏子孫,皆令詣學受業,復其徭役。章句既通,悉顯拔榮進之。郡遂有儒雅之士」。掾吏子孫詣學,通章句。

張純爲大司空,選辟掾史[四六],皆知名大儒。　掾史皆大儒。

虞翻始攻漢儒,王肅專攻鄭學[四七],唐則許敬宗、長孫無忌、王元感、黎幹攻鄭學,明皇《孝經序》始輕蔑漢儒,韓、柳亦輕漢儒,至宋儒而大肆排斥矣。

《後漢紀》卷七:鄭次都隱於弋陽山中,漁釣甚娱,曰:「幸得全軀種類,還奉墳墓,盡其學問。道雖不行,施之有政,是亦爲政也。」　「盡其學問」四字最精,范《書》作「盡學問道」,見《郅惲傳》。不如也。

《後漢書·逸民傳》:向長字子平,好通《老》、《易》。王莽大司空王邑辟之不至。　此時已言《老》、《易》。

《後漢書·朱穆傳》朱暉之孫云:「時同郡趙康叔盛者,隱於武當山,清静不仕,以經傳教授。穆時年五十,乃奉書稱弟子。及康殁,喪之如師。」

《後漢書·班固傳》云:「寬和容衆,不以才能高人,諸儒以此慕之。」

衛颯家貧好學問，隨師無糧，常傭以自給。任延年十二學於長安，明《詩》、《易》、《春秋》，顯名太學，學中號爲「任聖童」。王景少學《易》，遂廣窺衆書。王渙敦儒學，習《尚書》。劉寵，父丕，博學，號爲通儒。寵少受父業[四八]，以明經舉孝廉。此循吏也，其好學明經不足異。至若皇甫規，以《詩》、《易》教授，門徒三百餘人。張奂師事太尉朱寵，學歐陽《尚書》。初，《牟氏章句》浮辭繁多，有四十五萬餘言，奂減爲九萬言。養徒千人，著《尚書記難》三十餘萬言。段熲少便習弓馬[四九]，長折節好古學。此則名將，而通經好古乃如此。

宦者呂强清忠奉公。上疏陳事，引《易》，又引《穀梁傳》。李巡以諸博士試甲乙科，有行賂定蘭臺漆書經字，以合其私文者，迺白帝，與諸儒共刻《五經》文於石。趙祐博學多覽，著作校書，諸儒稱之。以宦者而能如此，且李巡《爾雅注》，《經典釋文》采録，流傳至今，尤千古所未有矣。《隸釋》卷六：中常侍樊安碑治《韓詩》、《論語》、《孝經》，兼通記傳古今異義。此亦宦官通經學者。然宦官何必有學問？宦官有學問，或傲睨學士大夫，其弊不小也。許沖《上説文書》云：「慎前以詔書校東觀，教小黄門孟生、李喜等。」此漢制之未善者也。

王景，樂浪䛁邯人。少學《易》，遂廣窺衆書。尹珍，牂牁郡人。自以生於荒裔，不知禮義，乃從汝南許慎、應奉受經書圖緯。學成，還鄉里教授，於是南域始有學焉。珍官至荊州刺史。《西南夷·夜郎傳》。侯瑾，敦煌人。「燃柴以讀書。常以禮自牧，獨處一房，如對嚴賓。」「覃思著述。」「案《漢紀》

撰中興以後行事，爲《皇德傳》三十篇，行於世。」「西河人敬其才而不敢名之，皆稱爲侯君云。」以樂浪、夜郎、敦煌邊遠之地，而有此通經著述之人，東漢之學之盛如此。

《後漢書·儒林傳》：何休爲人質朴訥口，而雅有心思，精研《六經》，世儒無及者。以列卿子詔拜郎中，非其好也，辭病而去。不仕州郡，進退必以禮。太傅陳蕃辟之，與參政事。蕃敗，休坐廢錮。群公表休道術深明，拜議郎，屢陳忠言。　許慎性淳篤，少博學經籍，馬融常推敬之。　許慎淳篤，何休進退以禮。　東漢儒者之書傳至今者，自鄭君外，許也，何也，趙也。　何休性情必乖戾，觀《墨守》、《膏肓》、《廢疾》書名而知之。

《通典》卷八十：「後漢安帝崩。立北鄉侯，未踰年，薨，以王禮葬。於《春秋》何義也？　何休答曰：『《春秋》：未踰年，魯君子野卒。降成君稱「子」，從大夫禮，可也。』」何休議禮，惟見此條。

《蘇章傳》：兄曾孫不韋。李暠殺不韋父謙，暠又因刑其屍[五〇]。不韋掘李暠父阜冢，斷取阜頭，以祭父墳。士大夫多譏其發掘冢墓，歸罪枯骨，不合古義[五一]，唯任城何休方之伍員。何休遺事，惟見此。

《三國志·法正傳》注云：「《三輔決録注》曰：『真字高卿，少明《五經》，兼通讖緯，學無常師，名有高才。常幅巾見扶風守，守曰：「哀公雖不肖，猶臣仲尼。柳下惠不去父母之邦。欲相屈爲功曹，何如？」真曰：「以明府見待有禮，故四時朝覲。若欲吏使之，真將在北山之北、南山之南矣。」扶風守遂不敢以爲吏。』」

《後漢紀》卷十八：「（左雄）居貧好學經。常以服勤不足學，足學者懈怠，宜崇經術，繕治太學。既爲尚書而陳之，帝從其言。」

《後漢書・馬融傳》云：「初，京兆摯恂以儒術教授，隱於南山，不應徵聘，名重關西。融從其游學，博通經籍。」章懷注云：「《三輔決録注》曰：『恂字季直，好學，善屬文，隱於南山之陰。』」

范武子《穀梁傳序》云：「夫至當無二，而三傳殊説，庸得不棄其所滯，擇善而從乎？」《後漢書・儒林傳論》曰：「夫書理無二，義歸有宗，而碩學之徒，莫之或從[五二]，故通人鄙其固焉。」此范蔚宗述其先人之説。

《後漢書・楊厚傳》云：「（永建）四年，厚上言『今夏必盛寒，當有疾疫蝗蟲之害』。是歲，果六州大蝗，疫氣流行。後又連上『西北二方有兵氣，宜備邊寇』。車駕臨當西巡，感厚言而止。至陽嘉三年，西羌寇隴右。明年，烏桓圍度遼將軍耿曄。永和元年，復上『京師應有水患[五三]，又當火災，三公有免者，蠻夷當反叛』。是夏，洛陽暴水，殺千餘人。至冬，承福殿災。太尉龐參免。荆、交二州蠻夷賊殺長吏，寇城郭。又言『陰臣、近戚、妃黨當受禍』。明年，宋阿母與宦者褒信侯李元等遘奸廢退[五四]。後二年，中常侍張逵等復坐誣罔大將軍梁冀專恣，悉伏誅。」所言皆應。《郎顗傳》：條便宜七事云：「臣伏惟漢興以來三百三十九歲。於《詩三基》，高祖起亥仲二年，今在戌仲十年。章懷注云：『「基」當作「期」，謂以三期之法推之也。』《詩汜歷樞》曰：『卯酉爲革政，午亥爲革命，神在天門，出入候聽。』言神在戌亥,司候帝王興衰得失[五五],厥善則昌,厥惡則亡。於《易雌雄祕歷》[五六],今值困乏。凡九二困者,衆小人欲共害君子也。《經》曰:『困而不失其所,其唯君子乎!』惟獨賢聖之君,遭困遇險,能致命遂志,不去其道。」「(陛下)即位之元,紫宫驚動,歷運之會,時氣已應。然猶恐妖祥未盡,君子思患而豫防之。臣以爲戌仲已竟,來年入季,文帝改法,除肉刑之罪[五七],至今適三百載。宜因斯際,大蠲法令,官名稱號,輿服器械,事有所更。」[五八]澧案:邵氏《皇極》,皆源於此等術數耳。

方望溪云:「漢代儒者所得於經甚淺,而行身皆有法度,遭變抵節,百折而其志必伸。」《再與劉拙修書》。李安溪云:「東漢人物矯立名節,衣冠言動,都少破敗,便道是吾儒盡頭。鄭康成輩博聞强記,著書立説,縫掖尊尚,以爲是吾儒高流。所以自漢至唐,一貫之義何曾明白。佛氏見吾儒學問不過至此而止,遂將心性之學搶去提唱,簸弄精神,光怪陸離,儒者亦從風而靡。」「直到程、朱,實實在此做工夫,纔説得一貫明白。」《榕村語録》卷四。望溪所得於經者,較漢儒孰淺孰深?安溪學問,能如東漢人物鄭康成輩否也?漢儒所得於經者既甚淺,何以行身能如是乎?大凡風氣所偏,人之心目爲其所掩。昔時尊宋學,則讀漢儒書而不識其深淺;近時尊漢學,則讀宋儒書而又不識其深淺,皆風氣爲之也。謂漢儒所得於經者甚淺,亦謂其不講心性一貫耳,與安溪之説同也。然不講心性一貫,何以能行身皆有法度,遭變抵節,百折而其志必伸乎?然則講心性一貫,與行身法度百折必伸迴不相涉乎？則心性一貫，雖不講可矣。如曰必相涉也，則漢儒固明乎心性一貫者矣，不淺矣！心性之學，魏晉清談已搶去矣，佛氏又搶耳；然則從佛氏之提唱，而不光怪陸離者，則得之矣。

漢人説古事，罕有説及春秋以前。

澧謂：孟氏之後有顯學者，惜乎當戰國時，姓名湮没耳。李愿中在程氏之後道學盛時，遂痛埽孟氏之後以爲熄焉。竊以爲不可也。韓非謂之顯，李愿中謂之熄，可乎？設使有謂程子之後熄焉，李愿中如之何？

《韓詩外傳》孔子遇一婦人之事，殊爲乖謬。大抵古書往往有雜糅處。如《論語》「邦君之妻」一節，何以編入？真不可解。《孟子》「桃應」一章，尤難通。《論語》亦有數章難通者。

東漢人學行，范《書》、袁《紀》之外，見於《隸釋》、《隸續》所載諸碑者不少。孟郁治《尚書經》，博覽衆文，體性温仁。仲氏履仁好義，耽樂道術，教授經業，海内稱之曰「儒術之宗」。「仲氏云云」，在孟郁《修堯廟碑文》後。孔龢修《春秋嚴氏經》，通高第，事親至孝，能奉先聖之禮爲宗所歸。卷一。潘乾祖講《周易》，剖覽奥藝，秉高世之介。孔耽少治《禮經》，遭元二轗軻，人民相食，躬采菱藕，消形瘦臞，以養其親，慈仁質桷，精静誠信。唐扶耽道好古，敦《書》詠《詩》，造立授堂，四遠童冠摳衣受業，著録千人。閻葵斑修《春秋嚴氏》。大子讓，襲斑業。次龔，治《尚書歐陽》。次廉，《小夏侯》，耽經史，履仁義。「閻葵斑云云」，在唐扶頌文内。劉熊，六籍五典，如源如泉，帥厲後學，七業勃然而興。卷五。郯令景君，恬然無欲，樂道安貧，信而好古，非法不言，治歐陽《尚書》，傳祖父業，門徒上録三千餘人。北海相景君，孝弟淵懿，根道核藝，晶白清方，尅己治身。武梁治《韓詩經》，闕幘傳講，耻世雷同，不窺權門，執節抱介，終始不貳。孔謙脩清妙孝友之行，祖述家業，修《春秋經》，升堂講誦。鄭固，孝友著乎閨門，至行立乎鄉黨。初受業於歐陽，遂窮究於典籍。卷六。祝睦修《韓詩》、《嚴氏春秋》，七典並立，躬潔冰雪，介然清皓，復身衡門，童冠翔集。孔宙少習家訓，治《嚴氏春秋》，閨閫之行允恭。張壽習父業，兼綜六藝。卷七。侯成治《春秋經》，博綜書傳，以典籍教授，安貧樂道，孝友内著，仁義外宣。夏承治《詩》、《尚書》，兼覽群藝。馬江通《韓詩經》，贊業聖典。孔彪帥禮不爽，修身踐言，浮游塵埃之外。卷八。魯峻治《魯詩》，兼通《顔氏春秋》，博覽群書，學爲儒宗，行爲士表。婁壽優於《春秋》，偓佺衡門，有朋自遠，朝夕講習。繁陽令楊君世授《尚書》，君少傳祖業，兼苞載籍，教學吏士，精横侍者常百餘人，咸訓典誨。費鳳，祖業良田推予弟息，清潔皦爾，泥而不滓。卷九。高彪明於《左氏》，爲學者宗。卷十。樊敏治《春秋嚴氏經》，貫究道度，無文不睹。熊喬治歐陽《尚書》，六日七分，以忠孝稱。杜暉敦仁好道，治《易梁丘》、《春秋公羊氏》，綜覽百家，無所不甄。「杜暉云云」，在《熊君碑》後。卷十一。武榮治《魯詩經》、《韋君章句》，闕幘傳講，《孝經》、《論語》、《漢書》、《史記》、《左氏》、《國語》，廣學甄微，靡不貫綜。卷十二。丁魴治《易》、《韓詩》，垂意《春秋》。卷十七。王元賓以孝立稱，敦《詩》悦《禮》，土階環堵，兼業並授，門徒雲集。《隸續》卷九。斥彰長田君事母有柴潁之行，治《韓詩》、

《孝經》，究屆道要。卷二十。又洪氏抄《集古録》，則有田君修《韓詩》、《京氏易》，窮奥極微。嚴訢治《嚴氏春秋》、《馮君章句》。後出之碑，則有孔褒清和挺懿，治家業《春秋》，博學多識。尹宙體温良恭儉之德，篤親於九族，恂恂于鄉黨，治《公羊春秋》，博通書傳，立朝正色，清身以厲時。曹全好學，無文不綜，重親致歡。及其從政，清擬夷、齊，直慕史魚，惠政之流，甚於置郵。張遷治《京氏易》，雪白之性，孝友之仁。以上皆門人順德馮佐勛讀漢碑所抄撮者。澧取入此編，故特記之，不敢掠美也。觀此，可見漢人篤學敦行者之多。雖碑文或有溢美，然治經講誨之語，必非虚造也。

徐幹《中論·治學篇》云：「凡學者，大義爲先，物名爲後，大義舉而物名從之。然鄙儒之博學也，務於物名，詳於器械，考於詁訓，摘其章句，而不能統其大義之所極，以獲先王之心。此無異乎女史誦詩，内豎傳令也。故使學者勞思慮而不知道，費日月而無成功。故君子必擇師焉。」觀此，漢末學者務於物名而不務於大義，故徐偉長詆之爲鄙儒也。余少時見此數語，頗不悦。今回思之，乃惡其害己耳。今乃知此真深中近儒之病。

王充著《論衡》，蓋其讀書專求其書之虚謬。此病近人多有之，必須痛砭之。

徐幹《中論》云：「孔子曰：『弗學何以行？弗思何以得？小子勉之，斯可謂師人矣。』」《治學篇》。「子夏曰：『日習則學不忘，自勉則身不墮，亟聞天下之大言則志益廣。』」同上。「孔子曰：『弟子勉之，汝毋自舍，人猶舍汝，況自舍乎？人違汝其遠矣！』」《修本篇》[五九]。「孔子謂子張曰：

『師！吾欲聞彼，將以改此也。聞彼而不改此，雖聞何益？』」同上。「孔子曰：『小人何以壽爲？一日之不能善矣，久惡惡之甚也。』」同上。「子思曰：『能勝其心，於勝人乎何有？不能勝其心，如勝人何？』」同上。「曾子曰：『人而好善，福雖未至，禍其遠矣。人而不好善，禍雖未至，福其遠矣。』」同上。「孔子曰：『欲人之信己也，則微言而篤行之。』」《貴驗》。「子思曰：『同言而信，信在言前也。同令而化，化在令外也。』」同上。「子思曰：『事自名也，聲自呼也，貌自眩也，物自處也，人自官也，無非自己者。』」同上。「曾子曰：『或言予之善，予惟恐其聞。或言予之不善，惟恐過而見予之鄙色焉。』」同上。「孔子曰：『居而得賢友，福之次也。』」同上。「孔子曰：『惟君子然後能貴其言，貴其色，小人能乎哉？』」《貴言》。「孔子曰：『知不可由，斯知所由矣。』」《慎所篇》。曾南豐《中論目録序》謂其「不合於道者少」。澧謂偉長多識聖賢之言，宜其合於道也。《後漢書・宣秉、王良傳論》云[六〇]：「語曰：『同言而信，則信在言前；同令而行，則誠在令外。』」章懷注云「《子思子累德篇》之言」。《困學紀聞》卷十亦引此四語。

曾南豐《徐幹中論目録序》云：漢承周衰及秦滅學之餘，百世雜家與聖人之道並傳，學者罕能觀於道德之要而不牽於俗，至於治心養性去就語默之際，能不悖於理者，固希矣。况至於魏之濁世哉！幹獨能考六藝，推仲尼、孟軻之旨，述而論之。求其辭，時若有小失者；要其歸，不合於道者少矣。其所得於内者，又能信而充之，逡巡濁世，有去就顯晦之大節。臣始讀其書，察其意而賢之。

《後漢書·臧洪傳》云：青州刺史焦和好立虛譽，能清談。《范升傳》云：「習梁丘《易》、《老子》。」《鄭太傳》云：「孔公緒注云：孔伷。清談高論，噓枯吹生。」注云：「枯者噓之使生，生者吹之使枯。言談論有所抑揚也。」《逸民·梁鴻傳》云：「鴻友人京兆高恢，少好《老子》，隱於華陰山中。」《矯慎傳》云：「少學黃老，隱遯山谷，因穴爲室。」《戴良傳》云：「母卒，兄伯鸞居廬啜粥，非禮不行，良獨食肉飲酒，哀至乃哭，而二人俱有毀容。或問良曰：『子之居喪，禮乎？』良曰：『然。禮所以制情佚也，情苟不佚，何禮之論！夫食旨不甘，故致毀容之實。若味不存口，食之可也。』論者不能奪之。良才既高達，而論議尚奇，多駭流俗。同郡謝季孝問曰：『子自視天下，孰可爲比？』良曰：『我若仲尼長東魯，大禹出西羌，獨步天下，誰與爲偶！』」《集聖賢群輔録》載杜喬狀云「晚好《老子》」。向詡狀云「博覽群籍，兼好黃老玄虛，泊然肆志」。此漢人開魏晉之風者。

【校記】

[一] 樊準疏，稿本、癸未本皆誤作「樊宏疏」，據《後漢書·樊準傳》改。

[二] 樊準疏，稿本、癸未本皆誤作「樊宏疏」，據《後漢書·樊準傳》改。

[三] 蓋，癸未本誤作「益」，據《後漢書·儒林傳序》改。

[四] 癸未本無「後漢書」三字，據稿本及《後漢書·黃瓊傳》補。

［五］不其亭侯，稿本、癸未本皆作「不其侯」，據《通典》補。
［六］《三國志·邴原傳》，稿本、癸未本皆作《邴原傳》，據《三國志·魏書》卷十一補。
［七］《三國志·管寧傳》，稿本、癸未本皆作《管寧傳》，據《三國志·魏書》卷十一補。
［八］皆因其性氣，《三國志·魏書·王烈傳》注引《先賢行狀》作「皆不因其性氣」。
［九］雖，癸未本作「甚」，據《三國志·崔琰傳》注引司馬彪《九州春秋》改。
［一〇］七百，稿本、癸未本作「三百」，據《後漢書·劉陶傳》改。
［一一］侍御史，稿本、癸未本無「史」字，據《後漢書·劉陶傳》補。
［一二］玄孫，稿本、癸未本誤作「子」，據《後漢書·伏湛傳》改。
［一三］正己，癸未本無「己」字，據《漢紀》卷二十二補。
［一四］談，癸未本作「讀」，據《後漢書·荀悦傳》改。
［一五］門者，癸未本脱「者」字，據《論衡·定賢篇》補。
［一六］孟，癸未本作「左」，據《後漢書·儒林傳》改。
［一七］讖，癸未本誤作「纖」，據《後漢書·儒林傳》改。
［一八］邕死獄中，癸未本無，據稿本補。
［一九］桓譚傳，稿本、癸未本皆誤作「桓榮傳」，據《後漢書·桓譚傳》改。
［二〇］樊儵，癸未本誤作「樊鯈」，據《後漢書·樊儵傳》改，下同。

[二一] 習，癸未本作「然」，據《論衡・正説篇》改。

[二二] 「建初八年，詔曰」句，癸未本無，據稿本及《後漢書》本紀補。

[二三] 朱，癸未本誤作「未」。

[二四] 癸未本《賈逵傳》前無《後漢書》，據《後漢書・賈逵傳》補。

[二五] 是，癸未本作「重」，據《後漢書・賈逵傳》改。

[二六] 故，稿本、癸未本無，據《漢書・武帝紀》補。

[二七] 或，稿本、癸未本無，據《漢書・武帝紀》補。

[二八] 遵，癸未本作「道」，據《漢書・武帝紀》師古注改。

[二九] 衛颯，稿本、癸未本作「任延」，據《後漢書・循吏・衛颯傳》改。

[三〇] 茨充代衛颯，癸未本誤作「茨充代任延」，據《後漢書・循吏・衛颯傳》改。

[三一] 癸未本無「傳」字，據《後漢書・西域傳》補。

[三二] 稿本、癸未本無「後漢書」三字，據《後漢書・鄭興傳》補。

[三三] 稿本、癸未本無「後漢書」三字，據《後漢書・魯丕傳》補。

[三四] 君臣父子，癸未本作「父子君臣」，據稿本及《後漢書・儒林》列傳改。

[三五] 孫堪，稿本、癸未本皆作「周堪」。光按：周堪，漢元帝時人，《漢書・儒林傳》有傳，然所載與本條不合。《後漢書・儒林・周澤傳》：「顯宗以(廖)信臧物班諸廉吏，唯澤及光禄勳孫堪、大司農常沖特

蒙賜焉。……堪,字子稚,河南緱氏人也。明經學,有志操,清白貞正,愛士大夫,然一毫未嘗取於人,以節介氣勇自行。」蓋孫堪與周澤合傳,堪傳承澤傳之文,而略其姓,東塾不慎誤作「周堪」,明矣。

[三六] 癸未本無「對」字,據《後漢書·侯瑾傳》補。

[三七] 宇,癸未本作「處」,據《後漢書》卷六〇上《馬融列傳》改。

[三八] 裾,癸未本作「裙」,據《後漢書·趙岐傳》注引《三輔決録注》改。

[三九] 馬融,癸未本作「其」,據《後漢書·袁隗妻傳》改。

[四〇] 會,癸未本作「令」,據《後漢書·桓榮傳》改。

[四一] 後漢書,稿本、癸未本無,據《後漢書·楊賜傳》補。後三條《蔡邕傳》、《左雄傳》、《黄瓊傳》均據補。

[四二] 後漢書,稿本、癸未本無,據《後漢書·崔駰傳》補。

[四三] 癸未本原脱「侵」字,據《後漢書·鮑永傳》補。

[四四] 癸未本以本條與上條合爲一條,今據稿本仍分爲二條。

[四五] 造,癸未本作「遣」,據《後漢書·任延傳》改。

[四六] 選,癸未本作「之」,據《後漢書·張純傳》改。

[四七] 王肅,癸未本作「生肅」,據稿本及《三國志·王肅傳》改。

[四八] 癸未本脱「父」字,據《後漢書·循吏·劉寵傳》補。

[四九] 便習,癸未本作「習便」,據《後漢書·段熲傳》改。

〔五〇〕又，癸未本作「父」，據《後漢書·蘇不韋傳》改。
〔五一〕古，稿本、癸未本作「經」，據《後漢書·蘇不韋傳》改。
〔五二〕莫之或從，稿本、癸未本作「莫不或從」，據《後漢書·儒林傳論》改。
〔五三〕應，稿本、癸未本作「當」，據《後漢書·楊厚傳》改。
〔五四〕宋阿母、褒信侯，癸未本誤作「宋阿毋、褒信俟」，據《後漢書·楊厚傳》改。
〔五五〕癸未本脱「王」字，據《後漢書·郎顗傳》補。
〔五六〕稿本、癸未本脱「於」字，據《後漢書·郎顗傳》補。
〔五七〕罪，癸未本誤作「歲」，據《後漢書·郎顗傳》改。
〔五八〕此句後，癸未本原有衍字「變」，據《後漢書·郎顗傳》删。
〔五九〕修本篇，癸未本、稿本皆誤作「法象篇」，據《中論》改。
〔六〇〕宣秉，癸未本誤作「宣乘」，據《後漢書·宣秉王良傳論》改。

卷三

晉

惠定宇云：「鄭康成之《周禮》，韋弘嗣之《國語》，純采先儒之説，末乃下以己意，令讀者可以考得失而審異同。自杜元凱爲《春秋集解》，雖根本前修，而不著其説，又其持論間與諸儒相違，於是樂遜《序義》、劉炫《規過》之書出焉。」《左傳補注序》。

伏義字文表《與阮籍書》云：「薄於實而争名者，或因飾虚以自矜；慎於禮而莫持者，或因倨怠以自外。其自矜也，必關闔晻曖以示之不測之量；其自外也，必排摧禮俗以見其不羈之達」。「徒可力極一噱，觀盡崇朝」。又云：「其鬱怨於不得，故假無欲以自通；怠惰於人檢，故殊聖人以自大。」

《世説新語》云：卞望之云「郗公自好讀書，憎人學問」[一]。卷四《品藻類》[二]。陸象山正是如此。

《世説新語》注引《向秀别傳》曰：秀與嵇康、吕安爲友，秀雅好讀書，二子頗以此嗤之。《文學類》。然則嗤人讀書者，乃嵇、呂之風也。

姚姬傳《贈陳思伯序》云：「魏晉世崇尚放達，如《莊》、《列》之旨。其時名士，外富貴淡泊自守者無幾，而矜言高致者皆然。放達之中，又有真僞焉。蓋人心之變甚矣。」

潘尼《安身論》云「憂患之接，必生於自私，而興於有欲」，「人人自私，家家有欲。衆欲並争，群私交伐」，「大者傾國喪家，次則覆身滅祀。其故何耶？豈不始於私欲，而終於争伐哉！君子則不然，知自私之害公也，故後外其身；知有欲之傷德也，故遠絶榮利」。此晉人論私欲之害，其語深切，在後世則爲常談，在當時則名言也。

魏叔子《阮籍論》云：阮籍聞母死，固留客，决賭飲二斗酒而後臨喪。然觀其嘔血骨立，則未嘗不明于大義。蓋自何晏、王衍以來，習爲放誕，以矯情立異爲賢。籍之求决賭飲酒者，僞也。謝安得捷書，漠然置棋局下，頃之而屐齒折矣。嗚乎！習重而不返，以僞爲真。澧謂：晉人放誕出於僞爲，魏氏之論洞見其隱微矣。

《後漢書·周舉傳》：子勰，少尚玄虚。梁冀前後三辟[三]，竟不能屈。慕老聃清静[四]，杜絶人事。至延熹二年，乃開門延賓，游談宴樂，及秋而梁冀誅，年終而勰卒。此東漢人之尚玄虚者，然有爲而然也。《世説新語》云：「山公舉阮咸爲吏部郎，目曰『清真寡欲，萬物不能移也』。」注引《名士傳》曰：咸任達不拘，當時皆怪其所爲。及與之處，少嗜慾，哀樂至到，過絶於人，然後皆忘其向議。

又引《晉陽秋》曰：「咸行已多違禮度。」《賞譽篇》[五]。夫人之違禮度者，必以多欲故也。以清真寡欲之人而違禮度，直是當時風氣以違禮度乃爲達耳。凡西晉人之違禮度者，多由有意爲之也。

《世説》云：李元禮以天下名教是非爲己任。《德行篇》。王夷甫雖居台司，不以事務自嬰。當世化之，羞言名教。《輕詆篇》注引《八王故事》。王平子、胡毋彦國諸人，皆以任放爲達，或有裸體者。樂廣笑曰：「名教中自有樂地，何爲乃爾也！」《德行篇》。

漢末人已有好《老子》者，開魏晉之風也。王、何雖談玄，而猶不爲怪異之行。嵇、阮始爲狂放，然二人又不同：嵇似憤時嫉俗而爲之，阮則爲此以避禍耳。謝幼輿、胡毋彦國之徒，則有意爲此駭俗而得名，無異後世之假道學。如上樹探鵲之類，又更可歎也。僞爲狂放而粗鄙矣。

《世説新語》云：孫興公自謂「託懷玄勝，遠詠《老》、《莊》，蕭條高寄，不以時務經懷」。《品藻門》。又云：「褚太傅南下，孫長樂於船中視之。言次及劉真長死，孫流涕，因諷詠曰：『人之云亡，邦國殄瘁。』褚大怒曰：『真長平生何嘗相比數，而卿今日作此面向人！』孫回泣向褚曰：『卿當念我！』時咸笑其才而性鄙。」又云：「孔長樂兄弟就謝公宿，言至款雜。劉夫人在壁後聽之，具聞其語。謝公明日還，問：『昨客何似？』劉對曰：『亡兄門未有如此賓客！』夫人，劉惔之妹。謝深有愧色。」又云：「孫長樂作《王長史誄》云：『余與夫子，交非勢利，心猶澄水，同此玄味。』王孝伯見曰：『才士不遜，亡祖何至與此人周旋！』」並《輕詆》門。此可見晉人品藻甚嚴，才士性鄙者，雖假託玄勝，而論者皆輕詆之也。

方正學云：「晉祖玄虛而尚清談，故士之生於是時者，能以恬淡寡欲治身，而以簡樸不煩鎮俗，釋然有等貴賤、齊死生之意。王導以此興江左，謝安以此勝苻秦，庾冰、王彪之之流，皆以此見重於世。」《論殷浩》。晉人玄虛清談，人皆詆之，惟方正學獨稱之。

《論語》「子畏於匡」，《皇疏》：「孫綽云：『夫體神知幾，玄定安危者，雖兵圍百重，安若泰山，豈有畏哉？雖然，兵事險阻，常情所畏，聖人無心，故即以物畏爲畏也。』」《論語》「子絕四」，《皇疏》云：「聖人無心，泛若不繫舟。」此清談耳。

王右軍謂謝太傅曰：「虛談廢務，浮文妨要，恐非當今所宜。」謝答曰：「秦任商鞅，二世而亡，豈清言致禍患耶？」案：晉人清言，乃所以矯法家之弊也。《世説·言語》篇。褚陶以《墳》、《典》自娱，語所親曰：「聖賢備在黄卷中，舍此何求？」《世説·賞譽篇》注引《褚氏家傳》[六]。

晉人之清談，即後來之講道學也。晉人之貌爲曠遠，即後來之假道學也。《晉書·庾峻傳》云：高貴鄉公問《尚書》義於峻，峻援引師説，發明經旨，申暢凝滯。此稱之似太過矣。以《三國志·高貴鄉公本紀》觀之，知其太過。惟晉武帝時，峻上疏云：「國無隨才任官之制，俗無難進易退之耻」，「始於匹夫行義不敦，終於皇輿爲之敗績，固不可不慎也。」本傳。此不愧儒者之言耳。

《通典·總論爲人後議》云：漢石渠議：「大宗無後，族無庶子，己有一嫡子，當絶父祀以後大宗不？」戴聖云：「當絶父，以後大宗。」聞人通漢云：「大宗有絶，子不絶其父。」宣帝制曰：「聖議是也。」晉范汪《祭典》云：「廢小宗，昭穆不亂；廢大宗，昭穆亂矣。先王所以重大宗也。豈得不廢小宗，以繼大宗乎？」汪子寧以爲：大宗義誠重矣，方之祖考，於斯爲薄。若令捨重適輕，爲親就疏，則是生不敬養，没不敬享，生人之本不盡。若無大宗，唯不得收族耳。小宗之家，各統昭穆，何亂乎？」卷九十六[七]。晉人議禮，至於父子異議，其重視如此，雖清談之流蔑棄禮法而不能也。非東漢言禮既久，有不可毁棄者哉！

范武子《穀梁傳序》云：「若至言幽絶，擇善靡從，庸得不並舍以求宗，據理以通經乎？」「據理通經」，已開宋儒之先矣。又云：「我之所是，理未全當。」此則後人所不肯言者。晉代儒風，猶近古也。

干令升《易注》已亡，而《李氏集解》采之；《周禮注》已亡，而《釋文》及《續漢書志注》引之。《易注》云：「天地之先，聖人弗之論也。故其所法象，必自天地而還。而今後世浮華之學，彊支離道義之門，求入虛誕之域，以傷政害民，豈非讒説殄行，大舜之所疾者乎？」《序卦傳集解》引。《周禮注》云：「古之王者，貴爲天子，富有四海，而必私置籍田。蓋其義有三焉：一曰以奉宗廟，親致其孝也。二曰以訓於百姓在勤，勤則不匱也。三曰聞之子孫，躬知稼穡之艱難，無違也。《禮儀志注》。即此二條觀之，説《易》義則平實，説《禮》義則深通，皆有關於世道。《晉紀總論》論周之興，貫串經義。

論晉之學者以《莊》、《老》爲宗而黜《六經》，觀阮籍之行而覺禮教崩弛之所由，足見其爲醇儒。何法盛《晉書》稱其評論切中，咸稱善之。見《文選·晉紀總論》注。其所著《正言》十卷、《立言》十卷，見新、舊《唐志》。惜乎不傳也。

《抱朴子》曰：「先生立言助教，文討奸違，標退静以抑躁競之俗，興儒教以救微言之絶。」《嘉遯篇》。又曰：「否泰有命，通塞聽天，何必書行言用，榮及當年乎？」《應嘲篇》。又曰：「洪年二十餘，乃計作細碎小文，妨棄功日，未若立一家之言，乃草創子書。」《自敘篇》。

《史通》曰：「是以深識之士，退居清静，杜門不出，成其一家，獨斷而已，豈與夫冠猴獻狀，評議其得失者哉！」《辨職篇》。

《抱朴子》曰：「古詩刺過失，故有益而貴；今詩純虚譽，故有損而賤也。」《辭義篇》。

《抱朴子》曰：「大賢之狀也至拙，其爲味也甚淡。」《名實篇》。

《抱朴子》曰：今且令天下諸當在貢舉之流者，莫敢不勤學，但此一條，其爲長益風教，已不細矣。若使海内背競逐之末，歸學問之本，儒道將大興，而私貨必漸絶，奇才可得而役，庶官可以不曠矣。《審舉篇》。

《傅子》曰：「中國所以常制四夷者〔八〕，禮義之教行也。失其所以教，則同乎夷矣；失其所以同，則同乎禽獸矣。」《貴教篇》。

袁準《自序》云：「忠信公正，不耻下問，唯恐人之不勝己。以世事多險，故常恬退而不敢求進[九]。著書十餘萬言，論治世之務，爲《易》、《周官》、《詩》傳，及論《五經》滯義，聖人之微言，以傳於世。」《三國志·袁渙傳》注。讀此，使人有高山景行之思。

阮裕嘗以人不須廣學，正應以禮議爲先，故終日敬默，無所修綜，而物自宗焉。此德行之科也。《世説·德行》門載：「王子敬病篤，道家上章應首過，問子敬『由來有何異同得失』，子敬云：『不覺有餘事，唯憶與郗家離婚[一〇]。』」注引《王氏譜》曰：「獻之娶高平郗曇女。」又引《獻之别傳》曰：「咸寧中，詔尚餘姚公主。」王敬美評云：「此得入《德行》者，見子敬生平無隱慝。」澧謂：《世説》可謂「善言德行」矣！人之一生，自問心無隱慝，豈易易乎！

梁昭明太子爲《陶淵明集序》，稱爲「大賢篤志」。澧謂：陶公總角聞道，《榮木詩序》。僶俛四十年。《連雨獨飲詩》。其言曰：「奉上天之成命，師聖人之遺書。發忠孝於君親，生信義於鄉閭。推誠心而獲顯，不矯然而祈譽。」《感士不遇賦》。「先師遺訓，余豈云墜。四十無聞，斯不足畏。脂我名車，策我名驥。千里雖遥，孰敢不至。」《榮木詩》。「古人惜寸陰，念此使人懼。」《雜詩》。「豈不實辛苦，所懼非飢寒。貧富常交戰，道勝無戚顔。」《詠貧士詩》。「紆轡誠可學，違己詎非迷[一一]！且共歡此飲，吾駕不可回[一二]。」《飲酒詩》。斯所謂「大賢篤志」歟！

陶公之學，在好讀書。《五柳先生傳》云：「好讀書，不求甚解。」故曰：「少年罕人事，游好在六經。」

《飲酒詩》。「弱齡寄事外，委懷在琴書。」《始作鎮軍參軍經曲阿詩》。「得知千載上，政賴古人書。」《贈羊長史詩》。「歷覽千載書」，《與從弟敬遠詩》。「時還讀我書。」《讀山海經詩》。「詩書敦夙好」，《赴假還江陵夜行途中詩》。「詩書塞座外」，《詠貧士詩》。其曰「不求甚解」者，非不求解也，故曰「疑義相與析」。《移居詩》。

「羲農去我久，舉世少復真[一三]。汲汲魯中叟，彌縫使其淳。」「區區諸老翁，爲事誠殷勤。如何絶世下，六籍無一親！終日馳車走，不見所問津。」《飲酒詩》。陶公時讀六籍者多矣，而以爲無一親，蓋書自書，我自我，則不親矣。「親」之一字，陶公示人以問津處也。

「天豈去此哉，任真無所先。雲鶴有奇翼，八表須臾還。自我抱茲獨，僶俛四十年。形骸久已化，心在復何言。」《連雨獨飲詩》。夫任其天真，放之八表，還之須臾，從僶俛四十年而至於此，殆入聖域者歟！形化心在，仙佛不過如是。然陶公之學非得自仙佛也，故云：「世間有松喬，於今定何間？」同上。他日遠公招之入社，則攢眉而去矣。

「遷化或夷險，肆志無窊隆。即事如已高，何必升華嵩。」《和戴主簿詩》。此所謂「不變，强哉矯」也，信乎其爲高也。

「三皇大聖人，今復在何處？彭祖壽永年，欲留不得住。老少同一死，賢愚無復數。」「立善常所欣，誰當爲汝譽？」《神釋詩》。乍讀之，似楊朱之説，其實則悲憤語也。「種桑長江邊，三年望當採。

枝條始欲茂,忽值山河改。柯葉自摧折,根株浮滄海。春蠶既無食,寒衣欲誰待?本不植高原,今日復何悔!」《擬古詩》。立善而值世變,誰被其澤者乎!雖然,陶公固不祈譽者也。「精衛銜微木,將以填滄海。刑天舞干戚,猛志固長在。」《讀山海經詩》。豈真論譽不譽哉!

《感士不遇賦》云:「自真風告逝,大僞斯興,閭閻懈廉退之節,市朝驅易進之心。」東晉末年之弊如此,可歎也!夫人有易進之心,抑之且不暇,奈何復驅之乎!甚至驅之於朝,並驅之於市,舉世皆大僞矣!《讀史述·張長公章》云:「斂轡朅來,獨養其志。寢迹窮年,誰知斯意[一四]?」張長公之意,陶公知之。陶公之意,其亦可知也矣。

顔延年《陶徵士誄》云:「廉深簡潔,貞夷粹温,和而能峻,博而不繁。」顔與陶公交好,故能言其道性如此。《誄》云:「非直也明,是惟道性。」「博而不繁」一語,尤足見陶公學術。即如《集聖賢群輔録》卷末云:「凡書籍所載,及故老所傳,善惡聞於世者,蓋盡於此。」今數其所引書,凡四十餘種,以一卷之書而采摭之博如此,且每條記其所出,尤謹嚴有法,信乎「博而不繁」也!

黄涪翁云:「觀淵明之詩,想見其人豈弟慈祥。」《書陶淵明責子詩後》。澧案:陶公《雜詩》云:「得歡當作樂,斗酒聚比鄰。盛年不再來,一日難再晨。及時當勉勵,歲月不待人。」此但鄰里聚飲耳,而即加以勉勵,其切於教人如此,信乎「豈弟慈祥」也!

昭明太子云:有能讀淵明之文者,貪夫可以廉,懦夫可以立。《陶淵明集序》。夫人孰不讀淵明之文？而如昭明之言，則「能讀者」不易有也。王通《中説》云：「或問陶元亮，子曰：『放人也。』」王通浮躁，宜其不能讀淵明之文耳。

「人生歸有道，衣食固其端。孰是都不營，而以求自安。」《庚戌歲九月中於西田穫早稻詩》。「豈忘襲輕裘，苟得非所欽。」《詠貧士詩》。「營己良有極，過足非所欽。」《和郭主簿詩》。治生之道也。「既來孰不去，人理固有終。」《和戴主簿詩》。「死去何所知，稱心固爲好。」《飲酒詩》。「縱浪大化中，不喜亦不懼。應盡便須盡，無復獨多慮。」《神釋詩》。處生死之道也。張南山先生病，余慰問之，先生曰：「縱浪大化中，不喜亦不懼。」余聞而心契焉。自是常讀陶詩。

「流目視西園，曄曄榮紫葵。於今甚可愛，奈何當復衰。」《和胡西曹示顧賊曹》。當可愛時，即念及復衰。邵堯夫之學，如是而已。

【校記】

[一] 學問，癸未本作「讀書」，據稿本及《世説新語》正之。

[二] 卷四，稿本、癸未本皆誤作「卷五」，據《世説新語》改。

[三] 梁冀，癸未本誤作「梁英」，據《後漢書》改。

[四] 静，癸未本作「浄」，據《後漢書·周勰傳》改。

[五] 賞譽篇,癸未本誤作「賞鑒篇」,據《世説新語》改。

[六] 賞譽篇,稿本、癸未本皆誤作「賞鑒篇」,據《世説新語》改。

[七] 卷九十六,稿本、癸未本誤作「卷九十八」,據《通典》改。

[八] 常制,稿本、癸未本誤作「帝制」,據《傅子》改。

[九] 恬退,稿本、癸未本誤作「治退」,據《三國志》注改。

[一〇] 郗,稿本、癸未本誤作「郄」,據《世説新語》、《晉書》改。以下「郗曇」,亦據上二書正之。

[一一] 違己,癸未本作「達己」,據《陶淵明集》改。

[一二] 回,癸未本作「違」,據《陶淵明集》改。

[一三] 復,癸未本作「無」,據稿本及《陶淵明集》改。

[一四] 斯,癸未本作「此」,據《陶淵明集》改。

卷　四

南北朝隋

《宋書・王曇首傳》：曇首幼有業尚，除著作郎，不就。兄弟分財，曇首唯取圖書而已。辟琅琊王大司馬屬。有識局智度，喜愠不見於色，閨門之内，雍雍如也。手不執金玉，婦女不得爲飾玩，自非禄賜所及，一毫不受於人。

《通典》：齊高帝建元三年，有司奏：「皇太子妃穆，以去年七月薨，其年閏九月，未審當數閏月，爲應以閏附正月。若數閏者，南郡王兄弟便應以此四月晦小祥。原注：「按：杖，周服十一月小祥。」至於祥月，不爲有疑否？」左僕射王儉議：「此國之大典，八座丞郎研盡同異。」卷一百。以此爲國之大典，足見當時以禮爲重。

《南齊書・王儉傳》云：「十日一還學，監試諸生，巾卷在庭，劍衛令史儀容甚盛。作解散髻，斜插幘簪。朝野慕之，相與放效。」

王無功《重答杜君書》云：「王儉《禮論》，往於處士程融處曾見此本。觀其制作，動多自任。周、孔規模，十不存一。恐不足以塵大雅君子視聽也。」

《通典》：「蕭子顯曰：『自宋以來，謝靈運、顔延年以文章彰於代，謝莊、袁淑又以才藻繫之，朝廷之士及閭閻衣冠莫不仰其風流，競爲辭賦之事，《五經》文句，無復通其義者。』」卷十六。又：天授三年，右補闕薛謙光上疏曰：「梁陳之間，時好詞賦，故其俗以詩酒爲重。」卷十七。

《梁書》：傅映有文才，而不以篇什自命。

《梁書》：鄱陽嗣王範，雖無學術，而以籌略自命。愛奇玩古，招集文才，率意題章，亦時有奇致。

梁范縝博通經術，尤精《三禮》，性質直。齊竟陵王子良精信釋教，而縝盛稱無佛，著《神滅論》，曰：神之於質，猶利之於刀，未聞刀没而利存，豈容形亡而神在？浮屠害政，桑門蠹俗，風驚霧起，馳蕩不休。竭財以赴僧，破産以趨佛，而不恤親戚，不憐窮匱，務施闕於周急，歸德必於在己。又惑以茫昧之言，懼以阿鼻之苦，誘以虚誕之辭，欣以兜率之樂。故捨逢掖，襲横衣，廢俎豆，列瓶鉢，家家棄其親愛，人人絶其嗣續。致使兵挫於行間，吏空於官府，粟罄於惰遊[一]，貨殫於泥木[二]。所以奸宄弗勝，頌聲尚擁，惟此之故，其流莫已，其病無限。若乘夫天理，各安其性，小人甘其壟畝，君子保其恬素，下有餘以奉其上，上無爲以待其下，可以全生，可以匡國，可以霸君，用此道也。此論出，朝野諠譁，子良集僧難之而不能屈。當齊梁之時，釋教熾盛，而縝昌言攘斥，昌黎之先聲也。錢辛楣《輪迴論》云：「未聞花落而香留，安得身亡而神在？」效范縝之論也。

陶弘景心如明鏡，遇物便了，此是何等人！道學家明心見性，不過如此。

《陳書·文學·岑之敬傳》：敬始以經業進，而博涉文史，雅有詞筆，不爲醇儒。當時所謂儒者，猶後世所謂道學也。

《陳書·文學·庾持傳》云：「持善字書，每屬辭，好爲奇字，文士亦以此譏之。」

《魏書·高允傳》云：是時，著作令史閔湛、郄摽性巧佞[三]，爲崔浩信待。見浩所注《詩》、《論語》、《尚書》、《易》，遂上疏，言馬、鄭、王、賈雖注述《六經》，並多疏謬，不如浩之精微。乞收境內諸書，藏之祕府。班浩所注，命天下習業。並求勑浩注《禮傳》，令後生得觀正義。浩亦表薦湛有著述之才。王介甫之前，已有此事。

《魏書·李神儁傳附〈李寶傳〉》：神儁風韻秀舉，博學多聞，篤好文雅，老而不輟，凡所交遊，皆一時名士。汲引後生，爲其光價。四方才子，咸宗附之。而性通率，不持檢度，至於少年之徒，皆與褻狎，不能清正方重，識者以此爲譏。又，《胡叟傳》云：「既善爲典雅之詞，又工爲鄙俗之句。」又，《成霄傳附〈成淹傳〉》云：亦學涉，好爲文詠。閭巷淺識，頌諷成群，乃至大行於世。此與袁子才何其相似耶！

元魏張偉，字仲業。學通諸經，講授鄉里，受業者常數百人。儒謹汎納，勤於教訓，雖有頑固不曉，問至數十，偉告喻殷勤，曾無愠色。常依附經典，教以孝弟，門人感其仁化，事之如父。性恬平，不以夷險易操，清雅篤慎，非法不言。世祖時，拜中書博士，轉侍郎、馮翊太守，官至平東將軍、營州刺史。在州郡以仁德爲先，不任刑罰，清身率下，宰守不敢爲非。《劉獻之傳》：獻之少而孤貧，博觀衆籍。見名法之言，掩卷而笑曰：「若使楊、墨之流不爲此書，千載誰知其小也！」時人有從獻之學者，獻之輒謂之曰：「人之立身，雖百行殊途，準之四科，要以德行爲首。君若能入孝出悌，忠信仁讓，不待出户，天下自知。儻不能然，雖復下帷針股，躡屩從師，正可博聞多識，不過爲土龍乞雨，眩惑將來，其於立身之道有何益乎？束脩不易，受之亦難，敢布心腹，子其圖之。」由是四方學者，莫不高其行義而希造其門。後本郡舉孝廉，至京，稱疾而還。高祖幸中山，詔徵典内校書，固以疾辭。時中山張吾貴與獻之齊名，海内皆曰儒宗。吾貴每一講唱，門徒千數，其行業可稱者寡。獻之著録，數百而已，皆通經之士。於是有識者辨其優劣。魏承喪亂之後，《五經》大義雖有師説，而諸生多有疑滯，咸决於獻之。《刁沖傳》：沖字文朗，鎮東將軍雍之曾孫。十三而孤，孝慕過人。免喪後，便志學他方，雖家世貴達，從師於外，自同諸生。身自炊爨。每師受之際，發志精專，不舍晝夜，殆忘寒暑。學通諸經，偏修鄭説，陰陽、圖緯、籌數、天文、風氣之書，莫不關綜，當世服其精博。太守范陽盧尚之、刺史河東裴植，並徵爲功曹、主簿[四]，受署而已，不關事務。唯以講學爲心，四方學徒就其受業者，歲有數百。沖雖儒生，而執心壯烈，不畏彊禦。延昌中，世宗舅司徒高肇擅恣威權，沖乃抗表極言其事，辭旨懇直，文義忠憤。神龜末，沖以嫡嗣襲祖爵東安侯。明帝將親釋奠，諸儒詣國子祭酒崔光、吏部尚書甄琛，舉其才學，奏而徵焉。及卒，復上狀陳沖業行，議奏謚曰「安憲先生」，祭以太牢。以上三人者，魏之醇儒。雖東漢儒者，不過如是。夫以西晉放曠之後，北魏承之，乃有此醇儒。此不隨風氣而轉者，非南朝諸儒所及也。

劉獻之受業於渤海程玄。張吾貴從酈銓受《禮》，牛天祐受《易》[五]。劉蘭受《春秋》、《詩》、《禮》於中山王保安[六]。孫惠蔚年十八師董道季講《易》，十九師程玄讀《禮經》及《春秋三傳》。徐遵明年十七師屯留王聰受《毛詩》、《尚書》、《禮記》。董徵年十七師清河監伯陽受《論語》、《毛詩》、《春秋》、《周易》，就河内高望崇受《周官》，後於博陵劉獻之遍受諸經。

蘇綽爲六條詔書，其一，治心，曰：心者，一身之主，百行之本。心不清浄，則思慮妄生。思慮妄生，則見理不明。見理不明，則是非謬亂。是非謬亂，則一身不能自治，安能治民！是以治民之要，在清心而已。心氣清和，志意端静，則邪僻之慮，無因而作。凡所思念，無不皆得至公之理。率至公之理以臨其民，則彼下民，孰不從化？是以稱治民之本，先在治心。蘇綽之精識如此。

《顔氏家訓》曰：「夫聖人之書，所以設教，但明練經文，粗通注義，常使言行有得，亦足爲人；何必『仲尼居』即須兩紙疏義，燕寢講堂，亦復何在？以此得勝，寧有益乎？」《勉學篇》。

又曰：夫《老》、《莊》之書，蓋全真養性〔七〕，不肯以物累己也。何晏、王弼，祖述玄宗。洎於梁世，兹風復闡，《莊》、《老》、《周易》，總謂「三玄」。《勉學篇》。

隋博陵李文博，性貞介鯁直，好學不倦，至於教義名理，特所留心。每讀書至治亂得失，忠臣烈士，未嘗不反覆吟玩。守道居貧，衣食乏絶，而清操愈厲，不妄通賓客，恒以禮法自處，儕輩莫不敬憚焉。商略古今治政得失〔八〕，如指諸掌。薛道衡爲司隸大夫，奏爲從事。房玄齡曰：「公生平志尚〔九〕，唯在正直。比來激濁揚清，所爲多少？」文博曰：「夫清其流者必潔其源，正其末者須端其本。今治源混亂，雖日免十貪郡守，亦何所益！」於時朝政寖壞，人多贓賄，唯文博不改其操，論者以此貴之。文博本爲經學，後讀史書，於諸子及論尤所該洽〔一〇〕。性長議論，亦善屬文，著《治道集》十卷，大行於世。此隋代之醇儒，而後世不稱焉，何哉！《崇文總目·子部·雜家類》有「《治道集》十卷，李文博撰」。《宋史·藝文志·法家類》有「李文博《治道集》十卷」，蓋本於《崇文總目》也。晁、陳二家書目無之。

王通《中説》云：「子於是日弔祭，則終日不笑。」「子謂薛知仁善處俗，以芮城之子妻之。」案：通兄口，爲芮城令。「竇威好議禮，子曰：『威也賢乎哉！我則不敢〔一一〕。』」「北山丈人謂文中子曰：『何謂遑遑者，無急歟？』子曰：『非敢急，傷時怠也。』」「子曰：『我未見勇者。』或曰：『賀若弼。』子曰：『弼也戾，焉得勇！』」「子曰：『姚義之辯，李靖之智，賈瓊、魏徵之正，薛收之仁，程元、王孝逸之文，加之以篤固，申之以禮樂，可以成人矣。』」「用之則成，舍之則全，吾與爾有矣。」謂董常。「我未見勤者矣。蓋有焉，我未之見也。」竹垞《齋中讀書詩》云：「嗟彼黎丘鬼，乃以祀瞽宗。」自注云：「謂王通也。」《傅子·問政篇》云：「劉子問政，傅子曰：『政在去私。』」此已開王通之先矣。夏侯湛《昆弟誥》云：「湛曰：『都！在修身，在愛人。』瞻曰：『吁！惟聖其難之。』」「湛曰：『來！琬，汝亦昌言。』琬曰：『俞！』」「乃歌曰：『明德復哉，家道休哉，世祚悠哉，百禄周哉！』又作歌曰：『訊德恭哉，訓翼從哉，內外康哉！』皆拜曰：『欽哉！』」其可笑如此。《晉書》乃稱其「作誥敷文，流英聲於孝弟，旨深致遠，有《大雅》之風烈」，又何怪後人之尚《文中子》哉！

《中説》云：「九師興而《易》道微，三傳作而《春秋》散。」「《齊》、《韓》、《毛》、《鄭》，《詩》之末也；《大戴》、《小戴》，《禮》之衰也。《書》殘於《古》、《今》，《詩》失於《齊》、《魯》。」又云：「吾視遷、固而下，述作何其紛紛乎。」又云：「李伯藥見子而論《詩》，子不答，伯藥退。」「薛收曰：『今子營營馳騁乎末流，是夫子之所痛也。』」王通於經史辭章之學，輕蔑至此，無怪乎劉蕡之忿然矣。見《南部新書》戊。

唐末始有推尊王通者，司空表聖云：「天生文中子，以改聖人之用。」《文中子碑》。陸魯望亦稱其「修先王之業」。《送豆盧處士謁丞相序》。皮襲美亦稱其「夐出千世，可繼孟氏」。《文中子碑》。司馬温公《文中子補傳》云：「宋興，柳開、孫何振而張之。」此傳《傳家集》未載，見《宋文鑑》。朱子云：「太宗朝，一時人多尚文中子。」《語類》卷一百三十九。伊川程子亦自云學王通之學。伊川《上仁宗皇帝書》云學孟子、董仲舒、王通之學。吁，可怪也！

李習之《答朱載言書》云：「其理往往有是者，而詞章不能工者有之矣。劉氏《人物志》[一二]、王氏《中説》，俗傳《太公家教》是也。」「其理往往有是」六字，評《中説》甚當。其訾《中説》「詞章不能工」，則李習之所見者淺矣。《中説》之病在道未足而強言，其罪在以聖人自居也，豈「詞章不能工」之謂哉！

【校記】

［一］　罄，癸未本作「傾」，據稿本及《梁書》改。

［二］　殫，癸未本作「滯」，據稿本及《梁書》改。

［三］　郄，癸未本作「郗」，據稿本及《魏書》改。

［四］　裴植，癸未本作「裴桓」，據《魏書·儒林·刁沖傳》改。

［五］　牛天祐，癸未本作「牛天中」，據稿本及《魏書·儒林·張吾貴傳》改。

［六］　王保安，癸未本作「王保」，據《魏書·儒林·劉蘭傳》正之。

［七］　真，癸未本作「其」，據《顔氏家訓》改。

［八］　治政，癸未本作「政治」，據稿本及《隋書·李文博傳》改。

〔九〕 志尚，癸未本作「志向」，據稿本及《隋書・李文博傳》改。

〔一〇〕 諸子及論，癸未本作「諸子及論語」，據稿本及《隋書・李文博傳》改。

〔一一〕 敢，癸未本作「暇」，據《中説》改。

〔一二〕 志，癸未本作「表」，據《三國志・劉劭傳》改。

卷五

唐五代

《通典》卷十七《選舉五》：「大唐貞觀八年三月，詔進士讀一部經史。」又卷十五《選舉五》：「其初止試策，貞觀八年，詔加進士試讀經史一部。」

貞觀十四年，詔曰：「梁皇侃、褚仲都，周熊安生、沈重，陳沈文阿、周弘正、張譏，隋何妥、劉炫等，並前代名儒，經術可紀。加以所在學徒，多行其疏，宜加優異，以勸後生。可訪其子孫現在者，録名奏聞，當加引擢。」《舊唐書·儒學傳序》。《新唐書》略同。孔、賈義疏未出之前，賴有此諸儒講明經學，其功不可没。唐太宗褒揚於異代，且引擢其子孫，亦稽古之報也。今日則知之者鮮矣，遠故也。讀此詔，令人發思古之幽情。

《史記》云：孔子述文，弟子興業，咸爲師傅，崇仁厲義[一]。《太史公自序》。然則不可謂諸弟子皆無傳矣。《通典》：貞觀二十一年，制以左丘明、卜子夏、公羊高、穀梁赤、伏勝、高堂生、戴聖、毛萇、孔安國、劉向、鄭衆、杜子春、馬融、盧植、鄭玄、服虔、何休、王肅、王弼、杜元凱、范寧、賈逵，總二十二人，並爲先師。永徽中，制令改周公爲先聖，黜夫子爲先師，顔回、左丘明從祀。卷五十三。

長安三年，王元感表上其所撰《尚書糾謬》、《春秋振滯》、《禮記繩愆》，並所注《孝經》、《史記》稿草。學士祝欽明、郭山惲、李憲等皆專守先儒章句，深譏元感掎摭舊義。元感隨方應答，竟不之屈。魏知古、徐堅、劉知幾、張思敬雅好異聞，每爲元感申理其義，連表薦之。尋下詔曰：「王元感掎前達之失，究先聖之旨，是謂儒宗，不可多得。可太子司議郎，兼崇賢館學士。」魏知古嘗稱其所撰書曰：「信可謂《五經》之指南也。」澧案：正義之成，至此五十餘年，乃有斯人。武曌下詔褒嘉，且得美官。經學風氣之變，始於此矣。劉知幾《史通》，亦掎前達之失，且有《惑經》、《疑古》之篇，宜乎與王元感相合也。王元感之後，遂有啖、趙。

唐玄宗《孝經序》云：「夫子没而微言絶，異端起而大義乖。况泯絶於秦，得之者皆煨燼之末；濫觴於漢，傳之者皆糟粕之餘。」澧謂：如此言，則諸經不足貴，漢儒傳之者尤不足貴矣。初唐無此等議論，此時風氣初變，不知出自玄宗之筆，抑元行沖所爲也。

元行沖《釋疑》云：「寧道孔聖誤，諱聞鄭、服非[二]。」皇甫湜云：「近風教偷薄，進士尤甚，争爲虚張，以相高自謾，讀書未知句度，下視服、鄭。此時之大病，所當嫉者。」《答李生第二書》。相去僅百年，而風氣相反如此，然而未始非元行沖倡之也。

賈公彦《儀禮疏序》云：「仍取四門助教李玄植，詳論可否。」案：李玄植，趙州人。受《三禮》於公彦，撰《三禮音義》行於代。《舊唐書·賈公彦傳》。《新唐書》賈公彦附見《張士衡傳》，亦有此語。玄植受業於公彦，而公彦著書取玄植詳論可否，則玄植之學可知矣。

《新唐書》不爲賈公彦立傳，而但附於《張士衡傳》，謬也。

昌黎《送陳密序》云：「子之業信習矣，其儀容信合於禮矣。抑吾所見者外也？夫外不足以信內，子誦其文，則思其義；習其儀，則行其道。」此語可爲講經學者之藥石，而尤爲習《三禮》者之主臬也。

《新唐書·張九齡傳》：建言曰：「六合元元之衆，縣命於縣令，宅生於刺史，陛下所與共治，尤親於人者。」「臣愚謂欲治之本，莫若重守令[三]，守令既重，則能者可行。宜遂科定其資：凡不歷都督、刺史，雖有高第，不得任侍郎、列卿；不歷縣令，雖有善政，不得任臺郎、給、舍；都督、守、令雖遠者，使無十年任外。如不爲此而救其失，恐天下猶未治也。」又曰：「吏部條章，舉贏千百。刀筆之人，溺於文墨；巧史猾徒[四]，緣奸而奮。臣以爲始造簿書，備遺忘耳，今反求精於案牘，而忽於人才，是所謂遺劍中流，契舟以記者也。」「今若刺史、縣令精覈其人[五]，則管内歲當選者，使考才行，可入流品，然後送臺，又加擇焉，以所用衆寡爲州縣殿最，則州縣慎所舉，可官之才多，吏部因其成，無庸人之繁矣。」司馬温公有此説。又曰：「今歲選乃萬計，京師米物爲耗，豈多士哉？蓋冒濫抵此爾。方以一詩一判，定其是非，適使賢人遺逸，此明代之闕政也。」今之舉人多冒濫。又曰：「朝廷能以令名進人，士亦以修名獲利[六]。」范文正公之前，已有此語。湛甘泉《曲江集序》、阮文達《學海堂集序》，皆有辨論。又曰：「用人不可不第其高下，高下有次，則不可以妄干，天下之士必刻意修飾，而刑政自清，此興衰之大端也。」又曰：「宰相代天治物，有其人然後授，不可以賞功。」今軍機大臣，乃真宰相。大學士可以賞功。又曰：「臣荒陬孤生，陛下過聽，以文學用臣。仙客擢胥史，目不知書。韓信，淮陰一壯夫，羞絳、灌等列。陛下必用仙客，臣實耻之。」帝不悦。

余著《學思録》韓昌黎條下，論文筆，不從阮文達之説。以提唱古文之學，不可苟同於文達。而兼論方望溪一派古文，所謂「澄清無滓而發光精」者是也，所論「言有物」者是也。然澄清恐無光精，且無物耳。

作四六者，教其讀《宋》、《齊書》，引入古文。

楊盈川《冕服議》：今蘇知機表奏請改章服。謹按，《虞書》：「予欲觀古人之象，日月星辰、山、龍、華蟲作會，宗彝、藻、火、粉米、黼、黻、絺繡。」由此言之，則其所從來者尚矣。夫日月星辰者，象聖王光照下土也。山者，布散雲雨，象聖王澤霑下人也。龍者，變化無方，象聖王應時布教也。華蟲者，雉也，雉身被五彩，象聖王體兼文明也。宗彝者，虎蜼也，蜼以剛猛制物，象聖王神武定亂也。藻者，逐水上下，象聖王隨代而應也。火者，陶冶烹飪，象聖王至德日新也。粉米者，人恃以生，象聖王爲物之所賴也。黼者,能斷割,象聖王臨事能決也。黻者,兩己相背,象君臣可否相濟也。逮有周氏,乃以日月星辰爲旌旗之飾,又登龍於山,登火於宗彝,尊神明也。於是乎制衮冕,以祀先王也。九章者,法陽數也,以龍爲首章。衮者,卷也,龍德神異,應變潛見,表聖王深識遠知,卷舒神化也。又制鷩冕,以祭先公也。鷩者,雉也,有耿介之志[七],表公有賢才,能有耿介之節也[八]。又制毳冕,以祭四望也。四望者,嶽瀆之神也。虎蜼者,山林所生,明其象也。又製絺冕,以祭社稷也。社稷者,土穀之神也,粉米由之而成,象其功也。又制玄冕,以祭群小祀也。百神異形,難可遍擬,但取黻之相背,昭異名也。今表狀請制大明冕十二章,而云麟鳳有四靈之名,玄龜有負圖之應,雲有紀官之號,水有盛德之祥,此蓋別表休徵,終是無踰比象然。則皇王受命,天地興符,仰觀則璧合珠聯,俯察則銀黄玉紫。盡南宫之粉墨[九],不足寫其形狀;罄東觀之鉛黄,無以紀其名實。固不可畢施於法服也[一〇]。此蓋不經之甚也。盈川深明禮學,非止文人而已。

柳子厚《答嚴厚輿論師道書》云:「馬融、鄭玄者,二子獨章句師耳。今世固不少章句師,僕幸非其人。」「言道、講古、窮文辭以爲師,則固吾屬事。」唐人始輕鄭君,輕章句,柳子厚時不少章句師,此唐時經學之盛也。

魏光乘請用魏徵《類禮》列于經,玄宗命元行沖與諸儒集義作疏,將立之學。右丞相張説建言不可用,帝然之。行沖著論,名曰《釋疑》,謂章句之士,堅持昔言,擯壓不申,疑於知新,果於仍故。又云：王粲曰：「世稱伊、雒以東，淮、漢以北，康成一人而已。咸言先儒多闕，鄭氏道備，粲竊嗟怪，因求所學。得《尚書注》，退思其意，意皆盡矣。所疑猶未諭焉。凡有二篇。」王邵曰：「魏、晉浮華，古道湮替。歷載三百，士大夫恥爲章句。唯草野生專經自許，不能博究，擇從其善。徒欲父康成，兄子慎，寧道孔聖誤，諱言鄭、服非。然則鄭、服之外，皆讎矣。」以上皆《釋疑》語。行沖以其書不得列於學官，忿恨而爲此論。而唐時經學風氣之變，亦始於是時矣。

《新唐書·杜佑傳》[一一]：「先是，劉秩摭百家，侔周六官法，爲《政典》三十五篇[一二]，房琯稱才過劉向。佑以爲未盡，因廣其闕，參益新禮爲二百篇，自號《通典》，奏之，優詔嘉美，儒者服其書約而詳。」

杜岐公著《通典》，禮樂刑政之源，千載如指諸掌。爲政弘易，不尚皦察，以富國安民爲己任。位極將相，手不釋卷，質明行事，燈下讀書。《舊唐書》稱其「始終言行，無所玷缺」。惟譏其賓僚紊法、嬖妾受封二事。《新唐書》亦云「議者稱佑治行無缺。惟晚年以妾爲夫人，爲有所蔽」。而其傳與賈耽、令狐楚同卷。其《贊》曰：「以大節責之，蓋琘中而玉表歟！」此太過矣！岐公爲盧杞所惡，王叔文又謀逐之，其大節無可議。謂令狐楚爲琘中玉表，可也。以譏賈耽，已苛矣，况岐公乎！《舊唐書》云：「榮逮子孫，操修之報。」王西莊《十七史商榷》云：「佑仕宦五十年，出入將相，屢遇戎寇紛紜，爲權臣所引而不爲所累，爲奸臣所忌而不爲所害，以功名始終，貴極富溢，而壽躋大耋，未嘗以纖毫挫辱。幼則生長閥閱之門，老則目睹昆弟諸子並登顯位。且著述擅名，傳至今千餘年，部秩如新，裒然爲册府之弁冕。孫牧又以才稱，能世其家學。如佑，誠可云全福，自古文人罕見其匹。」

《新唐書·杜佑傳》：上議曰：「自漢至唐，因征戰艱難以省吏員，誠救弊之切也。昔咎繇作士，今刑部尚書、大理卿，則二咎繇也。垂作共工，今工部尚書、將作監，則二垂也。契作司徒，令司徒、户部尚書，則二契也。伯夷爲秩宗，今禮部尚書、禮儀使，則二伯夷也。伯益爲虞，今虞部郎中、都水使者，則二伯益也。伯冏爲太僕，今太僕卿、駕部郎中、尚輦奉御、閑廄使，則四伯冏也。」杜君卿經術如此。

王西莊云：「佑意以經學但可明道，非法制所垂，惟典禮爲關法制，欲撇去經學，以伸己之《通典》，且深譏世之説經者多疵病也。然此書中偶涉經處，每駁去古義，別創新説。所云輒肆荒虚，誠爲臆度者，佑每自蹈之。蓋唐中葉經學已亂，故佑多徇俗。今不暇毛舉，姑就予《尚書後案》所辨數條，如『大陸』、『九河』、『流沙』、『崑崙』、『河源』、『嶓冢』、『漢源』等考之，則可見。」又西莊《論元和郡國圖》云：「杜、李兩家書，佳處只在體段規模，其學之徇俗，則限於時代，又開趙宋氣習。」《十七史商榷》卷九十。

陸宣公不以經學名，而實深於經學。其奏議多援引經語，至有連引至十餘條者[一三]，融會貫通，絡繹不絶，此足見經義洽熟於胸中也。其《奉天論前所答奏未施行狀》云：「盡聖人之心，莫深於

《易》象。其别卦也，乾下坤上則曰《泰》，坤下乾上則曰《否》；其取象也，損上益下則曰《益》，損下益上則爲《損》。乾爲天，爲君；坤爲地，爲臣。天在下而地處上，於位乖矣；而反謂之泰者，上下交故也。君在上而臣處下，於義順矣；而反謂之否者，上下不交故也。氣不交則庶物不育，情不交則萬邦不和。天氣下降，地氣上騰，然後歲功成；君澤下流，臣誠上達，然後理道立。損益之義，亦猶是焉。上約己而裕於人，人必悦而奉上矣，豈不謂之益乎？上蔑人而肆諸己，人必怨而叛上矣，豈不謂之損乎？然則上下交而泰，不交而否。自損者人益，自益者人損。情之得失，豈容易哉！」《奉天論前所答奏未施行狀》。此於《易》義，明白洞達。即其餘，可指矣。

宣公奏議多引經，蓋學劉子政封事。《奉天論前所答奏未施行狀》又連引《書》八條、《詩》四條。《論敘遷幸之由狀》連引《書》五條、《易》四條、《春秋傳》二條、《禮記》二條。《論裴延齡奸蠹書》連引《易》一條、《書》一條、《詩》四條、《論語》一條、《春秋傳》一條、《禮記》二條，又連引《詩》五條。其《論關中事宜狀》云：「臣頃覽載籍，每至理亂廢興之際，必反覆參考[一四]，究其端由。」讀書當如此。欲知宣公之學，於此可見矣。權文公撰《翰苑集序》引宣公之言曰：「吾上不負天子，下不負吾所學，不恤其他。」

陸宣公曰：「不在益兵以生事，加賦以殄人，無紓目前之虞，或興意外之患。人者，邦之本也；財者，人之心也；兵者，財之蠹也。其心傷則其本傷，其本傷則枝幹顛瘁而根底蹶拔矣。」「是以勞心於服遠者，莫若修近而其遠自來[一五]；多方以救失者，莫若改行而其失自去。若不靖於本而務救於末，則救之所爲，乃禍之所起也。」《論兩河及淮西利害狀》。「其京城及畿縣所稅間架、榷酒、抽貫、貸商、點召等，諸如此類，一切停罷，則冀已輸者弭怨，見處者獲寧。人心不摇，邦本自固，禍亂無從而作，朝廷由是益尊。」《論關中事宜狀》。「今生亂失守之事，則既往不可復追矣。其資理興邦之業，在陛下克勵而謹修之。當至危至難之機，得其道則興，失其道則廢，其間不容復有所悔也。」《論敘遷幸之由狀》。「勿謂時鍾厄運而自疑，勿謂事不由人而自解，勤勵不息，足致昇平，豈止蕩滌祆氛，旋复宫闕而已。」同上。「四方則患於中外意乖，百辟又患於君臣道隔。郡國之志不達於朝廷，朝廷之誠不升於軒陛。上澤闕於下布，下情壅於上聞。實事不必知，知事不必實。上下否隔於其際，真僞雜糅於其間。」《奉天論奏當今所切務狀》。「伏以初經大變，海内震驚，無論順逆賢愚，必皆企竦觀聽。陛下一言失則四方解體，一事當則萬姓屬心，動關安危，不可不慎。」「若群情之所甚欲者，陛下先行之；群情之所甚惡者，陛下先去之。欲惡與天下同而天下不歸者，自古及今，未之有也[一六]。夫理亂之本，繫乎人心；況乎當變故動摇之時，在危疑向背之際，人之所歸則植，人之所去則傾，陛下安可不審察群情[一七]，同其欲惡，使億兆歸趣以靖邦家乎？」《奉天論奏當今所切務狀》。「夫欲理天下而不務於得人心，則天下固不可理矣；務得人心而不勤於接下，則人心固不可得矣；務勤接下而不辯君子小人，則下固不可接矣；務辨君子小人而惡其言過悅其順己，則君子小人固不可辨矣。」《奉天請數對群臣兼許令論事狀》。「好勝人、恥聞過、騁辯給、眩聰明、厲威嚴、恣彊愎，此六者，君上之弊也。諂訣、顧望、畏愞，此三者，臣下之弊也。」「夫以區域之廣大，生靈之衆多，宫闕之重深，高卑之限隔，自黎獻而上，獲睹至尊之光景者，踰億兆而無一焉。就獲睹之中，得接言論者[一八]，又千萬不一。幸而得接者，猶有九弊居其間，則上下之情，所通鮮矣。」同上。「其納諫也，以補過爲心，以求過爲急，以能改其過爲善，以得聞其過爲明。故諫者多，表我之能好；諫者直，示我之能賢；諫者之狂誣，明我之能恕；諫者之漏泄，彰我之能從。有一於斯，皆爲盛德。」同上。「人之難知，堯、舜猶病，胡可以一酬一詰[一九]，而謂盡其能哉！以此察天下之情，固多失實；以此輕天下之士，必有遺才。」《奉天請數對群臣兼許令論事狀》。「夫感者，誠發於心而形於事。人或未喻而宣之以言，言必顧心，心爲副事，三者符合，不相越踰。本於至誠，乃可求感。」「人心既感，而天下必平。」《奉天論赦書事條狀》[二〇]。「青朱雜沓於胥徒，金紫普施於輿皂，薰蕕無辨，涇渭不分，一紀於兹，莫之能整。當今所病，方在爵輕，設法貴之，猶恐不重，若又自棄，將何勸人？」《又論進瓜果人擬官狀》。「其所以孕禍胎而索意氣者，在乎獨斷宸慮，專任睿明。」《興元論續從賊中赴行在官等狀》。「以反道爲權，以任數爲智，君上行之必失衆，臣下用之必陷身。歷代之所以多喪亂而長奸邪，由此誤也。」《論替换李楚琳狀》。「所任不必才，才者不必任；所聞不必實，實者不必聞；所信不必誠，誠者不必信；所行不必當，當者未必行。」《論緣邊守備事宜狀》。「人之才性，與時升降。好之則至，奬之則崇，抑之則衰，斥之則絶，此人才消長之所由也[二一]。」《論朝官闕員及刺史等改轉倫序狀》。「當在衰季之時，咸謂無人足任。及其雄才御宇，淑德應期，賢能相從，森若林會。然則興王之良佐，皆是季代之棄才。在季而愚，當興而智，乃知季代非獨遺賢而不用[一二]，其於養育獎勸之道，亦有所不至焉。」同上。讀宣公集，録此。此皆經義之精要也。蘇子瞻《進呈陸宣公奏議劄子》云：「聚古今之精英，實治亂之龜鑑。」

讀陸宣公文，使談古文者爽然自失。

《原道》云「堯以是傳之舜，舜以是傳之禹」云云，後儒因此遂有傳授心法之説。黄東發曰：「所謂傳者，前後相承之名也。所謂道者，即《原道》之書所謂其位君臣、父子，其教禮、樂、刑、政，其文《詩》、《書》、《易》、《春秋》，以至絲麻、宮室、粟米、蔬菓、魚肉，皆道之實也。故曰以是而傳。以是者，指《原道》之書所謂道者而言之。託附《程録》者，以爲此必有見。若無所見，所謂傳者，傳個什麼？嗚呼，異哉！」《日抄》卷五十九。

《送王塤秀才序》云：「孟軻師子思，子思之學，蓋出曾子。自孔子没，群弟子莫不有書，獨孟軻氏之傳得其宗。」宋儒恒言此，後儒幾忘其出於昌黎矣。

《送浮屠文暢師序》亦云「道莫大乎仁義，教莫正乎禮樂刑政」，「堯以是傳之舜，舜以是傳之禹，禹以是傳之湯，湯以是傳之文、武，文、武以是傳之周公、孔子，書之於册，中國之人世守之」。澧案：此與《原道》之文略同，而云「書之於册，中國之人世守之」，然則非傳授心法也。託附《程録》者，蓋惟知《原道》有此語，而忘《送文暢序》亦有此語也。

韓文公生於唐代，天子尊元元，迎佛骨，而文公訟言攘斥，此大勇也。至宋儒，循其緒論，遞相仿傚。讀宋儒書而忘韓文公之功，是飲水而不思其源者也。

《原道》引《大學》「古之欲明明德於天下者，先治其國」，至「欲正其心者，先誠其意」而止，不引「致知格物」，朱子以爲不探其端而驟語其次。《或問》。然昌黎以佛氏言治心，故引至正心誠意而伸言之曰「然則古之所謂正心而誠意者，將以有爲也。今也欲治其心，而外國家天下」云云。佛氏不言致知格物，何必引「致知格物」乎？朱子所譏非也。

韓、柳自言其爲文章所讀之書，《進學解》及《與韋中立書》所言者合之，而除其相同，凡十六書。而韓以諸經爲上規，其餘爲下逮；柳以諸經爲本，其餘爲參，可以見其經學。近代爲文章，知此者蓋少。其最高者則曰學韓，柳且不屑道也。然吾謂讀韓所讀之書，是學韓者也；不讀韓所讀之書，是不學韓者也。此可兩言而決也。若夫讀韓文數篇而摹仿之，而謂之學韓，則吾不知之矣。

《孝經》曰：「先之以博愛，而民莫遺其親。」《孟子》曰：「未有仁而遺其親者也。」故韋昭《國語注》云：「博愛於人爲仁。」《周語注》。皇侃《論語疏》云：「人有博愛之德，謂之仁。」《子張問十世章疏》此《原道》「博愛之謂仁」之所本也。宋儒譏昌黎而不知其有來歷也。

韓文公云：「漢氏以來，群儒區區修補，百孔千瘡，隨亂隨失，其危如一綫引千鈞，緜緜延延，寖以微滅。」《與孟簡尚書書》。又云：「各以所見爲守，分離乖隔，不合不公。」同上。又云：「古聖人言，其旨密微。箋注分羅，顛倒是非。」《施先生墓銘》。譏漢儒自韓文公始。

韓文公輕視箋注，柳子厚則不然，如《與劉禹錫論周易九六書》云[一三]：見與董生論《周易》九六義，取老而變，以爲畢中和承一行僧得此説，異孔穎達《疏》，而以爲新奇。彼畢子、董子何膚末於學而遽云云也？都不知一行僧承韓氏、孔氏説[一四]，而果以爲新奇，不亦可笑矣哉！君子之學，將有以異也，必先窮究其書，窮究而不得焉，乃可以立而正也。今二子尚未能讀韓氏《注》、孔氏《正義》，又何能知所謂《易》者哉？務先窮昔人書，有不可者而後革之，則大善。謹之勿遽。

王西莊云：王叔文行政，上利於國，下利於民，獨不利於弄權之閹宦、跋扈之强藩。總計叔文之謬，不過在躁進。若求其真實罪名，本無可罪。韋執誼、韓泰、陳諫、柳宗元、劉禹錫、韓華、凌準、程异等諸人雖輕狂，一年之中四度降旨貶斥禁錮，憲宗仇視其父所任用之人，居心殆不可問。諸人罪，不過躁進，豈真醜類比周，黨邪害正者哉！《十七史商榷》卷七十四。

朱梅崖《答雷憲副書》云[一五]：「欲頗倣韓子遺文中所陳得力數種，而次第治之。前却紛紜，卒無定趣。」又《答書》云：「韓退之自陳得力，數列《書》、《易》、《春秋》，而罕言《禮》。」此梅崖已知學韓之法，而又云「前却紛紜，卒無定趣」，則仍未學韓也。昌黎有《讀儀禮》一篇，正可補《進學解》所未及也。

韓文公《答侯繼書》云：僕少好學問，自《六經》之外，百氏之書，未有聞而不求，求得而不觀者也。然其所志，惟在其意義所歸。至於禮樂之名數，陰陽、土地、星辰、方藥之書，未嘗一得其門户。

雖今之仕進不要此道，然古之人未有不通此而爲大賢君子者也。僕雖庸愚，每讀書，輒用自愧。今幸不爲時所用，無朝夕役役之勞，將試學焉，力不足而後止。昌黎終未聞通禮樂名數、陰陽、土地、星辰、方藥也，而何害爲大賢君子哉！　然昌黎以己所未嘗通者爲愧，則非淺人所及矣。　凡持論不可偏也。《六經》、百氏之書，有大義所極，意義所歸，亦有物名、器械、詁訓、章句、禮樂名數、陰陽、土地、星辰、方藥，有一不明，則其事有所缺。　學者識大識小，各得其性之所近，可也。

劉知幾《史通自敘》云：「予幼奉庭訓，受《古文尚書》，每苦其辭艱瑣，難爲諷讀，雖屢逢捶撻而其業不成。　嘗聞家君爲諸兄講《春秋左氏傳》，因竊歎曰：『若使書皆如此，吾不復怠矣！』先君奇其意，於是始授以《左氏》。　期年而講誦都畢，於時年甫十有二矣。　次又讀《史》、《漢》、《三國志》，觸類而觀，不假師訓，自漢中興已降，迄乎《皇家實録》，年十有七而窺覽略周。」以劉知幾之聰穎絶特，能讀《左氏傳》而成史學，乃不能讀《尚書》，此所謂學焉而得其性之所近也。　性之所近，雖父兄不能代爲謀，惟自知之。　魏文帝《典論·論文》所謂「雖在父兄，不能以移子弟」者也。李善注云：「桓子《新論》曰：『惟人心之所獨曉，父不能以禪子，兄不能以教弟也。』」

韓文公尊孟子，攘佛、老，宋儒實效之，而又輕視之。

韓昌黎云：「記事者必提其要，纂言者必鉤其玄。」《黄氏日鈔》得其法。　讀書者當以《黄氏日鈔》爲法。

韓文公之學，《進學解》、《答李翊書》二篇盡之矣，不可以童子所熟讀而忽之也。李南紀爲《集序》云「日光玉潔，周情孔思，洞視萬古，大拯頹風」。皇甫持正爲《誌銘》，云「扶經之心，執聖之權，跋邪觝異，以扶孔氏，存皇之極」。亦可云善於形容者矣。至於「補苴罅漏，張皇幽渺，尋墜緒之茫茫，獨旁搜而遠紹，障百川而東之，迴狂瀾於既倒」，則惟公能自道之，他人不能道也。《朱笥河文集》子錫庚撰序云：「元、明以還，迄於本朝，以古文辭自命者，輒以韓、柳、歐、曾、王、蘇諸集爲宗，號曰八大家。然不師其意而徒襲其貌，未成文章先有蹊徑。初無感發，輒起波瀾。不問事之鉅細，專以簡鍊爲工；無分言之短長，每以佶聲爲古。遂迺劃段爲文，模仿蹈襲，雷同剿竊，如在一手。苟不如其所爲，轉相非笑。蓋自是文道蓁塞，不絕如綫矣。夫韓、柳、歐、曾、王、蘇諸集，亦必有其所學之本，乃自成其立言之體。今不學其所學，而徒學其外之文，是猶學步邯鄲，未得髣髴，轉失其故步耳。」

韓文公《上李巽書》云：「窮究於經傳、《史記》、百家之説，沉潛乎訓義，反復乎句讀，礱磨乎事業[二六]，而奮發乎文章。」《答尉遲生書》云：「夫所謂文者，必有諸其中，是故君子慎其實。實之美惡，其發也不揜：本深而末茂，形大而聲宏，行峻而言厲，心醇而氣和，昭晰者無疑，優游者有餘。」《答劉正夫書》云：「或問：『爲文宜何師？』必謹對曰：『宜師古聖賢人。』曰：『古聖賢人所爲書具存，辭皆不同，宜何師？』必謹對曰：『師其意，不師其辭。』又問曰：『文宜易，宜難？』必謹對曰：『無難易，惟其是而已矣。』」「用功深者，其收名也遠。」

昌黎以諫迎佛骨貶潮州，而與僧大顛來往，此誠昌黎之過也。宋時，有僞作昌黎與大顛書刻石者，歐陽永叔《集古録》云：其以《繫辭》爲《大傳》，謂「著山林與著城郭無異」等語，宜爲退之之言。其後書「吏部侍郎潮州刺史」，則非也。退之自刑部侍郎貶潮州，後移袁州，召爲國子祭酒，遷兵部侍郎。久之，始遷吏部。流俗但知爲韓吏部，謬爲附益爾[二七]。澧謂：歐公既知其官銜之謬，而猶不知爲僞作，殊不可解。以《繫辭傳》爲《大傳》，乃習見語[二八]，豈必昌黎乃能之乎？「山林城郭」之語，又豈必昌黎乃能言之乎？且僞書云：「所示廣大深迥，非造次可諭。《易大傳》曰：『書不盡言，言不盡意，然則聖人之意，其終不可得而見耶？』」竟以大顛比聖人，昌黎肯作此語乎？《集古録》有《雜法帖跋尾》，又論及此書云「宜爲有道者所笑」，吾不知歐公何心而輕蔑昌黎至此也。朱子《韓文考異》云「當時既謫刺遠州，亦未必更帶侍郎舊官」。然則朱子尤知其官銜之誤矣，乃又云：「所傳之書，最後一篇實有不成文理處。但深味其間語意，一二文勢抑揚，則恐歐意誠不爲過，但或是舊本亡逸，僧徒所記不真，致有脱誤。」又云：「決爲韓公之文而非他人所能作，無疑矣。」《直齋書録解題》云：「歐陽公自以《易大傳》之名與己意合，從而實之。今朱公決以爲韓筆，殆不可解。」卷十六。澧謂：此真不可解也。一二文勢抑揚，即可決爲昌黎之文乎？舊本既亡逸矣，則刻石者何人之筆，而猶謂非他人之作乎？朱子又引洪氏辯證云：「吴源明曰：『徐君平見介甫不喜退之，故作此文。』」又引方氏云：「周端禮曰：『徐安國自言年二十三、四時，戲爲此，今悔之無及。』」然則其爲徐作無疑。但君平字安道，而方云：「安國未知便是君平否耳？」此朱子因吴、周二説明有作僞者姓名，無可復辯，乃以「安道」、「安國」兩字不明而疑之。然人有兩字者甚多，如朱子字元晦，亦字仲晦，豈可云未知是否乎？昌黎《與孟簡書》述與大顛來往事云：「與之語，雖不盡解，要自胸中無滯礙，以爲難得。」所謂「與之語」者，昌黎與大顛語也。「之」字，指大顛也。「雖不盡解」者，大顛不盡解也。「胸中無滯礙」者，大顛無滯礙也。此其文義甚明，而朱子又信靈山石刻所載昌黎與大顛問答語，而譏昌黎云：「此釋子常言，初無難解。但韓公素所未聞，而頗中其病，故雖不盡解，而適亦有會於心。」又云：「雖不盡解，亦豈不足暫空其滯礙之懷？」此《與孟簡書》、《朱子考異》語。竟以爲大顛之語昌黎不盡解，而昌黎胸中無滯礙。讀者試思其文義，果如此乎？以僞亂真，雖歐公、朱子，不能掩後世之目也。昌黎《送浮屠文暢師序》云「惜無以聖人之道告之者。吾徒宜當告之以二帝三王之道」，云云。又《送文暢師北游》詩云：「上論古之初，所以施賞罰。下開迷惑胸，㝫豁剷株橛。僧時不聽瑩[二九]，若飲水救渴。」此昌黎與文暢師語，文暢盡解也。觀此，益知《與孟簡書》謂「與大顛語，大顛不盡解」，可相證而明矣。

自唐以後，儒者混於佛，佛者亦混於儒，蓋學術未有久而不變者。自東漢之初佛教入中國，至唐初，五百餘年矣，其勢不得不變。且唐以前多胡僧，自達磨以後，傳授者皆華僧。當其未爲僧時，固嘗讀儒書矣。即不識字，不讀書，而所見所聞，皆中國之俗、儒者之教，後雖出家學佛，而不能盡棄也。如禪僧六祖之偈曰：「心平何勞持戒，行直何用修禪？」「恩則親養父母，義則上下相憐。讓則尊卑和睦，忍則衆惡無喧。」「苦口的是良藥，逆耳必是忠言。」「改過必生智慧，護短心内非賢。」《壇經·決疑品》。此與儒者之言何異？殊不似佛偈。且彼自言不識字，亦不可信。其言曰：「不可沉空守寂，即須廣學多聞。」同上，《懺悔品》。若不識字，安能廣學多聞耶？大抵唐以後，儒者自疑其學之粗淺，而騖於精微；佛者亦自知其學之偏駁，而依於純正。譬之西方之人向東行，東方之人向西行，必有相遇於途者矣。不止唐以後，自雷次宗、宗炳、周續之、僧慧遠已如此。

李漢字南紀爲《昌黎先生集序》云：經書通念曉析，諸史百子皆搜抉無隱。汗瀾卓踔，奫泫澄深。日光玉潔，周情孔思。洞視萬古，愍惻當世。遂大拯頽風，教人自爲。時人始而驚，中而笑，且排先生益堅，終而翕然隨以定[三〇]。先生於文，摧陷廓清之功，比於武事，可謂雄偉不常者矣。「洞視萬古」四句，於昌黎之學術最能發明。

柳子厚爲《陸文通先生墓表》云：與其師友啖助、趙匡，能知聖人之旨。故《春秋》之言，及是而光明。使庸人小童，皆可積學以入聖人之道，傳聖人之教，是其德豈不侈大矣哉！又云：蓋講道者二十年[三一]，書而志之者又十餘年。其道以聖人爲主，以堯、舜爲的；其法以文、武爲首，以周公爲翼。陸氏與韓文公同時，各以文章經學倡言聖人之道，皆宋學之先聲也。

唐人未有講道學之事，而其中常有真道學焉。如李太白自言「入暗室而無欺，屬昏行而不變」。《上安州李長史書》。此真道學也。云「不學好人，却去學醉漢」，陸清獻公《靈壽縣志論》云：「張幹臣先生有言：『後生學李白詩何用？如何不學好人，却去學醉漢？』」此則道學家之語，烏足以知太白哉！詩人動稱學太白，講舉太白二語學之，能學此二語，則真能學太白詩矣。

世人好詆柳子厚。澧讀其《與楊誨之第二書》，以爲未可輕詆也。其書曰：「今將申告子以古聖人之道：《書》之言堯，曰『允恭克讓』；言舜，曰『温恭允塞』；禹聞善言則拜；湯乃改過不吝；高宗曰『啓乃心，沃朕心』；惟此文王，小心翼翼，日昃不暇食，坐以待旦；武王引天下誅紂，而代之位，其意宜肆，而曰『予小子，不敢荒寧』；周公踐天子之位，捉髮吐哺；孔子曰『言忠信，行篤敬』；其弟子言曰：『夫子温良恭儉讓以得之。』今吾子曰：『自度不可能也。』然則自堯、舜以下，與子果異類耶？樂放弛而愁檢局，雖聖人與子同。聖人能求諸中，以厲乎己，久則安樂之矣[三二]，子則肆之。其所以異乎聖者，在是决也。若果以聖與我異類，則自堯、舜以下，皆宜縱目仰鼻，四手八足，鱗毛羽鬣，飛走變化，然後乃可。苟不爲是，則亦人耳，而子舉將外之耶？若然者，聖自聖，賢自賢，衆人自衆人，咸任其意，又何以作言語立道理，千百年天下傳道之？是皆無益於世，獨遺好事者藻績文字，以矜世取譽，聖人不足重也。」「傳說曰：『唯狂克念作聖。』今夫狙猴之處山，叫呼跳梁，其輕躁狠戾異甚，然得而縶之，未半日，則定坐求食，唯人之爲制。其或優人得之，加鞭箠，狎而擾焉，跪起趨走，咸能爲人所爲。」「故吾信夫狂之爲聖也。今子有聖人之資，反不肯爲狂之克念者，而曰『我不能，我不能』。」「是孟子所謂『不爲也，非不能也』。」

范文正公曰：劉夢得與柳宗元、吕温數人坐王叔文黨，貶廢不用。覽數君子之述，禮義精密，涉道非淺。如叔文狂甚，義必不交。叔文以藝進東宫，人望素輕，然《傳》稱「知書，好論理道」，爲太子所信。順宗即位，遂見用。引禹錫等決事禁中。及議罷中人兵權，牾俱文珍輩，又絶韋臯私請[三三]，欲斬劉闢，其意非忠乎？臯銜之。會順宗病篤，臯揣太子意，請監國，而誅叔文。憲宗納臯之謀，而行内禪。故當朝左右謂之黨人者，豈復見雪？《唐書》蕪駁，因其成敗而書之，無所裁正。韓退之欲作唐之一經，誅奸諛於既死，發潛德之幽光，豈有意於諸君子乎？《述夢詩序》。

柳子厚《道州文宣王廟碑》云：「《春秋》師晉陵蔣堅，《易》師沙門凝⿱巩言、助教某、學生某等來告。「⿱巩言」，與「辯」同。」唐時道州尚有經師。

昌黎《送孟東野序》云「其下魏、晉氏，鳴者不及於古，然未嘗絶也」。宋儒講道學，但當云「漢儒不及於古，然未嘗絶也」，乃竟以爲絶，此所以後儒不服也。

韓文公作爲文章，上規《尚書》、《春秋左氏》、《易》、《詩》。柳子厚亦云「本之《書》、《詩》、《禮》、《春秋》，參之《穀梁》、《孟》、《荀》、《老》、《莊》、《國語》、《離騷》、《太史》」，故其文可與韓匹敵。自宋以後爲文者，求如韓、柳之取於諸經者，鮮矣。蓋雖歐、蘇，不能也。欲學韓、柳文者，試如韓、柳之法而爲之，或可以有成也。

李習之《陵廟日時朔祭議》：「《國語》曰『王者日祭』。《禮記》曰『王立七廟，皆月祭之』，《周禮》

不載日祭月祭，惟四時之祭。禴祠蒸嘗，漢朝皆雜而用之。蓋遭秦火，《詩》、《書》、《禮》經燼滅，編殘簡缺，漢乃求之，先儒穿鑿，各伸己見，皆託古聖賢之名以信其語，故其所記各不同也。」《全唐文》卷六百三十四。

李習之《祭吏部韓侍郎文》云：「嗚呼！孔氏云遠，楊朱恣行，孟軻距之，乃壞於成。戎風混華，異學魁橫，兄嘗辨之，孔道益明。」此何以獨言楊朱，不云墨翟，豈以韓公嘗有孔、墨相爲用之語耶？

皇甫持正《答李生書》云：「近風教偷薄，進士尤甚。迺至有一謙三十年之説，争爲虚張，以相高自謾。詩未有劉長卿一句，已呼阮籍爲老兵矣；筆語未有駱賓王一字，已罵宋玉爲罪人矣；書字未識偏傍，高譚稷、契；讀書未知句度，下視服、鄭：此時之大病，所當嫉者。生美才，勿似之也。」此中唐時風氣，其後遂益争勝好高矣。

李習之《復性書》云：弗慮弗思，情則不生；情既不生，乃爲正思。此齋戒其心者也，猶未離於静焉。知本無有思，動静皆離，寂然不動者，是至誠也。皇甫持正《壽顔子辨》云：士與水、火、風爲物質，有虚而靈者合焉，以爲物知。心清而定者，離其質也，玲瓏乎太虚之中，動而合，則爲文王、仲尼；順而安，則必始終天地[三四]。心塵而結者，離其質也，狂攘乎太虚之中，轉而合於有，則爲禽爲獸；其於人也，爲愚爲凡；於草木者，無不爲矣。雖欲少安，得乎？習之雜於佛氏之學，阮文達公《性命古訓》已排斥之，而皇甫持正亦復不免，雖從昌黎游而皆若此。蓋佛教熾盛之時，不能不爲風氣所移也。

李習之，學昌黎而過者也。其言曰：「吾之道非一家之道，是古聖人所由之道也。吾之道塞，則君子之道消矣；吾之道明，則堯、舜、文、武、孔子之道未絶於地矣。」「不修吾道，而取容焉，其志亦不遐矣。」「僕之道窮，則樂仁義而安之也；如用焉，則推而行之於天下者也。何獨天下哉，將後世之人，大有得於吾之功者爾。天之生我也，亦必有意矣。將欲愚生民之視聽乎，則吾將病而死，尚何能伸其道也；如欲生民有所聞乎[三五]，則吾何敢辭也。」《答侯高第二書》。又曰：「足下讀范蔚宗《漢書》、陳壽《三國志》、王隱《晉書》，何如左丘明、司馬遷、班固書之温習哉！唐有天下，聖明繼於周、漢，而史官敍事，曾不如范蔚宗、陳壽所爲；僕所以爲耻，故欲筆削國史，成不刊之書。僕文采雖不足以希左丘明、司馬子長，足下視僕敍高愍女、楊烈婦，豈盡出班孟堅、蔡伯喈之下耶！」《答皇甫湜書》。澧謂：李習之之學不能比孟、韓，而以孟、韓自待；其文不足以比陳壽、范蔚宗，而以班孟堅自誇。今觀其敍高愍女、楊烈婦，果足以比孟堅乎？唐以後之人，大有得於李習之之功乎？生民得李習之，而後有聞乎？亦可謂大言矣！後來歐陽永叔愛李習之之文，而並學其自誇自大之説。皇甫持正亦云：「湜自學聖人之道，誦之於口，銘之於心。」《上江西李大夫書》

白樂天《策林》云：「臣伏睹釋教，大抵以禪定爲根，以慈忍爲本，以報應爲枝，以齋戒爲葉。夫然，亦可誘掖人心，輔助王化。然臣以爲不可者，有以也。臣聞：天子者，奉天之教令；兆人者，奉天子之教令。令一則理，二則亂。若參以外教，二三孰甚焉！若欲以禪定復人性，則先王有恭默無爲之道在。若欲以慈忍厚人德，則先王有忠恕惻隱之訓在。若欲以報應禁人僻，則先王有懲惡勸善之刑在。若欲以齋戒抑人淫，則先王有防欲閑邪之禮在。雖臻其極則同歸，或能助於王化；然於異名則殊俗，足以貳乎人心。故臣以爲不可者以此也。讀樂天之詩，似乎佞佛者；而其論佛教如此，則非真佞佛者矣。

《舊唐書·崔玄暐五王之一傳》：「少時頗屬詩賦[三六]，晚年以爲非己所長，乃不復搆思，唯篤志經籍，述作爲事。所撰《行己要範》十卷、《友義傳》十卷、《義士傳》十五卷、訓注《文館辭林策》二十卷，並行於代。」史稱玄暐爲吏以清白名。助宋璟劾張昌宗；三世不異居，家人怡怡如也；子弟仕進不使踰常資，當時稱重。

《新唐書·劉蕡傳》[三七]：對策曰「國家貴其禄而賤其能，先其事而後其行[三八]，故庶官乏通經之學，諸生無修業之心矣。」

劉蕡對策引《春秋》最多，蓋治《春秋》者。《新唐書·劉蕡傳》：蕡明《春秋》，能言古興亡事。始帝恭儉求治，志除凶人，然懦不睿，故蕡對極陳晉襄公殺陽處父，以戒帝。又引閽弑吴子，陰贊帝決。

皮襲美《請〈孟子〉爲學科書》云：「好邪者憚正而不舉，嗜淺者鄙奥而無稱。」衰世文風如此。

皮、陸皆尊文中子，《鹿門隱書》即其學文中子者也。其言曰：「文學之於人也，譬乎藥。善服，有濟；不善服，反爲害。」又云：「聖人能與人道[三九]，不能與人志。」名言哉！

皮襲美請行周典，正尸祭，又《題叔孫通傳》云：「叔孫生不爲之正郊祀[四〇]，立宗廟，去秦時之非制[四一]，議昭靈之非禮。」此襲美意欲復古也。其《易商君列傳讚》謂「商君有心於皇王之道，一二説孝公，孝公不悟，孝公之罪也。孝公行之，商君必爲阿衡矣」。此則襲美爲商君所欺者。商君少好刑名之學，其所謂皇王之道者，蓋先爲不可行之説，使孝公不喜，正以顯其後一説之大可用耳。襲美乃信其所謂皇王者，而以爲阿衡，所謂見似人而喜者也。然而襲美之志在復古，愈可見矣。《史記·商君列傳》：「商君，其天資刻薄人也。迹其欲干孝公以帝王術，挾持浮説，非其質矣。」皮子何以猶爲所欺耶？

皮襲美請《孟子》爲學科，請韓文公配饗太學，大有功於聖賢。又《移成均博士書》云：「《詩》得毛公，《書》得伏生，《易》得楊、何，《禮》得二戴，《周官》得鄭康成，掇其微言，釽其大義，幽者明於日月，奥者廓於天地。」其尊崇漢儒，與獨抱遺經者異矣。又云「西域氏之教其徒，日以講習決釋其法爲事[四二]，視吾之太學，爲西域氏之羞矣。奚不日誡其屬，月勵其徒，年持六籍，日决百氏[四三]，俾諸生於聖典洞知大曉[四四]。猶駕車者必知康莊，操舟者必知河海」。讀此爲之感慨，欲以移今之成均博士也。

皮襲美《請〈孟子〉爲學科書》云：夫莊、列之文，荒唐之文也。伏請命有司，去莊、列之書，以

《孟子》爲主。有能精通其義者，其科選，視明經。苟若是也，不謝漢之博士矣。既遂之，而儒道不行，聖化無補，則可刑其言者。

《全唐文》云：「皮日休，黄巢之亂陷賊中，僞署學士，使爲讖文[四五]，疑其譏己，遂害之。」又小注云：「宋尹師魯作《皮子良墓誌》云：『曾祖日休，避廣明之難，徙籍會稽，依錢氏，官太常博士，贈禮部尚書。』」與《該聞録》、《文獻通考》諸書所載不同。

皮襲美《十原系述》云：「夫原者，何也？原其所自始也。窮大聖之始性，根古人之終義。」澧謂：《十原》不足以當此二語，皮襲美太自誇矣。

陸魯望，世以爲隱士而已，以爲詩人而已。其自爲《甫里先生傳》云：「先生好讀古聖人書，探六籍，識大義，就中樂《春秋》，抉擿微旨[四六]。」其《復友生論文書》云：「僕少不攻文章，止讀古聖人書。誦其言，思其道，而未得者也。每涵咀義味，獨坐日昃。案上有一杯藜羹，如五鼎七牢饋於左右，加之以撞金石萬羽籥也。」又爲《蟹志》云：「蟹始窟於沮洳中；入於江，則形質寖大；復趨於海，形質益大。今之學者，始得百家小説，而不知孟軻、荀、揚氏之道[四七]，或知之，又不汲汲於聖人之言，求大中之要，何也？百家小説，沮洳也；孟軻、荀、揚氏，聖人之瀆也；六籍者，聖人之海也。苟不能舍沮洳而求瀆，由瀆而至於海，是人之智反出水蟲下，能不悲夫！」魯望之學識如此，豈但隱士、詩人而已乎？《蟹志》之説，尤似昌黎《送王塤秀才序》也。

《甫里先生傳》又云：好潔，几格、窗户、硯席，翦然無塵埃。得一書，詳熟然後置於方册，值本即校，不以再三爲限。朱黄二毫未嘗一日去手。所藏雖少，咸精實正定可傳。借人書，有編簡斷壞者，緝之；文字謬誤者，刊之。樂聞人爲學，講評通論不倦。或寒暑得中，體佳無事時，則乘小舟，設篷席，賫一束書，茶竈、筆牀、釣具、櫂船郎而已。所詣小不會意，徑還不留。讀此，輒令人慨想其人。

陸魯望之學，從陸淳、王通而入，其言曰：「予以求聖人之志，莫尚乎《春秋》。得文通陸先生所纂之書，伏而誦之。」《求志賦序》。皮襲美著《春秋决疑》，其源蓋亦出於陸氏。

元遺山云：「龜蒙，高士也。學既博贍，而才亦峻潔，故其成就卓然爲一家。然識者尚恨其多憤激之辭，而少敦厚之義。若《自憐賦》、《江湖散人歌》之類，不可一二數。標置太高，分别太甚，鎪刻太苦，譏罵太過。唯其無所遇合，至窮悴無聊賴以死，故郁郁之氣不能自掩。推是道也，使之有君有民，有政，有位，不面折庭争，埋輪叩馬，則奮髯抵几，以柱後、惠文從事矣，何中和之治之望哉！宋儒謂唐人工於文章而昧於聞道，其大較然，非獨一龜蒙也。」《校笠澤叢書後記》。

司空圖《疑經篇》云：《經》曰「天王使來求金，又曰求車」，必非聖人之文也。《疑經後述》云〔四八〕：「鍾陵秀士陳用拙出其宗人嶽所作《春秋折衷論》數十篇，贍博精緻，足以下視兩漢迂儒矣。因激剛腸，有詆《經》之説，亦疑《經》文誤耳。蓋亟於時病，言或不得其中。」澧謂：古人所謂求者，非必卑者之辭。如漢時求遺書是也。表聖以唐末天子微弱，故爲此論。然亟於時病，而遂作文以疑聖《經》，可乎？至所謂下視兩漢迂儒，則當時風氣也。

李涪《刊誤·切韻篇》云：「自周隨已降，師資道廢，既號傳授，遂憑精音。陸法言著《切韻》之初，士人尚多專業經史，精練罕有不述之文，故《切韻》未爲時人之所急。後代學問日淺，尤少專經。或捨四聲，則秉筆多礙。自爾已後，乃爲切要之具。」澧案：此言古人專業經史，罕有不識之字。後代多不專經，則有不識之字，必檢《切韻》矣。唐時經學小學之衰，於此可見。李氏於專經者少，慨然於學問之日淺，亦可謂知學問之本者矣。《釋怪篇》駁李商隱文「仲尼師聃，聃師竺乾」之語，謂《史記》老子與韓非同傳，爲直筆；又謂近世尚綺靡，鄙稽古，彼商隱者，一錦工耳。蓋不惑於佛老，不騖於辭章，在唐人中，爲不隨風氣者。

錢希白《南部新書》卷二云：「太和中，上謂宰臣曰：『明經會義否？』宰臣曰：『明經只念經疏，不會經義。』」王西莊《十七史商榷》云：「觀此，則知彼時所以輕明經，重進士。」

王介甫《上人書》云：「自孔子之死久，韓子作，望聖人於百千年中[四九]，卓然也。獨子厚名與韓並，子厚非韓比也，然其文卒配韓以傳，亦豪傑可畏者也。」《臨川集》卷七十七。

李翰《通典序》曰：儒家者流，博而寡要，勞而少功，何哉？其患在於習之不精，知之不明，或舉其中而不知其本，原其始而不要其終。《通典》之作，其警學者之群迷歟！其道直而不徑，其文詳而不煩，舉而措之，如指諸掌。澧謂：此序深中儒家之弊，而又足以塞詆訕儒家之口。蓋儒家之弊，仍當以儒家之書救之。如《通典》者，乃真儒家之學也。

唐玄宗《孝經序》云：「去聖逾遠，源流益別。」此即昌黎所謂源遠而流分。

《新唐書·文藝·尹元凱傳》：天下文章尚徐、庾，浮俚不競，獨富嘉謨、吳少微本經術，雅厚雄邁，人爭慕之，號「吳富體」。《全唐文》二百三十五卷載富嘉謨文，賦一篇，表三篇。吳少微表四篇、序一篇、銘一篇，皆非經術之文，其亡佚者多矣，可惜也！

《新唐書·文藝傳·李邕》：父善，有雅行，淹貫古今，不能屬辭，故人號「書簏」。始善注《文選》，釋事而忘意。書成以問邕，邕不敢對，善詰之，邕意欲有所更，善曰：「試爲我補益之。」邕附事見義，善以其不可奪，故兩書並行。近人説經如此。

《舊唐書·奸臣·柳璨傳》：「璨以劉子玄所撰《史通》譏駁經史過當，璨紀子玄之失，别爲十卷，號《柳氏釋史》，學者伏其優贍。遷左拾遺。公卿朝野託爲牋奏，時譽日洽。以其博奧，目爲『柳篋子』。」玄好譏訶古人，復爲柳璨譏訶，所謂「螳螂捕蟬，黄雀在後」也。

杜牧《罪言》曰：「山東叛且三五世，後生所見言語舉止，無非叛也，以爲事理正當如此，沉酣入骨髓，無以爲非者。」《唐書·杜牧傳》。非獨叛者爲然，凡風俗之壞皆然。今風俗壞極，後生所見言語舉止，以爲事理正當如此，沉酣入骨髓，無以爲非也。

楊炯撰《王勃集序》云：「所製《九隴縣孔子廟堂碑》文，宏偉絶人，稀代爲寶，正平之作，不能奪也。」又云：嘗以龍朔初載，文場變體，争搆纖微，競爲雕刻。糅之金玉龍鳳，亂之朱紫青黄，影帶以徇其功，假對以稱其美，骨氣都盡，剛健不聞。思革其弊，用光志業。反諸宏博[五〇]，君之力焉；矯枉過正，文之權也。每覽韋編，思宏《大易》。爲之發揮，以成注解。又以幽贊神明，非杼軸於人事；經營訓導，迺優遊於聖作。於是編次《論語》，各以群分，窮源造極，爲之詁訓。《容齋隨筆》云：王勃等四子之文，皆精切有本原。其用駢體作記序碑碣，蓋當時體格如此。

《新唐書·儒學傳·盧履冰》：建言：「古者父在爲母期，徹靈而心喪。武后始請同父三年，非是，請如禮便。」玄宗疑之，又以舅、嫂叔服未安，並下百官議。刑部郎中田再思曰：「會禮之家比聚訟。循古不必是，而行今未必非。父在爲母三年，高宗實行之，著令已久。何必乖先帝之旨，閡人子之情，愛一期服於其親，使與伯叔母、姑姊妹同？嫂叔、舅甥服，太宗實制之，閱百年無異論，不可改。」履冰因言：「禮，女子無專道，故曰『家無二尊』。父在爲母服期，統一尊也。今不正其失，恐後世復有婦奪夫之敗，不可不察。」書留未下。履冰即極陳：「父在爲母立几筵者一期，心喪者再期，父三年而後娶，以達子之志。夫聖人豈蔑情於所生？固有意於天下。昔武后陰儲簒謀，豫自光崇，升期齊[五一]，抗斬衰，俄而乘陵唐家，以啓釁階。故臣將以正夫婦之綱，非特母子間也。議者或言：『降母服，非《詩》所謂罔極者，而又與伯叔母、姑姊妹等。』此迂生鄙儒[五二]未習先王之旨，安足議夫禮哉？罔極者，春秋祭祀，以時思之，謂君子有終身之憂，何限一期、二期服哉？聖人之於禮，必建中制，使賢不肖共成文理而後釋，彼伯叔、姑姊，烏有筵杖之制、三年心喪乎？母齎父斬，不易之道也。」元行沖議曰：「孝莫大於嚴父，故父在爲母免官，齎而期，心喪三年，情已申而禮殺也。請據古爲適。」帝弗報。是時言喪服，各以所見奮，交口紛騰。七年，乃下詔：「服紀一用古制。」自是人間父在爲母服，或期而禫，禫而釋，心喪三年。或期而禫，終三年。或齎衰三年。此時儒者，猶有堅持古義者。

《新唐書·儒學傳·啖助》：天寶末，調臨海尉、丹楊主簿。善爲《春秋》，考三家短長，縫綻漏闕，號《集傳》，凡十年乃成，復攝其綱條，爲例統。其言：「孔子修《春秋》，以權輔用，以誠斷禮，而以忠道原情。從宜救亂，因時黜陟。古語曰：『商變夏，周變商，春秋變周。』而公羊子亦言：『樂道堯、舜之道，以擬後聖。』是知《春秋》用二帝、三王法，以夏爲本，不一守周典明矣。」又言：「幽、厲雖衰，《雅》未爲《風》。逮平王之東，人習餘化，苟有善惡，當以周法正之。故斷自平王之季，以隱公爲始，所以拯薄勉善，救周之弊，革禮之失也。」《啖助傳》。《春秋》以隱爲始，不因此。此所論皆膚浮，何以不始於惠公耶？

又云：「助愛公、穀二家，以左氏解義多謬，其書乃出於孔氏門人。且《論語》孔子所引，率前世人老彭、伯夷等，類非同時；而言『左丘明恥之，丘亦恥之』。丘明者，蓋如史佚、遲任者。又《左氏傳》、《國語》，屬綴不倫，序事乖剌，非一人所爲。蓋左氏集諸國史以釋《春秋》，後人謂左氏，便傳著丘明，非也。助之鑿意多此類。」同上。謂《左氏傳》非一人所爲，此語是也。

又云：「助門人趙匡、陸質，其高弟也。大曆時，助、匡、質以《春秋》，施士匄以《詩》，仲子陵、袁彝、韋彤、韋茝以《禮》，蔡廣成以《易》，强蒙以《論語》，皆自名其學，而士匄、子陵最卓異。士匄撰《春秋傳》，未甚傳。後文宗喜經術，宰相李石因言士匄《春秋》可讀。帝曰：『朕見之矣，穿鑿之學，徒爲異同，但學者如浚井，得美水而已，何必勞苦旁求，然後爲得耶？』」同上。中唐經師不過如此，經學衰矣！

《舊唐書·徐文遠傳》云：「時有大儒沈重講於太學，聽者常千餘人。文遠就質問，數日便去。或問曰：『何辭去之速？』答曰：『觀其所説，悉是紙上語耳，僕皆先已誦之。至於奥賾之境，翻似未見。』有以其言告重者，重呼與議論[五三]，十餘反，重甚歎服之。文遠所講釋，多立新義，先儒異論，皆定是非，然後詰駁諸家，又出己意，博而且辨，聽者忘勞。大業初，禮部侍郎許善心舉文遠與包愷、褚徽[五四]、陸德明、魯達爲學官，時人稱爲一時之最。《新唐書》略同。文遠之孫有功，名弘敏，以字行。於武后時，執正大獄，凡六、七百家。《通典》云：『於斯時也，誰敢忠正？遂於群邪之側、衆諂之旁，孑然介立，守法不動，抑揚士伍，慷慨朝端，始卒不渝，險易如一。』又曰：『徐大理之斷獄，自古無有斯人。此真實學問、真實力量，所謂「浩然之氣」也。』

《舊唐書·劉憲傳》：「玄宗在東宫，留意經籍，憲因上啓曰：『自古及今，皆重於學。至於光耀盛德，發揚令問，安静身心，保寧家國，無以加焉。殿下居副君之位，有絶人之才，豈假尋章摘句[五五]，蓋資略知大意，用功甚少，爲利極多。伏願克成美志，無棄暇日，上以慰至尊之心，下以答庶僚之望。侍讀諸無量經明行修，耆年宿望，時賜召問，以察其言，幸甚。』玄宗甚嘉納之。」「身心」二字，見於此。

權文公《進士策問》云：「今有司或欲舉建中制書，置五經博士，條定員品，列於國庠，諸生討論，歲課能否，然後删非聖之書，使舊章不亂。則經有師道，學皆顓門[五六]。以爲如何[五七]？當有其説。」《貞元十九年禮部策問進士》云：「説無師法，經不明家，有司之過，敢不内訟？」《貞元二十一年禮部策問》云：「兩漢亦有質樸敦厚之科，廉清孝順之舉，皆本於行而遺其文，復何如哉？」《道舉策問》云：「問：駢拇之言曰：『有虞氏招仁義以撓天下，天下莫不奔命於仁義，以易其性，庸詎知不有性於仁義而不可易者耶？以伯夷死名於首陽之下，庸詎知伯夷非安於死而不可生耶？徵濠上觀魚之樂，則莊生非有虞與伯夷也，又安知有虞、伯夷之不然耶？徵鳧鶴短長之脛，又安知有虞與伯夷之性，非不可斷不可續者耶？雖欲齊同彼是，先迕後合，惡用謬悠卓詭如是之甚耶[五八]？』」又問云：「以紀渻之養雞，痀僂之承蜩，匠石之運斤，梓慶之削鐻，用志不分，移於教化，則萬物之相刃相靡者，悠然而順[五九]，闇然而和，奚在於與無趾無眼之徒，支離形德，然後爲得耶？」

丘光庭《兼明書》云：大中年中，《毛詩》博士沈朗進新添《毛詩》四篇表云：「《關雎》后妃之德，不可爲《三百篇》之首，蓋先儒編次不當耳。今別撰二篇爲堯、舜詩，取虞人之箴爲禹詩，取《大雅·文王》篇爲文王詩，請以此四詩置《關雎》之前。」朝廷嘉之。沈朗論詩，一何狂謬！大中者，唐宣宗年號。唐末風氣已如此，不待王柏矣。

司空圖《文中子碑》云：「五胡繼亂，極於周、齊，天其或者生文中子以致聖人之用，得衆賢而廓之，以俟我唐，亦天命也。故房、魏數公[六〇]，皆爲其徒，恢文武之道，以濟貞觀治平之盛。今三百年矣，宜其碑。」

皮襲美《文中子碑》云：「設先生生於孔聖之世，餘恐不在游、夏之亞也。」銘曰：「未逾一紀，致我太平。先生之功，莫之與京。」又云：孟子、荀卿翼傳孔道，以至於文中子。文中之道，曠百祀而得室授者[六一]，惟昌黎文公焉。《請韓文公配饗太學書》。陸龜蒙《送豆盧處士謁丞相序》云[六二]：文中子修先王之業，九年而功就，謂之《王氏六經》。文中子没，門人歸於唐，盡發文中子所授之道，左右其理。皮、陸皆尊文中子，唐末風氣如此，故宋初亦如此。

《册府元龜》載：後唐長興三年四月[六三]，勑云：「近以遍注石經，雕刻印板，今更於朝官内別差五人，充詳勘官[六四]。太子賓客馬縞、太常丞陳觀、祠部員外郎兼太常博士段顒、太常博士路航、屯田員外郎田敏等，皆是碩儒，各專經業，更令詳勘。」時宰相馮道以諸經舛謬，與同列李愚取西京鄭覃所刊石經，雕爲印板，流布天下。後進賴之。卷六百八。漢隱帝乾祐元年四月，國子監上言：《周禮》、《儀禮》、《公羊》、《穀梁》四經，未有印板，今欲較勘，雕造印板。從之。周田敏爲尚書左丞，兼判國子監事。廣順三年六月，奏曰：「臣等自長興三年較勘雕板書籍，幸遇聖朝，克終盛事，謹具陳進。先是，後唐宰相馮道、李愚重經學，因言漢時崇儒，有《三字石經》，唐朝亦於國學刊刻，今朝廷日不暇給。嘗見吴、蜀之人鬻印版文字，如經典較定，雕摹流行，深益於文教矣，乃奏聞。」勑下：「准儒官田敏等，考較經注，奏定而後雕刻。」尹拙爲國子監祭酒。顯德二年二月，中書奏拙狀稱：「准勑較勘《經典釋文》[六五]，雕造印板。今朝廷富有鴻碩，如兵部尚書張昭、太常卿田敏，或家藏萬卷，或手較《六經》，實後學之宗師。伏乞俾同讎校。」勑曰：「宜差兵部尚書張昭、太常卿田敏詳較。」並同上。　澧案：　當此亂世，而有雕刻諸經及《釋文》之事。馮道爲相，而能重經學，亦不易得也。今之讀刻本諸經及《釋文》者，不可不思源也。《宋史·儒林傳》云：　田敏篤於經學，亦好爲穿鑿。所校《九經》，頗以獨見自任。如改《尚書·盤庚》「若網在綱」爲「若綱在綱」，重言「綱」字。又《爾雅》「椵，木槿」注曰：「日及」，改爲「白及」。如此之類甚衆，世頗非之。《李覺傳》云：　淳化初，太宗以經書板本有田敏輒刪去者數字，命覺與孔維詳定。

《郡齋讀書志》：　沈顔《聱書》十卷，右僞吴沈顔，字可鑄，倣古著書百篇，取元次山「聱叟」之説，附己志而名書。其自序云：「自孟軻以後千餘年，經百千儒者，咸未有聞焉。天厭其極，付在鄙子。」其誇誕如此。卷四中。澧謂：柳仲塗蓋未見此書，若見之，當怵他人之我先矣。《宋史·藝文志·子類·雜家》以《聱書》置之諸葛《武侯》之後，《傅子》之前，誤以楊吴爲孫吴也。

【校記】

［一］仁，癸未本作「化」，據《史記·太史公自序》改。

［二］鄭、服，癸未本作「服、鄭」，據《舊唐書·元行沖傳》改。

［三］莫若重，癸未本作「莫重若」，據稿本及《新唐書·張九齡傳》改。

［四］史，癸未本作「吏」，據稿本及《新唐書·張九齡傳》改。

［五］覈，癸未本作「切」，據《新唐書·張九齡傳》改。

［六］以，癸未本作「有」，據《新唐書·張九齡傳》改。

［七］耿，癸未本作「取」，據稿本及《盈川集》正之。

［八］有，《盈川集》、《舊唐書·楊炯傳》皆作「守」。

［九］粉墨，《盈川集》、《舊唐書·楊炯傳》皆作「粉壁」。

［一〇］施，《盈川集》、《舊唐書·楊炯傳》皆作「陳」。

［一一］杜佑，癸未本作「杜祐」，據《新唐書·杜佑傳》改。

［一二］癸未本無「篇」字，據《新唐書·杜佑傳》補。

〔一三〕十餘條，癸未本作「五十餘條」，據稿本改。

〔一四〕必，稿本、癸未本無，據《陸宣公翰苑集·論關中事宜狀》補。

〔一五〕修近，癸未本作「修進」，據稿本及《陸宣公翰苑集·論兩河及淮西利害狀》改。

〔一六〕自古及今，稿本、癸未本無，據《陸宣公翰苑集·奉天論奏當今所切務狀》補。

〔一七〕安可，癸未本作「亦可」，據稿本及《陸宣公翰苑集·奉天論奏當今所切務狀》改。

〔一八〕得，癸未本作「獲」，據稿本及《陸宣公翰苑集·奉天請數對群臣兼許令論事狀》改。

〔一九〕一酬一詰，癸未本作「一訓一語」，據稿本及《陸宣公翰苑集·奉天請數對群臣兼許令論事狀》改。

〔二〇〕條狀，癸未本作「録狀」，據稿本及《陸宣公翰苑集·奉天論赦書事條狀》改。

〔二一〕癸未本無「所」字，據稿本及《陸宣公翰苑集·論朝官闕員及刺史等改轉倫序狀》補。

〔二二〕而，稿本、癸未本無，據《陸宣公翰苑集·論朝官闕員及刺史等改轉倫序狀》補。

〔二三〕癸未本「九六」後有「説」字，據《柳宗元集》删。

〔二四〕孔氏，癸未本誤作「孔子」，據《柳宗元集·與劉禹錫論周易九六書》改。

〔二五〕憲副，癸未本作「副憲」，據稿本改。

〔二六〕礱磨，癸未本作「襲磨」，據《韓昌黎全集·上李巽書》改。

〔二七〕爾，癸未本作「耳」，據稿本及《歐陽修全集·集古録·唐韓文公與顛師書跋尾》改。

〔二八〕乃習見語，癸未本無，據稿本補。

［二九］聽，癸未本作「旺」，據稿本及《韓昌黎全集·送文暢師北遊》改。
［三〇］癸未本「終」後無「而」字，據《韓昌黎全集》李漢《序》補。
［三一］道，癸未本作「道德」，據《柳宗元集·陸文通先生墓表》改。
［三二］安樂，癸未本作「要樂」，據《柳宗元集·與楊誨之第二書》改。
［三三］私請，癸未本作「私情」，據稿本及《舊唐書》之《王叔文傳》、《韋皋傳》改。
［三四］始終，癸未本作「終於」，據稿本及《全唐文》卷六八七皇甫湜《壽顔子辨》改。
［三五］所，癸未本無，據稿本及《全唐文·李翱·答侯高第二書》補。
［三六］詩賦，癸未本作「詞賦」，據《舊唐書·崔玄暐傳》改。
［三七］癸未本無「新唐書」，據《新唐書·劉蕡傳》補。
［三八］先其事，《舊唐書》作「先其身」。
［三九］癸未本無「能」字，據稿本及《皮子文藪·鹿門隱書》增。
［四〇］郊祀，癸未本作「郊禮」，據稿本及《皮子文藪·題叔孫通傳》改。
［四一］秦時，癸未本作「秦時」，據《皮子文藪·題叔孫通傳》改。
［四二］决，癸未本作「抉」，據稿本及《皮子文藪·移成均博士書》改。
［四三］决，癸未本作「抉」，據稿本及《皮子文藪·移成均博士書》改。
［四四］於聖典，癸未本作「諸盛典」，據稿本及《皮子文藪·移成均博士書》改。

〔四五〕 讖文，癸未本作「懺文」，據稿本及《全唐文・皮日休》改。

〔四六〕 抉擿，癸未本作「抉摘」，據稿本及《全唐文・陸龜蒙・甫里先生傳》改。

〔四七〕 揚，癸未本作「楊」。光按：揚，即揚雄，唐人尊之，譽爲孟、荀之亞。下文中之「孟軻、荀、楊氏」，亦徑改。

〔四八〕 疑經後述，癸未本作「疑經復述」，據《全唐文・司空圖・疑經後述》改。

〔四九〕 百千，癸未本作「千百」，據《臨川集》卷七七《上人書》改。

〔五〇〕 反諸，癸未本作「反之」，據《楊盈川集》卷三《王勃集序》改。

〔五一〕 齋，癸未本作「齊」，據《新唐書・儒學・盧履冰傳》改。以下諸「齋」字，皆同此例改。

〔五二〕 鄙儒，癸未本作「鄙談」，據《新唐書・儒學・盧履冰傳》改。

〔五三〕 與議論，癸未本作「與語議論」，據《舊唐書・徐文遠傳》删去「語」字。

〔五四〕 褚徽，癸未本作「褚徵」，據《舊唐書・徐文遠傳》改。

〔五五〕 豈假，癸未本作「豈暇」，據《舊唐書・劉憲傳》改。

〔五六〕 學皆顓門，癸未本作「學有專門」，據稿本及《全唐文・權德輿・進士策問》改。

〔五七〕 如何，癸未本作「何如」，據稿本及《全唐文・權德輿・進士策問》改。

〔五八〕 之甚，癸未本無，據《全唐文・權德輿・道舉策問》補。

〔五九〕 順，癸未本作「解」，據《全唐文・權德輿・道舉策問》改。

［六〇］房、魏，《全唐文·司空圖·文中子碑》作「房、衛」。

［六一］百祀，癸未本作「百世」，據《皮子文藪·請韓文公配饗太學書》改。

［六二］豆盧處士，癸未本作「豆處士」，據稿本及《全唐文·陸龜蒙·送豆盧處士謁丞相序》，增「盧」字。

［六三］長興三年，癸未本作「長興二年」，據《册府元龜》卷六〇八改。

［六四］詳，癸未本無，據《册府元龜》卷六〇八補。

［六五］較勘，癸未本作「較讎」，據稿本及《册府元龜》卷六〇八改。

卷六

唐疏

賈公彦《儀禮疏序》云：「《儀禮》所注，後鄭而已。其爲章疏，則有二家。」此謂疏爲章疏，可見疏即講章。

《隋書·經籍志》：「《禮記講疏》四十八卷[一]，皇侃撰。」世人疑唐疏太繁，不知疏即今之講章也。故謂之講疏也。今之講章，繁於唐疏矣。

《左傳·昭十二年》[二]：「仲尼曰：『古也有志：「克己復禮，仁也。」[三]』」孔《疏》云：「劉炫云：『克，訓勝也。己，謂身也。身有嗜慾，當以禮義齊之。嗜慾與禮義交戰，使禮義勝其嗜慾，身得歸復於禮，如是乃爲仁也。復，反也。言情爲嗜慾所逼，已離禮而更歸復之。』」光伯此説，精深確實。《疏》又曰：「今刊定云：『克，訓勝也。己，謂身也。謂身能勝去嗜慾，反復於禮也。』」澧謂：《正義》之説，與劉説無異。「刊定」云云，殊爲贅設。《論語》：「克己復禮，爲仁。」邢《疏》全引其説，並載「今刊定」云云，竟似邢所刊定，謬甚。後來程、朱《注》，全出於此。《論語精義》所采程、范、吕、謝、游、尹諸説，亦皆不過如此耳。孔沖遠乃謂：劉炫探賾鈎深，未能致遠。其理致難者，乃不入其根節。《春秋正義序》。豈其然乎？

《左傳·隱公三年》[三]：「驕、奢、淫、泆，所自邪也。四者之來，寵禄過也。」孔《疏》云：「驕，謂恃己陵物；奢，謂夸矜僭上；淫，謂嗜欲過度；泆，謂放恣無藝。此四者之來，從邪而起，故服虔云：『言此四者，過從邪起，是也。』劉炫云：『此四者，所以自邪己身，言爲之不已，將至於邪。邪，謂惡逆之事。』劉又難服云：『邪是何事，能起四過？若從邪起，何須云「四者之來，寵禄過也」？寵禄豈是邪事，四者得從而來乎？且言弗納於邪，毛本作服言，誤。今據宋本。懼其緣驕以至於邪，非先邪而後驕也。』」劉孟瞻云：「此光伯述議語，前則舊疏原文。舊疏謂『四者之來，從邪而起』，故以服説爲然。劉炫駁正服説，即是駁正舊疏。唐人增『劉又難服云』五字以隔絶之，似光伯爲攻服氏以誤觀者耳。」澧案：孟瞻之説甚明確矣。孔《疏》既以服説爲是，又引劉炫説以服説爲非，則必當更有斷語也。此乃先録舊疏[四]，次録劉炫説，而未加斷語，乃沖遠之草率，或本有斷語，而馬嘉運等删削之歟？　定、哀《疏》尤草率。

唐人撰《尚書》、《毛詩正義》，皆據劉焯、劉炫爲本。《左傳正義》，據劉炫爲本，以沈文何補焉[五]。《禮記正義》據皇氏爲本，以熊氏補焉。其序皆明言之。近人謂唐人掩襲舊疏者，非也。《周易正義序》但云「以輔嗣爲本」[六]，而不言「據舊疏」，然《正義》多載張氏、莊氏、褚氏之説，此三家蓋即《正義》所本也。《乾彖傳》「大哉，乾元」云云，《正義》曰：「諸儒所説此《彖》，分解四德，意各不同。今案莊氏之説，於理稍密，依而用之。」此尤可見《正義》依用舊説，非掩襲也。「恒。亨。无咎。利貞。利有攸往。」王《注》云：「恒而亨，以濟三事也。」《正義》曰：「褚氏云：『三事，謂无咎、利貞、利有攸往。』莊氏云：『三事者，无咎，一也；利，二也；貞，三也。』周氏云：『三事者，一，亨也；二，无咎也；三，利貞也。』」「觀文驗注，褚氏爲長。」褚、莊、周皆舊疏家，孔《疏》所本也，觀此可見。

近人譏孔《疏》掩襲舊疏，此苛論也。孔《疏》取舊疏剪裁鎔鑄而成，不能一一明引之云「某人某書之説也」。且其書爲頒行天下之書，明非一家之言也。以史部之書論之，《資治通鑑》亦然，豈能一一明引之云「《史記》曰」、「《漢書》曰」乎？若後世一家之著作，則必不可如此。凡如此者，皆難免抄襲之譏矣。趙子韶頗以此譏朱子《詩集傳》。然朱子書猶名曰《集傳》，方苞之書曰《直解》，不可以朱子藉口也。然亦朱子著書體例不善，有以誤後學矣。衛湜之語，朱子亦愧之耳。

《毛詩正義序》云：「其近代爲義疏者，有全緩、何胤、舒瑗、劉軌思、劉醜、劉焯、劉炫等。焯、炫並聰穎特達，文而又儒，擢秀幹於一時，騁絶轡於千里，固諸儒之所揖讓，日下之所無雙，其於所作疏內[七]，特爲殊絶。今奉勅删定，故據以爲本。然焯、炫等負恃才氣，輕鄙先達，同其所異，異其所同，或應略而反詳，或宜詳而更略。準其繩墨，差忒未免；勘其會同，時有顛躓。今則削其所煩，增其所簡，唯意存於曲直，非有心於愛憎。」唯存曲直，非有愛憎。古今著書，能如此存心者，罕矣。

《周易正義序》云：　其江南義疏十有餘家，皆辭尚虛玄，義多浮誕。今既奉敕刪定，去其華而取其實，欲使信而有徵，其文簡，其理約。《尚書正義序》云：「存其是而去其非，削其煩而增其簡。」《毛詩正義序》云：「今則削其所煩，增其所簡。」《禮記正義序》云：「翦其繁蕪，撮其機要。」俗人疑唐疏太繁，未讀其序耳。

《易·乾彖正義》曰：夫子爲彖之體，斷明一卦之義，體例不同，莊氏以爲凡有一十二體。今則略舉大綱，不可事事繁説。若一一比並，曲生節例，非聖人之本趣，恐學者之徒勞，心不曉也。今皆略而不言。　可見孔《疏》之不欲繁説也。

《毛詩·召旻》：「昏椓靡共，潰潰回遹。實靖夷我邦。」《正義》曰：「奄者防守門閽，親近人主。凡庸之君，暗於善惡，以其少小慣習，朝夕給使，顧訪無猜憚之心，恩狎有可悦之色。且其人久處宮掖，頗曉舊章，常近牀笫，探知主意，或乃色和貌厚，挾術懷奸，或乃捷對敏才，飾巧亂實；於是邪正並行，情貌相越，遂能迷罔視聽，因惑愚主，謂其智足匡時，忠能輔國，信而使之，親而任之。國之滅亡，多由此作。」《後漢書》、《新五代史》皆有《宦者傳》，不過如此耳。

孔《疏》時有精語，人皆忽之。《書》疏云：「言之決斷，若金之斬割。」《洪範》疏。《詩》疏云：讒言之起，由君數問小事於小人也。《采芩》疏。《日知録》取之。亭林先生讀書精細，不可及也。澧因此啓發，亦舉數條。《易》疏云：「陰之所求者陽，陽之所求者陰。」《上繫》疏。又云：「有物對面而來，則情欲有私於己。」《艮卦》疏。又云：「夫欲防止之法，宜防其未兆。既兆而止，則傷物情。」同上。又云：「唯貯藏前言往行於懷，可以令德不散。」[八]《大畜》疏。《書》疏云：「凡人以善自勸，則善事多。」《盤庚中》疏。又云：「惡種在善人之中，則善人亦變易爲惡。」同上。《詩》疏云：「衣食不給，機巧易生。」《葛屨序》疏。又云：「民之大命，在温與飽。」《七月序》疏。又云：貪殘居位，不可得而治；大德潛遁，不可得而用，所以大亂而不振也。《四月》疏，此孫毓語。又云：「人，度量欲其心之大；謹慎欲其心之小。」《大明》疏。又云：「聽天之處分，任命之窮達。」《小明》疏。又云：「人人有士君子之行，乃是太平之實也。」《既醉》疏。又云：「其人能堅正，然後可以爲人臣。」《卷阿》疏[九]。又云：「佞人似智，奸人亂德，皆自以爲善。」《瞻卬》疏[一〇]。又云：「潔白之士，不仕庸君。」《有駜》疏。又云：「無道之君，皆自謂所爲者是道，非知其不可而爲之也。」《巧言》疏[一一]。《毛詩·車舝》「雖無德與女」，《正義》曰：「説燕樂之事，而言無德者以人燕樂，欲與賢德者同之；若非賢德，則燕不樂矣。」《禮記》疏云：「人由血氣而有心知。」《樂記》疏[一二]。又云：「君子之人爲學之法，恒使業不離身。」《學記》疏。「若不學之時，諸事蕩然，不知己身何長何短。」同上。「庶人極賤，生無令譽[一三]，死絶餘芳，精氣一去，身名俱盡，故曰死。」《曲禮》疏。又云：「性識依此氣而生[一四]，有氣則有識，無氣則無識，則識從氣生。」《祭義》疏。「君子欲行聖人之道，當須勤學。」《中庸》疏。《左傳》疏云：「凡人形神有限，不可久用。神久用則竭，形大勞則敝，不可以久勞也；神不用則鈍，形不用則痿，不可以久逸也。固當勞逸更遞，以宣散其氣。」《昭元年》疏。又云：「氣不散則食不消。」同上。又云：「天下之事，雖則萬端，總之諸法大歸，忠信而已。能忠能信，無施不可。」《昭十二年》疏。又云：「不有學問之人以治其國，能長久乎？」《昭十七年》疏。又云：「人之本性，自然法象天地。聖人還復法象天地，而制禮教之，是禮由天地而來。」《昭二十五年》疏。以孔沖遠之碩學，又收集舊疏，豈無精理名言？無如道學家視爲粗淺，辭章家視爲樸拙，皆不之省。經學家又但尋究其考據之文，而忽其義理之説，遂使精理名言霾蘊千載，可歎也。

孔《疏》之詳博，不待言矣。其中有因經注一二語而詳述此事者，欲使他經再言及此事，則可不復解。此其體例之善也。如《曲禮》「凡卜筮日」、「執玉，其有藉者則裼，其無藉者則襲」、「天子當依而立」，此三段，疏皆二千言。其千言者則不可枚舉。元元本本，殫見洽聞，後儒不能望其涯涘矣。讀者如鈔出爲一編，尤便於檢核也。

《乾彖》[一五]曰「大哉，乾元」云云，《正義》曰：「諸儒所説此《彖》，分解四德，意各不同。今案莊氏之説，於理稍密，依而用之。」孔沖遠多見舊説而簡擇之，觀此可知。

臧玉林有仿《史通》點繁之説[一六]：取諸經義疏之繁文冗字而删去之，以便於讀者。其意甚善，其説則不可行也。既删去繁冗矣，將使初學者不讀舊本但讀新本乎，名爲治經而目未睹唐疏，豈不陋耶？將使之新舊並讀乎[一七]，則本欲少讀而反多讀也。然則初學畏讀唐疏，則奈何？曰：初學治經，原不必限以盡讀《十三經疏》。專習一經，則專讀一經之疏，其餘乃旁涉耳。所習之一經疏雖繁，亦一二年可讀畢，何患其繁？

爲學以治經爲本，治經以注疏爲先。疏雖近煩，而學者讀之，正可藥其不耐煩之病。故余告學者，總以圈點注疏爲功課，此即治心之法，此即求放心也。學問與心性，合而爲一者也。道學家不喜讀注疏，正是不耐煩之病。不耐煩，更説甚心性！

《易·噬嗑彖》曰：「雷電合而章。」王注云：「雷電並合不亂，乃章。」《正義》曰：「『雷電並合不亂，乃章』者，《彖》文唯云『雷電合』。注云『不亂，乃章』者，『不亂』之文，以其上云『剛柔分』；『剛柔分』則是『不亂』，故云『雷電並合不亂，乃章』也。」如此條，真是冗漫，今擬删之云：「《彖》文唯云『雷電合』。注云『不亂』者，以其上云『剛柔分』，則是『不亂』也。」五十二字，删存二十四字而已，足矣。

《禮記正義》多發明《禮》意，如《曲禮》：「毋不敬，儼若思，安定辭，安民哉。」《正義》曰：「明人君立治之本，先當肅心、謹身、慎口之事[一八]。」諸如此類，簡明者甚多，但讀者罕留心於此耳。

陸清獻《讀禮志疑》卷四：「『造乎禰』，孔《疏》引《白虎通》曰：『獨見禰何？辭從卑，不敢留尊者之命。』謂出辭別，先從卑起，最後至祖，仍取遷主則行也。若前至祖，後至禰，是留尊者之命，故不敬也。」此推說《禮》意，委曲得情。

《通典・禮一》：「《通典》之所纂集，或泛存沿革，或博采異同，將以振端末，備顧問者也。烏《禮》意之能建乎？」杜君卿自言「烏《禮》意之能建」，可見其尤重《禮》意也[一九]。

近人多譏孔穎達《正義》，《易》不用漢儒而用王氏，《書》不用鄭氏而用僞孔氏，《左傳》不用服氏而用杜氏。史稱孔穎達明服氏《春秋傳》，鄭氏《尚書》、《詩》、《禮記》，王氏《易》，然則《易》用王氏者，其所明也[二〇]。《尚書》用僞孔氏，《春秋傳》用杜氏，蓋非穎達意也。以當時所尚，且有二劉之書可以藉手耳。

《禮記・儒行》[二一]：「其大讓如慢，小讓如僞。」鄭注云：「言之不愊怛也。」《正義》曰：「謂有人以大物與己，己之讓此大物之時，辭貌寬緩，如傲慢然；讓其小物，如似詐僞，亦謂寬緩不急切也。愊怛，謂急促之意。庾氏云：『讓大物不受，拒於人急，如以傲慢；讓小物之時，初讓後受，如似僞然。』與注意不合，非鄭旨也。」澧謂：庾氏說是也。《正義》蓋亦以爲是，故引之而不駁。雖守《疏》不破注之例，亦自有微意也。

《繫辭傳》：「作結繩而爲罔罟，以佃以漁，蓋取諸《離》。」韓注云：「《離》，麗也。罔罟之用，必審物之所麗也。魚麗於水，獸麗於山也。」《疏》云：「『蓋取諸《離》』者，《離》，麗也。麗，謂附著也。言罔罟之用，必審知鳥獸魚鼈所附著之處，故稱《離》卦之名爲罔罟也。案：諸儒象卦制器，皆取卦之爻、象之體。今韓氏之意，直取卦名，因以制器。案：《上繫》云：『以制器者尚其象，則取象不取名也。』韓氏乃取名不取象，於義未善矣。今既遵韓氏之學，且依此釋之也。」澧案：《疏》不破注之意，於此最明。既遵其學，即義有未善，亦依而釋之耳。

孔《疏》有破注者，如《易·大過·九二》：「枯楊生稊。」韓注云：「以老分少，則稚者長；以稚分老，則枯者榮。」《正義》曰：因至壯而輔至衰，猶若至衰減衰而與壯也。其實不然也。又如《堯典》僞孔《傳》以爲：堯知鯀性狠戾圮族，而據衆言可試，故遂用之。《正義》曰：「孔之此說，據迹立言，必其盡理而論，未是聖人之實。」《舜典》僞孔《傳》以五品爲五常，《正義》曰：「其實五常據教爲言，不據品也。」《無逸》僞孔《傳》以爲：祖甲稱祖，殷家亦祖其功。《正義》曰：殷之先君，有祖乙、祖辛、祖丁，稱祖多矣，未必祖其功而存其廟也。《商書·咸有一德》〔三〕：「祖乙圮於耿。」僞孔《傳》云：「圮於相，遷於耿。」《正義》曰：「若『圮於相，遷於耿』，《經》言『圮於耿』，大不辭乎？」

《左傳·定八年》：「公會晉師於瓦，范獻子執羔，趙簡子、中行文子皆執雁，魯於是始尚羔。」《正義》曰：《傳》言「於是始尚羔」，必往前不執羔矣。但往前所執難知，先儒各以意說。賈逵云執皮帛，鄭衆云當執雁。賈妄稱《禮》，鄭用肺腸。澧謂：難知之，斷不可以意說。《正義》雖詆諆稍過，然各以意說，實不可爲訓耳。

《禮記正義序》云：「必取文證詳悉，義理精審。」文證、義理二者，孔《疏》不偏廢也。宋儒但説義理，近儒但取文證，皆偏也。

《易·繫辭上》：「辯吉凶者存乎辭。」韓《注》云：「至於悔吝、无咎，其例一也。吉、凶、悔吝、小疵、无咎，皆主乎變。事有小大，故下歷言五者之差也。」《正義》曰：「諸儒以爲五者皆數，列貴賤者存乎位，云云。於經數之爲便，但於注理則乖，今並存焉，任後賢所釋。」《疏》並存二説。

唐疏考典之詳洽，澧欲抄爲《唐疏類編》。

疏入口氣。

《左傳·昭六年傳》：鄭人鑄《刑書》，叔向使詒子産書，曰：「國將亡，必多制。」《正義》曰：「子産鑄《刑書》而叔向責之，趙鞅鑄刑鼎而仲尼譏之。如此《傳》文，則刑之輕重，不可使民知也。而李悝作法，蕭何造律，頒於天下，懸示兆民，秦漢以來莫之能革。以今觀之，不可一日而無律也。爲當吏不及古，民僞於昔；爲是聖人作法不能經遠，古今之政何以異乎？斯有旨矣。古者分地建國作邑命家，諸侯則奕世相承，大夫亦子孫不絶，皆知國爲吾土，衆實我民，自有愛吝之心，不生殘賊之意；故得設法以待刑，臨事而議罪，不須豫以告民，自令常懷怖懼；故仲尼、叔向所以譏其鑄《刑書》也。秦、漢以來，天下爲一，長吏以時遷代，其民非復已有[一三]，懦弱則爲殿負，彊猛則爲稱職；且疆域闊遠，户口滋多，大郡竟餘千里，上縣數以萬計，豪橫者陵蹈邦邑，桀健者雄張閭里。故漢世酷吏專任刑誅，或乃肆情好殺，成其不橈之威，違衆用己，以表難測之知。至有積骸滿穽，流血丹野，郅都被蒼鷹之號，延年受屠伯之名。若復信其殺伐，任其縱舍，必將喜怒變常，愛憎改意；不得不作法以齊之，宣衆以令之。所犯當條，則斷之以律；疑不能決，則讞之上府；故得萬民以察，天下以治。聖人制法，非不善也，古不可施於今；今人所作，非能聖也，足以周於用。所謂觀民設教，遭時制宜，謂此道也。」此一段竟是論體。

疏用駢體。疏用俗語。

《晉·六三》：「衆允，悔亡。」王注云：「處非其位，悔也。志在上行，與衆同信，順而麗明，故得悔亡也。」《正義》曰：「《六三》處非其位，有悔也。志在上行，與衆同信，順而麗明，故得其悔亡。」《校勘記》云：「宋本無『其』字。」《渙·初六》：「《象》曰：『《初六》之吉，順也。』」王注云：「觀難而行，不與險争，故曰順也。」《正義》曰：「觀難而行，不與險争，故曰順也。」此《疏》與注全同，不易一字。

「瑚璉也」，邢《疏》全抄《左傳·哀公十一年》孔《疏》。「克己復禮」，邢《疏》全抄《左傳·昭十二年》孔《疏》，且孔《疏》引劉炫云「克，訓勝也」云云，「今刊定」云云，此孔《疏》刊定劉炫説，邢《疏》並所謂「今刊定」者而抄襲之，尤誤。

《孟子》僞孫《疏》有破注者。「雖萬鎰，必使玉人彫琢之。」趙注云：「二十兩爲鎰。」《疏》云：

「《國語》云：『二十四兩爲鎰。』《禮》云：『朝一鎰米。[二四]』注亦謂二十四兩。今注誤爲二十兩。」《校勘記》云：《儀禮·喪服》作「溢」。鄭注：「二十兩爲溢。」趙同。若《國語》：「二十四兩爲鎰。」此別一說。僞《疏》不了。「文王事昆夷。」趙注云：「《詩》云：『昆夷兑矣，惟其喙矣。』謂文王也。」《疏》云：《箋》云「昆夷見文王之使者，將士衆過己國，則惶怖驚走。」趙注引此而證，以解作「文王事昆夷」，大與《詩》注不合，云云。今據《詩》之《箋》，云：「乃曰伐昆夷，與《孟子》不合者，蓋文王始初事之，卒不免，故伐之也。」趙注引「昆夷兑矣，惟其喙矣」，蓋失之矣。「吾黨之小子狂簡。」趙注云：「《周禮》五黨爲州，五州爲鄉，故曰吾黨之士也。」《疏》云：案《論語》云云，今云《周禮》「五黨」而解其文，蓋亦不案此《論語》而有誤也。蓋不當引此爲證。

僞孫《疏》有不依注而自爲説者。「繼而有師命。」趙注云：「有師旅之命。」《疏》云：「齊王續以賓師之命而禮貌之。」「閑先聖之道。」趙注云：「閑，習也。」《疏》云：「防閑衛其先聖之正道。」「行辟人可也。」趙注：「辟，除人[二五]。使卑辟尊可爲也。」《疏》云：「行法於人而使尊之[二六]，其若此，則可也[二七]。」

又有一説者。「《湯誓》曰『時日害喪』」，趙注云：「日，乙卯日也。害，大也。是日桀當大喪亡。」《疏》云：一云，謂桀云：「天有是日，猶吾之有民。日曷有亡哉！」「是率天下而路也。」趙注云：「是率導天下人以羸困之路也。」《疏》云：又一説云「如此是驅率天下之人如道路之人」，詳而推之，「嬴困之路」不若此說。《校勘記》云：音義出「嬴路」，則宣公所見。本無「困之」二字。「《象》曰：『謨蓋都君。』」趙注云：「都，於也。」《疏》云：蓋以舜漁雷澤，三年成都，故以此遂因爲之都君矣。《注》曰：「都，於也。」其說亦通。「琴張」，趙注云：「子張也。又善鼓琴，號曰『琴張』。」《疏》云：「案：《家語》有『衛人琴牢，字張』。趙注引爲顓孫師，未審何據。」「惟曰其助上帝，寵之四方，有罪無罪惟我在。」趙注云：「四方善惡皆在己。」《疏》云：孔安國云「寵綏四方」，趙注乃以「其助上帝寵之」而斷其句，以「四方」爲下文，則其意俱通，故二解皆録焉。

《論語正義》有絶可笑者。如「子曰：『苟志於仁矣，無惡也。』」《集解》：「孔曰：苟，誠也。言誠能志於仁，則其餘終無惡。」《正義》云：「苟，誠也。此章言誠能志在於仁，則其餘行終無惡也。」此直録孔注耳。此等注義已明，直當不作《疏》。《周禮》、《禮記》多無疏者，唐人之淳實也。

《論語》邢《疏》有直寫注文者。如「子曰：三年無改於父之道」，《集解》：「孔曰[二八]：『孝子在喪，哀慕猶若父存，無所改於父之道。』」邢《疏》云：「言孝子在喪三年，哀慕猶若父存，無所改於父之道。」「子路問事君，子曰：『勿欺也，而犯之。』」《集解》：「孔曰：『事君之道，義不可欺，當能犯顔諫諍。』」邢《疏》云：「此章言事君之道，義不可欺，而當能犯顔諫諍之。」如此之類，與注文盡同。當用王輔嗣《易》注「《文言》備矣」之例，曰「《集解》備矣」，可也。然亦足見北宋之初儒風樸拙，猶勝後來之競出新意也。

孔《疏》亦有與《注》同者。如《易・師卦・六三》：「師或輿尸，凶。」王注云：「以陰處陽，以柔乘剛，進則無應，退無所守，以此用師，宜獲輿尸之凶。」《正義》曰：「以陰處陽，以柔乘剛，進無所應，退無所守，以此用師，或有輿尸之凶。」《六四》：「師左次，无咎。」王注云：「得位而無應，無應不可以行，得位則可以處，故左次之而无咎也。」《正義》曰：「《六四》得位而無應，無應不可以行，得位則可以處，故云『師左次，无咎』。」此二爻之《疏》，皆全與注同。

邢《疏》多與何注全同者。如「子路問事君，子曰：『勿欺也，而犯之。』」孔曰：「事君之道，義不可欺，當能犯顏諫争。」《正義》曰：「此章言事君之道，義不可欺，而當能犯顏諫争之[三九]。」此由宋時《疏》與注別行，《疏》但標《經》之起止，不能竟無一語解釋，然何注已明，故覆述之而已。然王輔嗣注《易》云：「《文言》備矣。」邢《疏》可倣其例云：「《集解》備矣。」何必覆述乎？

蘇子由曰：「至唐而傳疏之學具，由是學者始會於一。數百年之間，凡所以經世之用，君臣父子之義，禮樂刑政之本，何所不取於此？然而窮理不深，而講道不切，學者因其成文而師之，以爲足矣。」《河南府進士策問》。今人讀注疏，但知其有功於治經，夫孰知自唐至北宋，注疏之有功於經世若此也？自元、明以來，朱子《四書注》亦如此。其云「窮理不深，講道不切」，則又宋儒之學所以代興也。

《周易正義八論》云：「聖人初畫八卦，設剛柔兩畫，象二氣也。布以三位，象三才也。」據此，則古無言二畫爲四象者。

《孟子》僞孫《疏》已删去章指，而往往又釋之。如「耻之於人大矣」一章，章指云：「隰朋愧不及黄帝，佐桓公以有勳。顔淵慕虞舜，孔子歎庶幾之云。」僞《疏》釋之云：「凡於趙注有所要者，雖於文段不録，然於事未嘗敢棄之而不明。」

江慎齋《四書典林·凡例》云：天文、曆法、制度、名物，有先儒説未當者，有今人考據未精者，爲剖析一二。如日月非不及天、北極非常出地三十六度、千歲之日至非推曆元、序昭穆序爵非同異姓之謂、深衣裳不盡斜裁、攝齊升堂非治朝之類。此書不能詳，當别爲一書詳之。名《四書典制圖考》。律吕亦有鄙見，不用三分損益、上下相生之法。《律吕管見》二卷，已有成書。恐不可通行，此書止録舊説。慎齋《四書典制圖考》之書若成，則可作《四書義疏》讀矣。

《儀禮》賈《疏》云：「略陳《儀禮》元本，至於禮之大義，備於《禮記疏》。」卷首鄭氏注下《疏》。賈氏有《禮記疏》言禮之大義，必有精深博大之説，惜乎其不存也。

《公羊》何注引《論語》「友便辟」，徐《疏》云：便辟，謂巧爲譬喻。今世間有一《論語》，音便辟爲便僻者，非鄭氏之意，通人所不取矣。《定四年》注疏。徐氏之尊鄭學如此。其云「巧爲譬喻」，蓋鄭注也。

《禮記·表記》云：「道有至。」《正義》曰：道之爲義，若大而言之，則天道造化自然之理，謂之爲道。則《老子》云：「道可道，非常道。」則自然造化虚無之謂也。若小而言之，凡人才藝，亦謂之爲道。唐人溺於《老子》之説，以虚無爲道。

《考工記》：「望其輻[三〇]，欲其揱爾而纖也。」注：「鄭司農云：『「揱」[三一]，讀爲「紛容揱參」之「揱」。』」賈《疏》云：「此蓋有文[三二]，今檢未得。」此句見《上林賦》「紛溶箾蔘，旖旎從風」。前注「迤，崇於軫」云[三三]：「『迤』[三四]，讀爲『倚移從風』之『移』。」《疏》：「司馬長卿《上林賦》云『從風倚移』。」此二句連文，而復云「今檢未得」，何也？孔巽軒《卮言》。

《學記》：「君子之於學也，藏焉，修焉，息焉，游焉。」《正義》曰：「君子之人爲學之法，恒使業不離身[三五]。藏，謂心常懷抱學業也；修，謂修習不能廢也；息，謂作事倦息之時，而亦在學也；游，謂閑暇無事，游行之時，亦在於學。言君子於學，無時暫替也。」

《論語》「時習」，朱子以爲「時時習之」即此意。謝上蔡云：「坐如尸，坐時習也。立如齋，立時習也。」不及此《疏》之醇實矣。《疏》語拙而醇實，上蔡精妙而反不醇實，此所以不及前人。

《中庸》「齊明盛服」，《正義》曰：「齊，謂整齊。明，謂嚴明。」程子所謂「整齊嚴肅」，或本於此，而改一字耳。

《禮器》：「禮之以少爲貴者，以其内心者也。」鄭注云：「内心，用心於内，其德在内。」謝上蔡謂曾子之學用心於内，蓋取鄭注語也。

唐時孔、賈諸儒奉勅爲義疏，以一家之注爲主，懸之功令，故疏不破注。此猶明及本朝官書之尊程、朱，乃官書之體也。若皇侃《論語疏》，則有破注者，私家著述與官書異也。又皇氏《禮記疏》雖不存，《隋書·經籍志》：「《禮記義疏》九十九卷，皇侃撰。」而《正義序》謂其「既遵鄭氏，乃時乖鄭義」。「體例既別，不可因循」，是皇氏《禮記疏》與其《論語疏》之體同，而與唐疏之體異。故《正義序》言「體例既別」，正以其爲私家著述之體例，與官書別也。私家體例與官書別，說經者所當知也。

孔穎達云：劉炫辭又過華，雖爲文筆之善，乃非開奬之路。義既非義，文又非文。《尚書正義序》。又云：劉炫聰慧辯博，其經注易者必具飾以文辭。《春秋正義序》。蓋唐以前爲義疏者，多有此病。皇侃《論語疏》所載舊說如此者，不少也。

《左傳·定八年》：公侵齊，攻廩丘之郛。主人出，師奔。賈逵以爲「主人出，魯師奔走而却退」。見《正義》。杜注云：「攻郛人少，故遣後師走往助之。」《正義》曰：「劉炫云：『杜亦不勝舊。』」夫舊有一說，必立一說以異之，而又不勝舊，則何益矣！以杜說不惟不勝舊也。賈說已得之，杜說非也。

《左傳·定四年》：「懷姓九宗，職官五正。」杜注曰：「職官五正，五官之長。」《正義》曰：謂五官之長子孫耳。但有三官、四官，亦得總五言之。劉炫云：「此九宗蓋宗有一人，數少者當宗不足立官，並之爲五。或以爲懷姓之內立五正，使分主九宗。未知誰是，故備言之。」

《左傳·襄公十九年》云：「婦人無刑。」杜注云：「無黥刖之刑。」《正義》曰：服虔云：「婦人，從人者也；故不爲制刑。及犯惡，從男子之刑也。」劉難服云：「犯淫，則男子割勢，婦人閉宫，豈得從男子乎？」案：此條劉不難杜而難服，可見非專攻杜氏。

《左傳·襄二十八年》：「觀優，至於魚里。」杜云：「優在魚里，就觀之。」《正義》曰：「劉炫以爲『國人從旁爲優引行，以至魚里』，以規杜氏。但《傳》文不顯，古事難知，劉輒以爲規，一何煩碎！」

《穀梁疏》末數卷文法與前不同，非一人之筆。

《易·乾卦文言》：「其唯聖人乎！知進退存亡而不失其正者，其唯聖人乎！」上句「其唯聖人乎」，《釋文》云：「王肅本作『愚人』，後結始作『聖人』。」案：《釋文》獨言王肅本如此，則諸儒之本皆不如此矣。肅誤以「其唯聖人乎」與上文「知進而不知退」連讀之，而文義不通，遂改爲「愚人」。即此可見王肅好以私意改古經矣。經傳首尾二句相同者，如《繫辭傳》「天下何思何慮」、《論語》「禹，吾無間然矣」、「賢哉，回也」皆是。

陸元朗《釋文·序》云：「降聖已還，不免偏尚[三六]，質文詳略，互有不同。漢、魏迄今，遺文可見，或專出己意，或祖述舊音。」澧案：出己意者爲一派，祖述者爲一派，凡學術，總不出此兩派。惟鄭氏家法，兼此兩派而得其中。

《釋文·條例》云：經注「混而音之，尋討未易。今以墨書經本，朱字辯注，用相分別，使較然可求。」

孔穎達善算曆。舊、新《唐書》。

陸元朗《釋文》於諸經諸家音義，網羅甚富，擷取甚精，非止《五經》而已，似更勝於孔沖遠，當大表明之。

陸元朗云：「人禀二儀之淳和，含五行之秀氣，雖復挺生天縱，必資學以知道。故唐堯師於許由，周文學於虢叔。上聖且猶有學，而況其餘乎！至於處鮑居蘭，玩所先入；染絲斲梓，功在初變。器成采定，難復改移。一薰一蕕，十年有臭。豈可易哉，豈可易哉！」《釋文·序》。前之説足爲廢學者振其聾聵，後之説足爲嚮學者勵其首基。

唐人稱徐文遠之《左氏》、褚徽之《禮》、魯達之《詩》、陸德明之《易》，皆爲一時之最。今但知陸氏《釋文》，不知其精於《易》矣。

陸淳云：「聖典翳霾千數百年。」《春秋纂例》卷一。此程伊川之先聲也。

唐孔、賈《七經疏義》成而經學衰，何也？閻百詩曰：「蓋唐人崇進士之科而經學幾廢，與漢人重博士之官而經學大盛，殆不侔矣。」《潛丘札記》。朱竹垞曰：「唐人所尚者詩賦，往往未暇究明經義。陸氏獨能傳習其師説，通聖人之書於後世，其賢有過人者。當其時，蔡廣成以《易》，施士匄以《詩》，仲子陵、袁彝、韋彤、韋茝以《禮》，强蒙以《論語》，皆自名其學以顯於時，今其書俱不傳。」《陸氏春秋三書序》。

《郡齋讀書志》、《直齋書録》皆有崔靈恩《三禮義宗》，雖云殘缺，而皆存三十卷。惜乎其後遂亡之也。《郡齋讀書志》又有成伯璵《禮記外傳》四卷、《義例》二卷五十篇、《名數》二卷六十篇，雖以《禮記》爲目，通以《三禮》言之。此書今亦亡佚，可惜也。

【校記】

〔一〕此處引録有誤。《隋書·經籍志》：「《禮記講疏》九十九卷，皇侃撰；《禮記義疏》四十八卷，皇侃撰。」

〔二〕《左傳·昭十二年》，稿本、癸未本皆作「《昭十二年左傳》」。光按：《東塾雜俎》所引《春秋左傳》之文，條目一作《左傳某某年》，一作《某某年左傳》。後者不合今人標點慣例，故一律改同前者之例，不另出校。

〔三〕《左傳·隱公三年》，癸未本作「《傳》」。爲便於查閱，乃依上條之例，詳明其出處。

〔四〕先，癸未本作「光」，據稿本正之。

〔五〕沈文何，阮元《十三經注疏·春秋左傳正義》卷一《校勘記》云：「按：《隋書·經籍志》作『文阿』。」

〔六〕輔嗣，癸未本作「補嗣」，據阮元《十三經注疏·周易正義序》正之。輔嗣，三國魏人王弼之字。

〔七〕其於所作疏内，癸未本作「於其所作疏内」。光按：癸未本乃依舊本。然據阮元《十三經注疏·毛詩注疏校勘記·序》云：「閩本、明監本、毛本同案：『「於其所作疏内」，當作「其於作疏内」。「其於」二字誤倒。』」審其文義，當以此三本之案語爲是。

〔八〕令德，癸未本作「全德」，據稿本及《十三經注疏·周易正義·大畜疏》改。

〔九〕卷阿，癸未本作「卷河」，據稿本及《十三經注疏·毛詩正義·卷阿》改。

〔一〇〕瞻卬，癸未本誤作「贍卬」。

〔一一〕《巧言疏》，癸未本漏闕，據稿本及《十三經注疏·毛詩正義·巧言》補。

〔一二〕《樂記疏》，癸未本作「《樂紀疏》」，據稿本及《十三經注疏·禮記正義·樂記》改。

〔一三〕無，癸未本作「人」，據稿本及《十三經注疏·禮記正義·曲禮》改。

〔一四〕依，癸未本作「因」，據稿本及《十三經注疏·禮記正義·祭義》改。

〔一五〕彖，癸未本作「象」，據《十三經注疏·周易正義·乾彖》改。

〔一六〕説，癸未本作「法」。光按：稿本此句原作「臧玉林有點煩之説」，而下文有「其説則不可行也」，故改「法」爲「説」，以對應文意。又，癸未本此句之末原附夾注二小字曰：「有注。」讀此條全文，二字乃贅文，删去。

〔一七〕使之，癸未本作「始之」，據稿本改。

〔一八〕先，癸未本無，據《禮記正義》補。

〔一九〕其尤，癸未本作「尤其」，據稿本改。

〔二〇〕其所，癸未本作「所其」，據稿本改。

〔二一〕稿本、癸未本無標明「《禮記》」，據《禮記·儒行》補。

[二二]《商書·咸有一德》，癸未本作《書序》，據阮元《十三經注疏·尚書正義》卷八正之。

[二三]已有，癸未本作「己有」，據稿本及《十三經注疏·春秋左傳正義·昭六年傳》疏改。

[二四]癸未本無「米」字，據稿本及《十三經注疏·孟子注疏·梁惠王章句下》疏補。

[二五]除人，癸未本作「除也」，據《十三經注疏·孟子注疏·離婁章句下》改。

[二六]行法於人，癸未本作「行德於人」，據《十三經注疏·孟子注疏·離婁章句下》改。

[二七]則，癸未本無，據《十三經注疏·孟子注疏·離婁章句下》補。

[二八]孔曰，癸未本作「孔《疏》曰」，據稿本及《十三經注疏·論語注疏·學而第一集解》改。

[二九]癸未本無「犯顏」二字，據《十三經注疏·論語注疏·憲問第十四》疏補。

[三〇]輻，癸未本作「轂」，據《十三經注疏·周禮注疏·冬官考工記第六》改。

[三一]掣，癸未本無此字，據《十三經注疏·周禮注疏·冬官考工記第六》注增。

[三二]有文，癸未本作「舊文」，據《十三經注疏·周禮注疏·冬官考工記第六》疏改。

[三三]云，癸未本無，據文意補。

[三四]迤，癸未本無，據《十三經注疏·周禮注疏·冬官考工記第六》注補。

[三五]業不離身，癸未本作「學不離身」，據《十三經注疏·禮記正義·學記第十八》疏改。

[三六]偏尚，癸未本作「偏向」，據稿本及通志堂刻本《經典釋文·序》改。

卷七

北宋

五代十國，亂極之世，而人才漸出。張昭、聶崇義等，遂爲宋初儒臣之冠。其屈而在下者，如張昭之父直、孫奭之師王徹，皆當時經師，亦可謂有開必先矣。尹師魯《河南集》有《守瀛州樂壽縣尉任君墓志》云：「君諱某，字某。貝州清河人。治《五經》，盡明其章句大義，授經者凡數十人。咸平初中第。」是亦宋初之經師，惜其名字不傳。

王昭素少篤學，不仕，有志行，常聚徒教授以自給，博通《九經》，著《易論》二十三篇。開寶中，詔召赴闕，時年七十七。太祖曰：「何以不求仕，致相見之晚？」賜坐，令講《乾卦》，拜國子博士，留月餘，遣之。昭素每市物，隨所言而還直，未嘗論高下，縣人相告曰：「王先生市物，無得高取其價也。」其爲純質若此。當開國之初，特召斯人而加敬禮焉，足以振起一代風氣矣。宋太宗召陳摶赴闕，以賓禮見。（《名臣言行録》采《澠水燕談》）宋代之重處士，其風氣由於此。此張南山先生説。

趙雲崧云:　宋初制誥之臣多博雅。乾德三年,范質等三相俱罷,將獨相趙普,而無宰相書敕。帝以問陶穀,穀曰:「古來宰相未嘗虛位,惟唐文宗甘露之變,數日無相,左僕射令狐楚奉行。今尚書亦南省官,可以書敕。」竇儀曰:「非承平令典也。皇弟開封尹,同平章事,即宰相也,可書敕。」從之。儀之論固是,然古來偶有朝無宰相之故事,穀獨能記之。又,普獨相後,太祖欲置之副而難其名稱,問穀:「下宰相一等有何官?」穀曰:「唐有參知機務、參知政事。」遂以薛居正、吕餘慶爲參知政事。倉猝一問,即能援引故事,可見熟於典故也。太祖改年號乾德,以爲古所未有,後於宫中得乾德錢,以問竇儀,儀對以「僞蜀曾有此號」,詢知果自蜀中來者,始歎曰:「宰相須用讀書人!」太宗時,皇子元傑封吴王,行揚州、潤州大都督府長史。張洎謂:「六朝皇子封王,以郡爲國,置傅、相、内史等佐王爲治,或皇子不之國,則内史行郡事。唐改爲長史,凡親王授大都督,不之鎮,而朝命大臣臨郡者,即有長史之號,謂親王之上佐也。如段文昌出鎮揚州,云淮南節度副大使、知節度事兼揚州大都督府長史;李載義出鎮幽州,云盧龍軍副大使、知節度事兼幽州大都督府長史是也。今王既爲大都督,又爲長史,則是王自爲上佐矣。」即此數條,可見諸臣於朝章國典無不究心有素。又,錢俶薨,謚忠懿。張洎爲覆狀,有「受寵若驚,居亢無悔」語。張佖駁之,謂「亢龍無悔」非臣子所宜言。洎對狀曰:「《易》之《九三》,王弼注云:『處下體之極,居上體之下,因時而惕,故愈於上九之亢。』《正義》云:『《九三》居下體之極,是人臣之體。其能免亢龍之咎者,以慎守免禍也。』是人臣能免亢極之禍也。《漢書·梁商傳贊》云[一]：『地居亢滿，而能以謹厚自終。』[二]楊植作《許由碑》云：『錙銖九有，亢極一夫。』杜鴻漸《讓元帥表》云：『禄位亢極，過踰涯量。』盧杞作《郭子儀碑》云：『居亢無悔，其心益降。』張説作《祁國公碑》云：『一無目牛之全，一無亢龍之悔。』皆就人臣而言也。」乃詔：「洎援引故實，歷歷有據。罰佖一月俸。」以一「亢」字，而援引典故辯博如此。自朝章國故之不講，則有如蔡京，誤以唐太宗爲宋太宗，而廢尚書令者矣。本注云：徽宗詔：「尚書令太宗曾爲之，今不須復置。」説者謂宋太宗未嘗爲尚書令，惟唐太宗曾爲之，今誤以唐太宗爲宋太宗，乃蔡京當國，不學無術之故也。見京《傳》。自經義史學之不講，則有如章惇，謂北郊祀地，止可謂之社，而欲廢北郊大禮者矣。本注云：惇以北郊止可謂之社。黄履曰：「天子祭天地皆稱郊，故《詩序》云『郊祀天地』。若社，則土神也，豈有祭大祇亦謂之社乎？」北郊之議遂定。見《黄履傳》。然則北宋文學之臣，稽典故，援經史，俱確有據依，豈後代所可及哉！《廿二史劄記》卷二十四。

柳仲塗初名肩愈，謂肩昌黎也；字紹先，謂紹柳州也。此以古文自任也。後改名開，字仲塗。其言曰：「將開古聖賢之道於時也，將開今人之耳目使聰明也，必欲開之爲其塗矣，使古今由於吾也，庶幾吾欲達於孔子者也。」《補亡先生傳·答梁拾遺改名書》。此直以聖賢之道自任矣。其所著《默書》云「有命有性，有性有情，得其性理之静」，「求有於無，無不有也；求無於有，有其無也」。此已講性理而主静矣。年二十餘歲，自號「補亡先生」，自爲《傳》云：「先生始盡心於《詩》、《書》，每當卷，歎曰：『不幸其有亡逸者哉，吾不得見也！』遂各取其亡篇以補之，故號曰『補亡先生』。」蓋北宋之初，更五代大亂之後，復見太平，有志之士自奮於學術，此世運使之然也。特仲塗少年浮躁，不度德不量力耳。《夢溪筆談》云：「柳開少好任氣，大言凌物。應舉時，以文章投主司於簾外，凡千軸，載以獨輪車。引試日，衣襴自擁車以入，欲以此駭衆取寵。時張景能文有名，唯袖一書，簾前獻之。主司大稱賞，擢景優等。時人爲之語曰：『柳開千軸，不如張景一書。』」

韓魏公稱柳仲塗爲大儒。《題柳仲塗天平山記後》、《歐陽公墓誌》。范文正公云：「五代文體薄弱，皇朝柳仲塗起而麾之，髦俊率從焉。仲塗門人能師經探道，有文於天下者多矣。」《尹師魯河南集序》。魏公雖與仲塗同鄉，文正公雖因尹師魯之文而溯其源於仲塗，然二公非妄言者，蓋仲塗年長之後，無復浮躁之氣也。石守道云：「道至重也，孔子下千有餘年，能舉之者，孟軻氏、荀卿氏、揚雄氏、文中子、吏部、崇儀而已。」《與君貺學士書》。上文云：「韓退之吏部，柳仲塗崇儀。」此則推尊太過。石守道尤浮躁之甚者，其言固不足重耳。

王順渠道《文録》云：「宋自慶曆以前，英賢彙出，當時治體、風俗、人才皆淳龐渾厚，於時程、朱未生也，亦曷嘗如長夜哉！」澧未見順渠《文録》，此從《明儒學案》録出。澧謂：自宋興至慶曆八十餘年，真可謂治教休明者。朱子爲《五朝名臣言行録》，所載諸英賢，學問最深醇者李文靖、王沂公。文靖嘗讀《論語》，或問之，公曰：「沆爲相，如《論語》『節用而愛人，使民以時』兩句，尚未能行。聖人之言，終身誦之可也。」堂前藥欄壞，朝夕見之不言，妻以語之，公曰：「豈以此動吾一念哉！」胡文定曰：「李文靖澹然無欲，王沂公儼然不動，資禀既如此，又濟之以學，故是八九分地位也。」以上皆見《言行録》。劉原父《王沂公祠堂記》云：宋受命垂七十年，未有能興起庠序，致教化之隆者也。丞相沂公之守青，爲齊人建學；其後守鄆，爲魯人建學，由是二國之俗始益知貴《詩》、《書》之業，老師宿儒、幼子童孫，粲然自以復見三代之美。此皆論宋學者所當知也。

孫宣公講解諸經，校定正義，奏正禮樂，忠孝方重，直言敢諫，爲政寬惠，《宋史》本傳無此語，此據尹師魯《河南集》、《耿公克從墓誌銘》云：「是時，河陽孫公奭爲政尚寬惠。」真大儒也。《宋史·孫瑜傳》云：「仁宗訪其家世，曰：『卿孫奭子耶？奭，大儒也，久以道輔朕。』」黄梨洲《宋儒學案》不及之，以非伊洛淵源所自出耳。《宋史·孫奭傳》：奭爲翰林侍講學士，每講至前世亂君亡國，必反復規諷。《涑水記聞》云：孫奭建言：禮家六天帝〔三〕，止是天之六名，實則一帝。今位號重複，不合典禮，冬至宜罷五帝，雩祀設五帝，不設昊天帝位。乞與群臣議。不行。又云：孫奭舉動方重，議論有根柢，不肯詭隨雷同。此一段甚長。又云：孫奭定著《論語爾雅孝經正義》，又撰《崇祀録》、《樂記圖》、《五經節解》、《五服年月》，傳於時。（卷四）

宋真宗封禪，孫宣公上疏云：「國將亡，聽於神。」又云：「孰謂上天爲可罔，下民爲可愚，後世爲可欺？」其切直至此，真宗容之而弗斥。又謂王欽若等爲奸臣，爲邪佞，欽若等受之而不敢讒害。真宗固賢主，而宣公之忠誠能使奸邪心服，此自古忠臣所希有也。

孫宣公嘗掇《五經》切於治道者[四]，爲《經典徽言》五十卷，惜其書不傳。《直齋書録解題》有《徽言》三卷，乃司馬温公手鈔《子書》，自題其末云：「志於道德。」此與孫宣公書同名，惜乎亦不傳。後儒讀經、子者，當師二公之意而爲之，必有益也。

馮元從學於孫宣公，趙師民、楊安國，皆宣公所辟薦，並以經術進講。元通《五經》，辨析無滯，性簡厚，不治聲名，非慶弔未嘗過謁二府。執親喪，案禮不爲世俗齋薦。遇祭日，與門生誦説《孝經》。《涑水記聞》云：伯京曰：馮元判國子監，公讌日，以其家所賜酒充事，而取直以歸。人以此少之。無子。死之日，家資鉅萬。此蓋有意爲詬病者。司馬温公姑存其説耳。師民學問精博，孫宣公自以爲不及。淳静剛敏，舉止凝重，志向清遠，而勤於吏治，政有惠愛。安國講説，一以注疏爲主。仁宗稱其行義淳質。皆北宋醇儒碩學也。本傳論曰：「歐陽修稱師民『醇儒碩學』。」

《宋史·賈昌朝傳》云：「除國子監説書。孫奭判監，獨稱昌朝講説有師法。」孫復爲邇英閣祇候説《書》，楊安國言其講説多異先儒，罷之。《宋史·孫復傳》[五]。此不愧爲宣公所薦矣。孫明復與胡安定不合，在太學常相避，不知其不合者何故。蓋亦以講説多異先儒，爲安定所不喜歟？

《郡齋讀書志》云：「先是，大臣稽古不過秦漢。引經議政，蓋自賈昌朝始。」卷一下。《宋史·職官志》：「仁宗景祐元年正月，命賈昌朝、趙希言、王宗道、楊安國，並爲崇政殿説書，日輪二員祇候。初，侍講學士孫奭年老乞外，因薦昌朝等。至是，特置此職以命之。」

朱子《名臣言行録》云：范淳夫奏：「皇祐中，楊安國講『直哉，史魚！邦有道，如矢；邦無道，如矢。君子哉，蘧伯玉！邦有道，則仕；邦無道，則可卷而懷之[六]』，仁宗曰：『蘧伯玉信君子矣[七]，然不若史魚之直！』據孔子之所言[八]，則史魚不若蘧伯玉之爲君子。仁宗之言，仁君之言也。人君唯欲臣下切直[九]，故言蘧伯玉不如史魚，以開臣下切直之路。」

范文正公自言：「但信聖人之書，師古人之行。上誠於君，下誠於民。」《上資政晏侍郎書》。文正之學，蓋盡於此四語。

又云：聖人崇名教而天下始勸。名教不崇，則爲人君者謂「堯、舜不足慕，桀、紂不足畏」，爲人臣者謂「八元不足尚，四凶不足耻」，天下豈復有善人乎？人不愛名，則聖賢之權去矣。《經》曰：「立身揚名。」又曰：「善不積，不足以成名。」又曰：「耻没世而名不稱。」又曰：「榮名以爲寶。」是則教化之道，無先於名。同上。「孔子作《春秋》，即名教之書也。善者褒之，不善者貶之，使後世君臣愛令名而勸，畏惡名而慎矣。」《近名論》。又云：「漢李膺之徒，黑白太清而禁錮戮辱，雖一身潔清，千古不昧，奈何邪正相激，速天下之禍，漢室亦從而亡。」《與省主葉内翰書》。又云：「宜其與國同憂[一〇]，無專尚名節而忘邦家之大，則天下幸甚。」同上。公之學在崇名教，而又無矯激沽名之弊，觀此可知。

又《奏上時務書》云：「雞鳴而起，孜孜聽政。每有餘暇，則召大臣講議文武，訪問艱難。」又云：「日聞美言，則知佞人未去，此國家之可憂也；日聞直諫，則知忠臣左右，此國家之可喜也。伏惟聖明不可不察。自古王者外防夷狄，内防奸邪。」「奸邪之凶，甚於夷狄之患。」又云：「刑法之吏言絲髮之重輕[一一]，錢穀之司舉錙銖之利病，則往往謂之急務，響應而行。或有言政教之源流，議風俗之厚薄，陳聖賢之事業[一二]，論文武之得失，則往往謂之迂説，廢而不行。豈朝廷薄遠大之謀，好淺末之議哉！」澧謂：此所論不獨當時之務，實百世不易者，真不可不察也。

其論教育人材，則有云：「國家之患，莫大於乏人。人曷嘗而乏哉！」「吾觀物有秀於類者，曾不減於古；豈人之秀而賢者獨下於古歟[一三]？誠教有所未格，器有所未就而然耶！」《邠州建學記》。又云：「夫善國者莫先育材，育材之方莫先勸學，勸學之道莫尚宗經。宗經則道大，道大則才大，才大則功大。」《上時相議制舉書》。又云：「前代盛衰，與文消息。」同上。又云：「國之文章，應於風化。風化厚薄，見乎文章。」「故文章之薄，則爲君子之憂。」《奏上時務書》。又云：「修辭者不求大才，明經者不問大旨。師道既廢，文風益澆。」同上。又云：「今士林之間，患不稽古。委先王之典，宗叔世之文。詞多纖穢，士惟偷淺[一四]。言不及道，心無存誠。暨於入官，鮮於致化。有出類者，豈易得哉！中人之流，浮沉必矣。」《上執政書》。又云：朝廷命試之際，不以教育爲意，而以去留爲功，恐非朝廷勸學育才之道也。《上時相議制舉書》。

《范文正公集》有《易義》二十七條，每卦一條。《上經》惟有《乾卦》，餘皆無。《下經》無《姤》、《歸妹》、《渙》、《節》、《中孚》、《小過》、《既濟》、《未濟》八卦。蓋已殘缺，然所存者精義不少。如《恒卦義》云：「士之常，在於己不在於人；諸侯之常，在於政不在於鄰；天子之常，在於道不在於權。」《晉卦義》云：「上無文明，賢斯遁矣。」《損卦義》云：「下者上之本，本固則邦寧。今務於取下，乃傷其本矣，危之道也。損之有時，民猶説也。兑爲説。損之無時，澤將竭焉。兑爲澤。故曰：『川竭必山崩。』此之象也。無他，下涸而上枯也。」《益卦義》云：「下之益上，則利有竭焉；上之益下，則因其利而利之，何竭之有？」《夬卦義》云：「以虚受人，然後能萃其天下。」《井卦義》云：「唯井也，施之而不窮，存之而不溢。惟德也，常施於人而不見其虧，獨善於身而不見其餘[一五]。」《震卦義》云：「君子之懼於心也，思慮必慎其始，則百志弗違於道；懼於身也，進退不履於違，則百行弗罹於禍。」《巽卦義》云：「巽之爲德，其失也僞。非君子體之，則入乎柔邪之道矣。」《兑卦義》云：「説之爲德，其失也佞。上下皆説之時，必内存其剛正，然後免佞之情。故曰：『説以利貞。』」又有《四德説》云：「體其元而兼其三者，堯、舜也歟。後之人，孰能生知？宜乎跂踵而勤行矣。處必親仁，元之基也。動能俟時，亨之始也。進思濟物，利之方也。守誠不回，貞之道也。四者未能兼行，則出乎彼而入乎此，出乎此而入乎彼，周旋進退，不離四者之中。如是，則其殆庶幾乎！」文正之經學，於此可見其大略。其説四德，尤切於儒者身心，而又明白易知，勝於空説陰陽者遠矣！

曾南豐《上范資政書》云：「嘗聞而論天下之士，豪傑不世出之材，數百年之間，未有盛於斯時也。而造於道，尤可謂弘且深；更天下之事，尤可謂詳且博者，未有過於閤下也。」《名臣言行録後集》卷一論韓魏公、范文正公，皆由天資高，不由講學。《宋元學案》於范文正公，惟録《易義》、《家人》、《升》、《艮》、《漸》四條，《易義》之外皆不録，殊爲簡略。且以文正置之胡安定、孫明復之後，蓋推尊胡氏、孫氏，而二人皆文正所薦舉，因而及於文正耳。然《名臣言行録》載《東軒筆録》云：文正在睢陽掌學，以《春秋》授孫明復。後十年，孫明復以《春秋》授學者。豈可置文正於孫明復之下乎？

《新唐書・啖助傳》贊曰：左氏、公羊、穀梁三家言經，各有回舛，然猶悉本之聖人，其得與失蓋十五，義或謬誤，先儒畏聖人，不敢輒改也。啖助摭訕三家，憑私臆决，尊之曰「孔子意也」，趙、陸從而唱之。嗚呼！孔子没乃千餘年[一六]，助所推著果其意乎？其未可必也。以未可必而必之，則固；持一己之固而倡兹世，則誣。徒令後生穿鑿詭辨，詬前人，捨成説，助所階已。錢辛楣云：「此等議論，歐陽所不能道。其後王安石、鄭樵輩出，以穿鑿杜撰爲經學，詆毀先儒，景文已先見及之矣。」《養新録》卷六。陸清獻云：「孔、賈之信康成，不猶愈於啖叔助之自信乎？」《讀禮志疑》卷一。

孫明復年四十不娶，退居泰山之陽，枯槁憔悴，鬚鬢皓白。《澠水燕談》。歐陽永叔作《墓志》云「年踰四十」，《澠水燕談》云「五十」。李迪以其弟之女妻之，明復猶豫，石守道請成丞相之賢，明復乃聽之。守道既爲學官，語人曰：「孫先生非隱者也。」《墓志》云「欲仕而未得其方也」。於是范文正、富文忠皆言其有經術，宜在朝廷。除祕書省校書郎、國子監直講。澧謂：明復既老而不娶矣，何以宰相欲以弟之女妻之，則猶豫乎？設有寒士欲以女妻之，則猶豫否乎？守道請成之否乎？守道又作賢李之篇，見《黄氏日鈔》。以諂李迪。且謂其師非隱者，以希冀薦舉其爲學官，出入大臣之門，招賓客，預政事。張安道謂其「狂譎盜名」。《名臣言行録》采《蘇氏談訓》。全謝山《宋元學案》乃稱爲「巖巖氣象」，不可解也。

歐陽文忠云：「漢興，《六經》在者皆錯亂、散亡、雜僞，而諸儒方共補緝，以意解詁，未得其真。」《新唐書·禮樂志》。又云：「自《六經》焚於秦而復出於漢，其師傳之道中絶，而簡編脱亂訛缺，學者莫得其本真，於是諸儒章句之學興焉。其後傳注、箋解、義疏之流，轉相講述，而聖道粗明，然其爲説固已不勝其繁矣。」《新唐書·藝文志》。王介甫云：「孔子没，道日以衰熄，浸淫至於漢，而傳注之家作。」「使其傳注者皆已善矣，固足以善學者之口耳，而不足善其心[一七]，况其有不善者乎，宜其歷年以千數，而聖人之經卒以不明，而學者莫能資其言以施於世也。」《書洪範傳後》。曾子固云：周衰，先王之迹熄。六藝出於秦火之餘，漢士争爲章句訓詁之學，以私見穿鑿，故先王之道不明。當是時，能明先王之道者，揚雄而已。然士之出於其時者，皆勇於自立，無苟簡之心，取予進退去就，必度於禮義，抗志於强暴，至於廢錮殺戮，而其操愈厲。雖有不軌之臣，不敢遂其簒奪。魏、晉以來，風俗弊，人材乏。以迄於今，士乃有特起於千載之外，明先王之道者。不亂於百家，不蔽於傳疏。此漢之士所不能及。《筠州學記》。又云：漢興，六藝皆得於斷絶殘脱之餘，世復無明先王之道以一之者。

諸儒苟見傳記百家之言，皆悦而嚮之。故先王之道爲衆説之所蔽，闇而不明，鬱而不發，而怪奇可喜之論，各師異見，皆自名家者，誕漫於中國，一切不異於周之末世。其弊至今尚在也。自斯以來，天下學者知折衷於聖人，而能純於道德之美者，揚雄氏而止耳。如劉向之徒，皆不免爲衆説之所蔽。《新序目録序》。澧案：歐、王、曾三家之論大略相同，其時師友間風氣如此。歐謂「漢以後聖道粗明」，王與曾則皆云「不明」，語雖小異而意則同也。曾云「士有特起於千載之外，明先王之道者」，蓋自謂也。猶程伊川所謂「生於千四百年之後，得不傳之學」也。其稱漢士自立抗志，而褒揚雄，貶劉向，則不可解矣。王介甫爲《王深父墓誌銘》云：志欲以聖人之道爲己任，世多見爲迂闊。嗟乎！令深父而有以合乎彼，則必無以同乎此矣。曾子固《與介甫書》盛稱此數語，云：「是道也，過千歲以來，至於吾徒，其智始能及之。」澧謂：此數語，何至千歲以來之人，其智皆不能及？標榜太過矣！

歐陽文忠詆《易·繫辭》、《文言》、《説卦》云：皆非聖人之作，衆説淆亂，害經而惑世。《易童子問》。其詆《論語》，則云：夫子死，門弟子記其言。門弟子死，而其書寫出乎人家之壁中者，果盡夫子之言乎哉？《三年無改問》。其詆《中庸》，則云：虚言高論而無益，怠人而中止，無用之空言。《問進士策》。其詆《春秋三傳》，則云：妄意聖人而惑學者。《春秋論》。其盡詆諸經，則云：「秦之焚書，《六經》盡矣。至漢而出者，皆其殘脱顛倒，或傳之老師昏耄之説，或取之冢墓屋壁之間。」《問進士策》。又云：「《書》載鳳皇之來，《舜詩》録玄鳥之生，《商易》稱河洛出圖書，《禮》著龜龍游宫沼，

《春秋》明是非而正王道。六鷁鸜鵒，於人事而何干？二《南》本功德於后妃。《麟趾》、《騶虞》[一八]，豈婦人而來應？昔孔子見作俑者，歎其不仁，以謂開端於用殉也。況《六經》萬世之法，而容異說，自啓其源？自秦、漢以來，諸儒所述，荒虛怪誕，無所不有，推其所自，抑有漸乎？」同上。翁覃溪曰：「乃有宋歐陽修者，誣謗《繫辭傳》，獲罪於聖人。學者顧未詳觀其卷耳，未有觀此而不爲之髮指者矣。」《經解目録序三》。澧詳觀其卷，觀其遍詆諸經，且謂之「作俑」，不勝駭異，固無怪覃溪之盛怒也。王介甫《答韓求仁書》云：「古者鳳鳥至，河出圖，皆聖人在上之時。其言『鳳鳥不至，河不出圖』者，蓋曰無聖人在上而已矣[一九]。」曾子固《洪範傳》云：「《易》曰『洛出書』，然而世或以爲不然。以非其耳目之所習見，則果於以爲不然，是以天地萬物之變爲可盡於耳目之所及，亦可謂過矣。爲是説者，不獨蔽於洪範之錫禹，至鳳凰、麒麟、玄鳥、生民之見於經者，亦且以爲不然，信臆決而疑經，不知其不可，亦可謂惑矣。」曾、王二説，皆所以救歐陽文忠之失也。《論衡·宣漢篇》曰：「孔子言鳳皇、河圖者，假前瑞以爲語也，未必謂世當復有鳳皇、河圖也。」王充此説，已甚明矣，歐陽公蓋未見耳。

歐陽文忠云：「夫荀卿者，未嘗親見聖人，徒讀其書而得之。然自子思、孟子已下，意皆輕之。使其與游、夏並進於孔子之門，吾不知其先後也。世之學者，苟如荀卿，可謂學矣。」《鄭荀改名序》。此説尤不可爲訓。輕子思、孟子，則可謂學，是率天下而輕子思、孟子也。

《朱子文集·考歐陽文忠公事迹》：「李本云：『公嘗謂：「世之學者好以新意傳注諸經，而常力詆先儒。先儒於經不能無失，而其所得者固多矣。正其失，可也；力詆之，不可也。」其語在《詩譜後序》。又謂：「前儒注諸經，唯其所得之多，故能獨出諸家而行於後世。而後之學者各持好勝之心，務欲掩人而揚己，故不止正其所失。雖其是者，一切易以己説，欲盡廢前人而自成一家。於是至於以是爲非，牽彊爲説，多所乖謬，則並其書不爲人所取。此學者之大患也。」故公作《詩本義》，止百餘篇而已，其餘二百篇無所改易，曰：「毛、鄭之説是也，復何云乎？」』」澧案：歐陽公議論醇正如此，然而力詆先儒者，公爲最甚，何也？又可見當時學者以新意傳注諸經，力詆先儒者，其常也，非歐公倡之也。

王介甫《太平州新學記》云[二〇]：「積善而充之，以至於聖而不可知之謂神[二一]；推仁而上之，以至於聖人之於天道，此學者之所當以爲事也。」介甫之妄爲高論如此，正當改之曰「此學者之所不當以爲事耳」。

王介甫《答吴孝宗論先志書》云：「吾弟自以爲才不及子貢，而所言皆子貢所欲聞於夫子而不得者也[二二]。」此可見北宋時風氣已好爲極高之論矣。亭林先生云：「可見非二程倡之。」老蘇《上田樞密書》：「天下之學者，孰不欲一蹴而造聖人之域？然及其不成也，求一言之幾乎道而不可得也。」《嘉祐集》卷十四。當時之人皆「欲一蹴而造聖人之域」，乃風氣如此。

北宋人壞經學，王介甫曰：閩人石仲卿，於進士中名知經，往往脱傳注而得經所以云之意。

《石仲卿字序》。又曰：「學者不知古之所以教，而蔽於傳注之學也久矣。」《書洪範傳後》[二三]。程伊川云：「學者多蔽於解釋注疏，不須用功深。」《程氏外書》卷一。《外書》所載，未可信爲程子語。然雖有增改，亦程門學者之筆也。

曾南豐《王深父文集序》云：深父諱回。當先王之迹熄，六藝殘缺，道術衰微，天下學者無所折衷，深父於是奮然獨起，因先王之遺文以求其意，破去百家傳注，推散缺不全之經，以明聖人之道於千載之後，所以振斯文於將墜，回學者於既溺。又《王子直文集序》云：窮探力取，極聖人之指要。將與《詩》、《書》之作者並，而又未知孰先孰後也[二四]。又《王容季墓誌銘》云[二五]：「日與其兄講唐、虞、孔子之道。」又《王容季文集序》云：「令其克壽，得就其志，則將紹六藝之遺言，其可禦哉！」

曾子固《筠州學記》云：「夫《大學》之道，將欲誠意正心修身，以治其國家天下，而必本於先致其知。則知者固善之端，而人之所難至也。」《熙寧轉對疏》云：「《大學》所以誠意正心修身，治其國家天下，而要其所以爲始者，致其知也。故臣以謂正其本者，在得之於心而已。得之於心者，其術非他，學焉而已矣。此致其知所以爲《大學》之道也。」《洪範傳》云：古之欲明明德於天下者，必始於知至意誠心正[二六]，然後身修，身修然後國家天下治。以是爲《大學》之道，百王莫不同然。而見於經者，莫詳於堯。蓋聰明文思，堯之得於其心者也[二七]。克明俊德，能求諸身也。以親九族，求諸家也。平章百姓，求諸國也。協和萬邦，黎民於變時雍，求諸天下也。此於《大學》已尊信而表章之矣。

南豐長於程明道十四歲。《虞道園集・盧陵劉桂隱存稿序》云:「南豐曾子固博考經傳,知道修己。伊洛之學未顯於世,而道說古今,反覆世變,已不失其正。亦孰能及之哉!」萬曆丁酉寧瑞鯉《重刻南豐先生文集序》云:「先生生洛學未興之前,致知誠意之説率先啓鑰,功良偉矣!」

曾子固云:孔子之徒三千,其顯者七十二人,然獨稱顔氏之子,其殆庶幾乎?及回死,又以謂無好學者。《説苑目録序》。王介甫云:孔子曰:「有顔回者,好學,不遷怒,不貳過。」顔子之所學,非世人之所學。《禮樂論》。此皆與程伊川之説略同。世人知有伊川之説,不知有曾子固、王介甫之説也。

又《梁書目録序》云:「《書》曰思曰睿,睿作聖,蓋思者所以致其知也。能致其知者,察三才之道,辨萬物之理,小大精粗,無不盡也。此之謂『窮理』,知之至也。」程、朱「窮理」之説,此開其先矣。思者所以致其知,然則學者格物也。朱子《補格物傳》似取於此。

又《相國寺維摩院聽琴序》云:「若夫三才萬物之理,性命之際,力學以求之,深思以索之,使知其要,識其微,而齋戒以守之,以盡其才,成其德,至合於天地而後已者,又當得之於心[二八],夫豈非難哉!」序相國寺聽琴而説古禮樂,序《梁書》目録而説聖人與佛不同,皆借題發論耳。

又《南軒記》云:「然則吾之所學雖博,而所守者可謂簡;所言雖近而易知,而所任者可謂重也。」又《請令州縣特舉士札子》云:「臣以謂三代學校勸教之具,漢氏郡國太常察舉之目,揆今之宜，理可參用。」又《送丁琰序》云：「今也，庠序、師友、賞罰之法非古也，士也有聖人之道，欲推而教於鄉於天下，則無路焉。人愚也，則愚矣。可教而賢者，卒誰教之哉？故今之賢也少。賢之少，則自公卿大夫，至於牛羊倉廩賤官之選，常不足其人焉，獨守令哉！是以其求之無不至，其法日以愈密，而不足以爲治者，其原皆此之出也已。」南豐之學最似道學，至二程，更親切一層耳。隆慶五年邵濂撰《南豐先生文集序》云[二九]：「《敘戰國策》言道以立本，法以適變。《敘聽琴》詳五禮六樂其用，至於養才德合天地而後已。《筠州學記》則詳次《大學》誠正修身，而本之致知。《新序》之作，又深明學有統，道有歸，而斥衆說，大較以一德同俗、當理無二爲旨趣。

又《送趙宏序》云：「今之言古書往往曰迂，然書之事乃已試者也。事已試而施諸治，與時人之自用[三〇]，孰爲得失耶？」又《類要序》云：「士不素學而處從官大臣之列，備文儒道德之任，其能不餒且病乎？」又《上歐陽學士第一書》云：「嘗自謂於聖人之道，有絲髮之見焉。周遊當世，常斐然有扶衰救缺之心，非徒嗜皮膚，隨波流，搴枝葉而已也。」《上杜相公書》云：「若鞏者，誠鄙且賤，然常從事於書，而得聞古聖賢之道。」曾南豐云：「吾所論聖人之說，彼左氏何與焉！」《集外文·問堯篇》。

又言：李白之詩，中於法度者寡。《李白詩集後序》。

又云：令劉向以其志能擇其所學，以盡乎精微，則其所至未可量也。《說苑目録序》。

蘇東坡云：學者之病，棄迹以逐妙。天文地理、音樂律曆、宫廟服器、冠昏喪紀之法〔三一〕，春秋之所去取，禮之所可，刑之所禁，歷代之所以廢興，與其人之賢不肖，此學者之所宜盡力也。曰「是皆不足學。學其不可載於書而傳於口者」。孔子曰：「吾嘗終日不食，終夜不寢，以思，無益，不如學也。」由是觀之，廢學而徒思者，孔子之所禁，而今世之所尚也。《大悲閣記》。東坡論學，醇實如此。又云：佛之道難成，言之使人悲酸愁苦。其始學之，皆入山林，踐荆棘蛇虺，袒裸雪霜，或刲割屠膾，燔燒烹煮，以肉飼虎豹烏鳥蚊蚋，茹苦含辛，更百千萬億年而後成。其不能此者，猶棄絶骨肉，衣麻布，食草木之實，務苦瘠其身。自身口意莫不有禁，其略十，其詳無數。如是僅可以稱沙門、比丘。其勞苦卑辱，過於農工遠矣。今何其棄家毀服壞毛髮者之多也！意亦有所便歟？寒耕暑耘，官又召而役作之，凡民之所患苦者，我皆免焉。吾師之所謂戒者，爲愚夫未達者設也，若我何用是爲？治其荒唐之説，攝衣升坐，問答自若。大抵務爲不可知，設械以應敵，匿形以備敗，窘則推墮滉漾中，不可捕捉。吾遊四方，見輒反覆折困之，度其所從遁而逆閉其塗，往往面頸發赤。然業已爲是道，勢不得以惡聲相反。則笑曰：「是外道魔人也。」吾之於僧，慢侮不信如此。《中和勝相院記》。此極言學佛之苦，而於僧又慢侮不信。然則其詩文之談禪者，或游戲語耶？

劉原父《論龍昌期學術乖僻疏》云：前日朝廷以龍昌期所著書下兩制，臣等觀其穿鑿臆説，詭僻不經，甚至毁訾周公，乞下益州毁棄版本，未聞朝廷卓然有所施行。今忽加賜五品章服及絹百匹。

《直齋書録解題》卷十：《天保正名論》，龍昌期撰。其學迂僻，專非周公，妄人也。司馬温公《答張先生砥書》云：建白於上，乞廢《三傳》之學，而行足下之書，以伸千載聖人未明之意。此尤非光之所敢任也。

北宋盛時，乃有此等狂悖之人，殊可怪歎！

《程氏遺書》云：「昔受學於周茂叔，每令尋顔子、仲尼樂處，所樂何事。」卷二上。「周茂叔窗前草不除去，問之，云：『與自家意思一般。』」卷三。《易》有百餘家，難爲遍觀。且須看王弼、胡先生、荆公三家。卷十九。程子稱安定必曰胡先生，稱濂溪則曰周茂叔。如《明道先生行狀》云：「聞汝南周茂叔論道，遂厭科舉之業。」司馬温公稱安定曰胡侍講先生。《傳家集》有《酬胡侍講先生見寄詩》。

胡安定之學切實有用。朱子弟子或使修《通鑑綱目》，或使修《三禮》，尚有胡安定之遺意。

歐陽永叔《胡先生墓表》云：「其在湖州之學，弟子去來，常數百人，各以其經轉相傳授。」

胡安定經義齋，擇疏通有器局者居之。《名臣言行録前集》卷十，采《吕氏家塾記》。蓋治經之士最忌繁碎迂僻，不可不擇也。

先生尤患隋、唐以來仕進尚文詞而遺經業，苟趨禄利。《名臣言行録》采《曾孫滌記》。

倪天隱述胡安定《周易口義》云：「性者，天生之質，有剛柔遲緩之別。澧案：「遲緩」二字，蓋有一誤。命者，人所禀受，有貴賤夭壽之等。皆上天默定之也。至於草木之性，有甘有苦，有益人者，有害人者，皆天所賦性命之然也。澧案：「之」字上下有脱字。」又云：「性者，天生之質。仁、義、禮、智、信五常之道無不備具，故禀之爲正性。喜、怒、哀、樂、愛、惡、欲七者之來，皆由物誘於外，則情見於内，故流之爲邪情。唯聖人則能使萬物得其利而不失其正者，是能性其情，不使外物遷之也。然則聖人之情固有也，所以不爲之邪者，但能以正性制之耳。」《乾卦口義》。安定言性情之理，平實明白如此[三二]。

《名臣言行録》云：胡安定仁宗朝嘗上書請興武學，其略曰：今國子直講内梅堯臣曾注《孫子》。孫復而下，皆明經旨。若使堯臣等兼莅武學，每日再講《論語》，使知忠孝仁義之道，必有成效。

呂厚期記。

李泰伯《與胡先生書》云：近有以先生所著文爲惠者，喜而讀，讀而疑，或者少年所作乎？竊觀《原禮篇》，曰：「民之於禮也，如獸之於囿也，禽之於紲也，魚之於沼也。豈其所樂哉？勉强而制爾。民之於侈縱奔放也，如獸之於山藪也，禽之於飛翔也，魚之於江湖也。豈有所使哉？情之自然爾。」云云。覯不敏，大懼。此説之行，則先王之道不得復用。天下之人將以聖君賢師爲讎敵，寧肯俛首而從之哉！澧案：胡安定議論未必乖謬如此，殊不可解。《周易口義》以「潛龍勿用」爲素隱行怪，沽名傲世，退身山林，豈聖賢之功？《乾卦蒙卦口義》。尤爲乖謬。或因惡孫明復，爲此説以譏之耶？

《涑水記聞》卷十五：熙寧初，有成都進士李戒投書見訪，云：「戒少學聖人之道，自謂不在顔回、孟軻之下。」無何，復來投書曰：「自生民以來，惟孔子爲聖人。孟軻以降，蓋不足言。今日復有明公可繼孔子。」余駭懼，遽還其書。北宋時風氣，有狂妄如此者。

司馬温公云：某性愚魯，自幼誦諸經讀注疏以求聖人之道，直取其合人情物理目前可用者而從之。前賢高奇之論，皆如面墻。比老，止成一樸儒而已。《答懷州許奉世秀才書》。

今人以宋人輕蔑注疏，歸咎於道學。其實不然也。李泰伯云：「世之儒者，以異於注疏爲學。」《寄周禮致太平論上諸公啓》。泰伯卒於嘉祐四年己亥，其時二程甫二十餘歲，而風氣已如此。司馬温公《論風俗箚子》云：新進小生不知臧否，口傳耳剽，翕然成風。循守注疏者謂之腐儒，穿鑿臆説者謂之精義。且性者，子貢之所不及；命者，孔子之所罕言。今之舉人，發口秉筆，先論性命，乃至流蕩忘返，遂入老、莊。此箚子上於熙寧二年己酉，距泰伯卒後十年，此風更熾耳。

司馬温公云：「君子從學貴於博，求道貴於要。道之要，在治方寸之地而已。」《中和論》。「學者，所以求治心也。學雖多而心不治，安以學爲？」《迂書學要》。「學者，貴於行之而不貴於知之，貴於有用而不貴於無用。」《答孔司户文仲書》。

《潛虚・林》首《郡齋讀書志》云：「《潛虚》以五行爲本，五五相乘爲二十五，兩之得五十首。是《潛虚》亦稱首也云：「夫民之所資者，道也。不可斯須去也。是以君臣相與議於朝，師友相與講於野，然後道存而國可治也。」《得》首云：「牝牡飲食，禽獸之識；官爵財利，僕隸之志。欲仁求仁，入自聖門。」此何止可擬《太玄》，直可謂吐辭爲經矣！《痛》首云：「外强中懈，侍而不戒。」解云：「外强中懈，釁所從也。」《資》首云：「山童澤涸，今笑後哭。」解云：「山童澤涸，其利窮也。」《散》首云：「敝弓之弨，益漆與膠。」解云：「益漆與膠，結以禮信也。」此又可謂驚心動魄者矣。《慮》首云：「旁瞻千里，却顧百世。」解云：「旁瞻却顧，所慮遠也。」《瞿》首云：「周規孔制，後世之計。」解云：「周規孔制，憂萬世也[三三]。」此温公自言其著書之意歟？《湛》首云：「家有《韶濩》，外忘其慕。」《聲》首云：「蔽葉之蜩，其鳴曉曉，蜚鳥之招。」此二條，吾輩尤當常誦之，一以自慰，一以自戒也。

司馬温公云：「人君之德三：曰仁，曰明，曰武。致治之道三：曰任官，曰信賞，曰必罰。」公於仁宗、英宗、神宗及元祐太后時，皆陳奏此數語。且云：「臣生平力學所得，至精至要，盡在於是。若果無可取，則臣無用於聖世矣。」又云：「臣歷觀古今之行事，竭盡平生之思慮，質諸聖賢之格言，治亂、安危、存亡之道舉在於是，不可移易。是以區區，首爲累朝言之。不知臣者，以臣爲進迂闊陳熟之語[三四]；知臣者，以臣爲識天下之本源也。」《陳三德上殿劄子》、《言御臣上殿劄子》、《歷年圖後序》、《初除中丞上殿劄子》、《進修心治國之要劄子狀》。澧謂：此不獨爲有宋累朝言之，直可爲萬世言之，永爲師法也。嘉熙元年，王埜輪對，采事係安危者四，端專以温公仁、明、武推説。

又云：「天下安危治亂不在於他，在於人主方寸之地而已[三五]。」《上皇太后疏》。「學者，帝王之首務，不可忽也。」《乞開講筵劄子》。「忠直敢言之臣，國家之至寶也。」《留吕誨等劄子》。「保基緒，傳子孫，孝之實也。」《五規務實》。此即《孝經》保其社稷，守其宗廟，守其祭祀之義也。如此類者，可謂敷其道與伊、説爭衡，考其文與《典》、《謨》接軫者矣。其後馬天驥輪對，假温公《五規》之名，條上時弊，詞旨切直。

又云：「王者之職，在於量才任人，賞功罰罪而已。苟能謹擇公卿牧伯而屬任之，則其餘不待擇而精矣；謹察公卿牧伯之賢愚善惡而進退誅賞之，則其餘不待進退誅賞而治矣。」《上體要疏》。又云：「凡擇言事官，當以三事爲先：第一不愛富貴，次則重惜名節，次則曉知治體[三六]。具此三者，誠亦難材。」《舉諫官劄子》。又云：「朝廷今欲整治天下，蘇息疲民，先須十八路各得好監司一兩人，忠厚曉事，憂民忘私，使之進賢退不肖，興利除害。朝廷於本路事有所不知，問之則以實對，委之措置則不至乖方，然後可以倚仗爲耳目股肱也。苟非其人，則百事倒置矣。」《三省咨目》。又云：「凡爲監司州縣長吏[三七]，當進賢退不肖。不可但令覺察有罪，不令舉薦賢才。今欲立舉薦四條：一曰仁惠，本注云：「謂安民利物，衆所畏愛。非疲軟不立，曲取人情者。」二曰公直，本注云：「謂心無適莫，事不吐茹。非內私外公，實佞詐直者。」三曰明敏，本注云：「謂深察情理，應機辦事。非飾詐掠美，利口矜功者。」四曰廉謹；本注云：「謂安貧守分，動遵法度。非詐清釣名[三八]，偷安避事者。」按察四條：一曰苛酷，本注云：「謂用刑繁苛，殘虐踰法者。」二曰狡佞，本注云：「謂傾險巧詐，危人自安者。」三曰昏懦，本注云：「謂不曉物情，依阿無守者。」四曰貪縱。本注云：「謂饕餮無厭，任情不法者。」凡監司州縣於所部之內，皆得以此八條舉按官吏。《乞令監司州縣各舉按所部官吏白劄子》。又云：上自公卿，下及斗食，大抵多懷苟且之計，莫肯爲十年之規，况萬世之慮乎！《五規遠謀》。又云：「夫爵位者，人主所以御群臣之大柄也。然品秩高下，本皆虚名，但以難得之故，爲人所貴。若其易得，則爲人所賤矣。」《言兩府遷官第二箚子》。又云：「爲今之計，莫若收拔賢俊，隨材授任，以舉百職。有功必賞，有罪必罰，以修庶政。慎擇監司，澄清守令，以安百姓。屏絶浮費，沙汰冗食，以實倉庫。詢訪智略，察驗武勇，以選將帥。申明階級，翦戮桀黠，以立軍法。料簡驍鋭，罷去羸老，以練士卒。完整犀利，變更苦窳，以精器械。」《論横山疏》。又云：「凡取士之道，當以德行爲先，文學爲後。就文學之中，又當以經術爲先，辭采爲後。」《起請科場箚子》。又云：勘會近歲法令，尤爲繁多。凡法貴簡要，令貴必行，則官吏易於檢詳，咸知畏避。今欲特降指揮，下尚書六曹，委長貳郎官，同共看詳本曹新舊條貫，内有海行已有，及全無義理，於事無益，防禁太嚴，難爲遵守者，盡令删去。惟取紀綱大體，切近事情，朝夕不可無者，方始存留作本司條貫。《乞令六曹删减條貫箚子》。「舊例只是前官所行，或是或非，豈足永爲後法？」《乞令三省諸司無條方用例白箚子》。「是非錯謬，賢不肖混淆，而鉤校簿書，訪尋比例，其於政也，不亦遠乎？」《五規·務實》。「宰相以道佐人主，安用例？苟用例，則胥吏足矣。」見蘇子瞻所撰《行狀》。

温公《論風俗箚子》云：「臣聞國之政治在於審官，官之得人在於選士，士之嚮道在於立教，教之歸正在於擇術。是知選士者，治亂之樞機，風俗之根原也。」黄涪翁云：「温公論政，以學爲原。」《劉道原墓志銘》。澧謂：《學記》云：「化民成俗，其必由學。」温公論《禮記》之精要，以《學記》爲首。

見《書儀》。其論政以學爲原，即《學記》之意也。

司馬温公《稷下賦》云：「惜夫美食華衣，高堂閑室，鳳藻鴟義，豹文麋質。誦無用之言，費難得之日。民未治，不與其憂；國將危，不知其失。」澧謂：鳳藻豹文，亦不易得也，但多鴟義麋質耳。

《潛虚・雍》首云：「柳下惠不易其介，伯夷怨是用希。」解云：「夷清不偏，惠和不流也。」《訒》首云：「牽牛釁鐘，惻於厥心。推與濟人，不如杠梁之辰。」解云：「牽牛惻心，仁之祖也。推與濟人，惠不大也。」《喆》首云：「神禹濬川，行其自然。」解云：「行其自然，不爲鑿也。」《戞》首云：「男女貴辨，嫂溺則援。」解云：「嫂溺則援，禮有權也。」《暱》首云：「象封有庳，食而弗治。」解云：「食而弗治，弗私以政也。」司馬公不喜《孟子》，而《潛虚》用《孟子》語甚多。

《名苑序》云：竊以爲備萬物之體用者，無過於字。包衆字之形聲者，無過於韻。今以《集韻》本爲正，先以平上去入衆韻正其聲，次以《説文解字》正其形，次以訓詁同異辯其理，次以經傳之言證其實，命曰《名苑》。其有法制云爲時遷物變者，亦略敘其沿革。至於蟲魚草木之類，雖纖苛煩碎，亦重名之一節。至於三才、道德、禮樂、善惡、真僞之名，輔佐世治，其功亦不細哉！温公此書雖未成，而其志欲以文字音韻總括訓詁名物制度，其規模宏遠矣！

温公《與景仁論積黍書》云：「來示云：『經有注釋之未安，史有記録之害義理者，不可不正。』此則誠然。然須新義勝舊義，新理勝舊理，乃可奪耳。」然彼好自立説者，必自以爲新勝舊。

《宋史·唐介傳》：帝欲用王安石，介言其難大任。帝曰：「文學不可任耶？吏事不可任耶？經術不可任耶？」對曰：「安石好學而泥古，論議迂闊。若使爲政，必多所變更。」《孫固傳》：「神宗問：『王安石可相否？』對曰：『安石文行甚高，處侍從獻納之職，可矣。宰相自有其度[三九]，安石狷狹少容。必欲求賢相，吕公著、司馬光、韓維，其人也。』凡四問，皆以此對。」宋神宗尊賢求治，唐太宗不及，真可謂不世出之英主，而司馬文正公爲之臣，此三代以下所無之運會。乃出一王安石而敗之，此三代以下第一恨事也。神宗擇於司馬公、王介甫，二人而擇其一，此時天地爲之久震動矣，乃卒擇王介甫。蓋後世之不能復於三代之盛，天爲之矣。

蘇文忠爲《温公行狀》云：神宗知公最深，公思有以報之，常援孟子之言曰：「責難於君謂之恭，陳善閉邪謂之敬，吾君不能謂之賊。」故雖議論違忤，而神宗識其志，待之愈厚。澧案：公所爲《迂書·鑿龍門辯》曰：「《孟子》云：『禹之行水也[四〇]，行其所無事也。』若鑿山以通水，不可謂之無事矣。」公雖疑孟，亦未嘗不信孟也。

《五哀詩》，哀屈原、李牧、晁錯、馬援、斛律光也。其詠屈原云：「白玉徒爲潔，幽蘭未謂芳。窮羞事令尹，疏不忘懷王。冤骨沉寒渚，忠魂失舊鄉。空餘《楚辭》在，猶與日争光。」温公推許屈原如此，《通鑑》不載屈原事，蓋疏失耳。

蘇文忠撰《温公神道碑》，引《中庸》「惟天下至誠」，又云：「公之德，至於感人心，動天地，巍巍若此。而蔽之以二言，曰誠，曰一。」其《銘》曰：「公如麟鳳，不鷙不搏。羽毛畢朝，雄狡率服。」邵康節之稱温公，云「腳踏實地之人」。見《傳家集・邵堯夫哀辭》自注。

《程氏遺書》云：「君實之能忠孝誠實，只是天資。學則元不知學。」卷二上。元豐己未，吕與叔東見二先生語，每條下有注「明」字者，有注「正」字者，有無注者。此條無注，不知是明道語[四二]，正叔語也。《上蔡語録》云：「温公作《中庸解》，不曉處闕之。或語明道，明道曰：『闕甚處？』曰：『如「强哉矯」之類。』明道笑曰：『由自得裏，將謂從天命之謂性處便闕却？』」卷上。此與文人相輕者何異？且其語尖刻，不謂明道乃有此語也。

司馬公《易説》雖似未成之書，「突如其來如」説云：「突者，子之不順者也。」「是興神物以前民用」説云：「凡卜，中然後用之。」「天下之動，貞夫一者也」説云：「於文，一止則爲正。」此皆《説文》文也。《説文》近時所尚，而涑水之學固已兼之。大儒學問，無所不窺如此。涑水之書，其切近者，《孝經指解》、《家範》、《書儀》；其博大者，《資治通鑑》、《傳家集》；其精約者，《易説》、《太玄集注》、《潛虚》，合之不過三百餘卷。苟有好學之士專心致志讀之，以求涑水之學，予日望之矣。

魏環溪《答刁蒙吉先生書》云：「司馬文正公是有宋一大人物，而道統遺之，樞意斷不及此。且樞庸齋祀文正者，謂何？」澧謂：道學家不以司馬公入道統，此門户偏私之見。然「道統」二字，本屬杜撰，司馬公正不必入道統耳。

陸佃《爾雅新義自序》云：「雖使郭璞擁篲清道，跂望塵躅，可也。」《直齋書録解題》卷三。宋人蔑視古人習氣如此，皆由不知《儒行》「博學知服」之義耳。蘇子由作《古史》，謂司馬遷淺近而不學。（《直齋書録解題》卷四）

《宋史·文苑吕南公傳》云：「熙寧中，士方推崇馬融、王肅、許慎之學[四二]，剽掠補拆臨摹之藝大行，南公度不能逐時好，一試禮闈不偶[四三]，退築室灌園，不復以進取爲意。」澧案：所謂許慎之學者，王介甫《字説》之學耳。所謂馬融、王肅之學，亦必指王介甫《周官》之學而言。因此可見王介甫之講《禮》，不依從鄭學矣。

《郡齋讀書志》云：王介甫壻蔡卞謂：自先王澤竭，士習卑陋，不知道德性命之理，安石奮乎百世之下，追堯、舜三代，通乎晝夜陰陽所不能測，而入於神，著《雜説》數萬言。其言與孟軻相上下。卷四下。《後志》載蔡京爲《安石傳》，其略亦同。其末云：「於是天下之士，始原道德之意，窺性命之端云。」卷二。

紀瞻與顧榮共論太極，榮曰：「太極者，蓋混沌之時曚昧未分。《老子》云『有物混成，先天地生』，誠《易》之太極也。王氏云『太極天地』，愚謂未當。」瞻曰：「夫天清地平，兩儀交泰，四時推移，日月輝其間，自然之數，雖經諸聖，孰知其始。吾子云『曚昧未分』，豈其然乎！老氏先天之言，此蓋虚誕之説，非《易》者之意也。王氏指向[四四]，可謂近之。」《晉書·紀瞻傳》。案：此論太極最當。惟王輔嗣不注《繫辭》，此所謂王氏，不知何人也。

朱子云：「解書難得分曉。趙岐《孟子》拙而不明，王弼《周易》巧而不明。」《答萬正淳》。

漢儒、宋儒自爲法以説《易》，亦何嘗不傅會於《十翼》？謂「天地之大德曰生」爲父母爻，謂「懸象著明莫大於日月」爲納甲，謂「天地定位云云」爲伏羲先天卦位。此殆忘作書契在伏羲之後，誤以「天地定位」五句爲伏羲所作也。加一倍法則，以爲太極兩儀四象八卦。其十六、三十二，則無可傅會矣。若云一、二、四、八爲加倍法，至八，則自乘爲六十四，乃可通也。圓圈之圖而以爲太極[四五]。如六壬星命之類，何嘗非自爲術數。孟、京、虞之説自爲漢《易》，邵氏之《易》自爲宋《易》，可也。以爲《周易》，以爲伏羲之《易》，則不可耳。

《困學紀聞》云：「自漢儒至於慶曆間，談經者守訓故而不鑿。《七經小傳》出，而稍尚新奇矣。至《三經義》行，視漢儒之學若土梗。古之講經者執卷而口説，未嘗有講義也。元豐間，陸農師在經筵，始進講義。自時厥後，上而經筵，下而學校，皆爲支離曼衍之詞。説者徒以資口耳，聽者不復相問難。道愈散而習愈薄矣。陸務觀曰：『唐及國初，學者不敢議孔安國、鄭康成，況聖人乎？自慶曆後，諸儒發明經旨，非前人所及，然排《繫辭》，毀《周禮》，疑《孟子》，譏《書》之《胤征》、《顧命》，黜《詩》之《序》，不難於議經，況傳注乎？』斯言可以箴談經者之膏肓。」卷八下。

《宋史·仁宗本紀》：天聖四年，詔禮部貢院，諸科通《三經》者薦擢之。蘇東坡云：「國家自天聖中詔天下以經術古文爲事，自是博學之君子，莫不群進於有司。」《修廢官舉逸民策》。此北宋之學所以盛也。

韓魏公論范六丈幾分之語，當采入〔四六〕，以見未講道學之前，自有所講，所講未嘗不高深精細。《郡齋讀書志》云：「元祐史官謂慶曆以前學者尚文辭，多守章句注疏之學。至劉敞，始異諸儒之説。後王安石修《經義》，蓋本於敞。予觀原甫『伊尹相湯伐桀，升自陑』之説之類，《經義》多勦取之。史官之言，良不誣也。」卷一下。

王安石欲廢絶史學，見朱子《名臣言行録後集》十三卷。故考試之文不得用古事。

伊川先生曰：「今之學者往往以游、夏爲小，不足學。然游、夏一言一事，却總是實。後之學者好高，如人游心千里之外，然自身却只在此。」《近思録》卷二。觀此，則北宋時已有此等議論，不待象山矣。

朱子《黄州州學二程先生祠記》云：「先生之學，以《大學》、《論語》、《中庸》、《孟子》爲標指，而達於《六經》。使人讀書窮理，以誠其意，正其心，修其身，而自家而國，以及於天下。」

程子曰：「由經窮理。」《二程遺書》卷十五。《入關語録》或云明道先生語。此四字，學問之準的也。漢儒論事，輒引經句，正所謂由經窮理也。《韓詩外傳》全部皆是由經窮理。《孟子》「《小弁》之怨，親親也。親親，仁也」，此十一字，乃由經窮理之式。

《二程遺書》卷二：「游酢、楊時先知學禪，已知向裏没安泊處，故來此，却恐不變也。」

《宋史》偏袒道學，然亦有甚公當者。孔文仲劾伊川，或謂其晚乃自知爲東坡所給，憤鬱嘔血死。朱子撰《伊川先生年譜》，自注：引《吕申公家傳》。《宋史》本傳不載劾伊川事，則云：同知貢舉。先有寒疾，及是，晝夜不廢職。同院以其形瘵，勸之先出，或居别寢。謝曰：「居官則任其責，敢以疾自便乎！」於是疾益甚，還家而卒。士大夫哭之皆失聲。《宋史》最尊程子，而不言孔文仲嘔血死，則亦知其誣矣。

朱子《答李伯諫書》云：「來書云『於程氏雖未能望其堂奧，而已窺其藩籬矣』。熹竊謂聖人道在《六經》，若日星之明[四七]。程氏之説，見於其書者亦詳矣。然若祇將印行册子從頭揭過，略曉文義，便爲得之；則當時門人弟子亦非全然鈍根無轉智之人，豈不能如此領會？而孔門弟子之從其師，厄窮饑餓，終其身而不敢去。程氏之門，已仕者忘爵禄，未仕者忘飢寒。此游察院語。此亦必有謂矣。試將聖學做禪樣看，日有孜孜竭才而進，竊恐更有事在，然後程氏藩籬可得而議也。」此則非阿私程氏之言，程氏藩籬實不易窺也。李伯諫蓋爲禪學，故云然。

戴東原謂「宋儒幾幾乎七十子所講求」，此篤論也。

蘇明允《洪範論敘》云：「大抵斥末而歸本，褒經而擊傳，剗磨瑕垢，以見聖祕。復列二圖，一以指其謬，一以形吾意。噫！人其謂吾求異夫先儒而以爲新奇也。既擊傳矣，所作者亦不過傳而已，能免後人之擊乎？」

王介甫《大理丞楊君墓誌銘》云：治《春秋》，不守先儒傳注，資他經以佐其説。其説超厲踔越，世儒莫能及也。從未聞治經以「超厲踔越」爲佳者。其説亦不過傳注而已，後人又不守之也。

朱子《雜學辨》引《蘇氏易解》云：「昔者孟子以爲性善，以爲至矣。讀《易》，而後知其未至也。孟子之於性，蓋見其繼者而已矣。」上文云：「蘇曰：『古之君子患性之難見也，故以可見者言性。以可見者言性，皆性之似也。』」澧謂：蘇氏所謂性者，佛性也。故求之古君子之言而不得。凡古君子所言之性，但覺其似而已。此正可見佛氏所謂性，非古君子所謂性也。反而觀之，則蘇氏所謂性，與古君子之所謂性，亦但似焉而已也。《孟子解》之説，以忍人無耻争奪蔽惑爲性所有，以孟子性善之説爲難信。《易解》則更比性善之説而愈高，豈可信乎！

黄涪翁云：「學有要道：讀書須一言一句，自求己事。」《與徐甥師川書》。「須精治一經，知古人關捩子，然後所見書傳知其旨趣。」同上。「讀書欲精不欲博，用心欲純不欲雜。讀書務博常不盡意，用心不純訖無全功。治經之法，不獨玩其文章，談説義理而已，一言一句皆以養心治性事親處，兄弟、朋友、得失、憂樂，一考之於書。」《書贈韓瓊秀才》。「以道義戰勝紛華之兵，讀書乃有味。棄書册而游息，書味猶在胸中，久之乃見古人用心處。如此則盡心於一兩書，其餘如破竹節，迎刃而解也。」《與王子予書》。「經術者，所以使人知所向也。博學而詳説之，極支離以趨簡易，此觀書之術也。博學者，所以使人知道里之曲折也。夫然後載司南以適四方而不迷，懷道鑒以對萬物而不惑。」《與潘子真書》。「讀書不必貪多。若能精一，遂可貫諸經矣。」《論作詩文》。「讀《論語》、《孟子》，取其切於人事者求諸己躬，改過遷善，勿令小過在己，則善矣。」《與李少文書》。「班固《漢書》最好讀。然須依卷帙先後，字字讀過，久之，使一代事參錯在胸中，便爲不負班固耳。」《雜説》。又云：「熟讀班固《漢書》，自首至尾不遺去一句，疑則闕之，當求明師益友以講習也。」《論作詩文》「以聖學，則莫學而非道；以俗學，則莫學而非俗。」《羅中彦字説》。《黄氏日鈔》云：「黄山谷戒讀書士大夫家，不可令讀書種絶。」又引涪翁語云：「涉獵百篇，不如深考一卷。」又云：「世間鄙事有甚了期，一切放下，專意修學。」卷六十五。世人稱涪翁者，詩也，書法也，非經學、道學也。而其言，非深於經學、道學者，不能道也。

韓昌黎詩云：「《春秋》三傳束高閣，獨抱遺經究終始。」黄涪翁詩云：「談經用燕説，束棄諸儒傳。濫觴雖有罪，末派瀰九縣。張侯真理窟，堅壁勿與戰。難以口舌争，水清石自見。」《奉和文潛贈無咎篇(元祐元年祕書省作)》。此殆指王氏介甫之學。然凡學術之偏謬者，皆不必與争，水清石自見也。

《玉海》：紹熙五年閏十月戊子，侍講朱熹講《大學》，至「《盤銘》日新」，因論武王有《丹書》一篇，皆人主憂勤警戒之意。上曰：「近有人進此書，蓋黄庭堅所書也。」卷三十九。《踐阼篇集解》

云：「黃山谷曰：『《丹書》，世人罕有知者。東坡先生授余，因曰：「典謨訓誥之後，惟此書可以記之。」』」「記」，當作「繼」。《困學紀聞》云：「山谷以《丹書》及《武王銘》書之坐之左右，以爲息黥補劓之方。」澧案：蘇、黃所講習者如此。東坡之言，山谷尊信如此，豈止作詩寫字而已哉！　竊疑東坡之傾倒於涪翁者，以其人也，非以其詩也。

劉原父《易外傳自序》云：「仲尼有云『垂之空言，不如見之行事深切著明』。故采五帝以來明君、賢相、忠臣、良士，下及亡國、喪家、興壞、成敗、禍福、善惡之理，附之彖象爻辭以見白黑。其説主王氏而時有不同，亦微辨而不斥。」澧案：此采古事以證《易》，而謂之《外傳》，即《韓詩外傳》之法。且主王氏而有不同，而又不斥，尤得鄭君箋《毛詩》之法也。

《易・繫辭傳》云：「《易》有太極，是生兩儀。」韓《注》云：「夫有必生於無，故太極生兩儀也。」錢辛楣《養新録》曰：「濂溪言無極而太極，又言太極本無極，蓋用韓康伯義。」澧案：「大衍之數五十，其用四十有九」，韓《注》云：王弼曰「其一不用，斯《易》之太極也。夫無不可以無明，必因於有。故常於有物之極而必明其所由之宗也」。然則韓康伯又本於王輔嗣，或「夫無不可以無明」云云，乃韓康伯引伸之説歟？《繫辭上》孔《疏》引何氏云：上篇明無，故曰《易》有太極，太極即無也。下篇明幾從無入有，故曰知幾其神乎。云誠無爲幾善惡，蓋又出於何氏説。濂溪當北宋時，儒者皆讀注疏。後儒尊濂溪者不知也，攻濂溪者亦不知也。劉念臺《人譜》云「無善而至善」，其語似仿濂溪，其意則非也，乃陽明所謂無善，無善心之體耳。

黄涪翁稱濂溪胸懷灑落，如光風霽月。廉於取名而鋭於求志，薄於徼福而厚於得民，菲於奉身而燕及煢嫠，陋於希世而尚友千古。「廉於取名」云云，濂溪之實行也。其所以「灑落如光風霽月」者，由於此也。學濂溪者，當於此學之。「陋於希世」四字最有味。

東坡《故周茂叔先生濂溪詩》云：「先生本全德，廉退乃一隅。」又云：「先生豈我輩，造物乃其徒。」紀文達公評云：「東坡傾倒於茂叔如是，而與伊川不免齟齬，則伊川有以激之也。」澧謂：東坡此詩推尊濂溪，過於黄涪翁「光風霽月」等語，《宋元學案》援引山谷而屏斥東坡，其門户之見可哂也。

朱子《答汪叔耕書》《問答》三十七云：「所論周、程傳授次第，恐亦有未易言者。而以《太極圖》爲有單傳密付之三昧，則又近世學者背形逐影、指妄爲真之弊也。」觀朱子此説，近人攻《太極圖》者，可以止矣。不以爲傳授之三昧，則後儒亦不必攻矣。且彼所謂單傳密付者，欲以濂溪比禪家祖師耳，此豈所以尊濂溪乎？

朱子云：「昔顧子敦嘗爲人言，欲就山間與程正叔讀《通典》十年。」朱子謂程子之徒則子敦之言得行，後來朱子之徒數傳而後亦成荒陋，子敦之言尤得行。蓋皆未見朱子此説耳。程、朱之學甚博，其徒不能傳之。未害也。德行、文學，各一科也。但不可但傳其一端而自謂真傳，其餘皆非耳。「先生之學，固非求子敦之知者。而爲先生之徒者，吾懼子敦之言遂得行於其間，因取先生兄弟與橫渠相與講明法度者録之篇首，而集其平居議論附之，目曰《三先生論事録》。」《三先生論事録序》。澧謂：此書若存，後儒可以知程子之學。然有此《序》，亦可以曉然矣。世之以是病先生之學者，蓋不獨今日也。

朱子《答項平父書》云：「伊川先生云：『涵養須用敬，進學則在致知。』此兩句與『從上聖賢相傳指訣』如合符契[四八]。」

程子云：自古元不曾有人解「仁」字之義。至如八卦，《易》之大義在乎此，亦無人曾解來。《二程遺書》卷十五《入關語録》，或云明道先生語。「子在川上曰：『逝者如斯夫！不舍晝夜。』」程子云：「自漢以來儒者，皆不識此義。可與立，未可與權。」程子云：「自漢以下，無人識『權』字。權，只是經也。」朱子云：「以《孟子》『嫂溺援之以手』之義推之，則『權』與『經』亦當有辨。」《易傳序》云：「自秦而下，概無傳焉。」《春秋傳序》云：「自秦而下，其學不傳。」蓋二程子好作此等語。

程子云：「敬義夾持達，天德在此。」此真從讀《易·文言傳》心得躬行，而乃爲此言也。《明史·胡居仁傳》：其弟子余祐，言程、朱教人，專以誠敬入。學者誠能去其不誠不敬，不患不至古人。

程伊川謂方道輔曰：「經，所以載道也。誦其言辭，解其訓詁，而不及道，乃無用之糟粕耳。覬足下由經以求道，勉之又勉！」

周、邵之學，皆出於陳搏、种放、穆修。二程子受學於周，而不道太極，與邵爲友而不肯學先天，真卓識也！

伊川先生曰：「凡看文字，須先曉其文義，然後可以求其意。未有文義不曉而見意者也。」此與近儒講訓詁者正同。又曰：「只有些先儒錯會處，却待與整理過。」此又與鄭君「如有不同，即下己意」無異。但鄭更不云「先儒錯會處」，但云「不同」耳。

晁以道云：「明道取人太吝，横渠輕視先儒，伊川時出奇説。」《宋元學案》引《景迂生集》。此三語，乃宋儒之通弊。

《二程外書》卷十一《時氏本拾遺》云：「伊川主温公喪事，子瞻周視無闕禮，乃曰：『正叔《喪禮》何其熟也！』又曰：『軾聞居喪未葬讀《喪禮》，太中康寧，何爲讀《喪禮》乎？』伊川不答。鄒至完聞之，曰：『伊川之母先亡，獨不可以治《喪禮》乎？』」此可見伊川《禮》學。

伊川云：「敬者，主一無適。」《説文》：「敬，肅也。从攴苟。」段《注》云：「攴，猶迫也。迫而苟也。」又云：「後儒或云『主一無適爲敬』。夫主一與敬義無涉。且《文子》曰：『一也者，無適之道。』《淮南·詮言》曰：『一者，萬物之本也，無敵之道也。』『適』即『敵』字，非『他往』之謂。」澧案：《説文》：「攴，小擊也。」「苟，自急敕也。从羊省，从勹口。勹口，此五字從段氏改本。猶慎言也。从羊，與義善美同意。」夫主於一而不他往，與「肅也」之意同，尤與「急敕」、「慎」、「善」而加以「攴迫」之意同，意同則其語不必同，不可存漢、宋之見，專執《説文》而謂程子之語爲「無涉」也。「主一無適」四字，乃程子自造，亦非取於《文子》、《淮南子》也。惟「無他往」而謂之「無適」，其意雖是而造語未安，不及鄭君解「欽」字爲「敬事節用」之有來歷耳。

周濂溪每令學者尋孔、顔樂處，所樂何事。王復禮曰：《四書集注補》歷引衆説，以爲禪學。《四書集注補》又云：程子解「飯疏食飲水」章爲「所樂何事」，與其所解「參前倚衡」章「所見何事」、「軻之死，不得其傳」、「所傳何事」，三説若合符節。「玄虚儱侗」爲釋氏之言，又引毛稚黄云：「顯然之理，翻入疑案，何爲者耶？」

程伊川云：《詩》、《書》、六藝，七十子非不習而通也。然則顔子所獨好者，何學也？曰：學以至於聖人之道也。《顔子所好何學論》。澧謂：此説似未安也。《詩》、《書》所載，皆堯、舜、禹、湯、文、武、周公之道。六藝中之《禮》、《樂》，又周公所制也。非即所謂「學以至於聖人之道」歟？若不以《詩》、《書》、六藝爲學，則何以至於聖人之道乎？七十子之學，豈與顔子有異？其不及顔子，惟孔子可以言之，非後儒所敢知也。後儒言孔子傳之曾子，曾子固七十子之一也。若云七十子所習而通者，非「學以至於聖人之道」，何以處曾子歟？

《程氏遺書》云：「釋氏自己不爲君臣、父子、夫婦之道，即謂他人不能如是。容人爲之而己不爲，別作一等人。若以此率人，是絶類也。卷十五。此伊川語。或云明道先生語。自來説佛氏之學者，此爲最確。

明道先生云：「以有爲爲應迹，以明覺爲自然。」《與張子論定性書》。此二語明是禪學，不必辯矣。

《西銘》即《孝經》首章之意。但《孝經》説父母，《西銘》則説天地耳。《西銘》之説但可語中人以上，《孝經》則無論智愚、賢不肖，皆可語之。此所以爲聖人之言也。讀《西銘》不如讀《孝經》，讀《大學》必先讀《學記》。

横渠云：「知人而不知天，求爲賢人而不求爲聖人，此秦、漢以來學者大蔽也。」《中庸》云：「不可以不知天。」横渠之言本於此。澧竊謂：求知天，求爲聖人，正宋時學者大蔽耳。

作一篇文字，而欲明聖人之道，《太極圖説》、《西銘》是也。欲讀一篇文字，而即明聖人之道，宋、明儒者之讀《太極圖説》、《西銘》是也。其病皆由於太簡。雖《論語》、《孟子》，不能也。朱子記林黄中辨《易》、《西銘》云：「黄中《西銘説》云：『近世士人尊横渠《西銘》，過於《六經》。』」（《雜著》卷七）温公《傳家集》有《張子厚先生哀辭》，稱横渠爲先生。温公之尊横渠如此。

周、程、張皆不屑言文者，今以其文觀之，《通書》之文高簡，《西銘》之文古奥，不及程子《四箴》之善也。蓋爲高簡古奥，則仍有文章之見存，《四箴》則無文章之見存者矣。試讀《孟子》七篇，何嘗高簡？何嘗古奥？則後儒著述，何必爾乎？

宋儒立志高，欲學孔、顔，故輕視漢、唐儒者，故不屑言文章。然亦自知其文章不能及漢、唐，故益强辭鄙薄之耳。

《宋史·文苑·吕南公傳》云：「嘗謂士必不得已於言，則文不可以不工。蓋意有餘而文不足，則如吃人之辯訟，心未始不虚，理未始不直，然而或屈者，無助於辭而已。觀書契以來，特立之士未有不善於文者。士無志於立則已，必有志焉，則文何可以卑賤而不爲之[四九]？」此蓋以當時程氏之學盛行，有以文爲卑賤者，語録之風寖起，故爲此論也。朱子云：「明道説話，自有不論文義處。」《語類》九又云：「横渠《語録》用關陝方言，甚者皆不可曉。」

薛文清《讀書續録》云：「先儒謂邵子以一萬八百年爲一會，初間一萬八百年而天始開。竊疑天未開時，未有日月星辰曆數四時，不知如何計其年數？」澧謂：《天問》云：「遂古之初，誰傳道之？上下未形，何由考之？」此之謂也。

《日知録》云：「希夷之圖、康節之書，道家之《易》也。自二子之學興，而空疏之人、迂怪之士舉竄迹於其中以爲《易》，而其《易》爲方術之書，於聖人寡過反身之學去之遠矣。」卷一。近日虞氏之《易》行，於寡過反身之學，不更遠乎？

《漢志》九流陰陽家不入於術數，蓋論陰陽之理者，如宋儒《太極》、《先天》也。

方望溪《先天後天圖説》云：邵氏及朱子以《先天圖》爲伏羲所作，《後天圖》爲文王所作，而經、傳、百家之言無可證者。攻之者遂謂此雜家之術。二圖雖後人創作，其理固不可廢。然必謂羲、文已有是圖，而孔子以《説卦》解之，則鑿矣。其諸宋之儒先因《説卦》以作圖，而邵氏傳其説與？灃案：此謂因《説卦》以作《先天圖》，然亦不合也。動萬物者，莫疾乎雷云云。以雷、風、火、澤、水、《艮》爲次第，與上文帝出乎《震》云云，次第正同，但無《乾》、《坤》二卦耳。而其下文云：故水、火相逮，雷、風不相悖，山、澤通氣。可見上文山、澤通氣，雷、風相薄，水、火不相射，不得如邵氏之方位也。此非灃之説，嘗見一書言之，今忘其何書矣。

又《書邵子觀物篇後》云：邵子自謂因《春秋》以通《易》。今觀其書，以秦穆首四伯，謂其有功於周，伐鄭而敗，悔過自誓，幾於王道。以晉文侯遷平王於洛，而進其裔孫於齊桓。其於《春秋》事迹顯著者如此，則夫天造地化之絪緼無形者，其盡可詰耶？余於是書固未能窺其樊，然世之自謂知者，其果能好之耶？抑韓子所謂惟怪之欲聞，而利其不可稽尋者耶？

此時而欲以道學家之語勸人，必不能也。惟當以漢儒之説理修行者爲勸耳。故余撰集《漢儒通義》之書，而又殷殷然勸人讀《後漢書》，講求東漢儒行也。

不止其所而放乎言外以爲高，此最謝氏之大弊也。《論語或問》。

因佛書「佛」字譯爲「覺」字，宋儒乃訓「仁」字爲「覺」字。《上蔡語録》云：「心有所覺謂之仁。」因佛書「般若」二字譯爲「智慧」，宋儒乃解「明德」爲「虛靈不昧」[五〇]。因禪家「不思善，不思惡，本來面目」之語，宋儒乃以「喜怒哀樂之未發」當之，胡五峰更謂「性無善無惡」，後來王陽明《天泉證道記》遂云「無善無惡心之體」矣。

李願中云：「今日義利不分，故人心邪僻不堪用。中國之道衰而夷狄盛，皆由此來也。」《延平答問》。李氏之□□□者不少。澧則謂此數語最善。

李延平云：「孟氏之後，謂之熄焉，可也。」羅豫章云：「學者所見，自漢、唐喪矣。」又云：「經術自董生、公孫弘倡之，古文自韓愈、柳宗元啓之，於是明道者寡，故視死生去就如萬鈞九鼎之重，而忠義行之者難。」澧案：以孟氏之後爲熄爲喪，即伊川所謂「孟子死，聖人之道不傳」。至以明道者寡歸咎董、韓，然則董生不倡經術，昌黎不作古文，則明道者多乎？孟氏之後有顯學者，惜乎當戰國時，姓名湮没耳。韓非子之顯，李願中謂之熄，可乎？設使有謂程子之後熄焉，李願中如之何？李願中在程氏之後，道學盛時，遂痛掃孟氏之後，以爲熄焉，竊以爲不可也。

《朱子語類》卷六：「上蔡以來，以敬爲小不足，言須加『仁』字在上。」

北宋之初，當大亂之後[五一]，復見太平，儒者自奮於學問，慨然欲學聖人。其始，自柳仲塗居之不疑，繼而風氣漸醇。王回兄弟之等[五二]，不至有狂妄之態，然無所成就。曾子固能成就其文章。惟二程、張橫渠志最高，力最專，遂成爲道學，實漢、唐以來所未有也。

張思叔繹讀《孟子》「志士不忘在溝壑，勇士不忘喪其元」，慨然若有所得。《宋史·道學傳》。曹月川曰：「爲人須從志士勇士不忘上參取[五三]。」《明史·儒林傳》。高紫芝愈曰：「士求自立，須自不忘溝壑始。」《宋學淵源記》。

【校記】

[一] 光按：查《漢書》，無《梁商傳》，當作《後漢書・梁商傳論》。

[二] 《後漢書・梁商傳論》原文作「豈以其地居亢滿，而能以願謹自終者乎」。

[三] 天，癸未本無，據《涑水記聞》卷四補。

[四] 治道，癸未本作「至道」，據稿本改。

[五] 癸未本無注明出處，據《宋史・孫復傳》補。

[六] 可，癸未本無，據朱熹《名臣言行録》補。

[七] 蘧，癸未本無，據《名臣言行録》補。本段文字下二「伯玉」前之「蘧」，亦同。

[八] 之，癸未本無，據《名臣言行録》補。

[九] 唯，癸未本無，據《名臣・言行録》補。

[一〇] 其，癸未本無，據文淵閣《四庫全書・范文正集》卷九《與省主葉内翰書》補。

[一一] 重輕，癸未本作「輕重」，據《范文正集》卷七《奏上時務書》改。

[一二] 賢，癸未本作「明」，據《范文正集》卷七《奏上時務書》改。

[一三] 之，癸未本無，據《范文正集》卷七《邠州建學記》補。

［一四］惟，癸未本作「多」，據《范文正集》卷八《上執政書》改。

［一五］於，癸未本作「其」，據《范文正集》卷五《易義・井卦義》改。

［一六］千餘年，《新唐書・啖助傳贊》原作「數千年」。光按：據《史記・孔子世家》，孔子卒於魯哀公十六年（公元前四七九年），則至唐天寶間乃千餘年耳，故東塾先生改爲「千餘年」者，是也。

［一七］而不足，癸未本作「不足以」，據《臨川集・書洪範傳後》改。

［一八］麟趾騶虞，稿本及《歐陽修全集・問進士策》作「麟暨騶虞」。

［一九］矣，癸未本無，據《臨川集》卷七二《答韓求仁書》補。

［二〇］《太平州新學記》，稿本、癸未本皆漏「州」字，據《王文公文集・太平州新學記》增補。

［二一］謂，癸未本作「爲」，據稿本及《王文公文集・太平州新學記》改。

［二二］夫子，《王文公文集・答吴孝宗論先志書》作「孔子」。

［二三］《書洪範傳後》，稿本、癸未本皆作「同上」。光按：查王安石《石仲卿字序》，並無此一段文字。此段文字乃在《王文公文集》卷三十三《書洪範傳後》中。

［二四］癸未本無「而」字，據稿本及《南豐先生元豐類稿・王子直文集序》改。

［二五］癸未本無「銘」字，據稿本及《南豐先生元豐類稿・王容季墓誌銘》補。

［二六］至，癸未本作「致」，據稿本及《南豐先生元豐類稿・洪範傳》改。

［二七］癸未本無「其」字，據稿本及《南豐先生元豐類稿・洪範傳》補。

[二八] 之，癸未本無，據《南豐先生元豐類稿》卷一三《相國寺維摩院聽琴序》補。

[二九] 邵濂，癸未本作「邵南」，據稿本及《曾鞏集》附録邵濂《序刻南豐先生文集》改。

[三〇] 用，癸未本作「困」，據稿本及《南豐先生元豐類稿・送趙宏序》改。

[三一] 喪紀，癸未本作「喪祭」，據稿本及《蘇東坡全集・大悲閣記》改。

[三二] 此句癸未本作「平實明白皆如此」，據稿本删「皆」字。

[三三] 萬，癸未本作「後」，據《潛虚・罹》改。

[三四] 以臣爲，癸未本作「以爲臣」，據稿本及司馬光《傳家集・進修治國之要劄子狀》改。

[三五] 地，癸未本作「間」，據稿本及《傳家集・上皇太后疏》改。

[三六] 則，癸未本作「者」，據稿本及《傳家集・舉諫官劄子》改。

[三七] 長吏，癸未本作「長史」，據稿本及《傳家集・乞令監司州縣各舉按所部官吏白劄子》改。

[三八] 清，癸未本作「情」，據《傳家集》卷五七《乞令監司州縣各舉按所部官吏白劄子》改。

[三九] 癸未本無「其」字，據《宋史・孫固傳》補。

[四〇] 此句及下句句末之「也」，癸未本無，據《十三經注疏・孟子注疏・離婁章句下》補。

[四一] 語，癸未本作「詒」，據稿本改。

[四二] 學，《宋史・文苑・吕南公傳》作「業」。

[四三] 偶，癸未本作「遇」，據稿本及《宋史・文苑・吕南公傳》改。

［四四］指向，癸未本作「指南」，據《晉書·紀瞻傳》改。

［四五］圖，癸未本作「圓」，據稿本改。

［四六］當，癸未本作「嘗」，據稿本改。

［四七］星，癸未本作「月」，據稿本及《朱子文集大全類編·答李伯諫書》改。

［四八］訣，癸未本無，據《晦庵集》卷五四補。

［四九］此句，《宋史·文苑·吕南公傳》作「則文何可以卑淺而爲之」。

［五〇］癸未本「解」字前有「以」字，據稿本删之。

［五一］癸未本此句句首有「儒者」二字，據稿本删去。光按：下文接之而云「儒者自奮於學問」，故此句宜删去「儒者」二字爲佳。

［五二］王回兄弟之等，癸未本作「王四兄弟之等」，據稿本改。光按：王回，字深父，福州侯官人。北宋治平、熙寧間，與其弟向、同並有文名，見《宋史·儒林列傳二》。

［五三］癸未本此句無「上」字，據《明史·儒林·曹端傳》補。

卷八

南宋

《論衡》曰：「人無道學，仕宦朝廷，其不能招致也，猶喪人服粗不能招吉也。」《量知篇》。「道學」二字，見於此。《爾雅》孫炎《注》云：「明明，性理之察也。」邢疏《詩·常武》、《正義》引。「性理」二字，見於此。李于鱗謂文自西京，詩自天寶而下，俱無足觀。王元美、宗子相諸子翕然和之，非是，則詆爲宋學。《明史》本傳。「宋學」二字，見於此。

《宋史·道學傳序》云：「『道學』之名，古無是也。」灃案：《隋書·經籍志》有《道學傳》二十卷，著録於《嵩高寇天師傳》、《華陽子自序》、《太上真人内記》之後，則道家書也。《太平御覽》五百十卷中，嘗引《道學傳》二條，一爲樂鉅，一爲孔總，乃清浄棲逸之士，襲其舊目，亦屬未妥。

《宋史·道學傳》，後人議之者多矣。錢辛楣以爲不必立此名，惟當以周、程、張、朱自爲一卷，而其餘人皆爲《儒林》。此説最善。

《黄氏日鈔》云：「晦庵先生以本朝議論爲本。」卷四十。此論《近思録》。

又云：「讀《朱子語類》，則如仰觀造化之大，莫知所措辭。」《日鈔》卷三十八。

朱子《小學序》：「古者《小學》教人，今其全書雖不可見，而雜出於傳記者亦多。讀者直以古今異宜而莫之行，殊不知其無古今之異者，固未始不可行也。」凡古禮皆然。

司馬温公《論風俗札子》云：新進後生[二]，未知臧否，口傳耳剽，翕然成風，云云。讀《詩》未盡《周南》、《召南》，已謂毛、鄭爲章句之學。觀此，則宋時甚輕章句之學。而朱子注《大學》、《中庸》，獨名曰「章句」，此朱子之好古，不隨風氣也。

近儒多惡「語録」之名，以爲出於禪僧。如朱竹垞《雜詩》云：「奈何君子儒，語録效緇褐。」錢辛楣《養新録》云：「釋子之語録始於唐，儒家之語録始於宋。」此皆失之未考也。《史通》云：「若劉義慶《世説》、裴榮期《語林》、孔思尚《語録》、陽玠松《談藪》，此之謂瑣言。」《雜述篇》。又云：「近者宋氏，年唯五紀，地止江、淮，書滿百篇，號爲繁富。作者猶廣之以《拾遺》，加之以《語録》。」《書志篇》。孔思尚未知何時人，而其所作《語録》，記劉宋時瑣言，則必齊、梁、陳人矣。禪僧以慧能爲六祖。慧能，唐武后時人，《舊唐書·僧神秀傳》云：神秀嘗奏則天，請追慧能赴都。慧能固辭。遠在孔思尚之後，況慧能以後之禪僧耶。禪僧《語録》，乃襲孔思尚之名耳。且趙宋時，語録亦非始於道學家。《郡齋讀書志》、《直齋書録解題》有《張忠定公語録》、《魏公語録》、《杜祁公語録》。

此其人皆非道學，其書則家傳之類也。《韓魏公家傳》下云：如李繁録其父泌，崔胤記其父慎由，《唐書》皆取之。由是近時多有家傳、語録之類行於世。又有《富公語録》，富弼使北時所作也。《生辰國信語録》，寇瑊與康德輿天聖六年使契丹賀其主生辰，往返所録也。《章忠恪奉使金國語録》，紹興三年章誼録其報聘之語也。《慶曆正旦國信語録》，余靖慶曆三年使遼所記也。《接伴送語録》，集賢校理沈季長熙寧九年接伴送遼使耶律運所記也。以上皆見《郡齋讀書志》、《直齋書録解題》。《東坡集·論高麗買書利害札子》云：據館伴中書舍人陳軒等《語録》云：「高麗使言海商擅往契丹。」《欒城集·北使還論北邊事札子》云：「臣等近奉勅差充北朝皇帝生辰國信使，尋已具《語録》進呈訖。」又云：「已有譯語殿侍，別具《語録》，足以關防。」《宋史·范坦傳》：「使於遼，復命，具《語録》以獻。」此皆趙宋時與外國使命往還，記其言語，名曰《語録》，安得以「語録」必爲道學家效釋子之書乎？

《十駕齋養新録》又云[二]：「『君子之出辭氣，必遠鄙倍』。語録行，而儒家有鄙倍之辭矣。」此又不然也。曾子所謂「出辭氣」者，口之所説，非謂筆之所記也。所謂「鄙倍」者，鄙陋背理，非謂俗語也。如以俗語爲鄙倍，然則君子必「之乎者也」，出口成文者耶？語録者，質言也，非鄙倍也。

著書用俗語，不自宋人語録始也。唐人經疏已有之矣。如《周禮·載師疏》曰：「向借十二同，是三分借二分。今還他二分，則十三同中取十二同，還他八同，得四同。一同者，分爲九萬夫，還他六萬夫。」《考工記・栗氏爲量疏》曰：「假令爲兩個鬴，即爲兩個模。」《儀禮・士冠禮疏》曰：「其用一龜一易，則三代顆用。」《禮記・檀弓》「孔子少孤，不知其墓」，《疏》曰：「謂不委曲適知柩之所在，不是全不知墓之去處。」《公羊・隱六年》「鄭人來輸平」，徐《疏》云：「一個『人』字，兩國共有。」如此之類，皆雜以俗語矣。

《論衡》曰：「閑居作《譏俗》、《節義》十二篇，冀俗人觀書而自覺，故直露其文[三]，集以俗言，或譴謂之淺。」《自紀篇》[四]。

裴松之曰：「凡記言之體，當使若出其口。辭勝而違實，固君子所不取。」《三國志・陳泰傳注》。

《史通》曰：「或問曰：『王劭《齊志》多記當時鄙言，爲是乎？爲非乎？』對曰：『古往今來，名目各異。區分壤隔，稱謂不同。所以晉、楚方言，齊、魯俗語，《六經》諸子，載之多矣。自漢已降，風俗屢遷，求諸史籍，差睹其事。』」「『渠、們、底、個，江左彼此之辭；乃、若、君、卿，中朝汝我之義。斯並因地而變，隨時而革，布在方策，無假推尋。』」《雜説中》。「王劭《志》在簡直，言兼鄙野，苟得其理，遂忘其文。觀過知仁，斯之謂矣。」《論贊》。「而今之學者，皆尤二子案：二子謂王劭、宋孝王以言多滓穢[五]，語傷淺俗。」《言語》。

方望溪云：「宋五子講學口語亦不宜入散體文，司馬氏所謂『言不雅馴』也。」《答程夔州書》。

王通《中説》擬《論語》自稱「子曰」，僭妄已極。《公羊傳》曰「子沈子曰」，何休云：「沈子稱

『子』，冠氏上者，著其爲師也。不但言『子曰』者，辟孔子也。」王通竟不辟孔子。後來二程《粹言》，遂從而效尤矣。張南軒《粹言序》云：「得諸子高子，其《家傳》以爲是書成於龜山先生。」《二程遺書》張繹所録《師説》，每條先稱「程子」，後則省去「程」字，但稱「子曰」，此沙門語録之體也。中有一條云：「子言：『范公堯夫之寬大也。』」此則竟仿《論語》句法矣。

陳無己《答江端禮書》云：「子曾子蓋能之矣。」此「子曾子」，指南豐也。「子程子」之前，已有此稱矣，或朱子稱「子程子」效此耶？又云：「學者所以明善也。」朱注《論語》，似取此語，朱子本好後山文也。

《直齋書録解題》云：《皇朝文鑑》一百五十卷，吕祖謙編。有近臣密啓云：「其所取之詩，多言田里疾苦，乃借舊作以刺今。又所載章疏，皆指祖宗過舉，尤非所宜。」於是鋟板之議亦寢。張南軒以爲「無補治道，何益後學」。而朱晦庵晚歲嘗語學者曰[六]：「此書編次，篇篇有意，每卷必取一大文字作壓卷。如賦取《五鳳樓》之類。其所載奏議，亦繫一時政事大節，祖宗二百年規模與後來中變之意盡在其中，非《選》、《粹》比也。」卷十五。澧讀《文鑑》，歎朱子之言爲不虚。張南軒好爲高論，其言不足憑也。

陸象山《與曹挺之書》云：「大抵學者且當大綱思省。平時雖號爲士人，雖讀聖賢書，其實何曾篤志於聖賢事業。往往從俗浮沉，與時俯仰，徇情縱欲，汨没而不能以自振。日月逾邁，而有泯焉與草木俱腐之耻，到此能有愧懼大决之志，乃求涵養磨礪之方。若有事役，未得讀書，未得親師，亦可隨處自家用力檢點。見善則遷，有過則改。所謂心誠求之，不中不遠。若事役有暇，便可親書册。所讀書，亦可隨意自擇，亦可商量程度，澧案：此句語意未明。蓋謂挺之與象山商量也。無不有益者。看挺之殊未曾如此著實作工夫，何遽論到一貫多學之處？此等議論，可且放下[七]。且本分隨自己日用中猛省，自知愧怍，自知下手處矣。」澧謂：象山此書，平實深切，不減於《白鹿洞書院講義》。李穆堂《陸子學譜》以此壓卷，是其擇焉而精也。

象山說：「包荒甚好。」

象山云：「此學之不明，千有五百餘年矣。」《與李省幹書》。又云：由孟子而來，千五百餘年之間，荀、楊、王、韓獨著。若曰傳堯、舜之道，續孔、孟之統，則不容以形似假借；至於近時伊洛諸賢，乃漢、唐所無有，其所植立成就可謂盛矣，然未見其如孟子之有以承三聖也。《與侄孫濬書》。又云：「非其志其識，能度越乎千有五百餘年間名世之士，則《詩》、《書》、《易》、《春秋》、《論語》、《孟子》、《中庸》、《大學》之篇，正爲陸沉。」同上。又云：「區區之學，自謂孟子之後，至是始一明也。」《與路彥彬書》。澧案：伊川言「千四百年」，象山又言「千五百年」，倣伊川之語而排去伊川，又自言：「丱角時，聞人誦伊川語，自覺若傷我者。」見楊慈湖所撰《行狀》。然究之能排去否乎？又云：「韓退之言『軻死，不得其傳』，固不敢誣後世無賢者，然直至伊洛諸公，得千載不傳之學，但草創未爲光明；到今日若不大段光明，更幹當甚事？」《語録》下。此則知其不能排去，而以「草創」稱之矣。

象山云：顔子問仁之後，夫子許多事業，皆分付顔子了。顔子没，夫子哭之曰：「天喪予！」蓋夫子事業，自是無傳矣。曾子雖能傳其脈，然「參也魯」，豈能望顔子之素蓄？幸曾子傳之子思，子思傳之孟子。夫子之道，至孟子而一光。然夫子所分付顔子事業，亦竟不復傳也。《語録》。澧案：象山言：「道外無事，事外無道。」《語録》。事業既不復傳，則「曾子傳之子思，子思傳之孟子」者，豈「事外之道」乎？伊川以爲孟子没，聖人之道不傳，但欲直接孟子。象山則以爲顔子没，聖人之事業無傳，欲直接孔子矣。其説更高，而更加厲矣。

象山云：年十三時[八]，復齋因看《論語》，命某近前問云：「看『有子』一章，如何？」某云：「有子之言支離。」《語録》，又見《行狀》及《年譜》。又云：吾讀《論語》，至有子之言，便不喜。《語録》。夫子之道，非有若私智杜撰者所可糊塗也。《孟子説》。夫子問子貢曰：「汝與回也孰愈？」子貢曰：「賜也何敢望回！回也聞一以知十，賜也聞一以知二。」此又是白著了夫子氣力。蓋子貢反爲聰明所累，卒不能知德也。子貢言「多學而識之」，便是蔽説。《語録》。子貢從夫子游，如彼其久；尊信夫子之道，如彼其至。夫子既没，其傳乃不在子貢，顧在曾子。私見之錮人，難於自知如此。《與胡季隨書》。「以子貢之達，又得夫子而師承之，尚不免此。『多學而識之』之見[九]，非夫子叩之，彼固晏然而無疑。『先行』之訓、『予欲無言』之訓，所以覺之者屢矣，而終不悟。」《與曾宅之書》。孔門惟顏、曾傳道，他未有聞。蓋顏、曾從裏面出來，他人外面入去。今所傳者，乃子夏、子張之徒外入之學。子夏之學，傳之後世尤有害。《語録》。夫子終不能使予、賜、偃、商、由、求之徒進於知德，先入之難拔，積習之錮人，乃至於此。《經德堂記》。宰我、子貢、有若，智足以知聖人，異乎陳子禽、叔孫武叔之流耳。若責之以大智，望之以真知聖人，非其任也。《與胡季隨書》。「苗民之未格，商民之未化，鄉原之未知其非，楊、墨之未歸於儒，子夏、子游、子張之徒未能克己而復禮，彼其私説詖論，可勝聽哉！」《雜説》。象山於聖門諸賢，歷加訕毀，象山不敢詆顏子，然《語録》有云：「顏子仰高鑽堅之時，乃知枝葉之堅高者也。」亦幾有不滿之意矣。甚至以苗民、鄉原、楊、墨比子夏、子游、子張。其詩云：「從來膽大胸膈寬，虎豹億萬虬龍千。從頭收拾一口吞，有時此輩未妥帖，哮吼大嚼無毫全。」又有詩云：「仰手攀南斗，翻身倚北辰。舉頭天外望，無我這般人。」象山自詡膽大，其病正在膽大，故敢訕毀聖門也。

象山云：高子羔、曾子皆夫子所喜。於二人中，尤屬意於子羔，不幸前夫子而死。《與李省幹書》。澧案：《左傳·哀公十七年》：孟武伯問於高柴曰：「諸侯盟，誰執牛耳？」此在孔子卒後一年，安得云子羔前夫子而死乎？《檀弓》云：「季子臯葬其妻，犯人之禾。申祥以告。」子臯，即子羔也。申祥，即申詳也。《孟子》云：「昔者魯繆公無人乎子思之側，則不能安子思。泄柳、申詳無人乎繆公之側，則不能安其身。」是申詳與子思同爲魯繆公時人，子羔及見申詳，則其壽甚長也。尚論古人，豈可不考據而以意定之乎？

朱子《答葉味道書》云：所喻既祔之後，主不當復于寢。此恐不然。陸子静居母喪時，主此説。子壽疑之，嘗以書來見問。因以《儀禮注》中之説告之。渠初乃不曾細看，而率然立論，遂以爲只是注説，初非經之本文，不足據信。當時曾痛闢之，考訂甚詳。其後子壽書來，乃伏其謬，而有「他日負荆」之語。《問答》二十九。觀此可見朱子細看《儀禮注》，陸氏不及也。争朱、陸之學者多矣，論讀書，則陸斷不及朱，無可争矣。

象山《語録》有一條云：「束書不觀，游談無根。」可見陸學亦必讀書。《世説新語》注引《向秀别傳》曰：「秀與嵇康、吕安爲友。秀雅好讀書，二子頗以此嗤之。」《文學門》。然則嗤人讀書者，乃嵇、吕之風也。

朱子云：「近來吕、陸門人互相排斥。」《答周叔謹書》。互相排斥之風，實講學之大病，必當以爲戒者。象山乃東萊所取士，而鵝湖之會，已有不讓之意。李穆堂鈔《朱子文集》，凡其語近虚高者，則取之，題曰《朱子晚年全論》[一〇]。其《序》云：「欲天下人學陸子，必且難之。欲天下人學晚年之朱子，宜無不可。學朱子即學陸子，陸子固不必居其名也。」澧謂：此借朱子之書爲象山之學，何其委曲之甚乎！使象山受此委曲，非所以尊象山也。尊朱者謂陸與朱異，尊陸者謂朱與陸同。尊朱者屢拒而異之，尊陸者猶引而同之。是亦不可以已乎？今朱、陸兩家之學皆衰歇矣，將來如有復理其説者，吾願尊陸者自讀陸氏之書，不必借重於朱；尊朱者亦自讀朱子之書，雖有借重者，不必與辯，則無爭鬬之患矣。朱子《中庸章句》云：「尊德性，所以存心而極乎道體之大也。道問學，所以致知而盡乎道體之細也。」李穆堂執此語，謂象山尊德性爲大，朱子道問學爲小。然朱子所謂細者，乃精細之細，即所謂盡精微者也，豈細小之謂乎？

尊象山之學者，未必真尊象山也。慕道學之名而不能爲朱子之學，則遁而尊象山耳。詆象山者，亦未必真詆象山也。慕朱子之名而不能爲朱子之學，則託爲詆象山以尊朱子耳。

朱子《答曹立之書》云：錄示陸兄書，意甚佳，云云。包顯道輩仍主先入，尚以讀書講學爲充塞仁義之禍。元注云：「此語楊子直在南豐親聞其說。」包顯道之謬如此。

象山云：「收拾精神，自作主宰。」此所謂祛練神明，則聖人可致也。《世説新語·文學門》注稱：佛經以爲祛練神明，則聖人可致。

象山云：釋氏以人生天地間，有生死，有輪迴，有煩惱，以爲甚苦，而求所以免之。故其言曰：「生死事大。」所謂菩提發心者，只爲此一大事。所憐憫者，爲未出輪迴，生死相續，謂之生死海裏浮沉。若吾儒中聖賢，豈皆只在他生死海裏浮沉也？彼之所憐憫者，吾之聖賢無有也。吾儒之所病者，釋氏之聖賢則有之。試使釋氏之聖賢而繩以春秋之法，童子知其不免矣。《與王順伯書》。自來儒、釋之辯，未有如象山之明白切至者。儒者不知釋氏之學，雖攘斥而不中肯綮；知其學者，則又歸心於彼教。惟象山深於其學，故能抉其要害而爲此論也。

《朱子語類》云：「劉淳叟問：『漢儒何以溺心訓詁而不及理？』曰：『漢初諸儒專治訓詁，如教人，亦只言某字訓某字，自尋義理而已。至西漢末年，儒者漸有求得稍親者，終是不曾見全體。』」卷百三十七。澧謂：劉氏所問，蓋當時之常談，故劉氏舉以問朱子也。朱子所答誠是矣，然澧更有說焉。試思漢儒何以訓詁而不及理，豈不以不訓詁則不能遽及於理乎[一二]？使漢初諸儒不訓詁，西漢末年儒者能求得稍親否乎？使漢儒不訓詁，後儒能不詆其不訓詁否乎？此讀書所以必論其世也。而況乎漢儒實已及於理也。澧已輯爲《漢儒通義》一編，此不具論。

李文簡性剛大，特立獨行。張南軒嘗曰：李仁甫如霜松雪柏，無嗜好，無姬侍，不殖產，平生生死文字間。《長編》一書，用力四十年。其餘所著書及文集二百餘卷，有《陶潛新傳》并《詩譜》各三卷，案：陶淵明事迹，《晉書》、《宋書》已具。不知何以爲《新傳》，必更有表章處也。又有《晉司馬氏本支》、《齊梁本支》、《王謝世表》。蓋陶與司馬乃其所最悅服者。案：仁甫贈太師，温公與司馬公同。又舉陸宣公《奏議》切於當時，可舉而行者數十事，勸孝宗力行之。其學行醇實如此。同時自朱子之外，無與抗衡者。史學則朱子且遠遜矣。朱竹垞《書李氏續通鑑長編後》云：宋儒史學，以文簡爲第一。張敬夫比之霜松雪柏，生死文字間。葉正則謂《春秋》之後，纔有此書。要非過論也。

朱子云：「鼂氏自謂深於《騷》者，然不過更易序引，增廣篇帙，以飾其外。近世之言刪述者例如此，不但晁氏而已。」《再跋楚辭協韻》。據此，則當時有所謂删述者。程、朱子之改《大學》，即所謂删述也。習俗移人，賢者不免矣。

李翶《復性書》上篇云：「故聖人者，人之先覺者也。覺則明，否則惑，惑則昏。明與昏謂之不同，明與昏性本無有，則同與不同二皆離矣。夫明者所以對昏，昏既滅，則明亦不立矣。」《全唐文》六百三十七卷。胡子宏《知言》云：「性也者，天地鬼神之奥也。善不足以盡之，況惡乎哉！孟子道性善云者，歎美之詞，不與惡對。」《朱子文集·雜著》卷九《胡子知言疑義》[一二]。胡氏之言，似本此。

《剡源集·雙溪王先生尚書小傳序》云[一三]：「徽士大夫嘗爲余言：朱文公無恙時，同里閈有雙溪王先生炎，字晦叔，亦以學行爲諸儒宗。兩家議論時相糾切。文公既没，而諸生方脱黨禍，起而尊獎先説，非朱氏者皆廢格不用。王先生之書與其爲人，後生輩不及盡知。以爲惜。」「己亥之夏，有王君傳自京口來，以《尚書小傳》五十八卷相示，蓋雙溪先生所著。而於君爲四世矣。」卷七。《宋史·道學傳》：張洽所著書，有《歷代郡縣地理沿革表》。道學家而留意地理沿革，不可多得也。

《隨園隨筆》云：「林栗議論侃侃，謝深甫一時佳士，王淮頗著賢聲，俱因與朱子不合，史臣遂與胡紘、鄭丙同《傳》。趙雄亦賢者，以抑張栻，而與陳松同《傳》。皆非公論。蓋元人作史時，正道學之風初熾也。元尊朱子，至於呼太祖御名成吉思汗而祭，可以想見當時尊崇之過當矣。史彌遠所以不入《奸臣傳》者，以其能弛僞學之禁，故並其廢濟王事而諱之，不在本《傳》。」卷三。此《宋史》最謬妄處，袁子才能拈出。

盧刻《方言》，末有慶元庚申東陽朱質《跋》云：「世之學者，忽近而慕遠，舍實而徇名，高談性命，過自賢聖，視訓詁諸書，往往束之高閣。」又云：「漢儒尊經重古，純愨有守之風，類非後人所能企及。」此南宋人尊漢儒訓詁，而譏當時談性命者。

厲樊榭《杜氏通典馬氏通考鄭氏通志總論》云：「若《氏族》、《六書》、《七音》等《略》，考核詳而議論精，誠爲獨得之學。至《天文》、《地理》、《器服》，則失之太簡。若《禮》及《職官》、《選舉》、《刑罰》[一四]、《食貨》五《略》，盡襲《通典》之全文，而於天寶以後、紹興以前，詮次無聞，難免馬氏『疏略剽竊』之譏。杭大宗云：「人不可狂妄。鄭漁仲讀書非不多，乃以一生之力，著《通志》一書，誤之甚矣！漁仲謂『史遷如龍，班固如猪』，今試問，欲知漢昭帝以後之事，讀班書乎？抑讀《通志》乎？其《二十略》直鈔《通典》，尤可笑也。」澧嘗謂：鄭漁仲不必作《通志》，《通志》之紀、傳，直是無用之物。讀書者能不讀正史紀、傳，而讀《通志》紀、傳耶？引書者能不引正史紀、傳，而引《通志》紀、傳耶？此真徒費筆墨者矣。梁武帝爲《通史》不成，故司馬公爲《通鑑》，改紀、傳爲編年，故可與正史並行。鄭漁仲於既有《通鑑》之後，又爲《通志》，又爲紀、傳，愚之甚也！其《二十略》又甚可笑。如《職官》一門，直鈔《通典》；其鈔之不盡者，則又鈔於後，而加以「臣謹案」三字。豈有鈔人之説以爲自己案語者耶？司馬温公《文中子補傳》評曰：「漢、魏以還，遷、固之徒記之詳矣，奚待於續經，然後人知之？」澧謂：此語可移以評鄭樵《通志》也。

《黄氏日鈔》云：《太極圖》得晦翁剖析分明，令三尺童子皆可曉，遂獲聞性命之源，以爲脱去凡近之基本，即盍反而實，修其在我者矣。或乃因其餘説，或演或辯，浸成風俗。不事躬行，惟言太極。嗚呼！周子亦不得已言之，孔子惟教人躬行耳。卷三十三。周、程、張、邵及後來諸儒之説之偏者、謬者，黄東發一一辯正之，其功甚大。東發生於宋末，親見宋學末派之弊故也。觀東發此言，則宋人言太極者，有不事躬行者矣。近人欲尊宋學，詆漢學家不躬行，亦與宋末同耳。

黄東發云：「竊嘗譬之：酌水者必浚其源。浚其源，爲酌水計也。反捨水而不酌[一五]，何義也？食實者必溉其根。溉其根，爲食實計也。反棄其實而不食，何見也？正躬行者必精性理。精性理，爲正躬行設也。反置躬行於不問，何爲也？」《撫州辛未冬至講義》。近有人詆漢學家不躬行，然讀《黄氏日鈔》，則宋末講性理者固有置躬行於不問者矣。

黄東發生於宋季，而著書以救宋一代諸儒之弊。如於《易》，不取太極先天之説；於《書》，不取人心道心之説；於《詩》，稍助《序》説；於《論語》，不談一貫、與點之説；於二程，□□□□□□；於横渠，□□□□□；至於朱子，乃其所宗，而不取□□□□□□；若象山之學，尤其所深闢者。朱子已救宋儒之弊，至東發而更□□之。蓋去宋儒之弊，然後宋學真可以上繼孔、孟而不貽誤後世。東發大有功於宋之諸儒也。

黄東發讀書宅心平實，無偏黨，無客氣，稱心而言，不近名，不使才氣。即有淺處誤處，而皆見其真誠。本朝諸儒，惟江慎修近之，其餘皆不及也。惠、戴之學，超卓矣，心地遠不及也。

東發氏之學，讀經、史、諸子、諸大家文集，取其犖犖大者，而分析是非。以朱子爲宗，而更去其偏處。其議最明，學最正。其讀書最得韓文公提要鈎玄之法，是爲讀書之定法，澧之所心悦而誠服者。昔嘗有人欲以澧爲師，澧辭之曰：「盍以我之師爲師？《黄氏日鈔》是也。」澧今著《學思録》，豈敢竊比於《日鈔》，亦師其意云爾。

真西山《文章正宗》，以道學家而選文章，爲文章家所不滿。如以李密《陳情表》附注於諸葛武侯《出師表》後，殊不成體例。然論詩極有精語。其綱目云：「或曰：『此編以明義理爲主，後世之詩其有之乎？』曰：『三百五篇之詩，其正言義理者蓋無幾，而諷詠之間悠然得其性情之正，即所謂義理也。後世之作雖未可同日而語，然其間興寄高遠，讀之使人忘寵辱，去係吝，翛然有自得之趣，而於君親臣子大義亦時有發焉。其爲性情心術之助，反有過於他文者。蓋不必顓言性命而後爲關於義理也。』」澧謂：此真通人之論。蓋以道學論詩，則多涉迂腐；以詩講道學，則轉爲清超。三百篇詩，乃聖人所選，非聖人所作。漢以後之詩不及《三百篇》者，不曾經聖人手耳。凡詩，有邪有正，自古而然。其正者，漢以後之詩可以感發人之善心，無異於《三百篇》也。觀《四書》之多引三百篇詩，可知講學當讀漢以後之詩矣。西山但收古詩，而云律詩雖工，亦不得與，則又謬矣。發君親臣子大義者爲性情心術之助，律詩何異於古詩？讀杜律自得之矣。

講學不可輕視詩。若自作詩，則可不必。孔子尚有《猗蘭》、《龜山》諸作，孟子則無一句詩也。

《宋史·王萬傳》云：「字處一，家世婺州，父游淮間，萬因生長濠州。」「萬之學專有得於『時習』之語，謂學莫先於言顧行，言然而行，未然者非言之僞也，習未熟也，熟則言行一矣。故終其身，行無不顧其言。發於設施論諫，皆根於中心。遺文有《時習編》及其他奏札及論天下事者凡十卷。」王處一，人豪也。古之遺愛，古之遺直。皆本傳語。此宋末真儒也。其條具沿邊事宜，真大才也。而又精密之至。「時習」二字，爲功大矣。王處一所得至精至真，程門不及也。

戴仲達侗云：「朱文公昉推訓故，以釋經義，學者稍識古書之旨。」《六書故通釋》。夫以訓故釋經義，先儒皆然。而云昉於朱子者，南宋時訓故之學幾絶，朱子始復以訓故釋經，自元時溯之，則爲昉於朱子也。

戴仲達《六書故敘》云：「夫不明於文而欲通於辭，不通於辭而欲得於意，是聾於律而議樂，盲於度而議器也。」亦誣而已矣！

王伯厚《急就篇補注》云：「昔以是爲童蒙之學，今有皓首未覯者。俗書溢於簡牘，訛音流於諷誦，襲浮踵陋，視名物數度若弁髦，而大學之基不立。」南宋時，當道學極盛之後，學者視名物數度若弁髦。而王伯厚出於其時，始發此論，乃漢學之萌芽也。

【校記】

[一] 後生，癸未本作「小生」，據稿本及文淵閣本《四庫全書・傳家集・論風俗札子》改。

[二] 十駕齋，癸未本無。錢大昕《十駕齋養新録》卷一八《語録》：「『君子之出辭氣，必遠鄙倍。』語録行，而儒家有鄙倍之辭矣。」據以補之。

[三] 露，癸未本作「録」，據稿本及《論衡・自紀篇》改。

[四] 癸未本無此篇名夾注，據稿本及《論衡・自紀篇》補。

[五] 滓，癸未本作「滯」，據稿本及《史通・言語》改。

[六] 嘗，癸未本作「常」，據稿本改。

[七] 可且，癸未本作「且可」，據稿本及《象山先生全集・與曹挺之書》改。

[八] 十三，癸未本作「十二」，據《象山先生全集・語録》及集中所附楊簡《象山先生行狀》、《年譜》正之。

[九] 癸未本作「多學而識之見」，據《象山先生全集・與曾宅之書》增補一「之」字。

[一〇] 《朱子晚年全論》，癸未本作《朱子晚年定論》，據稿本及李紱《朱子晚年全論》改。

[一一] 不訓詁，癸未本作「不訓不詁」，據稿本改。

[一二] 疑義，癸未本作「引義」，據稿本及文淵閣本《四庫全書・晦庵集》卷三十七改。

［一三］ 剡源集，癸未本作「剡溪集」，據稿本及文淵閣本《四庫全書·剡源集》改。

［一四］ 刑罰，《通志》作「刑法」。

［一五］ 捨，癸未本作「言」，據稿本改。

卷九

遼金元

遼道宗大安五年，詔析津、大定二府精選舉人以聞。仍詔諭學者當窮經明道。此宋元祐四年也。其時遼亦以明道爲尚，蓋宋之風氣及於異國矣。道宗咸雍十年，詔有司頒行《史記》、《漢書》。

蕭休堅博覽經史，興宗稱爲大儒。其對制策，史稱爲遼之晁、董。其餘諷諫，亦多忠直。惜所撰《禮書》及《六義集》不傳。其名曰韓家奴，太不雅馴。其字休堅，與耶律谷欲之字同，蓋亦遼國語也。王鼎，字虛中。亦博通經史，當代典章多出其手。正直不阿，自命爲「中朝端士」。《遼史·文學傳》中有實學者，惟此二人。

元遺山云：「承平時，明經、詞賦取士，主文衡者尚以科目爲未廣，謂杜氏《通典》、司馬氏《通鑑》，皆可增置學官，爲士子專門之業。宰相以爲然，而未暇也。」《集諸家通鑑節要序》。金源之代，主文衡者有此通人，而宰相以爲然，此尤不易得之宰相矣。

又云：「中州文明百年，有經學，有《史》《漢》之學、《通典》之學，而《通鑑》則不能如江左之盛。惟蔡内翰伯正甫珪、蕭户部真卿貢、宗室密國公子瑜璹之等十數公，號稱專門而已。近歲此學頗行河朔，武臣宿將講説記誦，有爲日課者，故時人稍稍效之。」《陸氏通鑑詳節序》。又云：「密國公諱璹，字子瑜，越王長子，而興陵之諸孫也。公資禀簡重而至誠接物，不知名爵爲何物，於書無所不讀，而以《資治通鑑》爲專門。《如庵詩文序》。其時雖不以《通鑑》立學官，而遂爲專門日課，此風氣尤不易得也。

金右丞相兼都元帥宗室承暉，好學，淹貫經史。常置司馬文正、蘇文忠像於書室，曰：「吾師司馬而友蘇公。」中都被圍，宣宗遷汴，承暉留守。右副元帥蒲察七斤出降，左副元帥抹撚盡忠南奔。承暉辭家廟，作遺表付尚書省令史師安石，其表皆論國家大計，辨君子小人治亂之本。舉家號泣，承暉神色泰然，與安石飲酒引滿，曰：「承暉於《五經》皆經師授，謹守而力行之，不爲虚文。」取筆與安石訣，最後倒寫二字，歎曰：「得非神志亂耶？」安石出門，聞哭聲，則已仰藥薨矣。贈廣平郡王，謚忠肅。《金史》卷一百一。此金代忠臣，而又醇儒，後世罕稱述焉，何哉？

張暐與子行簡，講論古今，最明古今禮學，家法爲士族儀表。行簡轉對，因論典故之學，乞於太常博士之下置檢閲官二員，乞定會要，以示無窮。史臣云：「張暐、行簡世爲禮官，世習禮學。其爲禮也，行於家庭，講於朝廷，施用於鄰國，無不中度。古者官有世掌，學有專門，金諸儒臣，唯張氏父子庶幾無愧於古乎。」《金史》一百六。杜時昇，字進之。隱居嵩、洛山中，從學者甚衆，以伊洛之學教人[二]。郝天挺，字晉卿。元遺山嘗從學進士業。天挺曰：「今人賦學以速售爲功，幸而得之，不免爲庸人。」又曰：「大丈夫不耐飢寒，一事不可爲。」或曰：「以此學進士，無乃戾乎？」天挺曰：「正欲渠不爲舉子耳。」《隱逸傳》。此皆金源樸儒。

朱梅崖云：「昔唐以詩賦取士，而人重《文選》；宋以策論取士，而人熟《漢書》。元裕之云：『中原文明百年，有《九經》、《史》、《漢》、《通典》之學，而《通鑑》則不能如江左之盛。』若今之治進士業者，蓋誠不知其所熟何書，所名何學。」《三鄭進士文稿序》。金朝有《通典》之學，今人愧死。

趙閒閒云：周、程二夫子紹千古之絶學，其徒遂以韓、歐諸儒爲不知道，此好大之言也。後儒之扶教，得聖賢之一體者多矣。使宋諸儒不見傳注之學，豈能遽先毛、鄭哉！聞道有淺深，乘時有先後耳。道學之蔽，流爲佛老而不自知。其蔽反有甚於傳注之學。《性道教説》。南宋諸儒推尊道學，趙閒閒在金，則從而議論之。然其言尚持平，非以異國而相攻詆也。

袁清容《困學紀聞序》云：「禮部尚書王先生知濂洛之學淑於吾徒之功至溥，然簡便日趨，偷薄固陋，瞠目拱手，面墻背芒，滔滔相承，恬不以爲耻，於是爲《困學紀聞》二十卷，具訓以警。」

戴帥初表元云：「余猶及見浙、閩諸老先生，開講不用寫本，直是據案口説，後進者質問於前，隨機應答，粲然可述。講退，各以所聞載之方策，而寫本出焉。今之講師，朔望抽方尺之紙，書陳説累百言，臨高朗誦，聽者漫不知何語，以爲故事不可廢而已，固不敢望有所激發。」《題徐山長講義》。

元復初言：「虞伯生治諸經，惟朱子所定者耳。自漢以來，先儒所嘗盡心者，考之殊未博。」澧案：伯生撰《鶴山書院記》云：聖賢之書，實由秦、漢以來諸儒誦而傳之，得至於今。其師弟子之所授受，以顓門相尚。雖卒莫得其要，然而古人之遺制，前哲之緒言，或者存乎其間，蓋有不可廢者。自濂洛之説行，朱氏祖述而發明之，於是學者知趨乎性命道德之本。而從事於斯者誦習成言，所謂博文多識之事，若將略焉。況乎近世之弊，好爲鹵莽，其求於此者或未切於身心，而考諸彼者曾弗及於詳博。於是傳注之所存者，其舛訛牴牾之相承，既無以辨明其是非，而名物度數之幸在者，又不察其本原。誠使有爲於世，何以徵聖人制作之意，而爲因革損益之器哉？觀此，則伯生未嘗不欲博考秦、漢以來諸儒之説也。且因伯生之言，可以考見程、朱之學傳至元時，已有鹵莽之病也。

趙德《四書箋義序》云：「余嘗呻《四書》几間，有叩之曰：『子習紫陽之説乎？』曰：『然。』迺曰：『《大學敘》云：「王宮國都以及閭巷莫不有學」，「王宮之學」何所考？』『盤銘。』或問：『引刀劍戶牖等銘見於《禮書》者何云？』余則瞿然未知所對。或又曰：『陸績母斷葱必寸，掾以親故受汙辱之名，請語其事。』則語焉不詳。吁！此夷時鹵莽其學，夷時者，平時也。其困宜矣。於是温繹前傳，采摭凡要，彙箋成帙。因以課兒，且戒之曰：朱子所釋，蓋群經、子、史之義皆有焉。苟以《四書》急決科利，而他書置所未暇，則凡昧於傳注者，不特失其所未暇，遂並所急失之矣。然明辯必由博學，是箋也膚謭，豈能畢通？之後有同志補輯遺闕，斯文厚幸乎哉！」南宋以後之人不讀書，故明儒極荒陋。本朝人讀書，近三四十年又歇矣。余之作此，所以名曰《讀書記》也。

黃楚望於名物度數，考覈精審，而義理一宗程、朱，作《易春秋二經解》、《二禮祭祀述略》、《十翼舉要》、《忘象辯》、《象略辯同論》、《三傳義例考》、《筆削本旨》、《元年春王正月辯》、《諸侯娶女立子通考》、《魯隱公不書即位義》、《殷周諸侯禘祫考》、《周廟太廟單祭合食説》，作《丘甲辯》、《易學濫觴》、《春秋指要》、《禮經復古正言》、《六經補注》、《翼經罪言》。其於禮學，謂鄭氏深而未完；王肅明而實淺。王肅混郊丘廢五天帝，併崑崙、神州爲一；趙伯循言王者禘其始祖之所自出，以始祖配之，而不及群廟之主；胡宏家學不信《周禮》，以社爲祭地之類，皆引經以證其非。澧案：元代經學皆沿於宋儒，楚望獨上探漢、魏。《元史》本傳云：「蜀人治經，必先古注疏。」澧案：楚望先世本蜀人，本傳言其經學所自出也。然自南宋以後，學者皆不以古注疏爲尚，何以蜀人獨如此？蓋以地遠，猶有北宋之遺風歟。説《易》據《十翼》，説《春秋》據《左傳》，説《禮》據鄭氏，皆千古經學之圭臬。謂鄭氏深而未完，王肅明而實淺，尤非邃於古學不能道。《四庫提要》云：「有元一代經學，莫深於黃澤。」此趙汸《東山存稿提要》語。誠定論也。

黃楚望之書，史稱其存於世者十二三，今惟見《宋元學案》采録十三條，總題曰《九江經説》，則黃梨洲嘗見其書，且其書已彙編爲《九江經説》矣。梨洲藏書之多，真不可及也。《九江經説》今或有在人間者，當訪求而讀之。朱竹垞《經義考》於楚望所著諸書，皆注曰「佚」，惟采録趙東山所撰《行狀》、吴草廬所撰《序》。錢辛楣《元史·藝文志》則有《六經辯釋補注》，蓋即《六經補注》也；有《經學復古樞要》，蓋即《禮經復古正言》也。黄梨洲《宋元學案》以黄楚望爲《九江學案》，而全謝山《序録》無之，王氏梓材遂以楚望併入《草廬學案》。楚望經學，實非草廬所及也。

閻百詩云：「元之大儒黄楚望氏，欲以近代理明義精之學，用漢儒博物考古之功，加以精思没身而止意。蓋以朱紫陽猶不足以當也。嗚呼，豈易言哉！」《潛丘札記》卷一。澧謂：朱子固理明義精而又用博物考古之功者，但未能如鄭氏之深，而亦未完耳。朱子編《儀禮經傳通解》，未成而卒。朱子不能當，楚望欲起而任之，誠不易言。蓋宋元時，漢儒博物考古之書亡佚者十之九，有志者雖没身而不能成此學。至我朝諸儒，博物考古各有成書。《皇清經解》彙爲巨編。使楚望生於今日，則頗省其用功之勞，加以精思，或可以償其志也。本朝諸儒博物考古，近日乃有詆毁之者，使其讀《元史》黄楚望《傳》，當爽然自失矣。

戴帥初《于景龍注朱氏小學書序》云：余兒童時，朱氏書猶未盛行浙中，時從人傳鈔之。及甲辰、乙巳間，有用其説取甲科者，四方翕然争售朱學。而吾鄉以遠僻，方獲盡見徽文公所著書。大抵諸書惟《易本義》、《四書注》、《小學書》最爲完備，其餘或未經脱稿，或雜出他手，非全書也。今三書者，惟《四書》家有人誦之；《易本義》真知者絶少；而《小學書》最益於人，人無讀者，良可憫痛。

《剡源集》卷七。

《急就篇注釋補遺自序》云：「儒者欲求漢學，惟齊、魯諸生訓注猶近古哉！」《剡源集》卷七。

虞道園《廬陵劉桂隱存稿序》云：「山林之日長，則得以極其力之所至；學問之志專，則有以達其智之所及。知其背於途轍之正者，即有所不爲；知其可以傳諸方來者，則言之而無隱。」《虞道園女選》。

【校記】

〔一〕以伊洛之學教人，癸未本作「大抵以伊洛之學教人」。《金史》卷一百二十七《杜時昇傳》作「大抵以伊洛之學教人自時昇始」。光按：既删去「自時昇始」，則「大抵」一詞亦當删去。

卷十

明

歸震川云：「浙東道學之盛，蓋自宋之季世。何文定公得黄勉齋之傳，其後有王會之、金吉父、許益之，世稱爲婺之四先生。益之弟子爲黄晉卿，而宋景濂、王子充皆出晉卿之門。高皇帝初定建康，青田劉文成公，實與景濂及麗水葉景淵、龍泉章三益四人，首先應聘而至。當是時，居禮賢館，日與密議。浙東儒者皆在。蓋國家興禮樂，定制度，建學養士科舉之法，一出於宋儒。其淵源之所自如此。」《送狄承式青田教諭序》。

歸熙甫《經序録序》云：「唐貞觀間，始命諸儒粹章句爲義疏，定爲一是。於是前世儒者僅存之書，皆不復傳。如《李氏易解》[一]，後人僅於此見古人傳注之一二。至啖助以己意説《春秋》，史氏極詆其穿鑿。蓋唐人崇進士之科，而經學幾廢。故楊綰、鄭餘慶、鄭覃之徒欲拯其弊而未能也。」此等語，明人無能言之者。歸熙甫有卓識也。

明人學問文章遠遜唐、宋，惟氣節獨高千古。其倡之者，方正學也。《明儒學案》：「神聖既遠，禍亂相尋，學士大夫有以生民爲慮、王道爲心者絶少[二]。宋没，益不可問。先生稟絶世之資，慨焉以斯文自任，會有明啓運[三]，千載一時，深維上天所以生我之意，與古聖賢之所講求，直欲排洪荒而開二帝，去雜霸而見三王。又推其餘，以淑來禩。伊、周、孔、孟，合爲一人，將旦暮遇之。此非學而有以見性分之大全，不能也。既而時命不偶，遂以九死，成就一個，是完天下萬世之責。其扶持世教，信乎不愧千秋正學者也[四]。」《師説》。

宋儒道學，至元末而已衰，得方正學以氣節振之，一代忠臣烈士，接踵而出。論明儒者，當以方正學爲第一。《明儒學案·師説》始於方正學，得之矣。

方望溪云：「蓋一代之風教[五]，常視乎開國之君[六]。漢光武不敢以仕屈嚴光；而明祖之歸蔡子英於擴廓也，縱敵國之謀臣而不忍傷其義。即是二者，固足以振一代之士氣，而使之不苟於自待矣。」《書曹太學傳後》。又云：「士大夫敦尚氣節，東漢以後，惟前明爲盛。居官而致富厚，則朝士避之若浼，鄉里皆以爲羞。至論大事，擊權奸，則大臣多以去就争；臺諫之官，朝受廷杖，諫疏夕具，連名繼進。至魏忠賢播惡，自公卿以及庶官，甘流竄，捐腰領[七]，受錐鑿炮烙之毒而不悔者，踵相接也。雖曰激於意氣，然亦不可謂非忠孝之實心矣。惟其如是，故正、嘉以後，國政偵於上，而臣節砥於下，賴以維持而不至於亂亡者，尚百有餘年。」《請矯除積習興起人才札子》。

朱竹垞《黄先生遺文序》云：「講學莫盛于宋，然汴京、臨安之陷，道學諸臣以身殉國者不數見[八]。至於明，死靖難，則有若方公孝孺[九]；死閹禍，則有若高公攀龍[一〇]；而山陰劉公宗周、漳浦黄公道周與先生後先自靖：咸以道學兼忠節，即宋儒有未逮焉。」案：黄先生，黄陶庵也。明儒之卓越千古者，竹垞此數語盡之，真千古定論也。

《明史·儒林傳序》云[一一]：「明初諸儒，皆朱子門人之支流餘裔，師承有自，矩矱秩然。曹端、胡居仁篤踐履，謹繩墨，守儒先之正傳，無敢改錯。學術之分，則自陳獻章、王守仁始。宗獻章者曰江門之學，孤行獨詣，其傳不遠。宗守仁者曰姚江之學，別立宗旨，顯與朱子背馳，門徒遍天下，流傳逾百年[一二]，其教大行，其弊滋甚。嘉、隆而後，篤信程、朱，不遷異説者，無復幾人矣。要之，有明諸儒衍伊、洛之緒言[一三]，探性命之奥旨，錙銖或爽，遂啓歧趨，襲謬承訛，指歸彌遠。至專門經訓授受源流，則二百七十餘年間[一四]，未聞以此名家者。經學非漢、唐之精專，性理襲宋、元之糟粕，論者謂科舉盛而儒術微，殆其然乎。」《明史·儒林傳》二卷，前一卷皆陳白沙、王陽明以前諸儒，及陳、王以後不爲陳、王之學者也。後一卷以白沙爲首。其分別真有特識。

《明史·儒林·梁寅傳》：鄰邑子初入官，問天德王道之要，寅微笑曰：「言忠信，行篤敬，天德也。不傷財，不害民，王道也。」《趙汸傳》：讀朱子《四書》，多所疑難，乃盡取朱子書讀之。後築東山精舍，讀書著述其中。天下兵起，汸轉側干戈間，顛沛流離，而進修之功不懈。元末明初時，儒者篤實如此。

閻百詩曰：「余嘗發憤歎息，三百年文章學問，不能遠追漢、唐及宋、元者，其故蓋有三焉：一壞於洪武十七年甲子定制以八股時文取士，其失也陋；再壞於李夢陽倡復古學而不原本六藝，其失也俗；三壞於王守仁講致良知之學至以讀書爲禁，其失也虛。」《潛丘札記》卷三。

黄廷美瑜云：《論語》「仁者静」，孔安國曰：「無欲，故静。」周子取之。《易》「利貞者，性情」，王弼曰：「不性其情，何能久行其正？」程子取之[一五]。自永樂纂修《大全》出，談名理者惟讀宋儒書，古注疏自是廢矣。《雙槐歲鈔》卷第三[一六]。 澧案：朱子《答胡季隨書》云：「『性其情』乃王輔嗣語，而伊、洛用之。」

「明永樂中，《大全》出而捷徑開，八比盛而俗學熾。科舉之文，名爲發揮經義，實則發揮注意，不問經義何如也。且所謂注意者，又不甚究其理，而惟揣測其虚字語氣，以備臨文之摹擬，併不問注意何如也。蓋自高頭講章一行，非惟孔、曾、思、孟之本旨亡，併朱子之《四書》亦亡矣。」《四庫總目・四書類提要》。

薛文清《讀書録》云：「今學校之教，經術之習，絶口於漢、唐異端駁雜之學者，宋儒之功也。」明中葉以前，真絶口於漢、唐之學，蓋併其非異端、不駁雜者而亦絶口也。

明之爲時文者，首稱王守溪，鄉試、會試皆第一。弘治時爲吏部侍郎，奏言宜倣前代制科，如博學宏詞之類[一七]，以收異才。六年一舉。尤異者授以清要之職，有官者加秩。數年之後，士類濯磨，必以通經學古爲高，脱去謏聞之陋。時不能用。澧謂：此説若出於他人，世俗必謂其好爲高論，厭薄時文。出自守溪，則無可議矣。國朝兩開博學宏詞科，通經學古之士迭出。守溪之言果驗也。

邵二泉寶曰：「吾願爲真士大夫，不願爲假道學。」博綜群籍，有得則書之簡。《明史·儒林》本傳。

明自中葉以前，講學者皆宗朱子。然於朱子之學，所失者已多矣。如朱子之編《禮》書，垂歿，猶諄諄不已。明儒乃無一人治《儀禮》者矣。朱子兼博約以爲學，明儒惟得其約而不得其博，故根柢單薄。至其極弊，則名爲宗朱子，實則荒陋迂腐。故陽明乘其衰頹而盡力攻之，遂以不振也。物必先腐而後蟲生之，未可專罪陽明也。

陽明云：「吾『良知』二字，自龍場後，便已不出此意。只是點此二字不出。與學者言，費許多辭説。今幸點出此意，一語之下，洞見全體。」《傳習録·黄直録》。據此，則陽明初有此意而未有名目，其後乃以《孟子》「良知」二字爲名目也。

焦理堂《良知論》云：「良知者，良心之謂也。雖愚、不肖、不能讀書之人，有以感發之，無不動者。陽明謫龍場日，與諸苗説愛親敬長，而諸苗皆悦。其所驅而戰也，則知府、知縣及降附之賊而皆用命，所至無不摧破。余讀《文成全集》，至檄浰頭、諭頑民、札安宣慰，及所以與屬官謀、告士卒者，真能以己之良心，感動人之良心。」澧謂：　理堂此論，發明陽明良知之説，公允之至矣。

陽明云：「無善無惡者，心之體；　有善有惡者，意之動。　知善知惡，是良知；　爲善去惡，是格物。」《天泉問答》。　黄梨洲云：「其實無善無惡者，無善念惡念耳，非謂性無善無惡也。」《明儒學案》卷十。　澧謂：　梨洲所解是也。　然無善念無惡念，即禪家所謂不思善不思惡耳[一八]。

又云：　性無善無不善之説，雖無大差，但告子執定看，便有個無善無不善性在内。　有善有惡，又在物感上看，便又有個物在外[一九]。　却做兩邊看，便差。　蓋無善無不善，性原是如此，悟得到時，只此一句便盡，更無内外之間。　告子見得一個性在内，一個物在外，便知他於性有未透澈處。《傳習録・德洪録》。

又云：　「『不思善不思惡時認本來面目』，此佛氏爲未識本來面目者設此方便。『本來面目』，即吾聖門所謂『良知』。　今既認得『良知』明白，即已不消如此説矣。『隨物而格』，是『致知』之功，即佛氏之『常惺惺』，亦是常存此本來面目耳。　體段工夫，大略相似。」《答陸原静書》。　據此，則陽明之所謂「良知」，即佛氏之「本來面目」；　其「致知」之功，似即佛氏之「常惺惺」，固明明自言之矣。　其以「不思善不思惡本來面目」爲「《中庸》喜怒哀樂之未發」，始於蘇子由，而極於王陽明，儒、佛遂合而爲一。

《明史・儒林・許孚遠傳》：　「(周)汝登以無善無惡爲宗，孚遠作《九諦》以難之，言：　『文成宗旨，原與聖門不異，以性無不善，故知無不良。　良知即是未發之中，立論至爲明析。「無善無惡心之體」一語，蓋指其未發時[二〇]，廓然寂然者而言之，止形容得一「静」字[二一]，合下三語，始爲無病。今以心意知物，俱無善惡可言者，非文成之正傳也。」」宋儒喜言「未發」，至陽明而有「無善無惡心之體」之説，然猶有下三語。周汝登以無善無惡爲宗，周汝登之病由於陽明，陽明之病由於宋人也。

「無善無惡心之體」，即「不思善不思惡本來面目」。

人有資質鈍而不能學問者，有政事繁而無暇學問者，有居處僻而無由學問者，教以激發良心，則志仁無惡矣。然而學問必不可廢也。生事葬祭之禮、井田學校之法，非學問何以知？若但道性善而不知此禮制，則所謂徒善不足以爲政者也[二二]。

方植之《漢學商兑》云：「且夫所爲講學者，何先乎？非尤當講明進退出處語默之義乎？《經》故曰：『邦有道，危言危行；邦無道，危行言遜。』又曰：『邦有道[二三]，其言足以興；邦無道，其默足以容。』『既明且哲，以保其身。』又曰：『爲下不倍。』又曰：『惡訐以爲直。』又曰：『人而不仁，疾之已甚，亂也。』又曰：『不在其位，不謀其政。』明之君子，於此皆犯之，安在其能講學也？冒講學之名，而不精求聖人利用安身之道，徒使人詬病聖人之學不當講，是誣之也。昔程子以《易》之《艮》示郭忠孝曰：『《艮》，止也[二四]。學道之要，無出於此。』忠孝因榜其室曰『兼山』。立身行道，皆自止始。《易》之爻象有六，曰時，曰位，曰德，苟違其義，皆垂凶、悔、吝之戒。凡此皆切近之學。明之君子，舍此不講，而攻人之惡。」「處己太高，凌厲激訐，於『疾之已甚』、『斯疏斯辱』、『未信爲謗』、『不可則止』等戒均昧。出位干政，樹幟以講學爲號，收召好名之徒，以爲聲氣。不思《艮》止之訓，是慝也而弗修，是惑也而弗辨，是忿也而弗懲。若是者，政坐不講學也。夫講學者，鼓盛氣以强人從己，未有不激人主也。」植之忿近儒攻詆明儒，而此論攻詆更甚，深中明儒之病也。

方望溪《重建陽明祠堂記》云：「自余有聞見數十年間，北方真儒死而不朽者三人：曰定興鹿太常、容城孫徵君、睢州湯文正，其學皆以陽明王氏爲宗。」又《廣文陳君墓誌銘》云[二五]：陽明爲世詬病久矣，然北方之學者如鹿忠節、孫徵君，皆以陽明氏爲宗。其立身既各有本末，而一時從之游者，多重質行，立名義，當官則守節不阿。用此觀之，學者苟能以陽明氏之説治其身，雖程、朱復起，必引而進之以爲吾徒。澧謂：望溪之説，尤爲公論。蓋以陽明之説激發良心以治其身，則善矣。若以讀書爲禁，則其害大矣。《明史·儒林·蔡清傳》：其門人蔡烈，隱居鶴鳴山。主簿詹道嘗請論心，烈曰：「宜論事。孔門求仁，未嘗出事外也。」

《明史·儒林·湛若水傳》云：「若水初與守仁同講學，後各立宗旨[二六]，守仁以致良知爲宗，若水以隨處體驗天理爲宗。」「一時學者，遂分王、湛之學。」又云：「（若水）遷南京國子監祭酒，作《心性圖説》以教士。」魏敏果《答白東谷先生書》云[二七]：「《心性圖説》，樞摘出粘壁有日，賴先生力爲表章，當在《太極圖》之右。蓋濂溪言本體，不若甘泉言工夫也。」《寒松堂集》卷九。

《明史·儒林·呂柟傳》云：「時天下言學者，不歸王守仁，則歸湛若水，獨守程、朱不變者，惟柟與羅欽順云。」又《文苑趙壎傳》云[二八]：朱廉，字伯清，義烏人。嘗取《朱子語類》摘其精義，名曰《理學纂言》。

羅汝芳爲寧國知府[二九]，入覲，勸徐階聚四方計吏講學。當是時，階與歐陽德、聶豹、程文德並以宿學都顯位。於是集四方名士大會於靈濟宫，與論良知之學，赴者五千人。《明史·儒林傳》。明人講學風氣之弊，至此而極。

《明史·儒林傳·魏校傳》：「王應電，字昭明，崑山人。受業於校，篤好《周禮》，謂《周禮》自宋以後，胡宏、季本各著書，指摘其瑕釁至數十萬言。而余壽翁、吴澄則以爲《冬官》未嘗亡[三〇]，雜見於五官中，而更次之。近世何喬新、陳鳳梧、舒芬亦各以己意更定。然此皆諸儒之《周禮》也。覃研十數載，先求聖人之心，溯斯禮之源，次考天象之文，原設官之意，推五官離合之故[三一]，見綱維統體之極。因顯以探微，因細而繹大，成《周禮傳詁》數十卷。以爲百世繼周而治，必出於此。嘉靖中，家毁於兵燹，流寓江西泰和。以其書就正羅洪先，洪先大服。翰林陳昌積以師禮事之。胡松撫江西，刊行於世。應電又研精字學，據《説文》所載訛謬甚者，爲之訂正，名曰《經傳正訛》。又著《同文備考》、《書法指要》、《六義音切貫珠圖》、《六義相關圖》。卒於泰和。昌積爲經紀其喪，歸之崑山。時有李如玉者，同安儒生，亦精於《周禮》，爲《會要》十五卷。」《提要》謂：明代《周禮》、《儀禮》爲絶學，故録應電書，所謂不得已而思其次。本朝《禮》學、小學，萌芽於此。

歸震川云：孔氏之書，更滅學破碎之餘，不復可以得其全。其有足以意推，而較然不惑者，不過什之三四。儒者作爲傳注，有功於遺經爲甚大。然豈必其皆不詭於孔氏之舊，而無一言之悖者？世儒果於信傳，而不深惟經之本意，至於其不能必合者，則寧屈經以從傳。間有不安於是，則又敢爲異論，務勝於前人。其言汪洋恣肆，或足以震動一世之人。蓋漢儒謂之講經，而今世謂之講道。夫能明於聖人之經，斯道明矣，道亦何容講哉？凡今世之人，多紛紛異説者，皆起於講道也。《送何氏二子序》。又云：紫陽之書，或時有過於離析附會者。然其大義，固不謬於聖人。其與金谿，往來論辯，亦在於言語文字之間，而根本節目之大，未嘗不同也。朱子既没，其言大行於世，而世主方主張之。自九儒從祀，天下以爲正學之源流，而國家取士，稍因前代，遂以其書立之學官[三二]，莫有異議。而近世一二君子，乃起而争自爲説，號爲講道，而餘姚之説尤盛。中間暫息，而復大昌。鼓舞氣勢，相與踴躍於其間，此則流風之弊也。夫子思爲尊德性、道問學之説，而廣大、精微、高明、中庸、新、故之目，皆欲其全體不偏，語意如皋陶所稱直温寬栗之類也。朱、陸之辨，固已啓後世之紛紛矣。至孟子所謂良知、良能，特言孩提之童自然之知能。如此，即孟子之言性善已盡之，又何必偏揭良知以爲標的耶？今世不求博學、審問、慎思、明辯、篤行之實，而囂然以求名於天下。聚徒數千人，謂之講學。夫欲以講學求勝朱子，而朱子平生立心行事，與其在朝居官，無不可與天地對者；講學之徒，考其行事，果能有及於朱子萬分之一否也？奈何欲以區區空言勝之！《送王子敬之任建寧序》。又云：　自周之盛時，《詩》、《書》、《禮》、《樂》以造士，蓋其來已久。而後孔子修而明之。所謂「博學於文」者，博此而已。博而「約之以禮」，所謂「一以貫之」者也。其弟子身通六藝者七十有二人，孔子既没，各以其所能教諸侯之國，世主亦知崇尚之。蓋於是時，始有博士之官。遭秦滅學，其官猶不廢。漢得以因之。武帝表章《六經》，置《五經》博士。其後世加增廣，迄於東都，遂有十四博士。當其盛時，石渠、白虎之會，天子親制臨決焉。蓋秦、漢之際，六學殆幾於絶，然猶僅存而復著。天之於斯文，若有陰翊於其間，而國家運祚，亦賴之以維持，其所關係豈小哉？漢以後數百年間，朝廷之官，世有變更，而唯博士獨常置。賈、馬、王、鄭之學[三三]，大行於魏、晉之後，而梁之皇甫侃、褚仲都，周之熊安生、沈重，陳之沈文阿、周弘正、張譏，隋之何妥、二劉，皆以博士名當世。至貞觀《正義》之行，則前代諸家不復兼存，而其説始歸於一。學者徒誦習之以希世，而唐之儒林衰矣。宋之大儒，始著書明孔、孟之絶學，以輔翼遺經。至於今，頒之學官，定爲取士之格，可謂道德一而風俗同矣。然自太學以至郡縣學[三四]，學者徒攻爲應試之文；　夫古今取士之塗，未有如今之世專爲一科者也。習爲應試之文，徒以博一日之富貴，士之所以自爲者亦輕矣。夫天下學者，欲明道德性命之精微，未有舍六藝而可以空言講論者也。《送計博士序》。以上三篇，乃《震川集》中大文章。明儒學問，純正精博無有如震川者矣。如云「七十二子各以所能教諸侯之國」，蓋本於《史記》所謂「咸爲師傅」也。云「世主亦知崇尚之」者，如魏文侯以子夏爲師是也。云「是時始有博士之官」者，本《漢書·賈山傳》「祖父祛，故魏王時博士弟子」

也。「遭秦滅學，其官猶不廢」者，伏生故爲秦博士，叔孫通亦待詔博士也。其語皆有根據如此。

又云：近來一種俗學，往往能取高第，更以通經學古爲拙。此學流傳，敗壞人材，其於世道，爲害不淺。終日呻吟，不知聖人之書爲何物。願與諸公深戒之也。《山舍示學者》。又云：「嘗見元人題其所刻之書云『自科舉廢，而古書稍出』，余蓋深歎其言。夫今世進士之業滋盛，士不復知有書矣。」《送童子鳴序》。又云：「司馬文正公嘗言：『自修《通鑑》成，惟王勝之一讀，他人讀未終卷，已思睡矣。』今科舉之學，日趨簡便。當世相嗤笑以通經學古爲時文之蠹，而史學益廢不講矣。」《史論序》。又云：「余少時初入學，見里師必以《小學古事》爲訓。時方五、六歲，先生爲講蘇子瞻對其母太夫人及許平仲難師之語，竦然知慕之。自科舉之習日敝[三五]，以記誦時文爲速化之術。士雖登朝著，有不知王祥、孟宗、張巡、許遠爲何人者。」《跋小學古事》。

方望溪云：「先兄嘗言：『自明中葉，儒者多潛遁於釋，而釋者又爲和通之說以就之[三六]，於是儒、釋之道混然。儒而遁於釋者，多猖狂妄行；釋而慕乎儒者，多温雅可近。』」《重修清涼寺記》。

林承芳，字文峰，廣東三水人。明嘉靖進士。爲編修時，國子監重刻《十三經注疏》，大司成屬承芳作《序》，云：「國家以宋儒傳注取士，今舍而取於漢者，何也？夫宋固摭乎漢者也，博乎漢而後知宋之源也。自漢儒傳訓詁，宋儒因而釋其義。夫義，主理。理，吾心所固有者也；即微宋儒，吾得而以心逆之也。訓詁非得焉，則譬之胡越之人聽中國之言語[三七]，徒瞠其目相視而不相通也[三八]。微漢儒爲之譯，宋亦安所譯其義哉？且也儒者不能盡窺聖人之奧義，將使人膠其説而不復深探聖人之旨，則不若第傳其訓詁，人人得自以心而逆聖人之意可也。漢之去聖人也未遠，其説猶或有所受，顧安得執宋之説以廢漢？夫聖人之意不能畢窺，則盡其説經者而存之[三九]，以待後之聖人，聖人之經有時乎明也。」此所論與近時議漢學者無異，而明萬曆時已有之。其人廣州人也，今廣州人宜知之。

《明史·儒林傳》：唐伯元，字仁卿，廣東澄海人。萬曆二年進士。歷知萬年、泰和二縣，並有惠政，民生祠之。遷南京户部主事，進郎中[四〇]。踐履篤實，而深疾王陽明新説。陽明從祀文廟，上疏争之。因請黜陸象山，謫海州判官。屢遷吏部員外郎，歷考功、文選郎中，佐尚書孫丕揚澄清吏治。清苦淡薄，人所不堪，甘之自如，爲嶺海士大夫儀表。仁卿所著《醉經堂集解》云：《左傳》中載冀缺、劉子二段，是三代以前聖人相傳格言。《曲禮序》首引「毋不敬」數語，非皋、契、伊、周之徒不能道也。又云：鄭康成、朱元晦，皆聖門游、夏之列，而特起百代之後，事難而功多。《論學書》云：不求盡我分内，而反求多於分外，此會講之風所以盛於今日也。又云：近世儒者，不可以欺人，止欺己耳。爲其原生於以本體求道，而陋聞見，拙踐修耳。唐仁卿之卓識如此。明儒之學，黄梨洲所撰《學案》所載已詳且冗矣，今可不論。惟唐仁卿廣東人，而今廣東無稱述之者[四一]，故特著之耳。澧以《醉經堂集》難得，告潮州方照軒軍門重刻之。

王宋賢元啓《談易窺豹序》云[四二]：「明萬曆間，有傅宗皋者，爲將樂縣令，規倣漢世專門講授之法，創五經書院，立《五經》師各一人，使之各精其業，以教其子弟，故明季邑中經學尤昌。若揭氏之《詩》、吴氏之《書》、蔡氏之《易》，皆積數十年之功力成書，傳之子孫，數世不改其業。」王氏文集，澧未見。此從《湖海文傳》録出。澧謂：此事爲千年來所未有，安得天下書院皆倣此法，使經學大昌也！萬曆間，國子監重刻《十三經注疏》，而復有縣令倣漢世專門之法立《五經》師者。近儒講經學者多詆明人，而不知有不可輕詆者也。澧欲考傅宗皋事，門人長汀胡欽爲購得《將樂縣志》。乃知傅宗皋字見俞，豐城人。以進士爲將樂令。廉静果斷，弭盜緝奸，至夜户不閉。建五經書院百餘間，歲遴館師，使民之子弟秀而貧者受業焉。朔望，輟政事入省其師弟稱事與否，講貫終日。爲政精敏多大體。召爲御史。《志》又載：黄國鼎《五經書院記》云：「上古無所謂經也。經者，心而已矣。」又引先儒曰「秦人焚經而經存，漢人解經而經絶」。此人作《記》，直相排斥[四三]。愈可見傅見俞之有定識，不爲當時人所摇奪矣。《志》又載：揭騰蛟，字起雲。所著《游燕草》、《詩經指括》二書，學者宗之。居家孝友，而勇於義，議建五經書院。萬曆癸卯，以歲貢廷試第二，肄業北雍。例選知縣，未授官而卒。

馮恭定《語録》云：「有爲『漢儒躬行，宋儒空談』之説者，何如？曰：漢儒中誠有躬行者；而謂漢儒皆躬行，則不可。無論其他，失節敗行，即如馬融之列女樂，桓榮之誇稽古，不知可言躬行否？」馮恭定名從吾，其《語録》未見。此條見陳文恭《學仕遺規》。觀此，則明萬曆時人有「漢儒躬行，宋儒空談」之説矣。夫漢、宋兩代，儒者多矣；而以「躬行」、「空談」四字概之，誠不可也。桓榮爲帝師，蒙賜車馬，以「稽古之力」勉諸生，何害於躬行？講道學者自講道學，不必論史。明初惟尊信宋儒，中葉以後，始詆朱子，刻注疏，稱漢儒，本朝漢學風氣已萌芽矣。

《經典釋文》盧刻本後有馮定遠《跋》云：「經學盛於漢，至宋而疾漢儒如讎，注疏僅存。今之學者至不能舉其首題。」又有葉石君《跋》云：「今之學者，工於程、朱之學，漢注唐疏，塵封蠹蝕，安知有此等書哉？且不知有陸德明其人，何況此書。」澧謂：明末之弊如此。若今則未嘗疾漢儒而工程、朱也，然能舉注疏首題，知陸德明其人者，幾人哉？道光丙申會試第三場，總裁發策題云：「鄭康成本於陸德明。」副都御史潘錫恩奏彈之。

張稷若云：「天啓、崇禎之間，鄉塾有讀《集注》者，傳以爲笑。《大全》性理諸書，束之高閣，或至不蓄其本。庚辰以後，文章猥雜最甚。能綴砌古字經語，猶爲上駟。俚言諺語，頌聖祝壽，喧嚣滿紙，而甲申之變至矣。」《蒿庵閑語》。

朱竹垞云：「少日所見先人執友，往來談藝，每多博通《六經》、《二十一史》。及年二十餘，識海内名士，叩其學，年齒均者，恒不若父事兄事之人。今年且半百，歷遊燕、晉、齊、魯、吳、楚、閩、粤之交，覺後生可畏而不足畏。」《感舊集序》。據此，則明末有讀經史之人，惜不知其姓名也。

毛子晉以明季一諸生，刻經史群書流布海内二百餘年，儒林文苑之彦皆讀其書，其功偉矣。《揅經室再續集·重刻舊唐書序》云[四四]：「童時讀《文選》汲古閣本，每慨然慕毛氏之爲人。毛氏之名，今亦永垂藝苑。此毛氏之福也。揚州有力能刻古籍者甚多，而願者究少。則以此事，亦須有讀書之性情、嗜好，與辦事之才識、福分，談何易哉！」

明儒不知曆算之學，故西洋人以此技入中國，貽禍於今，如此其甚也！若明儒識曆算，則西洋人爲遼東豕耳。今人必當習此學，此吾所以殷殷然勸勉後生也。考工之事，亦當講求。

【校記】

[一]《李氏易解》，癸未本作《李氏集解》，據《震川先生全集·經序録序》改。

[二]學士大夫，癸未本作「士大夫」，據黄宗羲《明儒學案發凡·師説》改。

[三]有，癸未本作「文」，據《明儒學案發凡·師説》改。

[四]信乎不愧，癸未本作「信不愧乎」，據《明儒學案發凡·師説》正之。

[五]風教，癸未本作「風氣」，據稿本及《方望溪先生全集·書曹太學傳後》改。

[六]癸未本無「乎」字，據《方望溪先生全集·書曹太學傳後》補。

[七]捐，癸未本作「損」，據稿本及《方望溪先生全集·請矯除積習興起人才札子》改。

[八]癸未本此句句首無「道學」二字，據稿本及《曝書亭集·黄先生遺文序》補。

〔九〕孺，癸未本作「儒」，據稿本及《曝書亭集·黄先生遺文序》改。

〔一〇〕癸未本此句無「若」字，據稿本及《曝書亭集·黄先生遺文序》補。

〔一一〕《明史·儒林傳序》，癸未本作《明初儒林序》，據稿本及《明史·儒林列傳》改。

〔一二〕癸未本無「流」字，據《明史·儒林列傳序》補。

〔一三〕衍，癸未本作「演」，據稿本及《明史·儒林列傳序》改。

〔一四〕二百七十餘年間，癸未本誤作「三百七十餘年間」，據稿本及《明史·儒林列傳序》改。

〔一五〕程子，癸未本作「朱子」，據稿本及《雙槐歲鈔》卷三改。

〔一六〕卷第三，癸未本作「卷□□」，據《雙槐歲鈔》補。

〔一七〕宏，癸未本作「鴻」，據稿本改。

〔一八〕癸未本無「所謂」二字，據稿本補。

〔一九〕物，癸未本作「動」，據稿本及《王陽明全集》卷三《傳習録下》改。

〔二〇〕蓋，癸未本作「直」，據稿本及《明史·儒林·許孚遠傳》改。

〔二一〕止，癸未本作「正」，據稿本及《明史·儒林·許孚遠傳》改。

〔二二〕癸未本無「者」字，據稿本改。

〔二三〕邦，《十三經注疏·禮記正義·中庸》作「國」。下句「邦無道」之「邦」，亦作「國」。

〔二四〕止，癸未本作「山」，據稿本及《漢學商兑》卷下改。

〔二五〕 癸未本無「銘」字，據《方望溪先生全集·廣文陳君墓誌銘》補。

〔二六〕 癸未本無「各」字，據稿本及《明史·儒林·湛若水傳》補。

〔二七〕 白東谷，稿本、癸未本皆作「白東」，據《寒松堂集》卷九《答白東谷先生書》補。光按：東谷，白允謙之號。

〔二八〕 趙壎，癸未本作「趙嚑」，據稿本及《明史·文苑·趙壎傳》改。

〔二九〕 羅汝芳，癸未本作「羅汝方」，據《明史·儒林列傳二》改。

〔三〇〕 癸未本無「則」字，據稿本及《明史·儒林·王應電傳》補。

〔三一〕 離合，癸未本作「雜合」，據稿本及《明史·儒林·王應電傳》改。

〔三二〕 學官，癸未本作「學宫」，據《震川先生全集·送王子敬之任建寧序》改。

〔三三〕 癸未本無「馬」字，據稿本及《震川先生全集·送計博士序》補。

〔三四〕 自，癸未本作「至」，據稿本及《震川先生全集·送計博士序》補。

〔三五〕 習，癸未本作「學」，據《震川先生全集·跋小學古事》改。

〔三六〕 癸未本無「者」字，據稿本及《方望溪先生全集·重修清涼寺記》補。

〔三七〕 胡越，癸未本作「重譯」，據屈大均《廣東文選》卷八林承芳《重刻十三經注疏序》改。

〔三八〕 徒、目，癸未本無，據稿本及屈大均《廣東文選》卷八林承芳《重刻十三經注疏序》補。

〔三九〕 存，癸未本作「傳」，據稿本及屈大均《廣東文選》卷八林承芳《重刻十三經注疏序》改。

［四〇］中，癸未本無，據稿本及《明史·儒林·唐伯元傳》補。

［四一］癸未本無「稱」字，據稿本補。

［四二］王宋賢，癸未本作「王宏賢」，據稿本及《清史稿·疇人·王元啓傳》改。

［四三］直，癸未本作「互」，據稿本改。

［四四］揅經室，癸未本作「揅經堂」，據稿本及阮元《揅經室集》改。

卷十一

國朝

顧亭林云：愚所謂聖人之道者，曰博學於文，曰行己有耻。《與友人論學書》。又云：「今日所以變化人心、蕩滌污俗者，莫急於勸學、奬廉二事。」《日知録》卷十三。澧案：勸學，即博學於文也；奬廉，即行己有耻也。竊嘗論之：《論語》第一句「學而時習之」，即博學於文之初基也；《孟子》第一句「何必曰利」，即行己有耻之要道也。亭林之言，與《論語》、《孟子》若合符節也。《與友人論學書》又云：「士而不先言耻，則爲無本之人。非好古而多聞，則爲空虚之學。然則二事雖並言之，而尤以有耻爲先也。」

陳文恭公云：「顧亭林先生未歷仕路，而所論治道皆親切得理，規模宏遠，鉅細不遺。由其平時讀書隨處體認，與記誦詞章之學無裨世用者不同耳。」《從政遺規》。

亭林《郡縣論》欲使知縣世襲，此説誠不可行。然李泰伯《慶曆民言》云：「秦亡積千載而天下之弱彌甚。刺史、郡守寄客於外，兵非吾兵，食非吾食，以服人者，三尺法耳。一旦當事，則刑罰鞭扑，非亂賊所畏也。授首且不暇，孰爲勤王哉！義苟在焉，胙之以國何害？」《崇衛篇》。此即亭林之説也。

亭林詩云：「《六經》之所傳，訓詁爲之祖。仲尼貴多聞，漢人猶近古。禮器與聲容，習之疑可睹。大哉鄭康成，探賾靡不舉。六藝既該通，百家亦兼取。至今《三禮》存，其學非小補。後代尚清談，土苴斥鄒魯。哆口論性道，捫籥同矇瞽。」《述古》。朱竹垞詩云：「我亦志述作，緬懷三代英。流俗是末師，立心壞先型。」「恨不漢晉儒，驅納咸陽阬。以兹經義廢，勦説徒相承。」《喪子老友梅君文鼎過慰以經義考相質》[二]。本朝尊漢儒自亭林、竹垞始，尊鄭康成尤自亭林始。

《鶴徵録》云：「顧亭林曰：『譚舟石勤於讀經，叩其書齋，插架《十三經注疏》，手施朱墨，始終無一誤句。我行天下，僅見此人。』」卷六。譚吉璁，字舟石，浙江嘉興人。官至登州知府。

《鶴徵後録》云：「沈椒園嘗以監本及毛本《十三經注疏》多訛脱，著《十三經注疏正字》八十一卷，校勘精核，洵有功於治經者。」卷一。

《十三經注疏校勘記》所引浦鏜説，雖不盡當；然十三部《注疏》皆細讀而審思其誤，較之譚舟石，更爲僅見也。若非《校勘記》引之，則其人湮没不彰矣。

《公羊·哀二年》疏引《穀梁傳》云：「三人伐而二人盟，何？各盟所得。季孫斯不得田，故不盟。」《校勘記》云：「浦鏜云：『《穀梁》「所」作「其」。又此句下當脱「范氏云」三字。』」徐《疏》

引范《注》與《穀梁傳》相連，或可不稱「范氏云」，然浦鏜之校勘，則精細矣。

近代文章，有破邪曉俗之功者，陸清獻《新修文昌祠記》是也。其文曰：文昌者，天神也。梓潼者，人鬼也。合文昌、梓潼而一之，不經甚矣。靈壽舊有文昌祠，摶土以爲神，緑衣烏幘。康熙戊辰新其祠，易以木主，題曰『文昌之神』。吾知祀《周禮》、《月令》、《史記》之文昌而已。知有富貴功名而不知有道者，文昌之所擯也。明乎文昌之所以爲文昌，庶幾俎豆馨香，來格來饗，不吐而棄之乎！朱竹垞《開化寺碑》云：原道士之説，謂《詩》、《書》雖孔子之教，若富貴利達，則皆帝君司之，孔子不與焉。陋儒不察於理，遂徙而祠之學宫。

陸清獻公云：或曰：「世益遠而書益多，後之讀者，不愈難乎？」曰：「一代卓然不可磨滅之書，固不多有；其他紛然雜出之書，隨出隨没。惟患讀之無法耳，不患其多也。」以讀書爲支離，是固近年以來陽儒陰釋之學，非我所敢知也。《跋讀書分年日程後》。鄭小谷曰：「不刊之書日少，則不學之人日多。後之所爲，雖汗牛充棟，其銷甚速。不學之人日顯，則不刊之書日晦。前之所爲，雖抱殘守缺，其勢甚孤。世之人乃恐書之日積日煩而不勝讀。嗚呼，謬矣！」《書非亡於秦火論》。此所論皆是也。余更有一説焉：凡所謂博學者，豈謂盡讀天下之書哉？博學於經，則多讀經部之書，其於史不必盡讀也。博學於史，則多讀史部之書，其於子、集，又不必盡讀也。乃至博學於《易》，則多讀《易》類之書；博學於《詩》，則多讀《詩》類之書。豈必舉《十三經注疏》及後儒解説而盡讀之乎？

或曰：子所言，乃專門也，非博學也。曰：有專門而後有博學，無專門則涉獵而已矣，豈博也哉？邢邵曰：「天下書，至死讀不可遍。」（《北齊書·邢邵傳》）

王豐川云：「漢儒多經師，既不通其旨，又未蹈之身。」又云：「漢之經師，真是啜經糟粕，拾經唾餘，胥無當於聖賢垂經設教本旨。」王豐川《存省録》，澧未見其書。此從陳文恭《學仕遺規》抄出。豐川名心敬，李二曲弟子。道學家詬厲漢儒至於如此，後來漢學家還詬道學，乃其勢之相激而成也。

張考父履祥云：「學者舍稼穡，别無治生之道。」韓仁父孔當云：「立身須自節用始。」見《宋學淵源記》。皆名言也。《孝經》曰：「用天之道，分地之利，謹身節用。」二君之言，正與《孝經》合。立言如此，真不愧道學矣！

王蘭泉《春融堂集》有《沈起元傳》云：時張伯行主朱子而斥陸、王，李紱主陸、王而詆朱子。起元不肯稍有附會，謂孔門弟子，自顔、曾外，入門各異，歸於聞道；今宜恪守經書，實實爲人，不必高言作聖。病亟，謂醫曰：「吾自念平生學力，惟檢點身心，使明浄純潔，以還天地父母耳。」

方望溪云：「漢興七十餘年，自天子公卿皆不悦儒術，而諸老師尚守遺經。其並出於武帝之世者，皆秦、漢間摧傷擯棄，而不肯自貶其所學者也。蓋諸儒以是爲道術所託，勤而守之，故雖困而不悔。」《書儒林傳後》。又云：「昔朱子嘗歎歷代之人材惟東漢爲最真。其守官行法不避權倖者，前罹禍災而後者接踵焉。而余觀范史所載獨行之士，艱難危困，懇懇於人紀之中；與夫守卑官，安隱約，而盡其道以化於人者，不可勝數也。蓋自三王以道化天下，使人明於性命之理，故死生禍福不足以亂其心，而人道之當然者，勤以守之而不敢貳也。秦、漢以還，士之乘時而見功名者衆矣，而明於性命之理者蓋寡焉。獨東漢之興，《五經》之教盛行，故上之人雖弗能以道化，而士之潛誦默識以浸灌於身心者，久而深且固焉。雖於性命之理知之未必能盡，而其大綱之所守，抑可謂合矣。」《全椒縣教諭寧君墓誌銘》。

方望溪云：「自周之衰以至於唐，學蕪而道塞。」《贈淳安方文輈序》。

又云：「注疏之學，莫善於《三禮》，其參伍倫類，彼此互證，用心與力，可謂艱矣。宋、元諸儒因其說而紬繹焉[二]，其於辭義之顯然者，亦既無可疑矣；而隱深者，則多未及焉。用此知古書之蘊，非一士之智、一代之學所能盡也。然惟前之人既闢其徑涂而言有端緒，然後繼事者得由其間而入焉。乃或以己所得，瑕疵前人，而忘其用力之艱，過矣！」《禮記析疑序》。澧案：此言《三禮注疏》「既闢其徑涂」矣，其《擬定纂修三禮條例札子》又云[三]：「《周官》、《儀禮》，則周、程、張、朱數子皆有志而未逮[四]，乃未經墾闢之經。」蓋謂周、程、張、朱「未墾闢」耳。然朱子爲《儀禮經傳通解》，有《答李孝章書》，謂「梳洗此書頭面出來」，則更不止「墾闢」而已也。

望溪之推重《三禮注疏》如此，然《與鄂少保論喪服注疏之誤書》則云：「程、朱治經，多盡屏漢儒之說者，以折衷義理而決不可通故也。」

方望溪《與鄂少保論修三禮書》云：「其後王學士分主《儀禮》，甘司馬主《戴記》，更立條例，計人數，俾各纂數篇。」《三禮義疏》如此纂修。

又云：「僕曩者妄删崑山徐氏所刻《宋元經解》，及遍一經[五]，然後知三數大儒而外，學有條理者，不過數家。而就此數家之中，實能脱去舊説、而與聖人之心相接者，蓋亦無幾。」《與吕宗華書》。後儒又脱去，盡屏望溪之説，則如之何？

望溪《與閻百詩書》云：「僕嘗自恨寡陋，見古書字訛，無所證據，而不敢擅易，願得博極群書者以正之。」

望溪《與吕宗華書》云：「宋、元諸儒文字繁委，頗有數語可盡，而散漫至千百言者。」

方望溪爲《萬季野墓表》云：季野曰：「子於古文，信有得矣。然願子勿溺也！唐、宋號爲文家者八人，其於道粗有明者，韓愈氏而止耳。其餘則資學者以愛玩而已，於世非果有益也。」余輟古文之學而求經義自此始。望溪又謂古文爲小術，《答程夔州書》。然則尊望溪者，當尊望溪之求經義矣。又云：「今之人苟能學韓子之學，安在不能爲韓子之文哉！」《贈方文輈序》。

望溪《與梁裕厚書》云：「來示欲刻僕所删取《五經大全》，足覘所志閎遠。」當望溪之時，學者猶不甚尊尚注疏，亦不甚鄙棄《大全》，此風氣爲之也。

望溪云：「經學始於漢而盛於宋。」《溧陽會業初編序》。

方望溪於經學用力甚多，治《儀禮》至八十歲。姚姬傳《九經説》尤勝於望溪。方、姚之經學，乃方、姚古文之根柢也。學方、姚爲文，亦當學方、姚治經也。

李安溪讀宋儒書甚用心，而似不讀注疏。

本朝修《三禮義疏》，提唱禮學。

方望溪説《齊風·著》之篇爲一女淫奔三男，《東方之日》篇爲二女淫奔一男，何其言之穢也！星南云：朱子説「丘中有麻」已如此。望溪云：少讀《著》[六]，疑與鄭之《豐》、衛之《桑中》爲類。及長，見班固《地理志》，然後得其徵。案：《志》云：「《齊詩》曰：『子之營兮，遭我虖嶩之間兮。』又曰：『竢我於著乎而。』此亦其舒緩之體也。」何嘗有淫奔之説？不知所徵者安在？望溪之説經，疏誤如此！近之講經學者多詆望溪[七]，彼固有以致之也。

王蘭泉《江慎修先生墓志銘》云：自朱子起婺源，其後如李燔、陳淳之輩，咸以道學通經名後世。越五百餘年而先生復出，四十一歲，成《禮經綱目》八十卷；五十五歲，偕鄉人立義倉，貧者賴之；六十歲，成《七政衍》、《金水二星發微》、《冬至權度》、《恒氣注歷辯》、《歲實消長辯》、《曆學補論》、《中西合法擬草》、《七書》各一卷；六十二歲，爲歲貢生，成《近思録集注》十四卷[八]，十月，江西學政金公德瑛招爲諸生校閲文字；六十九歲，成《四書典林》四十卷，又成《推步法解》五卷；七十六歲，成《鄉黨圖考》十卷；七十七歲，成《律吕闡微》十一卷；七十八歲，成《春秋地理考實》四卷；七十九歲，成《古韻標準》六卷、《四聲切韻表》四卷、《音學辨微》一卷；八十歲，成《周禮疑義舉要》六卷、《禮記訓義擇言》六卷、《深衣考誤》一卷、《讀書隨筆》若干卷；又明年而卒，距生於康熙二十年七月十七日，年八十有二。《春融堂集》卷五十五。澧案：江先生八十歲尚能著書。

姚姬傳云：「婺源自宋篤生朱子，傳至元、明，儒者繼起。雖於朱子之學益遠矣；然内行則崇根本而不爲浮誕，講論經義，精覈貫通，猶有能守大儒之遺教而出乎流俗者焉。近世若江慎修永，其尤也。」《吴石湖家傳》。

王蘭泉《惠定宇先生墓志銘》云：「先生生數千載後，耽思旁訊，探古訓不傳之祕，以求聖賢之微言大義。於是吴江沈君彤、長洲余君蕭客、朱君楷、江君聲等先後羽翼之，流風所煽，海内人士無不重通經，通經無不知信古。而其端自先生發之，可謂豪傑之士矣。」《春融堂集》卷五十五。

阮文達公云：惠棟改字，多有似是而非者。蓋經典相沿已久之本，無庸突爲擅易。況師説之不同、他書之引用，未便據以改久沿之本也。《周易注疏校勘記序》。

王文簡公云：「惠定宇先生考古雖勤，而識不高、心不細，見異於今者則從之，大都不論是非。如説《周禮》丘封之度，顛倒甚矣。他人無此謬也。」《雕菰樓易學》卷首《王伯申先生手札》。

惠定宇《明堂大道録》論八卦方位及明堂，其意欲與宋儒《先天圖》匹敵耳，其實大道何在乎此！漢時則甚重《月令》。《漢書・禮儀志》：立春下寬大詔，正月親耕，立秋執弩射牲，肄兵習戰陣，皆本《月令》。

《宋學淵源記序》云："本朝爲漢學者，始於元和惠氏。紅豆山房半農人手書楹帖云：『《六經》尊服、鄭，百行法程、朱。』不以爲非，且以爲法。爲漢學者，背其師承，何哉？"

段茂堂云："年十三，學使者博野尹公會一録取博士弟子，授以朱子《小學》，生平敬守是書。"《鶴徵録》卷三云："惠周惕孫棟，其評《毛詩注疏》曰：『棟則以爲宋儒之禍，甚於秦灰。』亘古名言也。著《九經古義》，尤精。"

惠定宇生當本朝盛時，學術正趨淵博，承兩世經學盛名之後，首倡古學。以一諸生，著數卷書，遂開百年風氣，真豪傑之士也。博學强記，著書古雅，不可及。

戴東原云："《莊子》庖丁爲文惠君解牛，自言依乎天理。天理者，即所謂彼節者有間，而刀刃者無厚，以無厚入有間，適如其天然之分理也。古人所謂天理，未有如後儒之所謂天理者矣。"《孟子字義疏證》。然而朱子已言之矣。《語類》云："因論庖丁解牛一段，至『恢恢乎其有餘刃』，曰，理之得名以此。"卷一百二十五。

東原又云："取水於川，盈罍盈瓶盈缶，凝而成冰，其大如罍如瓶如缶；或不盈，而各如其淺深。水雖取諸一川，隨時與地，味殊而清濁亦異。由分於川，則各限於所分。"《答彭進士書》。然而朱子又已言之矣。《語類》云："人物之生，天賦之以此理，未嘗不同；但人物之禀受自有異耳。如一江水,你將杓去取,只得一杓;將碗去取,只得一碗;至於一桶、一缸,各自隨器量不同,故理亦隨以異。」

惠定宇提倡漢學,戴東原則不然。其《毛鄭詩考正》、《詩經補注》,有不從毛、鄭而從朱子者。孔巽軒從學於戴氏,其爲《公羊通義》,亦多采宋儒之説。其後爲經學者,不分惠、戴兩派,遂皆名爲漢學耳。王文簡公云:「來書言之,足使株守漢學而不求是者爽然自失。」(《雕菰樓易學》卷首《王伯申先生手札》)

王蘭泉《戴東原先生墓志銘》云:「東原謂:『經之至者,道也。所以明道者,辭也。所以成辭者,字也。必繇字以通辭,繇辭以通道,乃可得之。』又謂:『古今學問之途大致有三:或事義理,或事制數,或事文章。漢儒窮其制數,宋儒窮其義理,馬、班、韓、柳諸君子根柢之以爲文章,若分途而馳,異次而宿,不知其不可以闕一也。』」

又云:「本朝之治經者,衆矣。要其先之以古訓,折之以群言,究極乎天地人之故,端以東原爲首。」澧謂:東原若不詆毀程、朱子,真大儒也。惜乎一念之差,欲並奪朱子之席耳。江慎齋開其先,東原繼之而益精,真可遠紹考亭矣。惜乎其詆之也。

《戴東原年譜》:乾隆二十年乙亥,先生三十三歲。《與方希原書》云:「聖人之道在《六經》。漢儒得其制數,失其義理;宋儒得其義理,失其制數。」三十四年己丑,先生四十七歲。爲《王輯五墓誌》云:「宋之儒者執經講學,相師友之衆同於漢。其躬行道義,幾幾七十子之所講求矣。」四十二年丁酉，先生五十五歲，卒。澧案：東原之學出於江慎修。江氏之學不分漢、宋，故戴氏早年之學亦不分漢、宋。至四十七歲，猶尊仰宋儒，其後乃攻宋儒耳。

張皋文《祭金先生文》云：「箋《禮》九篇，以鄭正鄭。惟其匡救，是謂篤信。」澧謂：金輔之《禮箋》，鄭箋家法也。《王氏述聞》，王肅家法也。王西莊《尚書後案》，何休家法也。

《禮箋》云：「以兄弟諸父繼者，祭稱嗣王、嗣侯，廟號先王、先君」，「宋穆公曰：『先君舍與夷而立寡人。』稱兄宣公曰『先君』」。澧謂：明孝宗稱武宗爲「皇兄」，固失君臣之義；然當時廷臣若有引《左傳》以定「先君」之稱者，則孝宗亦必以爲然也。説經能如此，大有用於世矣。

孫淵如爲《朱笥河行狀》云：「文正主持文教，世稱據經好古之士爲朱派。」

孔巽軒自言：「幼讀《左傳》，至『熊相謀郭巢，季然郭卷』，輒疑作城曰城，作郭曰郭，《經》之『郭公』，未必公非邑名，而與『城中丘』等同例。稍長，究心於唐以前箋疏，乃知治經貴有家法，向之鑿空臆説如此類者，悉痛自刪汰。」《經學卮言》。高郵王氏見不及此，然此條却精妙，巽軒不忍棄之，故復著此説也。孔巽軒《公羊通義》多引宋人説。

《史記·孔子世家》云：「安國爲今皇帝博士，至臨淮太守，蚤卒。」國朝孔檢討廣森，亦蚤卒。如巽軒長壽，不能測其所至矣。

王蘭泉《覆倪敬堂書》云：「竊謂史書之作，在收採之宏富，而尤在持論之方嚴。蓋將以明古今之治亂,而治亂所以肇,實本乎賢奸忠佞之分。温國之《鑑》,如諸葛武侯,書以『寇魏』,於二龔、陶潛之節,皆没不書,世尚不能無譏。至宋、明之世,玄黄水火,陰疑陽戰,事故煩多,關於國事人心者尤大,斷不可不分别黑白而定一尊。近館閣人議論,往往謂李元禮、范孟博爲過激;於明啓、禎之交,意又在詘東林。某每見,必力陳其不可。蓋婞婣澒㶏之習,千百年來中於肺腑,匿於膏肓,其始也爲之調停兩可,繼也轉欲以激烈釀成歸過於君子,是尚得爲有是非之心者歟?」《春融堂集》卷三十二。

本朝士大夫之病。焦里堂解《論語》「犯上」,遂詆前明忠諫之士,真可謂無是非之心者。

阮文達公謂碑版可據,法帖不可據,是也。陳古樵璞云:「近有專收碑版,見法帖則不寓目者。余謂若使世間但有碑版而無法帖,則王右軍無一字矣。」

阮文達謂:「《易·文言》語皆駢偶,故謂之《文言》。」澧謂:《春秋》文非駢偶,而《孟子》云「其文則史」。《漢書》采《七略》爲《藝文志》,藝謂六藝,其餘皆文也。六朝文、筆之分,當時語耳。

阮文達公《經義述聞序》云:「經自漢、晉以及唐、宋,固全賴古儒解注之力。」兼言宋,可見文達不薄宋儒也。朱子《四書注》,實有古人所未及處。

阮文達公《經義述聞序》云:「經自漢、晉以及唐、宋,固全賴古儒解注之力,然其間未發明而沿舊誤者尚多。」必如此先説明古儒解注之力,然後訂其誤可也。

王懷祖爲汪容甫《述學序》云:「自元、明以來,説經者多病鑿空,而矯其失者又蹈株守之陋。」

阮文達爲《經義述聞序》云：「經自漢、晉以及唐、宋，固全賴古儒解注之力[九]。王氏此書，尤賴文達此語以救其弊。王氏專門訓詁，自出其説以易古儒解注。學者不善讀其書，遂以駁古儒、易新説爲能事矣。且王氏所失亦多，特其引證詳博，文氣精鋭，讀者每爲所奪耳。今舉其易《毛詩傳》者論之。如「終風且暴」[一〇]。如「晝爾于茅，宵爾索綯」，《爾雅》、《毛傳》皆訓「綯」爲「絞」，詩意爲「綯索」，而文則爲「索綯」，倒文以韻句也。王氏訓「索」爲「糾」，訓「綯」爲「繩」，使「于茅」、「索綯」相對。非也。《詩》之對偶，不必整齊。如「伐木丁丁，鳥鳴嚶嚶」、「陟則在巘，復降在原」、「詒厥孫謀，以燕翼子」、「敦弓既句，既挾四鍭」、「既醉以酒，爾殽既將」、「鞉鼓淵淵，嘒嘒管聲」，皆意對而文不對。對偶工整，乃今人淺陋文法，豈可以論《三百篇》也。

《尚書正義序》曰「劉焯織綜經文，穿鑿孔穴，詭其新見，異彼前儒，鼓怒浪於平流，震驚飆於靜樹」，其王氏《經義述聞》之謂乎！

王氏《述聞》之最善者，如解「終風且暴」爲「既風且暴」，「自土沮漆」爲「自杜徂漆」是也。此誠爲毛、鄭所未及知，可驚可喜者。然使毛、鄭知之，則但曰：「終，既也。」但曰：「土，讀爲杜；沮，當爲徂。」讀者不覺其可驚可喜矣。然則《毛傳》、《鄭箋》若出後人之手，可驚可喜者多矣！奈何讀者不覺，而獨喜王氏《述聞》也。古人説經平淡故也。余自知其病：凡遇囿於惠氏之學者、囿於王氏之學者，余頗厭之，因而並不喜惠氏、王氏。此余之病也，當除之。

試取《述聞》録於注疏卷端，則數十葉而僅得一條，以視注疏，如鄧林一枝耳。

近人辯駁注疏之説誠有精確者，然試思所得，較注疏孰多？

編纂古書最有益於學者，取其説參錯散見者排比鈎稽，綱舉目張，使後學可以循覽，而古書之精神亦焕然一新。其編成巨帙者，如《五禮通考》、《經籍纂詁》，遂爲禮學小學之淵海。

焦里堂《與趙寬夫論文書》云：「近來經學盛著，古文則講者極希。」方植之謂：近儒訓詁之學難與争鋒。此近於平心之論。近儒訓詁諸經，實有漢、唐、宋人所未及者，當於《學思録》更發揮之。

《五禮通考》、《經籍纂詁》二書，爲自古以來未有之大書。將來雖有詆毁考據訓詁之學者，於此二書亦不敢置喙矣。《全唐文》亦勝於《文苑英華》也。

秦倬，字天采，寶山縣人。乾隆十三年進士，選雲南江川知縣。申飭士子云：「江川僻處遐方，書多未見。《十三經》、《二十二史》，有至老不識其名目者。於此而欲求奇才異能之士，勢必不能。士倘潛心攻苦，日取經、史讀之，自可開拓心胸。讀書之法，經爲主，史副之。《十三經》闕一，即如手足之不備而不可以成人者也。至於史，則先《史記》，次前後《漢書》。此三史者，亦闕一不可。且善讀史者，不僅以史視史。凡詔誥、奏疏、檄諭、論策之屬，文之祖也；樂章、歌辭之屬，詩歌之祖也；屈原、賈誼、司馬相如、揚雄等《傳》所載騷賦，詞賦之祖也。故熟於三史，則文、詩、騷賦一以貫之矣。

必待讀經畢而後讀史，則史學太遲。須讀《左傳》，以《史記》副之；讀《公》、《穀》、《儀禮》、《周官》、《爾雅》，以前後《漢書》副之。此外，如《國語》、《國策》、《離騷》、《文選》、《老》、《莊》、《荀》、《列》、《管》、《韓》，以及漢、唐、宋、元之文集與《三國志》以下諸史，擇其尤精粹者讀之，然後反求其本。出言爲經術，行事爲經濟，夫而後可以爲國家得人。此縣令之兢兢爲諸生望者也。」《春融堂集》卷六十五。反求其本太遲矣，五六十歲矣！

倬嗜讀書，自記平時所讀一萬三千一百九十三卷，内記憶者八千餘卷。同上。何以秦天采之名不見稱於藝林？殆無著述之故耶？

講道學者，今人以爲訕笑者也。然今人亦自有所講者。鄭小谷云：「相詔以老於世故，相勉以周旋人情，舉一切謹言語、慎起居、制喜怒，古人爲己之事，皆視爲爲人之具。雖無一點檢不到可議處，却别有一種説不出可厭處。」《家訓》。澧謂：謹言語、慎起居、制喜怒，皆道學也。今人講之以周旋世故，此所謂天理人欲同行而異情者也。

小谷又云：「富貴功名之地不求人，憂患困苦之場不失己，抗節如東漢人，固理學也。辭受取予之間能有耻，起居言動之際能無欺，即放達如西晉人，亦理學也。」

顧千里節録《朱子語類》爲一編，名曰《遯翁苦口》，其序云：「《語類》載先生戲引禪語云：『一僧與人讀碑，云：「賢讀著總是字，某讀著總是禪。」』又載，豈有言天下之理而專爲一人者？有味乎！此兩言。若乃訓門人所謂只是覺得如此苦口，都無一分相啓發處。不知如何，横説竪説，都説不入。噫！非但負節録，直是負遯翁矣！」此書不知存否，此真今日之中流砥柱。

王蘭泉云：「言道學者，世指爲迂。然『迂遠而闊於事情』，太史公之言孟子也。」《示長沙弟子唐業敬》。乾隆以後，諸儒肯爲此説者，寡矣。

許周生《讀明大禮議》云：「明臣議興獻王禮，拘守宋儒之言，與聖人禮意未必盡同。顧以萬乘之尊，欲崇其親，而諸臣斷斷不可，亦足以勵百世之頑懦矣！」

戴東原著《孟子字義疏證》，程易田著《論學小記》，凌次仲著《復禮》，阮文達著《性命古訓》、《論語論仁論》、《孟子論仁論》，講經學者，未嘗不講性理也。

段茂堂云：「近日言學者，淺嘗勦説，騁騖獵名而已，不求自得於中也。今日大病，在棄洛、閩、關中之學不講，謂之庸腐，而立身苟簡，氣節敗，政事蕪，天下皆君子而無真君子，未必非表率之過也。故專言漢學，不治宋學，乃真人心世道之憂。而況所謂漢學者，如同畫餅乎？執事主講，宜與諸生講求正學氣節，以培真才，以翼氣運。」《左海文集》卷四。茂堂先生之説誠是也。然當漢學盛時，士大夫之讀書者，已不過百中之一二。今漢學已衰，讀書者千中之一二耳，其餘則皆不知經書爲何物者也。若於此時而詆漢學，則天下之人翕然從之，普天下無讀書之人矣。北宋時，讀書博學之人多，故關、洛可以倡道學。至朱子，實能兼經學、道學。而其末派，尚只有道學，而無經學。何況今日，可不講經學乎？

程易田云：「今世讀書，其上者涉獵經、史，講《六書》，言考覈，尚矣！然不原於道德仁義之意，而力去其求利達之心，則敦末捐本，欲其文章上追乎古之作者，蓋亦難已！」《論學小記・覺夢篇》。

段茂堂云：「其賢者，乃敝精神於辭章訓詁，獵其謏聞動衆自謂所學遠跨宋儒，而置身心倫紀於亡何有之鄉。」《臧孝子傳》。程、段二君，皆以訓詁考覈之學名一世，而其箴砭近儒之弊如此，學者宜知警矣！訓詁詞章，不可輕詆。今人罕能訓詁詞章者，再詆之，則其學絶矣！但當標舉四科之説，使各自爲之耳。惟求利達，而置身心倫紀於亡何有之鄉，則必加箴砭。當引程、段、顧千里諸通儒之説以箴砭之。如王惕甫之流，其所論由於嫉妬，則不足憑也。

阮文達公詩云：「淺儒襲漢學，心力每浮躁。」《題凌次仲校禮圖》。顧千里云：「漢學者，正心誠意而讀書者是也。宋學者，正心誠意而往往不讀書者是也。俗學者，不正心誠意而尚讀書者是也。是故漢人未嘗無俗學，宋人未嘗無漢學也。至於今日俗學，則歧之中又有歧焉。本不正心誠意且不讀書，徒盜讀書之虛聲，詅漢學之借號，並無所謂學，又焉有漢？」《壤室讀書圖序》。又云：「彼其身之所聚，口之所言，以及筆之所書則彌古，而心之所存則彌今，其究也，去古彌遠。」《與古樓記》。

焦里堂《與劉端臨教諭書》云：「國初，經學萌芽，以漸而大備。近時數十年來，江南千餘里中，雖幼學鄙儒無不知有許、鄭者，所患習爲虛聲，不能深造而有得。蓋古學未興，道在存其學；古學大興，道在求其通。前之弊，患乎不學；後之弊，患乎不思。」

阮文達公詩云：「淺儒襲漢學，心力每浮躁。」《題凌次仲校禮圖》。文達雖講漢學，而不喜淺儒襲之。「浮躁」二字，説盡淺儒病痛。

北宋人讀書博學者多，自此以後，一代少於一代，至本朝而復盛。今則讀書者絶無而僅有矣；若再排斥訓詁詞章之學，則天下無讀書人矣。

唐人以詩賦取士，士人皆尚《文選》。宋人以策論取士，士人皆尚《漢書》。今之士人，終身未見《文選》、《漢書》者，十之八九也，故余嘗謂今日直是榛狉之世也。

姚姬傳云：「世稱漢儒之考證、宋儒之義理，其尤善者，固也。然漢儒説義理，未嘗無精當之語；宋以後考證，又未始無過越漢説者。」《九經説目録》後陶定申記[二]。

又云：「夫説經義理，後人容有勝前人者。若目驗地形，則古人得者多矣，愈古則其得愈多。」《九經説》卷三《三江説》。

姚姬傳云：「博聞强識，以助宋君子之所遺則可也，以將跨越宋君子則不可也。」《復蔣松如書》。

乾隆、嘉慶時講漢學，今人詆爲繁碎。此詆淺學者則可耳；若段茂堂、王懷祖之書，有説一字而至數百言者，雖似繁碎，然其説往往爲古人所未及知。若有孔、賈者出，采其要語入義疏，大有益於經矣。且段、王精於小學，不如此不能巨細無遺。分而觀之似繁碎，合而觀之則成小學之淵海，何繁碎之有乎？

惲子居説經、説天文考據之作皆淺陋，姚姬傳則不然，尊姬傳者不知也。

竹垞《五經翼序》云：「今則士守繩尺，無事博稽，至問以箋疏，茫然自失，則貴有以廣之。」

朱竹垞云：「西漢學士，大都專治一經。兼經者，自韓嬰、申培、后蒼、孟卿、膠東庸生、瑕丘江翁而外，蓋寥寥也。至東漢，而兼者漸多。鄭康成出，凡《易》、《書》、《詩》[一二]、《周官》[一三]、《儀禮》、《禮記》、《論語》、《孝經》，無不爲之注釋，而又六藝、七政有論，《毛詩》有譜，禘祫有議，許慎《五經異義》有駮，臨孝存《周禮》有難，何休之《墨守》、《膏肓》、《廢疾》，或發、或鍼、或起，可謂集諸儒之大成而大有功於經學者。」「惟其意主博通，故於《三統》、《九章》、《大傳》、《中候》，以及《易》、《書》、《禮緯》，靡不有述。然其箋傳，經自爲經，緯自爲緯，初不相雜。第如七曜四游之晷度、八能九錫之彌文、三雍九室之遺制，經師所未詳者，則取諸《緯》、《候》以明之。蓋《緯》、《候》亦有醇駁之不同[一四]，康成所取，特其醇者耳。災祥神異之説，未嘗濫及也。」《鄭康成不當罷從祀議》。

「自四庫館開，而士大夫始重經史之學。」《潛研堂集·邵二雲墓誌銘》。蓋前此惟重詩文耳，惟篤學者乃重經史。至是，則凡爲士大夫者，皆重之也。

近有蔣琦齡者，廣西全州人。作《鄭小谷墓志》訂在《小谷文集》之首[一五]。力詆漢學，其語云：「當時執牛耳之戴震東原氏，則已悔於末路，謂所記不如義理之養心。姚鼐、程晉芳、張海珊、劉開之徒，各著論以挽其失。顧其末流愈汎濫不可收拾，猖狂而猝不可勝。」此門外漢語，大錯矣！戴氏非漢學也。

許周生《原學篇》云：「六書，特小學之一耳。古之時，唯年十五以下者爲之，今則窮老畢精竭慮於此，而猶不能盡通。將由是以考其辭，復由辭以知其義，而期於道之成，則雖假以彭、聃之壽，而亦有所不能及矣。然而不爲是者，則群斥以爲空疏。夫學之虚實，至易明也。積之内，見之外。行其所學而賢不肖皆見焉，言其所學而賢不肖皆可知焉，斯之謂實學矣。聯牘殫翰，返之心，無當於仁義禮智之數；推之家國天下，一無所施之；執人人而告之，茫然不知其所謂，則真所謂迂疏寡效者也。且夫聖人之道未嘗一日亡於天下，三代以下，凡治平之世，其君若臣之夙夜勤政事，進賢能，退不肖，求乂安，百姓生養得其所；及其衰亂，賢者在下，持名義，抑貪僞，扶風教，使弗至大壞者，蓋莫不有《六經》之意存焉，則皆聖人之教也。假令學者僅識今之文字，不通古訓及其聲音，獨能得《六經》之大義而明之，其於行己獨善，不害爲原、季；明先王之道，考前古之法度，不害其爲賈、董也。故夫聲音、訓詁之於學，譬土壤之於太山，涓流之於河海，有之不爲多，無之不爲損也。夫敝不極則不返，其始也，一二專己者倡之，群焉以爲新奇可喜而慕之，繼焉則相與爲名而摭拾之。蓋數十年於兹矣，其亦可以倦而知返乎？」

許周生《答陳恭甫書》云：「經誼之大者十數事，前人聚訟數千年未了，今日豈復能了之？如僅僅校勘文字同異訛脱；或依傍小學，辨析訓詁形聲；又或綴拾零殘經説，所得蓋小，私心誠不欲爲之。夫人之爲學，求己心之所安而已；不求諸心而逐世之所尚，非善學者也。三代典章制度，誠有不可考實者。昔孔子學三代之禮，其去夏、殷遠者千餘年，近才數百年，而已歎文獻不足，無以徵其言。至軒、農、唐、虞之禮，孔子固未嘗言且未嘗學也。則使孔子生於今世，其所學者不過由明溯宋而止耳，當不遠追三代爲無徵之言，而施諸當世，無一可用也。若夫道之精者，充惻隱辭讓、羞惡是非之心，以復仁義禮智之性而已。後儒稍稍得其緒餘，以淑身淑世者，不可勝數。宗彦竊有志於此，或少有所會，便不虚度此生。但當分爲四科，則無此争論矣。

許周生《書孫侍御深柳勘書圖後》云：近爲校讐學者，盧抱經學士、丁小山教授與先生皆好古矻矻，篤老不倦，將豁載籍之蔽，祛抱殘之惑，入海筭沙，用心甚盛。夫古書之不亡，賴其大義。如三光五嶽，不爲塵曀所翳没耳。以壞亂之後，欲文字悉還其舊觀，固難也。

許周生《答丁子復書》云：地勢有不同；塗泥之與沙礫，其性各異；東南所習見者，不足行之西北。往時，元人極講水利，齊、郭諸君，盡其測量之巧；然自元及明初，不聞收其利而罷轉運也。果其有利，北人雖惰，生計所在，豈不知踵而行之？然則《元史》所云，不可盡信矣。頃年，胡大司寇爲直督，力勸民開溝洫，既刊示遍諭，復造爲歌謡，使人傳誦以相勸勉；然卒無能裨益於民，徒多事耳。大抵儒者經濟之學，往往閉户自思，以爲獨得；並耕田鑿井之事，亦疑蚩蚩者未知其妙，而已獨知之。其言娓娓可聽；不行，則以爲任事者之咎，議論若此，多矣！

翁覃溪方綱曰：「邇年士大夫博稽篆籀古隸，審定《説文》、《爾疋》，闡形聲，訂同異，而於童年肄誦經書實義，或轉不之省。」《小學考序》。「今之爲經學者，其弊有二端：曰執，曰通。執之爲弊，人知之；通之爲弊，人不知。執之爲弊顯，而通之爲弊隱。執之爲弊小，而通之爲弊大也。」《異齋記》。「其實有所據者，則不可不辨。其實害於義理而悖於事者，則不可不辨。其關係非甚重大而兩俱通者，則可以無辨。其有所關係而原委難尋者，則可以無辨。」《跋張惠言儀禮圖》。「不肯闕疑，其弊最大。何者？不平心，不虚己，而好勝之害中之也。」《考訂論》下之二。覃溪雖非經師，然其所言，可爲説經者之箴砭矣。又曰：「窮神知化，聖人尚謂『過此以往，未之或知』，後之學者，焉得而仰窺之？」《答趙寅永》。「荀、虞之於《易》，非毛、鄭之於《詩》，可例觀也。」《易漢學宋學説答陳碩士》。「惠氏啓嗜異之漸。予於治《易》，頗不勸人專言漢《易》。」《周易李氏集解校本序》。此數條，論治《易》尤精，尤可爲治《易》者箴砭也。

姚姬傳詩云：「我朝百年來，教學秉程、朱。博聞强識士，論經良補苴。大小則有辨，豈謂循異塗？奈何習轉勝，意縱而辭誣。競言能漢學，瑣細搜殘餘。至寧取讖緯[一六]，而肆詆河圖。從風道後學，才傑實唱予[一七]。以異尚爲名，聖學毋乃蕪。」《題外甥馬器之長夏校經圖》。姬傳詆漢學家如此，而所著《九經説》、《三傳國語補注》及筆記，則與漢學家考據訓詁者無異，可見説經必當如此，姬傳固不能自異也。王惕甫云：「姚先生亦未能悉去考訂。」《答陳石士書》。不知考訂之不可悉去耳。

尊方望溪者，多詆考據家。然尊望溪者，但學爲古文耳，有學望溪之治《三禮》、《春秋》者乎？望溪十治《儀禮》，如有能學之者，吾知其不詆考據家矣。

姚姬傳多與漢學諸家友善，其所著書，亦頗合於注疏體裁，勝於方望溪説經諸書爲元、明人體格，姬傳之得益於漢學家者深矣。夫姬傳傳方望溪、劉海峯之流派，而嘗痛詆漢學家者也，何以所著之書乃類於漢學家之體，而不學方望溪説經之體乎？可見著書説經，當學漢學家乃爲雅正，各有所長，不可偏而詆之也。

姚姬傳云：「世稱漢儒之考證、宋儒之義理，其尤善者，固也。然漢儒説義理，未嘗無精當之語；宋以後考證，又未始無過越漢儒者，是亦在善擇之而已。」《惜抱軒九經説目録》後陶定申記。宋以後考證之善者，如《六書故》之釋車軫是也。

王芑孫云：「今天下高談漢學，何一不本於經？乃其經術盡於紙上，舉凡口之所及，筆之所之，無一非經，退而觀其身之所行，則無一經也。所稱説經而經亡，豈非是耶？舍治經之説而標舉身心，則近於道學。道學，一世之所惡聞也。去身心而言治經，其敝又且如是。僕晚而嚮學，其荒經固無足論。姚先生亦未能悉去考訂，區區孤抱，無所質於當世，故不主一説，而第以所聞默默自治於衡門之下，與今天下學士大夫，固寥闊矣。」《淵雅堂文續稿·答陳石士書》。王惕甫不知經學者也。

請告爲經學者，治其身心，毋爲不知經學者所誚也。

百餘年來，儒者講漢學，如能由此而效法漢儒之行誼，則名教興而人心厚，風俗醇，是有心世道者所甚願矣。余言於大吏，於學海堂復專經之業，已得漢儒治經之法，然尚不能及於遠方。至欲興漢儒之行，則但能以告同學數子而已。

袁簡齋所作《隨園隨筆》，即考據之書也。其中精確者，如云：「《郊特牲》云『郊之日，喪者不哭，不敢凶服，敬之至也』。宋哲宗賀明堂禮成，温公薨已六日，群臣是日往弔」，「伊川不引《郊特牲》禮以折東坡，而乃引《論語》『是日哭則不歌』，致爲所戲，坐經學之疏。」「《梁書》：左軍將軍馮道根卒。是日上春祀二廟，帝問朱异曰：『吉凶同日，可乎？』异引《檀弓》衛侯祭廟，即日往弔柳莊以答，是吉凶可以同日之證。東坡知戲伊川，而不知引此事以折伊川，亦坐史學之疏。」「《曲禮》曰：『國君死社稷。』注云：『死其所受於天子也。』蓋爲諸侯言之」，「明懷宗不肯南遷，似誤讀《曲禮》，未讀《春秋》。」澧謂：懷宗諸臣，亦無講明《曲禮》以諍之者。明末經學荒陋，其禍如此。簡齋考據，大有關係。即此三條，勝作無謂之文遠矣！而乃輕詆考據，何哉？

袁簡齋詆孫淵如爲考據之學，淵如不受。見兩家文集。皆以考據爲不美之名也。澧謂：皆失之矣。朱子《中庸章句序》云：「程夫子兄弟者出，得有所考，以續夫千載不傳之緒；得有所據，以斥夫二家似是之非。」此道學家之重考據也。曾子固云：無所考據以持其説，將何以示天下乎？

天下之所以爲貴者，以有《六經》與前世數千載之議論以治之故也。今忽欲棄之而伸其無所考據之説，豈非誤哉！《爲人後議》。此文章家之重考據也。詆考據者，大約皆道學、文章兩家，豈其道學高於二程，其文章高於曾子固耶？

《後漢書·鄭康成傳》云：中興之後，范升、陳元、李育、賈逵之徒争論古今學，後馬融答北地太守劉瓌及康成答何休，義據通深，古學遂明。義者，義理也。據者，考據也。漢儒説經，兼此二者，無所偏重。世俗以爲漢儒但能考據而不識義理，尤謬也。

翁覃谿曰：「秀水錢載，詩人也。不必善考訂也。然而錢不敢斥言考訂家之失也。惟鉛山蔣士銓詩集有《題焦山瘞鶴銘》一詩，其言曰：『注疏流弊專考訂，鼷鼠入角成蹊徑。』此則大不可者。吾所識，如諸城劉閣老墉之於金石碑板，及錢侍郎載之於詩文，皆不善於考訂，而不敢公然斥考訂爲非。」《考訂論》中之二。又曰：「考證之學，實自馬端臨、王應麟、黄震之徒而濬發之，其用意深粹，仍自朱子門人之緒得之。」《姚江學致良知論》上。

翁覃溪曰：「籜石謂東原『破碎大道』。籜石蓋不知考訂之學，此不能折服東原也。詁訓名物，豈可目爲『破碎』？必若錢君及蔣心餘斥考訂之學之弊，則妬才忌能者之所爲矣。」《與程魚門平錢戴二君議論》。將來必有斥考訂之學者，故録此條以杜其口。今已有之。

王惕甫最惡考訂，謂洪稚存誤隨風會作地理考證之學。《洪稚存集序》。又云：「姚先生亦未能悉去考訂。」《答陳石士書》。　姚先生者，姚姬傳也。　如段茂堂、程易田、顧千里譏當時考訂之學，則公論也。段、程、顧，善於考訂者也。如王惕甫，不能考訂而譏考訂，適足見其以己所短忌人所長耳。

王惕甫《淵雅堂文續稿·答張鱸江書》云：「今天下不乏奇才絶能，其議論日益高縱，其考證日益博侈。退而按其行事，輒令人索然意盡。則其學皆身外之學，而其文亦紙上之文耳。區區微尚，實與徑庭。十餘年來閉門塊獨，莫可與言。」　然則王惕甫之學，非身外之學；　王惕甫之文，非紙上之文矣。試自問其不索然者，安在也？

王惕甫《未定稿·蓮花寺讀書圖記》云：「自近五百年，士用時文之術决科取名，無事讀書。比者考證之説興，不能無事於書矣。然其所以讀之之意，則猶之乎决科取名者也。孟子之言讀書，在乎論其世，知其人。漢以後言讀書者，或實事求是，或默識其要，或略觀大意，或不爲章句，其操術不同，要與今之讀之者異。」　此論是也。

漢、唐注疏，於經之義理有未順恔者，乃其未能□□以當於其心，乃近儒以漢學自名，見注疏於義理未順恔，以爲如是乃爲古奥，而遂效之，亦遂爲不順恔於義理之説，其意轉似以順恔者爲淺俗，此其病甚大也。

近人講訓詁者，輒云訓詁明而後義理明，此言是也。然諸經傳中固有先儒訓詁已明者，何不先於此而求其義理乎？

只講訓詁而不求義理，則立身治事全無義理，與不讀書者等。

本朝諸儒考據訓詁之學，斷不可輕議，恐後來者因而廢棄之，則成荒陋矣。況近日講考據訓詁者已少乎，但當以義理補其偏耳。

明人、國初人講宋學而互相攻擊，國朝人講漢學則無相攻擊者，此其勝於昔人者也。

今日之弊，不能專咎博雅之儒。蓋四五十年以前，其弊或在博而寡要；今則肯讀書者已少矣，故必以朱學救之，乃可挽回。若專講博雅，則無以拯人心之陷溺；專講精約，又無以挽世俗之荒陋也。陷溺、荒陋，二者兼之，安得不大亂？

四五十年前，諸儒以博學矯前明之陋，甚有功，但不當並譏刺朱子也。宋學既衰，而又不能維持漢學，故今日漢、宋之學俱衰也。

若使我《初學編》成，則能以淺持博，而漢學不衰矣。《初學編》當詳說之。

自某公當國，抑文學之士而文學大衰，未幾而辛丑之亂作。

漢儒經學，至唐而衰。朱子之學，至明而衰。本朝諸儒之學，今已驟衰。蓋博學於文，必勤其力而後能之。世愈降，則人心愈偷，好逸惡勞，故此學易衰耳。

近人刻書，則佞宋版。黄蕘圃自號「佞宋主人」。論學則詆宋儒。

司馬温公《迂書》曰：「是不是理也。」《理性》。近儒不言理。

周、孔之後，老、莊出焉；漢儒之後，嵇、阮出焉；程、朱之後，陸、王出焉；本朝漢學之後，其必有出者矣，但不知其如何耳。

自孔門删述之後，五百年而鄭康成箋注出焉，又後五百年而孔、賈義疏出焉，又後五百年而朱子《四書集注章句》出焉，又後五百年而乾隆諸儒説經之書出焉。

本朝儒者醜詆鄭君者，劉逢禄也，謂「將叛者，其辭慚」六句，除「吉人辭寡」，餘皆鄭君之病。見所説《公羊》諸書。李兆洛也。劉原父曰：「澶漫而無家，閉絶而無宗，此今世之儒固非矣。有家以相訾也，有宗以相奪也，此漢世之儒庸是乎？」《送江鄰幾序》。無家無宗之病，宋儒知之者鮮矣，道學家更不知也。

程易田曰：「人有恒言，輒曰一公無私，此非過公之言，不及公之言也。此一視同仁、愛無差等之教也。其端生於意必固我，而其弊必極於父攘子證。」《論學小記·述公篇》。

范武子《穀梁集解序》云：「釋《穀梁傳》者近十家，辭理典據既無可觀。」此亦以辭理典據並重。昔之尊宋學者，重辭理而不重典據；近儒又重典據而不重辭理，於古人之學皆得其一偏。然各明一義固自不妨，從而相攻相詆則過矣。

將來風氣若轉而講道學，不知講朱學歟，講陸、王之學歟？講陸、王則可不讀書；講朱學如元、明諸儒，亦但讀朱子書。若真講朱學，則本朝諸儒所講《説文》、古韻、禮學諸書，斷不能廢也。

王蘭泉云：「若於每經中舉數條，每注疏中舉數十條，抵掌掉舌，以侈淵浩，以資談柄，是躐等速成、誇奇炫博、欺人之學，古人必不取矣。」《與汪容甫書》。澧謂：此當分别而論。如劉端臨《論語駢枝》一卷，條條精確，此古人所必取也。

儒林、文苑，自漢已分，兩不相妨。至近時，則經生薄文士，文士亦鄙經生。若文士論文，有益於文章。魏叔子不爲經學，而其言有有益於經學者，曰：「文之至者，當如稻粱可以食天下之飢〔一八〕，布帛可以衣天下之寒，下爲來學所稟承，上爲興王所取法。」《上郭天門老師書》。「是故好奇異以爲文，非真奇也。至平至實之中，狂生小儒皆有所不能道，是則天下之至奇已。」《答施愚山侍讀書》。「每讀侯朝宗文，如當勍敵，驚心動色，目睛不及瞬，其後細求之，疑其本領淺薄。」《任王谷文集序》。「吾少工時文，又天姿短，不能多讀古書，讀輒就遺忘，以故疏薄，不能博洽，出入不窮，又不曉星緯、九州形勢、聲律、飛走、植潛之性；不爾，則吾文當更磅礴也。」《與諸子世傑論文書》。「人一日不學問，則謄寫胸間宿意，文不新鮮。此非捃拾事故，翦辭綴調，用所日新得，但多讀古文書，便自沉浸變换，發生不窮。」《寄兄弟書》。澧謂：持此以論文，則好爲文章而不讀書者，當知返矣。又曰：「世人往往以刻薄背義之言著之文章，求當於目前而不顧後世之譏議。」《學文堂文集序》。「卑者，儒生之常談；高者，處士之横議。」《與甘健齋手簡》。此則好爲議論者，宜慎矣。

又曰[一九]：「吾少好《左傳》、蘇老泉；中年稍涉他氏，然文無專嗜，惟擇吾所雅愛賞者。至於作文，則切不喜學何人、人何篇目。」《與諸子世傑論文書》。「學文須學古人文，不當以古人子孫爲祖父。」《與諸子世傑論文書》。學古人之文者，縱不得抗衡古人，亦當爲其子孫，不當爲奴婢。豹人曰：「學古人詩，當知古人祖父，又當知其子孫。知祖父則我可與古人爲兄弟，知子孫則識其流弊所至。」《溉堂續集敘》。

《魏叔子文集》卷七《答陳元孝手簡》云：「天地閉塞，人才寥寥。一二志士，當厚自培養，以供後進挹注。若源之不濬，數流而竭；已則枯槁，乃思潤物乎？」《復沈甸華手簡》云：「名路不可令早涉。早涉則心務外而酬應日多，向裏學問日少。」同上。

《後漢書·儒林·張玄傳》：少習《顏氏春秋》，兼通數家法。方其講問，迺不食終日。及有難者，輒爲張數家之說，令擇從所安。

鄭小谷《家訓》曰：「平生最不喜立漢學、宋學之目。吾見宗宋學者交攻漢學，問其曾見漢儒書幾家，而不能舉也；見有宗漢學者交攻宋學，問其曾讀宋儒書幾種，而不能言也。然則爲是嘵嘵，不可以已乎？」

《潛丘札記》云：「或問：『子於宋儒之理學既若是其推崇矣，而於其經學反多未合，何也？』余曰：『近代崇奉宋儒經學者太過，而貶剥之者亦太過。唯歸熙甫一《序》，最爲平允。』」卷一。

歸熙甫《經序録序》：唐人崇進士之科，經學幾廢。宋儒始以其自得之見，求聖人之心於千載之下。然雖有成書，而多所未盡，賴後人因其端以推演之。而淳祐之詔，其書已大行於世，勝國遂用以取士，本朝因之。學士大夫循常守故，陷於孤陋而不自知也。予自屏居山林，得以遍讀諸經。竊以己之所見，常以與今之傳注異者。至如理、象之殊，而《圖》、《書》大衍用九用六之論，未能定也。古、今文之别，而豫章晚出之書未能釐也。《三百篇》之全，而《桑間》、《濮上》之淫音未能黜也。褒貶實録之淆亂，而氏族名字、日月地名之未能明也。郊丘混而五天帝。崑崙，神州之一，而始祖之祭不及群廟也。《洪範》以後，《金縢》、《召》、《洛》二誥之疏脱，非朱子之遺命也。開慶師門之傳，非鄭氏之奥義也。紹興進講之書，非《三傳》之專學也。則王柏、金履祥、吴澄、黄澤、趙汸卓越之見，豈可以其異而廢之乎？（《震川集》卷二）此國初人議論也。其後，則攻宋儒理學踴躍争先矣。

《樂記》云：「禮也者，理之不可易者也。」《仲尼燕居》云：「禮也者，理也。」然則禮即理也。近人好言禮而惡言理，不必然也。

不可易者，禮也。可易者，俗也。此禮、俗之分也。

閻百詩云：讀顧氏《音學五書》，心花怒生，背汗浹出。不知新城王侍郎何以痛掃「無一足取」？正恐能詩未必通韻學也。《潛丘札記》卷五。又云：「寧人書，非嘔數升血讀之，不可。」同上。

百詩又佩服梅勿庵，可謂同時服膺矣。

方植之東樹曰：「畢世治經，無一言幾於道，無一念及於用，以爲經之事盡於此耳矣，經之意盡於此耳矣。」《漢學商兑序》。此中近儒之病。讀經有當言道者，有不必言道者；有應念及用者，有不必念及用者。

方植之《漢學商兑》云：「竊以訓詁名物制度，實爲學者所不可闕之學。」又云：「宋以前未知訓詁之非學。」澧案：此蓋其未定之説也。

又云：「考漢學家所執爲宋儒之罪者有三：一曰，以其空言窮理，恐墮狂禪。」「今天下並無禪病，心學之失，非明季之比，不煩代慮之。」方氏此論，非也。經學一衰，則禪病、心學必起，安得不慮？

又云「歷選諸家，精確篤信，斷制二千餘年學脉，顛撲不破，無若阮氏《擬儒林傳序》」。又云：「阮氏曰『賈疏《周》、《儀》二《禮》，發明鄭學，最爲精覈。惟自六朝至今，説二經者甚多，其精義及制度、術算、文字、訓詁，多有出於賈氏之外者，皆可採擇。至康成，亦間失經旨，而三鄭亦或有異同。撰疏者若守疏不破注古法，難決從遠』云云，此阮氏之説，可謂卓然不易偉論矣。蓋三《禮》專主制度名物，此自漢學勝場，況又能不拘注疏舊法，兼收博取，實事求是。論學皆能若此，固萬世之眼目矣。但任此者，不易得其人耳。」澧案：方氏著書以攻詆漢學，尤惡阮氏。然此二段，則推尊阮氏。阮文達公總督兩廣時，桐城方植之客幕府。文達謂桐城人學問空疏（此語余聞之曾勉士先生），當時方必聞之。文達課學海堂士，策問堂中人願著何書，方遂著《書林揚觶》一書，又著《漢學商兑》一書，以攻講漢學者。

朱子以洪水猛獸詆張無垢，而王陽明遂以洪水猛獸反詆朱子。近時，桐城方植之東樹著《漢學商兑》一書，云「漢學家擬之『洪水猛獸』而更兇」，此四字，遂成相詆之恒言矣。乃植之又云：「用心浮淺，又挾以門户私見，叫囂呵斥，惟以能詆訾前哲爲争名自矜之計。則無論其言未是，即是，亦不成氣象矣。」可見善罵者亦知此病耳。

陳清瀾《學蔀通辯》力排陸、王之學，李穆堂《朱子晚年全論》載萬氏承蒼之説云[二〇]：「聞其邑人言：陳建素無行，爲其鄉先生所不齒，乃爲《學蔀通辯》以媚上官。」《四庫提要》謂《學蔀通辯》負氣毒詈。阮文達公督粤時，清瀾後人重刻《學蔀通辯》，文達命其遵《提要》之説，删其負氣毒詈之語。然其印行者，仍未删也，蓋其後人不從文達之説也。

《欽定四庫全書總目·詩類》云：「攻漢學者，意不盡在於經義，務勝漢儒而已。伸漢學者，意亦不盡在於經義，憤宋儒之詆漢儒而已。」

阮文達公刻《十三經注疏目録後記》云：「士人讀書，當從經學始。經學，當從注疏始。空疏之士、高明之徒，讀注疏不終卷而思卧者，是其不能潛心罩索，終身不知有聖賢諸儒經傳之學矣。至於注疏諸義，亦有是有非。我朝經學最盛，諸儒論之甚詳。是又在好學深思、實事求是之士，由注疏而推求尋覽之也。」

程易田曰：「治經不涵泳白文，而惟注之徇，雖漢之經師，一失其趣，即有毫釐千里之繆。」《儀禮喪服文足徵記序》。王西莊曰：經文艱奧難通，古傳注憑己意採取融貫，猶未免於僭越。但當墨守漢人家法，定從一師而不他徙。《十七史商榷序》。西莊之説與此正相反。

《荀子》曰：「學之經莫速乎好其人，隆禮次之。上不能好其人，下不能隆禮，安特將學雜識志順《詩》、《書》而已耳。則末世窮年，不免爲陋儒而已。」《勸學篇》。順，猶訓也。近人之學，乃《荀子》所謂「雜識志順《詩》、《書》」者也。「好其人」，蓋謂仰慕其人，非謂近之也。古人已遠，如何能近之？奉古人爲師耳。

本朝諸儒，惠定宇始講漢學。夫漢學誠是也；而講易漢學，則非也。戴東原始攻宋學。夫宋學誠可議也；而盡以爲不然，則非也。《黄氏日抄》於周、程、朱皆不苟同，而與戴氏之攻宋儒迥異。黄氏之心公，戴氏之心私，有奪席之意耳。嗟乎！如黄東發者，真儒也。

近時人詆訓詁考據之學，試思本朝之學，所以能與漢、唐、宋各造其極者，非訓詁考據乎？若無訓詁考據，則事事皆出漢、唐、宋之下矣。生於漢儒千數百年之後，而訓詁考據之最精者，往往爲漢儒所未及知，無論唐、宋矣。豈可詆乎？

閻百詩曰：「愛而知其惡，憎而知其善，天下後世，有人不敢欺，亦不能自欺本心也。」《潛丘札記》卷五。亡友侯君模云：「説經當求心所安，勿徒博好古之名。」澧常記其言，不敢忘也。《漢書·張禹傳》云：爲《論語章句》，先事王陽，後從膠東庸生，采獲所安。蓋古人著述議論，皆以心所安而後出之，不似近人但好名而已也。

咸豐六年，掌湖廣道御史曹登庸奏參河南學政俞樾出題割裂不通，其科試武陟縣文章，題係「苟爲無本七」；科試修武縣文章，題係「王知夫苗乎七」；科試林縣文章，題係「户求水」。如此類題，不可枚舉，另繕清單呈覽。子子，門門，王速出令反，敗家之有有孺子，家將亡必有妖。上諭：河南學政俞樾，出題割裂，致令文義難通。據該御史開列二十題，俱係不成句讀，荒謬已極。俞樾著即革職。

唐人重科第；宋人重處士，多薦舉；明人重科第。考試使人心不静，不可不參以薦舉。

唐翼修彪《父師善誘法》云：「不習舉業之人，必當教之讀古文，學作書簡論記，以通達其文理。乃有人以爲文理非習八股不能通。又以八股爲難成就，並不以此教子弟，於是不習舉業者竟不通文理。試思未有八股之前，漢、晉、唐、宋名人，其文章遠過於有明，何嘗從八股而入也？」吾友桂星垣素持此論，謂作八股者當先讀古文、作古文。

曾侍郎國藩奏摺云：「自道光中葉以來，朝士風氣專尚浮華，小楷則工益求工，試帖則巧益求巧。翰、詹最優之途，莫如兩書房行走，而保薦之時，但求工於小楷者。閣部最優之途，莫如軍機處行走，而保送之時，但取工於小楷者。衡文取士，大典也，而考差者，亦但論工小楷而不復顧文義之淺深。故臣嘗謂：欲人才振興，必使士大夫考古來之成敗，討國家之掌故，而力杜小楷試帖工巧之風，乃可以崇實而黜華。」又云：「今日之翰、詹，異日之督、撫、司道也。甫脱乎小楷試帖之間，即予以兵、刑、錢、穀之任，又豈可但觀其舉止敏捷、語言圓妙，而不究其真學真識乎？」鳳鳴朝陽，近時第一篇奏疏也。曾侍郎，天下第一人物也。

同治六年十二月，福建道監察御史游百川奏爲士習爲人才所繫，宜崇尚經術，以端趨向，恭摺仰祈聖鑒事：臣聞爲政之本，在於得人。得人之原，視乎造士。國家籲俊掄才，原期天下士子讀書明理，本所學發爲文章，而因以措諸實用也。乃自爲學者，求名之心太急，往往《四書》、《五經》未能成誦，而即讀膚泛考卷，學爲應試之文。既務應試，則束書不觀，專取文藝數十篇，揣摩求售。叩以經義，竟然莫辨，且有並句讀不知者。師如是以爲教，弟子如是以爲學。求所謂淹通經史者，蓋鮮也；求所謂砥礪修行者，益寡也。豈知學無根柢，安有佳文。寒畯之士，不讀書而臨場蹈懷挾之弊；素封之子，不讀書而倩代恃槍冒之爲。人心日浮，則風氣日敝。雖有嚴刑峻罰，不能禁也。且此等弊風，始猶以爲郡縣偶然耳；及詢之各直省，大率類然。何惑乎文風未振，真才不出乎？今欲改此錮習，莫若杜人僥倖之心，而引之專意讀經。竊惟人才登進之路，賴有鄉、會兩科；人才培植之基，尤在歲、科兩考。按歲、科考試生童，正場之前，例有考古一場。應請旨飭下督學使臣遍行曉喻，生童中如有能默誦《五經》、通曉經義者，准其赴該學報名注册，即於考古場中按名面試。試以數條，其能否成誦講解，無難立辨。可取録者，即正場文字未甚優長，亦拔之以示鼓勵。其未經報考，止就正場文字取録者，亦於發落時令其認習某經，各注名下，俟下屆按册試之，勤奮者立予奬勵，玩愒者加之創懲。如此殷殷勸誘，將來屆選拔舉優年分，可期得經明行修之儒，以仰副我皇上樂育人材之至意。蓋經與文並重，參以面試之法，則懷挾槍冒等弊舉無所施。各省士子庶勉勉焉盡務實學，而士習之頽可以挽救，亦整飭學校、正本清源之一道也。臣爲勸學杜弊起見，是否有當？伏乞皇上聖鑒。謹奏。上諭：御史游百川奏請崇尚經術，以端趨向各摺片。國家籲俊掄才，原期士子通經致用。若學無根柢，徒恃懷挾倩代以圖僥倖，所謂淹通經史者安在？何以振文風而端士習？學政歲、科兩試生童，正場之前，例有考古一場。著各直省學政，於按考各屬時，遍諭生童，如有能默誦《五經》、通曉經義者，准其報名，即於考古場中按名面試，拔之以爲研經者勸。未經報考者，亦令認習某經，於下屆按册試之。該學政等務期崇尚實學，拔取真才，毋得視爲具文，以副朝廷樂育人材至意。將此通諭知之。欽此。

王蘭泉《惠定宇先生墓志銘》：「近時吴中何氏焯、汪氏份以時文倡導學者，而經術益衰。」《春融堂集》卷五十五。　士大夫慎毋以時文倡導學者。　然而時文者，國家所以取士也。若不講究，則士愈愚陋矣。

揚子雲《法言》云：「雄見諸子各以其知舛馳[二二]，大氐詆訾聖人。」又云：「允治天下，不待禮文與五教，則吾以黄帝、堯、舜爲疣贅。」《問道篇》。此未足以杜老、莊之口也。彼竟以黄帝、堯、舜爲疣贅也！又云：「鴻荒之世，聖人惡之。」同上。彼竟謂鴻荒之世，聖人惡之也[二二]！又云：「或問無爲。曰：『奚爲哉！在昔虞、夏襲堯之爵，行堯之道，法度彰，禮樂著，垂拱而視天民之阜也，無爲矣。紹桀之後，纂紂之餘，法度廢，禮樂虧，安坐而視天民之死，無爲乎？』」《問道篇》。此則老、莊無可以置其喙矣。

《法言》云：「或曰：『甚矣，聖道無益於庸也！聖讀而庸行，盍去諸？』曰：『甚矣，子之不達也！聖讀而庸行，猶有聞焉。去之，坑也。』」《問明篇》。聖人之書，有益於庸人。自明以來，以《四書》文試士，所謂「猶有聞焉」者也。

陸宣公《冬至大禮大赦制》云：「魏、晉已還，澆風未革。國庠鄉校，唯尚浮華。選部禮闈，不稽實行。學非爲己，官必徇人。法且未精，弊將安救？」今欲講求取士之道，必須改法，不可只救弊也。法且未精，弊將安救？陸宣公言之矣。

尹和靖年十七，蘇昞告以科舉外更有學，遂往從伊川先生。《黄氏日鈔》卷四十一。今之世，安得如蘇昞者數千百人，遍告天下之士也。

《宋史·選舉志三》云：「書學生，習篆、隸、草三體，明《説文》、《字説》、《爾雅》、《博雅》[二三]、《方言》，兼通《論語》、《孟子》義，願占大經者聽。篆以古文、大小二篆爲法，隸以二王、歐、虞、顔、柳真行爲法，草以章草、張芝九體爲法。考書之等，以方圓肥瘦適中，鋒藏畫勁，氣清韻古，老而不俗爲上；方而有圓筆，圓而有方意，瘦而不枯，肥而不濁，各得一體者爲中；方而不能圓，肥而不能瘦，模倣古人筆畫不得其意，而均齊可觀爲下。其三舍補試升降略同算學法，惟推恩降一等。」澧謂：今之進士、翰林寫字，所謂「均齊可觀」者耳。宋人以書學推恩降算學一等，今則寫字可以得狀元，大考一等，高於算學不知幾等矣。曾南豐《請令州縣特舉士札子》云：「其舊制科舉，以習者既久，難一日廢之，請且如故事。惟貢舉疏數，一以特舉爲準，而入官試守選用之序，皆出特舉之下。至夫教化已洽、風俗既成之後，則一切罷之。」卷三十。

又云：「其課試不用糊名謄録之法。」同上。

《劉海峰文集·侑經精舍記》云：「今世之士，惟知决科之爲務。其有以經術倡道於人，則人皆笑之。科舉之制，比之秦火，抑又甚焉！」

欲治天下致太平，必自立科舉之法始。若但以經術倡道，其力必不敵科舉。即開制科，亦不足以敵之。如康熙時博學鴻詞諸人，盡爲科舉者排斥。必使天下士皆由經史之學以進，而後無排斥之患也。夫真以經史取士，尚有迂拘者厠其間。如今日號爲經學者，其人往往不可以治事。但使以經史之學進，而仍擇其器識而後用之，非謂治經史者皆可用也。

山陬海澨，荒僻之地，士人不能作時文。若以《孝經》論性理，論取士，士人必甚願也。

魏敏果《重經學端士習正文體議》：「方今文運初闢，宜盡罷八股帖括。三年制科，以兼通諸經，詳言大旨，及博洽子史詞賦者，列甲榜；　先以孝弟力田舉於鄉，通《二經》及論策者，列乙榜。」《寒松堂集》卷十二。正大切實議論。

朱梅崖云：「天子特開博學鴻儒之科以來，茂才異等之士聚於翰林。卒爲科第之士所軋，相繼逐去。當翰林相軋時，天下謂制科皆耆儒碩生[二四]，而見侮於時文少年。」《崇本山房文集序》。《後漢書·楊終傳》云：「受詔删太史公書爲十餘萬言。」又《荀悦傳》云：　帝以班固《漢書》文繁難省，乃令悦依《左氏傳》體以爲《漢紀》三十篇，辭約事詳。

古曆疏，今曆密。吾友鄒特夫精於曆算，而其言曰：「曆不必密。」此真通人之論也。日月交食，五星行度，無關於敬授民時。即節氣差一二三日，《宋書·曆志》：元嘉二十年，何承天上表曰：「史官受詔，以土圭測景，考校二至，差三日有餘。」當時所用者，魏明帝時楊偉所制《景初曆》也[二五]。澧謂：曆家最重者，二至，而宋時乃差三日有餘。然而何害於元嘉之治哉？故知曆法不必太密也。亦何害於耕作乎？國初時，西人借曆法而欲行其教；其後則以奇貨耗中國之財；極其禍之所至，則執宰相、焚御園。推原其始，涓涓不塞者，則算曆爲之也。夫天下事，貴舉其綱握其要而已，小有疏漏，爲害亦小。惟天下至聖爲能文理密察，大賢以下不能也。故經學太密，則講疏繁矣；理學太密，則語録贅矣；政令太密，則例案多而官聽於吏矣；曆法太密，則西法勝而中國絀於外國矣，愈求密而其爲害愈大也。

《後漢書·張衡傳》云：「著《靈憲》、《算罔論》。」注云：「衡集無《算罔論》，蓋網絡天地而算之，因名焉。」蓋經緯如網也；其算，則必弧三角矣。

《管子書》云：「『請問行軍襲邑，舉錯而知先後，不失地利，若何？』管子對曰：『用貨察圖。』」《小問》。「舉錯知先後，不失地利，此地圖之常也。」《地圖》。

段懋堂云：「書之是非有二：曰底本之是非，曰立說之是非。《周禮·輪人》『望其輪，欲其幎爾而下迆也』，唐賈疏曰：『正直不旁迆，故曰不迆也。』今各本《疏》皆作『下迆』。《王制》『虞庠在國之四郊』，注云：『周立小學於四郊。』唐孔氏本經注皆作『西郊』，孔《疏》云：『西序在西郊。』《祭義》『天子設四學』，注云：『四學，謂周有四郊之虞庠[二六]。』孔《疏》云：『天子設四學，以有虞庠爲小學，設置於西郊。』今本《疏》文作『設置於四郊』。《春秋左傳》：『衛侯賜北宫喜謚曰貞子，賜析朱鉏謚曰成子，而以齊氏之墓與之。』杜注曰：『皆死而賜謚及墓田，傳終言之。』宋本亦或作『皆未死而賜謚也』。《毛詩》『涇以渭濁』，《箋》云：『涇水以有渭，故見謂濁。』《正義》云：『涇水以有渭，故人見謂己濁。』顔師古作『涇水以有渭，故見其濁』。《釋文》作『見渭濁』。《士冠禮》：『以摯見於鄉大夫、鄉先生。』冠義同。《釋文》云：『二鄉並音香。』賈《疏》云：『《經》言卿大夫，不言士。』孔《疏》云：『謂在朝之卿大夫也。』就五事論之：依今《疏》作『下迆』，而賈不受也；依賈作『不迆』以改《經》，而《考工記》不受也。依《祭義》今《疏》『四郊虞庠』，而孔不受也；依孔作『西郊』，而《祭義》、

《王制》、經注不受也。依『皆未死而賜謚』，杜元凱不受也；依『皆死而賜謚』，左公不受也。依《疏》作『見謂濁』，而陸不受也；依《釋文》作『見渭濁』，而鄭《箋》不受也。改二《疏》作『鄉大夫』，而賈、孔不受也；依《疏》以改《經》及《釋文》作『卿大夫』，而《經》、《釋文》不受也。故校經之法，必以賈還賈，以孔還孔，以陸還陸，以杜還杜，以鄭還鄭，各得其底本，而後判其義理之是非。」《與諸同志書論校書之難》。段氏此論，乃校書不易之法。近有刻書者，好以義理之是非改竄底本。余嘗謂此非校古人書，直是教古人著書耳。

《顔氏家訓》曰：「學問有利鈍，文章有巧拙。鈍學累功，不妨精熟；拙文研思，終歸蚩鄙。但成學士，自足爲人。必乏天才，勿强操筆。」《文章篇》。《潛丘札記》兩引此條卷一、卷五云：「此十言者，可以教天下萬世，不獨吾徒之藥石也。」

鞏仲至與朱子論詩，朱子答書云：「自知材力短弱，決不能追古人而與之並，遂悉棄去。」

張皋文《楊雲珊覽輝閣詩序》云：「余學詩久之無所得，遂絶意不復爲。」

陶淵明《答龐參軍詩序》云：「吾抱疾多年，不復爲文。本既不豐，復老病繼之。」

《論衡》曰：「載人之行，傳人之名也[二七]。善人願載，思勉爲善；邪人惡載，力自禁裁。然則文人之筆，勸善懲惡也。」《佚文》。

老蘇《與歐陽内翰書》云：「李翺之文，其味黯然而長，其光油然而幽。俯仰揖讓，有執事之態。」

厲太鴻曰：「有讀書而不能詩，未有能詩而不讀書。」《緑杉野屋集序》。

《郡齋讀書附志》云：「《河南先生文集》十五卷。右起居舍人尹洙師魯之文也。嘗考邵氏《聞見録》，云：『錢惟演守西都，起雙桂樓，建臨園驛，命永叔、師魯作記。永叔文先成，凡千餘言。師魯曰：『某只用五百字，可記。』文成，永叔服其簡古。永叔自此爲古文。」然二記皆不載於集中。范文正公《師魯文集序》云：「師魯深於《春秋》，故其文謹嚴，辭約而義精。」

朱竹垞《答胡司臬書》云：「古文之學，不講久矣。近時欲以此自鳴者，或摹倣司馬氏之形模，或拾歐陽子之餘唾，或局守歸熙甫之緒論，未得古人之百一，輒高自位置，標榜以爲大家。然終不足以眩天下之目而塞其口，集成而詆諆隨之矣。」

王藻儒相國撰《王漁洋神道碑》云：「公以詩、古文詞宗盟海内五十餘年，海内公卿大夫、文人學士，無近遠貴賤，識公之面、聞公之名者，莫不尊之以爲泰山北斗。凡公所撰著與其所論定，家有其書，户誦其説。得一言之指示，奉爲楷模；經一字之品題，推爲佳士。蓋本朝以文治天下，風雅道興，鉅人接踵，而一代風氣之所主，斷歸乎公，未有能易之者也。」

《汪堯峰文鈔》有《經解》六卷。《方望溪文鈔》、《經解》一卷[二八]。

堯峰不識漢儒之學。如《易問》「或躍在淵[二九]，此言龍之或躍或在淵」，其不通如此。

魏叔子云：「文章不朽，全在道理上説得正，見得大，方是世間不可少之文。」「古聖賢通同好語，掇拾敷衍，令人一見生厭。」（《裹言》）。

魏叔子云：「天下文章汗牛充棟，如金、錫、木、石，投之洪鑪，消爍灰燼，存者固少。無他，其中本無所有，而其有者雜之浮脆冗腫之中，亦復不足自存故也。」（《與徐伯調手簡》）。

李申耆兆洛云：「洛之意頗不滿於今之古文家但言唐、宋而不敢言宗兩漢，所謂宗唐、宋者，又止宗其輕淺薄弱之作，一挑一剔，一舍一詠，口牙小慧，謭陋庸詞，稍可上口，已足標異，於是家家有集，人人著書；其於古則未敢知，而於文則已難言之。」

焦里堂《答羅養齋書》云：「竊謂選詩之法，當就一人之身，先論其所處之境，究其所學之派，然後就其派而求之，以存一家之學。若立一成見，比天下而從之；其本然之面目既失，而一己之見，烏保其不偏？故論作詩之法，不可因人；選詩之法，不可因己。足下以爲然否？足下選詩之意有同然者否？若夫定中正之規，一天下之風，此朝廷之事，非士大夫所敢效矣。」（《雕菰樓集》卷十四。似爲歸愚言之。

《乾文言》「潛龍勿用，下也」云云，王注云：「此一章全以人事明之也。」《正義》曰：「此一節是《文言》第三節。」「潛龍勿用，陽氣潛藏」云云，王注云：「此一章全説天氣以明之也。」《正義》曰：「此一節是《文言》第四節。」案：王注謂之「章」，《正義》則謂之「節」。

杜工部《戲贈友》第二首用「直、墨、色、福」四韻。「福」字，古韻也。

「遷於負夏」[三〇]，僞《疏》云：「鄭玄云：『負夏，衛地。』」

黄梨洲《宋元學案》云：「《太極圖説》中『無欲故静』一語，本孔安國『仁者静』之注，蓋先聖之微言也。」卷十一。其子百家則云：「孔、孟而後，漢儒止有傳經之學，性道之微言絶矣。」同上。父子之説，同在一卷中，而違異如此。《禮記·大學》「定而後能静」，孔《疏》云：「心定無欲，故能静。」此述孔安國之言以説《大學》，是微言至唐猶未絶也。

《大雅》曰：「不聞亦式，不諫亦入。」毛《傳》曰：「言性與天合也。」《正義》曰：「毛以爲言文王之聖德自生知[三一]，無假學習。」又曰：「不識不知，順帝之則。」鄭《箋》云：「其爲人不識古，不知今，順天之法而行之。」《正義》曰：「不待問而自識，不由學而自知。」澧謂：此形容文王生而知之，不勉而中，不思而得也。自古以來，每有明主賢臣不識古，不知今，而所行自能順天之法者，皆其天分極高，所謂天授，非人力也。

【校記】

[一] 此詩題，朱彝尊《曝書亭集》卷十九作《十月二十一日喪子老友梅君文鼎歸自閩中扁舟過慰携別後所著書見示部帙甚富余亦以經義考相質並出亡兒摭韻遺稿觀之成詩百韻次日送之還宣城兼寄孝廉庚》。

〔二〕 紬繹，癸未本作「細繹」，據《方望溪先生全集・禮記析疑序》改。

〔三〕 《擬定纂修三禮條例札子》，癸未本作《擬定纂修三禮條例》，據《方望溪先生全集・擬定纂修三禮條例札子》正之。

〔四〕 此句，癸未本作「周官儀禮札子則云周官儀禮周程張朱數子皆有志而未逮」，其文有倒錯重復，據《方望溪先生全集・擬定纂修三禮條例札子》正之。

〔五〕 遍，癸未本作「編」，據《方望溪先生全集・與呂宗華書》改。

〔六〕 癸未本此句末有「之」字，當爲衍字，據《方望溪先生全集・讀齊風》删去。

〔七〕 癸未本「近」字下無「之」字，據稿本補。

〔八〕 《近思録集注》，癸未本作《近思録集録》，據稿本及《四庫全書・近思録集注》改。

〔九〕 固，癸未本無，據阮元《經義述聞序》補。

〔一〇〕 光按：　此句之下疑有脱文。

〔一一〕 記，癸未本作「説」，據稿本及姚鼐《九經説》改。

〔一二〕 《書》、《詩》，癸未本作「詩書」，據朱彝尊《曝書亭集・鄭康成不當罷從祀議》改。

〔一三〕 《周官》，癸未本作《周官禮》，據《曝書亭集・鄭康成不當罷從祀議》改。

〔一四〕 醇，癸未本作「淳」，據《曝書亭集・鄭康成不當罷從祀議》改。

〔一五〕 訂，癸未本作「釘」，據稿本改。

［一六］讖，癸未本作「纖」，據《惜抱軒全集·題外甥馬器之長夏校經圖》改。

［一七］予，癸未本作「于」，據《惜抱軒全集·題外甥馬器之長夏校經圖》改。

［一八］粱，癸未本誤作「粱」。

［一九］稿本此條與上一條合爲一條。

［二〇］《朱子晚年全論》，癸未本作《朱子晚年定論》，據稿本及文淵閣《四庫全書·朱子晚年全論》改。

［二一］癸未本此句無「其」字，據揚雄《法言》卷首補。

［二二］聖人惡之也，癸未本作「聖人好之也」。「好」，當爲誤字，據上文之意改。

［二三］《博雅》，癸未本作《大雅》，據《宋書·選舉志三》改。

［二四］皆，癸未本無，據朱仕琇《梅崖居士集·崇本山房文集序》補。

［二五］楊倬，癸未本作「揚倬」，據稿本及《宋書·曆律志》上、中改。

［二六］此句，《十三經注疏·禮記正義·祭義注》作「四學，謂周四郊之虞庠也」。

［二七］也，癸未本無，據《論衡·佚文篇》補。

［二八］光按：此句「《經解》」前疑脱一「有」字。

［二九］或躍在淵，癸未本作「在躍在淵」，據《堯峰文鈔·易問》、《十三經注疏·周易正義·乾》及稿本改。

［三〇］光按：遷於負夏，乃《孟子·離婁章句下》之語。此條稿本、癸未本皆未注明出處。

［三一］癸未本此句無「言」字，據《十三經注疏·毛詩正義·大雅·思齊》疏補。

卷十二

通論

《大戴禮·文王官人》曰：「防其不足，盧注曰：「不欲見之。」伐其所能，曰日損者也。」《逸周書·官人》解「伐」作「發」，無「日」字。學者最多此病，且於其所不足者，輒以爲不必學而輕詆之矣。章實齋曰：所貴乎識者，非特能用獨擅之長而已也，知己所擅之長，亦有不足以該者焉。闕所不知而善推能者，無有其人，則自明所短而懸以待之。《文史通義·説林篇》。鄭小谷曰：「星象、輿圖、樂律、數學，余平生短於此，故經説中每略於此[一]。有恨於己，不禁有望於人也。」《家訓》。此真君子之用心矣。

《韓詩外傳》云：「孔子告子路曰：『博聞强記者，守之以淺。』」卷三。「孔子曰：『博聞强記而守之以淺者，不溢。』」卷八。「周公誡伯禽曰：『博聞强記，守之以淺者，智。』」卷三。《荀子》云：以淺持博，是大儒者也。《儒效篇》文。國朝儒者之學，可謂博矣，然無以淺持之者。故初學之士、中人以下之才，讀近儒之書，不能見其涯涘，望洋而歎，自厓而返。老師宿儒零落已盡，繼起者稀，職是故也。

《素問》云：「少而多，淺而博，可以言一而知百也。以淺而知深，察近而知遠。言標與本，易而勿及。」《標本病傳論》。《大戴禮·曾子立事第四十九》：「君子博學而孱守之。」盧注云：「孱，小貌，不務大。」阮文達公注云：「孱，迮也。」釋云：「《説文》：孱，迮也。」《群書治要》「孱」作「淺」，注云：「《大戴禮》『淺』作『孱』。」

《論衡》曰：「能説一經者爲儒生，博覽古今者爲通人，采掇傳書以上書奏記者爲文人，能精思著文連結篇章者爲鴻儒。故儒生過俗人，通人勝儒生，文人踰通人，鴻儒超文人。故夫鴻儒，所謂超而又超者也。」《超奇篇》。「富人不如儒生，儒生不如通人。」《别通篇》。「使儒生博觀覽，則爲文儒。文儒者，力多於儒生。」《效力篇》。「著作者爲文儒，説經者爲世儒。二儒在世，未知何者爲優。或曰：『文儒不若世儒。』」《書解篇》。

又曰：「好學勤力，博聞强識，世間多有；著書表文，論説古今，萬不耐一。」《超奇篇》。

《史通》曰：「觀世之學者，或耽玩一經，或專精一史。談《春秋》者則不知宗周既隕而人有六雄，論《史》、《漢》者則不悟劉氏云亡而地分三國。」《雜説下》。此又何妨？正足爲專精而不旁涉耳。

《顔氏家訓》曰：「俗間儒士，不涉群書，經緯之外，義疏而已。吾初入鄴，與博陵崔文彦交遊，嘗説《王粲集》中難鄭玄《尚書》事。崔轉爲諸儒道之，始將發口，懸見排蹙云：『文集止有詩賦銘誄，豈當論經書事乎？且先儒之中，未聞有王粲也。』崔笑而退。」「魏收之在議曹，與諸博士議宗廟事，引據《漢書》，博士笑曰：『未聞《漢書》得證經術。』收便忿怒」，「取《韋玄成傳》擲之而起。博士一夜共披尋之，達明，乃來謝曰：『不謂玄成如此學也。』」（《勉學篇》）。余謂此正可見古儒者專愨之風。今人以爲經學當浩博者，非也。

曾南豐《上歐陽舍人書》云：至於學者策之經義，當矣。然《九經》言數十萬餘，注義累倍之，今欲通策之，責人之所必不能也。苟然，則學者必不精，而得人必濫。欲反之，則莫若使之人占一經也。夫經於天地人事，無不備者也，患不能通，豈患通之而少耶？

王蘭泉云：「今之學者，當督以先熟一經，再讀注疏而熟之，然後讀他經，且讀他經注疏，並讀先秦、兩漢諸子並《十七史》以佐。一經之義，務使首尾貫串，無一字一義之不明不貫。熟一經，再習他經，亦如之。」（《與孔荭谷主事書》）。

又曰：「孟子曰：『夫仁在乎熟之而已矣。』所謂深造而自得，資深而逢源，皆熟之謂也。讀文何獨不然？本年開館之日，監院先問諸生生平讀熟古文、時文共有若干，寫成目録，亦於背經之日一體背誦，而本司亦於課期至院時酌量抽背經文，以驗勤惰。」（《春融堂集·友教書院規條》）。

唐玄宗《孝經序》云：「希升堂者，必自開户牖；攀逸駕者，必騁殊軌轍。」《疏》云：「既不得其門而入，必自擅開門户牕牖矣。」「既不得直道而行，必馳騁於殊異之軌轍矣。」澧謂：此千古學問之通病，學者當以爲戒者也。

王蘭泉《與吴竹堂書》云：「爲學之途，猶建章宫闕千門萬户，求所以入之而已矣。入之，必專於一家。頗怪今世文士輒曰：『我能經，我能史，我能詩與古文。』叩其所業，率皆浮光掠影，未有深造而自得者。夫學者必不能盡通諸經也。盡通諸經，乃適以明一經之旨。而一經之中分茅設蕝，若漢人之《易》既異乎宋、元矣，漢人中若京、孟，若荀、虞，又各不同。不守一師之説，深探力窮之，於彼於此掠取一二説焉，必至汎濫而無實，窮大而失居[二]。推之他經，皆然；推之史與詩與古文，亦無不然。故願足下專於一家，求所以入之也。」《春融堂集》卷三十二。自來講學家皆自立宗旨，欲天下之人皆從之。異於己者，則排斥之。自北宋至前明，莫不如此。澧以爲學問當各專一門，分之，則人各不同；合之，則於聖人之道無所缺矣。讀蘭泉先生此論，先得我心也。

傅子曰：君子審其宗而後學。爲文章之學者，當先治《詩》、《書》；爲考據之學者，當先治《三禮》；爲史學者，當先治《春秋》；爲理學者，當先治《論語》。

不讀《詩》、《書》而爲學，古亦有其説矣。《説苑》云：「子貢問子石：『子不學《詩》乎？』子石曰：『吾暇乎哉？父母求吾孝，兄弟求吾悌，朋友求吾信，吾暇乎哉？』子貢曰：『請投吾師，以學於子。』」又云：「公明宣學於曾子，三年，不讀書。曾子曰：『宣而居參之門，三年不學，何也？』公明宣曰：『安敢不學。宣見夫子居宮庭，親在，叱叱之聲未嘗至於犬馬，宣説之，學而未能；宣見夫子之應賓客，恭儉而不懈惰，宣説之，學而未能；宣見夫子之居朝廷，嚴臨下而不毁傷，宣説之，學而未能。宣説此三者，學而未能。宣安敢不學而居夫子之門乎！』曾參避席謝之曰：『參不及宣，其學而已。』」並《反質篇》。此不讀《詩》、《書》而爲學者也。然公明宣之學，正所謂學之爲言效也。子石之説，則子夏所謂「雖曰未學，吾必謂之學」也。曾子以三年不讀書爲三年不學，則尤可見曾子之所謂學者，讀書也。

賈公彦《儀禮疏序》云：其爲章疏，則有二家。黄慶舉大略小，《經注》疏漏，猶登山遠望，而近不知；李孟悊舉小略大，《經注》稍周，似入室近觀，而遠不察。時之所尚，李則爲先。澧謂：凡學問皆有此兩派，不獨《儀禮》爲然，尤不獨黄慶、李孟悊爲然。諸葛武侯獨觀大略，陶靖節不求甚解，即所謂舉大略小也。《魏書·李瑒傳》《李孝伯傳》後。曰：「士大夫學問，稽博古今而罷，何用專經爲老博士也？」《北齊書·上黨剛肅王渙傳》：「每謂左右曰：『人不可無學，但要不爲博士耳。』故讀書頗知梗概，而不甚耽習。」此與李瑒語略同。李瑒之論雖偏，然正可見士大夫之學與博士之學分爲兩派矣。兩派之學皆不可無，學者因性之所近而學焉，可也。

《後漢書·循吏傳》：王渙敦儒學，習《尚書》，讀律令，略舉大意〔三〕。此可見讀書略舉大意，即可以爲循吏矣。此所謂士大夫之學也。

《後漢書·班固傳》曰：「博貫載籍，九流百家之言，無不窮究。所學無常師，不爲章句，舉大義而已。」

梁諫庵曰：「讀經史之法，經須逐字鑽研，更參異同於别條而融貫之；史須逐事核對，先分門類於胸中而粹聚之。諸葛公略觀大意，靖節翁不求甚解，似非讀書常法。」《庭立記聞》。諫庵之子學昌所記。此不知讀書自有兩法。

《三國志·賈逵字梁道傳》注引《魏略》曰：「始，逵爲諸生，略覽大義，取其可用。最好《春秋左傳》，及爲牧守，常自課讀之，月常一遍。」

《諸葛亮傳》注引《魏略》曰：「亮在荆州，以建安初與潁川石廣元、徐元直、汝南孟公威等俱游學，三人務於精熟，而亮獨觀其大略。」

劉知幾《史通自序》云：先君授以《左氏》，期年而講誦都畢，所講雖未能深解，而大義略舉。父兄欲令博觀義疏，精此一經。辭以獲麟已後，未見其事，乞且觀餘部，以廣異聞。讀《史》、《漢》、《三國志》，於是觸類而觀，自漢中興已降，迄乎皇家《實録》，年十有七而窺覽略周。觀此，則知精通一經者，固當博觀諸家疏解之書。如欲觸類而觀、窺覽略周者，則不必然也。如爲禮學者，講誦三《禮》後，窺覽《五禮通考》，亦可也。爲詩學者，講誦《三百篇》後，窺覽漢、魏以後詩，亦可也。

司馬温公《稽古録》云：採戰國以來至周之顯德，舉其大要，集以爲圖，命曰《歷年圖》。庶幾觀聽不勞，而聞見甚博。澧案：此所謂略觀大意也。此可見略觀大意，即是博也。

盧召弓學士撰《後漢書補表序》云：「宋儒於史，略識興亡之大綱、用人行政之得失，而已自謂括其要矣。其他典章制度因革損益之樊然具列者，率無暇留意，即有所撰述，亦不能通貫曉析。其病皆由於謭謭拘拘，不能廣搜博考以求其佐證。」此說甚謬也。識興亡之大綱、用人行政之得失，豈非史學之要乎？史學自有兩派，識興亡之大綱、用人行政之得失者，《通鑑》是也。典章制度因革損益樊然具列者，《通典》是也。

《三國志·吕蒙傳》注引《江表傳》曰：「孫權謂吕蒙及蔣欽曰：『卿今並當塗掌事，宜學問以自開益。』蒙曰：『在軍中常苦多務，恐不容復讀書。』權曰：『孤豈欲卿治經爲博士耶？但當令涉獵見往事耳。卿言多務孰若孤，孤少時歷《詩》、《書》、《禮記》、《左傳》、《國語》，惟不讀《易》。至統事以來，省《三史》、諸家兵書，自以爲大有所益。如卿二人，意性朗悟，學必得之，寧當不爲乎？宜急讀《孫子》、《六韜》、《左傳》、《國語》及三史。孔子言「終日不食，終夜不寢以思，無益，不如學也」。光武當兵馬之務，手不釋卷。孟德亦自謂老而好學。卿何獨不自勉勗耶？』蒙始就學，篤志不倦，其所覽見，舊儒不勝。後魯肅上代周瑜，過蒙言議，常欲受屈。肅拊蒙背曰：『吾謂大弟但有武略耳，至於今者，學識英博，非復吴下阿蒙。』」澧謂：東漢人多好學，其風氣至三國未衰，《三國志》諸傳多載其人從某學治某經。觀孫權之言，更可知三國人才之盛，由於讀書好學。今人不讀書不好學，故人才衰弱至此也。竊欲舉孫權此論，以勸當塗掌事者。

晏子毀孔子曰：「兼壽不能殫其教，當年不能究其禮。」《史記・孔子世家》略同。司馬談論六家要指曰：「儒者以六藝爲法，六藝經傳以千萬數，累世不能通其學，當年不能究其禮。故曰博而寡要，勞而少功。」晏子，即墨氏之學也。司馬談，則老氏之旨也。老、墨之譏儒者如此，儒者亦實有以致之。若士大夫之學與博士之學分爲兩派，則既有累世不能通，當年不能究者以極其博，亦有不必累世而通究者以得其要，而老、墨不得而譏之矣。但必如黄慶之治《儀禮》□□□□□□然後可謂之士大夫之學，若□□□□，則老、墨之學耳。

袁宏《後漢紀》卷二十二曰：「欲進之士，斐然向風，相與矯性違真以徇一時之好。」　此是通論風氣如此，真名言也。

《史通》曰：「夫鄒好長纓，齊珍紫服，斯皆一時所尚，非百王不易之道也。至如漢代《公羊》，擅名三傳；晉年《莊子》，高視六經，今並挂壁不行，綴旒無絶。」《雜説下》。風氣有變改。

《吕氏春秋》曰：「不深知賢者之所言，不祥莫大焉。」《謹聽》。又曰：「穴深尋則人之臂必不能極矣，是何也？不至故也。智亦有所不至，所不至，説者雖辯，爲道雖精，不能見矣。」《悔過》。然則讀古賢者之書，可不深知其所言乎？智所不至，則無如何耳。然恐非智不至也，風氣囿之也。使明儒生於本朝，未必不知鄭康成、孔穎達也。

柳子厚云：「傳所謂學以爲己者，是果有其人乎？ 吾長京師三十三年，遊鄉黨，入太學，取禮部、吏部科，校集賢祕書，出入去來，凡所與言，無非學者，蓋不啻百數，然而莫知所謂學而爲己者。」《送賈山人南遊序》。

章實齋學誠曰：「世之言學者，不知持風氣，而惟知徇風氣。」《文史通義·原學》下篇。「所貴君子之學術，爲能持世而救偏。」同上。 又曰：「所貴乎識者，非特能持風尚之偏而已也，知其所偏之中，亦有不得而廢者焉。」《説林篇》[四]。 勿徇風氣。

《鶡冠子》云：「無萬人之智者，智不能棲世學之上[五]。」《近迭》。 有萬人之智者，今何人哉？ 勿隨世學。

王西莊曰：「下筆成章，世間恒有。能讀書人，千載難逢。」《十七史商榷》卷六十三[六]。

《史通》曰：「大抵自古重兩傳而輕《左氏》者固非一家，美《左氏》而譏兩傳者亦非一族。」「然則儒者之學，苟以專精爲主，止於治章句、通訓釋，斯則可矣；至於論大體、舉宏綱，則言罕兼統，理無要害，故使今古疑滯，莫得而申者焉。必揚榷而論之，言傳者，固當以《左氏》爲首。」《申左》。 最中近儒之病。

《論衡》曰：「家人子弟，學問歷幾歲，人問之曰：『居宅幾年？祖先何爲[七]？』不能知者，愚子弟也。然則儒生不能知漢事，世之愚蔽人也。」《謝短》。 知今。

《漢書・藝文志》云：「古之學者耕且養，三年而通一藝，存其大體，玩經文而已，是故用日少而畜德多，三十而五經立也。後世經、傳既已乖離，博學者又不思多聞闕疑之義[八]，而務碎義逃難，便辭巧説，破壞形體；説五字之文，至於二三萬言。後進彌以馳逐，故幼童而守一藝，白首而後能言；安其所習，毀所不見，終以自蔽。此學者之大患也。」古之治經者，存大體，玩經文，非如今日之治經也。

《史通》曰：「蓋學者神識有限，而述者注記無涯，以有限之神識觀無涯之注記，必如是，則閱之心目，視聽告勞；書之簡編，繕寫不給。」《雜説中》。余近日正是如此。

《史通》曰：「國史之美者，以敘事爲工；而敘事之工者，以簡要爲主。簡之時義，大矣哉！」《敘事篇》。澧謂：簡而明，簡而不漏，乃足貴也。簡而不明且漏，則簡乃其病也。《五代史・梁末帝本紀》云：龍德三年春三月，潞州李繼韜叛於晉，來附。夏閏四月，唐人取鄆州。上書晉，下書唐，而不書晉改號唐，可乎？《薛史》則云：「四月己巳，晉王即唐帝位於魏州。」《晉出帝本紀》云：「契丹滅晉。」但書滅晉而不書出帝若何，可乎？薛史則云：契丹降帝爲光祿大夫、檢校太尉，封負義侯，黄龍府安置。徐無黨曰：「惟簡可以立法。」《梁本紀》第一注。余謂如歐史者，簡而不明，且漏矣。當以爲戒，何足法乎！

洪稚存《意言・文采篇》云：「人之有文采，猶草木之有華，鳥獸之有毛羽也。桃李之華，可謂艷矣，而不聞以之傲檜柏。鵷鸞、孔翠、文犀、虎豹之羽毛，可謂麗矣，而不聞以之傲兩翼之禽、四足之獸。人則不然，有一篇之奇、一字之麗，則亟亟表暴，若不可終日焉。語有之：花葉之好者來摘，毛羽之文者來射，文采之盛者來忌。然吾謂：非人之忌之，已實有以致人之忌也。夫范蔚宗之文不及班、馬，而其視班、馬也不足比數。杜審言之詩不過沈、宋，而其視沈、宋也若不足比數。是則文人相輕，一至此乎？蓋古今來氣量之窄者，莫如文人。雖以屈原之忠，而銜憤以致自沉；賈誼之達治體，而自傷以致夭折，皆其氣量窄之故也。且爲草木計者，願爲桃李乎？願爲檜柏乎？爲禽獸計者，願爲麒麟角端及垂天之鵬乎？抑願爲孔翠及虎豹乎？爲人計者，願立德立功立言以致不朽乎？抑僅願以文采表見乎？吾固謂人不可自命爲文人，不得已爲文人，亦當鑒於草木之華、鳥獸之羽毛，而不自炫奇鬻異。元紫芝在陸渾，人不知其能文；陶淵明之在柴桑，人不知其能詩，則善矣。」

袁宏《後漢紀》卷二十二曰：「古之爲政云云，學足以通古今，而不至於爲文也。」爲學當如此。所謂不至於爲文者，不至於華辯也，非不作文也。余亦欲通古今而不至於爲文。以此句爲余文集序。

《論衡》曰：「愁精神而幽魂魄，動胸中之静氣，賊年損壽，無益於性。禍重於顏回，違負黄、老之教，非人所貪，不得已，故爲《論衡》。文露而旨直。」《對作篇》。余著《學思録》，不敢學《文心》、《史通》者，亦以此也，非止文章不逮也。

《欽定四庫全書總目·凡例》云：「劉勰有言：『意翻空而易奇，詞徵實而難巧。』儒者説經論史，其理亦然。故説經主於明義理；然不得其文字之訓詁，則義理何自而推？論史主於示褒貶；然不得其事迹之本末，則褒貶何據而定？如成風爲魯僖公之母，明載《左傳》；而趙鵬飛《春秋經筌》謂不知爲莊公之妾，爲僖公之妾。是不知其人之名分，可定其禮之得失乎？劉子翼入唐爲著作郎、宏文館直學士，明載《唐書·劉禕之傳》。而朱子《通鑑綱目》書『貞觀元年，徵隋祕書劉子翼不至』。尹起莘《發明》稱『特書隋官以美之，與陶潛稱晉一例』。是未知其人之始終，可定其品之賢否乎？今所録者率以考證精核、辨論明確爲主，庶幾可謝彼虛談，敦兹實學。」

江艮庭《尚書集注音疏》凡説地名，但云「漢某地」。蓋見鄭注引《地理志》而效之，不知鄭君引《地理志》即當時地名。艮庭生於本朝而云「漢某地」，可乎？以此效鄭《注》，所謂貌同而心異也。

《穀梁傳序》云：「禮壞樂崩。」《疏》云：「通言之耳。知非樂是陽，故以崩言之；禮是陰，故以壞言之者，正以《詩序》云：『微子至於戴公，其間禮樂廢壞，明知通矣。』」又《序》云：「就大師而正《雅》、《頌》。」《疏》云：「舉《雅》、《頌》則《風》詩理在可知。又《雅》、《頌》之功大，故仲尼先用意焉。知非爲師摯理之，故仲尼不正者；師摯直閑《關雎》之音而已，《詩》之顛倒，仍是仲尼改正。」澧案：「樂是陽，故以崩言之；禮是陰，故以壞言之」，蓋舊説也。「師摯理之，故仲尼不正」，亦舊説也。楊《疏》引而駁之,而不著何人之説。凡著書,於前人之説當加駁正而不必著其名者,可以此爲法也。

《論衡》曰:「材未練於事,力未盡於職,故徒幽思屬文,著記美言。」《自紀篇》。余亦如此。

劉原父曰:「知簡牘筆墨而不知其道者,是世俗之儒也。故君子務本。」《公是先生弟子記》卷三。學貴知道。

《隋書·經籍志》:「《毛詩檢漏義》二卷,梁給事郎謝曇濟撰。」爲古人檢漏。

《隋書·經籍志》:「《論語別義》十卷,范廙撰。」別解。

蘇明允云:「揚雄之《法言》,求聞於後世而不待其有得,君子無取焉耳。」《太玄論上》。《法言》非無所得者。然此論則實可爲著書者之箴砭也。

吾黨切不可輕易立説。立説而誤,又煩後人駁正,此書籍所以日多也。書多亦何妨,但本無事而自擾之,誠可不必耳。若其不傳,並無人駁正也。

近人説經,好與朱子立異。其無關大義者,可不必論。若焦理堂《論語補疏》,用熊望、皇侃之説,以「犯上」爲「犯顔諫諍」,則大謬矣。乃焦氏曰:「犯顔而諫,在唐、宋以後,視爲臣道之常;而聖人則以爲忠誠之變。明人由犯顔入於亂而不自知。有子以好犯顔者,究其歸於亂,以立千古人臣之鵠。」澧謂:焦氏此説,大爲世道之害者也。子路問事君,子曰:「勿欺也,而犯之。」《檀弓》云:

「事君有犯而無隱。」何嘗以犯顔爲忠誠之變乎？ 太史公稱「晏子諫説，犯君之顔，爲之執鞭，所忻慕焉」。漢、晉、南北朝諸史所載犯顔諫諍者甚多，其最甚者，周昌謂漢高爲桀、紂，劉毅謂晉武爲桓、靈，安得謂「唐、宋以後乃以犯顔爲常」乎？ 明臣多犯顔者，至我朝則此風盡熄。朱子云：「漢、唐時，争議而死，愈死愈争，其争愈力。本朝用刑至寬，而人多畏懦，到合説處反畏似虎。」《語類》一百三十二。今人畏懦，更甚於宋人。儒者著書，正當爲之浩歎。熊氏、皇氏之説，正當加以糾駁，乃反以爲依據，而詆直言敢諫之風，吾不知其何意也！ 丘光庭《兼明書》曰：「有子曰：『其爲人也孝悌，而好犯上者鮮矣。』皇侃義曰：『上謂犯顔而諫，明曰：犯上謂干犯君上之法令也。言人事父母能孝，事長兄能悌，即事君上能遵法令，必不干犯於君上也。既不犯，必無作亂之心。故下文云：而好作亂者，未之有也。』」

《論衡》曰：「滔穀千鍾，糠皮太半；閲錢滿億，穿决出萬。」《自紀篇》。《世説新語》：王文度云：「簸之揚之，穅秕在前；洮之汰之，沙礫在後。」案：滔，即洮也。蓋皆「淘」字通借。勿輕議古人之誤。

《漢書·藝文志》：雜家者流，兼儒、墨，合名、法，及盪者爲之，則漫羨而無所歸心。今之零碎説經者，正犯此病。然則雖謂之説經，實雜家之盪者而已。

近人多零碎經學。零碎讀經，不全讀也。零碎説經，不全説也。全讀而零碎説，可也；零碎讀而零碎説，不可也。

讀注疏既明其説，復尋繹經文者，經學也；不復讀經文者，非經學也。

讀注疏自首至尾者，經學也；隨意檢閲者，非經學也。

程先生恩澤曰：「著述至今日，幾幾乎人握珠，家抱璞，而有功於聖賢之門者，則不多見。」狄叔穎《孟子編年序》。

方東樹《漢學商兑》曰：經義在今日，大義及訓詁兩者略已備矣。若其猶有疑滯，亦什一之於千百。且取其明白無疑者潛玩而服行之，於身心家國之際，其用已宏矣。

《欽定四庫全書總目·孝經類》云：「注經者，明道之事，非分朋角勝之事也。」

《後漢書·王充王符仲長統傳論》曰：「數子之言，當世失得皆究矣，然多謬通方之訓，好申一隅之説[九]。」《贊》曰：「舉端自理，滯隅則矣。」　勿爲一偏之論。

《後漢書·馬融傳》云：「賈君精而不博，鄭君博而不精。」　可見精博兼之不易。

《後漢書·賈逵傳》：奏曰：「《左氏》崇君父，卑臣子，强幹弱枝，勸善戒惡，至明至切，至直至順。」　説經著論，當明切直順。

《論衡》曰：「世俗學問者，不肯竟經明學，深知古今，急欲成一家章句，義理略具。」《程材篇》。

專經自首至尾。

《漢書·儒林傳贊》云[一〇]：「兼而存之，是在其中矣。」《晉書·干寶傳》：《搜神記序》曰「衛朔失國，二傳互其所聞； 呂望事周，子長存其兩說。從此觀之，聞見之難一，由來尚矣」。

杜君卿云： 佑少嘗讀書，不好章句之學。所纂《通典》，實采群言，徵諸人事，將施有政。卷一之首。

當務知古人所已知，勿務知古人所未知。 編排是也。

輯古書佚文者，當審觀其上下文。如鄭《易注》缺如《尚書》「九德」，《疏》引鄭注缺《文王世子》云：「《記》曰：『虞、夏、商、周有師保，有疑丞，設四輔，及三公，不必備，惟其人，語使能也〔一〕。』」《正義》曰：「『語使能』一句，是後作記者解前記之人所言。」《月令》「仲秋，水始涸」，鄭注云：「《周語》曰：『辰角見而雨畢，天根見而水涸。』又曰：『雨畢而除道，水涸而成梁。辰角見，九月本也；天根見，九月末也。』」《正義》曰：「云『辰角見，九月本；天根見，九月末』，此鄭之言也。」《中庸》「仲尼祖述堯、舜」云云，鄭注云：「孔子曰：『吾志在《春秋》，行在《孝經》。』二經固足以明之。」《正義》云：「『吾志在《春秋》，行在《孝經》』者，《孝經》緯文。」「云『二經固足以明之』者，此是鄭語。」《曲禮》「太上貴德」，《正義》引熊氏說數百言，而云：「此皆熊氏之說也。」澧案：引書太長者，當以此明其起訖。澧案： 鄭引古書而伸釋之。《正義》分別某句爲鄭之言。《正義》引古書而伸釋之者，近人乃不分別，遂以《正義》之言爲古書之言。

《中庸》「回之爲人也」一節，張無垢解云：「人第見其拳拳服膺，而不知顏子與天理爲一。」

澧謂：「拳拳服膺」上文有「子曰」二字，無垢乃忘之耶？此又不讀上文之故也。

《莊子》曰：「三人行而一人惑，所適者，猶可致也，惑者少也。二人惑則勞而不至，惑者勝也。而今也以天下惑，予雖有祈嚮，不可得也。不亦悲乎？」《天地》。《荀子》曰：「彼其人者，生乎今之世，而志乎古之道。以天下之王公莫好之也，然而於是獨好之。以天下之民莫欲之也，然而於是獨爲之。好之者貧，爲之者窮，然而於是獨猶將爲之也，不爲少頃輟焉。」《君道》。莊子之悲誠可悲也，然不如荀子之不爲少頃輟也。

《呂氏春秋》曰：「晉平公鑄爲大鐘，使工聽之，皆以爲調矣。師曠曰：『不調，請更鑄之。』平公曰：『工皆以爲調矣。』師曠曰：『後世有知音者，將知鐘之不調也，臣竊爲君耻之。』至於師涓，而果知鐘之不調也。是師曠欲善調鐘，以爲後世之知音者也。」《長見》。《抱朴子・應嘲篇》曰：「欲令心口相契，顧不愧景，冀知音之在後也。」著書亦然，勿自以爲是，爲後世之知音者也。

《後漢書・丁鴻傳論》曰：「君子立言，非苟顯其理，將以啓天下之方悟者。」

《孔叢子》云：孔子高曰：「理之至精者，則自明之。」平原君曰：「至精之説，可得聞乎？」答曰：「其説皆取之經、傳，不敢以意。」　余竊比於此。

《後漢書・張衡傳》：《應間》云，有間余者曰：「曾何貪於支離，而習其孤技耶？」　此余所以考聲律切語也。

《隋書·經籍志》：「《尚書文外義》一卷，顧彪撰。」《隋書·經籍志》：「《周易文句義》二十卷。」「《喪服文句義疏》十卷，梁國子助教皇侃撰。」

崔氏述《唐虞考信録》云：「以春秋之世而談唐、虞，猶以兩漢之世而説豐、鎬也。苟非聖人，安能保無一二言之誤采者？是故唐、虞之事，惟《堯典》諸篇爲得其實，《雅》、《頌》所述次之，至《春秋傳》則得失參半矣。豈非以遠故哉？雖以《論語》、《孟子》之純粹，而其稱唐、虞事，亦間有一二未安者。何者？以其爲後人所追記，如堯命舜之類。或門弟子所言，如舜完廪之類。而不皆孔、孟所自言而自書之者也。」

《酒誥》「成王若曰」，《尚書正義》云：「馬、鄭本以文涉三家而有『成』字。」馬曰：「言成王者，未聞也。俗儒以爲成王骨節始成，故曰成王。或曰，以成王爲少、成二聖之功，生號曰成王，没因爲謚。衛、賈以爲戒成康叔以慎酒，成就人之道也，故曰成。此三者，吾無取焉。吾以爲後録《書》者加之，未敢尊從，故曰未聞也。」《釋文》。

孔穎達《周易正義·論三代易名》云：鄭玄釋云：「《周易》者，言易道周普，無所不備。」先儒兼取鄭説云：「既指周代之名，亦是普遍之義。雖欲無所遐棄，亦恐未可盡通。」此所謂騎墻也。

程易田云：「抑説經之難也，不可無聰明，尤不可恃聰明。其中似是而非處正復不少，一用聰明，必致大繆。」《儀禮·喪服》文足徵記。　治經勿恃聰明。

所以解經者，何也？非欲讀之而明乎？然則既解，必須讀之。若解而不讀，則解之何爲乎？古人所解，我不復讀之；則我之所解，安望後人讀之乎？

「正心誠意」四字，學問之至要也。凡争名角勝，顛倒是非，好爲高論，强不知以爲知者，其心可謂正乎？其意可謂誠乎？著書講學者，慎勿忘此四字。讀書者，亦當持此四字以讀古今人書。但恐矍相之圃，廑有存者耳。

百餘年來，諸儒説經多發古人所未發。余中年以前亦頗爲此學，後乃輟焉。以爲諸儒説經之書汗牛充棟矣，何必又加太倉以一粟乎？然而少作仍存於文集中而不可棄者，如《明堂圖説》，其最大者。慮後人謂治經不可爲此派也。有意專爲新説，則不可也。偶見古人所未發，則不可不爲之拾遺補闕也。余自中年不爲此者，專意於《漢儒通義》、《學思録》諸書，而精神不能兼及耳。

【校記】

［一］癸未本此句無「經」字，據稿本及鄭獻甫《家訓》補。

［二］大，癸未本作「丈」，據王昶《春融堂集》卷三二《與吴竹堂書》改。

［三］大意，《後漢書·循吏·王涣傳》作「大義」。

〔四〕 癸未本無此小注，據稿本及章學誠《文史通義·説林》補。

〔五〕 上，癸未本作「士」，據《鶡冠子·近迭》改。

〔六〕 此條「世間」，癸未本作「古今」，句末且無小注，據稿本及王鳴盛《十七史商榷》卷六十三《王琳張彪梁書無傳》改補。

〔七〕 此二句，癸未本作「居宅幾何祖先幾何」，據《論衡·謝短》改。

〔八〕 癸未本無「多聞」二字，據稿本及《漢書·藝文志》補。

〔九〕 説，稿本、癸未本皆作「失」，據《後漢書·王充王符仲長統傳論》改。

〔一〇〕 《漢書·儒林傳贊》，稿本及癸未本皆作《漢書□□□》，據《漢書·儒林傳》補。

〔一一〕 「使」及下句「語使能」中之「使」，癸未本皆作「伎」，據稿本及《十三經注疏·禮記正義·文王世子》改。

卷十三

餘録

《魏鄭公諫續録》云：「太宗曰：『鐵之爲用，無處不須。至於金銀，玩好而已。不知何意，人皆愛之。』公曰：『兵仗農器，非鐵不可。金銀珠玉，唯有豐年，人以爲貨。故諺云：「豐年珠玉，儉年穀粟。」』太宗曰：『正爲蓄人愛，不可全棄。』」卷上。

伊川《上仁宗皇帝書》云「學孟子、董仲舒、王通之學」。伊川上此書時，年甫十八歲，而云：「應時而作者[二]，諸葛亮及臣是也。陛下其大用之。」《文中子》卷末有杜淹所作《文中子世家》，云「仁壽三年，文中子冠矣。西遊長安，見隋文帝，奏《太平十二策》」。伊川蓋學之也。其後，伊川《上太皇太后書》云「自少不喜進取」。蓋上書之後不喜進取也。

《易·繫辭下》「吉之先見者也」，司馬温公《易説》云：「『吉』下脱『凶』字。」

《坊記》正義曰：「或有每事之下引《詩》、《書》以結之者，或有一事之下不引《詩》、《書》者，體例不同，是記者當時之意，無義例也。」據此，則《坊記》引書乃記者所引，非孔子所引，故可引《論語》也。《孔叢子》云：孔穿云：「穿之所説於公孫子，公孫龍也。高其智，悦其行也。去白馬之説，智行固存。是則穿未失其所師也。」澧謂：王陽明若去「致良知」之説，智行固存。《孔叢子》又云：平原君謂公孫龍曰：「公無復與孔子高辯事也。其人理勝於辭，公辭勝於理。辭勝於理[三]，終必受詘。」

《漢書·敘傳》：産氣黄鍾，造計秒忽。述《律志》第一。此孟堅之惑也。黄鍾豈有氣哉？

陸清獻《讀禮質疑》、姚姬傳《九經説》，余欲合刻之。

爲古文者多自尊，蓋自歐陽公始。如《有美堂記》云：龍圖閣直學士、尚書吏部郎中梅公出守於杭，於其行也，天子寵之以詩，於是始作有美之堂，蓋取賜詩之首章而名之。仁宗賜詩寵行，首句云：「地有湖山美，東南第一州。」今年自金陵遣人走京師，命予誌之，其請至六七而不倦，予乃爲之言。又如《尚書比部員外郎陳君墓志銘》云：祕書丞李詡與其孤安期，謀將乞銘於廬陵歐陽修。安期曰：「不敢。」夫《有美堂記》不當作耶，雖百請，不作可也。不然，何必待其請至六七也？尚書郎之子求作墓誌，又有何不敢乎？且記有美堂，何必記其請至六七？誌陳君墓，何必誌其子之不敢？無非自尊而已。

章實齋學誠《文史通義》云：後世文集，應人請而爲傳、誌，則多序其請之之人，且詳述其請之之語，故爲敷張揚厲以諛已也。一則曰「吾子道德高深，言爲世楷。不得吾子爲文，死者目不瞑焉」；再則曰「吾子文章學問，當代宗師。苟得吾子一言，後世所徵信焉」。已則多方辭讓，人又搏顙固求。凡斯等類，皆入文辭。於事毫無補益，而借人炫己，何其厚顏之甚邪！《黠陋篇》。

鄧渼《唐文粹序》云：「宋人重經術而鄙文藝，昭代因之。若以一二語録、括帖語而外，畫脂鏤冰，徒敝精神於無用之地耳。然士人最矜重者，獨詞林一官。名實已自相悖，而當世所稱篤信好古，修先秦、西京之業者，或不盡入詞林選也。是三數君子鑱嘔腎腸，厄窮不悔，寧自知其後世必傳？千載而下睹其文，而一代之刑政、禮樂、人物、風俗之頹隆，瞭然如指諸掌者，竟誰力也？然三數君子復古之功甚大，而深造之力蓋鮮。近體宗唐，似矣。然形聲僅似，神理未融。其合者不過田氏之中駟，而離者遂爲周人之僞璞。至於文，宗法秦、漢，非不善也；然摹擬工則蹊徑太露，搆撰富則窠臼轉多。至近日膚淺之徒，貴耳賤目，畏難好易，眉山盛而昌黎、河東二氏詘，不知宋人於二公，猶隔層級也。」此《序》論明人詩文之病，精極透極平允極。戊午萬曆四十六年，其時王、李之氣燄已衰，故有此等議論。此真知詩文者也。鄧渼字遠游，蓋取「遠來游渼陂」之語也。

無錫浦氏起龍曰：杜詩合把做古書讀。少年子弟，揀取百篇令熟復，性情自然誠慤，氣志自然敦厚，胸襟自然闊綽，精神自然鼓舞。杜不顓是學作詩。

司馬温公《宗室襲封議》云：「王敞云：『君爲祖三年。既爲君而有父、祖之喪者，謂父、祖並有廢疾，不得受國，而已受位於曾祖者也。』」

《直齋書録解題》云：「《徽言》三卷，司馬光手鈔諸子書，題其末曰：『迂叟年六十八。』蓋公在相位時也。方機務填委，且將屬疾，小楷端重，無一筆不謹。百世之下，使人肅然起敬。」

袁《紀》載：文舉議馬日磾喪還[三]，不宜加禮。卷二十九。難陳紀《論復肉刑書》。卷三十。《三國志·崔琰傳》注采司馬彪《續漢書》、《九州春秋》，張璠《漢紀》，孫盛《魏氏春秋》、《世語》等書，載文舉事甚詳，而皆未及上二事，是袁《紀》爲特詳也，范《書》更詳。

《易·繫辭傳》：「精義入神，以致用也。」司馬温公《易説》云：「聖人虚一而静，存誠素至，故能精義入神，以致其治世之用。」司馬公亦有「虚一而静」之言，蓋當時儒者所尚。「虚一而静」四字，似出《荀子》。

司馬温公《太玄序》云：「光始得《太玄》而讀之，作《讀玄》。自是求訪此數書，謂宋衷等諸書。皆得之，又作《説玄》，疲精勞神三十餘年。」讀温公《五規》，參《謨》、《誥》，迪厥德。周公陳《無逸》，不過如此。

《稽古録》：「魏取天下於盜手，而非取之漢室也。」司馬公之帝魏，實由於此。近人以爲魏受漢禪，猶宋受周禪，故温公不得不帝魏者，此臆説也。

司馬温公「採戰國以來至周之顯德」，「舉其大要，集以爲圖」，「命曰《歷年圖》」。「敢再拜稽首，上陳於黼扆之前，庶幾觀聽不勞而聞見甚博。」《稽古録》。此亦鄭君《詩譜序》所謂舉一綱而萬目張者也。司馬公之苦心，千載如見。

學思[四]，涑水温公《家範》曰：「夫生生之資，固人所不能無，然勿求多餘。多餘，希不爲累矣。」卷二。陶詩云「過足非所歆」，即此意也。

《宋元學案·涑水學案》乃王梓材所補，獨取《迂書》、《疑孟》、《潛虚》録之。吾不解其何意也。直不知涑水之學，故爾。

《遼史·耶律良傳》：「讀書醫巫閭山。學既博，將入南山肄業，友人止之曰：『爾無僕御，驅馳千里，縱聞見過人，年亦垂暮。今若即仕，已有餘地。』良曰：『窮通，命也，非爾所知。』不聽，留數年而歸。」遼之儒者。

《元史·儒學·韓性傳》：「延祐初，詔以科舉取士，學者多以文法爲請，性語之曰：『今之貢舉，悉本朱熹《私議》，爲貢舉之文，不知朱氏之學[五]，可乎？』」元時以科舉取士，用朱子《學校貢舉私議》，後來乃盡背朱子《私議》之説矣，應舉者皆不知朱子之學矣。

《元史·儒學·贍思傳》[六]：「字得之，其先大食國人。」「贍思邃於經，而《易》學尤深，至於天文、地理、鍾律、算數、水利，旁及外國之書，皆究極之。家貧，饘粥或不繼，其考訂經傳，常自樂也。所著述有《四書闕疑》、《五經思問》。」

王介甫曰：江之南有賢人焉，字子固。淮之南有賢人焉，字正之。余考其言行，其不相似者何其少也。曰，學聖人而已矣。《同學一首别子固》。

温公詩《次范景仁韻》云：「既言樂律符今尺，但恐簫韶似鄭聲。若欲世人俱信服，鳳凰更集潁川城。」

曾南豐《與王介甫第一書》云：「歐公更欲與足下少開廓其文，勿用造語及模擬前人，請相度示及。歐云：孟、韓文雖高，不必似之也，取其自然耳。」卷十六。《朱子語類》卷一百三十九：「問：嘗聞南豐令後山，一年看《伯夷傳》，後悟文法，如何？曰：只是令他看一年，則自然有自得處。此與東坡令山谷讀《檀弓》，皆文章真訣也。」

宋儒好苛論古人。《吕氏春秋》曰：「以理義斲削，神農、黄帝猶有可非，微獨舜、湯。」《離俗覽》。朱子云：「如今從學，也有誠心來底，也有爲利來底。」《語類》二十四。

司馬温公《讀玄》云「及長，學《易》，苦其幽奥難知，故願先從事於《玄》，以漸而進於《易》。初則溟涬漫漶，略不可入。乃研精易慮，屏人事而讀之數十過，參以首尾，稍得窺其梗概，然後喟然置書歎曰」云云。「溟涬漫漶不可入」，則與《易》之「幽奥難知」何異乎？若研精讀《易》數十過，亦何不可窺其梗概乎？

宋淳化元年，孫明復生。前三年，范文正公生。後一年，胡安定生。又後九年，歐陽修生。又後二年，老蘇生。又後二年，邵堯夫生。又後六年，周濂溪生。又後二年，司馬温公、曾子固、劉原父生。後一年，張横渠生。後一年，王安石生。又後十二三年，二程生。又後三年，大蘇生。《疑年録》所載甚明。變古風氣者，孫復、歐陽修也。孫長於歐陽修十年，歐陽長於二程將三十年，曾子固長於二程十四五年。先講《大學》，開道學風氣。

朱光庭之劾東坡，未必伊川授意，然伊川未必不知也。

程伊川云：「日月謂一日一個亦得，謂古今只一個亦得。」《二程遺書》卷三。程明道云：「月不受日光，故食。不受日光者，月正相當陰盛亢陽也。鼓者所以助陽，然則日月之眚，皆可鼓也。」自注云：「月不下日，與日正相對，故食。」（卷十一）伊川云：「曆象之法，大抵主於日。日一事正，則其他皆可推。洛下閎作曆，言數百年後當差一日，其差，理必然。何承天以其差，遂立歲差法。其法以所差分數攤在所曆之年，看一歲差著幾分。其差後亦不定。獨邵堯夫立差法，冠絶古今。却於日月交感之際，以陰陽虧盈求之，遂不差。大抵陰常虧，陽常盈，故只於這裏差了。」又云：「律曆之法，今亦粗存，但人用之小耳。律之遺，則如《三命》是也。其法只用五行支幹納音之類。曆之遺，則是星算人生數。然皆有此理，苟無此理，却推不行。」卷十五。「堯夫《易》數甚精，自來推長曆者至久必差，惟堯夫不然。」《二程外書》卷□十二。道學家談，其謬如此。

有人甚尊程子，而又知醫。余告之曰：「程子謂土地不宜種果，然則醫家不得用杏仁、橘皮、大橐矣。」

王爾緝心敬曰：「翰苑之遷轉，自昔翰苑爲儲相之地，今日雖不盡然，要之自是清華之選，將來多處卿貳之班。乃翰林館課，祗在詩賦詞章之學，又或祗於朝内遷職晉階。氣質高朗者，積學善問，未嘗不通於國事民情。要之，所習者詩賦詞章，而責之以經世實務，未免有學非所用之弊。自今或宜詞館定課，上自六經孔、孟之道德，下至古今治理之經猷，按節實學，務明底裏，期於有裨世用。如制作詩文，則務以兼通古人雅、頌、詔、誥體裁，力宗典雅，而不流於纖巧靡麗。庶幾學文章之日，即學道德經濟之日。文章果已成家，則必外歷府、道、州、廳之任，使知民情政事；内經科道言責之任，使知贊治匡君。迨歷試多宜，即將來取之議政之地，庶幾可當國家大任。」又曰：「京師首善之地，翰林關於道術人才。其次則聚名臣勳舊子弟及貢監俊秀歸於國學，其關於道術人才，亦至重也。今於司監大員慎擇名臣，課士法程嚴設條規，可謂詳矣。然其所以課之者，仍不離通套時文，而無關於道德經濟淵源；其所以選造，亦止於積資累考，而無與於成德達材，徒爲士子出身一途耳。惟於其課試，務令迪以成德達材實義，一如教養翰林之式。人必慎擇，法必切實。庶幾厚養良誨之下，當有實才挺出，以供國家之用，且可以京師首善之良法，作四海學校師儒之儀型。國學之重，媲美於古，式焕於今矣！」《學仕遺規》卷四《策略彙抄》。

蘇潁濱《餘杭天竺海月法師塔碑》云：「餘杭天竺有二大士，一曰海月，一曰辯才，皆事明智韶法師，以講説作佛事，而心悟最上乘，不爲講説所縛。吴、越多禪衆，聞其言者皆曰：『説教如是，是亦禪也。』故吴、越之人歸之，與佛菩薩無異。」又《龍井辯才法師塔碑頌》云：如來昔在世，心禪語爲教。彼善聞教人，則當識真實。我觀世教者，皆爲禪所訶。禪雖訶教乎，終以教致禪。禪若不取教，是杜所入門。教而不知禪，是不識家也。辯才真法師，於教得禪那。口舌如瀾翻，而不失道根。心湛如止水，得風輒粲然。以是於東南，普服禪教師[七]。余謂儒學亦然。經學似教，道學似禪也。其實可以經學得道學也。

漢人説「曰若稽古」數萬言，宋人説「喜怒哀樂之未發」亦數萬言。

李文貞《榕村語録》云：明道説邵子於學全不識。問：以邵子之虚明精究，何以謂之全不識[八]？曰：程子論其學微雜黄、老之意，便是不識邵子。若不得朱子表章，恐亦要減色。卷十八。

朱子曰：「熹未冠時，讀南豐先生之文，愛其詞嚴而理正，居常誦習，以爲人之爲言，必當如此，乃爲非苟作者。」又曰：「南豐先生擬制内有數篇，雖雜之三代誥命中亦無愧。宜黄、筠州二《學記》，説得古人教學意出。」陳千峰曰：「嘉祐中，歐陽文忠公以古道倡，南豐之曾、眉山之蘇胥起而應。眉山父子兄弟稽千載治亂、成敗、得失之變，參以當世之務，言言有補於世，美矣！然求其淵源聖賢、表裏經術，未有若南豐先生之醇乎醇者也！」吴臨川曰：「南豐先生之學，在孟學不傳之後，程學未顯之前，而其言真詳切實，體用兼賅，間有漢、唐諸儒不得而聞者。」虞邵庵曰：「南豐先生之學，在孟氏既没千五百年之後，求聖賢之遺言、帝王之成法於《六經》之中，沛然而有餘，淵然而莫測，赫然爲時儒宗。其文章深追古作君子，猶其一事。」宋潛溪曰：「南豐信口所談，無非三代禮樂。」李西涯曰：「文定公論學，則自持心養性至於服器動作之間，無有弗悉。論治，則自道德風俗之大，極於錢穀獄訟百凡之細，無有弗備。皆合於古帝王之道與治。」

《潛研堂集·重刻孫明復小集序》云：「當宋盛時，談經者墨守注疏，有記誦而無心得。有志之士，若歐陽氏、二蘇氏、王氏、二程氏，各出新意解經，蘄以矯學究專己守殘之陋[九]，而先生實倡之。觀其《上范天章書》，欲召天下鴻儒碩老，識見出王、韓、左、穀、公、杜、何、毛、范、鄭、孔之右者，重爲注解，俾六經廓然瑩然，如揭日月，以復虞、夏、商、周之治，其意氣可謂壯哉！」范文正公《説春秋序》云：「今褒博者流咸志於道，以天命之正性，修王佐之異材。」當時風氣已如此，非始於關、洛也。

賈昌朝《群經音辨序》：「近世字書磨滅，惟唐陸德明《經典釋文》備載諸家音訓、先儒之學傳授異同。大抵古字不繁，率多假借，故一字之文音詁殊別者衆，當爲辨析，每講一經，隨而録之。因取天禧以來巾橐所志，編成七卷，凡五門，號《群經音辨》。一曰辨字同音異。凡經典有一字數用者，咸類以篆文，釋以經。據先儒稱『當作』、『當爲』者，皆謂字誤，則所不取；其『讀曰』、『讀爲』、『讀如』之類，則是借音，固當具載。二曰辨字音清濁。」「夫輕清爲陽[一〇]，陽主生物，形用未著，字音常輕；重濁爲陰，陰主成物，形用既著，字音乃重。信稟自然，非所强別。以昔賢未嘗著論，故後學罔或思之。如衣施諸身曰衣，施既切。冠加諸首曰冠。古亂切。此因形而著用也。物所藏曰藏，才浪切。人所處曰處。尺據切。此因用而著形也。並參考經故，爲之訓説。三曰辨彼此異音[一一]。謂一字之中，彼此相形，殊聲見義。如求於人曰假，與人曰假。音價。毀他曰敗，音拜[一二]。自毀曰敗。觸類而求其意趣。四曰辨字音疑混。如上上、時亮切，時掌切。下下胡賈切，胡嫁切。之類。隨聲分義，相傳已久，今用集録。五曰辨字訓得失。如冰凝同字，汜汜異音，學者昧之，遂相淆亂。既本字法，爰及經義，從而敷暢，著於篇末。此書斷自《易》、《書》、《詩》、《禮三經》、《春秋三傳》，暨《孝經》、《論語》、《爾雅》，凡字有出諸經、箋、傳中者，先儒之説沿經著義，既《釋文》具載，今悉取焉。凡字之首音雖顯而經傳不載者，則依《説文》爲解」，「欲使學者知訓故之言，咸有所自。」《四庫全書提要》云：「《釋文》散見各經，頗難檢核。昌朝會集其音義，絲牽繩貫，同異粲然，俾學者易於尋省，不爲無益。」

熙寧以前，學者徧讀《五經》。

趙甌北云：梁武帝始崇經學，儒術由之稍振。然所謂經學者，皆以爲談辨之資。《廿二史札記》卷八。

明人講道學，亦以爲談辨之資。

《周書·盧辯傳》：辯少好學，博通經籍。除太常卿、太子少傅，轉少師[一三]。自魏末離亂，孝武西遷，朝章禮度，湮墜咸盡。辯因時制宜，皆合軌度。初，太祖欲行《周官》，命蘇綽專掌其事。未幾而綽卒，乃令辯成之。於是依《周禮》建六官，置公、卿、大夫、士，並撰次朝儀，車服器用，多依古禮，革漢、魏之法。事並施行。

晉人講《禮記》，咫尺玄門。皇侃《論語疏》，所引多老、莊之旨。宋儒以禪學合於聖學，即此類也。

《後漢書·儒林傳》云：「《前書》魯高堂生[一四]，漢興傳《禮》十七篇。後瑕丘蕭奮以授同郡后蒼，蒼授梁人戴德及德兄子聖、沛人慶普。於是德爲《大戴禮》，聖爲《小戴禮》，普爲《慶氏禮》。」案：此所謂《大戴禮》、《小戴禮》，皆《儀禮》也，非《禮記》也。惠定宇《後漢書補注》乃引《六藝論》云：「戴德傳《禮》八十五篇，則《大戴禮》是也。戴聖傳《禮》四十九篇，則此《禮記》是也。」《儒林傳》又云：鄭玄本習《小戴禮》，後以古經校之[一五]，取其義長者，故爲鄭氏學。玄又注小戴所傳《禮記》四十九篇。此所云《小戴禮》與小戴所傳《禮記》，分別甚明。惠氏補注《後漢書》，乃章懷之例。以《後漢書》但言《禮》，未言《禮記》，故以此附益之耳。

《後漢書·趙岐傳》：岐少明經，多所述作，著《孟子章句》[一六]、《三輔決録》。

漢末人有好老子者，已開魏、晉之風，《後漢書·周舉傳》：子勰，少尚玄虛。梁冀前後三辟，竟不能屈。慕老聃清静，杜絶人事。至延熹二年，乃開門延賓，游談宴樂，及秋而梁冀誅，年終而勰卒。此東漢人之尚玄虛者，然有爲而然也。

韓昌黎《伯夷頌》云「特立獨行，窮天地，亘萬古而不顧」[一七]，此説得伯夷之聖處。程伊川云：

「《伯夷頌》只説得伯夷介處，要説得伯夷心，須是聖人語。不念舊惡，怨是用希。」《二程遺書》。澧謂：孟子亦只説伯夷清，而且謂之隘。如伊川説，孟子亦未説得伯夷心也。

《廿二史札記》有「北朝經學」、「南朝經學」二條。甌北留心經學，甚難得矣。惟南北朝諸儒之書，尚不止此。諸史志所載及《釋文·序録》所載尚多。其書已盡亡，而存其佚文於《釋文》及唐疏所引《古經解鉤沉》，所輯尤有功於諸儒。

唐疏内有用諸儒之説，而不言其姓名者。

袁宏曰：「《易》曰『无咎无譽』，衰世之道也。」《後漢紀》卷三論李業之死。

《易·繫辭上》：「唯神也，故不疾而速，不行而至。」《正義》曰：「寂然不動，感而遂通。」《繫辭下》「精義入神」，韓注云：「神寂然不動，感而遂通。」此已以「感而遂通」四字爲句矣。

王右軍謂謝太傅曰：「虚談廢務，浮文妨要，恐非當今所宜。」謝答曰：「秦任商鞅，二世而亡，豈清言致禍耶？」《世説·言語篇》。王右軍不喜清談，而謝駁之以商鞅，可見晉人清談是矯法家之弊，亦有深意也。所以清談者，其意亦欲培養元氣；不喜用熱藥而以清涼養元氣，誤矣。

王肅有妄改經文、妄增經文者。《乾文言傳》兩言「其唯聖人乎」，上一句，《釋文》云：「王肅本作『愚人』。」澧案：諸家本不如此，而獨王肅本如此，非肅所妄改乎？經書一句首尾相應者多矣，如《繫辭傳》兩言「天下何思何慮」是也；《論語》兩言「賢哉回也」，兩言「禹，吾無間然矣」亦是也，豈可改乎？《中庸》「小人之中庸也」，《釋文》云：「王肅本作『小人之反中庸也』。」此亦諸家本不如此，而肅獨增「反」字也。「小人之中庸也，小人而無忌憚也」，言其似中庸而實相反，以伸明上文「小人反中庸」之義。上句有「反」字，下句不必有「反」字矣。朱子《章句》增「反」字，未免爲肅所欺。

陸淳《春秋纂例》云：「或曰：『禘非殷祭，則《論語》云「禘自既灌而往者，吾不欲觀之矣」何也？』答曰：『此夫子爲大夫時，當禘祭而往助祭，歎其失禮，故云爾也。初酌酒灌地以降神之時，其禮易行；既灌之後，至於饋薦，則事繁而生懈慢，故夫子退而嫌之。或人因而問其故，夫子不欲指斥君之惡，便云不知也，言其禮難知也。若能知者，則於天下大事，莫不皆知，可知掌中之物。言如此者，是禘禮至難知，以隱其前言非斥之意耳。注家不達其意，遂妄云「既灌之後，列尊卑，序昭穆。爲躋僖公，故惡之」。且祫祭之時，固當先陳設座位，位定之後，乃灌以降神。《郊特牲》云：「既灌，然後迎牲。」明牲至即殺之以獻，何得先灌然後設位乎？先儒不達經意，相沿致誤，皆此類也。或難曰：「夫子所歎，若非爲逆祀而別虧禮，則《春秋》何不書乎？」答曰：「《春秋》所紀祭祀，皆失時及非常變故乃云爾。至於懈慢虧失，史官如何書乎？若如此細故盡書，則《春秋》一年經當數萬言，不當如此簡也。」述祭統者不達此意，遂云「明乎郊社之義、禘嘗之禮，治國其如指諸掌乎」，此不達聖人掩君惡之意。遂云「爾假令達於祭禮，亦儀表中一事耳。若別無理化之德，何能治天下乎」，此並即文爲説，不能遠觀大指，致此弊耳。』」卷二。

《通典》李翰序云：「儒家者流，博而寡要，勞而少功，何哉？其患在於習之不精，知之不明，入而不得其門，行而不由其道。」「而學者以多閱爲廣見，以異端爲博聞。」「或舉其中而不知其本，原其始而不要其終，高談有餘，待問則泥。雖驅馳百家〔一八〕，日誦萬字，學彌廣而志彌惑，聞愈多而識愈疑。此所以勤苦而難成，殆非君子進德修業之意也。今《通典》之作，昭昭乎其警學者之群迷歟！」「爲功易而速，爲學精而要。其道直而不徑，其文詳而不煩。推而通，放而準。語備而理盡，例明而事中。舉而措之，如指諸掌。」「翰嘗有斯志，約乎舊史，圖之不早，竟爲善述者所先，故頗詳旨趣而爲之序，庶將來君子知吾道之不誣也。」　澧謂：此《序》深中儒者之弊，而亦杜詆訕儒者之口，信乎吾道不誣也。

陸龜蒙《復友生論文書》云：「僕少不攻文章，止讀古聖人書。誦其言，思其道，而未得者也，每涵咀義味，獨坐日昃。案上有一杯藜羹，如五鼎七牢饋於左右，加之以撞金石萬羽籥也。未嘗干有司對問希品第，未嘗歷王公丐貸飾車馬，故無用文處。江湖間不過美泉石則記之，聳節概則傳之，觸離會則序之，值巿壘則銘之，簡散誕放，無所諱避，又安知文之是歟非歟！」又云：「師道不行，後生多泥於所習，有陷而溺者，力能援之可也。如或不同，請觀過而後罰。」

《新唐書·竇德玄傳》：「帝高宗也。次濮陽，問古謂帝丘，德玄不能對，許敬宗具道其然，帝稱善。敬宗自矜於人，德玄知，不爲怍，衆服其量。」　山川能説，許敬宗亦能之。墨翟有言：「士雖有學，而行爲本。」豈不然哉！

《新唐書·儒學·蕭德言傳》：「初，太尉長孫無忌等議：『祠令及禮用鄭玄六天説，圓丘祀昊天上帝，南郊太微感帝，明堂太微五帝。直據緯爲説，不指蒼旻爲天，而以昊天帝當北辰耀魄寶，郊、明堂當太微五帝。唐家祀圓丘，太史所上圖，昊天上帝外自有北辰。』令李淳風曰『昊天上帝位於壇，北辰、斗列第二垓。』與緯書駁異。司馬遷《天官書》，太微宫五精之神，五星所奉，有人主象，故名曰帝，猶房、心有天王象，安得盡爲天乎？」」《彭景直傳》：中宗景龍末，爲太常博士[一九]。時獻、昭、乾三陵皆日祭，景直上言：「譙周曰：『天子始祖、高祖、曾祖、祖、考之廟，皆朔加薦，以象生時朔食，號月祭[二〇]，二祧廟不月祭。』則古無日祭者。」《張齊賢傳》云：太常博士辟閭仁諝曰：「《玉藻》：『天子聽朔南門之外。』《周太宰》：『正月之吉，布政於邦國都鄙。』干寶曰：『建子月告朔日也。』此《玉藻》聽朔同誼。今元日讀時令，合古聽朔事。獨鄭玄以秦制《月令》有五帝五官，因言『聽朔必以特牲告時帝及神，以文王、武王配』。其言非是。」齊賢不韙其説，曰：「干寶謂吉爲朔，故世人謬吉爲告，據繆失經，不得爲法。」鄭學。

《新唐書·黎幹傳》：黎幹，戎州人。善星緯術，得待詔翰林，累擢諫議大夫，卦壽春公。自負其辯，沾沾喜議論。初，唐家郊祭天地，以高祖神堯皇帝配。寶應元年，杜鴻漸爲太常卿、禮儀使，於是禮儀判官薛頎、集賢校理歸崇敬等共建：「神堯獨受命之主，非始封君，不得冒太祖配天地。景皇帝受封於唐，即商之契、周之后稷，請奉景皇帝配天地，於禮甚宜。」幹非之，乃上十詰、十難，傅經誼[二一]、抵鄭玄，以折頎、崇敬等，曰：「臣謂禘止五年宗廟大祭，了無疑晦。今背孔子之訓言，取玄之偏誼。蓋玄所説，不當於經，不質於聖，先儒置之不用，是爲棄言。今禮家行於世者，皆本玄學。臣請取玄之隙，還破頎等所建。」代宗不韙其言。《舊唐書·黎幹傳》：黎幹性險，挾左道，結中貴，以希主恩，代宗甚惑之。時中官劉忠翼寵任方盛，幹結之素厚[二二]，嘗通其奸謀。及德宗初即位，幹猶以詭道求進，密居轝中詣忠翼第。事發，詔曰：「兵部侍郎黎幹，害若豺狼，特進劉忠翼，掩義隱賊，並除名長流。」既行，市里兒童數千人譟聚，懷瓦礫投擊之，捕賊尉不能止。《新唐書·魚朝恩傳》：永泰中，詔加判國子監事。京兆尹黎幹率錢勞從者，一費數十萬，而朝恩色常不足。黎幹之劣如此，而敢議禮詆鄭君，可惡之至。

《新唐書·儒學·敬播傳》：玄齡以顔師古所注《漢書》文繁難省，令播掇其機要，撰成四十篇傳於代[二三]。是時《漢書》學大興，其章章者若劉伯莊、秦景通兄弟、劉訥言，皆名家。「是時」以下，《舊書》無。注不可繁。

《新唐書·儒學傳》：施敬本爲四門助教。玄宗將封禪，詔有司講求典儀。舊制，盥手、洗爵皆侍中主之；詔祀天神，太祝主之。敬本上言：「周太祝，下大夫二，上士四。下大夫，今郎中、太常丞之比；上士，員外郎、博士之比。」此以唐官制比周官，亦鄭君注《周官》舉漢制之類也。

《新唐書·文藝·駱賓王傳》：開元中，張説與徐堅論近世文章，説曰：「李嶠、崔融、薛稷、宋之問之文如良金美玉，無施不可。富嘉謨如孤峰絶岸，壁立萬仞，濃雲鬱興，震雷俱發，誠可畏也；若施於廊廟，駭矣。閻朝隱如麗服靚粧，燕歌趙舞，觀者忘疲，若類之《風》、《雅》，則罪人矣。」堅問：「今世奈何？」説曰：「韓休之文如大羹玄酒，有典則，薄滋味；許景先如豐肌膩理，雖穠華可愛，而乏風骨；張九齡如輕縑素練，實濟時用，而窘邊幅；王翰如瓊杯玉斝，雖爛然可珍，而多玷缺。」堅謂篤論云。

《新唐書·文藝傳》：劉允濟嘗採摭魯哀公後十二代至於戰國爲遺事，撰《魯後春秋》二十卷，表上之。此書不存，可惜。《新唐書·文藝傳》：鄭虔學長於地理，山川險易、方隅物産、兵戍衆寡無不詳。嘗爲《天寶軍防録》，言典事該。諸儒服其善著書，俗人但知其詩、書、畫耳。

《新唐書·許敬宗傳》：自貞觀以來，朝廷所修《五代史》及《晉書》、《東殿新書》、《西域圖志》、《文思博要》、《文館詞林》、《累璧》、《瑶山玉彩》，皆敬宗總知之。敬宗曰：「大臣不可無學。」後世之大臣爲許敬宗所嗤矣。

許敬宗云：「濟洑地過河而南，出爲滎，又洑而至曹、濮，散出於地，合而東，汶水自南入之，所謂『泆爲滎，東出於陶丘北，又東會於汶』是也。古者五行皆有官，水官不失職，則能辨味與色。潛而出，合而更分[二四]，皆能識之。」《新唐書·許敬宗傳》。東坡三江味別之説，或仿敬宗説歟？

《新唐書·劉蕡傳》：對策曰：「臣以爲陛下宜先憂者，宫闈將變，社稷將危，天下將傾，四海將亂。此四者，國家已然之兆。」「今官亂人貧，盜賊並起，土崩之勢，憂在旦夕。」「陳勝、吴廣不獨起於秦，赤眉、黄巾不獨生於漢[二五]。」「夏官不知兵籍，止於奉朝請；六軍不主兵事，止於養階勳。軍容合中官之政，戎律附内臣之職。首一戴武弁，疾文吏如仇讎；足一蹈軍門，視農夫如草芥。謀不足以翦除凶逆，而詐足以抑揚威福；勇不足以鎮衛社稷，而暴足以侵軼閭里。」「昔龍逢死而啓殷，比干死而啓周，韓非死而啓漢，陳蕃死而啓魏。今臣之來也，有司或不敢薦臣之言，陛下又無以察臣之心，退必受戮於權臣之手，臣幸得從四子於地下，固臣之願也，所不知殺臣者，臣死之後，將孰爲啓之哉！」　蕡對後七年，有甘露之難。

宋陳堯佐作相，以唐劉蕡所對策進曰：「凡蕡所究言者，皆當今之弊，臣所欲言而陛下之所宜行也。」天子嘉納之。歐陽永叔撰《神道碑》。

方正學云：「唐尚諫諍，故抗直之士衆。」

《新唐書·虞世南傳》：「帝太宗也。嘗作宫體詩，使賡和。世南曰：『聖作誠工，然體非雅正。上之所好，下必有甚者。臣恐此詩一傳，天下風靡。不敢奉詔。』帝曰：『朕試卿耳！』賜帛五十四。」

《新唐書·文藝傳》：蕭穎士子存，亮直有父風。能文辭。顔真卿在湖州，與存及陸鴻漸等討摭古今韻字所原，作書數百篇。

《結埼亭集外編・通鑑分修諸子考》云：「胡梅磵曰：『温公修《通鑑》，漢則劉攽，三國迄於南北朝則劉恕，唐則范祖禹。』此言不知其何所據，然歷五百年以來無不信以爲然者。予讀温公與醇夫帖子，始知梅磵之言不然。帖曰：『從唐高祖初起兵，修《長編》，至哀帝禪位止[二六]。其起兵以前禪位以後事，於今來所看書中見者，亦請令書吏別用草紙録出。每一事中間空一行許，以備翦粘。隋以前與貢父，梁以後與道原，令各修入《長編》中。蓋緣二君更不看此書，若足下止修武德以後、天祐以前，則此等事迹盡成遺棄也。』觀於是言，則貢父所修，蓋自漢至隋，而道原任五代，明矣。蓋貢父兄弟嘗著《漢釋》，而道原有《十國紀年》，故温公即其平日所長而用之；而梅磵未之考也。貢父所修一百八十四卷，醇夫所修八十一卷，道原所修二十七卷，而當時論者推道原之功爲多，何也？蓋温公平日服膺道原，其通部義例多從道原商榷，故分修雖止五代，而實係全局副手。觀道原子羲仲所紀可見也。羲仲曰：『當時訪問疑事，每卷皆數十條。不能盡紀，紀其質正舊史之謬者。』然則道原之功誠多矣。至於三子所修，愚最以《唐鑑》爲冗。後人以伊川許之，遂有《范唐鑑》之目，而以其書孤行。其實裁量未爲簡净也。」

《後漢書・王充傳》：充師事班彪。好博覽而不守章句，博通衆流百家之言。好論説，始若詭異，終有理實。著《論衡》八十五篇[二七]，二十餘萬言。又《王符傳》：少好學，有志操。隱居著書三十餘篇，以譏當時失得，不欲章顯其名，故號曰《潛夫論》。又《仲長統傳》：少好學，博涉書記，贍於文辭。每論説古今及時俗行事，恒發憤歎息。因著論名曰《昌言》，凡三十四篇，十餘萬言。《論》曰：數子之言當世失得皆究矣[二八]，然多謬通方之訓，好申一隅之説[二九]，稽之篤論，將爲敝矣。

《三國志·陸績傳》：績博學多識，星曆算數，無不該覽。虞翻舊齒名盛，龐統荆州令士，皆與績友善。孫權辟爲奏曹掾，以直道見憚[三〇]，出爲鬱林太守，加偏將軍。績意在儒雅，雖有軍事，著述不廢，作《渾天圖》，注《易》釋《玄》，皆傳於世。

《後漢書·蔡邕傳》云：初，靈帝好學，因引諸生能爲文賦者。本頗以經學相招，後諸爲尺牘及工鳥篆者，皆加引召。邕上封事云：「夫書畫辭賦，才之小者，匡國理政，未有其能。而諸生競利，作者鼎沸，皆見拜擢。既加之恩，難復收改，但守奉禄，於義已弘，不可復使理人及仕州郡。」又云：特詔問邕披露失得，邕對曰：「宰府孝廉，士之高選。近者以辟召不慎，切責三公，而今並以小文超取選舉。」取士之劣。

【校記】

[一] 作，癸未本作「信」，據稿本及《二程文集》改。

[二] 癸未本無此句，據稿本及《孔叢子·公孫龍》補。

〔三〕喪，癸未本作「袁」，據袁宏《後漢紀》卷二九改。

〔四〕學思，疑爲東塾先生原擬《學思録》書名之略寫標記。

〔五〕癸未本此句句首「不」字下多一衍字「不」，據《元史·儒學·韓性傳》删去。

〔六〕本條「瞻思」，癸未本皆作「贍思」，據《元史·儒學·贍思傳》改。

〔七〕光按：以上《龍井辯才法師塔碑頌》之語，録者有所删節，皆不復改之。

〔八〕之，癸未本作「以」，據李光地《榕村語録》卷一八改。

〔九〕學究，癸未本作「學就」，據稿本及《潛研堂集·重刻孫明復小集序》改。

〔一〇〕輕清，癸未本作「清輕」，據賈昌朝《群經音辨序》改。

〔一一〕音，癸未本作「言」，據《群經音辨序》改。

〔一二〕拜，癸未本作「敗」，據《群經音辨序》改。

〔一三〕少師，癸未本作「少傅師」，據《周書·盧辯傳》改。

〔一四〕癸未本無「魯」字，據《後漢書·儒林傳》改。

〔一五〕後，癸未本作「係」，據《後漢書·儒林傳》改。

〔一六〕《孟子章句》，癸未本作《要子章句》，據《後漢書·趙岐傳》改。本條末原附小注云：「劉攽曰：『「要」當作「孟」。』」亦因以删之。

〔一七〕癸未本此句句首無「韓昌黎」三字，據稿本及《韓昌黎全集·伯夷頌》補。又，萬古，《韓昌黎全集·伯夷頌》作「萬世」。

[一八] 驅馳，癸未本作「馳驅」，據《通典·李翰序》改。

[一九] 太常，癸未本作「太學」，據《新唐書·彭景直傳》改。

[二〇] 月祭，癸未本及各本原作「日祭」，據中華書局校點本《新唐書·彭景直傳》及其注之説改。

[二一] 傳，癸未本作「傳」，據《新唐書·黎幹傳》改。

[二二] 厚，癸未本作「原」，據《舊唐書·黎幹傳》改。

[二三] 四十篇，癸未本作「四十卷」，據《新唐書·儒學·敬播傳》改。

[二四] 癸未本無「更」字，據《新唐書·許敬宗傳》補。

[二五] 生，癸未本作「起」，據《新唐書·劉蕡傳》改。

[二六] 至，癸未本作「自」，據全祖望《鮚埼亭集外編·通鑑分修諸子考》改。

[二七] 八十五，癸未本作「八十二」，據《後漢書·王充傳》及王充《論衡》改。

[二八] 失得，癸未本作「得失」，據《後漢書·王充王符仲長統列傳論》改。

[二九] 説，癸未本作「訓」，據《後漢書·王充王符仲長統列傳論》改。

[三〇] 見，癸未本作「是」，據《三國志·陸績傳》改。

卷十四

瑣記

《楚辭·招魂》「巫陽對曰：『掌夢！上帝其命難從！若必筮予之[一]，恐後之謝，不能復用巫陽焉。』乃下招曰」云云，王逸注未合。愚謂：巫陽對言，上帝命我占筮，我難從命。言筮之職掌於魂魄[二]，不掌占筮也。若必占筮而後招魂魄以予之，恐後來之巫遂謝其爲巫之職事，不用巫矣。故不占筮而直招之也。

《後漢書·桓譚傳》云：「譚著書言當世行事二十九篇，號曰《新論》，上書獻之，世祖善焉。《琴道》一篇未成，肅宗使班固續成之。」「《東觀記》曰：『《琴道》未畢，但有發首一章。』」

《通典》云：「宋曰尚書寺[三]，居建禮門内，亦曰尚書省，亦謂之内臺。每八座以下入寺，門生隨入者各有差，不得雜以人士。」此門生，是僕隸之類也。

《南齊書·王儉傳》：儉十日一還學，監試諸生，巾卷在庭，劍衛令史儀容甚盛。作解散髻，斜插幘簪，朝野慕之，相與倣效。

《新唐書·儒學傳》：劉訥言以《漢書》授沛王。王爲太子，擢訥言洗馬兼侍讀。嘗集俳諧十五篇，爲太子歡。太子廢，高宗見怒，除名爲民。復坐事流死振州。紀文達小説，亦俳諧也。

《寒松堂集·答魏貞庵先生書》云：「近日崇儉一節，僕與元著、雝伯及諸同志力持之，長安士大夫皆以五簋爲約。」

陳長發《毛詩稽古編》以西方美人爲佛，遂以戒殺之説詆伏羲罔罟畋漁。余謂長發竟忘「以畋以漁」之下文有「神農氏作」云云也。神農未作，未有耒耨之利；不畋漁以爲食，則人皆餓死無遺類矣。畋漁而無罔罟，徒手入山，踴身泅水，則飽虎狼餵蛟鱷耳。説經而忘有下文，粗疏已甚。其佞佛，固不足責也。

佛生炎方，故可不殺生衣裘。

佛氏六祖聞其師講「無所住而生其心」一句而大悟。設使不立文字，則並此句而不立矣，何從大悟哉？

《列子》云蟭螟巢於蚊睫，殆非虚言。余齋中有蜘蛛生子無數，小於芝麻，結網於瓶花枝葉間，圓徑寸許。此必有飛蟲絶小者投其網而爲之食；不然，小蜘蛛餓死矣，何能長大乎？蓋人目所見野馬塵埃，其中有動物焉；但無離婁之明，不能見耳。

元遺山論李義山詩云：「錦瑟無端五十弦，一弦一柱思華年。詩家只愛西崑好，只恨無人作鄭箋。」然《錦瑟詩》殊非難解，蓋義山五十歲時所作，言無端年已五十，如錦瑟弦數耳。惟《碧城》三首頗難解。紀文達謂寓意不可知，譬之不食馬肝，未爲不知味。余反覆讀之，以爲此令狐綯作相時，義山干綯不遂而作也。第一首云「碧城十二曲闌干，犀辟塵埃玉辟寒」，喻綯之富貴也。「閬苑有書多附鶴，女牀無樹不棲鸞」，喻其營私植黨也。「星沉海底當窗見，雨過河源隔座看」，喻其處權要之地也。「若是曉珠明又定，一生長樹水晶盤」，喻其怙恩而固寵也。第二首云「對影聞聲已可憐，玉池荷葉正田田。不逢蕭史休回首，莫見洪厓又拍肩」，言當一意干綯，悔昔時之從王茂元、鄭亞也。「紫鳳放嬌銜紫佩，赤鱗狂舞撥湘弦」，言綯黨皆得志驕恣也。「鄂君悵望舟中夜，繡被焚香獨自眠」，言己獨不遇也。第三首云「七夕來時先有期，洞房簾幕至今垂。玉輪顧兔初生魄，鐵網珊瑚未有枝」，言綯許應己之求而遲遲也。「檢與神方教駐景，收將鳳紙寫相思。武皇内傳分明在，莫道人間總不知」，怨之極，因持陰事而刺之也。朱竹垞以「七夕來時」一句，定爲追刺明皇。紀文達以爲無當。余以爲怨令狐綯，則有《辛未七夕》、《壬申七夕》、《壬申閏秋贈烏鵲》三詩可證。「七夕來時」之句，蓋皆以牛女會合之事而有感於己之不遇。辛未、壬申爲大中五年、六年，正綯作相時也。《辛未七夕》云「恐是仙家好别離，故教迢遞作佳期。由來碧落銀河畔，可要金風玉露時。清漏漸移相望久，微雲未接過來遲」，《壬申七夕》云「已駕五香車，心心待曉霞。風輕惟響佩，日薄不嫣花」，皆與「七夕來時」

四句同意。《辛未七夕》云「豈能無意酬烏鵲，惟有蜘蛛乞巧絲」，《壬申七夕》云「桂嫩傳香遠，株高送影斜。成都過卜肆，曾妬識靈槎」，皆與「紫鳳放嬌」四句同意。《壬申閏秋》云「繞樹無依月正高，鄴城新淚濺雲袍」，即所謂「繡被焚香獨自眠」也。「幾年始得逢秋閏，兩度填河莫苦勞」，即所謂「不逢蕭史休回首」也。皆爲怨綯而作，無疑矣。

【校記】

〔一〕　癸未本此句句首無「若必」二字，據《楚辭・招魂》補。

〔二〕　光按：筮，疑爲「巫」之誤。

〔三〕　癸未本無「曰」字，據《通典・職官四・尚書上》補。

《東塾雜俎》，番禺陳蘭甫先生遺著之未刊者也。北京古學院謀萃刊名儒稿本，於先生文孫公穆許得之，首付剞劂，肇祥被推與公穆同任校讎。是書爲筆記體裁，雖按代分列，而讀書論學，隨時撰記，段自爲文，手稿叢殘，頗費詮理。其有一字一義之未安，援引考證之待審，發書盈案，往返商榷，期於得當。寒暑載易，方始訖功，亦云劬已。先生嶺海通儒，掌教菊坡精舍，執經問難，常數百指，頗有東漢之風。肇祥肄業菊坡，先生已歸道山，未及親炙。載瞻庭宇，徘徊傾慕，折緑萼、掬井華以致馨薦之誠者屢矣，今校刊是書，如與先生精爽相接，俾禮堂完帙流布人間，庸非幸乎！歲在癸未夏五月，紹興周肇祥謹跋。

默記

學思自記

學思録序目

黄國聲　點校

點校説明

《默記》、《學思自記》、《學思録序目》原爲《東塾遺稿》中的三種札記。《東塾遺稿》本是東塾平日讀書、論學的筆記，内容多爲隨事、隨意的零札，獨是《默記》這三種頗顯特别，它所記的都緊扣標題，論述集中，顯與其他的札記不同。東塾在《默記》中曾表示：「予之學，但能抄書而已，其精者爲《漢儒通義》，其博者非今人所謂博。爲《學思録》，其切摯者爲《默記》，不復著書也。」可知這三部份札記是爲將來著述的資料稿，《默記》記的是治學心得、個人心態及友朋交誼。《學思自記》是爲《學思録》準備的内容。而《學思録序目》則是爲《學思録》（後來改名《東塾讀書記》）寫下自序和擬定的撰寫綱目。因有此特殊原因，所以從《遺稿》單獨録出成篇，其餘論學札記則另録爲《東塾讀書論學札記》。

上世紀三十年代，嶺南大學陳受頤博士同楊壽昌教授曾從《東塾遺稿》輯録此三札記，發表於《嶺南學報》第二卷第二期。惟文字脱漏錯訛頗多，現改從《東塾遺稿》原文録出。少數錯字徑行改正，不出校記。

目録

點校説明……七四五
默記……七四九
學思自記……七六五
學思録序目……七七七

默記

一　余幼時先君云：「此子能讀書，惜不能記」。余今老矣，讀書不敢不勉，但思數十年所讀書皆不能記，與不讀等。乃歎一生病痛，先君早已斷定，信乎知子莫若父也。

二　作《家藏通鑑跋尾》。
改葬先姊。

三　立身師陶公，
讀書師黄東發，
教人師胡安定，
論政師陸宣公。
兼此四者，師司馬温公。司馬温公十科舉士，即胡安定之法也。其《徽言》鈔《國語》而下六書，蓋亦近於《黄氏日抄》。《稽古録》亦然。

四　特立獨行，獨立不懼。
獨醒獨清。

窮則獨善其身。

獨旁搜而遠紹。

推妻子，息交絶游，獨立高山之頂，歡與麋鹿同群，誠耻之也。如遺世獨立，羽化而登仙。

五　《學思自記》，再讀三年乃著書，期以五年而成，凡八年。吾年六十，可以死矣。不知可有此福否也？

六　静思此生得爲士人讀書，一樂也。讀書能識好書，二樂也。享二樂久矣，夕死可也。榮啓期三樂之上，又有此二樂。

七　世事如此，若非有一二卷書，豈能留我在人間耶？

八　十月初一日在粤秀東齋會卷，座中説一友與人争利，余曰：「百年不易滿，寸寸彎强弓。」歸而自思，近日欲以數金修治書齋而無之，頗自覺窘乏，今因説此二句而悟此境，正可驗我之能彎强弓否，真佳境也。

九　於嗜慾之事，如鏡中花，如飲食得美味，亦甘之而絶不飭庖厨，此其一端也。昔曾告亡兒，窮是佳境，亡兒甚能欣會。

一〇　心光如月，夜夢太多，此病甚大甚深。

一一　八月十六夜五更，起步庭中，月白如雪，盆荷颭風，蕭槭有聲。喟然長歎，人間大有清境，惜昏睡不知耳。

一二　讀書畢，悽然泣下，自古來獨自讀書如我者，真可悲也，八月廿四夜。

一三　每讀書至夜半以後，人静燈殘，超然默契於二千載之上。

一四　空齋蕭然，一點燈，一杯酒，一卷書，窗外有微月在黑雲際。家人皆睡，獨衰翁與古人相對耳。此時必心光耿耿，自歎自惜，及此形骸，獨在人間。讀幾篇書，有益於己；著幾篇書，以有益於人而已。今之人且勿與談也。

一五　每讀書至夜半，飲酒下之，而酒冷燈昏，心光炯然，上下千年，無人可談，乃歎曰：可談者，惟酒意耳。

一六　吾今有一師五友：書，師也；朱、墨、燈、酒、書案，友也。

一七　衰年深夜，讀書自語，秋涼疏雨，殘荷作聲，孤燈炯炯，游心千古上下，良朋墓木已拱，九泉其誰與歸？欲哭不得，欲笑不能，長歎就枕而已。八月初三夜書。

若桂星垣文耀，虞子馨必芳可惜可惜！

一八　今夜讀《太玄》而手抄之，忽憶亡友桂八文耀若在，可以共談今夕矣。

一九　吾友桂星垣謂余一介不取，但不能一介不與。吾今思之，伊尹在畎畝，所謂樂堯舜之道者，則一介不與，一介不取而已。伯夷之清不必論矣，伊尹聖之任者，相湯伐桀，放太甲又反之，才氣之大，萬古一人而已，而其清乃如此，與柳下惠不以三公易其介正同。人不論和與任，無不以清植品者也。

二〇　虞子馨今若未死，其樂如何！

二一　月亭先生林伯桐《安雅篇》，不知青皐許曾見之否？惜不令伯眉沈見，以俗人而好字畫，月亭先生謂之更俗，真更俗也。可笑可憎。

二二　孝通死將二年，我讀書又多所有得，恨不得告之，恨其不得聞之。若我今日即死以告之，甚快也！辛酉七月廿六夜書。

二三　孝通於吾言無所不説，何幸而生此子。雖短命，豈不勝於生一不説吾言之子而長命者乎？

深知我心者誰也？其童烏乎，惜哉！

二四　子思之道在安貧，恨亡兒不及聞之，此彼之不幸也，實則余之不幸也。如有能知此者，則吾道之幸也。使此時此子猶在，當如何？嗚呼，惜矣！

二五　近來真覺少可語者，愈欲作懷鬼詩。鬼可與語，吾非斯鬼之徒而誰與？侯、桂、虞皆鬼久矣。

二六　不能勝人者非好酒也，不能飽人者非好飯也，不能勝飽人者非好書也。十一月夜讀《傳家集》，樂極書此。

二七　人畢竟要聰明，如不聰明，學問難成。畢竟要能文，如不能文，著書無法。有聰明而做遲鈍工夫者，則必成矣；能文而肯讀書者，則必成矣。然而難得難得。

二八　去權奸不可窮治黨與，宜有以消之。耆舊大臣不可無而不易有也。師傅不可無，又不易得其人也。有學識能直言之臣不可無，又不易得也。各省宜舉賢吏一二人，劾不肖者，則愈多愈善，皆不得以無人塞責。此條可行。

二九　嘉慶四年己未會試，朱文正公、阮文達公爲總裁，一榜進士多名儒，可謂極盛。豈能知六十年己未夷寇天津乎？　再後六十年己未，盛衰又何如也！

三〇　咸豐八年廣東官有丁憂遞呈於巡撫柏貴求奪情者云：　今奪情者多而卑職一人向隅。柏巡撫大笑。

三一　《詩序》云「挈壺氏不能舉其職」，正今日之謂也。壺漏廢而外夷之鐘表盛行，所費幾亞於鴉片。余嘗謂中外各衙門及城樓，皆當設壺漏，書時刻於牌，揭之以示衆，則鐘錶可不用矣。

三二　駱籲門所以能保全湖南者，清故也。清則人服，雖搜括屬員陋規，抽出商賈釐金，而人不怨，故餉足矣。清則身嘗艱苦，兵勇雖爲之死而亦不怨矣。清則出號令而人不疑，而賞罰必行矣。大約祇一「清」字，便可保境殺賊也。

三三　知憂鴉片，仍吸鼻烟，好鐘表，衣呢羽，可謂知其一不知其三。鼻烟即有深意，即鴉片之嚆矢也。

三四　孔子云：「鳥獸不可與同群，吾非斯人之徒與而誰與？」夫子在周時，人心未壞，故云爾，若居今世，斯人之徒不可與矣。令人慨然，時作遺世獨立之想。

三五　深夜自思，天祇使我讀書，置之於孤窮之境。書卷不得多，朋友更不得多，甚至兒子稍知讀書識道理者亦殀折之，買書之地焚燒之，買書之錢匱乏之，嗚呼，窮哉！然安知非造物玉成之意乎？君子不怨天，不尤人，抱幾卷書，招一二人，共尋絶學，力追古人可也。昨夜書此，今夜聞夷事，則得孤窮爲幸矣。憂之至，憤之至！

三六　陶公《停雲詩》云：「安得促席，説彼平生。」又云：「豈無他人，念子實多。」《答龐參軍詩》云：「不有同好，云胡以觀？」

三七　浦鄉，伯薊，卓人，賓叔，故人渺渺隔天外！《歸鳥》詩云：「雖無昔侶，衆聲皆諧，日夕氣清，悠然其懷。」

三八　急尋覓星垣所贈我《孝經》小册葉，已覓得矣。近人之卑陋如此，更從何處開口，惟有懷古耳。曾子曰：「苟吾自知也。」太史公曰：「藏之名山，傳之其人。」非其人，安可傳哉？

三九　已逝之人，相愛者甚多，後世之人相知者不少，而皆不得見，奈何奈何？前後顧望，嗟歎而已。

四〇　九月廿二、廿三兩夜所夢，鬼神警我貪也。悚悚惕惕，可見意之不誠。意之不誠者，失其素守也，豈止貪而已哉？

四一　古人云：「心之所思，鬼神知之。」此語真可信。心之思者，故鬼神知之。思無邪。

四二　甚矣，名之難忘也。謂能忘名心而實不能，因摹秦碑有所省覺，而記之以自警。

四三　世人説寫字者必云學某家，何以做人不學某家也？

四四　吾年十歲，暑病夢大火，中有五色輪，搜身其中。此列子所謂陽氣壯則夢涉大火而燔焫，而或者以爲文字之祥，非也。

四五　行師彭澤，志慕昌黎。　學之爲言效也。

四六　今文學極衰，海内老師宿儒，零落已盡。江浙書籍最多之地，兵燹殘破。吾生長嶺南，林、侯諸君子又凋謝已久，近者讀書之士，皆清貧不能買書，且亦無書可買。嗚呼，天之位置我此時此地，可謂窮矣！　家有能讀書之子而又夭折之，有自給之資可專心讀書而又剥耗之，窮哉，窮哉！或造物者有意欲玉成我乎？　未可知也。

四七　《新唐書・李大亮傳》：授土門令，胡賊大至，大亮度不能拒，乃單馬詣營説豪帥，爲分别禍福，賊衆咸服，遂相率降。大亮殺所乘馬與之食，至步而返。帝聞之悦，擢金州總管府司馬。説之肯降，亦大難事。

四八　聞天津音耗甚惡，夜不能寐，起而讀《詩・變風》一篇，庚申七月廿七日夜四鼓。翁相國在朝，余惟刻所著書寄呈，自餘未嘗通片紙。

四九　《新唐書》：崔郃弟「鄯擢進士，累遷至左金吾衛大將軍，暴卒，以韓約代之。不閱旬，李訓亂，約死於難。世謂鄯之亡，崔氏積善報也。」

暴卒亦積善之報。

五〇　沈伯眉死甚可惜，此真益友也。伯眉臘月三十日嘗以書抵余云：「吾丈讀書，以何句敵生死？」伯眉好佛，敵生死是佛家之説，我不知也。其問我何句，則真善問，有益於我也。我近年讀書，終年不過得一二句或二三句，且尚不能得之於心，安得起伯眉而質之？

五一　每講書卷道理，恨不得呼我黄鬚，我黄鬚乃無鬚，哀哉！

五二　《曝書亭集·題亡兒書陶靖節文》，末題「竹垞煢獨叟書」。

五三　子曰「後生可畏」，誠哉是言也。澧又因而知後世可畏，後生安知不勝於先生乎？後世則必知勝於今世也。

五四　予之學，但能抄書而已，其精者爲《漢儒通義》，其博者非今人所謂博爲《學思録》，其切摯者爲《默記》，不復著書也。

五五　林月亭先生博學强記，蓋過目不忘者。侯君模，月亭弟子也。每讀書有不曉，必請問，月亭或答之，或言在某書某卷，檢之果然。一日在學海堂，張南山先生説樂器，余儳言曰：「方響是何物也？」月亭誦宋人《方響詩》一首，云：「此可想矣。」月亭篤志經學，何以此等詩輒能記誦，真過目不忘也。然此不足以稱之也，余讀《論語》「温良恭儉讓」，想其氣象，惟月亭五字俱備，其德行之科歟！

五六　譚玉生云：平生所見之人全無瑕纇者惟徐鐵孫。昔某甲與余同飲於潘氏園，手捋鬚曰：「若我乃原穿裂爛者矣。」原穿裂爛，乃當票語。某甲時年七十餘矣，平日品行甚劣而氣甚驕橫，至老而自名爲原穿裂爛，可哀也哉！

五七　澧老矣，所欲著甲部書，無一成者。欲以付後之學者：

周易費氏義。

毛詩鄭朱合鈔。

周禮今釋。

儀禮三家合鈔。

春秋穀梁傳條例。

春秋三傳異同評。

論語集說。

五八　明儒查某人，偶忘之有晚年專講酒色財氣之過者，此真切實之語。酒過吾近來無之，色財氣之過猶有之，必一齊絶了乃佳，而色字尤甚，尤當痛絶之。正月晦日四鼓書。

老則氣衰，必宜絶色字。

五九　《學思録》要駁高郵王氏古韻廿一部之説。

六〇　《學思録》：《十三經注疏》，《十七史》，周末諸子，宋五子，此諸書之語爲多。

六一　精謹安詳，厚實通大。

六二　喪予祝予未久而孔子夢兩楹，益恩殞於黃巾未久而鄭君夢龍蛇，雖聖賢亦傷於悲慟而壽不長也。況我庸人乎！

六三　孔文舉《論盛孝章書》云：「歲月不居，時節如流，五十之年，忽焉已至。公爲始滿，融又過二。」

我亦過二矣。

六四　王氏《論語解》十卷、《孟子解》五卷，廣陸王令逢源撰。今年二十八，終於布衣，所講《孟子》纔盡二篇，其第三篇盡二章而止。王荆公志其墓，不言其所著書。

亡兒年更短，講《論語》纔至《曾子有疾》章，更可哀也。

六五　亡兒長逝已二十月矣！辛酉五月也，今夜誤呼其小名，已而自悲。使此兒至今猶在，其學識又增長幾許，使我怡悦者又不知若何！今乃於講論之間，猶仿佛其在側也。然安知其不在側也？

感彼柏下人，且進杯中物。

六六　杯中物且從吾好，

柏下人能讀我書，

通眉早已憂長吉，
遺腹安能有小同。

六七 《中說》卷三《事君篇》：「楊素使謂子曰：盍仕乎？子曰：疏屬之南，疏屬，山名，《山海經》云：枕汾水，名管涔。汾水之曲，有先人之敝廬在，可以避風雨，有田可以具饘粥，彈琴著書，講道勸義，自樂也。願君侯正身以統天下，時和歲豐，則通也受賜多矣，不願仕也。」

六八 《文選》楊子幼《報孫會宗書》：「董生不云乎？明明求仁義，常恐不及能化民者，卿大夫之意也。明明求財利，常恐困乏者，庶人之事也。」善注云：「《漢書》董仲舒對策曰：夫皇皇求財利，常恐匱乏者，庶人之意也。皇皇求仁義，常恐不能化民者，大夫之意也。」

六九 余所以不敢爲經濟之説者，吾能言之而無權位，不能施用之。他人取吾言而施用，或有過差以亂天下，是可懼也。如温伊初著論禁鴉片，黄樹齋奏之，林少穆行之，遂亂天下矣，不可不戒也。

七〇 簡曠我今當如此，簡之時義大矣哉！仲弓寬宏簡重，厚重簡默，居敬而行簡，不亦可乎？居簡而行簡，無乃太簡乎？簡者必默，我言之不簡，何況行乎？

七一 人品多從天分出，從學問出者絶少矣。

廉深簡潔，貞夷粹温，和而能峻，博而不繁。

七二 陸放翁詩云：「詩酒放懷窮亦樂，文移肆駡老何堪？」又云：「小草出山初已誤，斷雲含雨欲何施?」讀此自笑不出之爲得計也。

七三　昔有養生者,教余導引術。始左右伸臂,次兩臂齊伸向上,又次左右顧其踵,又次左右伸足。予偶讀《三國志》注華佗五禽戲,謂猿、熊、虎、鹿、鳥也。因悟左右伸臂者,猿也。猿,兩臂通者也。兩臂齊向上者,熊也。熊以兩手攀樹枝而睡也。俯身左右手迭出者,虎也。如虎之出於穴也。左右顧其踵者,鹿也。鹿常自顧其尾也。左右伸足者,鳥也。凡鳥皆如此。

七四　人有恒言曰:學問淵博,博者固少,淵者尤少。嗟乎,吾安得淵者而與之游乎?其惟特夫乎?

七五　高碧湄大令心夔告郭雲仙撫軍嵩燾云:「欲游羅浮,不然,枉爲廣東一行耳矣。」撫軍云:「君至廣東,已見陳蘭甫,不枉此行。」大令以告余,余謝不敢當一座羅浮山也。

七六　舉直錯諸枉。自己文章通順者,直也。文理不通而代倩者,枉也。

七七　僕少時喜爲詩,年二十四歲始棄去。自此以後,興到爲詩者一年不過數首,亦竟有終年無一首者。偶有應酬之作,皆不愜意,迫於不得不作耳,故皆不存稿也。亦不欲爲古文,然亦有不得不作者,此則不可不留稿,與詩異也。性好古碑版書法,而無暇學之,而時人每以紙絹索書,遂亦應酬揮灑。然無筆力,無功夫,安得謂之善書?每爲人作書,輒自煩惱,以爲何苦爲人役也,時欲焚筆硯耳。

七八　天下爲真學問者，豈敢謂無人。然師友講習者，則惟吾粤有學海堂，雖於學不能如漢、唐之經學，宋儒之實行，然於舉業之外，尚有此一程學問，惜乎人才不振，文章如虞子馨，學問如趙子韶，則皆死矣！　吾又老矣，不能爲之振興也。

七九　李翶《與翰林李舍人書》云：「且不知餘年幾何，意願乞取殘年以修所知之道，如或有成，是萬世一遇；縱使無成，且能早知止足高静，與三老死於林藪之下。（上文云『王拾遺』，又云『兩施子』，此云『三老』，即指彼三人也。）比其終日矻矻，耽樂富貴，而大功德不及於海内而卒於位者，所失得伏計舍人必以辨之矣。」

八〇　余年十三歲時，乳母以金環約其腕。余曰：「此女子之物也。」强更約之。余覘乳母不在，脱環棄之。至夜就睡，乳母循余腕無環，問曰：「環何在？」余曰：「棄之矣」。問棄何處？曰：「三廳椅子下。」即持火覓得之，後不復以此强余也。

八一　盗賊紛紜，斷非議改選舉之時，若近時黎庶昌之論，必不行者也。將來議改，必先命天下士子於十三經内各專一經，默寫不錯，文理通順者，即取爲附生。歲試，鄉試，會試，更命士子爲經説，能依注疏及程、朱説者即取中。

八二　「獨立高山之頂，歡與麋鹿同群，皦皦然絶其雰濁，誠耻之也，誠畏之也。」屈靈均曰：「世溷濁而莫余知兮，吾方高馳而不顧。」「登崑崙兮食玉英。」

八三　昔桂星垣謂我不牢騷爲不可及，今我欲牢騷，當與誰言之耶？　昔欲營生壙於星垣墓上下。不必牢騷，上也。牢騷，次也。無可牢騷，又其次也。我今日是已也　不知牢騷，民斯爲下，不肖至此。　與市儈牢騷耶？與不肖名士牢騷耶？與兒童牢騷耶！與婦女牢騷耶？　當與草木牢騷耳。宜自號曰「草木子」。

八四　朋友我不敢輕議，門人又難得，以爲得而又非者屢矣。兒子可教者又已夭死。看來我只合緘口不道學問，靜以待死，不必與活人説話也，否則與草木相對而已。此我所以欲種學海堂花木也。不必種學海堂花木，並不必種書齋花木，只有全不理人爲是。

八五　《陶淵明集》

《陸宣公奏議》

司馬温公《家範》、《書儀》

處則師陶，出則師陸，然我必不出矣。雖必不出，而師陸之心常在，此「刑天舞干戚」之志也，恨不得爲陶公舁籃輿之門生，恨不得爲陸公門人之張童子。

八六　《通典》、《周易口訣義》二書必讀。

八七　自讀畢《十三經注疏》之後，功課多間斷，不似昔時，固當自責自勉。又以見經書足以管攝人之心性，使無走作，他書不及也。此後仍當讀注疏。

八八　喜爲嬉弄之語，一病也。當閑邪。

八九　陳後山《還里》詩云：「平生功名念，倒海浣我腸。」余生平頗似後山，但詩與文異耳。

九〇　我今日酒醉飯飽，讀書既倦而睡，厚衾暖褥，不可謂非福也。然而所學不可以語人，著書不可以自成，耿耿然而無與語，亦窮矣哉！最奇者，昔之可與言者，今欲遠我而去之，豈非莫之肯歸乎？

學思自記

一　魏叔子《答陳元孝手簡》云：「天地閉塞，人材寥寥，一二志士，當厚自培養，以供後進挹注。若源之不濬，數流而竭，已則枯槁，乃思潤物乎？『厚自培養』四字，敬當銘之左右。」魏叔子時人材殊不寥寥，使叔子生於今日，以爲何如？

魏叔子《與富平李天生書》云：「僕竊謂考古以用今，練事以驗理，求友以自大其身，造士以使吾身之可死。」「大」字有病。

二　中年以前，爲近時之學所錮蔽，全賴甲辰出都，途中與李碧舲争辯，歸而悔之，乃有此廿年學問。

三　《學思録》當采《文選》，當采《漢魏百三家集》。

四　時事幾不可爲，吾固裹足不出矣。即學問亦幾無可望者，有之亦極少極少，吾亦將緘口不談矣。

五　《學思》義例。

《學思録》只論學術，然政事亦兼有之。君德、相業、六曹、侍從、臺諫、封疆、郡縣、學校、營伍及民俗之弊，皆餘波及之，無所不有。

今所著《學思録》之稿，偏於注疏及朱子。非偏也，爲學實當如此。

《學思録》於宋道學獨尊朱子，非不尊周子也。《太極》無用，《通書》亦不及《論》、《孟》、《禮記》也。二程可取者固尊之，至其偏駁者不取也。如《定性書》實無取焉。惟尊朱子而已，朱子雖尊周、程，今不能因朱子所尊而過尊之。

《學思録》或改名《論學》，程易田有《論學小記》，今不宜同之耳。

《史通》自敘云：「若《史通》之爲書也，蓋傷當時載筆之士，其義不純，思欲辨其指歸，殫其體統。夫其書雖以史爲主，而餘波所及，上窮王道，下掞人倫，總括萬殊，包吞千有。自《法言》已降，迄於《文心》而往，固已納諸腔中，曾不蔕芥者矣。夫其爲義也，有與奪焉，有褒貶焉，有鑒誡焉，有諷刺焉。其爲貫串者深矣，其爲網羅者密矣，其所商略者遠矣。其所發明者多矣。」《學思録》竊效之。

六　《小雅》曰：「高山仰止，景行行止。」子曰：「《詩》之好仁如此。鄉道而行，中道而廢，忘身之老也，不知年數之不足也。俛焉日有孳孳，斃而後已。」吾今亦老矣，年數不足矣，孳斃而後已可也。字字有深味，讀之不厭。

七　時習《論語》、《孝經》、《孟子》；粗覽諸經注疏，宋儒理學，周秦諸子；略涉禮、樂、書、數、訓詁、音韻、天文、地理、文章、詩詞。余之學如此耳。

八　《學思録》排名法而尊孟子者，欲去今世之弊而以儒術治天下也。排王肅而尊鄭君者，欲救近時新説之弊也。排陸、王而尊朱子者，恐陸、王之學將復作也。著此書非儒生之業也，懲今之弊，且防後人之弊也。

九　國初諸老且不論矣，如惠、戴、錢、紀、段、王懷祖父子、凌次仲、張皋文等，著書皆有法，學者宜審觀之。

一〇　《孟子》：「若夫豪傑之士，雖無文王猶興。」雖無朱子猶興者，亦豪傑之士也。

一一　夫仁亦在乎熟之而已矣。余於學稍有所知，其病衹在不熟。

一二　《學思義例》精實深通而未雄博。

鄭君之後予所悦服者：陶淵明、陸宣公、韓昌黎、孫宣公、黄東發、顧亭林、陸清獻、江慎修。所惡者：王肅、虞翻、王通、石介、陸子静、王守仁、毛甡。本朝諸儒，予不喜陳啓源、惠棟、王念孫、張惠言、劉逢禄。

一三　《學思》著書法

韋昭《國語》注，稱「唐尚書云」、「賈侍中云。」自稱「昭謂」。又稱賈、唐爲「二君」，稱鄭康成爲「鄭後司農」。見《晉語》鄢之戰。

一四　讀書法

阮文達公續集六十三《題嚴厚民書福樓圖》詩云：「校經校《文選》，十目始一行」。自注云：「世人每矜一目十行之才，余哂之，夫必十目一行，始是真能讀書也。」

《周易口訣義》序云：「今則但舉宏機，纂其樞要，先以王注爲宗，後約孔疏爲理。」

一五　先秦古書

宋諸賢求聖人之道於遺經，其心之精，力之大，真度超古人矣。然多取其高者、精者以爲説，其所遺者正不少也。除諸經之外，大戴《禮》、《周書》、《國語》及秦漢諸子書所記古人言行，在孔子之前者，乃周公之遺教也。在孔子之後者，乃孔子之遺教也。精擇之，潛玩之，可以爲修己治身之方者甚多。儒者欲求周公、孔子之道，未可一切蔑棄之也。

士人讀書，當以《學記》爲法，以《孝經》、《論語》爲根本，各習一藝而博通之，求其有益於身，有用於世。其爲人也，以狂爲志，以狷爲行，不同流俗。其著書也，有宗主，有贊，有辨。其出而仕也，難進易退，進則盡忠匡救，退則安貧樂道。余讀書三年，所得者如此而已。

顧亭林氏之學，能有效之者乎，吾老矣！

一六　《學思録》之書必不能完密，以俟後之君子耳。若後來有因此書而昌大之者，則吾死不朽矣。

欲知人之性情，則後世之人不如同時之人；欲知人之學術，則同時之人反不如後世之人。蓋人之學術見於所著之書，而著書必俟老而後成，或至死而後出，同時之人烏能盡知之哉？故並世難得知己，轉欲望之後世也。後世必有知己，不必望也，但不知其姓名耳。

一七　《學思》義例

《論語》四科。

《學記》「離經辨志」一段，此余之學問所得也。

一八　《學思録》大指：

勸經生讀一部注疏。

救惠氏之學之弊。

救高郵王氏之學之弊。

闢王陽明之譎。

分別士大夫之學、老博士之學。

辨語録不由佛氏。

明朱子之爲漢學。

於晉人尊陶公，明其非詩人，非隱逸。

闢老氏流爲申、韓、李斯。

明法家之弊。

發明狂狷之説。

發明性善。

發明《論語・學而章》。

發明《學記》。

發明四科之説。

拈出以淺持博。

尊胡安定。

尊江慎修。

指出歐陽公之病。

發明昌黎之學。

昌言科舉八股之害。

明訓詁之功。

分别内傳傳外之不同。

指漢《易》之病，拈出費氏家法。
標出《禮》意之説。
標出《詩譜》大指。
辯《周禮》之謗。
發明《禮記》之體裁。
標舉《孝經》爲總會根源。
標出《中庸》博學五事爲《中庸》之要。
辨格物。
辨明德。
引伸格物補傳。
感時事。
辨别先師、名臣之不同。
拈出陸清獻「書自書，我自我」之語。
考周末儒者。
説自己著書之意。

明鄭學維持魏晉南北朝世道。

引伸阮文達春秋學術之説。

辨戴東原《孟子字義疏證》。

明輯古書之功,與其誤處。

明讀書提要鉤玄之法。

以上三四十條,乃其犖犖大者。

明朱子《詩集傳》之善。

明王肅爲司馬氏之黨。

表章漢儒行。

非道非義不取,爲堯舜之道,四海困窮,爲堯舜所憂,發明《後漢書·鄭康成傳》。

一九 窮理之功太少,每一事過,乃徐思而得其理。因日間高寄泉來説,夜書此條,亦天分鈍也。若星垣,則應機立斷矣。

二〇 讀書有通曉處,愈覺惶愧,此通曉處,乃前此所不通曉者也。然則我之不通處,正無涯也。我今真自知不通,自認不通,而又恨今人無自知不通者也。辛酉十一月十三夜三鼓書。

二一 王向田與方靈皋書云:「從游問學,絶無其人。」禪家云:「尋取一個半個,勿令斷絶去。」

二二 讀聖人書而求聖人之道，灃不敢言也。讀古人之書而求古人之學，零碎抄録，以俟其貫通，此《學思録》之意也。

二三 宋神宗擢司馬温公爲翰林學士，公力辭曰：「臣不能爲四六。」上曰：「如兩漢制誥可也。」

二四 讀古賢之書，自覺甚小，甚粗略，慚愧之至。

二五 書卷、性情、倫紀、理學、幹濟，五者合爲一，乃是真學問。

二六 誦諸經，讀注疏，以求聖人之道，司馬公教我矣。萬不可畏避謙讓，須直下承當，况有晉、唐、宋諸賢之書，固已入門升堂，吾讀其書，豈可書自書，我自我乎？

注疏，陶、陸、韓、胡、司馬、朱，細讀諸家書，此是求聖人之路。今所知者此也，尚有未知者。

讀書三十年乃知讀書之法。漢學、宋學，門户之見，消融净盡，惟尋求其切要以窺見古賢之學，庶幾不虚此一生耳。今年讀書頗有所得，恨亡兒已死，不得舉以教之；使其尚在，聞其説，不知歡喜敬信又何如也。嗚呼！辛酉十二月，十四夜書。亡兒死至今日二十七月矣。

二七 尚友者，博陵李文博也，張偉也。

尚友古人，則吾豈敢，當云尚師而已。人不可無師，豈可任己意以爲學問哉？「學之爲言效也。」必當尋師，尋師則必求之古人，鄭君也，陶令也，陸宣公也，韓文公也，胡安定也，司馬公也，朱子也，顧亭林先生也。

再細讀《張文獻集》，旁搜遠紹。

二八　古之儒者，學成傳之其人。我學不成，而又何傳與人之有乎？

二九　名位不昌，又值衰世，家計不給，長子早夭，師友零落，命蹇如此！嗚呼，奈之何哉！昔桂星垣謂我不牢騷爲難能，我今景况較星垣在時更大不如矣，安能不牢騷？向何人牢騷耶？長歎而已！

三〇　得古人之學於群書。

三一　温公詩云：「衆人俱我笑，我亦笑其人。」《傳家集》十二，第三葉，《消遥四章》第三章結句。

三二　少時只知近人之學，中年以後，知南宋朱子之學，北宋司馬温公之學、胡安定之學，唐韓文公之學、陸宣公之學，晉陶淵明之學，漢鄭康成之學。再努力讀書，或可知七十子之徒之學歟？「千里雖遥，孰敢不至」，陶公教我矣。「尋墜緒之茫茫，獨旁搜而遠紹」，韓文公教我矣。温公《和邵堯夫安樂窩中職事吟》云：「我以著書爲職業，爲君偷暇上高樓。」

三三　余近年讀書愈粗疏，愈善忘，每讀書輒摘抄之。然所不抄者，皆一過而盡忘矣。所抄者，亦有忘其上下文者矣。

三四　於三代兩漢之書，搜求古賢人之學而表明之，所謂「尋墜緒之茫茫，獨旁搜而遠紹」，宋儒所取精矣，然毋乃所見尚狹乎？且又輕視古人，自孟子外皆以爲不知道者也。此則末學所不敢也。

學思録序目

雜論學術(一)

一 《學思録序》

余少時志欲爲文章之士，稍長，爲近儒訓詁考據之學，三十以後，讀宋儒書，因進而求之《論語》、《孟子》及漢儒之書。近年五十，乃肆力於群經子史文章，稍有所得，著爲一書。《論語》曰：「學而不思則罔，思而不學則殆。」乃題其書，曰《學思録》云。

二 《讀書記序》

余性好讀書，於天下之事，惟知此而已。所讀四部書，最專力者甲部，餘則略及焉。讀之有所得，有所論，皆記之，積久成編。生平敬慕顧氏《日知録》；顧氏書畢載天下事，今惟讀書一事而已，未敢竊比也。此外有所記，别爲餘記。東塾者，余家東偏有一書塾，數十年讀書處也。

三 《東塾讀書記序》

澧性好讀書，於天下事惟知此而已。讀書有所得則記之，有所論則記之，積久成編，其有益於天下之讀書乎？不得而知也。敬慕亭林先生《日知録》，然此所記惟讀書一事，不敢竊比也。有及於讀書之外，謂之餘記。東塾者，余家東偏有一書塾，澧數十年讀書處也。

四　漢學、宋學迭相攻擊，實無人細讀鄭、朱兩家書。余欲著鄭學、朱學二書，蓋不得已，竟須成此二書，乃一生事業也。

五　余之著書，一則標舉大綱，一則整理繁亂，一則抄撰群書。維正學，救流弊，曉初學，有益有用。

六　《學思録》采本朝人書集

顧、朱、黄、毛、閻

萬、魏、汪、方、江

惠、戴、錢、紀、段

王、阮、盧弨弓、程、金

王伯申、全、杭、孔、洪

孫、湊、汪、焦、張皋文

王蘭泉、袁簡齋、翁覃溪

陳慕甫、惲子居、程侍郎

七　余爲《學思録》，所引之書大約注疏、正史、朱子書爲多。可謂醇正矣，於近人所謂淵博，則未也。

八　《讀書記》

鄭、朱

韓、顧

孟、韓

周、顧、賈、孔、段、王

許、段

孔、賈、陸、阮

荀、陸

王、歐、陸、王

《東塾記》

箋　異義　墨守　兼存　實事求是

九　今時學術之弊：說經不求義理，而不知經；好求新義，與先儒異，且與近儒異；著書太繁,誇多門靡;墨守;好詆宋儒,不讀宋儒書;説文字太繁碎;信古而迂;穿鑿牽强;不讀史;疊木架屋。

方氏古文義注:古文家空疏;贋古文;好用古字;輕易作詩;好填詞,好仿周、柳詞;好考平仄;時文試帖,殿試策小楷字;以駢體加於古文之上;無詩人;門户之見太深;輯古書太零碎;漢《易》。虞氏《易》。《泰誓》。《孟子字義疏證》。孫淵如講天文。

一〇　本朝之學

古音、説文、鄭學、訓詁、攻僞《尚書》、漢《易》、《禮》學、考史、職官、地理、天文算法、駢體文、輯古書、刻古書、校書、《公羊》學、毛、鄭《詩》、《儀禮》、人品。

一一　顧、閻、毛、朱、江、惠、戴、段、王、阮。

一二　西漢術數:王肅、王通、伊川、歐陽公、李習之、象山、陽明、袁簡齋。

一三　姚姬傳、方植之、李申耆,陸、王禪學將興。

一四　朱子極論傳注疏之不可攻詆,以杜將來之弊。

論注疏程、朱之誤。

一五　抄《陽明集》。舊日手抄入《讀書記》。買《白沙集》。

一六　《東塾讀書記》目:

鄭學不止一類，朱學不止一類　淺　知服　箋　非聖賢　擬經　文人自尊　字體古怪　述而不作　讀史先明地理　讀史先明職官　史家曲筆之寬　史家妄尊纂竊　《三國志》地理志　元后傳《古今人表》　晉、宋等書似小説有故　藝文志　語録易真，語録不真，語録俗語，唐疏有之
一七　明道墓志　伊川十八歲上書　朱子論張魏公之持平　朱子論康節　朱子論洛、蜀之隙　朱子論東坡　朱、陸無極之争　陸象山闢佛之精　象山之學　朱、陸異同　黄東發之公正　《黄氏日鈔》讀書之法　時文　殿試策算學　借對　試帖　小楷　文筆　著書無徒博好古之名　阮文達論策問　鄭康成《周禮》注論巫之痛
一八　《讀書記》
維持古學，推闡隱奥，辨正偏謬，引導初學，妨用邪詖。
一九　《東塾餘記編》
《朱子語類》勸學語數條　程、曾、侯三先生説記性　南山先生勸看《提要》、《簡明日録》　初學切語法　夢英説文字原　蘇門所編古韻絲牽繩貫語　《説文聲類譜》　徐子遠《象形文釋》　楷書不可作篆　字各有體　讀《爾雅》　讀《孝經》　讀注疏之法　讀《説文》之法　讀《易》之法　虞氏《易》　讀《尚書》之法　僞古文　讀《毛詩》之法　讀《三禮》之法　賈疏之善　《儀禮圖》　禮器宫室衣服《周禮》　讀《三傳》之法　《春秋》地理　讀《論語》之法　讀《孟子》之法　讀《中庸》之法　讀《朱

子四書注》　朱子《詩傳》　朱子《易本義》　《書》蔡傳　《禮記》陳澔説　《春秋》胡傳　《近思録》

周、程、張四子　《朱子文集》、《語類》　《語類》之博雅　讀史　讀史不可不明地理　地理不可無圖

天文　算法　九數通考　數理精藴　西法　珠盤　《史記》《漢書》《後漢》《通鑑》《三通》

小説　《文選》　駢體文　古文　八家　李、杜、韓、蘇詩　古詩平仄　聲音譜　舉業時文　試帖

小楷書　律賦　對策　五經文　子讀書目　齊次風《歷代表》十六國　十國　釋文注解傳述人

董方立地圖　人不必强作詩　引《顔氏家訓》　學詩之法　課程　書案

二〇　《備忘記》

抄《日知録》入《東塾記》。

二一　《讀書記》

一朝有一朝學術　漢經學　南北朝唐人義疏　宋道學　明忠義　本朝經學

古今大儒，一人有一人學術之善。

二二　借抄黼香批《四書》入《論語集説》。

二三　初學齋叢書

《説文偏旁目録》、《字源》、《説文釋例》、《干禄字書》、《五經文字》、《九經字樣》、《六書音韻表》、

《聲韻考》、《切韻表》、《九數通考》、《算學啓蒙》、《歷代年表》、《四庫全書簡明目録》、地圖、《北溪字

義》、《近思録》、《兩漢京師系表》

抄毛西河《聖門釋非録》入《讀書記》，又抄西河《四書改錯》貶斥聖門錯一類。

二四　《讀書記》

阮文達勸王文端閲本朝事，當入《讀書記》。

雜論學術（一）

一　漢儒説經有兩體，當詳説此兩體入《讀書記》。

二　漢儒傳經似書法臨摹。鄭學則鎔鑄古人，自成一家。

三　漢儒、宋儒之學，多有同者。如《説文》云：「惟初太始，道立於一，造分天地，化成萬物。」《公羊》何注云：「元者，氣也。無形以起，有形以分。」即濂溪《太極圖説》之旨也。《論語》仁者静，孔傳云：「無欲故静」，即《太極圖説》自注「無欲故静」之所本也。《春秋繁露》：「聖者法天，賢者法聖。」即《通書》所謂「賢希聖，聖希天」也。《尚書大傳》云：「陟皆所自取，聖無容心也。」即明道《定性書》所謂「聖人之喜，以物之當喜，聖人之怒，以物之當怒。聖人之喜怒，不係於心，而係於物」也。趙氏《孟子題辭》云：「孟子既没之後，大道遂絀。」即伊川爲明道墓表所謂「孟軻死後，聖人之道不傳」也。《毛詩》傳：「王者天下之大宗也。」《大雅·板》傳即横渠《西銘》所謂「大君者，吾父母宗子也。」《白虎通》云：「陽道不絶。」即《伊川易傳》所謂「陽無可盡」之理也。此皆宋儒之大義，而漢儒經説未嘗不知之，未嘗不言之，爲宋學者以爲宋儒所創獲，爲漢學者以爲漢儒所不言，豈其然乎？豈其然乎？

四　昔人爲信經不信傳之説者，其意以爲經不必有傳。如經必賴傳而明，假如無爲傳者，則經爲無用，此真不通之論也。經必賴傳而明者也，聖人爲經，而以爲傳俟之後人，假令聖人復能自爲傳，則聖人爲之矣。聖人亦人也，人之精力有限，歲月亦有限，爲經而復爲傳，雖聖人無此精力也，尤無此歲月也。後人修一史，選一集，尚不能復爲之注，而况聖人删述六經乎？彼不信傳而自爲説以説經，其所説即傳也。而謂經可無傳乎？而代聖人慮後人無爲傳者乎？二百年來，儒者尊信傳注，如此邪説已久息矣。將來風尚或變，慎毋再爲此邪説也。

五　守師説當守而不失耳，非謂守之以待攻也。守，是也；墨守，非也。

六　師法必宜守而不失，蓋學問文章議論能爲人師者，其成之甚不易。天下雖大，而其人不多覯，其遇之也，又不易，其弟子安可不謹守其法耶！

七　務知古人所未知，不如務知古人所已知。予近時所得如此。

八　有專門之學，有資治之學；資治者，略觀大意可矣。《春秋繁露》有此説，在説五經之下。

九　魏、晉以後，以老氏之説，傅合於儒書；唐、宋以後，以釋氏之説，傅合於儒書。嗚呼，安知後世無以回回、歐羅巴之説傅合於儒書者乎？然自來老釋所傅合者，儒家義理之説，若訓詁之學、禮學、史學，則無能傅合者也。

一〇　讀書先求知古人所已知，勿先求知古人所未知也。於古人所已知者，讀之思之，排比鈎稽之，而見有古人所未知者焉，然後從而補正之。

一一　曰：婦人之學一時足以成矣，然則丈夫之學固不能簡捷也。

一二　假作周公者王莽，假作孔子者王通，假作《孔子家語》以憾鄭康成者王肅，顛倒朱子年歲早晚以撼朱子者王守仁。毁孔子者王充。詆《春秋》者王安石。

一三　讀《論語》聖人之言，則如身爲聖門弟子。讀諸賢之言，則如身爲諸賢之弟子。悚然敬聽之，欣然愛聽之，熟讀而思繹之，内以求於己身，外以驗於天下。如是，則志必立，德必進，才識必增矣。

一四　穀者最有益於人者也，然樹穀者未嘗誇於人曰：我之所樹也。著書立説，惟求有益於人，何必其出於己耶？

一五　真辨事者，辦事即是讀書；　真讀書者，讀書即是辦事。否則書自書，事自事而已。鄭康成注《左傳》未成，以付服子慎，此著書之公心，後儒當以爲法也。

讀書如臨帖，辦事如書字耳。

辦事時件件依着書，讀書時句句想着事，此真能讀書者矣，此真能辦事者矣。

一六　凡人之有事，即無異讀書也。如孝養父母，即無異讀《孝經》一遍；如誠敬祭祀，即無異讀《祭義》一遍。

一七　後儒見佛書高妙簡易之説而心羡之，乃於五經、孔、孟之書求高妙之説以敵之，而不知五經、孔、孟之書，無高妙之説也。如《孟子》曰：「人皆可以爲堯、舜。」又曰：「子服堯之服，誦堯之言，行堯之行，是堯而已矣。」又曰：「鷄鳴而起，孳孳爲善者，舜之徒也。」所謂人皆可以爲堯、舜者，如此而已，豈謂人皆可以爲堯、舜之巍巍蕩蕩乎？

一八　心箴

人心之明，皎如太陽，其體正大，其氣慈祥，祛彼陰翳，充此陽光，恒念聖言，操存舍亡。

一九　收心讀書，勉力爲人。

示宗誼，存心致知力行也。質言之云爾。

二〇 苟且最害事！（一徇情，一圖便。）

二一 有寒士爲官，數年歸家，舉動言語，無復曩時寒酸之態。吾嘗謂變化氣質，當似此人，又歎孟子莊嶽之説，良有味也。

二二 石硯屏刻《論語》、《孟子》兩句，書後示宗誼。

吾不敢望爾讀萬卷書，但望爾讀《論語》、《孟子》，且但望爾讀《論語》第一句、《孟子》第一句，九字而已。誦之行之，便是士人。若天下士人皆誦行此二句，天下太平矣。今以二硯屏各刻此九字置吾室中，一以畀爾日日讀之。嗚呼，勉之哉！

二三 爲聖賢甚難，爲聖賢之徒甚易。

二四 日日讀書，有嘗讀之書，有常讀書之時刻，有讀書筆記，有讀書朋友。

二五 著書當有宗旨，著書當有用，著書當爲世所無，著書當難，著書當簡。其繁者，不得不繁者也。